I know Dr KiCheol Joo from our shared years in London at a Bible training course. Although I do not have the privilege of being able to read Korean and therefore to comment on the content of this book, I am very glad to commend Dr Joo to readers as a faithful servant of Jesus Christ. I hope his ministry will be widely useful, to the glory of Jesus our Savior.

크리스토퍼 애쉬(Christopher Ash)

캠브리지의 틴데일 하우스 상주 작가이며 전 런던 콘힐 강해설교학교 교장

『돌아섬』은 수준과 분량 면에서 설교자를 위한 최고의 야고보서 길라잡이다. 서신서 전문가 학자인 주기철 교수는 서신으로서의 야고보서를 적절하게 이해하는 방법과 중심 주제를 제시하고 본문 해설과 주석을 제공한다. 본문 구조와 논리적 흐름에 근거한 본문 해설은 중심 주제를 중심으로 전개되고 설교문으로 곧바로 전환될 수 있다. 저자는 본문 한 구절 한 구절을 혼신의 힘을 다해 분석하고 신학적 의미를 도출한다. 독자는 한글로 된 야고보서 자료 중에서 이 정도 수준의 해설과 주석을 경험하지 못했을 것이다. 야고보서로 설교를 준비하거나 야고보서의 신학을 배우는 독자에게는 최고의 선물이다.

강대훈 교수 개신대학원대학교 신약학

야고보서를 비롯한 일반서신은 바울서신보다 신약학자들의 큰 관심을 받지 못해왔다. 아직 야고보서에 대한 연구서가 드물고, 그나마 최근 주석서들은 번역서가 많다. 본서는 고신대학교 신학과에서 신약학을 연구 및 교수 중인 주기철 교수님이 설교자와 성경 교사의 야고보서 이해를 돕기 위해 시의적절하게 집필한 주해서이다. 신약 서신서를 전공한 저자는 야고보서의 장르와 기록 목적 그리고 문맥을 고려하여 어떻게 본문을 충실히 주해하고 설교할 수 있는가를 친절하게 설명한다. 저자는 단락마다 구조를 간략히 소개하고, 중심 주제, 문맥, 주제에 대한 대지별 설명, 결론, 그리고 적용을 차례로 해설한다. 각 단락 마지막에 제시된 설교를 위한 제안은 목회자들이 설교를 작성할 때 많은 유익을 준다. 본서 마지막의 야고보서의 저자 사역(私譯)도 본문을 이해하는 데 도움을 준다. 목회자와 신학생 그리고 일반 성도는 저자의 친절하고 상세한 주해를 통해 야고보서의 진미를 맛볼 수 있을 것으로 믿고 일독을 적극적으로 권한다.

송영목교수 고신대 신학과

주기철 교수는 수영교회에서 기관목사로 섬기는 동역자이다. 그 덕분에 이미 주 교수의 야고보서 강해 설교를 다 들었다. 본문 해석과 앞뒤 문맥을 바탕으로 준비된 말씀을 듣는 것이 은혜의 시간이었다. 『돌아섬』은 저자가 밝히듯이 야고보서를 연구하고 설교를 준비하는 설교자들이 살펴봐야 할 성경의 단락별 주제와 해설과 주석 모두가 포함된 친절한 야고보서 설교 준비 길라잡이다. 이 책은 분주한 사역 가운데 늘 말씀을 준비해야만 하는 목회자들에게 강의와 설교 준비를 돕는 귀한 동역자 역할을 할 줄로 확신한다.

유연수 목사 수영교회 담임, 부산성시화운동본부 본부장

야고보서는 나에게 매우 익숙하고 설교할 때도 비교적 편하게 접근할 수 있는 서신 중 하나였다. 그러나 이 책을 읽으면서 내가 했던 야고보서 설교를 돌아보며 반성하게 되었다. 서신의 기록목적을 고려하지 않은 채 설교를 했기 때문이다. 저자는 각 단락을 설명하면서 지속적으로 그 내용과 전체 주제의 연관성을 상기시킨다. 이것이 『돌아섬』의 가장 큰 장점이라고 생각한다. 설교자가 어떤 본문으로 설교하더라도 주제를 잊지 않도록 해 주기 때문이다. 이 책은 나에게 야고보서를 올바로 만나게 해 주었다. 성도들에게 조만간 다시 야고보서를 설교하고 싶은 마음이 든다.

김동연목사 경남 고성 하이교회

설교자는 신학교에서 배운대로 설교를 준비해야 한다는 이상과 시간 부족이라는 현실의 문제 사이에서 늘 고민한다. 목회자는 이러한 문제를 해결해 줄 수 있는 책, 곧 신학적 깊이가 있으면서 목회적 해설을 겸비한 주석서를 찾는다. 이런 점에서, 본서는 그 무게 중심이 잘 잡혀 있다. 본서는 주석서 기능만 하는 것이 아니라 설교를 위한 구조와 핵심까지도 정리하여 안내하고 있기에 전문적이면서도 매우 실용적이다. 이 책은 목회자들뿐 아니라 성경을 깊이 있게 묵상하고 연구하고자 하는 성도들에게도 매우 유익할거라고 생각한다. 이 책은 가까이 두고 보면서 성경을 깊게 이해하는데 큰 도움이 되기에 강력히 주전한다.

김정대 목사 창녕 고암교회

오직 성경은 성경 각 권에 대한 바른 주해와 석의를 통해 이루어진다. 여기 오직 성경에 푹 빠져버린 한 신약 학자가 있다. 고신대학교 신학과 주기철 교수이다. 주 교수는 본 저서를 통해 야고보서를 설교자가 쉽게 설교할 수 있도록 돕는다. 야고보서에 대한 편견과 오해를 풀어준다. 성도에게 "미혹되어 진리를 떠나 버린 자가 다시 돌아오게(약5:20)" 사명을 깨닫게 한다.

문경구 목사 사천 꽃밭교회

글쓰기의 시작은 자료 찾기이다. 좋은 자료가 있으면 좋은 글이 나온다. 설교문도 그렇다. 좋은 성경 자료가 있으면 좋은 설교문이 나오고 설교 준비도 수월하다. 그래서 자료 수집은 설교 준비의 중요한 요소이다. 이번에 야고보서를 바르게 이해하고, 쉽게 설교할 수 있도록 도와주는 책이 출간되었다. 늘 설교로 고민하는 목회자에게 실제적인 도움을 준다. 본문의 내용을 파악하고 설교를 준비하는 방법까지 알려주니 참 좋다.

심상기 목사 남해 장포교회

목회자가 교회 사역 현장에서 새벽설교 수요설교 주일설교 등 많은 설교를 준비하기 위해 매번 충분한 시간을 갖는다는 것을 거의 불가능에 가깝다. 제한된 시간에 많은 설교를 준비해야 되는 현장의 목회자들에게 『돌아섬』은 열 발짝이나 앞에서 출발할 수 있도록 도와준다. 서신서를 이해할 수 있는 방법론과 야고보서를 바로 설교할 수 있도록 현장의 목회자를 세심하게 배려한 현장을 위한 책이다.

이창훈 목사 울산 우리들교회

그리스도인들 중 성경말씀을 더 깊이 연구하며 묵상하기를 원하는 자들이 있다. 그러나 성도 스스로 그것을 해내기가 쉽지 않다. 주기철 교수님의 『돌아섬』은 한글로 본문구조를 제시하여 각 구절의 논리와 내용을 쉽게 이해하도록 돕는다. 또한 책의 장르, 기록목적, 문맥을 근거한 본문해설을 읽다보면 자신도 모르게 각 단락에 스며 있는 저자의 의도를 파악할 수 있도록 한다. 야고보서는 1세기 디아스포라에서 시련 가운데 있는 성도들에게 주어진 말씀으로, 현재 시련을 겪으며 살아가는 성도들에게 큰 위로와 격려의 말씀이 될 것이다.

이승미 집사 부산 성산교회 영아부 부장

저자가 소개하는 추천인들

『돌아섬』을 구입한 독자들 중에는 책의 첫 몇 페이지를 넘기면서 의문을 가졌을 거라 생각한다. 추천인들 중에 한두 명을 제외하면 모두가 생소한 분들이기 때문이다. 본서를 추천한 분들은 대부분 일선 목회자들이다. 필자는 책을 출판하면서 누구의 추천을 받을지 잠시 고민을 했다. 말 그대로 잠시 고민을 하고 일선 목회자와 성경교사로부터 추천사를 받아야겠다고 결정을 내렸다. 그 이유가 몇 가지 있다. 첫째, 『돌아섬』은 목회 일선에서 사역하는 목회자와 성경교사를 위해 집필되었기 때문에 책이 출판되기 전에 이 책이 그들에게 실제적인 도움이 되는지 피드백을 받고싶었다. 둘째, 전국 각 지역에서 주께서 맡기신 영혼을 위해 말씀을 전하며 복음의 열정을 불태우는 목회자들이 많음을 알리고 싶었다. 야고보서에서 지적하는 것처럼 많은 이들, 심지어 기독교인들조차 크고 유명한 것을 쫓는 이 시대에 욕심내지 않고 지역교회에서 성실히 사명을 잘 감당하는 목회자와 교회를 소개하고 싶었다. 본 서가 학문적으로도 그 어떤 책에 뒤떨어지지 않다는 사실을 말하기 위해서 필자의 스승이자 전 런던 콘힐 강해설교학교 교장이신 크리스토퍼 애쉬(Christopher Ash)와 두 분의 교수님(송영목, 강대훈)께도 추천사를 부탁했다.

김동연 목사

김동연 목사는 2018년 1월에 하이교회에 부임하여 지금까지 열정적으로 교회를 섬기고 있다. 경남 고성군 하이면에 위치한 73년의 역사를 가진 농촌교회이지만, 전도와 선교 중심교회이다. 매주 마을마다 가가호호 방문하여 전도하고, 지역 초등학교 장학금 전달, 불우이웃돕기 성금 전달, 지역사회 장례 문상, 반찬나눔 사역 등을 통해 지역사회에 예수님의 사랑을 전하기 위해 힘쓰고 있다.

김정대 목사

김정대 목사는 2020년 9월부터 창녕의 고암면에 위치한 올해 82주년 된 고암교회를 섬기고 있다. 현재 청장년 60여명이 출석하는 시골교회지만 예수님의 선교 사명을 따라 18명의 선교사와 18곳의 교회와 기관들을 후원한다. 또한 지역 학생들에게 장학금을 지원하고 지역 행사에 참여하며 지역 사회를 섬긴다. 김정대 목사는 모든 성도가 말씀 위에서 흔들리지 않고 믿음이 성장하도록 돕는데 최선을 다하고 있다.

문경구 목사

문경구 목사는 2018년 11월 목사 가정과 다른 한 가정으로 이루어진 사천 꽃밭교회를 시작하여 복음화율이 낮은 경남 사천 땅에 하나님 나라가 가정과 다음 세대에 세워지도록 힘쓰고 있다. 2021년 8월 현재 어린아이를 포함 40여명이 모인 공동체가 되었다. 십대라면과 붕어빵굿, 카페 꽃밭 153을 통해 지역을 섬기고 있다. 매주 바른 교리적 복음 설교와 공예배와 성례 회복과 정회원제를 통해 역사적 개혁주의를 따라가는 교회이다.

심상기 목사

심상기 목사는 2018년 남해 바다를 품은 장포교회에 부임하여, 치열한 경쟁 사회에서 쉼과 여유 없이 다람쥐 쳇바퀴 돌 듯 일상의 반복으로 지친 이들에게, 쉼과 회복을 주는 사역을 한다. 하나님과 만남으로 쉼을, 성도들과 교제함으로 행복을, 아름다운 자연이 주는 회복을 꿈꾸고 있다.

이창훈 목사

이창훈 목사는 울산 북구 천곡동에 위치한 우리들교회에 2016년도 11월에 부임하여 지금까지 섬기고 있다. 전교인 말씀 묵상을 통해 하나님의 말씀이 부모에게서 자녀에게, 교회에서 가정으로, 주일에서 평일로 확장되기를 꿈꾼다. 우리들교회는 모든 성도가 함께 오늘도 말씀을 통해 하나님 나라를 교회에서 세상으로, 주일에서 평일로, 부모에게서 다음세대로 확장해 가는 건강한 교회이다.

이승미 집사

이승미 집사는 부산 고신대학교에 편입학하여 우수한 성적으로 졸업하고, 현재 부산 수영구 광안동에 위치한 성산교회에서 영아부 부장으로 섬기면서 아이들 속에 육체의 소욕이 심어지기 전에 성령의 소욕을 심어지기를 기도하며 봉사하고 있다. 또한 교회 소그룹의 순장으로 섬기면서 성도를 양육하고 돌보는데 최선을 다하고 있다.

내 형제들아

너희 중에 미혹되어 진리를 떠난 자를 누가 돌아서게 하면

너희가 알 것은

죄인을 미혹된 길에서 돌아서게 하는 자가

그의 영혼을 사망에서 구원할 것이며

허다한 죄를 덮을 것임이라

(야고보서 5장 20절)

야고보서 해설

돌아섬

주기철 저

끊이지 않는 시련,
나는 어떻게 해야 하는가?
나를 미혹되게 하는 것은 무엇인가?

시련을 두려워하지 않고 기쁨으로 대하고
심어진 진리의 말씀을 겸손히 받아들여
돌아서야 한다.

PROC.

이 책이

세상의 빛을 볼 수 있도록

도와주신 모든 분들께 감사드리며

무엇보다도

늘 자식을 마음에 품고 기도하시는

모친 황옥자 여사께

이 책을 헌정합니다.

목차

야고보서 길라잡이   16
야고보서 어떻게 읽을 것인가?   21

야고보서 1장

1:1-4 시련에서 성숙으로 ·· 49

1:5-8 성숙과 하늘의 지혜 ·· 65

1:9-12 낮음과 높음의 시련 ·· 82

1:13-18 인내와 생명의 면류관 ·· 101

1:19-27 두 마음의 근본적 해결책 ·· 135

야고보서 2장

2:1-7 두 마음: 가난한 자와 부한 자를 차별하는 문제 ·············· 183

2:8-13 두 마음: 차별에서 긍휼로 ·· 208

2:14-26 행함과 구별된 믿음, 곧 영혼 없는 몸! ····················· 231

야고보서 3장

3:1-12 통제할 수 없는 혀:선생이 많이 되지 말아야 할 이유! ········ 269

3:13-18 선생, 하늘의 지혜로 행하는 자! ······························· 310

야고보서 4장

4:1-10 땅의 지혜로 행하는 자들아,하나님께 복종하고 주 앞에서 자신을 낮추라! ······ 353

4:11-12 오직 하나님만 판단하실 수 있음을 인정하고 겸손히 행하라! ······· 393

4:13-17 자신의 유한성을 깨닫고 겸손히 주의 뜻을 따르라! ········· 408

야고보서 5장

5:1-6 부한 자들은 울며 통곡하고 가난한 자들은 주께 부르짖으라! ········· 433

5:7-12 의인이 인내할 수 있는 근거와 자세! ······················ 460

5:13-18 시련 중 영혼이 병든 자를 위하여 함께 기도하라 ········ 486

5:19-20 미혹되어 진리를 떠난 자를 돌아서게 하라! ·········· 516

야고보서 본문 구문분석 ·· 531

참고문헌 ·· 585

야고보서 길라잡이

이렇게 설교 준비하면 잘할 수 있다

설교자가 한 편의 설교를 준비하기 위해서는 많은 과정을 거쳐야 한다고 말한다. 순서는 조금 다르겠지만 대략적으로 여덟 가지 단계를 거치라고 권한다. [1] 본문 선택 및 번역, [2] 역사적 정황 연구, [3] 단어 연구, [4] 장르 연구, [5] 문학적 정황, [6] 정경적 정황, [7] 신학, [8] 적용점 및 설교 개요 작성이 그것이다. 그러나 바쁜 목회 현장에서 이 같은 단계를 모두 거쳐 매 주일 설교를 준비하는 것은 쉽지 않다. 그렇다고 이 모든 과정을 다 무시하면 제대로 된 설교를 준비할 수 없다. 따라서 필자는 목회자들이 활용할 수 있는 가장 기본적인 요소 세 가지로 본문의 내용을 파악하고 설교를 준비할 수 있는 방법을 제시하려고 한다. 그 세 가지 요소는 장르와 기록 목적과 문맥이다.

첫째, 성경의 장르를 이해하는 것이다. 신구약 성경에 기록된 책은 여러 가지 장르로 구성되어 있다. 야고보서는 서신서다. 서신서를 택했다면 서신서가 가지는 장르의 특징을 이해할 필요가 있다. 여기서는 서신을 이해하는 것과 관련해서 한 가지만 제시하려고 한다. 신앙생활을 어느 정도 한 사람이라면 신약성경에서 어떤 책이 서신서인지 아닌지 쉽게 구분할 수 있다. 그러나 처음 서신을 접하는 사람은 어떨까? 신약을 예로 들 때, 복음서나 역사서, 그리고 예언서는 구분하기 쉽지 않지만 서신서는 비교적 구분하기가 쉽다. 왜냐하면, 책의 처음과 끝이 서신적인 형식으로 되어 있기 때문이다. 다시 말해서 서신의 시작과 끝이 발신자와 수신자, 문안 인사, 마지막 인사, 평강과 은혜 기원 등과 같은 서신적 요소들로 구성된다는 말이다. 그런데, 일반적으로 서신의 닫는 단락에는 서신 전체를 요약하거나 본문에서 다루었던 주제를 반영하는 내용이 나타난다. 이는 서신의 닫는 단락을 분석하면 본문의 내용이 무엇인지, 저자가 무엇을 염두에 두고 서신을 기록했는지 파악할 수 있다는 말이다. 다시 말해서, 서신의 닫는 단락에 나타난 서신적 요소들을 분석하면 본문의 내용과 서신의 기록 목적을 이해할 수 있다는 말이다.

둘째, 각 성경의 기록 목적을 파악하는 것이다. 신구약 성경에 포함된 책 중에 기록 목적 없이 기록된 책은 한 권도 없다. 각 저자가 명시적으로 말하지 않아서 그것을 찾기 쉽지 않은 책도 있지만, 모든 성경 저자는 명확한 목적을 가지고 기록했다. 기록 목적을 파악하는 것은 여러 가지 면에서 유익하다. [1] 기록 목적은 그 책이 기록될 당시의 저자나 수신자의 상황을 반영한다. 특히, 서신서는 수신자들의 상황을 고려하여 그들에게 권면의 내용을 기록한 것이기에 더더욱 그렇다. 따라서 기록 목적을 파악하면 수신자들의 상황을 알 수 있다. 그리고 저자가 그 상황에서 어떤 대안을 제시하는지 파악할 수 있다. [2] 기록 목적은 서신 전체를 일관성 있게 읽을 수 있도록 한다. 서신의 기록 목적은 서신 전체에서 다루는 내용과 밀접한 관련이 있다. 따라서 설교자가 한 부분을 본문으로 택해서 설교를 한다고 하더라도 그 부분이 서신 전체의 기록 목적과 어떤 연관성이 있는지 알게 된다. 그리고 각 부분을 그와 같이 연결하게 되면, 서신 전체의 논리적인 전개를 파악할 수 있다. [3] 기록 목적은 현대 청중들에게 그 본문의 내용을 어떤 상황에서 적용해야 할지에 대한 통찰력을 준다. 일반적으로 많은 목회자들이 한 본문을 택해서 설교하면서 내용은 전달하지만 그 내용이 당시 어떤 상황에서 기록되고 전달되었는지 밝히지 않는다. 그러나 당시 상황을 밝히는 것은 매우 중요하다. 왜냐하면, 본문의 내용이 당시 어떤 상황에서 주어졌는지를 알아야 현대 독자가 그 설교를 어떤 상황에서 적용해야 할지 알 수 있기 때문이다.

셋째, 문맥으로 이해하는 것이다. 많은 목회자들이 설교를 준비할 때, 본문의 문맥을 제대로 이해하지 않고 준비하는 경우가 많다. 하나의 본문을 선택하고 그 내용을 파악하지만 그 내용이 어떤 문맥에서 기록되었는지 파악하지 않고 설교하는 것을 말한다. 따라서 많은 경우 설교를 할 때, 단순히 본문에 나타난 사건이나 내용을 전달하면서 그 내용으로 교훈을 얻는다. 이와 같이 하면, 그 설교는 단편적인 사실만 전달할 뿐이다. 그 본문이 어떤 상황에서 어떤 주제를 다루는지, 서신에서 어떤 위치를 차지하는지 알 수 없다. 그리고 서신 전체의 기록 목적과 어떤 연관성을 가지는지 청중들에게 알려줄 수가 없다. 청중은 그 본문 내용의 전후 문맥을 이해할 수 없기 때문에 그 설교 말씀을 어떤 상황에서 적용하고 실천해야 할 지에 대한 확신을 가질 수 없다. 따라서 문맥을 파악하는 것은 설교자와 청중 모두에게 중요하고 유익하다.

이 책의 활용법

이상의 내용을 고려해서 본 책은 크게 세 가지로 나누어서 본문을 분석하려고 한다. 첫째, 본문 구조와 요약이다. 본문의 구조를 한글 사역으로 제시했다. 헬라어-영어-한글로 된 약식 구조를 제시하려 했으나, 혹시 영어와 헬라어에 거부감을 느끼시는 분들을 위해서 여기서는 한글 사역만 제시하고 헬라어-영어-한글로 된 약식 구조는 책의 제일 뒤에 부록으로 제시했다. 약식 구조이지만 이러한 방법을 통해서 본문의 각 구절이 어떤 논리로 연결되어 있는지 파악할 수 있다. 이어서 각 단락의 내용을 요약적으로 제시한다.

둘째, 본문 해설Exposition이다. 필자가 제시한 본문 해설은 중심 주제Big Idea, 문맥Context, 본론Body, 결론Conclusion, 적용Application으로 구성된다. [1] 중심 주제는 제시된 단락에서 전달해야 할 메시지를 한 문장으로 표현한 것이다. [2] 문맥은 본문의 전후 문맥을 설명한 것으로, 이를 통해서 본문이 어떤 상황에서 기록되었는지 파악할 수 있다. [3] 본론은 본문을 2-3 대지로 나누어서 구체적으로 설명한 것이다. 일반적으로 본론에서는 중심 주제에서 제시한 것을 더 구체적으로 설명한다. [4] 결론에서는 본론에서 다루었던 내용을 간략하게 요약한다. [5] 적용에서는 본론의 내용을 오늘날 어떻게 적용할 것인지 간략하게 제시한다. 각 해설 마지막에는 지난 몇 년간 필자가 실제로 설교에 사용했던 제목과 대지를 실었다. 이를 통해 각 해설이 어떻게 설교 구조로 활용될 수 있는지 적용해 볼 수 있고 이 구조로 설교에 활용해도 무방하다.

셋째, 본문 주석에서는 각 구절을 조금 더 구체적으로 설명한다. 본문 해설에서 다루지 못한 더 구체적인 사항들을 본문 주석에서 설명해 놓았다.

설교자 혹은 성경교사로서 이 책 활용하기

필자는 목회로 바쁜 설교자 혹은 성경교사가 야고보서를 잘 이해하고 쉽게 설교나 강의를 준비할 수 있도록 하기 위해 앞서 제시한 구성으로 책을 집필했다. 설교자나 성경교사들은 위에서 제시한 본문 해설Exposition을 잘 활용하면 좋겠다. 본서에 제시된 본문 해설은 독자들이 본문의 내용을 논리적으로 이해할 수 있도록 하기 위해서 제시된 것이다. 그러나 또 다른 한편으로는 설교자들이나 성경 교사들이 주어진 본문 해설을 활용하여 설교문이나 강의안을 만들 수 있도록 배려한 것이다. 실제로 필자는 이와 같이 본문 해설을 작성한 뒤, 이것을 중심으로 설교문을 작성하여 설교한다. 설교문으로 바꿀 때는 [1] 중심 주제Big Idea는 설교의 제목이 된다. 한 문장으로 된 중심 주제를 함축적으로 요약하여 설교의 제목을 만들면 된다. [2] 문맥Context은 설교의 서론이 될 수도 있고, 연속 강해설교를 할 경우 이전의 내용을 요약하는 설명으로 활용해도 된다. [3] 본론Body은 일반적으로 3개로 나누었다. 이는 3 대지 설교를 고려한 것이다. 그렇다고 꼭 3 대지만을 고집할 필요는 없다. 설교자가 전달하고자 하는 메시지에 초점을 맞추어 정하면 된다. [4] 결론Conclusion은 본론에서 다루었던 내용을 간략하게 요약하는 것이다. 간혹 설교를 들으면서 결론에서 새로운 내용을 다루는 것을 보는데, 결론은 간략하게 내용을 요약해서 제시하면 된다. [5] 적용Application은 설교를 어떻게 적용할 것인지에 대해 간략하게 제시하며 청중을 도전하는 것이다. 각 교회의 상황이 다르기 때문에 구체적인 적용을 제시하지는 않았다. 설교자의 교회 상황에 맞게 바꾸면 된다.

설교를 준비할 때, 본문 구조와 요약을 보면서 저자가 어떤 논리로 본문을 기록해 나가는지 파악할 수 있다. 그리고 요약을 통해 본문의 전체 내용을 대략적으로 알 수 있다. 이어서 본문 해설Exposition을 보면 되는데, 필자는 독자들이 이것만 읽어도 주어진 본문의 내용과 주제와 전달해야 할 메시지가 무엇인지 파악할 수 있도록 했다. 본문 해설을 읽다가 잘 이해가 되지 않거나 더 자세한 해설이 필요하면 본문 주석의 내용을 살펴보면 된다.

야고보서 어떻게 읽을 것인가?

    먼저 각 부분의 내용을 파악하기 전에 서신이라는 장르의 분석 방법과 야고보서의 기록 목적을 파악해야만 한다. 그리고 야고보서의 기록 목적을 염두에 둔 채 각 부분의 내용을 파악하여 서신 전체를 이해할 수 있기 바란다.

야고보서는 기록 목적이 분명하다!

    어떤 이는 야고보서가 격언이나 지혜의 말을 모아 놓은 책으로 진술 방식에 있어서 일관성이 없고 그 내용의 전개나 사상의 발전도 없다고 본다. 서신의 내용도 특정한 상황이 아니라 일반적인, 그리고 현재나 미래에 일어나게 될 일에 대한 기록으로 본다. 야고보서 내에 그리스도의 고난과 부활, 그리고 성령에 대한 언급이 없다는 것과 서신의 가르침이 사도 바울의 이신칭의 교리와 상반된다는 이유로 야고보서를 '지푸라기 서신'으로 취급하기도 했다. 이러한 주장의 근거는 야고보서 1:1에서 수신자들을 '흩어져 있는 열 두 지파'라고 호칭한 데 있다. 이 표현이 단순히 유대 지역을 떠나 사는 보편적인 유대인 모두를 가리키는 것으로 보기 때문이다. 서신의 내용은 각 지역에 흩어져 있는 유대인 기독교인들이 현재 직면한 상황이 아니라, 그들이 겪을 수 있는 일반적인 상황과 그에 대한 교훈을 한 것으로 보는 것이다.

    '흩어져 있는 열 두 지파'라는 표현이 상징적인 의미로 사용된 것은 분명하다. 그러나 이 표현이 특정 지역의 교인들을 지칭하거나 발신자가 그들의 상황을 잘 알고 있다면 상황은 달라진다. 야고보서가 디아스포라의 기독교인에게, 그리고 회람용으로 기록되었다고 하더라도 이 서신의 최초 수신자는 분명히 있었다. 발신자인 야고보가 수신자도 생각지 않고 무작정 서신을 기록했다고 볼 수는 없다. 만약 저자가 수신자를 생각했다면, 그들의 상황도 분명 잘 알았을 것이다. 발신자인 야고보가 수신자가 당면한 문제와 이슈를 잘 알고 그에 대해 권면하려고 서신을 기록했다면, 야고보서가 단순히 여러 가지 지혜의 말들을 엮어 놓았거나 저자의 진술에 일관성이 없거나, 아니면 저자가 주장하는 내용과 관련하여 사상의 발전이 없다고 말하는 것은 어불성설이다.

현대의 서신처럼 고대 서신과 성경의 서신도 각 서신의 수신자가 처한 상황과 그들이 당면한 문제를 고려하여 기록되었다. 따라서 각 서신의 저자가 다루는 문제가 다르고, 비슷한 내용을 다룬다고 해도 그 강조점이 다르다. 중요한 것은 각 서신에서 다양한 문제를 다루더라도 그 문제들이 궁극적으로 지향하는 바가 있다는 것이다. 이를 '서신의 기록 목적'이라고 할 수 있다. 저자는 수신자들이 안고 있는 문제나 그들에게 권면할 사항을 서신에서 다루는데, 이 모든 문제는 저자가 지향하는 그 서신의 기록 목적을 따른다. 저자가 그 기록 목적을 명시하면 좋겠지만, 대부분의 경우 그 기록 목적을 명확히 밝히지 않는다. 따라서 현대의 독자는 서신 본문에 나타난 내용을 통해서 당시 서신의 상황epistolary context이나 수신자들이 당면한 문제를 유추해서 그 기록 목적을 밝힐 수밖에 없다. 이를 거울 독법Mirror-Reading이라고 한다. 이처럼 야고보서의 저자도 서신의 기록 목적을 명확히 밝혀놓지 않았기 때문에 본문을 면밀히 살펴보아야 한다.

서신은 처음과 끝을 먼저 봐야 한다

일반적으로 고대 서신은 서신의 닫는 단락closing section에서 본문의 내용을 간단하게 요약한다. 이러한 현상은 성경의 서신에도 나타난다. 모든 서신에서 동일한 형태로 나타나는 것은 아니다. 그러나 많은 경우 닫는 단락에서 본문의 내용을 요약하거나 본문에서 다룬 내용을 상기시키는 표현을 사용하여 마지막 당부의 말을 전달한다. 따라서 항상 그렇지는 않지만, 서신의 닫는 단락을 살펴보면 서신의 상황이나 저자가 다루고자 하는 문제, 그리고 서신을 기록한 목적을 발견할 수 있다. 서신의 여는 단락opening section을 살피는 것도 도움이 되지만 여기서는 닫는 단락을 살피는 것만 예로 들어서 설명하려 한다.

서신의 닫는 단락은 어떻게 분석해야 할까? 먼저 서신의 닫는 단락에 공통적으로 나타나는 요소를 살펴보고, 한 서신에만 독특하게 나타나는 요소나 표현을 찾는 것이다. 이를 간단히 공통성과 독특성이라고 칭하자. 공통성은 보편적으로 나타나기에 이를 통해서 각 서신의 독특성을 파악할 수는 없다. 독특성을 살필 때 저자가 무엇을 의도하는지 파악할 수 있다. 그러면 닫는 단락의 공통성과 독특성은 어떻게 파악할 수 있을까? 아래에서 이를 설명하려 한다.

1. 서신의 닫는 단락에 나타나는 서신적 요소epistolary elements와 형식form

1) 서신적 요소

신약성경 서신서의 닫는 단락은 몇 가지 요소로 구성되어 있다. 바울 서신을 기준으로 했을 때, 가장 일반적이면서도 자주 나타나는 요소는 '은혜 기원'Grace Benediction, '평강 기원'Peace Benediction, '마무리 인사'Closing Greeting 그리고 '결론적 권면'Concluding Exhortation이다. 이 외에 가끔씩 나타나는 요소는 '송영'Doxology, '기쁨의 표현'Joy Expression, '기도 요청'Request for Prayer, '추신'Postscript 등이 있다. 이 요소들 모두가 한 서신에 나타나는 경우는 드물다. 서신에 따라서 한 요소가 추가되고 또 다른 요소가 생략되기도 한다.

이는 저자가 서신의 수신자들이 처해 있는 상황epistolary context에 맞는 요소들을 선택하여 기록했기 때문이다.

야고보서의 경우 여는 단락에는 서신적 요소가 나타나지만 닫는 단락에는 서신적 요소가 나타나지 않는다고 보는 이들이 많다. 즉, 여는 단락에서 발신자는 '하나님과 주 예수 그리스도의 종 야고보'이고, 수신자는 '흩어져 있는 열두 지파', 그리고 '문안하노라'로 끝나는 문안인사가 있다. 그러나 닫는 단락에는 마무리 인사나 은혜 기원, 또는 평강 기원 등과 같은 요소들이 나타나지 않는다. 대신에 5:19-20은 "내 형제들아 너희 중에 미혹되어 진리를 떠난 자를 누가 돌아서게 하면 너희가 알 것은 죄인을 미혹된 길에서 돌아서게 하는 자가 그의 영혼을 사망에서 구원할 것이며 허다한 죄를 덮을 것임이라"로 끝난다. 5:19는 '만약'으로 시작하는 가정법으로 "내 형제들아, 만약 너희 중에 누군가가 진리로부터 벗어나고 누군가가 그를 돌이키게 하면"이다. 그리고 5:20은 "누구든지 죄인을 미혹된 길에서 돌아서게 하는 자가 그 영혼을 사망에서 구원할 것이며 허다한 죄를 덮을 것임을 알게 하라!"라고 하는 명령문이다.

서신적 요소 중에 명령 형태의 문장을 포함하는 것은 '결론적 권면'이다. 이는 서신을 마무리하면서 마지막으로 수신자들에게 명령하며 권하는 것이다. 야고보서의 닫는 단락은 다른 모든 요소를 생략하고 결론적 권면만 포함한 듯하다. 저자가 서신을 명령으로 마무리하는 것은 서신 전체에서 명령형 동사를 54회나 사용한 것과 관련이 있을 수 있다. 저자의 서술 스타일이 그렇다는 말이다. 그러나 단순히 저자의 스타일이나 그 일관성을 유지하는 문제 이상의 것일 수도 있다. 왜냐하면 서신의 본문에서 많은 명령형 동사를 사용했다고 해도 끝인사와 축복문 등으로 서신을 마무리할 수 있기 때문이다. 그러나 야고보서는 오직 명령형 동사를 사용한 권면만 있다. 이러한 구성은 저자가 보편적인 형태의 인사와 축복 대신 마지막까지 명령하며 서신을 마무리할 수밖에 없는 그런 긴박하고 심각한 상황을 보여주는 듯하다. 왜냐하면 전체 서신은 수신자들이 흩어져 사는 기독교인으로서 여러 가지 시련을 당하고1:1-2, 이 시련 때문에 진리를 떠난 자들이 있다고 말하기 때문이다5:19-20.

2) 서신적 요소의 형식

앞서 서신의 닫는 단락은 은혜 기원, 평강 기원, 마무리 인사, 결론적 권면 등의 요소들로 구성된다고 했다. 이 서신적 요소들은 각 요소를 특징지을 수 있는 기본적인 형식이 있다.

은혜 기원 Grace Benediction

기본형식: '주 예수의 은혜가 너희와 함께' *ἡ χάρις τοῦ κυρίου Ἰησοῦ μετὰ ὑμῶν*

은혜 기원은 세 가지 기본적인 요소, 곧 '기원'wish, '신적 근원'divine source, '수신자'recipient로 구성된다. 첫째, '기원'은 무엇을 기원하는지를 밝히는 것으로, '은혜'*ἡ χάρις*라는 표현이 사용된다. 둘째, '신적 근원'은 은혜의 근원, 곧 그 은혜가 누구로부터 나오는지 밝히는 것이다. 속격 형태인 '주 예수의'*τοῦ κυρίου Ἰησοῦ*라는 표현이 사용된다. 그래서 첫 번째 요소와 함께 '주 예수의 은혜'*ἡ χάρις τοῦ κυρίου Ἰησοῦ*가 된다. 셋째, '수신자'는 은혜 기원의 대상이 누구인지 밝히는 것으로, '너희와 함께'*μετὰ ὑμῶν*라는 표현이 사용된다.

평강 기원 Peace Benediction

기본형식: '평강의 하나님께서 너희와 함께' *ὁ θεὸς εἰρήνης μετὰ ὑμῶν*

평강 기원은 네 개의 기본 요소, 곧 '서두적 요소'introductory element, '신적 근원'divine source, '기원'wish, '수신자'recipient로 구성된다. 은혜 기원과 비교했을 때 하나의 요소가 더 추가될 뿐이다. 첫째, '서두적 요소'는 '평강 기원'의 시작을 알리는 표현으로 '그러나'*δέ*나 '그리고'*καί*가 쓰인다. 일반적으로 서신의 닫는 단락을 평강 기원으로 시작할 때 '그러나'를 사용하여 본문이 끝나고 닫는 단락이 시작됨을 알린다. 이는 헬라어의 '그러나'가 화제 전환을 위해서 쓰이는 것과 같다. '평강 기원'이 서신적 요소들 중에 위치하여 앞의 내용과 연결이 될 때는 '그리고'로 시작한다. 둘째, '신적 근원'은 평강의 근원을 밝히는 것으로서 은혜 기원과 다르게 주격이 사용되고 그 주체도 하나님이다ὁ θεός. 셋째, '기원'은 무엇을 기원하는지 밝히는 것으로, '평강'의 속격 형태εἰρήνης가 사용된다. 따라서 두 번째 요소와 함께 '평강의 주께서'ὁ θεός εἰρήνης가 된다. 넷째, '수신자'는 평강 기원의 대상을 밝히는 것으로, '너희와 함께'μετὰ ὑμῶν라는 표현이 사용된다.

마무리 인사Closing Greeting
기본형식: '내가 너 [너희]에게 문안한다'ἀσπάζομαι σε/ὑμᾶς

마무리 인사는 '마무리 인사를 위한 동사'greeting verb, '인사하는 자'greeter, '인사받는 자'recipient로 구성된다. 첫째, '마무리 인사를 위한 동사'는 '문안하다'ἀσπάζομαι라는 동사가 사용된다. 둘째, '인사하는 사람'은 문안 인사의 주체로서 일반적으로 서신의 기록자이다. 셋째, '인사받는 사람'은 2인칭 대명사 단수인 너σε 혹은 복수인 '너희ὑμᾶς가 일반적이고, 문안을 받는 대상의 이름이 직접 거명되기도 한다.

결론적 권면Concluding Exhortation
기본형식: 없음

결론적 권면은 이를 구성하는 요소가 정해져 있지 않기 때문에 기본 형식이 존재하지 않는다. 그러나 결론적 권면이 가진 일반적인 패턴은 있다. 첫째, '권하다'παρακαλέω라는 동사가 사용된다. 둘째, 권면의 내용이 수신자들이 속한 공동체와 특정 개인 또는 그룹과의 관계와 연결되어 있다. 셋째, '형제들아'ἀδελφοί; 롬 16:17; 고후 13:11; 빌 4:8; 살전 5:25 또는 '형제여'ἀδελφέ; 몬 20와 같은 호격이나 '마지막으로'/'결론적으로'Τοῦ λοιποῦ와 같은 표현고후

13:11; 갈 6:17; 빌 4:8으로 시작한다. 넷째, 주로 명령형 동사가 사용된다.

이상에서 제시한 것처럼 닫는 단락을 구성하는 각 서신적 요소는 기본적인 형식이 있다. 그러나 성경에 기록된 대부분의 서신적 요소는 기본 형식보다 더 확장되거나 변형된 형태가 사용된다. 예를 들어 고린도전서 16:23의 은혜 기원은 "주 예수 그리스도의 은혜가 너희와 함께 하고"인데 반해, 고린도후서 13:13의 은혜 기원은 "주 예수 그리스도의 은혜와 하나님의 사랑과 성령의 교통 하심이 너희 무리와 함께 있을지어다"라고 되어 있다. 또한 갈라디아서 6:18의 은혜 기원은 "형제들아 우리 주 예수 그리스도의 은혜가 너희 심령에 있을지어다"라고 되어있다. 모두 은혜 기원이지만 사용된 표현이 다르고, 어떤 것은 짧고 어떤 것은 길다. 이처럼 각 서신에 있는 서신적 요소가 다르게 표현된 이유는 각 서신의 저자가 수신자들의 상황을 반영해서 변형시켰기 때문이다. 앞서 언급한 것처럼 각 서신적 요소가 서신의 상황에 따라 변형된 것을 '독특성'이라고 할 수 있다. 따라서, 이와 같은 변화, 곧 독특성을 분석하면 저자의 의도와 저자가 말하고 싶어 하는 것이 무엇인지 유추해낼 수 있다.

2. 서신의 닫는 단락에 나타나는 서신적 요소와 형식의 변화

2015년 윤성희 작가는 '기적의 손편지'라는 책을 썼다. 여기서 그는 손편지를 잘 쓰는 노하우에 대해 말하면서 편지를 받는 수신자를 떠올리며 그 사람에게 맞는 이야기를 최대한 잘 쓰는 것이라고 했다. 그는 '7:3의 법칙'을 제시하는데, 이는 편지의 내용 구성에 있어서 70%는 수신자의 이야기를, 나머지 30%는 발신자의 이야기를 쓴다는 것이다. 왜냐하면 발신자의 이야기만 써 놓은 안부 편지는 상대방의 공감대를 불러일으킬 수 없고, 또 수신자들이 그러한 편지를 원하지도 않기 때문이다.

윤성희 작가의 노하우는 현대 손편지에만 적용되는 것이 아니라

고대 편지에도 적용이 된다. 왜냐하면 그 비율을 정확히 말할 수는 없지만 신약성경에 기록된 서신도 각 서신의 수신자들이 당면한 문제를 반영하여 권면하고 책망하고 도전하기 때문이다. 서신의 전반적인 내용이 수신자들을 고려한 것이라면, 서신의 닫는 단락에서도 마찬가지이다. 예전에는 서신의 닫는 단락은 단순히 안부를 전하고 마지막 인사와 기원을 전달하는 것으로 보았다. 따라서 닫는 단락의 중요성이 간과되었다. 그러나 지금은 점점 더 많은 사람이 서신의 닫는 단락의 중요성을 인식하고, 여기서 단순히 인사나 기원만 전달하고 끝난다고 보지 않는다. 닫는 단락의 내용뿐 아니라 서신적 요소들, 그리고 각 요소의 형식 조차도 수신자들의 상황을 고려해서 기록되었다고 본다. 따라서 현대의 독자들은 이러한 서신적 요소나 형식의 변화를 연구할 필요가 있다. 이를 통해 당시 수신자들이 처한 상황, 발신자가 수신자들에게 마지막까지 전하려 했던 말이나 의도, 그리고 서신의 분위기를 파악할 수 있다. 그렇다면, 서신적 요소의 변화나 그 형식의 변화가 무엇을 말할까?

1) 서신적 요소의 변화

앞서 살펴본 바와 같이 서신의 닫는 단락을 구성하는 요소들 중에 '은혜 기원', '평강 기원', '마무리 인사' 그리고 '결론적 권면'은 자주 나타나고 '송영', '기쁨의 표현', '기도 요청', '추신' 등은 가끔씩 나타난다고 했다. 그러나 이 모든 요소들이 한 서신에 한꺼번에 등장하는 경우는 없다. 그 이유는 각 서신의 상황context이 서로 다르고 서신마다 저자가 전달하고자 하는 내용이 다르기 때문이다. 발신자는 서신을 시작할 때부터 끝맺을 때까지 수신자들의 상황을 고려하여 그 내용과 요소를 구성한다는 말이다. 예를 들어서 야고보서의 닫는 단락에는 '결론적 권면' 외에 아무런 서신적 요소가 존재하지 않는다. 모든 서신적 요소를 생략하는 것이 야고보서가 기록될 당시의 관습이었을 수도 있다. 그러나 저자가 의도적으로 그렇게 했을 가능성이 더 크다. 서신 전체에서 명령형 동사를 사용하여 수신자들에게 권했던 것처럼 서신을 마무리할 때 조차도 그렇게 했을 가능성이 크다. 잘 알고 있듯이 야고보서는 믿음과 행함을 강조한다. 행함이 없는 믿음은 죽은 믿음이라고까지 말한다. 이런 관점에서 저자는 수신자들에게 명령하면서 믿음의 모습을 보이기를 촉구하는 것이다.

2) 서신적 요소의 형식 변화

서신적 요소의 형식 변화는 각 서신적 요소의 기본 형식이 변하는 것을 말한다. 야고보서의 닫는 단락에 나타난 '결론적 권면'을 예로 들어 살펴보자. 앞서 말한 바와 같이 '결론적 권면'은 특정한 기본 형식이 없다. 따라서, 각 '결론적 권면'이 포함하는 권면의 내용이 중요하다. 야고보서의 결론적 권면5:19-20을 몇 가지로 살펴보자.

첫째, 5:19은 '내 형제들아!'로 시작한다. 이 호칭과 함께 명령형 동사가 사용되었다. 명령형 동사는 어조가 강하여 저자가 수신자들에게 뭔가 강하게 촉구하는 듯한 인상을 준다. 그러나 명령형 동사와 함께 '내 형제들아'라는 표현을 사용함으로써 그 명령이 강압적인 것이 아니라 애정 어린것이 되도록 한다. 저자는 수신자들에게 그리스도 안에서 한 형제 된 자로서 애틋한 마음을 가지고 권면하며 명하는 것이다.

둘째, 5:19는 조건절로서 "만약 너희 중에 누구든지 미혹되어 진리를 떠난 자를 돌아서게 하면"이라고 했다. 이는 서신이 쓰일 당시 수신자들 내에 미혹되어 진리를 떠난 자들이 있었음을 암시한다. 저자는 이를 알고 수신자 전체에게 미혹되어 진리를 떠난 자를 돌아서게 하라는 바람을 전달한다.

셋째, 미혹되어 진리를 떠난 자를 돌아서게 할 때, 돌아온 자들의 영혼이 사망에서 구원받고 그들이 지은 죄까지도 용서함 받을 것이다. 5:20에서 "죄인을 미혹된 길에서 돌아서게 하는"이라는 말은 5:19에서 "미혹되어 진리를 떠난 자를 누가 돌아서게 하면"이라고 한 말의 반복이다. 같은 문구의 반복 사용은 미혹된 자들을 돌아서게 하려는 저자의 강한 의지를 보여준다. 저자는 "너희가 알 것은 죄인을 미혹한 길에서 돌아서게 하는 자가 그 영혼을 사망에서 구원하며 허다한 죄를 덮을 것이니라"5:20라고 말한다. 이 구절은 미혹되어 진리를 떠난 자는 죽었고 많은 죄악 가운데 있다고 말한다. 저자는 수신자들에게 그와 같은 자를 돌아서게 하면 그들의 영혼이 살고 그들이 지었던 죄도 다 사함을 받을 수 있다고 말한다. 여기서 '알 것은'으로 번역된 것은 "너희는 알라!"라는 명령형 동사이다. 따라서 저자는 수신자들에게 미혹된 자를 돌아서게 하면 그들의 영혼이 구원받을 뿐 아니라 그들이 지은 죄까지도 사함 받게 된다는 사실을 알라고 강하게 명하며 서신을 마무리하는 것이다.

3. 서신의 기록 목적

앞선 논의를 근거로 저자가 야고보서를 기록한 목적을 다음과 같이 요약할 수 있다. "너희 중에 미혹되어 진리를 떠난 자들이 있는데, 너희는 그들을 미혹된 길에서 돌아서게 해야 한다. 만약 너희가 그렇게 하면 그들의 영혼이 살고 이제까지 지었던 많은 죄도 용서함을 받을 것이다. 이것을 꼭 기억하라!" 이 결론적 권면을 근거로 현대 독자는 저자가 왜 야고보서를 기록해야만 했는지에 대한 '서신의 기록 목적'을 발견할 수 있다. 한마디로 말해서 야고보서의 기록 목적은 '미혹되어 진리를 떠난 자를 돌아서게 하는 것'이다.

1) 서신의 기록 목적과 본문 연결하기

만약 '미혹되어 진리를 떠난 자를 돌아서게 하는 것'이 야고보서의 기록 목적이라면 이러한 사실은 분명 서신의 본문에서 더 구체적으로 나타나야 한다. 미혹되어 진리를 떠난 자의 모습이 어떠한지, 그들이 가지고 있는 문제가 무엇인지, 그리고 그들을 다시금 진리 앞으로 돌아오게 하는 방법이 무엇인지 구체적으로 나타나야만 한다는 것이다. 왜냐하면, 서신의 기록 목적과 본문 각 부분의 내용은 매우 밀접하게 연결되어 있기 때문이다. 서신의 기록 목적과 관련된 주제를 본문에서 찾는 것은 어렵지 않다. 본문에서 다루고 강조하는 내용, 그리고 반복 사용하는 표현 등을 살펴보면 쉽게 찾을 수 있다.

① 반복되는 표현 [1]: 시련, 고난, 인내
시련_trial_, **시험**_test_, **시험/유혹**_temptation_

야고보서는 여느 서신과 같이 서신을 시작하면서 먼저 발신자와 수신자를 밝힌다. 그러나 특이한 점은 은혜와 평강 기원이 없이 문안 인사만 하는 것이다. 그 이유를 몇 가지로 추측해 볼 수 있다. 첫째, 저자가 고대의 일반 서신에서 사용하던 양식을 사용한 것이다. 1:1의 '문안하다'χαίρειν라는 동사는 당시 세속 편지에서 일반적으로 사용되던 동사였기 때문이다. 둘째, 야고보서가 성경의 다른 서신들보다 일찍 기록되었을 수 있다. 항상 그런 것은 아니지만 서신의 여는 단락이나 닫는 단락에 포함된 서신적 요소들은 세속 양식에서 빌어온 것이다. 그러나 바울을 비롯한 당대 기독교인들은 세속 양식을 교회의 상황에 맞게 변형해서 사용했다. 야고보서 1:1의 '문안하다'라는 동사의 형태는 아직 그것이 기독교적인 형태로 변형되기 전의 것일 수 있다. 셋째, 서신의 여는 단락을 간략하게 하고 수신자들이 가진 문제를 빨리 다루고자 했을 수도 있다. 만약 당시 기독교인들이 사용하던 변형된 양식이 있었음에도 그것을 사용하지 않았다면 야고보서의 저자는 의도적으로 은혜와 평강 기원 대신에 문안 인사만 한 것으로 볼 수 있다. 이럴 경우 저자는 서신의 여는 단락을 최대한 간략하게 하고 본문을 시작하면서 수신자들이 당면한 문제를 바로 다루고자 한 것이다. 이는 여는 단락 이후 본문의 시작인 1:2에서 수신자들이 직면한 이슈 중 하나인 '시련'의 문제를 다루는 것에서 더 명확해진다.

1:2의 '시험'으로 번역된 헬라어 단어 '페이라스모스'πειρασμός는

'시련'trial, '시험'test 또는 '시험'/'유혹'temptation이라는 의미가 있다. 따라서 이 단어는 문맥에 따라 다르게 번역된다. 개역개정 성경에서는 '시험'으로 번역되었다. 한글의 '시험' 역시 여러 가지 의미가 있기에 그 의미의 모호함을 없애기 위해 오히려 '시련'으로 번역하는 것이 더 낫다. 대부분의 영어성경도 '시련'trial으로 번역했다. 무슨 시련을 말하는지 정확히 알 수는 없지만, 1:1에서 수신자들을 '흩어져 있는 열 두 지파'라고 호칭한 것에서 힌트를 얻을 수 있다. '흩어져 있는'으로 번역된 표현의 헬라어 원문은 '엔 테 디아스포라'ἐν τῇ διασπορᾷ이다. 이 표현은 야고보서의 수신자들이 여기저기 흩어져 있는 기독교인 무리라는 말이다. 비기독교인이 주류를 이루는 지역에서 무리를 이루어 신앙생활하는 흩어져 있는 기독교인들을 말한다. 이와 같은 사실은 수신자들이 이방인처럼 고달프고 힘든 삶을 살았음을 암시한다. 그들은 항상 시련을 당하며 살았다는 말이다.

이와 같이 '시련'으로 번역된 단어의 명사형이 1:2와 1:12에 나타난다. 그리고 동사형이 1:13과 1:14에 나타난다. 주목할만한 것은 '시련'이라는 표현이 서신의 시작과 함께 계속 나타나는 것이다. 이와 같은 사실은 저자가 수신자들이 직면한 여러 가지 시련을 이기도록 격려하는 것을 가장 중요하게 여겼음을 보여준다. 수신자들의 상황을 보여주는 '여러 가지 시련'과 5:19의 '미혹되어 진리를 떠난 자'를 연결해서 생각해 볼 수 있다. 수신자들은 그들이 당하는 여러 가지 시련 때문에 힘들어하고, 또 그것으로 인해 미혹되어 진리를 떠났다고 볼 수 있다.

고난κακοπάθεια; suffering

5:10에 "형제들아 주의 이름으로 말한 선지자들을 고난과 오래 참음의 본으로 삼으라"라고 했다. '고난'의 헬라어 원어는 '카코파쎄이아'κακοπάθεια이다. 어떤 이는 이를 '인내'endurance로 번역하는 것이 더 낫다고 한다. 그러나 대부분은 이를 '고통'/'고난'suffering을 의미하는 것으로

본다. 대부분의 영어성경도 이와 같이 번역한다. 여기서 말하는 고난이 무엇인지 정확히 알 수 없다. 그러나 분명한 것은 그 고난은 '선지자들의 고난'이다. 더 정확하게 말하면, '주의 이름으로 말하는 선지자들의 고난'이다. 이 표현은 선지자들의 직무와 그들이 당하는 고난이 무엇인지 암시한다. 선지자들은 하나님의 말씀을 그의 백성들에게 전하기 위해서 택함을 받았다. 상황이 어떠하든지 그들은 하나님의 말씀을 전달해야 한다. 많은 경우 선지자들은 그들에게 주어진 임무를 수행할 때 핍박받고 고난을 당한다. 왜냐하면 '주님의 말씀'을 전했기 때문이다. 따라서 여기서 말하는 고난은, 하나님을 위한 선지자들의 직무, 특히 '주의 이름으로 말하는 것'을 수행할 때 당하는 모든 고난/고통을 포함한다.

'카코파쎄이아' 고난의 동사형 '카코파쎄오' κακοπαθέω가 5:13에 사용되어 "너희 중에 고난당하는 자가 있느냐 그는 기도할 것이요 즐거워하는 자가 있느냐 그는 찬송할지니라"라고 했다. 앞선 구절인 5:10의 배경이 여전히 적용된다면, 여기서 말하는 고난은 수신자들이 하나님을 믿는 자들로서 주의 이름으로 말하는 것과 관련해서 당하는 고난이다. 즉, 하나님의 말씀을 말하고 실천하는 자로서 살아갈 때, 신자로서 당하는 온갖 고난과 핍박을 말한다.

'인내' ὑπομονή와 μακροθυμέω; steadfastness

'인내'에 해당하는 헬라어인 '휘포모네' ὑπομονή가 서신의 초반부인 1:3과 1:4, 그리고 서신의 마지막 부분인 5:11에 나타난다. 그리고 같은 단어의 동사형 '휘포메노' ὑπομένω 역시 초반부인 1:12와 마지막 부분인 5:11에 나타난다. 인내와 관련된 또 다른 단어인 '마크로쒸메오' μακροθυμέω는 서신의 마지막 부분인 5:7 2회과 5:8에 나타난다. 그리고 이 단어의 명사형인 마크로쒸미아 μακροθυμία가 5:10에 쓰였다.

서신의 초반부와 닫는 단락: 시련, 고난, 인내

앞서 살펴본 바와 같이 야고보서에는 시련, 고난, 인내와 관련된 표현들이 많이 나타난다. 그런데, 주목할만한 사실은 이와 같이 서로 관련이 있는 표현들이 서신의 초반부와 마지막 부분에 집중적으로 나타난다는 것이다. 저자가 서신의 본문을 시작하면서, 그리고 서신의 본문을 맺으면서 시련과 고난, 그리고 인내와 관련된 내용을 언급한 것은 이 주제가 수신자들이 당면한 가장 크고 중요한 문제이기 때문이다.

② 반복되는 표현 [2]: 기도

구하다αἰτέω; ask

'구하다'로 번역된 동사 '아이테오'αἰτέω는 1:5, 1:6, 4:2, 그리고 4:32회에서 5회 사용되었다. 이 동사는 온전히 기도의 상황에서만 사용되는 표현은 아니다. 마태복음 27:20과 사도행전 16:29를 보면 무엇인가를 구하거나 요구할 때 사용된 것을 알 수 있다. 구하는 대상이 하나님도 아닐뿐더러 상황도 기도의 상황은 아니다. 그러나 복음서의 또 다른 상황을 보면마 7:7-11 외 다수, 하나님께 무엇인가 구하는 기도의 상황에서도 사용된다. 야고보서의 경우 5회 모두 기도와 관련하여 사용되었다. '구하는 것'과 '기도하는 것'의 정확한 차이가 무엇인지 알 수 없지만, '기도'가 '구하는 것'의 개념보다 더 크다고 볼 수 있다. 왜냐하면, 기도는 무엇인가 요구하듯 구하는 것뿐 아니라 하나님을 찬양하는 것 외에 많은 요소를 포함하기 때문이다. 예를 들어서 마태복음 21:22에서 "너희가 기도할 때에 무엇이든지 믿고 구하는 것은 다 받으리라 하시니라"라고 했다. 여기서 '구하다'라는 동사와 '기도'라는 명사가 동시에 사용되었는데, '구하는 것'은 '기도' 중에 하는 것으로 묘사된다.

기도하다εὔχομαι; προσεύχομαι; pray

기도와 관련된 표현은 '기도하다'로 번역된 동사 '유코마이'εὔχομαι와 '프로슈코마이'προσεύχομαι, 그리고 '유코마이'의 명사형 '유케'εὐχή와 또 다른 명사 '데에시스'δέησις가 7회 사용되었다. '유코마이'는 '기도하다'pray라는 뜻

외에 '바라다'/'원하다'wish라는 의미가 있다참고. 롬 9:3. 그 대상이 하나님일 경우 주로 '기도하다'로 번역된다. '프로슈코마이'는 '유코마이'와 '~을 향하여'라는 의미의 전치사πρός가 합성된 동사이다. 그리고 '데에시스'는 주로 '간구'petition; entreaty; supplication로 번역되고 간절히 애원하며 기도하는 것을 뜻한다. 각 단어의 뉘앙스는 조금씩 다르지만 전체적으로 기도를 의미한다. 먼저 5:16에서 '유코마이'기도하라와 '데에시스'간구가 각 1회 나타난다. 5:15에서는 '유코마이'의 명사형 '유케'기도가 사용되었다. 나머지 4회는 '프로슈코마이'가 5:13, 14, 17, 18에 각 1회씩 사용되었다.

서신의 초반부와 닫는 단락: 구하고 간구하고 기도하기

'구하다'αἰτέω라는 동사가 4장에서 3회4:2; 4:3*2 정도 나타난다. 그 외에 기도와 관련된 모든 표현들은 본문의 초반부 1장에 2회 나타나는 것을 제외하면 대부분 마지막 부분인 5장에 나타난다. 이러한 현상은 시련, 고난, 인내와 관련된 표현이 서신의 초반부와 마지막에 나타나는 것과 연관이 있어 보인다. 수신자들이 시련과 고난을 당할 때, 취해야 할 가장 중요한 행동 중 하나가 기도라는 말이다. 서신을 마무리하면서 저자가 수신자들에게 시련을 당할 때 기도하라고 마지막으로 권하는 것으로 볼 수 있다.

③ 반복되는 표현 [3]: 두 마음δίψυχος; double minded

'두 마음'의 직접적 표현

앞서 5:19-20은 서신의 기록 목적을 담고 있다고 했다. 이 구절은 수신자들 중에 '미혹되어 진리를 떠난 자'가 있음을 암시한다. 서신 전체 내용을 볼 때, 미혹되어 진리를 떠났다는 말이 교회 공동체를 떠났다는 의미는 아니다. 왜냐하면 야고보서는 '행함이 없는 믿음은 죽은 것'2:26이라고 가르치기 때문이다. 말로는 믿음이 있다고 하면서 일상생활 속에서 그 믿음 있음을 보이지 못하는 수신자들의 모습을 지적한다는 말이다. 미혹되어 진리를 떠난 것은 교회 내에서 믿음이 있다고 말하지만 실제로는 믿음을 보이지 못하는 것을 가리킨다. 저자는 이러한 삶을 사는 자들을 가리켜 '두 마음'을 가진 자라고 말한다.

저자는 '두 마음을 품은'δίψυχος이라는 의미의 형용사를 두 번 사용한다. 이 표현은 '결단력이 없는'irresolute, '의심하는'doubting, '주저하는'hesitating 등의 의미가 있다. 그리고 이 단어는 문자적으로 '두 마음을 품은'double-minded이라는 의미가 있다. 먼저 1:8에서 "두 마음을 품어 모든 일에 정함이 없는 자로다"라고 했다. 여기서 기도와 관련된 문맥에서 믿음으로 구하고 의심하는 자를 두 마음을 품은 자로 묘사한다. 한편으로는 기도를 하지만 또 다른 한편으로는 하나님을 의심하는 것이다1:6. 이런 자는 하나님으로부터 아무것도 얻지 못한다1:7. 두 번째로 4:8에서 "하나님을 가까이하라 그리하면 너희를 가까이하시리라 죄인들아 손을 깨끗이 하라 두 마음을 품은 자들아 마음을 성결하게 하라"라고 한다. 여기서 저자는 겉도 깨끗하게 하고 마음도 깨끗하게 하라고 명한다. 이는 겉으로 드러나는 문제는 근본적으로 그 마음이 문제임을 암시한다. 저자는 속이 성결하지 못하고 더럽고 추악하면서 겉은 성결한 척하고 믿음이 있는 척하는 자들에게 겉과 속 모두를 깨끗하게 하라고 권한다.

'두 마음'의 간접적 표현

앞서 지적했듯이 저자가 '두 마음을 품은'δίψυχος이라는 표현을 직접적으로 2회 사용한다. 저자는 수신자들이 가진 다양한 모습을 묘사하면서 간접적으로 두 마음을 가진 자의 모습이 어떠한지 보여준다.

믿음으로 구하고 의심하는 문제

1:8에서 "두 마음을 품어 모든 일에 정함이 없는 자로다"라고 했다. 이 구절의 전후 문맥은 하늘의 지혜가 필요한 자들에게 기도하라고 명하는 것이다. 하나님은 후히 주시고 꾸짖지 아니하시는 분이다1:5. 그런데 문제는 사람이 기도하면서 의심하는 것이다1:6. 기도는 그 기도를 들으시는 하나님을

신뢰하는 마음으로 하는 것이다. 만약 그런 상태로 기도를 시작했다면 끝까지 하나님을 신뢰하는 것이 옳다. 기도의 응답이 내가 생각하는 대로 빨리 이루어지지 않는다고 하더라도 하나님을 신뢰해야 한다. 설령 내가 생각한 대로 응답되지 않는다고 하더라도 하나님을 신뢰하는 것이 한 마음으로 기도하는 것이다. 그러나 믿음으로 구하고 의심하는 모습은 두 마음을 품은 자들이 하는 기도이다약 1:5-8.

'속지 말라'와 '속이지 말라'

두 마음을 품은 자의 또 다른 모습은 '속이는 것'과 관련이 있다. '속이다'라는 말은 사전적으로 "잘못된 것을 마치 올바른 것인 양 누구에게 말하거나 또는 그렇게 일을 꾸미다"라는 의미가 있다. 이런 사전적 의미는 속이는 사람은 이미 잘못된 것을 알고 있지만 그것을 올바른 것인 양 말한다는 말이다. 야고보서의 언어로 표현하자면, 마음으로 두 가지 생각을 가지고 있는 것이다. 어떤 사실이 분명 잘못된 것을 알고 또 그렇게 생각하지만 타인에게 말하거나 보일 때는 그 잘못된 것을 올바른 것처럼 보이게 하는 것이다. 야고보서에는 '속이다'라는 의미의 단어가 세 개 나타난다.

첫째, '플라나오'πλανάω로 '잘못된 방향으로 이끌다'lead astray 또는 '헤매게 하다'cause to wander 등의 의미가 있다. 비유적인 의미로는 '호도하다'mislead 또는 '속이다'deceive라는 의미가 있는데, 야고보서에서 2회가 사용되었다. 1:16에서 "내 사랑하는 형제들아 속지 말라"라고 했다. 이 구절의 문맥은 사람이 시련trials을 만났을 때, 자신이 하나님에 의해서 시험tempt 당하는 것으로 잘못 생각하는 것을 지적한 것이다1:12-15. 저자는 성도가 시험temptation을 받는 것은 자기 자신의 욕심에 끌려 미혹되기 때문이라고 한다1:14. 그리고 이 욕심이 잉태하여 죄가 되고 죄가 장성하여 사망에 이르도록 한다1:15. 이런 문맥에서 '속지 말라'라고 하는 것은, 스스로의 욕심 때문에 시험을 받으면서 하나님께 시험받는다고 말하며 자신을 속이지 말라는 말이다.

'플라나오'πλανάω는 5:19의 "내 형제들아 너희 중에 미혹되어 진리를 떠난 자를 누가 돌아서게 하면"이라는 문장에서 '미혹되어'로 번역되었다. 수신자들이 디아스포라에 살면서 겪어야 했던 여러 가지 시련을 고려해 볼 때, 미혹된다는 의미가 무엇인지 추측할 수 있다. 그들은 정치, 사회, 문화, 종교 등 모든 면에서 시련을 겪었을 것이다. 그리고 시련이 속히 끝나지 않고 지속되면서 그들 중에 하나님을 원망하는 자들이 생겨나고, 그들이 당하는 시련은 하나님에 의해 시험temptation당하는 것으로 생각한 듯하다. 그리고 어떤 이들은 이러한 생각을 마음에 지속적으로 품고 있으면서 죄를 짓고 죄를 반복해서 지으면서 영적 사망에 이르게 되었을 것이다2:15. 이와 같은 상황은 스스로 미혹되어 진리를 떠난 것이 무엇인지 보여준다.

둘째, '파라로기조마이'παραλογίζομαι로 '속이다'deceive 또는 '착각하게 하다'delude라는 의미가 있다. 야고보서에서 1회 사용되었다. 1:22에서 "너희는 말씀을 행하는 자가 되고 듣기만 하여 자신을 속이는 자가 되지 말라"라고 했다. 이 구절의 전후 문맥은 말씀을 온유함으로 받는 문제를 다룬다. 말씀을 듣고 깨달은 것을 행동으로 실천을 하지 않는 문제이다. 말씀을 듣고 행하지 않는 자는 거울을 통해 자신의 모습을 본 후, 곧 그 모습이 어떠했는지를 잊어버리는 자와 같다1:23-24. 이 비유는 말씀이 성도의 본모습을 볼 수 있도록 하고 말씀을 통해 자신의 모습을 본 자들은 그 본 것을 잊지 않고 고치며 살아야 한다고 가르친다. 그러나 수신자들 중에는 말씀을 듣기만 하고 그 말씀을 통해서 깨달은 것을 실천하지 않는 자들이 많았던 것이다. 저자는 이러한 자들을 '자신을 속이는 자'라고 묘사한다.

셋째, '아파타오'ἀπατάω로 '속이다'deceive, '사기 치다'cheat, 또는 '호도하다'mislead라는 의미가 있다. 야고보서에서 1회 사용되었다. 1:26에서 "누구든지 스스로 경건하다 생각하며 자기 혀를 재갈 물리지 아니하고 자기 마음을 속이면 이 사람의 경건은 헛것이라"라고 했다. 이 구절의 전후 문맥 역시 말씀을 받고 행하는 문제와 관련이 있는데, 조금 더 보편적이면서 구체적으로 경건과 말, 그리고 행함의 문제를 다룬다. 스스로 경건하다고 생각하는 사람은 혀를 재갈 물려야 한다. 이를 행하지 못하면 자신의 마음을 속이는 것이고 더 나아가서 그 경건은 헛된 것이다.

차별의 문제

두 마음을 품은 자의 또 다른 모습은 차별하는 것이다. 야고보서에서 '차별'과 관련된 헬라어가 두 개가 나타난다. 첫째, '프로소포렘시아'προσωπολημψία는 말 그대로 '편애'partiality를 의미하는데, 2:1에 사용되었다. 이 단어의 동사형인 '프로소포렘테오'προσωπολημπτέω, 곧 '차별하다'show partiality가 2:9에 사용되었다. 둘째, '디아크리노'διακρίνω는 '구별하다'make a distinction, '구분 짓다/차별하다'differentiate, 그리고 '의심하다'라는 의미가 있다. 이 단어가 '차별하다'라는 의미로 사용된 예는 2:4에 나타나고 '의심하다'라는 의미로 사용된 예는 1:6에 나타난다.

차별하는 것은 사람을 대하는 데 있어서 다른 마음으로 대하는 것이다. 같은 마음으로 사랑하지 않고 차별적으로 사랑하는 것이다. 어느 한쪽만 사랑하는 것을 말한다. 2:1-13에서 이러한 차별의 문제를 다룬다. 특히 2:1에서 "내 형제들아 영광의 주 곧 우리 주 예수 그리스도에 대한 믿음을 너희가 가졌으니 사람을 차별하여 대하지 말라"라고 한다. 이 구절의 전후 문맥은 두 부류의 사람을 차별직으로 대하는 것과 관련이 있다. 한 부류의 사람은 금가락지를 끼고 아름다운 옷을 입은 사람이고 또 다른 부류의 사람은 남루한 옷을 입은 가난한 사람이다. 저자는 수신자 중에 이들을 차별하여 대하는 것을 지적한다. 전자를 대할 때는 "눈여겨보고… 여기 좋은 자리에 앉으라"라고 말하지만, 후자에게는 "너는 거기 서 있든지 내 발등상 아래에 앉으라"라고 말한다. 2:4에서 "너희끼리 서로 차별하며 악한 생각으로 판단하는 자가 되는 것이 아니냐"라고 한다. 이는 두 부류의 사람을 차별하면 그것은 곧 그 공동체 내의 사람들을 서로 차별하는 것이 되고 서로를 악한 생각으로 판단하는 것이라는 말이다. 또한 차별하는 것은 율법에 명시한 것들 중에 하나를 어기는 것이기 때문에 아무리 다른 것을 잘 지켜도 하나를 어기면 율법 전체를 어기는 것이 된다약 2:9. 차별의 문제가 단순히 사람을 다르게 대하는 문제인 것 같지만 이는 공동체 자체를 구분하는 것이고, 악한 생각으로 판단하는 것이고, 더 나아가서 율법을 온전히 지키지 못하고 차별적으로 지키는 것이다. 이러한 문제를 해결하기 위해서는 자유의 율법대로 심판받을 자처럼 말도 하고 행해야 하고약 2:12, 그렇게 말도 하고 행하되 긍휼을 가지고 행해야 한다약 2:13.

믿음과 행함의 문제

2:14-26에서는 '두 마음을 품은 자'의 또 다른 모습을 제시하는데, 이는 믿음이 있다고 말하고 행함이 없는 모습이다. 2:14에서 "내 형제들아 만일 사람이 믿음이 있노라 하고 행함이 없으면 무슨 유익이 있으리요"라는 수사적인 질문을 통해 행함이 없는 믿음은 아무 유익이 없다는 사실을 강조한다. 저자는 본 단락에서 헐벗은 형제에게 말로만 위로하는 것이 무익한 것의 예2:15-16, 사람들 사이에 떠돌고 있는 어떤 류의 말2:18, 부정적인 예로서의 귀신의 예2:19, 긍정적인 예로서의 아브라함과 라합의 예2:21-25를 제시하며 행함이 없는 믿음이 무엇인지 설명한다. 저자는 반복해서 행함이 없는 믿음은 죽은 것임을 강조한다2:17, 20. 그리고 단락의 마지막인 2:26에서 "영혼이 없는 몸이 죽은 것 같이 행함이 없는 믿음은 죽은 것이니라"라고 결론 내린다.

선생이 되는 것과 말하는 문제

3:1-12에는 선생이 되는 것과 말하는 것을 관련시킨다. 혀는 말馬의 몸을 제어하기 위해 입에 물린 작은 재갈3:3, 큰 광풍에 의해 움직이는 배를 제어하는 작은 키3:4, 그리고 큰 숲을 태우는 작은 불3:5과 같다. 또한 혀는 온몸을 더럽히는 불의의 세계요 인생 전체를 파괴하는 불3:6과 같은 존재이다. 혀는 작지만 큰 영향력을 행사하는 존재이다. 온갖 피조물들을 길들일 수

있는 사람조차도 혀를 길들일 수는 없다3:7-8. 혀를 길들일 수 없기에 사람은 한편으로는 혀로 하나님을 찬송하지만 또 다른 한편으로 하나님의 형상으로 지음 받은 사람을 저주한다3:9. 이 외에도 사람이 한 입으로 찬송과 저주하는 것10, 샘이 한 구멍으로 단물과 쓴 물을 내는 것11, 무화과나무가 감람 열매를 맺을 수 없고, 포도나무가 무화과를 맺지 못하는 것과 같이 짠물이 단물을 내지 못하는 것12에 대해서 언급한다. 이 모든 표현이 두 마음을 품은 자의 모습을 나타낸다. 이렇듯 사람이 혀를 통제할 수 없기에 선생이 많이 되지 말아야 한다. 사람이 말에 실수가 없으면 온전한 사람으로 선생이 되는데 아무런 문제가 없겠지만, 그와 같은 사람은 아무도 없다3:2. 그리고 선생은 더 큰 영향력을 미치고 더 큰 책임감이 있기에 더 큰 심판을 받게 된다3:1. 따라서 선생이 많이 되지 말아야 한다.

땅의 지혜와 하늘의 지혜

3:13-18에서는 앞선 단락3:1-12의 연장선상에서, 지혜자 곧 선생 된 자는 말로가 아니라 "지혜의 온유함으로 그 행함을 보일 지니라"3:13라고 말한다. 그러나 어떤 이들은 지혜가 있는 것처럼 행하면서 실제로는 마음속에 있는 독한 시기와 다툼selfish ambition을 자랑하려는 마음으로 행했다. 저자는 "이러한 지혜는 위로부터 내려온 것이 아니요 땅 위의 것이요 정욕의 것이요 귀신의 것"3:15이라고 말한다. 한마디로, 땅의 지혜를 가지고 하늘의 지혜를 가진 것처럼 행동했다는 말이디. 이와 같은 행위 역시 두 마음을 가지고 행하면서 자신을 속이는 것이다. 저자는 3:15-18에서 위로부터 내려온 지혜와 땅 위의 지혜를 비교하며 각 지혜가 맺는 열매를 열거한다. 이러한 사실은 그 열매를 보면 그 지혜가 하늘로부터 인지 아니면 땅으로부터 인지 알 수 있다는 말이다.

세상의 벗이 되는 것과 하나님의 벗이 되는 것

4:1-10에서 싸우는 정욕4:1과 정욕으로 쓰려고 잘못 구하는 것4:3에

대해 말하면서 동시에 세상의 벗이면서 하나님의 벗이 될 수 없다고 지적한다. 더 정확히 말해서 세상의 벗이 되면 하나님과는 원수가 되는 것이다4:4. 그러나 하나님은 겸손한 자에게 더 큰 은혜를 주시기 때문에 하나님의 벗이 되고자 하는 자는 하나님께 복종해야 하고, 마귀를 대적해야 한다4:6-7. 저자는 수신자들에게 하나님을 가까이하라고 명하면서 두 마음을 품은 자들은 손끝만 깨끗하게 할 것이 아니라 마음속도 깨끗이 해야 한다고 한다4:8. 이는 두 마음을 품은 자들의 문제와 그 문제의 해결책이 무엇인지 명확히 밝힌 것이다. 그들의 문제는 겉과 속이 다른 것이고, 이 문제를 해결하기 위해서 그들은 겉을 깨끗하게 해야 하고, 이와 동일하게 마음도 성결하게 해야 한다4:8.

선을 행할 줄 알고도 행하지 않는문제

4:11-12는 서로 비방하고 이웃을 판단하는 문제를 다룬다. 이 문제는 성도가 율법 준행자의 위치에 있지 않고 오히려 하나님과 같이 판단하는 위치에 서는 교만을 지적하는 것이다. 이어지는 문단인 4:13-17에서도 "오늘이나 내일이나 우리가 어떤 도시에 가서 거기서 일 년을 머물며 장사하여 이익을 보리라"라고 말하는 교만을 지적한다. 이들은 오히려 "주의 뜻이면 우리가 살기도 하고 이것이나 저것을 하리라"라고 말해야만 한다. 저자는 수신자들이 하나님의 말씀을 순종하는 위치에 서서 그들이 이미 알고 있는 하나님의 뜻을 행하라고 한다. 이러한 문제는 4:17에서 "사람이 선을 행할 줄 알고도 행하지 아니하면 죄니라"라고 지적하듯이, 하나님의 뜻을 알면서도 그 뜻대로 행하지 않는 것, 곧 두 마음으로 행하는 자의 모습과 일치한다.

종말의 때를 분별하지 못하고 부를 축적하며 가난한 자를 착취하는 것

5:1-6에서 부한 자들의 사치와 방종을 지적한다. 그들은 종말의 때에 좋은 옷을 입고 재물을 쌓는다5:2. 말세에 재물을 쌓으며 품꾼들의 삯을 갈취한다5:3-4. 이 땅에서 사치하고 방종하며 마음을 살찌게 한다5:5. 그러나 그들의 옷이 좀먹고 쌓은 재물이 녹슬어서 그 행위가 잘못된 것임을 지적한다.

그들이 품꾼들을 착취하고 정죄하고 죽이면서도 아무도 그들을 제지하지 못할 거라고 생각했겠지만, 만군의 주가 품꾼들의 부르짖는 소리를 들으신다. 따라서 부한 자들은 지금이 말세이고 살륙의 날임을 깨닫고 마지막에 임할 고생으로 말미암아 울며 회개해야 한다5:1. 그리고 착취당하고 고난당하는 품꾼들은 오직 하나님께만 부르짖어야 한다.

시련 중에 형제를 원망하는 문제

5:7-12은 시련 중에 인내하면서 서로 원망하는 문제에 대해 다룬다. 저자는 원망보다는 오히려 주의 이름으로 말하라고 권한다. 농부가 땅에서 나는 귀한 열매를 기대하기 때문에 그 열매가 이른 비와 늦은 비를 맞을 때까지 인내할 수 있다 5:7. 이처럼 수신자들도 주의 강림이 가까이 왔으므로 마음을 굳건하게 하여 길이 참아야 한다5:8. 성도가 인내하면서 형제들을 향해 원망의 말을 하면 심판주의 심판을 면할 수 없다5:9. 그들은 오히려 주의 이름으로 말한 선지자들처럼5:10, 그리고 시련 중에도 하나님에 대해 바르게 말하여 자비와 긍휼이 풍성한 하나님을 경험한 욥처럼5:11 인내해야 한다. 그리고 고난을 회피하기 위해 맹세를 남용하지 말고, 오직 주의 말씀을 기준으로 해서 옳은 것은 '예', 그른 것은 '아니'라고 대답해야 한다5:12. 이와 같이 하지 않는 것은 두 마음을 품고 신앙생활하는 것이다.

2) 두 마음으로 행하는 것

이상에서 열거한 바와 같이 야고보서의 수신자들이 가진 근본적인 문제는 두 마음으로 행하는 것이다. 가난한 자들은 가난한 자대로 부요한 자를 대할 때나 가난한 자를 대할 때 차별한다. 그리고 부한 자들은 그들이 행할 수 있는 선한 일이 있지만 그것을 행하지 않는다. 공동체 내에 시련을 당하거나 어려움에 빠진 자들이 있으면 하늘의 지혜로 말을 하고 격려를 해야 한다. 그러나 하늘의 지혜를 가진 척하면서 자신을 높이고, 드러내려는 자들이 있다.

땅으로부터의 지혜로 행함으로 시기와 다툼, 혼란과 악한 일들이 생기도록 한다. 말씀을 듣고 경건한 척 하지만, 말하는 것이나 행하는 것을 보면 참된 경건의 모습을 가지고 있지 못하다. 하나님을 섬기는 자들이 세상과 벗이 되려고 하고, 서로 싸움을 일삼는다. 하나님의 뜻을 알고도 자신의 생각대로 행한다. 때를 알고도 때에 적합한 행동을 하지 않는다. 시련 중에 인내하면서 하나님의 뜻대로 말하지 않고 형제를 비난한다. 이 모든 것이 두 마음을 품고 행하는 자들의 모습이다.

① '두 마음'을 가지는 이유: 영혼이 병들었다

5:19-20에서 "내 형제들아 너희 중에 미혹되어 진리를 떠난 자를 누가 돌아서게 하면 그의 영혼을 사망에서 구원할 것이며 허다한 죄를 덮을 것임이라"라고 했다. 이 구절은 미혹되어 진리를 떠난 자의 영혼이 사망에 처했고, 그가 허다한 죄를 지은 상태임을 암시한다. 영혼의 사망에 관해서 말하는 5:19-20은 영혼의 구원에 대해 언급한 1:21과 관련이 있다. 저자는 "그러므로 모든 더러운 것과 넘치는 악을 내버리고 너희 영혼을 능히 구원할 바 마음에 심어진 말씀을 온유함으로 받으라"1:21라고 말한다. 이 두 구절 모두 수신자들 중에 영혼이 병들어 구원받아야 할 필요가 있는 자들이 있음을 암시한다. 또한 4:8에서 "하나님을 가까이 하라 그리하면 너희를 가까이하시리라 죄인들아 손을 깨끗이 하라 두 마음을 품은 자들아 마음을 성결하게 하라"라고 한다. 이 구절 역시 죄와 마음의 문제를 지적한다. 여기서 저자는 수신자들이 겉과 속이 다른 문제를 지적하는데, 이는 그들의 '마음'이 병들었기 때문이다. 따라서 그들은 겉뿐만 아니라 마음을 성결하게 해야 한다.

② 영혼의 병을 고칠 수 있는 방법: 심어진 말씀을 온유함으로 받음

앞서 1:21을 인용하면서 수신자들의 마음과 영혼이 병들었다고 했다.

그런데 가만히 보면 이 구절에서 그 병을 고칠 수 있는 해결책까지 제시한다. "너희 영혼을 능히 구원할 바 마음에 심어진 말씀을 온유함으로 받으라"라고 한 것이다. 저자는 말씀이 이미 그들의 마음에 심어져 있다고 했다. 그런데 문제는 그 말씀을 자신의 것으로 받지 못하는 것이다. 겸손한 마음으로 그것을 받아들여야 하지만 그러지 못하는 것이 문제이다. 4:8 역시 문제와 해결책을 동시에 제시한다. 영혼의 병을 해결하기 위해서는 하나님을 가까이하고 손을 깨끗이 하며, 무엇보다도 마음을 성결하게 해야 한다. 결론적으로 수신자들이 가진 마음의 병을 해결하는 방법은 변하지 않으시고 관대하면서도 신실하신 하나님을 가까이하는 것과 그들의 마음에 심어진 말씀을 겸손히 받는 것이다.

3) 야고보서의 기록 목적

이제 야고보서의 기록 목적을 결론적으로 제시하려고 한다. 앞서 언급했듯이 야고보서의 기록 목적은 5:19-20에서 찾을 수 있다. "내 형제들아 너희 중에 미혹되어 진리를 떠난 자를 누가 돌아서게 하면 너희가 알 것은 죄인을 미혹된 길에서 돌아서게 하는 자가 그의 영혼을 사망에서 구원할 것이며 허다한 죄를 덮을 것임이라." 이 구절은 여러 가지 사실을 제시한다. 첫째, 수신자들 중에서는 여러 가지 시련을 겪으면서 마음이 미혹되어 진리를 떠난 자들이 있다. 둘째, 저자는 수신자들이 그들 중에서 진리를 떠난 자를 다시금 돌아서게 하기를 원한다. 셋째, 저자는 진리를 떠난 자들이 다시금 진리로 돌아와서 그들의 영혼이 사망에서 구원받고 죄 사함을 받기를 원한다.

이 모든 것을 고려해 볼 때 야고보서는 여기저기서 지혜의 말을 모아서 기록했다고 볼 수 없다. 혹, 미래에 일어날 일을 상상하면서 기록한 것도 아니다. 오히려 저자는 어떤 특정 수신자들의 상황을 명확히 알고 그들에게 필요한 말씀을 일목요연하게 기록한 것이다. 야고보서는 기록 목적이 분명하고 논리적으로 잘 구성된 서신이다.

야고보서 1:1-4
　　　　〈시련에서 성숙으로〉
야고보서 1:5-8
　　　　〈성숙과 하늘의 지혜〉
야고보서 1:9-12
　　　　〈낮음과 높음의 시련〉
야고보서 1:13-18
　　　　〈인내와 생명의 면류관〉
야고보서 1:19-27
　　　　〈두 마음의 근본적 해결책
　　　　 -영혼을 구원할 마음에 심어진 말씀〉

시련에서 성숙으로

야고보서 1:1-4

본문 구조와 요약

¹ 야고보, 하나님과 주 예수 그리스도의 종
　　흩어져 있는 열 두 지파들에게
　　　　문안한다.
² 온전히 기쁘게 여기라, 내 형제들아
　　　너희가 다양한 종류의 시련을 만날 때
³ 　　　　　왜냐하면 너희는 알기 때문이다
　　　　　　　너희의 믿음에 대한 그 테스트가 인내를
　　　　　　만들어 내는 것을
⁴ 그리고 그 인내가 그 일을 온전히 하도록 하라
　　　너희가　완벽해 지고
　　　　그리고 온전해지기 위해
　　　　　아무런 부족함 없이

　　야고보서는 여느 서신과 같이 발신자와 수신자가 누구인지 밝히면서 시작한다. 그러나 다른 서신에서 일반적으로 나타나는 은혜 기원grace benediction 이나 평강 기원peace benediction과 같은 서신적 요소들epistolary elemtnes은 보이지 않는다. 저자는 발신자와 수신자를 밝히고 문안인사를 한 후, 곧바로 서신의 본문을 시작한다. 본문의 첫 부분에서 수신자들이 당하는 여러 가지 시련을 언급하면서1:2, 이와 같은 상황을 온전히 기쁘게 여기라고 한다. 왜냐하면, 그와 같이 할 때 그 믿음에 대한 테스트가 인내를 만들기 때문이다1:3. 저자는 그 만들어진 인내가 시작한 일을 끝낼 수 있도록 계속해서 인내하라고 한다. 그렇게 할 때, 하나님이 원하시는 성숙한 모습에 이를 수 있기 때문이다1:4. 저자는 수신자들에게 기쁘게 '여기라'ἡγήσασθε, 인내를 '온전히 이루라'ἔργον τέλειον라고 명령하며 그들의 의지에 호소한다. 본 단락은 '여러 가지 시련' → '기쁘게 여김' → '인내를 이룸' → '신앙의 성숙'이라는 신앙의 원리를 제시한다.

저자가 서신의 여는 단락1:1을 간략히 하고 본문으로 바로 들어가는 이유는, 수신자들이 당면한 시련과 고난의 문제를 가장 우선적으로 다루어야 할 정도로 중요하거나 급박했기 때문이다. 혹은 저자가 본문에서 다루고자 하는 시련의 문제를 매우 심각하게 생각했을 수도 있다. 서신 전체를 보면 알 수 있듯이 저자는 계속해서 시련의 문제를 다루면서 수신자들에게 그러한 상황 가운데서 두 마음을 가지지 말라고 권한다. 이 모든 것을 고려해 볼 때, 서신 초반부의 이러한 내용은 수신자들의 상황을 추측할 수 있도록 하는 중요한 단서가 된다.

서신의 닫는 단락5:19-20에서 저자는 공동체 전체를 향해 미혹되어 진리를 떠난 자를 돌아서게 하라고 권한다. 이는 여러 가지 시련에 노출된 수신자들 중에 그 상황을 견디지 못하고 진리의 말씀을 떠난 자들이 있었음을 암시한다. 교회 공동체는 그들을 돌볼 의무가 있다. 저자는 수신자들이 속한 공동체가 그들 중 미혹되어 진리를 떠난 자들을 돌아서게 하여 구원받고 죄 사함을 받도록 하기 위해서 이 서신을 기록했다.

본문 해설 Exposition

중심주제 Big Idea: 하나님은 그의 백성들이 시련 중에 인내함으로 성숙한 민음에 이르기를 원하신다.

문맥 Context

수신자들은 '흩어져 있는 열 두 지파'로 묘사된다. 이 표현에 대한 의견이 분분하지만, 본문을 근거로 해서 볼 때 그들은 흩어져 있기에diaspora 대부분의 기독교인들과 동떨어져 살았다고 볼 수 있다. 이는 그들이 종교적으로나 문화적으로 소외되고, 사회적으로 다수majority가 아니라 소수minority였다는 말이다. 만약에 이것이 사실이라면, 수신자들은 종교적인 핍박이나 문화적 소외감, 그리고 사회적인 차별을 당했을 것이다. 한마디로 말해서 그들은 다방면에서 이방인으로 살았다는 말이다. 이방인으로서의 삶은 부요하거나 안락하지 않다. 하루하루 사는 것이 고달프고 시련의 연속이다. 5:19에서 "내 형제들아 너희 중에 미혹되어 진리를 떠난 자를 누가 돌아서게 하면"이라고 했다. 이는 수신자들 중에 스스로 미혹되어 진리를 떠난 자가 있었음을 암시한다. 서신의 여는 단락과 닫는 단락에서 시련에 관해 집중적으로 다룬 것을 보면, 수신자들 중 어떤 이들이 스스로 미혹되어 진리를 떠난 것과 그들이 당했던 시련이 관련이 있다는 말이다.

저자는 수신자를 '흩어져 있는' 자로 묘사하면서, 또 다른 예외적 표현인 '열 두 지파'라는 표현을 사용한다. 신약에 기록된 서신 중 여는 단락에서 수신자를 '열 두 지파'로 묘사한 예가 없다. 저자의 의도를 정확히 알 수는 없지만, 분명한 것은 '열 두 지파'는 하나님이 택하신 이스라엘 백성을 이루는 구성원이라는 사실이다. 왜냐하면 열 두 지파가 모여서 온전한 이스라엘을 이루기 때문이다. 이 표현은 흩어져 있으면서 온갖 시련 때문에 힘겹게 살아가는 수신자들에게 모종의 격려와 확신을 심어주기 위한 장치인 듯하다. 비록 그들이 흩어져 살면서 시련과 고난 가운데 있는 보잘것없는 자들처럼 보이지만, 확실히 그들은 하나님의 열 두 지파로서 하나님의 백성인 이스라엘을 이루는 존재라는 것이다. 만약에 이것이 사실이라면, 이러한 표현은 지치고 낙심에 빠져 있던 수신자들에게 큰 희망과 용기, 그리고 긍지를 심어주었을 것이다.

저자는 흩어져 신앙생활하면서 여러 가지 시련에 직면한 수신자들 중, 스스로 미혹되어 진리를 떠난 자들을 돌아서게 하기 위해서 서신을 기록했다. 그리고 본 서신은 시련당하는 것이 일상인 수신자들에게 그 시련을 대할 올바른 성경적 지침을 주는 것으로 시작한다.

본론 Body

1. 하나님은 성도가 여러 가지 시련을 온전히 기쁘게 여기기를 원하신다1:2

먼저 1:2에서 '여러 가지 시련'trials of various kinds에 대해 언급한다. 이 시련이 어떤 종류의 것인지 알 수 없다. 그러나 수신자들이 디아스포라에서 신앙생활하는 자들이기에, '여러 가지 시련'은 그들이 당하는 모든 종류의 정치적, 문화적, 사회적, 종교적 차별과 핍박으로 인한 내외적인 시련을 포괄한다. 한마디로 그들이 일상에서 당하는 모든 어려움을 지칭하는 것이다. '여러 가지 시련을 만나거든'이라는 표현도 어떤 특정한 상황을 지칭하는 것이 아니라, 시련을 만날 수 있는 모든 상황을 의미한다NIV-whenever you face trials. 저자는 수신자들이 그러한 어려움을 당할 때 "온전히 기쁘게 여기라"ESV-count it all joy; NIV-consider it pure joy라고 명령한다. 이와 같은 표현은 어떤 종류의 시련도 그것을 당하는 자에게 기쁨을 주지 않음을 암시한다. 왜냐하면, 시련은 언제나 괴로움을 주고 그것을 당하는 자의 기쁨을 앗아가기 때문이다. 더 나아가서 시련은 이를 당하는 자가 불만을 가지게 하고, 불평하게 하고, 심지어 하나님과의 관계가 깨어지도록 할 수도 있다. 여러 가지 시련을 당할 때 온전히 기쁘게 여기라고 하는 것은 그 어려움의 원인이나 이유가 무엇인지 묻지도 말고 따지지도 말고 온전히 기쁘게 여기라는 말이다.

여기서 명령형 동사가 사용되었기 때문에 저자가 강한 어조로 말했다고 볼 수 있다. 그러나 또 다른 한편으로 '내 형제들아'my brothers라는 호칭은 수신자들을 향한 저자의 애틋한 마음을 전달한다. 이와 같이 하여 저자는 강압적인 명령을 하지 않고 오히려 사랑의 마음으로 수신자들을 권면한다.

2. 하나님은 성도가 시련이라는 믿음의 테스트를 통해 인내를 가지기 원하신다1:3

앞서 저자는 수신자들에게 여러 가지 시련을 만나면 온전히 기쁘게 여기라고 했다. 이어지는 1:3의 "너희가 앎이라"for you know라고 번역된 문장은 원인을 나타내는 분사이다. 따라서 "너희가 알기 때문이다"라고 번역할 수 있다. 저자는 1:3에서 시련을 당할 때 그것을 기쁨으로 여겨야 할 이유를 설명한다. "너희가 알기 때문이다"라는 말은 저자가 전혀 새로운 사실을 말하는 것이 아니라 수신자들이 이미 알고 있는 사실을 환기시켜주고remind 있음을 의미한다. 이 말은 두 가지 의미로 해석할 수 있다. 첫째는 이미 알고 행하는 사실을 다시 한번 기억나게 해 주는 것이다. 또 다른 하나는 아는 것을 제대로 행하지 못하기 때문에 그것을 실천하도록 촉구하는 것이나. 서신 전체의 상황을 고려해 볼 때, 후자일 가능성이 크다. 왜냐하면 서신 전체에서 반복적으로 '두 마음'double-minded을 가지고 행하는 것참고 1:8; 4:8, 그리고 스스로 속이는 것에 대해 지적하기 때문이다1:16, 26. 이는 수신자들이 이미 알고 있는 진리의 말씀을 잘 실천하지 못하고 있었다는 말이다.

1:3의 '너희 믿음의 시련'이라는 표현을 주목해 볼 필요가 있다. 이처럼 번역된 표현은 엄밀히 말해서 '너희 믿음에 대한 그 테스트'the testing of your faith를 의미한다. 정관사를 사용하여 '그 테스트'라고 한 것은 앞선 구절에서 언급한 것이 곧 시험test이라는 말이다. 앞서 저자는 "너희가 여러 가지 시련을 당하거든 온전히 기쁘게 여기라"1:2라고 했다. 따라서 '여러 가지 시련을 만나는 것'meeting trials of various kinds이 곧 성도의 믿음을 점검하는 테스트라는 말이다. 이는 수신자들이 여러 가지 시련을 당할 때 그것을 온전히 기쁘게 여기면 그 믿음의 테스트를 통과하는 것이다. 그러나 그렇게 하지 않으면 그 테스트에 실패하는 것이다. 저자는 이러한 시험test이 인내를 만들어낸다고 한다. 이와 같은 사실은 '인내'라는 것이 시련을 만나는 모든 자에게 자연스럽게 만들어지는 것이 아님을 암시한다. 인내는 온갖 시련 중에서도 그것에 굴복하거나 무너지지 않고 오히려 그것을 온전히 기쁘게 여기는 자, 곧 그 시험을 통과한 자에게 만들어지는 것이다.

앞서 저자는 수신자들이 이미 알고 있는 사실을 다시 지적하는 것이라고 했다. 만약 이것이 사실이라면, 시련을 만날 때마다 그것을 기쁘게 여기고 이러한 시험test을 통해 인내가 만들어지도록 하는 것은 앎의 문제이기도 하지만 실천의 문제이기도 하다. 저자는 이를 다시금 당부하면서 시련을 당할 때 그와 같이 하는 것이 쉽지 않음을 분명히 한다. 그러나 그와 같이 쉽지 않은 문제를 극복하고 인내를 온전히 이루었을 때는 성숙한 신앙을 가지게 된다. 이를 1:4에서 설명한다.

3. 하나님은 이 모든 과정을 통해서 성도가 부족함이 없는 성숙한 믿음에 이르기를 원하신다1:4-5

1:4에서 다시 명령형 동사를 사용하여 "인내를 온전히 이루라"and let steadfastness have its full effect라고 말한다. 이는 시련을 당할 때 온전히 기쁘게 여김으로 인해 생성된 인내가 그 효과를 온전히 발휘하도록 하라는 말이다. NIV는 이를 "인내는 그의 일을 끝내야 한다"perseverance must finish its work로

번역한다. 시련을 기쁘게 여긴 성도 속에 생성된 인내가 그 시작한 일을 완성하도록 하라는 말이다. 앞서 인내는 시련을 당하는 모든 자에게 자동으로 만들어지는 것은 아니라고 했다. 이와 마찬가지로 시련을 기쁘게 여겨 성도 속에 인내가 생성된다고 하더라도 그 인내가 자동으로 지속되지는 않는다. 즉, 인내가 만들어졌다면 그 생성된 인내가 시작한 일을 끝낼 수 있도록 지속적으로 노력해야 한다. 시련을 당할 때 의지적으로 기쁘게 여겨야 하듯, 이미 만들어진 그 인내가 시작한 일을 완성할 수 있도록 의지적으로 노력해야 한다. 주목할 것은, "인내를 온전히 이루라"ἡ δὲ ὑπομονὴ ἔργον τέλειον ἐχέτω라는 문장에서 일반적으로 '일'이나 '행위'로 번역되는 명사ἔργον가 사용된 것이다. 이는 인내가 단순히 생각하는 것이나 마음먹은 것에 의해서 생성되거나 지속되는 것이 아니라 행동으로 나타나야 한다는 것이다. 인내가 그 '일'을 이룰 수 있도록 할 때 그 인내는 지속된다.

　　　인내가 시작한 일을 완성하도록 할 때 나타나는 결과가 1:4 후반부에 나타난다. "이는 너희로 온전하고 구비하여 조금도 부족함이 없게 하려 함이라"라고 말한다. 이 문장은 원인을 나타내는 것처럼 번역되었다. 그러나 대부분의 영어 성경은 결과 절로 번역한다so that you may be mature and complete, not lacking anything. 즉, 인내를 온전히 이룰 때 그 결과 아무것도 부족함 없이 성숙하고 완전하게 된다는 것이다. 어떻게 번역이 되든지 저자가 말하고자 하는 것은 인내가 지속적으로 일을 할 때 성도가 어느 것 하나 부족함이 없이, 더 성숙해지고 완벽해진다는 사실이다. 결국 시련을 대하는 성경적 원리를 제시하면서 저자가 수신자들에게 전달하고자 한 메시지는, 시련 때문에 미혹되어 진리를 떠나지 말고5:19, 오히려 어떤 것도 부족함 없는 성숙하고 완전한 신앙인이 되라는 것이다.

결론 Conclusion

성도는 언제, 어떤 시련을 당하든지 그것을 기쁘게 여겨야 한다. 성도가 이와 같은 믿음을 시험test하는 시련을 통과할 때, 그 속에 인내가 만들어진다. 그리고 성도는 그 인내가 계속해서 그 일을 감당할 수 있도록 노력해야 한다. 그렇게 할 때 비로소 모든 것에 부족함이 없는 성숙되고 완전한 신앙인이 된다.

적용 Application

현재 내가 당하는 시련은 무엇인가? 그 시련을 대하는 나의 자세는 어떠한가? 온전히 기쁘게 여기고 있는가? 시련을 통해 신앙의 성숙에 이르렀는가?

설교를 위한 제안

제목: 시련과 성숙

1. 시련을 만날 때 온전히 기쁘게 여겨야 한다.
2. 믿음의 테스트를 통과하면 인내가 만들어진다.
3. 인내를 통해서 성숙하고 부족함이 없게 된다.

본문 주석

[1] James, a servant of God and of the Lord Jesus Christ,
야고보, 하나님과 주 예수 그리스도의 종
　　　To the twelve tribes in the Dispersion
　　　흩어져 있는 열 두 지파들에게
　　　　　Greetings.
　　　　　문안한다.

1. 야고보서는 고대 서신이나 신약의 다른 서신들처럼 먼저 발신자와 수신자를 밝히고 문안인사로 시작한다. 그러나 특이한 점이 몇 가지 있다. 첫째, 발신자의 이름을 언급하고 자신이 하나님과 주 예수 그리스도의 종이라고 밝히면서 '하나님과 주 예수 그리스도의'에 해당하는 속격을 주격인 '종' 앞에 위치시킨 것이다. 신약의 서신 어디에도 이런 문장 배열이 없다. 이는 저자 자신이 누구의 종인지 강조하는 것이다. 둘째, 수신자를 '너희'라고 하지 않고 '흩어져 있는 열두 지파'라고 묘사한 것이다. 학자들은 이러한 표현을 근거로 수신자는 순수한 유대인으로 구성된 기독교인이라고 추측한다. 왜냐하면 '열두 지파'는 이스라엘 백성을 지칭할 때 사용되고 '디아스포라'는 로마 제국 지배 당시 세계 곳곳에 흩어져 있던 유대인 거주 집단을 가리켰기 때문이다. 그러나 신약 성경에서 '이스라엘'이 단순히 민족적 이스라엘을 지칭할 때만 사용된 것은 아니다. 영적 이스라엘을 지칭할 때도 사용되었다. 그리고 '열 두 지파'라는 표현만 가지고 이것이 유대인만으로 구성된 집단을 지칭하는 것으로 보기는 힘들다. 뿐만 아니라 '디아스포라'가 온전히 유대인에게만 사용된 것이 아니라 유대인이 살던 팔레스타인 이외의 지역을 가리키는 경우도 있다벧전 1:1; 요 7:35. 따라서, 이러한 표현만으로 수신자들이 순수한 유대인 기독교 집단이라고 단정하기는 어렵다. 본 서신이 언제 기록되었는지 명확히 알 수 없지만, 만약 이 서신이 팔레스틴 밖의 지역 교회에게 보내졌다면, 수신자들은 유대인과 이방인이 함께 섞인 교회였을 가능성이 더 크다.

2. 여러 학자들이 논의하듯이 '흩어져 있는 열 두 지파'라는 표현이 가지는 문자적인 의미, 이 표현이 지칭하는 것, 그리고 이를 통해서 수신자들이 누구인지 밝히는 것도 중요하다. 그러나 더 중요한 것은 저자가 이와 같은 표현을 사용한 의도가 무엇인지 밝히는 것이다. 왜냐하면 저자가 단순히 '너희'라고 하지 않고 '흩어져 있는 열 두 지파'라고 한 것은 수신자들의 상황을 반영한 표현이기 때문이다. 서신 본문을 통해 알 수 있듯이 수신자들은

흩어져 사는 자들, 곧 외인으로 살면서 내외적으로 여러 가지 시련을 당하며 살았다. 서신을 시작하면서 이러한 자들을 열 두 지파라고 부르는 것은 그들의 정체성이 무엇인지를 다시금 일깨워주기 위함일 수 있다. 저자는 자신을 종으로 소개하면서 '하나님'과 '주 예수 그리스도'의 종임을 강조했다. 이처럼 수신자들 역시 비록 흩어져 살며 늘 시련을 당할 수밖에 없는 보잘것없는 존재이지만 그들은 여전히 '하나님의 열 두 지파', 곧 하나님의 백성이라는 것이다. 저자는 그들이 이와 같은 사실을 인지하고 하나님의 백성으로서 당당하게 살아갈 수 있도록 격려하려 한 듯하다.

[2] Count it all joy, my brothers,
온전히 기쁘게 여기라, 내 형제들아
when you meet trials of various kinds,
너희가 다양한 종류의 시련을 만날 때

1. 본 구절의 첫 번째 표현은 일반적으로 '모든'으로 번역되는 '파싼'πᾶσαν이라는 단어이다. 본 구절에서는 부사적인 기능을 가진 것으로, '온전히'entirely, pure라는 의미로 사용되어 뒤따르는 명사 '기쁨'χαρά의 성격을 정의한다. 그래서 저자는 수신자들에게 "온전히 기쁘게 여기라"라고 말한다.[1] 야고보서의 저자는 서신 전체에서 자신의 논의를 진행하면서 앞뒤를 잇는 연결 단어linking word를 많이 사용한다. 본 구절의 '기쁨'χαρά이라는 단어는 1:1의 '문안하다'χαίρειν; greeting와 연결된다.

2. 먼저 온전히 기쁘게 '여기라'ἡγήσασθε, consider라고 명령한다. 여기서 과거 명령형 동사가 사용되었다. 이는 '변함없는 확신'settled conviction을 나타내기 위함이다.[2] 즉, 단순히 그렇게 느끼거나 기쁜 것처럼 행동하라는 말이

---

1   C. L. Blomberg and M. J. Kamell, *James*, ZECNT (Grand Rapids: Zondervan, 2008), 48.
2   D. Edmond Hiebert, *The Epistle of James: Tests of a Living Faith* (Chicago: Moody Press, 1979), 71.

아니라 확실히 기쁘게 여기라는 말이다. 흥미로운 것은 여러 가지 시련을 당할 때 그 해결책으로 제시된 것이 그것을 온전히 기쁘게 여기는 것이다. 시련은 그것의 크고 작음을 떠나, 어떤 종류의 것이든지 기쁘게 여길 수 있을만한 것이 없다. 작은 시련이라도 마음이 불편하고 그 시련 때문에 불평하고 투덜거리기 마련이다. 그러나 저자는 시련을 당할 때면 언제나 "온전히 기쁘게 여기라"consider it pure joy/all joy라고 명령한다. 100%의 금을 순금pure gold라고 하듯이 100%의 기쁨은 온전한 기쁨이다pure joy.

3. 시련을 만날 때마다 그것을 온전히 기쁘게 여기라고 명령한 후, 저자는 수신자들을 '내 형제들아'ἀδελφοί μου라고 호칭한다. '형제'는 일반적으로 함께 신앙생활하는 자들에게 사용된다. 일반적으로 이 호칭은 서신에서 친근함을 전달한다. '형제'라는 호칭에 '나의'μου라는 표현이 더해졌다. 이는 '형제' 홀로 사용될 때보다 더 친근함을 전달하기 위해 사용된 것이다. 수신자들이 비록 흩어져서ἐν τῇ διασπορᾷ 살면서 힘겨운 신앙생활을 하며 살지만, 그들은 야고보와 같은 영적 리더를 형제로 둔 자들이다. 따라서 이와 같은 호칭은 수신자들에게 큰 위로와 격려가 되었을 것이다.

4. 앞서 언급했지만, 저자는 수신자들이 언제 온전히 기쁘게 여겨야 할지를 조건절로 묘사한다. 그들은 '다양한 종류의 시련을 만날 때' 온전히 기쁘게 여겨야 한다.[3] '페이라스모스'πειρασμός라는 단어는 문맥에 따라 테스트로서의 '시험'test, 유혹으로서의 '시험'temptation, 그리고 고난으로서의 '시련'trial으로 번역된다. 만약 이 단어가 '시험'으로 번역될 경우 그 의미가 테스트test인지, 유혹temptation인지, 아니면 시련trial인지 알 수 없다. 본문의 전후 문맥을 보았을 때 시련trial으로 번역하는 것이 적합할 듯하다. 왜냐하면, 이후에 다루겠지만 서신 전체에서 저자는 흩어져 신앙생활을 하는 성도가 보편적으로 당하는 많은 어려움에 대해서 다루기 때문이다. 이는 '시험' πειρασμοῖς으로 번역된 명사가

---

3 야고보서 1:2에서 '시험'(πειρασμοῖς)으로 번역된 단어와 관련된 보다 깊은 논의는 주기철, "야고보서 1장에 나타난 '시험'(πειρασμός)과 '시련'(δοκίμιον)으로 번역된 단어 재고," 『고신신학』 20(2018), 103-130을 보라.

복수인 것과 '여러 가지'ποικίλοις라는 수식어가 붙은 것을 볼 때 더 명확해진다. 이는 어떤 특정한 시련만을 말하는 것이 아니라 흩어져 있던 수신자들이 당할 수 있는 모든 시련을 가리킨다.

5. 시간을 나타내는 표현인 '호탄'ὅταν이 사용되었다. 이는 '~을 했을 때' 혹은 '언제든지 ~할 때'로 번역될 수 있다. 따라서 본문의 의미는 "언제든지 시련을 당할 때"가 된다. 저자는 흩어져서 신앙생활하면서 여러 가지 시련을 당하는 수신자들에게, 어떤 시련을 만날 때마다 그 시련을 온전히 기쁘게 여기라고 명령하는 것이다.

³ for you know
왜냐하면 너희는 알기 때문이다

　　that the testing of your faith produces steadfastness
　　너희의 믿음에 대한 그 테스트가 인내를 만들어 내는 것을

1. 저자는 수신자들이 여러 가지 시련을 당할 때마다 그것을 온전히 기쁘게 여겨야 할 이유를 설명한다. 본 구절의 첫 단어는 '알다'γινώσκω의 분사γινώσκοντες로서 원인을 나타내는 기능을 한다. 따라서 "왜냐하면 너희가 [ὅτι이후의 내용을] 알기 때문이다"라고 번역할 수 있다. "너희가 알기 때문이다"라는 말은 두 가지 정도의 의미를 내포할 수 있다. 첫째, 수신자들이 이미 알고 있는 바를 상기시켜주는 것이다. 이럴 경우 저자는 그들이 알고 있는 바를 다시 한번 강조하는 것이다. 둘째, 수신자들이 이미 알고 있지만 현재 그것을 실천하지 못하고 있음을 지적하는 것이다. 이럴 경우, 수신자들이 알면서도 행하지 않는 것을 상기시키면서 그 아는 바를 행하라고 촉구하는 것이다.

2. 이어서 수신자들이 알고 있는 사실이 무엇인지 밝힌다. 즉, 그들은

"믿음의 시련이 인내를 만들어내는" 것을 안다. '믿음의 시련'τὸ δοκίμιον ὑμῶν τῆς πίστεως에서 '시련'으로 번역된 것은 테스트로서의 '시험'τὸ δοκίμιον; test으로 번역되는 것이 합당하다. 이는 능동적인 의미를 내포하고 어떤 테스트를 이겨냈을 때 진품, 혹은 참이라는 것이 증명된다는 의미를 내포한다.[4] 앞서 언급한 바와 같이 1:2의 '시험'πειρασμοῖς은 '시련'trial으로, 1:3의 '시련'은 '시험'test으로 번역되는 것이 문맥상 더 자연스럽다. 따라서 '믿음의 시련'으로 번역된 것은 문자적으로 '그 믿음의 그 시험test'이다. 정관사를 사용하여 '그 시험'이라고 한 것은 앞서 언급했던 여러 가지 시련을 당하는 그 상황1:2 자체가 믿음의 테스트 역할을 한다는 말이다. 속격 '믿음의'τῆς πίστεως는 목적격적 속격이고, 따라서 '믿음의 시험'은 믿음을 시험test하는 것이다. 저자는 여러 가지 시련을 당하는 상황을 믿음을 테스트하는 것으로 본다. 그리고 이를 온전히 기쁘게 여길 때 그 테스트를 통과하게 된다. 만약, 그렇지 못할 때는 그 믿음의 테스트를 통과하지 못하게 된다.

3. "너희 믿음의 시련이 인내를 만들어 내는 줄κατεργάζεται ὑπομονήν 너희가 앎이라"라고 했다. '만들어 내다'κατεργάζομαι라는 동사는 '성취하다'achieve, accomplish, '생산하다'produce, 또는 '만들어내다'create 등의 의미가 있다. 그리고 '인내'ὑπομονήν는 수동적인 의미의 인내도 포함하지만 그것을 넘어 더 적극적인 의미에서의 인내를 말한다. 이 인내는 '소망'과 '기대'의 개념도 포함한다.[5] 저자가 믿음의 테스트가 인내를 만들어 낸다고 한 것은 시련 자체가 인내를 자동으로 만들어 내는 것이 아님을 암시한다. 오히려 시련을 당하는 자의 적극적인 노력이 있어야 인내가 만들어진다. 동사 '만들어내다'가 현재형으로 된 것은 믿음에 대한 테스트가 항상 인내를 만들어 낸다는 사실을 지적한다. 즉, 여러 가지 시련을 당하면 단순히 지나가기만을 기다리거나 불평하는 것이 아니라 그것을 온전히 기쁘게 여길 때, 즉 그 테스트를 통과할 때 인내가 만들어지는 것이다.

4 M. E. Isaacs, "Suffering in the Lives of Christians: James 1:2-19a," *RevExp* 97 (2000), 185.

5 R. P. Martin, *James*, WBC 48 (Waco: Word Books, 1988), 16.

⁴ And let steadfastness have its full effect,

　그리고 그 인내가 그 일을 온전히 하도록 하라

　　　　　that you may　　be perfect

　　　　　너희가　　　　　완벽해 지고

　　　　　　　　　　　　and complete,

　　　　　　　　　　　　그리고 온전해지기 위해

　　　　　　　　lacking in nothing.

　　　　　　　　아무런 부족함 없이

　　1. 본 구절은 접속사 '데'δέ로 시작한다. 이는 '그러나'라는 의미보다는 이전의 내용을 계속 이어주는 '그리고'and로 볼 수 있다. 정관사를 사용하여 '그 인내'ἡ ὑπομονή라고 했으므로 앞선 구절에서 말했던 인내와 관련해서 계속 설명하는 것이다.

　　2. "인내를 온전히 이루라"ἡ δὲ ὑπομονὴ ἔργον τέλειον ἐχέτω라고 명령한다. 이 문장이 영어 성경에서는 "인내가 그 최고의 효과를 내도록 하라"'let steadfastness have its full effect'; ESV, "인내가 완전한 일을 하도록 하라"'let patience have her perfect work'; KJV, "인내가 그 완벽한 결과를 내도록 하라"'let endurance have its perfect result'; NASB, "인내는 그 일을 끝내야만 한다"'Perseverance must finish its work'; NIV 등으로 번역된다. '온전히'τέλειον로 번역된 것은 '완벽한'complete; perfect이라는 의미도 있지만 '성숙한'mature이라는 의미도 있다. 따라서 인내를 온전히 이루라는 말은 한두 번 정도 인내하거나 어느 정도의 기간 동안만 인내하라는 말이 아니다. 이미 시작된 그 인내가 성숙의 단계에 이르거나, 완전히 성숙할 때까지 인내하라는 의미이다. 특히 "온전히 이루라"ἔργον τέλειον라는 표현을 주목해볼 필요가 있다. 왜냐하면 여기서 '행위'나 '행동'을 의미하는 '에르곤'ἔργον이 사용되었기 때문이다. 저자는 인내하는 것이 생각만으로 되는 것이 아니라 행동으로 나타나는 문제임을

강조하기 위해서 의도적으로 이 표현을 사용한 듯하다. 인내는 머리로 하는 것이 아니라 몸으로, 그리고 삶으로 행하는 것이다. 이는 서신 전체에서 행함과 함께하는 믿음을 강조하는 것과 맥을 같이 한다. 저자는 수신자들에게 "너희가 시련을 당하고 있느냐? 그렇다면 인내한다고 말만 하지 말고 그 인내를 몸으로 보이라!"라고 말하는 것이다. 더 나아가서 "너희가 시련을 당한다고 말씀과 믿음을 버리거나 신앙을 버리지 말고5:19-20, 시련을 만날 때마다 온전히 기뻐하며 끝까지 인내하는 모습을 보이라"라고 말하는 것일 수도 있다. 앞서 저자는 "여러 가지 시련을 당하거든 온전히 기쁘게 여기라"1:2라고 명령했다. 그리고 다시 "인내를 온전히 이루라"라고 명령한다. 이렇게 함으로써, 저자는 수신자들의 의지에 강력히 호소한다. 수신자들은 의지적으로 인내를 이루기 위해서 노력해야 한다.

3. "이는 너희로 온전하고 구비하여 조금도 부족함이 없게 하려 함이라"라고 한다. 여기서 저자는 이유를 나타내는 '히나'ἵνα 절을 통해 수신자들이 인내를 온전히 이루어야 할 이유를 설명한다. '온전하고 구비하여'로 번역된 표현은 비슷한 뜻을 가진 두 단어 '온전한'τέλειοι과 '완전한'ὁλόκληροι; complete/intact이 사용되었다. 이는 인내의 궁극적인 목적이 무엇인지 말해준다. 그리고 '조금도 부족함이 없게 하려 함'이라는 표현은 앞서 사용된 '온전하고 구비함'의 부정적인 단어를 반복 사용하여 표현한 것이다. 즉, 온전하고 구비한 모습은 모든 면에서 부족함이 없는 모습이다. 서신 전체에서 '온전한'τέλειος이라는 단어가 5회1:7에서 2회, 1:17, 25; 3:2 사용될 정도로 저자는 '온전함'에 대해서 강조한다.

4. 요약하면, 저자는 여러 가지 시련을 당하는 수신자들을 향해서 그것을 이길 수 있는 성경적 원리를 제시한다. 즉, 여러 가지 시련을 당할 때 온전히 기쁘게 여기는 것이다. 시련을 당하고 그 시련을 온전히 기쁘게 여기는 과정은 수신자 각자의 믿음을 테스트하는 것이다. 그리고 이 테스트를 통과할 때, 그

모든 과정을 통해서 인내가 만들어진다. 그들은 이미 이러한 신앙의 원리를 알고 있다. 그러나 그 알고 있는 것을 실천하지 못했기에 저자가 그 사실을 다시 상기시킨다. 성도가 이와 같은 신앙의 원리를 따를 때, 온전하여지고 조금도 부족함이 없는 자가 된다. 저자가 수신자들에게 가르치고자 하는 것은 시련의 때에 단순히 인내하는 것을 넘어 그 인내를 통해 신앙의 성숙에 이르는 것이다.

성숙과 하늘의 지혜

야고보서 1:5-8

본문 구조와 요약

⁵ 만약 너희 중에 누구든지 지혜가 부족하면
그로 하여금 하나님께 구하게 하라
후히 주시고 꾸짖지 아니하시는 [하나님께]
그러면 그것이 그에게 주어질 것이다
[하나님이 그것을 그에게 주실 것이다]
⁶ 그러나 [구할 때는] 그가 믿음으로 구하게 하라
의심 없이
왜냐하면 의심하는 자는 바다의 파도와 같기 때문이다
[그 파도는] 바람에 의해 밀리고 흔들리는
⁷ 저 사람이 기대하지 말아야 할 이유는
주님으로부터 무엇이든지 받을 것이라고
⁸ 그는 두 마음을 가진 자로
그의 모든 일에 정함이 없기 때문이다

앞서 시련과 인내, 그리고 믿음의 시험test을 통과했을 때 이르게 될 신앙의 성숙maturity에 대해서 다루었다. 저자는 수신자들에게 여러 가지 시련을 당할 때 그것을 온전히 기쁘게 여기고 이로 인해 만들어진 인내를 온전히 이루라고 명령하면서 수신자들의 의지에 호소했다. 그러나 이제 저자는 하나님께 지혜를 구하되, 믿음으로 구하라고 명령한다. 이와 같은 명령은 앞서 제시한 시련에서 성숙에 이르는 과정이 인간의 의지적인 노력만으로 불가능함을 암시한다. 시련을 당할 때, 그것을 통해 신앙의 성숙에 이르기 위해서는 지혜가 필요하다. 그리고 그 지혜는 사람으로부터가 아니라 하나님으로부터 나온다. 따라서 그 지혜를 얻기 위해서 하나님께 기도드려야 한다.

하나님께 지혜를 구할 때는 의심하지 말고 구해야 한다1:6. 기도할 때 의심하는 것은 두 마음을 가지고 행하는 것과 관련이 있다. 왜냐하면 의심하는 것은 그의 마음이 바람에 밀려 요동하는 바다 물결 같고1:6, 하나님께 기도하는 모습과 실제 삶의 모습 사이에 괴리가 있다는 말이기 때문이다. 저자는 기도하면서 의심하는 자를 '두 마음을 가진 자'a double-minded man로, 기도하면서 두 마음을 가진 자를 모든 일에서 불안정한 자로 묘사한다unstable in all his ways; 1:8. 이처럼 두 마음을 가진 자, 특히 기도하며 의심하는 자는 하나님의 응답을 받을 수 없다1:7. 즉, 인내와 성숙에 이르기 위해 구한 하늘의 지혜를 받지 못한다는 말이다. 하늘의 지혜를 받지 못한 자는 시련을 당할 때 그것을 온전히 기쁘게 여기지 못한다. 시련 중에 인내하지 못하여 믿음의 테스트에 통과하지 못한다. 결국 그는 성숙한 신앙인으로 자랄 수 없기에 미혹되어 진리를 떠날 수밖에 없다.

저자는 지혜가 부족한 자들이 지혜를 구할 수 있는 근거를 하나님의 두 가지 성품에 둔다. 즉, 하나님은 모든 것을 후하게/관대하게 주시는 분이시고, 꾸짖지/책망하지 않으시는 분이시기에 지혜가 부족한 자들은 언제나 하나님께 지혜를 구할 수 있다1:5. 하나님의 이러한 성품은 앞서 지적한 '의심하고 구하는 자'1:6와 '두 마음을 가진 자'1:8의 모습과 대조를 이룬다. 하나님은 일관성 있게 항상 신실한 모습으로 후히 주시고 꾸짖지 않으신다. 만약 하나님이 상황에 따라 변하여 후히 주시다가 덜 주시고, 칭찬하시다가 꾸짖으신다면 아무도 하나님께 지혜를 구하지 못할 것이다. 심지어 하나님은 과거에 저지른 실수가 있다고 해도 다시 당신께 나와 구하는 자에게 후히 주시고 꾸짖지 않으신다.

본문 해설Exposition

중심주제Big Idea: 하나님은 한 마음을 가지고 믿음으로 지혜를 구하는 자에게 꾸짖지 않으시고 후히 주신다.

문맥Context

앞서 여러 가지 시련을 당할 때 그것을 온전히 기쁘게 여기라고 했다1:2. 왜냐하면 시련을 당하는 것 자체가 그들의 믿음을 테스트하는 것이고, 이를 온전히 기쁘게 여기면 그 시험에 통과하는 것이 되기 때문이다. 반대로 당면한 시련을 기쁘게 여기지 못하면 그 시험에 통과하지 못한다. 이 시련의 테스트를 온전히 통과하는 자에게 인내가 만들어진다1:3. 그리고 그 인내가 해야 할 일을 온전히 끝내도록 할 때, 인내하는 자의 신앙이 성숙해지고 완벽해져서 부족한 것이 없는 수준에 이르게 된다1:4. 저자는 서신의 본문을 시작하면서 수신자들이 당면한 가장 중요한 이슈 중의 하나인 시련의 문제를 다룬다. 그리고 시련을 대하는 성경적인 지침을 제시한다.

그런데, "이는 너희 믿음의 시련이 인내를 만들어 내는 줄 너희가 앎이라"1:3라고 말했다. 수신자들이 시련-인내-성숙으로 이어지는 신앙의 원리를 이미 안다는 말이다. 그들이 이미 아는 내용을 다시 언급하는 이유는 그들이 아는 것만큼 실천하지 못했기 때문이다. 이는 서신 전체에서 두 마음을 품은 자들의 모습을 지적하는 것과 일맥상통한다. 또 다른 한편으로 이 사실은 여러 가지 시련을 당할 때 그것을 온전히 기쁘게 여기는 것이 쉽지 않음을 말해준다. 이런 맥락에서, 성도가 여러 가지 시련을 당할 때 이를 온전히 기쁘게 여기기가 쉽지 않기 때문에 누군가의 도움이 필요하다. 그리고 그 도움은 또 다른 사람으로부터가 아니라 하늘로부터 오는 도움이어야만 한다. 그래서 저자는 수신자들에게 하나님께 지혜를 구하라고 명령한다. 야고보서 1:5-8은 이런 맥락에서 이해할 수 있다.

본론Body

1. 하나님은 시련을 통해 성숙하고 완전하기를 원하는 자들이 하늘의 지혜를 구하기를 원하신다1:5

먼저 "너희 중에 누구든지 지혜가 부족하거든······ 하나님께 구하라"1:5라고 명령한다. 갑자기 지혜에 대해서 말하기 때문에 전후 문맥과 맞지 않는 듯한 인상을 준다. 그러나 앞서 설명했듯이 본 단락도 시련과 관련된 문맥 안에서 이해해야 한다. 왜냐하면, 이후에 1:12에서 다시 시련과 관련된 주제를 다루기 때문이다. 본 구절에서 말하는 지혜를 시련과 관련해서 이해하기 위해서는 1:2-4의 내용을 살펴보아야 한다. 저자는 앞서 시련-인내-성숙이라는 신앙의 원리를 제시했다. 이 원리는 시련을 당하는 자가 궁극적으로 가져야 할 목표가 무엇인지, 그리고 그가 가져야 할 모습이 어떠해야 하는지에 대한 하나님의 마음을 보여준다. 즉, 하나님은 성도가 시련을 당할 때 그것을 온전히 기쁘게 여기면서 인내하기를 원하신다. 그리고 이를 통해 영적으로 성숙하고 완벽하게 되어 부족함이 없게 되기를 원하신다. 그러므로 1:5에서 "너희 중에 누구든지 지혜가 부족하거든"이라고 한 것은 시련을 당할 때, 이를 온전히 기쁘게 여기지 않기 때문에 신앙의 성숙에 이르지 못하는 자들을 염두에 둔 것이다. 그들은 어떻게 현재 당하는 시련을 온전히 기쁘게, 끝까지 인내하여 신앙의 성숙에 이를 수 있을지에 대한 지혜를 하나님께 구해야 한다.

비록 그 크기와 종류와 기간은 다르지만, 모든 성도는 시련을 당하며 살아간다. 그러나 당면한 시련을 온전히 기쁘게 여기는 것은 쉽지 않다.

그리고 그와 같이 하는 사람도 많지 않다. 저자 역시 이 사실을 알고 있기에 수신자들에게 하늘의 지혜를 구하라고 한 것이다. 아마도 시련을 당할 때 온전히 기쁘게 여기는 것 자체가 하나님의 방법이고 하나님의 지혜일 수 있다1:2. 왜냐하면 세상의 방법과 사람의 지혜는 시련을 당할 때 그 시련을 피하고 피해를 최소화하는데 초점을 맞추기 때문이다. 성도가 시련을 기쁘게 여기고 끝까지 인내하기 위해서는 의지적인 노력이 반드시 필요하다. 그러나 곧 인간의 의지만 가지고 모든 시련을 기쁘게 여길 수 없음을 발견할 것이다. 하나님의 도움 없이 하나님의 방법을 따를 수 있는 사람은 아무도 없다. 하나님이 제시하신 신앙의 원리와 방법을 따르려면 하나님의 지혜가 필요하다. 그리고 하나님의 지혜를 가진 자는 어떤 시련을 당해도 온전히 기쁘게 여길 수 있다.

2. 하나님은 당신께 지혜를 구하는 자들이 믿음을 가지고 '한 마음'으로 구하기를 원하신다1:6-8

1:6-8에서 저자는 하나님께 지혜를 구할 때 주의할 사항을 말한다. 그것은 믿음으로 구하고 의심하지 않는 것이다. "오직 믿음으로 구하고 조금도 의심하지 말라"1:6라는 문장은 두 개의 명령처럼 보인다. 그러나 명령형 동사는 '구하라' 하나이다. 그리고 '의심하지 말라'로 번역된 것은 구하는 상태를 설명하는 분사로서 '의심하지 않는'으로 번역할 수 있다. 즉, "의심 없이 믿음으로 구하라"라는 말이다. 의심하는 자는 '바람에 밀려 요동하는 바다 물결'과 같다6. 바다는 외부적 환경인 바람의 영향을 받아 물결이 생기고, 그 물결은 끊임없이 요동한다. 크고 작은 파도가 쉴 새 없이 일어난다. 바람이 약할 때는 파도가 찰랑거린다. 그러나 바람이 거셀 때는 파도 또한 높이 오르고, 높이 오른 만큼 깊숙이 내려간다. 의심하며 기도하는 자를 요동하는 바다 물결에 빗대어 설명한 것은 그 믿음의 정도가 하늘을 찌를 듯이 높다가도 어느 순간 깊숙한 곳으로 꺼지는 수신자들의 모습을 묘사하기 위함이다. 자신의

상태나 주변 상황에 따라 그 믿음의 정도가 달라서 한편으로 믿지만, 또 다른 한편으로는 확실히 믿지 못하는 상태를 설명한다. 저자는 이런 자는 무엇을 구하든지 주께 얻을 것이라고 기대하지 말라고 명령한다1:7.

흥미로운 사실은 1:8에서 "두 마음을 품어 모든 일에 정함이 없는 자로다"라고 한 것처럼, 의심하며 구하는 자를 두 마음을 품은 자로 묘사한 것이다. 정함이 없다는 것은 불안정한 모습을 말한다. 그러한 불안정한 모습이 그 사람의 일상생활의 모든 행동에서 나타난다고 한다. 즉, 이와 같은 사람은 삶의 모든 문제에 있어서 일관성 없이 왔다 갔다 하는 사람이다. 앞서 제시된 바람에 밀려 요동하는 바다의 이미지와 연결해보면, 의심하며 구하는 자는 어떤 외부적인 요인에 의해서 마음을 정하지 못하고 하나님과 또 다른 무엇시련 혹은 자기 욕심 사이에서 갈팡질팡 하는 자이다. 이는 마치 세상과 벗이 됨으로 인해서 하나님과 원수가 되는 것과 유사하다4:4. 1:6의 '의심하다'διακρίνω라는 동사는 '나누다'/'구분하다'라는 의미가 있다. 이를 볼 때, 저자는 이러한 표현을 의도적으로 사용한 듯하다. 의심하며 구하는 자는 두 마음으로 행하는 자이고 모든 일에 불안정한 자이다.

이와 같이 두 마음을 품는 것은 서신 전체에 흐르고 있는 중요한 주제 중 하나이다. 말씀을 듣기만 하고 행하지 않는 모습1:21-25, 스스로 경건하다 생각하며 혀를 재갈 물리지 않는 모습1:26, 경건하다고 하면서 어려운 자를 돌보지 않고 세속에 물들어 사는 모습1:27, 믿음이 있다고 하면서 사람을 차별하는 모습2:1-7, 율법을 부분적으로 지키면서 긍휼로 행하지 않는 모습2:8-13, 믿음이 있다 하고 행하지 않는 모습2:14-20, 한 구멍에서 단물과 쓴 물을 내는 샘3:1-12, 하늘의 지혜가 있다고 하면서 땅의 지혜로 행하는 모습3:13-18 등이 두 마음으로 행하는 것을 묘사한 것이다. 야고보서의 중요한 주제 중 하나는 속이는 것과 관련이 있다. 속이는 것은 원래의 모습과 다르게 말하는 것이다. 따라서 속이는 것은 두 마음을 품는 것의 또 다른 표현이다1:16, 22, 26.

이상에서 언급한 것 외에도 서신 전체에 두 마음과 관련된 표현 및 주제가 두루 나타난다. 결국 믿음이 있다고 말하는 자는 한 마음, 곧 하나님을 믿는 믿음으로 구하고 의심하지 말아야 한다. 저자는 여기서 두 마음을 품고 행하는 것에 대해 지적하며 오직 믿음으로 구하고 의심하지 말라고 권한다.

3. 하나님은 믿음을 가지고 한 마음으로 지혜를 구하는 자들을 꾸짖지 않으시고 후히 주신다1:5

앞서 저자는 지혜가 부족한 자에게 하나님께 믿음으로 구하되 의심하지 말라고 했다. 이제 그들이 하나님께 믿음으로 구하고 의심하지 말아야 할 두 가지 근거를 제시한다. 그 근거는 첫째, 하나님이 구하는 자에게 후히 주시기 때문이다. 그리고 둘째, 그 구하는 자를 꾸짖지 않으시기 때문이다1:5. 하나님은 의심하며 구하는 자에게는 그가 무엇이라도 얻기를 생각하지 말아야 할 정도로 냉정한 분이다1:7. 그러나 믿음으로 구하는 자에게는 후하게 주시는 분이시다. 하나님은 구하는 자가 누구든지, 모든 자에게 후히 주시되 구하는 자가 상상할 수 없을 정도로 풍성하게 주신다. "주께서 자기를 사랑하는 자들에게 약속하신 생명의 면류관"1:12을 주신다고 하신 것처럼 하나님은 약속에 신실한 분이시다. 기도할 때 하나님을 온전히 믿는 것이 당신을 사랑하는 모습 중 하나라면, 약속에 신실하신 하나님은 그와 같이 구하는 자에게 신실하게 행하실 것이다.

하나님은 또한 꾸짖지 않으신다. 여러 가지 시련을 당하는 자는 그 시련을 이기기 위해 나름대로 많은 노력을 한다. 기본적으로 하나님이 원하는 방법으로 시련을 대하겠지만, 어떤 경우는 하나님이 원하지 않는 방법, 곧 하나님께 책망 들을 만한 방법을 사용하기도 할 것이다. 이와 같은 사실은 하나님을 '꾸짖지 아니하시는 하나님'으로 묘사한 것에서 알 수 있다. 하나님을 이와 같이 묘사한 것은 수신자들 중에 하나님의 뜻이나 방법을 거스른 자가 있었음을 전제한다. 왜냐하면 하나님의 뜻을 따르거나 하나님의 방법대로 행한 자들에게

'꾸짖는다'라는 개념이 적용될 수는 없기 때문이다. 하나님은 이전에 실수를 했다고 하더라도 지금 당신께 나와서 믿음으로 구하는 자들의 과거 모든 실패와 실수에 대해서 책임을 묻지 않으시는 분이시다. 따라서, 과거에 많은 실수를 한 자도 지금 하나님 앞에 나와서 믿음으로 지혜를 구할 수 있다. 그러면, 하나님은 그의 과거 실수와 실패를 꾸짖지 않고 그들이 생각하는 것 이상으로 풍성하게 응답해 주실 것이다.

결론Conclusion

시련을 당할 때 성도는 하늘의 지혜가 필요하다. 하나님께 믿음으로 지혜를 구하되 의심하지 않아야 한다. 두 마음을 가지고 구하지 말아야 한다. 그러면, 하나님은 과거의 모든 실수와 실패에 대해서 책망하지 않으시고 풍성하게 응답해 주신다.

적용Application

나는 시련을 당할 때 하나님께 지혜를 구하는가? 지혜를 구했다면 의심하지 않고 한 마음으로 구하고 있는가? 하나님은 꾸짖지 않으시고 후히 주시는 분이심을 믿는가?

설교를 위한 제안

제목: 후히 주시고 꾸짖지 않으시는 하나님

1. 시련에서 성숙으로 나아가기 위해서는 지혜가 필요하다
2. 지혜를 구할 때는 한 마음으로 구해야 한다.
3. 하나님은 믿음으로 구하는 자에게 후히 주시고 꾸짖지 않으신다.

본문 주석

^{5} If any of you lacks wisdom,

  만약 너희 중에 누구든지 지혜가 부족하면

     let him ask God,

     그로 하여금 하나님께 구하게 하라

         who gives generously to all without reproach,

         후히 주시고 꾸짖지 아니하시는 [하나님께]

     and it will be given him.

     그러면 그것이 그에게 주어질 것이다

     [하나님이 그것을 그에게 주실 것이다]

1. 본 구절은 접속사 '데'δέ로 시작한다. 영어 성경 대부분은 이 접속사를 번역하지 않거나 '그러나'but; NASB로 번역한다. 만약 '그러나'로 보면, 앞서 시련을 온전히 기쁘게 여기고 인내를 온전히 이루라고 명령한 것과 대조되는 내용이 나온다는 말이다. 즉, 시련을 당할 때 이를 온전히 기쁘게 여기고 인내하여 성숙에 이르는 것이 쉽지 않다는 말이다. 인간의 의지와 노력만으로 부족하기 때문에 하나님께 지혜를 구해야 한다는 의미이다. 만약 번역하지 않는 경우, 단순히 접속사 '데' δέ를 새로운 단락의 시작을 알리는 것으로 본 것이다.

2. "만약 너희 중에 누구든지 지혜가 부족하면"이라고 했다. '부족하다'λείπεται라는 동사는 1:4의 '부족함'에 해당하는 분사λειπόμενοι의 연결 단어로 사용되었다. 1:4에서 "조금도 부족함이 없게 하려 함이라"라고 끝내고, 1:5에서 가정법을 사용하여 "만약에 너희 중에 누구든지 지혜가 부족하거든"으로 시작한다. 본 구절에서 갑자기 지혜와 관련된 주제를 다룬다. 이는 앞서 1:2-4에서 다루었던 시련과 인내의 주제와 잘 맞지 않는 것처럼 보인다. 그러나 그렇지 않다. 왜냐하면 현재 당하는 여러 가지 시련을 기쁘게

여기고 인내를 온전히 이루어 신앙의 성숙에 이르려면 많은 지혜가 필요하기 때문이다. 그리고 여기서 하나님께 지혜를 구하라고 했다. 이는 그 지혜가 사람의 것이 아니라 하늘로부터 내려오는 지혜라는 말이다. 문맥을 고려해 볼 때, 저자가 말하는 지혜는 언제 어떠한 시련을 당하더라도 온전히 기쁘게 여김으로 인내를 가지게 되고, 그 인내를 온전히 이루어 성숙한 신앙인이 되는데 필요한 지혜라고 할 수 있다.

3. 본 구절의 지혜와 성령이 어떤 관계인지에 관해 학자들 간에 논의가 있다. 왜냐하면 본 서신에서 성령에 관한 언급이 비록 4:5에서만 나타나지만 3:17-18에 언급된 '위로부터 오는 지혜'의 항목은 바울이 말하는 성령의 열매와 유사하기 때문이다. 블롬버그와 카멜이 바르게 지적한 것처럼 1:5는 하나님의 지혜와 성령을 완전히 동일한 것으로 보게 하지는 않는다. 왜냐하면 여기서 "너희가 지혜가 부족하면"이라는 표현을 썼지만 성령은 부족할 수 없기 때문이다.[6]

4. 저자는 지혜가 부족한 자들은 하나님께 구하라고 명령한다. 하나님께 구해야 할 주체는 3인칭 단수 부정대명사인 '티스'τις로서 '누구든지'에 해당한다. 그리고 3인칭 단수 현재 명령형 동사인 '아이테이토'αἰτείτω가 쓰였다. 한글은 사역동사가 없어서 '구하라'라고 번역된다. 그러나 헬라어 원문의 의미는 "누구든지 지혜가 부족한 사람이 있으면, 그로 하여금 구하게 하라"이다. 현재 시제가 사용된 것은 지속적인 동작을 가리키거나 수신자들의 현재 상황을 반영한 것이다. 혹, 둘 다를 의미할 수도 있다. "하나님께 구하게 하라"라는 표현의 문자적인 의미는 "~로부터 구하다"ask from이다. 지혜가 부족한 것은 사람이 해결할 문제가 아니다. 오직 하나님만 지혜를 주실 수 있다. 지혜는 하나님께로부터 온다. 만약 사람에게 지혜를 구하고 사람이 지혜를 준다면, 그 지혜는 1:2에서 제시한 것처럼 시련을 당할 때 온전히 기뻐하라고 권하지 못한다. 왜냐하면 사람의 지혜는 시련을 당할 때 그것을 빨리 피할 수 있는

---

6 Blomberg and Kamell, James, 50-51.

방법을 알려주거나 시련 중에 당할 수 있는 피해를 최소화할 수 있는 방법을 가르쳐주기 때문이다. 그러나 하나님의 지혜는 그 모든 시련의 상황 가운데서 온전히 기뻐하여 인내를 얻고, 인내를 온전히 이루어 성숙한 신앙인으로 자랄 수 있도록 한다.

5. '모든 것을 후하게 주시는'과 '꾸짖지 않으시는'이라는 두 개의 분사는 기도의 대상인 하나님의 성품을 묘사한다. 여기서 이슈가 되는 것 중 하나는 '후하게'ἁπλῶς의 의미가 무엇인가 하는 것이다. 이 표현은 '하나씩'singly 또는 '관대하게'generously라는 의미가 있다. 그래서 어떤 이는 저자가 하나님의 관대함에 대해서가 아니라 사람들이 구한 것에 대해 하나의 의도를 가지고 주시는 것에 대해 묘사하려 했다고 본다.[7] 다른 이는 개역개정 성경이나 대부분의 영어 성경에서 번역한 것처럼 하나님의 관대함을 나타내는 것으로 본다.[8] 또 어떤 이는 이 두 가지 의미 모두가 포함되어 있다고 본다. 특히 후하게 주시는 하나님과 꾸짖지 않으시는 하나님을 동시에 고려해보면, 하나님은 회의나 불신 없이, 그리고 신실하게/관대하게 주시는 분이라는 것이다.[9] 어쩌면 두 가지 모두를 포함하는 마지막 주장이 옳은 듯하다. 왜냐하면 수신자들이 가진 구하고 의심하는 모습1:6, 그리고 두 마음을 가진 모습1:8과 대조적으로, 1:5에서는 하나님의 일관성 있는 모습과 신실한 모습도 보여주기 때문이다. 일관성 있는 모습과 신실함은 따로 떼어 놓을 수 없다.

6. 하나님은 또한 꾸짖지 않으시는 분이다. '꾸짖다'ὀνειδίζω라는 동사는 '책망하다'reproach, '매도/악담하다'revile, '욕을 퍼붓다'heap insults upon 등의 의미가 있다. 학자들은 본 구절이 마태복음 7:7의 말씀, 곧 "구하라 그러면 너희에게 주실 것이요 찾으라 그리하면 찾아낼 것이요 문을 두드리라 그리하면 너희에게 열릴 것이니"라는 말씀을 암시한다고 본다. 만약 이것이 사실이라면,

7 D. J. Moo, *James*, TNTC 16 (IL: InterVarsity Press [2015]), 59.
8 L. T. Johnson, *The Letter of James: A new translation with introduction and commentary*, AB 37A (London: Doubleday, 1995), 179.
9 P. H. Davids, *The Epistle of James* (Grand Rapids: The Paternoster Press, 1982), 72-73.

구하면 주실 것이라고 명하신 하나님은 지혜가 부족하여 당신께 구하는 그의 백성의 기도를 외면하실 수 없을 것이다. 왜냐하면, 하나님이 그와 같이 하면 그 또한 수신자들과 같이 두 마음을 가진 모습으로 행하는 것이기 때문이다.

7. 모든 것을 후히 주시고 꾸짖지 않으시는 하나님께 구하라고 명령한 후, 저자는 "그리하면 주시리라"καὶ δοθήσεται αὐτῷ라고 말한다. 여기서 '주다'δίδωμι라는 동사의 미래 수동태 직설법δοθήσεται이 사용되었다. 따라서, 문자적으로 "그러면 주어질 것이다"라는 의미이다. 수신자들이 구할 때, 지혜를 주시는 주체가 하나님이기 때문에 이 수동태는 신적 수동태이다. 즉 하나님에 의해 주어지는 것이다. 이와 같은 이유로 "그러면 주시리라"라고 번역된 것이다.

⁶But let him ask in faith,
  그러나 [구할 때는] 그가 믿음으로 구하게 하라
    with no doubting,
    의심 없이
      for the one who doubts is like a wave of the sea
      왜냐하면 의심하는 자는 바다의 파도와 같기 때문이다
        that is driven and tossed by the wind.
        [그 파도는] 바람에 의해 밀리고 흔들리는

1. 본 구절은 접속사 '데'δέ로 시작한다. 이는 역접의 의미인 '그러나'로 보는 것이 좋을 듯하다. 앞서 구하라고 명령했고, 이제 '그러나'로 시작하면서 구할 때 주의할 사항을 말하는 것으로 볼 수 있다. 즉, "구하라, 그러나 구할 때는"이라는 의미이다. 앞서 사용된 '구하라'αἰτέω라는 동사가 연결단어linking-word로 사용되었다.

2. "오직 믿음으로 구하고 조금도 의심하지 말라"라고 한다. 이 문장은 마치 두 개의 명령형 동사가 사용된 것처럼 보이지만 명령형 동사는 '구하라'

하나이다. 그리고 '의심하지 말라'로 번역된 것은 분사로서 동사의 상태를 설명한다. 따라서 "믿음으로 조금도 의심 없이/결코 의심 없이 구하라"라는 말이다. '구하라' αἰτείτω라는 현재 명령형 동사가 사용된 것은 지속적으로 구하거나 구할 때마다 그렇게 하라는 의미이다. 그리고 '믿음으로' 구하는 것은 하나님에 대한 확신을 가지고 구하는 것을 말한다. 앞서 하나님은 구하는 자에게 후히 주시고 꾸짖지 않는 분이라고 했는데, 이에 대한 확신을 가지고 구하라는 말이다. 그 하나님에 대한 확실한 믿음을 가지고 구하되 조금도 의심하지 말라고 한다.

3. '의심하다' διακρίνω라는 동사는 '구별하다' make a distinction, '구분하다' differentiate, '판단하다' decide, 또는 '판결하다' judge 등의 의미가 있다. 여기서는 '의심하다'라고 번역되었지만 2:4에서는 '구별하다'로 번역되었다. 본 구절에서 '믿음'과 '의심'의 문제를 다루는데, 이는 서신 전체에 두루 나타나는 행하는 믿음과 행함이 없는 믿음의 모습을 보여주는 하나의 예이다. 즉, 믿음과 행함을 함께 가진 자는 하나님이 당신께 구하는 자에게 모든 좋은 것으로 지체하지 않고 주실 분이라는 사실을 확신하고 의심하지 않는다. 그러나 믿음이 있다고 말하면서 행함이 없는 자는 하나님께 구하지만 하나님에 대한 확신도 없고 심지어 당신을 의심한다. 저자는 이와 같이 행하는 자를 바람에 밀려 요동하는 바다 물결에 비유한다.

4. "의심하는 자는 마치 바람에 밀려 요동하는 바다 물결 같으니"라고 했다. 헬라어 원문에는 '왜냐하면'에 해당하는 '가르' γάρ가 포함되어 있다. 따라서 "왜냐하면 의심하는 자는 마치 바람에 밀려 요동하는 바다 물결 같기 때문이다"라고 번역할 수 있다. 여기서 저자는 믿음으로 구하고 조금도 의심하지 말아야 할 이유를 설명하는 것이다. '의심하다' διακρίνω의 분사가 독립적으로 사용되어 '의심하는 자' ὁ διακρινόμενος가 되었다. 그리고 '마치~같다' ἔοικα의 현재 완료형 ἔοικεν이 사용되어 "의심하는 자는 마치"라고 번역되었다.

5. '바람에 밀려 요동하는 바다 물결'이라는 표현은 고전 작가들이, 특별히 폭풍이 올 때만이 아니라 일상적인 바다의 불안정성을 표현할 때 사용한 표현이다.[10] 이 표현이 어떻게 사용되었든지 간에, 바람에 밀려 쉴 새 없이 각양각색의 파고를 만들어 내는 바다 물결의 이미지는 하나님께 구하고도 지혜의 수여자인 하나님을 신뢰하지 못하고 후히 주시고 꾸짖지 않으시는 하나님을 의심하는 자의 모습을 잘 드러내어 준다. 의심하는 자는 쉴 새 없이 출렁거리는 파도와 같다. 한 순간도 확고한 믿음을 가지고 있지 못하다. 의심하는 자는 높이 올라간 파도가 다시 올라간 만큼 깊이 내려가는 것처럼, 자신과 주변 상황에 많은 영향을 받는다. 이들은 믿음이 좋은 것처럼 생각하다가 자신이 처한 상황이 어려워지거나 주위의 격려가 없으면 다시 깊이 내려가는 파도처럼 의심의 수렁에 빠지기를 반복하는 자들이다.

[7] For that person must not suppose
저 사람이 기대하지 말아야 할 이유는

    that he will receive anything from the Lord;
    주님으로부터 무엇이든지 받을 것이라고

1. "이런 사람은 무엇이든지 주께 얻기를 생각하지 말라"라고 했다. 헬라어 원문은 이유를 나타내는 접속사 '가르'γάρ로 시작한다. 이는 앞선 문장보다 이어서 나올 내용에 대한 이유로서, 주께 구하고 의심하는 자가 무엇이든지 주께로부터 받을 것이라고 생각하지 말아야 할 이유를 설명하는 것이다. 즉, 그와 같은 사람은 두 마음을 가져서 정함이 없기 때문이다1:8. '이런 사람'이라고 했지만, 원문에서는 '저'라는 지시 대명사 '에케이노스'ἐκεῖνος를 사용하여 앞서 언급했던 '의심하며 기도하는 자'를 가리킨다. 그리고 명령형

---

10 J. H. Ropes, *A Critical and Exegetical Commentary on the Epistle of St. James* (Edinburgh: T. & T. Clark, 1973[1916]), 142; Blomberg and Kamell, *James*, 52.

동사를 사용하여 무엇이든지 주께 얻기를 '생각하지 말라'μὴ οἰέσθω라고 말하는데, 이는 강한 금지를 나타낸다. 그리고 '생각하다'οἴομαι로 번역된 동사는 '추측하다'suppose, 또는 '기대하다'expect 등의 의미가 있다. 따라서 "저 사람이 기대하지 말아야 할 이유는"으로 번역할 수 있다. 롭스J. H. Ropes는 여기서 말하는 '기대'나 '생각'은 본 구절에서 지적하는 것처럼 "잘못된 판단이나 속임과 같은 부수적인 개념과 함께" 사용되는 경우가 있다고 바르게 지적한다.[11] 즉, 의심하며 기도하는 자들은 잘못된 판단이나 기대, 즉 자신이 생각하는 대로 기도의 응답을 받을 것이라는 그릇된 판단을 가지고 기대한다는 말이다.

2. 의심하며 구하는 자는 무엇이든지 주께 얻기를 기대하지 말아야 한다. '얻다'λήμψεται로 번역된 동사는 능동적인 의미로서 '취하다'take 또는 수동적인 의미로서 '얻다'/'받다'receive라는 의미가 있는 동사λαμβάνω의 미래 시제 중간태이다. 기도에 있어서 응답하는 분이 하나님이므로 기도하는 자는 능동적으로 취하는 것보다 수동적으로 받는 것이 옳다. 그러나 '얻다'라는 동사가 행동의 주체를 강조하는 중간태가 사용된 것은 아마도 기도 한 대로 받으려는 구하는 자의 강한 의지를 나타내려는 듯하다. 의심하며 구하는 자가 강한 의지를 가지고 자신이 원하는 대로 받으려는 모습을 나타낸 것이다. 그러나 저자는 그와 같은 자를 향해서 무엇이든지 주께로부터 받으려는 기대를 가지지 말라고 강하게 명한다.

[8] he is a double-minded man,
그는 두 마음을 가진 자로
    unstable in all his ways.
    그의 모든 일에 정함이 없기 때문이다

1. 본 구절에서 계속해서 의심하며 구하는 자가 하나님으로부터

---

11 Ropes, *James*, 142; Blomberg and Kamell, *James*, 53.

어떤 것도 받을 것이라고 기대해서는 안 되는 이유를 설명한다. 그 이유는 그러한 자는 두 마음을 품은 자ἀνὴρ δίψυχος이기 때문이다. 형용사 '두 마음을 품은' δίψυχος은 '결단력이 없는' irresolute, '의심하는' doubting, 또는 '주저하는' hesitating 등의 의미가 있다. 그리고 이 표현은 문자적으로 '두 마음을 가진' double-minded 것을 의미한다.[12] 두 마음을 가진 자에 대해서는 앞서 이미 설명했다1:6. 그는 의심하는 자이고 바다의 물결처럼 바람에 밀려 요동하는 자이다. 하나님께 지혜를 구하지만 당신에 대한 확신이 없는 자이고 그의 신실함에 대해 의문을 품는 자이다.

2. 앞서 1:6에서 설명한 것처럼 두 마음을 품은 자의 특징은 단순히 하나님께 구하는 문제뿐 아니라 신앙생활 전반에 나타난다. 저자는 서신 전체에서 두 마음을 품은 자의 다양한 모습을 묘사한다. 즉, 그는 말씀을 듣기만 하고 행하지 않는다1:21-25. 스스로 경건하다 생각하지만 혀를 재갈 물리지 않는다1:26. 그리고 경건하다 하면서 어려운 자를 돌보지 않고 세속에 물들어 산다1:27. 또한 믿음이 있다 하면서 사람을 차별한다2:1-7. 율법을 부분적으로 지키며 긍휼을 행하지 않는다2:8-13. 그는 믿음이 있다 하고 행하지 않는다2:14-20. 이러한 모습 외에도 서신 전체에서 두 마음을 가진 자의 모습을 다양하게 묘사한다.

3. "그의 모든 일에 정함이 없는 자로다"라고 한다. '정함이 없다' ἀκατάστατος라는 말은 가만히 있지 못하고 불안정한 모습을 나타내는 것으로 일관성이 없다는 말이다. 모든 일에 정함이 없다는 말은 일상생활 속의 모든 행동에 일관성 없이 왔다 갔다 한다는 말이다. 1:5부터 계속해서 다루는 구하는 것과 의심의 문제와 연관시켜 생각해보면, 의심의 문제는 하나님 외에 또 다른 무언가를 놓지 못하기 때문에 그 사이에서 일관성 없이 왔다 갔다 하는 모습을 상기시킨다. 이러한 모습은 "간음한 여인들아 세상과 벗 된 것이 하나님과 원수 됨을 알지 못하느냐 그런즉 누구든지 세상과 벗이 되고자 하는

---

12 BDAG, 253.

자는 스스로 하나님과 원수 되는 것이니라"4:4라고 한 것과 맥을 같이 한다. 두 마음을 품는 문제, 그리고 구하면서 의심하는 문제 모두 하나님과 또 다른 무엇 사이에서 정함 없이 왔다 갔다 하는 모습니다.

4. 종합하면, 1:5-8은 1:1-4에서 제시된 시련을 대하는 성경적 원리를 이루기 위해서는 반드시 하늘의 지혜가 필요함을 보여준다. 즉, 시련을 당할 때 온전히 기쁘게 여기고, 이러한 믿음의 테스트를 통과할 때 생기는 인내를 온전히 이룸으로 하나님 앞에서 성숙된 모습을 가질 수 있다고 했다1:1-4. 그러나 성도가 시련을 당할 때 스스로의 힘으로 온전히 기쁘게 여길 수 없고 인내할 수 없고, 따라서 성숙에 이르지 못한다. 오직 하늘로부터 오는 지혜가 필요하고, 그 지혜를 얻기 위해 하나님께 구해야 한다. 지혜를 구할 때는 믿음으로 구하고 의심하지 말아야 한다. 왜냐하면 그 지혜를 주시는 하나님은 후하게/신실하게/변함없이 주시는 분이기 때문이다. 또한 하나님은 꾸짖지 않고 후하게 주는 분이시다. 따라서 누구든지 과거에 실수나 실패를 했다고 하더라도 다시 하나님께 나아와 하늘의 지혜를 믿음으로 구할 수 있다.

낮음과 높음의 시련

야고보서 1:9-12

본문 구조와 요약

⁹ 낮은 형제는 그의 높음을 자랑하게 하라!

¹⁰ 그리고[그러나] 부한 자는 그의 낮음을 [자랑하게 하라]

왜냐하면 풀의 꽃과 같이 그가 지나가기 때문이다

¹¹ 왜냐하면 태양이 타는듯한 열과 함께 떠올라

그 풀을 말리고

그 풀의 꽃을 떨어뜨리고

그 풀의 얼굴[모양]의 아름다움은

사라지기[파괴되기] 때문이다

이와 같이 부한 자도 사라질 것이다

그가 오고 가는 중에 [일상에서 행하는 일들 중에]

¹² ~한 사람에게 복이 있기를!

[그 사람은] 시련을 참는 자

왜냐하면 그가 검증된 후에[그 시험을 통과한 후에]

[그가] 생명의 면류관을 얻을 것이기 때문이다

[그 면류관은] ~자들에게 약속된

그[하나님]를

사랑하는 자들에게

앞서 시련trial과 시험test, 인내와 성숙, 그리고 지혜의 필요성 등에 대해서 다루었다. 그런데, 본 단락에서 갑자기 낮은 자와 높은 자에 대해서 다룬다. 얼핏 보면 주제가 바뀌는 것 같다. 그리고 본 단락이 이전 단락과 어떻게 연결되는지 애매모호해 보인다. 그러나 본 단락의 마지막 구절인 1:12에 다시 이전 단락에서 다루었던 시련과 시험에 대해서 언급한다. 전후 문맥에서 계속해서 시련에 대해서 다루기 때문에 1:9-11의 낮은 자와 높은 자의 문제도 같은 맥락에서 이해하는 것이 바람직하다. 즉, 가난하게 사는 것도 시련의 한 종류이고 부하게 사는 것도 시련의 하나일 수 있다는 말이다. 가난하고 낮은 위치/지위에 있는 자들은 그것 때문에 상처 받고 좌절하고 절망하기에, 그것이 시련일 수 있다. 저자는 이들에게 자신의 높음을 자랑하라고 한다. 왜냐하면 그들의 외적인 지위가 어떠하든지 하나님은 당신을 사랑하는 자들에게 약속하신 생명의 면류관과 하나님의 나라를 주실 것이기 때문이다1:12; 2:5. 그들은 세상의 눈에는 낮은 자이지만 하나님의 눈에는 높은 자이므로 그들의 높음을 자랑해야 한다.

반대로 지위가 높거나 부한 자들도 그것 자체가 그들에게 시련이 될 수 있다. 왜냐하면 높은 지위와 많은 재물은 성도가 하나님을 따르는 데 장애물이 될 수 있기 때문이다. 저자는 부한 자들을 향해 자신의 낮아짐을 자랑하라고 한다. 즉, 자신이 얼마나 보잘것없는 존재인지 자랑하라는 말이다. 부한 자가 그와 같이 해야 하는 이유는 아무리 많은 재물이 있어도 자신은 풀의 꽃과 같이 곧 사라질 연약한 존재이기 때문이다1:10. 뿐만 아니라 풀의 꽃이 아름답지만 해가 돋고 뜨거운 바람이 불어 풀을 말리면 꽃이 떨어져 그 모양의 아름다움이 없어지는 것처럼, 부한 자도 일상의 삶을 위해 오고 가는 중에 부지불식간에 죽어 없어지는 존재이기 때문이다1:11. 부한 자 중에서 자신이 아무것도 아님을 자랑할 수 있는 자는 오직 하나님을 사랑하는 자와 그가 가진 재물보다 하나님을 더 의지하는 자이다. 따라서 부한 자에게 자신의 낮아짐을 자랑하라는 것도 하나님을 의지하는 것을 자랑하라는 의미이다. 그리고 하나님은 부한 자들 중 자신의 낮아짐을 자랑하는 자들에게도 당신을 사랑하는 자에게 주시겠다고 약속하신 생명의 면류관과 하나님의 나라를 상급으로 주실 것이다1:12; 2:5.

본문 해설Exposition

중심주제Big Idea: 하나님은 당신을 사랑하는 자, 곧 가난과 부의 시련을 참는 자에게 약속하신 생명의 면류관을 주신다.

문맥Context

앞서 1:2-4에서 성도가 시련을 당할 때 이를 대하는 성경적 원리를 제시했다. 시련을 기쁘게 여기라고 하는 이유는 성도의 믿음을 테스트하는 시련을 기쁘게 여겼을 때 그 속에 인내가 생기기 때문이다. 그리고 이 인내를 온전히 이룰 때 하나님이 원하시는 신앙의 성숙에 이를 수 있다. 그러나 이와 같은 원리를 따르는 것은 쉽지 않다. 그러므로 성도가 이 테스트를 잘 통과하여 신앙의 성숙에 이르기 위해서 하나님께 지혜를 구해야 한다1:5. 하나님의 지혜는 현재 당면한 시련을 어떻게 피할 것인지, 어떻게 경감시킬 것인지를 알려주는 사람의 지혜와 다르다. 앞서 살펴본 바와 같이 하나님은 성도가 시련의 과정이라는 시험test을 통해 성숙하고 완벽에 이르기를 원하신다. 따라서 하나님의 지혜는 성도가 시련을 기쁘게 여기고, 그 속에 인내가 만들어지고, 그 만들어진 인내를 끝까지 이루어서 신앙의 성숙에 이르게 할 수 있도록 가르쳐주는 지혜라고 할 수 있다. 지혜를 구할 때 주의할 것은 믿음으로 구하고 의심하지 않는 것이다1:6-7. 구하고 의심하는 자는 두 마음을 품어 모든 일에 정함이 없는 자와 같다1:8. 두 마음을 품는 것은 단순히 마음으로 의심하는 것만을 말하지는 않는다. 하나님의 응답을 따르지 않고 자신이 가장 좋다고 생각하던 그 길을 가는 것도 포함한다. 성도는 마음으로나 행실로 두 마음을 품어서는 안 된다. 성도가 한 마음으로 구할 때, 하나님은 후히 주시고 꾸짖지 않으신다. 그리고 지혜를 구한 자가 생각한 것보다 더 넘치게 주시고, 이전에 행한 잘못이나 실수에 대해서 꾸짖지 않으신다1:5.

　　1:1-8에서 시련을 대하는 성도의 자세에 대해서 다루었면 1:9-12에서는 부한 자와 가난한 자에 대해서 다룬다. 어떻게 보면 새로운 주제를 시작하는 듯하다. 그러나, 1:12에서 다시 시련과 인내의 문제를 다루기 때문에 부한 자와 가난한 자의 문제 역시 성도가 일상적으로 당하는 시련의 일부분일 수 있다. 높음과 낮음의 문제는 야고보서의 수신자들이 지금 당면한 시련의 문제로 볼 수 있다. 저자는 가난한 자와 부한 자에게 어떻게 시련을 인내하라고 가르치는가? 그리고 그들이 시련을 인내할 수 있는 근거는 무엇인가?

본론Body

1. 하나님은 낮은 형제가 자기의 높음을 자랑하기를 원하신다1:9

　　1:9에서 사용된 '낮은'이라는 표현은 경제적으로 부하지 못한 자들뿐 아니라 사회적인 지위가 낮은 자들을 가리킬 때도 사용된다. 따라서 '낮은 형제'는 경제적으로나 사회적으로 지위가 낮은 모든 성도를 가리킨다. 서신을 시작하면서 저자는 수신자들은 '흩어진 열 두 지파'로 묘사한다1:1. 이는 디아스포라를 일컫는 것으로, 유대인들이 주거하던 팔레스타인 지역을 벗어나 이방 지역에서 공동체를 형성하며 사는 자들을 말한다. '열 두 지파'라는 명칭의 사용을 근거로 수신자들을 순수한 유대인 집단으로 보는 이들도 있다. 그러나 또 다른 이들은 이 표현이 신약시대에는 순수하게 이스라엘 민족만을 지칭하는 것으로 잘 사용되지 않았기 때문에, 영적인 이스라엘 곧 유대인과 헬라인이 섞인 교회 공동체를 의미한다. 이 사실과 더불어 초대교회의 대부분의 서신이 유대인과 이방인이 섞인 교회 공동체에 보내진 것을 고려할 때, 야고보서 또한

그와 같은 상황일 가능성이 크다. 그러나 중요한 것은 수신자들의 구성원이 어떠하든지 그들 대부분은 가난하고 낮은 위치에 있는 자들이었다는 것이다. 물론 이들 중에 부한 자들도 있었을 것이고 지역 사회에서 인정받으며 상당한 위치에 오른 자들도 있었을 것이다참고. 5:1-6. 그러나 수신자들의 대부분이 이주민이었기에 하루하루 노동을 하며 돈을 벌어야 살아갈 수 있는 자들이었다. 수신자들 중에 포함된 이방인 역시 다른 초대교회의 경우와 마찬가지로 대부분 노예나 자유인들로 구성된 하층계급의 사람들이었을 것이다.

　　야고보서의 수신자들은 정치적으로나 사회적으로 무시를 당하거나 따돌림을 당했을 가능성이 크다. 유대교의 유대인들은 이방인과 함께 지내며 식탁을 나누는 유대인 기독교인들을 못마땅하게 생각하고 실제로 핍박했다. 이방인들 중에 그 높은 도덕적 기준 때문에 기독교를 동경하는 자들도 있었지만, 대부분은 기독교 공동체를 좋게 보지는 않았다. 왜냐하면 유일신 사상을 내세우고 삶의 정결을 위해서 기존의 사교모임들에 출입하는 것을 자제하며, 자기들끼리 모여서 생활을 했기 때문이다. 여러 가지 이유로 흩어져 있던 수신자들은 분명 경제적으로나 사회적으로 힘겨운 삶을 살았을 것이다.

　　낮은 형제들에게 "자기의 높음을 자랑하라"라고 했다. 저자가 말하는 낮은 자들이 높은 근거는 1:12에서 찾아볼 수 있는데, 이는 이후에 다루도록 하고 더 자세한 근거는 2:5에서 찾을 수 있다. "하나님이 세상에서 가난한 자를 택하사 믿음에 부요하게 하시고 또 자기를 사랑하는 자들에게 약속하신 나라를 상속으로 받게 하지 아니하셨느냐"라고 말한다. 이 세상에서 가난한 자들은 여전히 가난하고 지위가 낮은 자들은 그 낮은 위치에 그대로 있다. 그러나 예수님을 믿는 자는 믿음에 부요하게 된 자이고 하나님의 나라를 상속받을 것이라는 약속을 받은 자이다. 이와 같은 말씀은 가난하고 낮은 위치에 있는 자의 영적인 눈을 뜰 것을 촉구한다. 왜냐하면 믿음의 눈으로 보지 않으면 그 부요함을 볼 수 없기 때문이다. 2:5에서 "하나님이 세상에서 가난한 자를 택하사"라고 했다. '세상에서'라는 말은 영어 성경에서 '세상의 눈으로 볼 때'in the eye of the world; NIV로 번역되었다. 즉, 하나님이 택한 자들은 하나님의 눈으로 볼 때 가난한 자들이 아니라 '세상의 눈으로 볼 때' 가난한 자들이라는 말이다. 하나님의 눈으로 보면 경제적으로 가난하거나 사회적 지위가 낮은 자가 가난한 자가 아니라 예수님을 믿지 않고 여전히 세상 속에서 살아가는 자들이 가난하다는 의미이다.

저자는 낮은 형제에게 "그 높음을 자랑하라"라고 한다. '자랑하다'boast라는 말은 자신이 높다는 사실을 마음속으로만 생각하고 품고 있으라는 뉘앙스는 아니다. 오히려 자신의 높음을 당당하게, 그리고 자신 있게 드러내라는 말이다. 이와 같이 하는 것이 진정으로 자랑하는 것이다.

2. 하나님은 부한 자가 자신의 낮음을 자랑하기를 원하신다 1:10-11

저자는 낮은 자를 '형제'라고 호칭한 반면1:9, 높은 자는 형제라고 호칭하지 않는다1:10. 어떤 이는 1:9에서 '형제'라는 호칭을 사용했기 때문에 1:10에서는 생략한 것이라고 한다. 그러나 만약 저자가 의도적으로 '형제'라는 호칭을 생략했다면, 이는 두 부류의 사람들에게 다른 뉘앙스로 말하는 것으로 볼 수 있다. 왜냐하면, '형제'는 일반적으로 친근함을 표현하는 것으로, 이를 사용하는 여부에 따라 뉘앙스가 달라지기 때문이다. 즉, 가난한 자에 대해서는 친근감을 표현하면서 다소 긍휼히 여기며 격려하는 듯한 톤으로 말했다면, 부한 자에 대해서는 앞서 언급했던 감정들을 배제하고 경고하듯이 말했을 가능성이 크다.

높은 자는 사회적 지위가 낮은 가난한 자가 당하는 것과 같은 시련을 당하지는 않는다. 가진 것이 많으니 하고 싶은 것을 언제든 할 수 있다. 지위가 높으니 어디를 가든 사람들로부터 환영받고 인정받으며 높은 자리로 안내받는다. 부한 자가 당할 수 있는 시련은 어쩌면 하나님보다 자기 자신과 자신이 가진 것을 더 의지하고 따르는 것일 수 있다참고. 2:6-7; 4:13-17; 5:1-6.
왜냐하면 이어지는 1:10-11에서 높은 자의 유한성에 대해서 지적하기 때문이다.
저자가 부한 자의 유한성에 대해 언급하는 것은, 그가 스스로 영원히 살 것처럼
자신과 자신이 가진 것을 의지하며 살았음을 암시한다.

부한 자가 자신의 낮음을 자랑해야 할 이유가 1:10b에 제시된다. 즉,
부한 자는 풀의 꽃과 같이 지나가기 때문이다. '지나가다'라는 말은 '끝나다'
혹은 '사라지다'라는 뜻이다. 흥미로운 사실은 부한 자가 가진 재물이나 지위가
사라진다고 말하지 않고 그 자신이 풀의 꽃처럼 홀연히 사라질 수 있다고 말하는
것이다. 저자는 이어지는 구절에서 이를 조금 더 구체적으로 설명한다. 1:11은
'왜냐하면'으로 시작하면서 부한 자가 풀의 꽃과 같이 지나가게 되는 이유를
설명한다. 저자는 네 개의 동사를 사용하여 부한 자가 풀의 꽃과 같이 사라질
것이라고 묘사한다. 즉, 태양이 타는 듯한 열과 함께 떠올라 그 풀을 말리고
풀의 꽃을 떨어뜨려 그 모양의 아름다움이 사라진다. 저자는 당시 팔레스틴의
사막에서 볼 수 있었던 열풍sirocco을 예로 들어서 뜨거운 열기를 동반한 태양이
얼마나 쉽게 풀과 꽃을 말리고 떨어뜨려 그 아름다움을 파괴하는지를 묘사한다.
그런 후에 1:11b에서 '이와 같이'οὕτως라고 말하며 부한 자도 오고 가는 중, 곧
일상생활을 하는 중에 사라질 것이라고 말한다. 이와 같은 설명은 인간이 풀의
꽃처럼 햇볕이 비취면 금방 시들어 사라질 수밖에 없는 존재이기 때문에 결코
높거나 대단한 존재가 아님을 보여준다. 이는 무한하신 하나님을 생각할 때 더
그렇다. 부한 자는 유한한 존재들 사이에서는 대단해 보이고 많이 가진 것처럼
보인다. 그러나 무한하신 하나님 앞에서는 잠시 있다가 사라지는 보잘것없는
존재이다. 그러니 세상의 눈으로 볼 때 높은 자는 이 사실을 깨닫고 하나님
앞에서 자신의 낮음을 자랑해야 한다.

3. 하나님은 시련을 참는 자에게 생명의 면류관 주실 것을 약속하셨다1:12

"시련을 참는 자는 복이 있나니 이는 시련을 견디어 낸 자가 주께서 자기를 사랑하는 자들에게 약속하신 생명의 면류관을 얻을 것이기 때문이라"1:12라고 말한다. 여기서 저자는 시련을 참는 자가 복이 있는 이유와 하나님이 시련을 참는 자에게 약속하신 것이 무엇인지 밝힌다. 본 구절은 다음과 같은 사실을 말해준다. 첫째, 하나님은 당신을 사랑하는 자들에게 생명의 면류관을 주실 것을 이미 약속하셨다. 이 약속은 그 조건이 충족될 때 언젠가는 이루어 진다. 부한 자나 가난한 자나 현재 그들이 당하는 시련을 인내하는 자는 생명의 면류관을 받을 것이라는 약속을 기억할 필요가 있다. 약속은 그것을 받을 자들에게 꿈과 소망을 준다. 둘째, 시련을 참는 자가 곧 하나님을 사랑하는 자이다. 왜냐하면 시련을 참는 자가 생명의 면류관을 받을 것이고, 이 면류관은 하나님을 사랑하는 자에게 주어질 것이라고 명시하기 때문이다. 바꿔 말하면, 하나님을 사랑하는 자만이 시련을 당할 때 그것을 기쁘게 여기며 인내할 수 있다. 셋째, '생명의 면류관'은 영원한 것이다. 앞서 설명한 것처럼 인간은 유한한 존재이다. 인간이 유한하므로 그 가진 것 또한 유한할 수밖에 없다. 이와 같은 사실은 인간이 당하는 시련 또한 유한함을 암시한다. 이와 반대로 생명의 면류관은 영원하다. 저자는 일정기간 이후에 지나갈 것과 영원할 것을 비교하며 어떤 것이 더 값지고 귀한 것인지 보여준다.

결론Conclusion

낮은 자든 부한 자든 하나님 앞에서 자신이 어떤 존재인지를 알아야 한다. 낮은 자는 그리스도 안에서 자신의 높음을 자랑해야 하고 높은 자 역시 그리스도 안에서 자신이 아무 것도 아님을 인식하고 자신의 낮음을 자랑해야 한다. 그렇게 하는 것이 하나님을 사랑하는 자의 모습이다. 그리고 하나님을 사랑하는 자에게는 약속된 천국의 면류관, 곧 인생이나 시험의 유한함과 대조되는 영원한 선물이 주어질 것이다.

나는 세상적인 기준으로 볼 때 가난한 자인가 부한 자인가? 만약 가난한 자이면 그리스도 안에서 자신이 높은 위치에 있음을 인식하고 그 높음을 자랑하고 있는가? 혹 부한 자라면 자신이 아무 것도 아님을 인식하고 자신의 낮음을 자랑하고 있는가? 하나님은 자신을 사랑하는 자에게 약속된 천국의 면류관 주실 분임을 믿는가?

설교를 위한 제안

제목: 높음과 낮음의 시련

1. 시련 1: 낮은 형제는 자기의 높음을 자랑해야 한다.
2. 시련 2: 부한 자는 자신의 낮아짐을 자랑해야 한다.
3. 시련을 견디는 자는 생명의 면류관을 얻을 것이다.

본문 주석

[9] Let the lowly brother boast in his exaltation,
  낮은 형제는 그의 높음을 자랑하게 하라!

1. 본 구절과 이어지는 구절에서 낮은 자와 높은 자에 대해서 언급한다. 지금까지 시련-인내-성숙에 대해서 다루다가 갑자기 주제가 바뀌는 것처럼 보인다. 그러나 1:12에서 다시 시련과 인내의 주제를 다루는 것을 볼 때, '가난과 부'는 시련과 인내의 주제에 포함된 것으로 볼 수 있다. 가난과 부가 하나의 시련이라는 말이다. 가난과 부는 수신자들이 겪고 있는 여러 가지 시련 중 하나이거나 그 시련의 직접적인 원인이 되는 문제일 수도 있다. 저자는 가난한 자에게는 자신의 높음을, 부한 자에게는 자신의 낮아짐을 자랑하라고 명령한다.

2. 먼저 낮은 형제에게 말한다. '낮은'ταπεινός이라는 형용사는 긍정적인 의미로는 '겸손한'humble으로, 부정적인 의미로는 '낮은 위치에 있는'of low position, '가난한'poor, '중요하지 않은'of no account, '덜 중요한'subservient, 또는 '비참한'abject으로 번역된다. 본 구절에서는 경제적으로나 사회적으로 낮은 위치에 있는 자를 가리킨다. 블롬버그와 카멜은 '낮은'이 말 그대로 가난한 자들을 지칭한다고 본다. 그러나 가난한 자에 관해 다룬 몇몇 구절을 보면2:2, 5-6, 15-16, 여기서 말하는 '낮은'이 그들만큼 가난한 자를 가리키는 것은 아니라고 본다. 그래서 본 구절에 사용된 형용사 '낮은'은 수신자들의 영적인 가난까지도 포함한다고 본다.[13] 그러나 2장에 사용된 몇 가지 표현을 근거로 본 구절의 '낮은'이 영적인 가난까지 포함한다고 말하는 것은 어색하다. 왜냐하면 영적으로 가난한 자가 그의 부함을 자랑해야 할 이유를 설명할 수 없기 때문이다. 또한, 만약 1:9의 '낮은'이 영적인 의미까지 포함한다면, 1:10의 '부한' 역시 영적인 의미를 포함하게 된다. 만약 이것이 사실이면, 영적 가난은 시련이 될 수 있지만 영적 부함은 시련이 될 수 없고 영적으로 부한 자가 그의 가난함을 자랑해야 할 이유도 설명할 수 없다.

3. 본 구절에서 낮은 자에 대해 말하면서 '낮은 형제'라는 호칭을 사용한다. '형제'라는 호칭은 일반적으로 함께 신앙생활하는 성도를 지칭할 때 쓰인다. 따라서 '낮은 형제'는 모든 가난한 자가 아니라 수신자들이 속한 공동체 내의 낮은 자에게 권하는 것이다. "낮은 형제는 자기의 높음을 자랑하라"라고 했다. 낮은 형제의 높음이 무엇인지 본 구절에서 직접적으로 밝히지 않는다. 그러나 1:12와 2:5를 근거로 낮은 형제의 '높음'이 무엇인지 알 수 있다. 먼저 2:5에서 "내 사랑하는 형제들아 들을지어다 하나님이 세상에서 가난한 자를 택하사 믿음에 부요하게 하시고 또 자기를 사랑하는 자들에게 약속하신 나라를 상속으로 받게 하지 아니하셨느냐"라고 말한다. 여기서 말하는 높음은 하나님의 택함을 받아 믿음에 부요하게 된 것이다. 더 나아가서 하나님은 믿음이 부요한

13 Blomberg와 Kamell, *James*, 55.

자에게 자신의 나라를 상속으로 줄 것이라고 약속했기 때문에 낮은 자라도 하나님을 믿으면 높은 자인 것이다. 이와 유사하게, 1:12에서 "시험을 참는 자는 복이 있나니 이는 시련을 견디어 낸 자가 주께서 자기를 사랑하는 자들에게 약속하신 생명의 면류관을 얻을 것이기 때문이라"라고 말했다. 저자는 시련을 기쁘게 여기고 인내하며, 이러한 모든 과정을 통해서 성숙한 신앙인이 된 자에게 생명의 면류관이 약속되어 있다고 말한다. 따라서 낮은 형제는 비록 물질적으로 가난하고 사회적으로 낮은 지위에 있지만 하늘의 상급을 받을 자이다. 따라서 그는 자신의 높음을 자랑해야 한다. 주목할 것은 2:5에 사용된 '택하다'와 '약속하다'라는 동사가 단순 과거형으로 된 것이다. 이는 하나님이 그와 같은 일을 이미 행하셨다는 말이다. 하나님의 택함을 받은 자는 이미 하나님의 높임을 받은 자이다. 그리고 예수께서 다시 오실 때 모든 것이 완전히 성취될 것이다.

4. "낮은 형제는 자기의 높음을 자랑하고"라고 했다. '자랑하고' καυχάσθω는 3인칭 명령형 동사이다. 따라서 '자랑하게 하라'는 사역동사로 번역이 가능하다. 이 동사는 신약 성경에서 일반적으로 부정적인 의미로 사용되어 '자만심', '자신을 자랑하는 것', 혹은 '자신의 의를 자랑하는 것' 등에 사용되었다. 그러나 본 구절에서는 긍정적인 의미로 사용되어 하나님의 택함을 받고 하늘나라를 상속받게 될 자로서 자신의 외적 약함에도 불구하고 그 영적인 높음을 자랑하라는 의미로 사용되었다.

[10] and the rich in his humiliation,
   그리고[그러나] 부한 자는 그의 낮음을 [자랑하게 하라]
         because like a flower of the grass he will pass away.
         왜냐하면 풀의 꽃과 같이 그가 지나가기 때문이다

   1. 본 구절은 접속사 '데' δέ로 시작한다. 가난한 자에 이어서 부한

자에게 권면하는 것으로 본다면, 계속적인 의미의 '그리고'and로 번역해도 될 듯하다참고. ESV; NASB; NLT. 그러나 부한 자에게 그 낮음을 자랑하라고 한 것은 앞서 1:9에서 낮은 자에게 그 높음을 자랑하라고 한 것과 대조된다. 따라서 '그러나'but로 번역해도 무방하다참고. KJV; NIV.

    2. 1:9에서는 '낮은 형제'라는 호칭을 썼다. 그러나 본 구절에서는 '부한 자'라고 호칭한다. 이는 말 그대로 경제적으로 부한 자를 가리킨다. 학자들 간에 '부한 자'가 기독교인을 가리키는지 아니면 비기독교인을 가리키는지에 대한 논의가 있다. [1]기독교인으로 보는 견해는 '형제'라는 호칭이 낮은 자와 부한 자 모두를 가리키는 것으로 본다. 그 이유는 1:9에서 사용된 '형제'라는 호칭의 반복 사용을 피하기 위해 1:10에서 생략했다는 것이다. 이와 유사하게 '자랑하라'는 동사도 1:9에서 사용되었기 때문에 1:10에서 생략되었다고 본다. 이 경우 그들이 자랑해야 할 것은 종말론적인 심판이 아니라 신자로서의 현재의 영적 상태이다. 즉, 그들은 그들이 현재 가진 것을 자랑하는 것이 아니라 그리스도만을 자랑해야 한다. 그리고 1:11에서 말하는 것은 최후의 심판이 아니라 부한 자의 죽음 자체가 그에게 주어지는 심판이다. [2] 비기독교인 부자로 보는 견해는 '형제'라는 호칭이 가난한 자만 수식한다고 본다. 그리고 '자랑하라'라고 번역된 동사는 아이러니한ironic 혹은 풍자적인sarcasm 의미로 사용되었다고 본다. 부한 자는 이미 그가 누릴 수 있는 것을 다 누렸기 때문에 이제 그가 기대할 수 있는 것은 미래 심판 날의 겸손함뿐이라는 것이다. 이러한 주장이 저자의 가르침을 보완한다고 본다. 즉, 비록 부한 자가 가난한 자를 압제하지만 마지막 날에 궁극적으로 가난한 자는 무죄하다고 인정받을 것이고 부한 자는 멸망할 것이기 때문이다. 어떤 이는 본 구절에 사용된 '부한 자들'οἱ πλούσιοι이라는 표현이 2:6에도 사용되어 비기독교인을 가리킨다는 사실을 지적한다. 이에 근거해서 1:10의 것도 비기독교인을 가리키고, 따라서 그들에게 미래의 소망이 없다고 본다.[14]

14 '부한 자'에 대한 더 자세한 논의는 Blomberg와 Kamell, *James*, 57-58을 보라.

3. 앞서 제시한 두 주장 모두 일리가 있다. 그러나 본 구절의 '부한 자'는 기독교인으로 보는 것이 더 타당하다. 왜냐하면, 2:6에 같은 단어를 사용하여 비기독교인을 지칭하지만, 2:2에서 "만일 너희 회당에 금 가락지를 끼고 아름다운 옷을 입은 사람이 들어오고"라고 하면서 이들이 외부에서 들어온 자라고 가정한다. 그러나 1:10에서는 수신자들 전체를 권면하는 중에 '부한 자'를 언급했기에 기독교인일 가능성이 더 크다. 저자가 부한 자에 대해서 '형제'라는 호칭을 사용하지 않은 것은 반복 사용을 피하기 위함일 수 있다. 그러나 낮은 자를 부를 때와는 다른 뉘앙스를 만들기 위해서 의도적으로 생략했을 수도 있다[15] 앞서 지적했듯이 1:9의 '자랑하다'καυχάομαι라는 동사도 1:10에서 다시 사용되지 않았다. 이 하나의 동사가 1:9에서는 문자적으로 해석되고, 1:10에서는 풍자적으로 해석되는 것도 어색하다. 수신자들 중에 있는 부한 기독교인이 하나님보다 물질을 더 자랑하거나 의지할 수 있다. 저자는 그와 같이 행하는 부한 자에게 그가 꽃과 같이 시들 연약한 존재로서 자신의 낮음을 자랑하는 것이 오히려 하나님 앞에서 바른 것임을 가르치는 것이다.

4. 부한 자는 '자기의 낮아짐'ἐν τῇ ταπεινώσει αὐτοῦ을 자랑해야 한다. '낮아짐'ταπείνωσις은 '부끄럼'humiliation, '겸손'humility, 또는 '천한 신분'humble station 등의 의미가 있다. 그리고 영어 성경에서 '부끄럼'humiliation; ESV; NASB, '낮게 됨'be made low; KJV, 'low position'낮은 위치'; NIV. 비교. NRSV 등으로 번역된다. 문맥을 보았을 때, 부끄럼이나 수치보다는 그 자신이 얼마나 보잘것없는 존재인지를 자랑하라는 의미인 듯하다. 다시 말해서 아무리 많은 재물이 있어도 그 자신은 곧 사라질 존재이기 때문에 자신의 연약함을 자랑하라는 말이다. 오직 그리스도 안에 있는 사람, 그리고 자신이 가진

---

15 야고보서 1:9-10에서 저자가 낮은 자를 지칭할 때는 '낮은 형제'ὁ ἀδελφὸς ὁ ταπεινός라는 표현을 쓰고 부한 자를 지칭할 때는 '형제'라는 표현을 제외하고 단순히 '부한 자'ὁ πλούσιος라고 부른 것은 의도적일 수도 있고 그렇지 않을 수도 있다. 저자가 의도한 것이라면, '형제'라는 호칭을 통해 낮은 자들에게 좀 더 애정을 가지고 부른 것이 된다. 그러나 의도하지 않았다면, 앞서 '낮은 자를 부를 때 '형제'라는 단어를 썼기 때문에 '부한 자'를 부를 때는 동일한 호칭을 생략한 것으로 볼 수 있다. 이와 같이 볼 수 있는 근거는 1:9에서 사용한 '자랑하다'καυχάομαι는 동사를 1:10에서는 생략했기 때문이다.

재물보다 그리스도를 의지하는 자만이 자신의 낮음, 곧 자신이 아무것도 아님을 자랑할 수 있다. 따라서, "부한 자는 자기의 낮아짐을 자랑할지니"라는 말은 자신의 부에도 불구하고 예수 그리스도께 의지하는 것을 자랑하라는 말이다.

5. 마지막으로 이유를 설명하는 절ὅτι을 통해 부한 자가 자기의 낮아짐을 자랑해야 할 이유를 설명한다. "이는 [그 부한 자가] 풀의 꽃과 같이 지나감이라"라는 문장은 "왜냐하면 그 부한 자는 풀의 꽃과 같이 사라질 것이기 때문이다"라고 번역할 수 있다. '지나가다'παρέρχομαι로 번역된 동사는 3인칭 단수 미래 직설법으로 '끝나다'come to an end 또는 '사라지다'disappear라는 의미가 있다. 이 동사의 주어는 부한 자 자신이다. 따라서 부한 자가 가진 재물이 사라지는 것은 아니다. 비록 재물은 계속 남아 있어도 그 재물을 가진 사람이 곧 사라질 존재라는 말이다. 그러므로 부한 자는 자기가 아무것도 아님을 깨닫고 자신의 낮아짐을 자랑해야 한다.

¹¹ For the sun rises with its scorching heat

  왜냐하면 태양이 타는 듯한 열과 함께 떠올라

        and withers the grass;

        그 풀을 말리고

            its flower falls,

            그 풀의 꽃을 떨어뜨리고

            and its beauty perishes.

            그 풀의 얼굴[모양]의 아름다움은 사라지기[파괴되기]

            때문이다

        So also will the rich man fade away

        이와 같이 부한 자도 사라질 것이다

            in the midst of his pursuits.

            그가 오고 가는 중에[일상에서 행하는 일들 중에]

1. 본 구절은 '왜냐하면'γάρ으로 시작한다. 이는 부한 자가 풀의 꽃과 같이 사라지는 이유를 설명하는 것이다. 여기서 네 개의 단순 과거 동사가 사용되어 금언적인 사실, 또는 예언적 사실을 말한다. 네 개의 동사는 해가 모든 것을 태워버릴 듯한 열기와 함께 '돋고'ἀνέτειλεν, 풀을 '말리고'ἐξήρανεν, 꽃이 '떨어져'ἐξέπεσεν 그 모양의 아름다움이 '없어지나니'ἀπώλετο이다. 저자는 이 네 개의 동사를 통해 부한 자가 풀의 꽃과 같이 사라지는 이유를 설명한다. 첫째, "해가 돋고 뜨거운 바람이 불어"로 번역된 것은 "왜냐하면 그 해가 모든 것을 태워버릴 듯한 열기바람와 함께 뜨고"라는 의미이다. 여기서 '타는 듯한 열'καύσων이라는 표현은 '타는 듯한 바람'scorching wind; NASB이나 '타는 듯한 열기'scorching heat; ESV; NIV 등로 번역되기도 한다. 원래 이 단어가 '숨 막힐듯한 열'이나 당시 팔레스틴 지역의 사막을 휩쓸었던 열풍sirocco을 의미하므로 어떻게 번역해도 무관하다. 태양과 함께 뜨거운 열기까지 더해서 묘사한 것은 그 태양의 파괴력이 얼마나 큰지를 강조하기 위함이다.[16] 또 다른 이는 이런 표현을 사용한 것은 "바람이 가져오는 완전하고도 신속한 파괴력"과 "그 바람은 반드시 따라온다는 필수 불가결성"을 강조한다고 본다.[17]

2. 둘째부터 넷째 동사는 태양과 뜨거운 바람열으로 인해서 나무가 얼마나 완벽하게 파괴되는지 묘사한다. "풀을 말리면 꽃이 떨어져 그 모양의 아름다움이 없어지나니"라고 번역된 것은 "[왜냐하면 그 태양이 뜨거운 열기와 함께 떠올라], 그 풀을 말리고 그 풀의 꽃을 떨어뜨리며, 그 풀의 얼굴모양의 아름다움은 사라지기/파괴되기 때문이다"라는 의미이다. 하나의 풀과 그 풀의 꽃이 아무리 아름다워도 뜨거운 태양과 그것이 내뿜는 열기, 그리고 뜨거운 바람을 견디지는 못한다. 꽃의 아름다움도 이런 열과 바람 앞에서는 한시도 버티지 못하고 떨어지고, 결국 그 풀은 완전히 말라 파괴되어버린다.

3. "부한 자도 그 하는 일에 이와 같이 쇠잔하리라"라고 말한다.

---

16 Blomberg and Kmell, *James*, 56.

17 Martin, *James*, 27.

자연이 말해주는 일반적인 진리를 설명한 후, '이와 같이'οὕτως 부한 자 역시 그렇게 될 것이라고 말한다. 어떤 이는 '그 하는 일'ἐν ταῖς πορείαις αὐτοῦ에 포함된 '포레이아이스'πορείαις가 '여행'journey을 의미하는 것으로 본다. 그리고 본 구절을 상인이 돈을 벌기 위해 계획을 세우는 것에 관해 언급한 4:13-17과 연결시켜 '그 하는 일'을 상업과 관련된 일로 이해한다. 그래서 저자는 부한 기독교인이 사업을 위해 여행하는 도중에 죽을 수도 있다고 말한다고 주장한다.[18] 이와 같이 이해해도 무방하다. 그러나 본 구절에서는 풀의 꽃이 그러하듯 인생도 마찬가지라는 보편적인 진리를 말한다. 그리고 '포레이아'πορεία는 기본적으로 '오고 가는 것'을 의미한다. 따라서 부한 자가 어떤 경우든 오고 가는 중, 곧 일상생활 중에 죽게 된다는 사실을 지적한다고 볼 수 있다.[19] 꽃이 시들어 사라지듯이 부한 자도 일상의 모든 삶, 곧 그가 행하는 모든 일 중에 홀연히 죽어 없어지는 것이다.

4. 마틴R. P. Martin은 본 구절에서 사용된 풀과 꽃의 비유는 이사야 40:6-8에서 온 것이라고 한다. 여기서 "말하는 자의 소리여 이르되 외치라 대답하되 내가 무엇이라 외치리이까 하니 이르되 모든 육체는 풀이요 그의 모든 아름다움은 들의 꽃과 같으니 풀은 마르고 꽃이 시듦은 여호와의 기운이 그 위에 붊이라 이 백성은 실로 풀이로다 풀은 마르고 꽃은 시드나 우리 하나님의 말씀은 영원히 서리라 하라"라고 말한다. 마틴은 저자가 이 말씀을 부한 자와 낮은 자를 대조시키는 주제에 맞도록 했다고 주장한다.[20] 저자가 이사야서의 말씀을 인용했는지 알 수는 없다. 이사야서에서는 인생의 덧없음과 하나님 말씀의 영원함을 대조시키고 있기에 전체 이미지를 그대로 옮긴 것 같지는 않다. 그리고 1:9-11에서 낮은 자와 부한 자를 대조시키기지만, 둘을 직접적으로 대조하지는 않는다. 앞서 언급했듯이 1:9-11에서도 계속해서 시련과 인내의 주제를 다룬다.

18 Moo, *James*, 94.
19 Blomberg and Kamell, *James*, 56.
20 Martin, *James*, 27-28.

만약 그렇다면, 저자가 낮은 자와 부한 자를 각각 다루면서 그들에게 권면하는 것은 그 두 부류가 당하는 시련이 다르고 따라서 시련을 이겨내는 방법도 다르다는 사실을 보여주는 것이다. 즉, 낮은 자는 그의 영적 부요함을 자랑해야 한다. 그리고 부한 자는 그가 잠깐 있다가 사라지는 존재라는 사실을 깨닫고 그의 그 연약함/아무것도 아님을 자랑해야 한다.

[12] Blessed is the man
  ~한 사람에게 복이 있기를!
      who remains steadfast under trial,
      [그 사람은] 시련을 참는 자
          for when he has stood the test
          왜냐하면 그가 검증된 후에[그 시험을 통과한 후에]
              he will receive the crown of life,
              [그가]생명의 면류관을 얻을 것이기 때문이다
                  which God has promised to those
                  [그 면류관은]~자들에게 약속된
                      who love him.
                      그[하나님]를 사랑하는 자들에게

    1. 본 구절은 "시험을 참는 자는 복이 있나니"로 시작한다. 앞서 언급한 바와 같이 '시험'πειρασμός으로 번역된 단어는 문맥에 따라서 '시험'test, '시험'temptation, 또는 '시련'trial으로 번역될 수 있다. 영어 성경에서는 '시험'temptation으로 번역되거나KJV, NRSV, '시련'trial으로 번역된다ESV, NASB, NIV. 만약 본 구절이 앞선 단락뿐 아니라 1:2부터 시작된 내용의 연속이라면, 1:12의 것 역시 '시험'temptation보다는 '시련'trial으로 번역하는 것이 옳다. 왜냐하면 앞선 단락에서도 시련과 인내의 주제를 다루었고 1:12에서도 시련과

그것을 참는 자에 대해서 말하기 때문이다. 따라서 첫 번째 문장은 "시련을 참는 자는 복이 있나니"라고 할 수 있다.

2. 이어서 이유를 설명하는 '호티'ὅτι; that 절을 사용한다. "이는 시련을 견디어 낸 자가"ὅτι δόκιμος γενόμενος라고 하면서 시련을 참는 자가 복된 이유를 설명한다. '도키모스'는 '검증된'approved by test 또는 '진짜의'genuine라는 의미의 형용사이다. 그리고 '게노메노스'는 '태어나다'be born/ produced, '되다'become라는 의미가 있는 '기노마이'γίνομαι의 과거분사이다. 따라서 전체 문장은 "시련을 참는 사람은 복이 있나니, 이는 그가 검증된 후에는/그 시험test에 통과한 후에"라고 번역할 수 있다. 어떤 이는 시련을 통과하여 검증되는 것이 곧 시험test을 통과한 것이기 때문에 "그 테스트를 통과한 후에"라고 번역하기를 제안한다. 이와 같이 번역해도 무방하다.[21] 따라서 본 구절의 전반부는 "시련을 참는 사람은 복이 있나니 이는 그가 [시련을 참아서] 검증된 후에시련을 참고 시련 중에 살아남은 것 자체가 검증된 것이다"로 번역할 수 있다.

3. "주께서 자기를 사랑하는 자들에게 약속하신 생명의 면류관을 얻을 것이기 때문"이라고 한다. 시련을 참아 검증된 자에게는 생명의 면류관이 주어진다는 말이다. 이 문장에서 사용된 속격 '생명의'τῆς ζωῆς는 설명적인 용법descriptive으로서 '살아 있는'이라는 의미보다는 오히려 동격의 속격으로 그 면류관이 곧 생명이라는 말이다. 이 면류관은 고대 운동경기 선수가 경기에서 승리했을 때 주어지는 월계수 관을 연상시킨다.[22] 이 면류관은 모든 시련 가운데서 기뻐하고 이로 인해서 만들어진 인내를 온전히 이룸으로 하나님 앞에서 성숙한 신앙인이 된 자들에게 주어지는 상이다. 이 상은 지혜가 부족할 때 믿음으로 구하고, 낮음의 시련 가운데서도 그 시련을 이기고 자신의 높음을 자랑하는 자에게 주어진다. 이 상은 또한 '부'富라는 시련 가운데서도 자기의 낮음을 깨닫고 자랑함으로 그 시련을 이기는 자에게 주어진다.

---

21 Blomberg and Kamell, *James*, 68.

22 참고. Blomberg and Kamell, *James*, 68.

4. 이 생명의 면류관은 단순히 가난하거나 낮은 자 모두에게 주어지는 것은 아니다. 이어지는 관계대명사ὅν 절에서 그 면류관이 누구에게 주어지는지 밝힌다. 그 생명의 면류관은 "주께서 그[주님 자신]를 사랑하는 자들에게 약속하신 것"이다. 주를 사랑하는 자들이란 일반적으로 하나님을 믿는 자들을 가리킨다. 그러나 문맥을 고려해 볼 때, 주를 사랑하는 자들은 믿음의 시련을 온전히 이긴 자들이다. 바람에 밀려 요동하는 바다와 같이 불안정한 믿음을 가진 자들이 아니라 믿음으로 구하고 오로지 그 하나님을 신뢰하는 자들이다. 주를 사랑하는 자들은 두 마음을 품지 않고 오로지 한 마음으로 하나님을 믿는 자들이다. 왜냐하면, 앞서 구하고 의심하는 자들은 무엇이든지 주께 얻기를 생각하지 말라고 했기 때문이다1:7. '그를 사랑하는 자들에게'τοῖς ἀγαπῶσιν αὐτόν에서 '사랑하는 자들에게'는 분사 독립 구문으로서 현재 시제가 사용되었다. 이는 주님을 사랑하는 것이 일회적인 것이 아니라 지속적인 것을 말한다. 지속적인 것 역시 변하지 않는 마음으로 일관성 있게 사랑하는 것이다.

5. 이 생명의 면류관은 하나님의 약속에 의해서 주어지는 것이다. 1:12와 2:5에서 제시하듯 하나님이 당신을 사랑하는 자들에게 약속하신 것은 생명의 면류관이고 하나님의 나라이다. 즉, 하나님이 약속하신 것은 하나님의 나라에서 영원히 함께 사는 것이다. 하나님 나라와 영원한 생명에 대한 약속은 본 서신뿐 아니라 신구약 전체에서 반복적으로 나타난다. 하나님은 당신이 맺은 그 약속에 대해 신실한 분이시다. 하나님은 회전하는 그림자도 없으신 분이다1:17. 즉, 그림자가 태양의 방향에 따라 변하는 것과는 대조적으로 하나님은 그와 같이 변하지 않으신다. 하나님의 백성에게 주어진 그 약속은 야고보서의 수신자들에게도 여전히 유효하다.

스스로 속지 말라!

본문 구조와 요약

¹³ 누구든지 시련을 받을 때에 ~라고 말하지 말라

"하나님으로부터 내가 시험을 받는다"라고

왜냐하면 하나님은 악에게 시험을 받지 않으시고

누구도 시험하지 않으시기 때문이다

¹⁴ 오히려 각 사람은 [~에 의해서] 시험 받는다

끌려 다니면서

그리고 유혹 받으면서

자신의 욕심에 의해서

¹⁵ 그런 후, 그 욕심이 잉태하면

죄를 낳고

그리고 죄가 장성하면

사망을 낳는다

¹⁶ 속지 말라,

나의 사랑하는 형제들아!

¹⁷ 각 좋은 은사와 각 온전한 선물은 위로부터

빛들의 아버지께로부터 내려오나니

그는 변함도 없으시고

또는 회전하는 그림자도[없으시다]
¹⁸ 그가 뜻을 정한 후에 우리를 낳아서
진리의 말씀으로
우리가 그의 피조물 중에 한 첫 열매와 같이 되게 하셨다

앞서 수신자들이 당하던 시련 중 대표적인, 혹은 근본적인 문제, 곧 낮음과 높음의 문제를 다루었다. 그리고 낮은 형제에게는 자기의 높음을 자랑하고 부한 자에게는 자기의 낮아짐을 자랑하라고 했다. 누구든지 시련 중에 인내하고 그 시련의 시험test을 통과하는 자들은 하나님을 사랑하는 자들이고, 하나님은 그들에게 생명의 면류관을 주실 것을 약속했다1:12. 이 약속은 성도가 시련을 당할 때 온전히 기뻐하고, 인내를 통해서 하나님이 원하시는 성숙된 신앙인으로 자라가야 할 궁극적인 이유가 된다.

그런데, 성도는 시련을 당할 때 스스로 시험temptation에 빠질 수 있다. 왜냐하면 시련을 당하면서 자신이 하나님으로부터 시험temptation을 받는다고 여기기 때문이다1:13. 저자는 성도가 여러 가지 시련을 당할 때 범하기 쉬운 이와 같은 실수를 지적하면서, 하나님은 성도를 시험하는 분이 아니라는 사실을 명확히 한다1:13. 오히려 성도가 시험받는 것은 자기의 욕심 때문이다1:14. 이를 앞선 문맥과 함께 고려해보면 다음과 같이 설명할 수 있다. 성도는 시련을 당할 때 온전히 기쁘게 여겨야 하고 이를 통해 만들어진 인내가 끝까지 그 일을 감당하도록 하여 성숙에 이르러야 한다1:2-4. 만약 이러한 과정 중에 지혜가 부족하면 하나님께 구하고 의심하지 말아야 한다1:5-8. 낮은 형제는 자신의 높음을 자랑하고 부한 자는 자신의 낮음을 자랑해야 한다1:9-11. 하나님이 당신을 사랑하는 자에게 주실 생명의 면류관을 바라보며 끝까지 인내해야 한다. 그러나 이 신앙의 원리를 따르는 것은 쉽지 않다. 시련의 기간이 길어질수록 더더욱 그렇다. 이런 과정 중에 어떤 이들은 하늘의 지혜가 아니라 자기 자신의

생각이나 욕심을 따라 그 시련을 극복하려고 할 것이다. 그럼에도 불구하고 자신의 상황에 변화가 없거나 자신이 생각했던 것처럼 문제가 해결되지 않을 때 하나님을 원망하기 시작한다. 더 나아가서 자신이 하나님에 의해 시험temptation 받는다고 여길 수 있다1:13. 그러나 성도가 시험받는 것은 자기 욕심 때문이다. 1:15에서 '잉태하다'와 '낳다'와 같은 표현은 여성이 아이를 임신하여 오랜 기간 동안 뱃속에 품는 이미지를 제공한다. 그리고 '장성하다'와 같은 생물학적 용어의 사용도 무엇인가 자라도록 하거나 돌보는 것을 상기시킨다. 저자는 자기 욕심을 계속 품고 있으면 그것이 죄가 되고, 죄가 장성하도록 내버려 두면 사망에 이르게 된다는 사실을 설명한다. 그리고 성도가 이런 상황에 처해 있으면서 겉으로는 아무 문제가 없는 듯 행동하는 것은 곧 자신을 속이는 것이다1:16.

본 단락에서 사람이 시련trials을 당할 때 하나님께 시험temptation을 받는다고 말하지 말아야 할 이유를 몇 가지 밝힌다. 첫째, 하나님은 악에게 시험을 받지 않으시고 친히 아무도 시험하지 않으시기 때문이다1:13. 둘째, 하나님은 변하지 않는 분으로서"변함도 없으시고 회전하는 그림자도 없으시니라" 그를 사랑하는 자들에게 온갖 좋은 은사와 온전한 선물을 일관되게 내려주는 분이시기 때문이다1:17. 셋째, 하나님은 자신의 뜻을 따라 진리의 말씀으로 그를 사랑하는 자들을 모든 피조물 중에서 한 첫 열매, 곧 가장 귀하고 특별한 존재로 삼으신 분이기 때문이다.

특히 주목해 보아야 할 것은 "자기의 뜻을 따라 진리의 말씀으로 우리를 낳으셨느니라"1:18b라는 말씀이다. 이 문장이 중요한 이유는 5:19에서 "미혹되어 진리를 떠난 자"에 대해서 언급했기 때문이다. 5:19의 '진리'는 1:18b의 '진리의 말씀'을 가리킨다. 이 두 구절은 진리의 말씀으로 낳음을 입은 자가 미혹되어 그 진리를 떠난 것에 대해 말한다. 이 진리의 말씀은 이어지는 단락인 1:19-27, 특히 1:19에서 [진리의 말씀을] 듣기는 속히 하라고 한 것과도 깊은 관련이 있다. 미혹되어 진리를 떠난 자는 곧 그를 진리의 말씀으로 낳으신 하나님의 뜻을 저버리는 자이다. 그러한 자는 죄인이고 영혼이 죽은 자이고, 따라서 죄 사함 받고 구원을 받아야 한다5:20. 서신 전체 상황을 고려해 볼 때, 수신자들 중에는 속으로는 하나님의 뜻을 저버리고도 겉으로는 진리를 따르는 것처럼 말하는 자들이 있었다. 이들은 두 마음을 품은 자들1:8; 4:8이고, 자신을 속이는 자들이고1:16, 22, 26; 5:19, 믿음이 있다고 하면서 행함이 없는 자들이다2:14, 17, 20.

본문 해설Exposition [1]

중심주제Big Idea: 하나님은 시련 중에 있는 성도를 시험하는 분이 아니라 성도가 스스로 자기 욕심 때문에 시험 받는다.

문맥Context

1:1-8은 삶의 여러 가지 시련을 당하는 성도가 어떻게 그것을 기쁘게 여겨 성숙한 신앙에 이를 것인지에 대한 성경적 원리를 제시한다. 그리고 1:9-12은 수신자들이 일상적으로 겪고 있던 시련의 대표적인 예라고 할 수 있는 낮음과 높음의 문제를 다룬다. 낮은 형제는 그리스도 안에서 자신의 높음을 자랑하고1:9, 부한 자 역시 그리스도 안에서 자신이 아무것도 아님을 인식하고 자신의 낮음을 자랑해야 한다1:10-11. 낮은 자든 부한 자든 하나님 앞에서 자신이 어떤 존재인지 알아야 한다. 그렇게 하는 것이 하나님을 사랑하는 자들의 모습이고, 그와 같이 하는 자들에게는 이미 약속된 천국의 면류관, 곧 인생과 시련의 유한함과는 대조되는 영원한 선물이 주어질 것이다1:12.

1:13-18 역시 시련과 인내의 문제를 다룬다. 여기서는 시련-인내-성숙의 신앙의 원리를 벗어나서 시련을 당할 때, 자신이 하나님께 시험을

받는다고 여기는 문제에 대해서 다룬다. 저자는 과연 하나님은 "시련으로 당신의 백성을 시험하시는 분이신가?"라는 질문에 답을 준다. 본문은 두 가지로 나누어 생각할 수 있다. 첫째는 하나님은 당신의 백성을 시험하는 분이 아니라는 것, 둘째는 그와 같이 말할 수 있는 이유가 무엇인지에 대한 것이다. 우선 성도가 시련을 당할 때, 하나님께 시험을 받는다고 여겨서는 안 되는 이유 세 가지를 살펴보려고 한다.

본론Body

1. 하나님은 성도에게 시련을 허용하실 뿐 성도를 시험하지는 않으신다1:13

1:13에서 "사람이 시험을 받을 때에 내가 하나님께 시험을 받는다 하지 말지니 하나님은 악에게 시험을 받지도 아니하시고 친히 아무도 시험하지 아니하시느니라"라고 했다. 이 구절에 '시험하다'πειράζω라는 동사가 3회, '시험받을 수 없는'ἀπείραστος이라는 형용사 가 1회 사용되었다. 여기서 볼 수 있는 바와 같이 동사와 형용사 모두 '시험'temptation과 관련된 의미로 번역되었다. 영어 성경 중 새 예루살렘 성경NJB은 첫 번째와 마지막 것을 테스트test로, 두 번째와 세 번째를 시험tempt하는 것으로 번역한다. 그 외 대부분의 영어성경은 네 번 모두 '시험하다'tempt라는 의미로 번역한다ESV; KJV; NASB; NIV; NLT 등. 그러나 1:13은 1:2와 1:12의 연상선상에 있다. 그리고 1:2과 1:12에서 수신자들이 일상에서 겪는 시련에 대해 다루었다. 이처럼 1:13도 성도가 당하는 시련의 문제를 다루는 것으로 보는 것이 자연스럽다. 그리고 이어지는 구절인 1:14에서 시험을 받는 것being tempted은 자기 욕심에 끌려 미혹되기 때문이라고 설명한다. 즉, 본문의 문맥에서 성도가 시험을 받는 것은 자기 스스로 그렇게 되는 것이라고 말하기 때문에 1:13에서 "사람이 시험temptation을 받을 때에"라고 말하는 것은 어색하다.

앞서 살핀 바와 같이 1:13은 단락의 시작으로서 다시금 성도들의 보편적인 상황, 곧 시련을 당하는 사실을 언급하는 것으로 보는 것이 자연스럽다. 일반적으로 성도가 시련을 만나면 힘들어한다. 그리고 그 시련을 피하기 위해서 이런저런 방법들을 찾는다. 그렇게 하다보면 잘못된 판단을 하고 하나님 앞에서 죄를 범할 수도 있다. 이와 같은 상황에서 그 성도는 그가 당하는 시련 때문에 죄를 짓게 되었으니 하나님이 자신을 시험하기 위해서 시련을 허락했다고 말할 수 있다. 그럴듯한 추론 같지만, 저자는 절대로 그럴 수 없다고 한다1:13. 그리고 이후에는 속지 말라고 한다1:16. 1:13은 "사람이 시련을 당할 때 내가 하나님께 시험을 받는다 하지 말지니"라고 번역하는 것이 더 자연스럽다.

2. 하나님은 성도가 시련 중에 자기 욕심에 끌려 스스로 시험 받기를 원하지 않으신다1:14

1:14에 "오직 각 사람이 시험을 받는 것은 자기 욕심에 끌려 미혹됨이니"라고 했다. 그러나 헬라어 원문은 역접 접속사 '데'δέ로 시작한다. 이는 앞서 성도가 시련을 당할 때 자신이 하나님께 시험을 받는 것으로 여기는 것과 대조되는 내용을 말하려는 것이다. 자신이 하나님께 시험을 받는다고 여기지만, 사실은 자기 욕심 때문에 시험을 받는 것이다. '욕심'ἐπιθυμία은 긍정적인 의미로도, 부정적인 의미로도 사용된다. 여기서는 부정적인 의미로서 '악한 갈망' 혹은 '잘못된 야망'을 의미한다. '자기 욕심에'ὑπὸ τῆς ἰδίας ἐπιθυμίας라고 번역된 것은 '그 자신의 욕심에 의해'by his own desire라는 의미로 사람 속에 있는 '욕심'이 그 사람 전체를 주도한다는 말이다. 저자는 수신자들이 자기 욕심에 "끌려 미혹됨이니"라고 말한다. '끌리다'와 '미혹되다'라는 동사는 그물이나 줄, 혹은 미끼로 물고기나 동물을 사냥하는 것을 묘사할 때 쓰는 표현이다. 즉, 사냥감인 짐승이나 물고기가 미끼를 보고 그것을 물려고 하다가

올가미나 그물에 걸려들어 잡힐 때의 이미지를 묘사한 것이다. 사람이 자기 욕심에 의해서 끌려가다가 마침내 시험이라는 그물에 걸려드는 것과 같다.

　　문맥을 고려해 볼 때, 여기서 말하는 자기 욕심은 믿음으로 구하고 의심하는 것과 관련이 있다1:5-6. 수신자들은 흩어져 살면서 끊임없이 당하는 시련 때문에 고된 삶을 살았다. 그들은 저자의 가르침대로 시련을 기쁘게 여기고 끝까지 인내하려고 노력하며 지혜가 부족할 때 하나님께 기도드렸을 것이다. 앞서 저자가 구하고 의심하지 말라고 한 것을 보면, 수신자들 중에 의심하며 기도한 자들이 있었던 듯하다. 이들은 자신이 생각하는 때나 방식으로 기도가 응답되지 않았기 때문에 의심하기 시작했을 것이다. 앞서 저자는 의심하며 구하는 자는 "무엇이든지 주께 얻기를 생각하지 말라"1:7라고 명령했다. 그리고 이와 같이 행하는 자들은 "두 마음을 품어 모든 일에 정함이 없는 자"1:8라고 말한다. 성도가 하나님의 지혜를 구하면 하나님의 뜻을 기다려야 한다. 하나님께 기도드리면서 자신의 뜻대로 되기를 바라면 실망하고 절망하기 쉽다. 왜냐하면 기도는 자신이 원하는 때나 방법으로 응답되지 않기 때문이다. 혹 자신이 생각하는 대로 되기를 기도하면 하나님의 뜻을 따라갈 수가 없다. 왜냐하면 성도 자신의 생각과 하나님의 뜻은 다를 수 있기 때문이다. 저자는 하나님의 뜻과 자기 욕심 사이에서 마음을 정하지 못하고 두 마음을 품고 있는 자들을 지적한 듯하다. 이와 같은 상황에서 자기 욕심에 끌려 미혹된 자는 "내가 하나님께 시험받는다"라고 말할 수 있다. 이처럼 시련 중에 자기 욕심 때문에 시험을 받으면서, 하나님께 시험받는다고 생각하는 것은 서신 전체에서 지적하듯 두 마음을 품고 신앙생활하는 것과 같다.

3. 하나님은 성도가 자기 욕심 때문에 죄짓고 사망에 이르기를 원하지 않으신다1:15

　　앞서 저자는 성도가 자기 욕심에 끌리고 미혹되어 시험을 받는다고 했다. 그런데 이제는 자기 욕심 때문에 시험받는 것을 넘어 죄짓고 사망에 이르게 되는 과정을 설명한다. "욕심이 잉태한즉 죄를 낳고 죄가 장성한즉 사망을 낳느니라"1:15라고 말한다. 이 문장은 '그러면'then 혹은 '다음'next을 의미하는 헬라어 '에이타'εἶτα로 시작한다. 이 표현은 상황이 어떻게 순차적으로 진행되는지를 나타낼 때 사용된다. '잉태한즉'συλλαβοῦσα으로 번역된 단순 과거 분사는 '잉태할 때' 혹은 '잉태한 후'를 의미하는 것으로 볼 수 있다. 의미상의 차이가 크지는 않지만 만약 순차적 과정을 설명하는 것이라면 '잉태한 후'로 번역하는 것이 좋다. "욕심이 잉태한 후 죄를 낳고"라는 말의 문자적인 의미는 욕심이 죄를 임신하여 그것을 낳았다는 말이다. 한 여인이 임신하여 아이를 낳기 위해서는 9-10개월 동안 품고 있어야 한다. 이는 자기 욕심 때문에 시험을 받는 자가 그 욕심을 버리지 못하고 계속 품고 있을 때, 그 욕심이 죄를 낳는다는 말이다. 계속해서 "죄가 장성한즉 사망을 낳느니라"라고 말한다. '장성하다'ἀποτελεσθεῖσα 역시 단순 과거 분사로서 "장성한 후에"로 번역할 수 있다. 이 표현은 '완성하다'bring to completion 또는 '성숙되다'be fully formed/ matured라는 의미가 있다. 이 표현 역시 생물학적 이미지를 연상시킨다. 즉, 죄를 오랜 시간 동안 품고 있어서 충분히 성숙하면 마침내 사망을 낳는 것이다.

이상의 설명은 성도가 자기 욕심을 버리지 못하면 죄를 짓게 되는 과정을 보여준다. 즉, 자기 욕심 때문에 하나님의 말씀에 불순종하고 하나님의 뜻에 반하는 행동을 하게 된다는 것이다. 그리고 자기 속의 죄가 장성하도록 내버려 두면 그 죄 때문에 하나님과 영원히 단절되는 죽음에 이르게 된다. 저자는 이와 같은 과정을 설명하면서 성도가 자기 욕심을 따를 때, 1:2-4에서 제시했던 성경적 원리를 따르는 것과 1:12에 제시된 인내의 결과와는 완전히 상반되는 결과에 이르게 됨을 보여준다. 즉, 성도가 시련을 당할 때 이를 기쁘게 여기고 끝까지 인내하면 신앙의 성숙에 이르게 된다1:4. 그리고 시련을 당하면서도 끝까지 인내를 이루면 생명의 면류관을 얻게 된다1:12. 그러나 시련 중에 인내하지 못하고 자기 욕심에 끌리면, 그것 때문에 시험받으면서 오히려 하나님에 의해 시험받는다고 생각하게 된다1:13. 그리고 자기 욕심이 죄가 되게 하고, 죄가 장성하도록 내버려 두면 사망에 이르게 된다1:14-15. 하나님은 성도가 시련 중에서도 인내하여 신앙의 성숙을 이루고 생명의 면류관을 받기 원하신다. 그러나 어떤 이는 자기 욕심을 따르기 때문에 죄를 짓고 사망에 이르게 된다. 이와 같은 가르침은 서신의 기록 목적을 담은 5:19-20과도 일맥상통한다. 즉, 미혹되어 진리를 떠난 자는 그 영혼이 사망에 거하고 허다한 죄를 지은 자들이다. 그들은 다시 진리로 돌아서야 한다.

결론Conclusion

성도가 시련을 당할 때 속지 말아야 할 것은 첫째, 하나님이 그들을 시험하기 위해서 시련을 주시는 분이 아니다는 사실이다. 시련당할 때 성도가 시험받게 되는 것은 자기의 욕심 때문이다. 자기 욕심을 품고 있으면 죄가 되고, 죄가 장성하도록 내버려 두면 사망에 이르게 된다. 하나님은 성도가 시련 중에 인내하여 신앙의 성숙에 이르고 생명의 면류관 받기를 원하신다.

적용Application

나는 하나님이 나를 시험하지 않는 분이라는 사실을 인정하는가? 혹시 나 자신의 욕심과 하나님의 뜻 사이에서 갈등하며 내가 하나님에 의해서 시험받는다고 생각하지는 않는가? 내가 가진 욕심을 버리지 못하고 오랫동안 품고 있어서 죄를 짓고, 죄 짓기를 반복하여 하나님과의 영원한 단절에 이르지는 않았는가?

설교를 위한 제안

제목: 시련을 당할 때 속지 말 것 [1]

1. 하나님은 시련으로 사람을 시험하는 분이 아니다.

[1] 시련당할 때, 하나님께 시험temptation 받는다고 생각하지 말라!

[2] 시련 중 시험받는 것은 자기 욕심에 끌려 미혹되기 때문이다

[3] 욕심이 죄를 낳고 죄가 장성하여 사망을 낳는다

본문 해설Exposition [2]

중심주제Big Idea: 하나님은 모든 좋은 것들을 주시는 분이시지만, 스스로 시험당하는 성도는 하나님이 자신을 시험한다고 생각한다.

문맥Context

앞서 하나님은 시련 중에 있는 성도를 시험하는 분이 아니고 오히려 성도가 자기의 욕심에 의해 끌리고 미혹되어 시험에 빠진다고 했다. 성도는 시련을 당할 때 그것을 기쁘게 여기고 인내하되 끝까지 인내할 때 성숙한 신앙인이 될 수 있다1:2-4. 이와 같이 행하는 자는 하나님이 당신을 사랑하는 자에게 약속하신 생명의 면류관을 받을 수 있다1:12. 그러나 수신자들 중에 어떤 이는 시련을 받을 때 하나님께 시험을 받는다고 생각했다. 저자가 당시의 상황을 명확히 하지 않기 때문에 그들이 왜 그와 같이 생각했는지 정확히 알 수 없다. 그러나 수신자들이 흩어져 살면서 항상, 그리고 평생 시련을 당할 수밖에 없는 상황이라면 그들이 하나님께 시험을 받는다고 말하는 것은 이해가 된다. 그럼에도 불구하고 저자는 그들이 하나님께 시험을 받는다고 말하지 말라고 한다. 그 이유는 첫째, 하나님이 성도에게 시련을 허용할지는 몰라도 그들을 시험하지는 않기 때문이다1:13. 둘째, 하나님은 성도가 시련 중에 자기 욕심에 끌려 스스로 시험받기를 원하지 않으시기 때문이다1:14. 성도는 시련 중에 자기의 욕심에 의해 끌려 미혹되어 시험을 받게 된다. 셋째, 하나님은 성도가

자기 욕심 때문에 죄짓고 사망에 이르기를 원하지 않으시기 때문이다1:15. 성도가 자기 욕심을 오래 품고 있으면 그것이 잉태하여 죄를 낳고, 죄를 지속적으로 행하여 그 죄가 장성하도록 내버려 두면 결국 하나님과 단절되는 사망에 이르게 된다15. 이 모든 이유로 인해서 성도가 시련을 받을 때, 하나님께 시험을 받는다고 생각하지 말아야 한다.

앞서 1:13-18 의 본문 해설 [1]에서 하나님은 당신의 백성을 시험하는 분이 아니라는 사실에 대해서 살펴보았다. 이제 하나님이 당신의 백성을 시험하지 않는다고 말할 수 있는 이유가 무엇인지 살펴보고자 한다.

본론Body

1. 하나님은 악에게 시험을 받으시는 분이 아니다1:13a

하나님이 당신의 백성을 시험하지 않는다고 말할 수 있는 첫 번째 이유가 1:13b에 나타난다. 저자는 "하나님은 악에게 시험을 받지도 아니하시고"라고 말한다. '시험을 받지도 아니하시고'로 번역된 문장은 형용사인 '시험을 받을 수 없는'incapable of being tempted과 '이다'/'있다'에 해당하는 헬라어 동사의 현재형인 '에스틴'ἐστιν이 쓰였다. 이는 하나님이 항상 악에게 시험을 받을 수 없는 분임을 나타낸다. 그런데, '악에게'κακῶν라고 번역된 표현은 명사의 속격으로서 세 가지 정도로 해석될 수 있다. 첫째, 주격적 속격이면 "하나님은 악에 의해서 시험을 받지 않으신다"라는 의미가 된다. 둘째, 목적격적 속격이면 "하나님은 악을 행하도록 시험을 받지 않으신다"라는 의미가 된다. 셋째, 저자가 수신자들의 악함을 보고 신명기 6:16의 "너희가 맛사에서 시험한 것 같이 너희의 하나님 여호와를 시험하지 말고"라는 말씀을 상기하여 기록했다고 본다. 따라서 '악에게'κακῶν로 번역된 속격 명사를 '악한 사람들'로 본다.

앞서 살펴본 것처럼 '악에게'κακῶν로 번역된 속격 명사가 다양하게 이해될 수 있지만, 그 의미에 있어서 큰 차이는 없다. 그러나 1:13b와 1:13c에서 하나님을 묘사한 문장 전체, 곧 "하나님은 악에게 시험을 받지도 아니하시고 친히 아무도 시험하지 아니하시느니라"라는 문장을 보면 악에게 시험을 받지 않는다는 의미를 알 수 있다. 1:13c에서 '시험하다'라는 능동태 동사가 사용되어 하나님이 아무도 시험하지 않는 분으로 묘사되었다. 1:13b에서 비록 동사가 사용되지는 않았지만 '시험을 받을 수 없는'이라는 수동태적 의미를 지닌 형용사가 사용되어 하나님이 시험을 받을 수 없는 분으로 묘사된다. 만약 1:13c가 하나님은 아무도 악을 행하도록 시험하지 않으신다는 의미라면, 1:13b는 하나님 자신도 누군가에 의해 악을 행하도록 시험받지 않으신다는 의미가 된다. 문맥 전체는 성도가 시련을 당할 때 하나님께 시험을 받는다고 생각하지 말아야 될 이유를 설명한다. 따라서 하나님 자신이 악을 행하도록 시험받지 않는다는 말은 그의 백성이 유혹^{시험} 받도록/악을 행하도록 하나님 자신이 시험받지 않으신다는 의미가 된다.

2. 하나님은 친히 아무도 시험하지 않고 모든 좋은 것을 주시는 분이시다_{1:13c, 17}

성도가 시련을 당할 때 하나님께 시험받는다고 말할 수 없는 두 번째 이유는 하나님은 친히 아무도 시험하지 않고 모든 좋은 것을 주시는 분이기 때문이다1:13c, 17. 이 말은 앞서 살펴본 바와 같이 하나님이 악에게 시험받지 않는다는 사실과 밀접하게 연결되어 있다1:13b. 왜냐하면 하나님은 성도가 시험받거나 악을 행하도록 하는 것과 관련해서 시험받지 않으시기 때문에 아무도 시험하지 않으신다고 할 수 있다. 이러한 사실은 하나님의 보편적 특성을 통해서도 알 수 있다. 즉, 하나님은 완전한 선으로 가득한 분이기 때문에 악이 들어올 수도 없고, 따라서 악하게 될 수도 없다. 심지어 그는 인류를 창조한 분이기 때문에 사람이 악을 행하도록 하지 않으신다. 하나님은 그 어떤 누구도 악을 행하도록 시험하지 않는다. 저자는 이 사실을 다시 한번 확실히 하기 위해

1:17에서 "온갖 좋은 은사와 온전한 선물이 다 위로부터 빛들의 아버지께로부터 내려오나니 그는 변함도 없으시고 회전하는 그림자도 없으시니라"라고 말한다.

저자는 '은사'δόσις와 '선물'δώρημα이라는 동의어를 반복 사용한다. 그리고 '온갖'/'각양'πᾶς이라는 형용사도 반복 사용한다. 이러한 단어의 반복 사용을 통해 저자는 하나님이 주시는 은사와 선물이 얼마나 다양한지 보여준다. 저자는 이 다양한 은사와 선물이 좋고ἀγαθή 온전하다τέλειον고 한다. 이와 같은 표현은 1:4-5에서 성도가 온전해지기를 바라며, 지혜를 구할 때 후히 주시고 꾸짖지 않으시는 하나님을 상기시킨다. 만약 이와 같은 연결이 가능하면, 본 구절에서 말하는 온갖 좋은 은사와 선물은 하나님이 주시는 지혜로 이해할 수 있다. 이와 같은 사실은 '위로부터 난 지혜'에 관해 언급한 3:17-18을 통해서도 알 수 있다. 야고보서 1:4-5과 3:17-18이 묘사하는 하늘의 지혜는 성도를 성숙하게 할 뿐만 아니라 화평케 하는 자들이 되도록 한다. 따라서, 온갖 좋은 은사와 선물은 성도가 하나님이 원하시는 온전한 모습이 되게 하고 공동체를 화평하도록 하는 모든 종류의 은사를 다 포함한다.

온갖 좋은 은사와 선물이 "다 위로부터 빛들의 아버지께로부터 내려오나니"라고 했다. '내려오다'라는 동사가 현재 능동태 분사인 것은 하나님께서 은사와 선물을 지속적으로, 그리고 반복적으로 주신다는 말이다. 하나님을 '빛들의 아버지'로 묘사한다. 속격 '빛들의'는 목적격적 속격으로서 '빛들을 창조하신 아버지'를 의미한다. 여기서 하나님을 창조주로 묘사한 것은 하나님이 우주 만물을 창조하시고 다스리시기에 성도들에게 모든 좋은 은사와 온전한 선물을 주실 수 있음을 나타내기 위함이다. 저자는 이어서 관계대명사ᾧ를 사용하여 하나님을 "그는 변함도 없으시고 회전하는 그림자도 없으시니라"라고 묘사한다. 이는 하나님은 변하지 않으시는 분이라는 말이다. 그림자는 태양의 방향에 따라 계속 돌고 변한다. 그러나 하나님은 회전하는 그림자가 변하는 것과 다르게 변하지 않으신다. 선한 하나님은 늘 선하고 그 백성들에게 모든 좋은 것을 주셨고, 또 주시고, 앞으로도 계속 주실 것이라는 말이다.

이상의 사실은 하나님이 성도를 시험하지 않으신다는 사실 외에 당신의 변함없는 성품도 강조한다. 하나님의 성품은 두 가지 면에서 수신자들과 대조된다. 첫째, 사람은 그 속에서 나오는 욕심 때문에 시험을 받고, 죄를 짓고, 결국 사망에 이르게 된다1:14-15. 그러나 하나님은 자신이 선하기 때문에 그 속에서 나오는 것도 선한 것뿐이다. 하나님은 인간과 다르게 자신의 욕심 때문에 시험을 받지는 않으신다. 하나님의 욕심은 사람의 욕심과 완전히 다르다. 왜냐하면, 하나님의 욕심은 모든 믿는 자들에게 각양 좋은 은사와 선물을 주시는 것이고, 이들이 하나님의 선물을 받고 다 구원 얻고 하나님을 섬기도록 하는 것이기 때문이다1:17. 둘째, 사람은 두 마음을 가지고 하나님을 대하지만 하나님은 그의 백성에게 변함없이 좋은 것을 주신다. 서신 전체에서 저자는 수신자들에게 두 마음을 품지 말라고 가르친다1:8; 4:8. 그러나 하나님은 두 마음을 가지고 행하는 인간들과 다르게 변하지 않는 분이다. 그러니 성도가 시련을 당할 때 하나님께 시험을 받는다고 말할 수 없는 것이다.

3. 하나님은 자신의 뜻을 따라 말씀으로 성도를 낳아 피조물 중 첫 열매, 곧 가장 귀한 것으로 만드셨다16, 18

성도가 시련을 당할 때 하나님께 시험받는다고 말할 수 없는 세 번째 이유는 하나님이 자신의 뜻을 따라 말씀으로 성도를 낳아 피조물 중 첫 열매, 곧 가장 귀한 것으로 만드셨기 때문이다16, 18. 저자는 수신자들이 시련 중에 하나님께 시험받는다고 말하는 것은 사실이 아니며, 오히려 자기 욕심 때문에 시험받고 죄짓고 사망에 이르게 된다고 했다1:13-15. 그런 후에, "내 사랑하는 형제들아 속지 말라!"1:16라고 말한다. '속지 말라'πλανᾶσθε라는 동사는 중간태, 혹은 수동태로 번역이 가능하지만 문맥을 고려하면 동작의 주체를 강조하는 중간태로 볼 수 있다. 왜냐하면, 앞서 시련을 만났을 때 자기 욕심에 끌려 미혹되는 것에 대해서 지적했기 때문이다1:14. 이런 문맥에서 저자가 수신자들에게 스스로 속이지 말라고 하는 것은 그들이 받는 시험이 하나님께로부터 나온 것이 아니라 자기 욕심에서 비롯된 것임을 바로 알라는 말이다1:14-15. 또한 하나님은 성도가 시험당하도록 하시는 분이 아니고1:13, 온갖 좋은 은사와 선물을 주시되 끝까지 변함없이 주시는 분임을 바로 알라는 것이다1:17. 헬라어 원문은 "속지 말라! 내 사랑하는 형제들아"로 되어 있다. 이 문장에서 '형제들아'라는 호칭에 '나의 사랑하는'이라는 표현이 추가되었다. '형제'라는 호칭이 함께 신앙생활하는 자들을 부를 때 사용된 친근한 표현이라면, '나의 사랑하는'이라는 표현은 저자가 더 큰 애정을 표현하기 위해서 의도적으로 추가한 것이라고 볼 수 있다. 따라서 속지 말라는 저자의 명령은 단호하면서도 애정이 가득한, 안타까워하는 마음이 가득 담긴 명령으로 볼 수 있다.

저자는 하나님을 변함이 없으신 창조주로 묘사한 후1:17, "그가 그 피조물 중에 우리로 한 첫 열매가 되게 하시려고 자기의 뜻을 따라 진리의 말씀으로 우리를 낳으셨느니라"라고 말한다. 헬라어 원문에는 '자기의 뜻을 따라'βουληθεὶς로 번역된 분사가 문장 제일 앞에 위치한다. 이 분사가 어떻게 번역이 되든 의미상의 차이는 크지 않지만, "그가 원하기 때문에" 혹은 "그 자신의 뜻대로" 등으로 번역될 수도 있고, "그가 뜻을 정한 후에"라고 번역해도 될 듯하다. 하나님의 뜻은 이어지는 문장에 나타나듯이 성도를 진리의 말씀으로 낳아서 피조물 중의 첫 열매와 같은 존재, 곧 가장 귀한 존재가 되게 하려는 것이다. '진리의 말씀으로'라는 표현은 도구를 나타내는 것으로 하나님이 성도를 낳았을 때 진리의 말씀을 사용하셨다는 말이다. 이 진리의 말씀은 구약성경을 말할 수도 있고 예수께서 가르치신 모든 복음의 소식을 포함한 것일 수도 있다. 그것이 무엇이든, 중요한 것은 성도가 '하나님의 말씀'으로 낳음을 입었다는 사실이다. 주목해 볼 것은 저자가 1:15에서 사용된 '낳다'라는 표현을 사용한 것이다. 앞서 "욕심이 잉태한즉 죄를 낳고 죄가 장성한즉 사망을 낳느니라"1:15라고 한 것처럼, 인간의 자기 욕심은 죄를 낳고, 죄는 사망을 낳는다. 그러나 하나님은 말씀으로 성도를 낳아서 모든 피조물의 첫 열매가 되게 하신다. 만약 하나님이 성도를 낳는 것이 성도가 구원을 얻어 새 생명을 가지게 하는 것이라면, 저자가 하나님이 사람과 같지 않음을 나타내기 위해서 의도적으로 '낳다'라는 표현을 사용한 것이다. 앞서 두 마음을 가진 사람과 변하지 않으시는 하나님을 대조한 것처럼, 여기서도 하나님과 사람을 대조하기 위해서 의도적으로 '낳다'라는 표현을 사용한 것이다.

앞서 살펴본 것처럼 하나님은 자신의 계획을 따라 진리의 말씀으로 성도를 낳아서 모든 피조물의 첫 열매, 가장 중요한 존재가 되게 하셨다. 그 창조주 하나님이 항상 동일한 모습으로 온갖 좋은 은사와 선물을 내려주신다. 따라서 하나님은 성도를 시험하도록 시험받지도 않으시고 또 성도를 시험하지도 않으신다. 시련 중에 성도가 하나님께 시험받는다고 생각하는 이유는 그 자신 속에 있는 자기 욕심 때문이다. 그리고 성도 중에 어떤 이들은 그 욕심에 끌려 미혹되어 죄를 짓고, 죄짓기를 반복함으로 사망에 이르게 된다. 본 단락에서 성도가 왜 그와 같이 자기 욕심에 빠지게 되었는지를 밝히지는 않지만, 이어지는 단락에서 그것을 밝힌다. 즉, 진리의 말씀으로 낳은 바 된 자들은 진리의 말씀을 들어야 하고1:19, 그 말씀을 받아들여야 한다1:21. 이에 대해서는 다음 단락에서 살펴볼 것이다.

결론Conclusion

사람이 시련을 받을 때 하나님께 시험받는다고 말하지 말아야 할 이유는 먼저 하나님은 악에게 시험을 받지 않기 때문이다1:13a. 둘째, 하나님은 친히 아무도 시험하지 않고 모든 좋은 것을 주시는 분이시기 때문이다1:13c, 17. 셋째,

하나님은 자신의 뜻을 따라 말씀으로 성도를 낳아 피조물 중 첫 열매, 곧 가장 귀한 것으로 만드셨기 때문이다16, 18. 따라서 성도는 스스로 속지 않기 위해서 말씀으로 태어난 자답게 말씀을 들어야 하고, 말씀을 받아들여야 한다.

적용Application

혹 내가 일상생활 중에 여러 가지 시련을 당하면서 하나님께 시험받는다고 생각하며 자신을 속인 적은 없는가? 나는 하나님이 나를 진리의 말씀으로 낳으시고, 변함 없이 내게 모든 좋은 은사와 온전한 선물을 주시는 분임을 믿는가? 혹시 나의 욕심을 버리지 못해서 죄를 짓고, 죄를 반복해서 지음으로 사망에 이르지는 않았는가?

설교를 위한 제안

제목: 시련을 당할 때 속지 말 것 [2]

1. 하나님은 악에게 시험을 받지도, 친히 아무도 시험하지도 않으신다.
2. 하나님은 온갖 좋은 것을 주시는 변하지 않는 분이시다.

본문 주석

[13] Let no one say when he is tempted,
누구든지 시련을 받을 때에 ~라고 말하지 말라
   "I am being tempted by God,"
   "하나님으로부터 내가 시험을 받는다"라고
      for God cannot be tempted with evil,
      왜냐하면 하나님은 악에게 시험을 받지 않으시고
      and he himself tempts no one.
      누구도 시험하지 않으시기 때문이다

1. 본 구절에 '시험'으로 번역된 표현이 네 번 나타나는데, 이것이 시험test인지, 시험temptation인지, 시련trial인지 애매하다. 따라서 먼저 그 의미가 무엇인지 명확히 할 필요가 있다. 첫 번째 것πειραζόμενος은 현재 수동태 분사이고, 두 번째 것πειράζομαι은 현재 수동태 직설법이다. 영어 성경은 대부분 이를 '시험받다'to be tempted로 번역한다. 대표적으로 ESV는 "사람이 시험을 받을 때 '내가 하나님에 의해서 시험을 받는다'라고 말하게 하지 말라"Let no one say when he is tempted, 'I am being tempted by God'라고 번역한다. 개역개정 성경도 이처럼 번역하여 "사람이 시험을 받을 때에 내가 하나님께 시험을 받는다 하지 말지니"라고 번역한다. 그러나 이처럼 첫 두 표현 모두를 '시험받다'라고 번역하는 것은 어색하다. 왜냐하면, '시험'temptation이라는 개념은 1:14부터 나타나기 때문이다. 이후에 다시 설명하겠지만, 1:14의 '시험'temptation은 외적 요인에 의한 것이 아니라 자기 욕심에 끌려 미혹되기 때문이다. 따라서 1:13에서처럼 "사람이 시험temptation을 받을 때에"라고 표현하는 것 자체가 어색하다. 오히려 첫 번째 것을 '시련'trial으로, 두 번째 것을 '시험'temptation으로 번역하는 것이 더 자연스럽다. 왜냐하면 서신을 시작하면서부터 지금까지 여러 가지 시련의 문제를 다루기 때문이다. 그리고 앞서 1:12에서도 '시련'πειρασμός의 문제를 다루었기 때문에 1:13의 첫 번째 것도 같은 문제를 계속해서 다루는 것으로 보는 것이 자연스럽다. 그리고 두 번째 것은 '시험'temptation으로 번역하는 것이 나을 듯하다. 왜냐하면 이어지는 "하나님은 악에게 시험을 받지도 아니하시고 친히 아무도 시험하지 아니하시느니라"라는 문장에 나타난 '시험'이라는 표현 모두는 '시험'temptation을 의미하기 때문이다. 따라서 전체 문장은 "사람이 시련을 받을 때 내가 하나님께 시험temptation을 받는다 하지 말지니"가 된다.

2. 이상의 논의는 수신자들이 일상생활 속에서 여러 가지 시련을 당할 때, 하나님께 '시험'temptation을 받는다고 하면 안 된다고 말하는 것이다.

이어서 이유를 나타내는 전치사 '가르'γάρ를 사용하여 성도가 그와 같이 말하지 말아야 할 이유를 설명한다. 즉, 하나님은 악에게 시험temptation을 받지도 않으시고 친히 아무도 시험temptation 하지 않으시기 때문이다. 계속해서 사람이 '시험'temptation을 받는 이유를 설명한다1:14. 1:2-4과 1:13-15을 병행을 이룬다면, 전자는 시련과 시험test에 대해, 후자는 시련과 시험temptation에 대해서 말한다. 하나는 시련의 테스트를 통해서 인내와 성숙에 이르는 것을 설명하는 반면, 또 다른 하나는 시련을 당할 때 그것을 하나님께 시험temptation 받는다고 여기고 자신의 욕망을 따라 죄와 죽음에 이르는 과정을 설명한다.[23] 앞서 살펴본 바와 같이 의심하며 구하는 자는 "마치 바람에 밀려 요동하는 바다 물결" 같다고 했고1:6 "두 마음을 품어 모든 일에 정함이 없는 자"라고 했고1:8. 누구든지 "내가 하나님께 시험을 받는다"1:13라고 생각하는 자는 앞서 제시한 것처럼 의심하고 두 마음을 품는 것과 같다1:6, 8. 이는 한편으로 하나님께 지혜를 구하면서, 또 다른 한편으로 변함이 없고 약속에 신실하신 하나님을 신뢰하지 못하는 것이다.

3. "하나님은 악에게 시험을 받지도 아니하시고"라는 문장은 '호 가르 쎄오스'ὁ γὰρ θεός; "왜냐하면 하나님이"로 시작한다. 이는 시련을 당하는 자가 하나님께 시험을 받는다고 말하지 말아야 할 이유를 설명하는 것이다. "시험을 받지도 아니하시고"라고 번역된 문장은 "시험을 받을 수 없는"incapable of being tempted이라는 형용사ἀπείραστός와 '이다'를 의미하는 '에이미'εἰμί 동사의 현재형ἐστιν이 사용되었다. 하나님은 늘 악에게 시험을 받을 수 없는 분임을 말하기 위해서 현재형 동사가 사용되었다. '악에게'로 번역된 것은 형용사 '악한'κακός의 복수 속격κακῶν인데, 이 속격의 용례와 관련하여 논의가 많다. 만약 주격적 속격이면 "하나님은 악에 의해서 시험을 받지 않으신다"라는 의미가 된다. 그러나 목적격적 속격이라면 "하나님은 악을 행하도록 시험을 받지 않으신다"라는 의미가 된다. 그리고 이 속격을 '악한 사람들'로 보는 견해도

---

23 Blomberg and Kmell, *James*, 70; G. M. Stulac, *James* IVPNTC 16 (Leicester: InterVersity Press, 1993), 54.

있다. 이는 시련을 당하면서 하나님을 원망하는 수신자들의 모습이 마치 신명기 6:16에서 "너희가 맛사에서 시험한 것 같이 너희의 하나님 여호와를 시험하지 말고"라고 한 것처럼 구약 이스라엘 백성의 모습과 같기 때문이다. 저자가 이를 염두에 두고 그 속격κακῶν을 사용했다고 보는 것이다.[24]

4. 블롬버그와 카멜은 목적격적 속격이 문맥에 가장 잘 어울린다고 본다. 왜냐하면 문맥에서 저자가 수신자들 중에 일어난 악 때문에 하나님을 원망하는 이유를 논한다고 보기 때문이다.[25] 마틴도 "하나님은 수신자들이 경험하고 또 악을 나타내는 사인sign이라고 해석했던 그러한 상황---예를 들면 그들이 그런 악을 경험할 때 하나님이 그들을 잊었다고 주장하는 것---을 야기시키지 않는다는 사실"을 의미하는 것으로 본다. "하나님은 너희에게 닥친 어떠한 악과도 상관이 없고 따라서 하나님은 너희가 악을 경험할 때 하나님 자신을 부인하도록 인도하여 더 악한 것으로 유혹하는 분이라고 말할 수 없다는 것이다." 그는 계속해서 "이러한 관점은 악κακά을 도덕적 악이나 형이상학적 개념으로서의 '악'이 아니라 1:2에서부터 발단이 되어서 그들에게 닥친 상황에 부정적으로 반응하도록 위협하는 악한 상황을 의미한다"라고 본다.[26]

5. 이상의 견해는 문맥에서 성도가 시험을 받는 근본적인 이유가 그들의 내적 욕심에 있음을 주목하면서 저자는 하나님이 그러한 악한 상황을 만드는 분이 아님을 말하려 했다고 본다. 이와 같이 이해도 충분히 가능하다. 그러나 1:13 후반부를 두 부분으로 나누면 "하나님은 악에게 시험을 받지도 아니하시고"1:13b, "친히 아무도 시험하지 아니하시느니라"1:13c로 볼 수 있다. 11:13c는 '시험하다'πειράζει라는 능동태 동사를 사용하여 하나님을 시험하지 않는 분으로 묘사한다. 11:13b에서는 '시험받을 수 없는'ἀπείραστός이라는 수동태적 의미의 형용사가 사용되었다. 이는 의미상으로 단순히 하나님이

---

24 Davids, *James*, 82-83.

25 lomberg and Kamell, *James*, 70-71.

26 Martin, *James*, 35.

시험하지 않으시는 것처럼 시험받으실 수 없음을 나타내는 것이다. 따라서 하나님은 그의 백성을 유혹하도록/악을 행하도록 시험을 받지 않으시는 분, 혹은 그의 백성을 유혹하도록 악에게 시험을 받지 않으시는 분으로 이해할 수 있다.

6. 성도가 시련 중에 하나님께 시험받는다고 말하지 말아야 할 두 번째 이유는 "하나님은 아무도 시험하지 않으시기 때문"이다. 여기서 저자는 '시험하다'πειράζει라는 현재 직설법 동사와 함께 재귀대명사 '아우토스'αὐτός를 사용하여 하나님은 항상 아무도 시험하지 않으신다는 사실을 강조한다. 따라서 "친히 아무도 시험하지 아니하시느니라"1:13c는 "그리고δέ [하나님] 그 자신은 아무도 시험하시지 않기 때문이다"라는 의미이다. 하나님은 당신을 사랑하는 자들에게 생명의 면류관과 하나님의 나라를 약속하셨다1:12; 2:5. 하나님은 이 약속에 신실하고 변함이 없는 분이시다. 이후에 언급되겠지만, 하나님은 또한 온갖 좋은 은사와 온갖 온전한 선물을 주시는 분이다1:17. 바로 그 하나님이 그의 백성으로 하여금 악한 상황에 처하도록 시험한다는 것은 말이 되지 않는다.

¹⁴ But each person is tempted
   오히려 각 사람은 [~에 의해서] 시험 받는다

      when he is   lured
                         끌려 다니면서
                         and enticed
      그리고   유혹 받으면서
                                by his own desire.
                                자신의 욕심에 의해서

1. 본 구절은 역접 접속사 '데'δέ로 시작하면서 1:13의 것과 대조되는 내용을 말한다. 즉, 시련 중 성도가 하나님께 시험받는다고 말하지만, 그것은 옳지 않고 오히려 자기 욕심 때문에 시험을 받는다는 것이다. "오직 각 사람이

시험받는 것은"에서 역접 접속사 '데'δέ가 '오직'으로 번역되었다. 그러나 1:13, 14의 대조를 강조하기 위해서는 '오히려'로 번역하는 것이 더 낫다. 앞서 하나님은 아무도οὐδένα 시험하지 않으신다고 했다1:13. 그리고 본 구절에서 '각 사람이'ἕκαστος이라는 표현을 사용했다. 이는 하나님께 시험받는다고 생각하는 각 사람 속에 있는 욕심이 각기 다름을 암시한다. 즉, 각 성도가 처한 상황에 따라 각기 다른 자기 욕심을 가지고 있기 때문에 시험을 받게 되는 것이다.

2. "자기 욕심에 끌려 미혹됨이니"라는 문장은 '끌려'ἐξελκόμενος와 '미혹되어'δελεαζόμενος라는 두 개의 수동태 현재 분사로 구성된다. 이 두 분사의 주어는 '각 사람'ἕκαστος이고 이들을 끌고 미혹하는 주체는 '자기 욕심'이다. 두 개의 현재분사는 시험을 받는 것과 동시에 일어나는 상황을 설명하면서 각 사람이 시험받는 모습을 묘사한다. 따라서 "각 사람은 [자기 욕심에 의해] 끌려 다니고 유혹되어/유인되어 시험을 받는다"라는 의미이다. 만약 두 개의 분사가 연속되는 상황을 묘사한다면, "각 사람은 자기 욕심에 의해 끌려 다니면서 유혹되어/유인되어 시험을 받는다"라는 의미로 볼 수도 있다. '끌리고 미혹되다'라는 표현은 사냥과 낚시와 관련된 표현이다. 전자는 낚싯줄에 달린 먹이를 보고 물고기가 끌려오는 모습을, 후자는 육지의 동물이 덫에 놓인 미끼에 미혹되어 끌려 오는 모습을 그린 것이다.[27] 이 두 단어가 어떤 배경에서 사용되었든지 그 의미는 분명하다. 잘못된 자기 욕심이 자신을 시험temptation하는 줄도 모르고 끌리고 미혹되어 죄를 짓고 사망에 이르게 되는 것이다1:15.

3. "자기 욕심"에서 '욕심'ἐπιθυμία은 긍정적, 혹은 부정적인 의미 모두로 사용된다. 본문에서는 부정적인 의미로서 '악한 갈망'이나 '잘못된 야망'을 의미한다. 어떤 이는 '욕심'을 "부적절한 목적[대상]에 대한 갈망으로, 이는 하나님을 추구하는 것을 방해하는 모든 것"이라고 설명한다.[28] 이와 유사하게

---

27 Davids, *James*, 84.

28 Blomberg and Kmell, *James*, 71.

무D. J. Moo는 "하나님이 금하신 것에 대한 인간의 어떠한 갈망"으로 이해한다.[29] 저자가 말하고자 하는 자기 욕심은 분명 본문의 전후 문맥에서 다루는 시련과 두 마음을 품는 것과 관련이 있다. 앞서 저자는 수신자들에게 여러 가지 시련을 당할 때 온전히 기쁘게 여기고 끝까지 인내하여 신앙의 성숙을 이루라고 했다1:2-4. 만약 지혜가 부족하면 하나님께 조금도 의심하지 않으면서 오직 믿음으로 구하라고 했다1:5-6. 왜냐하면 의심하며 구하는 자는 아무것도 받을 수 없기 때문이다1:7. 저자가 의심의 문제를 지적하는 이유는 수신자들 중에 기도하면서 의심하는 자들, 곧 두 마음을 품고 기도하는 자들이 있었기 때문이다. 그와 같이 행하는 자들이 생겨나게 된 이유는 당면한 시련의 문제를 해결하여 신앙의 성숙을 이루기 위해 기도는 하지만 각자가 생각한 때, 원하는 방식으로 기도 응답이 이루어지지 않았기 때문이다. 수신자들은 흩어져 있는 자들로서 대부분 이주민이나 이방인으로 사는 자들이었기 때문에 그들이 당면한 시련은 장기간, 혹은 평생 지속되었을 것이다. 시련이 장기화되고 기도 응답이 속히 이루어지지 않으면 의심하게 되고, 두 마음을 가지고 기도하는 자들이 많아질 수밖에 없다. 시련의 문제가 "하나님이 나의 기도에 응답하실까?"라는 의심의 문제가 되고, 의심의 문제가 "내가 하나님께 시험받는다!"라는 확신으로 발전했을 것이다. 그러나 수신자들은 시련을 당할 때 그 시련이 그들의 믿음에 대한 시험test 임을 깨닫고, 끝까지 인내하여 신앙의 성숙을 이루는 계기로 삼아야 했다.

---

29 Moo, *James*, 74.

¹⁵ Then desire when it has conceived

그런 후, 그 욕심이 잉태하면

gives birth to sin,

죄를 낳고

and sin when it is fully grown

그리고 죄가 장성하면

brings forth death.

사망을 낳는다

1. 본 구절은 '그러면'then 혹은 '다음'next을 의미하는 '에이타'εἶτα로 시작한다. 이 표현은 상황이 어떻게 순차적으로 진행되는지 나타낼 때 사용된다. 앞서 성도가 자기 욕심에 의해 끌리고 미혹되어 시험받는다고 했다. 본 구절에서는 이와 같은 상황 이후에 일어날 일을 설명하는 것이다. 1:14에서 사용된 '욕심'ἡ ἐπιθυμία이라는 단어가 연결 단어linking word로 사용되었다.

2. "욕심이 잉태한즉 죄를 낳고"라고 했다. '잉태한즉'συλλαβοῦσα으로 번역된 단순 과거 분사는 대부분의 영어 성경에서 "잉태할 때"when로, NIV에서는 "욕심이 잉태한 후"after desire has conceived로 번역되었다. 두 번역 모두 의미상 큰 차이는 없다. 그러나 앞서 언급했듯이 본 구절에서는 성도가 자기 욕심에 의해 끌리고 미혹되어 시험받는 상황 이후의 일을 순차적으로 설명한다. 따라서 "욕심이 잉태한 후에 죄를 낳고 죄가 장성한 후에 사망을 낳는다"라는 의미로 볼 수 있다. 본 구절에서 '잉태하다', '낳다', '장성하다'와 같은 생물학적인 이미지를 사용하여 각 사람의 자기 욕심이 어떻게 발전해 가는지 묘사한 것도 앞서 제시한 의미를 지지한다. 어떤 이는 "욕심이 부모이고, 죄가 자식이며, 사망이 손자들"이라고 묘사하며 삼 대를 볼 수 있다고 한다. 그리고 이러한 이미지는 개인의 마음속에 욕심이 생기기 시작하면 걷잡을 수

없고, 멈출 수 없는 생산과정을 반복하는 것을 묘사한다고 본다.[30]

3. 저자가 사용한 생물학적 이미지는 분명 연속적이고 반복적인 생산을 나타내려는 의도도 있었을 것이다. 그러나 '잉태'와 '낳다'라는 표현은 한 여인이 임신을 하고 아기를 9-10개월 동안 품은 후에 출산하는 이미지를 연상시킨다. 즉, 성도가 자기 욕심을 오랫동안 품고 있으면 그것이 죄로 발전될 수 있다는 말이다. 성도가 자기 욕심을 가졌다고 해서 모두 죄를 짓는 것은 아니다. 왜냐하면 어떤 이는 그 욕심을 오랫동안 품지 않고 중간에 내려놓기 때문이다참고. 1:5. 그러나 누구든지 자기 욕심을 버리지 못하고 끝까지 품고 있으면 '죄'라는 자식을 낳게 된다.

4. "죄가 장성한즉 사망을 낳느니라"라고 했다. '잉태한즉'과 같이 '장성한즉'ἀποτελεσθεῖσα으로 번역된 단순 과거 분사도 "죄가 장성한 후에/죄가 장성하면"이라는 의미로 볼 수 있다. '장성하다'는 '완성하다'bring to completion 또는 '성숙되다'be fully formed/matured라는 의미가 있다. '잉태한즉'과 유사하게 '장성한즉'도 순간적으로나 짧은 기간에 일어나는 일을 연상시키지는 않는다. 장성하게 되는 것은 죄가 반복되고 지속적으로 발전하여 오랜 시간에 걸쳐 충분히 성숙하게 되는 것을 묘사한다. 죄가 충분히 성숙하게 될 때 사망이라는 자식을 낳는다. 저자는 생물학적 이미지를 반복 사용하여 작은 욕심이라도 그것을 품고 있으면 죄가 되고, 죄를 반복해서 짓게 되면 사망에 이를 수 있다는 사실을 지적한다.

5. 여기서 주목해 볼 것은 1:13-18의 병행인 1:2-4이다. 앞서 저자는 성도가 시련을 만날 때마다 그것을 온전히 기쁘게 여기라고 했다. 그리고 이 믿음의 테스트를 통과하면 인내가 만들어지고 그 인내를 온전히 이룰 때 조금도 부족함이 없는 성숙한 신앙인이 된다. 1:4의 '온전하고 구비하여'τέλειοι καὶ ὁλόκληροι와 1:15의 '장성한즉'ἀποτελεσθεῖσα은 다른 표현이지만 그 의미가 유사하여 서로 대조를 이룬다. 마틴이 잘 지적한 바와 같이 하나님이 성도로

---

30 Blomberg and Kamell, *James*, 72.

하여금 자신의 뜻에 따르도록 하시는 상태가 '완전'과 '성숙'이라면 악의 마지막 형태는 죄이고, 더 나아가서 사망을 만들어 낸다.[31] 데이비즈P. H. Davids는 1:15의 욕심-죄-사망은 1:12의 시련-인내-생명의 면류관과 대조를 이룬다고 본다. 그는 성도에게 두 가지 길이 주어지는데, 하나는 인내함으로 생명을 얻는 것이고 또 하나는 하나님을 저주함으로 죽음을 얻는 것이라고 한다.[32] 이는 성도가 시련을 당할 때 어떻게 반응하느냐에 따라 달라진다는 말이다. 어떤 이는 시련을 당할 때 기쁘게 여기고 하나님께 지혜를 구한다. 그러나 또 다른 이는 시련을 당할 때 하나님께 시험받는다고 생각하며 자기 욕심에 빠져 죄와 사망에 이르게 된다.

[16] Do not be deceived,
　속지 말라,

　　　　my beloved brothers.
　　　　나의 사랑하는 형제들아!

　　1. "내 사랑하는 형제들아 속지 말라"라고 했다. 헬라어 원문의 어순은 "속지 말라, 나의 사랑하는 형제들아"이다. 문맥 속에서 본 구절의 역할과 관련하여, 마틴은 앞서 서술한 것에 대한 마지막 경고로 본다.[33] 그러나 대부분은 이어지는 서술1:17-18의 서론으로 보고 1:16-18에서 앞선 논의를 확장한다고 본다.[34] 어떤 역할을 하든지 중요한 것은 1:16-18이 이전 서술과 동떨어진 내용이 아니라는 것이다. 두 단락의 내용이 이어지기 때문에 1:16의 명령도 이전의 내용과 분리될 수 없다. 문단이 어디서 나뉘는지도 중요하지만, 더

---

31 Martin, *James*, 37.

32 Davids, *James*, 85.

33 마틴은 1:16이 1:13-15과 1:17-18의 연결고리 역할을 한다고 본다. 첫 단락에서는 개인의 책임이 근본 문제이고, 두 번째 단락에서는 창조와 새 창조에서의 하나님의 선하심과 공급하심을 강조한다고 본다. Martin, *James*, 37.

34 Blomberg and Kamell, *James*, 72-73.

중요한 것은 왜 저자가 수신자들에게 속지 말라고 말하는지 문맥에서 찾는 것이다.

2. '속지 말라'πλανᾶσθε는 '미혹시키다'lead astray 혹은 '방황하게 하다'cause to wander라는 의미의 현재 수동태 혹은 중간태 동사이다. 이 동사의 주체가 명확히 언급되지 않았고 중간태와 수동태 모두 가능하기 때문에 그 의미를 몇 가지로 생각해볼 수 있다. 어떤 이는 수동태로 보면서 속이는 주체가 악한 영이나 타락한 천사라고 한다. 또 다른 이는 중간태로 보면서 속이는 주체를 수신자들 자신으로 본다.[35] 문맥을 볼 때, 후자의 의미가 더 나을 듯하다. 왜냐하면 앞서 시련을 당할 때 각 사람은 자기 욕심에 의해 끌려 미혹되어 시험받는다고 했기 때문이다. 따라서 "속지 말라"라는 말은 "너희는 스스로 너희 자신을 속이지 말라"라는 의미로 이해할 수 있다.

3. 속지 말라는 것은 한마디로 말해서 성도가 시련 중에 시험을 받는 것이 하나님 때문이 아니라 자기 욕심 때문이라는 사실을 바로 알라는 의미이다. 앞서 시험은 하나님께로부터가 아니라1:13 각 사람의 욕심에서 비롯된다고 했다1:14-15. 그리고 1:16에서 수신자들에게 스스로 속이지 말라고 한다. 1:17-18에서 하나님은 온갖 좋은 은사와 선물을 주시는 분이고 성도를 말씀으로 낳아서 피조물 중 첫 열매가 되게 하려는 뜻을 가지고 계신 분으로 묘사한다. 저자가 하나님을 이와 같이 묘사하는 것은 이전에 서술한 성도의 잘못된 생각을 고쳐주기 위함이다. 따라서, 저자가 "너희 스스로를 속이지 말라"라고 말하는 것은 이 모든 사실을 깨닫고 잘못된 생각에서 벗어나라는 말이다. 그리고 하나님이 어떤 분인지를 바로 알라는 말이다.

4. "속지 말라"라는 명령과 함께 "내 사랑하는 형제들아"라는 호칭이 사용되었다. '형제'라는 호칭은 1:19와 2:5에도 나타난다. 이 호칭은 일반적으로

---

35 헬라어의 중간태는 동사의 주체자가 주어 자신이고 주어 자신이 동사의 동작과 밀접하게 관련이 있거나 동작의 결과에 영향을 받을 때 사용한다. 영어나 한글로 번역하기가 쉽지 않기 때문에 한 마디로 말할 수 없지만, 일반적으로는 재귀적으로 번역을 하거나 강조적인 의미로 번역한다.

함께 신앙생활하는 무리를 부를 때 사용되었다. 본 구절에서는 '형제'라는 호칭 외에 '사랑하는'이라는 수식어가 추가되었다. 서신에서 '형제'라는 표현은 친근감을 전달한다. 여기에 '사랑하는'이라는 표현이 추가된 것은 수신자들에 대한 저자의 더 큰 친근감과 사랑을 표현하기 위함이다. 문장의 첫 시작을 '속지 말라'라는 명령형 동사로 시작하기에 강한 어조인 것처럼 보인다. 그러나 '사랑하는 형제들'이라는 표현을 추가하여 이 명령이 강압적인 것이 아니라 함께 신앙생활하는 자들에 대한 사랑의 권면이라는 뉘앙스를 더해준다.

[17] Every good gift and every perfect gift is from above,
각 좋은 은사와 각 온전한 선물은 위로부터
coming down from the Father of lights
빛들의 아버지께로부터 내려오나니
with whom there is no variation
그는 변함도 없으시고
or shadow due to change.
또는 회전하는 그림자도[없으시다]

1. 본 구절은 앞서 스스로에게 속지 말라고 명령한 것에 대한 이유를 설명한다. 성도가 여러 가지 시련을 당할 때 하나님께 시험받는다고 하지 말아야 할 이유는 하나님은 모든 좋은 은사와 온전한 선물을 주시되 변함없이 주시는 분이시기 때문이다1:17. 그리고 자신의 뜻을 따라 성도를 말씀으로 낳아서 모든 피조물의 첫 열매가 되게 하시는 분이기 때문이다1:18.

2. 먼저 "온갖 좋은 은사와 온전한 선물"에 대해서 말한다. '은사'δόσις는 일반적으로 '주는 행위'the act of giving나 '주어진 것'the thing given을, '선물'δώρημα은 문자 그대로 '선물'gift을 의미한다. 마틴은 이 두 단어가 동의어지만 굳이 구별하자면 전자는 '주는 행위'를 후자는 '선물 그 자체'를

가리킨다고 본다.[36] 롭스는 '은사'가 앞서 제시된 두 가지 의미를 다 가지고 있지만, 만약 이것이 '선물'과 동의어라면 은사는 주는 행위보다는 '주어진 것'을 의미한다고 본다.[37] 각 단어의 의미가 무엇이든지, 이처럼 동의어를 반복해서 사용한 것은 함께 사용된 '온갖'이라는 표현이 보여주듯이 하늘로부터 주어지는 은사와 선물의 다양성을 강조하기 위함이다.[38] 하늘로부터 주어지는 은사는 좋을$\alpha\gamma\alpha\theta\acute{\eta}$ 뿐 아니라 온전하다$\tau\acute{\epsilon}\lambda\epsilon\iota o\nu$. '온전한'$\tau\acute{\epsilon}\lambda\epsilon\iota o\varsigma$은 '완전한'complete, '완벽한'perfect, '성숙한'mature 등의 의미가 있다.

3. '은사'와 '온전한'이라는 표현은 "이는 너희로 온전하고 구비하여 조금도 부족함이 없게 하려 함이라"1:4와 "모든 사람에게 후히 주시고 꾸짖지 아니하시는 하나님께 구하라 그리하면 주시리라"1:5라는 말씀을 상기시킨다.[39] 1:4는 인내를 온전히 이루어 조금도 부족함이 없는 상태가 되는 것, 그리고 1:5는 이를 위해 하나님께 지혜를 구하는 것에 대해 말한다. 만약 1:4-5와 1:17이 관련이 있다면, 1:17의 위로부터 오는 '온갖 좋은 은사와 선물'은 하나님의 지혜를 말한다. 그리고 이러한 사실은 3:17-18에서 '위로부터 난 지혜'$\acute{\eta}$ $\check{\alpha}\nu\omega\theta\epsilon\nu$ $\sigma o\phi\acute{\iota}\alpha$라는 표현이 사용된 것에서 지지를 받는다. 블롬버그와 카멜은 더 나아가서 만약 저자가 누가복음 11:13을 염두에 두었다면 위로부터 난 지혜의 핵심은 또한 성령이 될 수도 있다고 주장한다.[40]

4. 블롬버그와 카멜이 지적한 것처럼 위로부터 난 지혜는 분명 성령과 관련이 있다. 왜냐하면 저자가 성령에 관해 언급하면서 하나님이 세상과 벗이 되어 당신과 원수 되려고 하는 자들의 마음속에 있는 성령을 시기하기까지

---

36 Martin, *James*, 38.

37 Ropes, *James*, 158.

38 1:17은 "온갖 좋은 은사와 온전한 선물이"로 번역되었다. '온갖'이라는 표현이 '은사'와 '선물'에 각각 사용된 것은 강조를 위함이다. 그리고 '온갖'$\pi\tilde{\alpha}\varsigma$으로 번역된 형용사는 복수 명사와 사용될 때는 '온갖' 또는 '모든'을 의미하지만 단수 명사와 사용될 때는 하나하나를 가리키는 '각'each으로 번역된다. 따라서 "각양 좋은 은사와 각양 온전한 선물"로 번역될 수 있다.

39 실제로 1:4-5과 1:17에서 같거나 유사한 단어가 사용되었다. 즉, 1:5의 '주다'$\delta\acute{\iota}\delta\omega\mu\iota$와 1:17의 '은사'$\delta\acute{o}\sigma\iota\varsigma$, 그리고 1:4의 '온전하고'$\tau\epsilon\lambda\epsilon\iota o\iota$나 '아무런 부족함이 없게'$\acute{\epsilon}\nu$ $\mu\eta\delta\epsilon\nu\grave{\iota}$ $\lambda\epsilon\iota\pi\acute{o}\mu\epsilon\nu o\iota$와 1:17의 '온전한'$\tau\acute{\epsilon}\lambda\epsilon\iota o\nu$이 유사하다.

40 Blomberg and Kamell, *James*, 73.

사모한다고 말하기 때문이다4:5. 그러나 엄밀히 말해서 그 강조점이 성령을 지혜로 받는 것에만 있지 않은 듯하다. 왜냐하면 서신 전체뿐 아니라 3:17-18에서도 참 지혜를 가진 자들의 외적인 모습과 그 열매, 곧 결과에 대해서 말하기 때문이다. 즉, 위로부터 내려온 지혜를 가진 자는 하나님이 원하는 성숙한 모습에 이르는 자이고1:4, 화평하게 하는 자이다3:18. 그리고 1:17에서 '모든'/'각양'πᾶς이라는 단어는 위로부터 내려온 지혜가 단순히 하나가 아님을 암시한다. 위로부터 내려온 지혜는 성도가 하나님이 원하시는 성숙한 모습이 되게 하는 모든 종류의 좋고 온전한 것들을 가리킨다.

　　5. 온갖 좋은 은사와 선물이 "다 위로부터 빛들의 아버지께로부터 내려오나니"라고 말한다. '내려오나니'καταβαῖνον로 번역된 분사가 현재시제인 것은 지속적이고 반복적인 것을 의미한다. 지혜를 구하는 자에게 하나님이 지혜를 계속해서 내려주신다는 말이다. 이 분사의 용법과 관련하여 어떤 이는 부대 상황을 설명하는 것으로 보면서 "온갖 좋은 은사와 온전한 선물이 위로부터, 그리고 빛들의 아버지께로부터 내려오나니"로 번역한다. 다른 이는 분사의 한정적 용법으로 보면서 "위로부터 내려오는 온갖 좋은 은사는"으로 번역한다. 그리고 또 다른 이는 바로 앞의 동사 '에이미'εἰμί와 함께 우언적 구성으로 보면서 "온갖 은사는 위로부터 내려온"으로 번역하기도 한다.[41] 그러나 이와 같은 문법적인 사항이 전체 의미를 크게 변화시키지는 않는다. "빛들의 아버지께로부터"라는 표현에서 속격 '빛들의'는 목적격적 속격으로서 아버지께서 창조하신 모든 빛들, 곧 해와 달과 별을 의한다. 이는 창세기에 나타난 창조주 하나님을 연상시킨다.[42] 저자가 하나님을 창조주로 묘사한 이유는 우주의 모든 빛을 창조하고 다스리시는 하나님께서 그의 백성들에게 모든 좋은 은사와 온전한 선물을 주실 수 있는 분임을 나타내기 위함이다1:16.

---

41 블롬버그와 카멜은 마지막 용법으로 본다. Blomberg and Kamell, *James*, 73-74.

42 실제로 유대 문헌에는 하나님이 창조된 세력들 중의 '주'이고 우주의 아버지로 묘사된다. 그리고 그의 능력은 그가 창조한 것과 하늘의 빛들을 다스리는 데서 나타난다. Martin, *James*, 38.

6. 이어서 관계대명사 '호'ῷ를 사용하여 빛들의 아버지를 부연 설명한다. "그는 변함도 없으시고 회전하는 그림자도 없으시니라"라고 했다. 먼저 그는 변함도 없으시다. 여기서 '변함'παραλλαγή으로 번역된 표현은 '변화'change 또는 '변동'variation을 의미한다. 궤도 내의 별들의 공전을 의미하는 것으로 사용되기도 했다.[43] 하나님께는 그런 변화가 없다고 말한다. 다음으로 그는 회전하는 그림자도 없으시다. 그림자가 없다는 것은 두 가지 해석이 가능하다. 첫째, "하나님이 별들의 능력astral power, 곧 영적 세계의 능력을 무력화시키시고 사람이 시련을 당할 때 그들의 운명을 스스로 결정할 수 있는 자유를 주셨다"라는 의미이다. 이는 고대인들이 점성술에 많이 의지하여 그들의 운명이 결정된다고 믿었던 것과 관련이 있다. 둘째, "별들, 곧 천체astronomical object에 대한 하나님의 주권을 나타내는 것으로, 천체는 늘 움직이고 변하지만 하나님 본인과 그의 백성을 다룸에 있어서 전혀 변함이 없음"을 의미한다.[44] 이 두 가지 중에서 후자가 더 문맥에 어울린다. 왜냐하면 앞서 저자는 계속해서 의심하고 두 마음을 품은 성도의 모습을 묘사했고, 이어서 그와 대조되는 하나님의 모습을 묘사하기 때문이다. 저자는 의심하면서 구하는 자를 바람에 밀려 요동하는 바다 물결에 비유했다1:6. 그리고 이와 같은 자를 "두 마음을 품어 모든 일에 정함이 없는 자"1:8라고 했다. 또한 시련 중에 자신의 욕심 때문에 시험받으면서 하나님께 시험받는다고 여기는 자의 모습을 지적하며1:13-16, "내 사랑하는 형제들아 속지 말라/너희 자신을 속이지 말라"라고 말했다1:16. 이처럼 변하고 속이는 인간의 모습과는 대조적으로 하나님은 그렇지 않으시다. 우주의 별과 모든 빛이 매 시간 돌고 변하는 것과 다르게 하나님은 변함도 없으시고 회전하는 그림자도 없으시다. 즉, 하나님은 두 마음을 품지 않으시고 변함도 없으신 분이다. 이와 같이 하나님은 온갖 좋은 은사와 선물을 주시되 항상, 그리고 변함없이 주시는 분이시다. 따라서 수신자들이 하나님께 시험받는다고 말해서는 안되며 그들 스스로를 속이지도 말아야 한다.

---

43 Martin, *James*, 38.
44 Martin, *James*, 38-39.

¹⁸ Of his own will he brought us forth

그가 뜻을 정한 후에 우리를 낳아서

by the word of truth,

진리의 말씀으로

that we should be a kind of firstfruits of his creatures.

우리가 그의 피조물 중에 한 첫 열매와 같이 되게 하셨다

1. 본 구절의 헬라어 원문은 "자기의 뜻을 따라"로 번역된 분사βουληθεὶς로 시작한다. 영어 성경은 "그 자신의 뜻대로"of his own will; ESV, KJV, "당신의 뜻을 행사하면서"in the exercise of His will; NASB, 또는 "그가 ~을 하기 위해"to do something; NIV, NLT 등으로 번역한다. 블롬버그와 카멜은 이를 원인을 나타내는 분사로 보고 "그가 원하기 때문에"because he was willing로 번역한다.⁴⁵ 이 분사의 문법적 기능을 결정하는 것은 쉽지 않다. 그러나 앞서 설명한 것처럼 변하지 않는 하나님의 속성과 관련해서 생각해 볼 수 있다. 하나님은 자신의 뜻을 세우시고 그 뜻의 변화 없이 진리의 말씀으로 성도를 낳으셨다. 따라서 "그 자신의 뜻대로"라고 번역해도 되지만, "그가 뜻을 정한 후에"라고 번역해도 무방하다. 어떻게 번역을 해도 의미상의 큰 차이는 없다.

2. 저자는 하나님이 자신의 뜻을 따라 진리의 말씀으로 성도를 낳으셨다고 말한다. 성도를 진리의 말씀으로 낳는 것이 바로 하나님의 뜻이라는 말이다. '낳다'ἀπεκύησεν라는 동사의 시제가 단순 과거이다 이는 하나님이 과거에 이미 그 일을 행하셨다는 말이다. '낳다'라는 표현은 앞서 자기 욕심이 죄를 낳고 죄가 장성하여 사망을 낳는다고 할 때도 사용되었는데, 현재 시제가 사용되었다1:15. 마틴은 현재형 동사는 '금언적 표현'을 나타내고1:15, 단순 과거형은1:17 생명을 주시는 하나님의 능력의 결정적 순간을 상기시킨다고

---

45 Blomberg and Kamell, *James*, 75.

주장한다.[46] 서로 대조되는 듯한 두 구절에서 '낳다'라는 동사가 사용되었다. 이는 사람과 하나님을 대조하기 위함이다 각 사람의 자기 욕심은 죄와 사망을 낳는다. 그러나 우주 만물에 생명을 주신 창조주 하나님은 각양 좋은 은사와 선물을 주시는 분이시며 택하신 성도를 진리의 말씀으로 낳아---이는 영원한 생명을 주는 것이다---모든 피조물보다 귀한 존재로 만드셨다.

　　3. '진리의 말씀'λόγῳ ἀληθείας은 수단의 여격이 사용되었다. 하나님이 성도를 한 첫 열매가 되게 하실 때 진리의 말씀을 수단으로 사용했다는 말이다. 하나님의 말씀과 진리가 함께 사용된 표현은 신구약 성경에서 종종 찾아볼 수 있다 따라서 '진리의 말씀'이 구약의 하나님 말씀인지, 신약에서 예수님이 자신을 드러내심으로 보여주신 복음---예수님의 성육신, 죽음, 부활의 소식---을 의미하는지에 대한 논의가 있다. 마틴은 본 구절의 문맥이 하나님의 창조를 말하기에 진리의 말씀은 창조 때뿐 아니라 당신의 뜻을 나타내거나 행하는 말씀을 의미한다고 본다.[47] 또 다른 이들은 이 진리의 말씀은 복음의 메시지와 같은 것이라고 본다.[48] 앞서 살핀 것처럼 하나님이 성도를 낳으시기 전에 이미 계획했고 그 계획을 따라 성도를 낳으셨다. 창조도 과거이고 예수님의 복음의 메시지가 전해진 것도 과거이므로 진리의 말씀이 둘 중에 어떤 것을 지칭하더라도 문제는 없다. 뿐만 아니라, 본 구절에서 말하는 '우리'가 하나님을 믿는 모든 신자를 가리키는 보편적 우리인지, 아니면 수신자들만을 가리키는지도 분명하지 않다. 어쩌면 구약의 하나님의 말씀뿐 아니라 신약의 예수님의 복음 메시지 모두를 지칭할 수 있다. 왜냐하면, 하나님은 변함이 없으신 분으로서 과거에 약속하셨던 것을 이루시기 위해 계속 말씀하셨고, 또 그 말씀이 예수님을 통해서 성취되고 이 땅에 선포되었기 때문이다.

　　4. 이어지는 문장에서 하나님이 성도를 진리의 말씀으로 낳은 이유를

---

46 Martin, *James*, 39.

47 Martin, *James*, 40.

48 Blomberg and Kamell, *James*, 75.

설명한다. "그 피조물 중에 우리로 한 첫 열매가 되게 하시려고"라고 했다. 이 문장은 결과/목적을 밝히는 전치사 '에이스'εἰς로 시작한다. 즉, 하나님은 성도가 피조물 중에 한 첫 열매가 되게 하기 위해서 진리의 말씀으로 낳으신 것이다. '한 첫 열매'ἀπαρχήν τινα는 '첫 열매와 같은 것'이라는 의미로 성도가 첫 열매와 같은 존재임을 비유적으로 나타낸 것이다. '첫 열매'ἀπαρχήν의 의미는 대략 두 가지다. 하나는 모든 열매의 가장 처음 것으로, 첫 열매가 맺혀야 이후의 열매를 기대할 수 있다. 이와 같이 이해하는 자들은 본문에서 예수님을 믿고 구원 얻은 백성 이후에 계속해서 그러한 자들이 있을 것에 대해 말하는 것으로 이해한다. 이러한 자들은 하나님이 통치하는 종말론적인 공동체에서 중요한 위치를 차지한다. 만약에 수신자들 중에 가난하고 약한 자들이 많았다면 '첫 열매'라는 표현은 그들에게 아주 중요한 의미를 부여했을 것으로 본다.[49] 또 다른 하나는 '첫 열매'가 하나님께 속한 특별히 구별된 존재를 의미하는 것으로 보는 것이다. 이는 구약에서 모든 생물의 처음 것은 하나님께 속한 것이고 또 이스라엘 백성이 하나님의 맏아들이라고 불렸던 것에 근거한다.[50] 많은 이들이 첫 열매를 종말론적인 개념과 관련해서 생각하면서 그 의미를 전자의 것과 연결시키려 한다. 그러나 본문의 전후 문맥을 볼 때, 두 번째 견해가 더 나을 듯하다. 1:17-18에서 하나님을 '각기 좋고 온전한 은사'를 주는 분으로 묘사하고, 그중에서 성도를 한 첫 열매가 되게 하셨다는 사실을 지적한다. 특히 주목해 보아야 할 것은 성도를 모든 피조물 중에 한 첫 열매가 되게 하셨다는 것이다. 이는 하나님이 성도를 모든 피조물 중에서 가장 귀한 존재, 으뜸으로 여기셨다는 말이다.

---

49 Blomberg and Kamell, *James*, 75.

50 Davids, *James*, 90.

두 마음의 근본적 해결책

: 영혼을 구원할 마음에 심어진 말씀

야고보서 1:19-27

본문 구조와 요약

[19] 너희는 알라! 나의 사랑하는 형제들아!

각 사람은 듣기를 속히 하고

말하기를 더디 하고

성내기를 더디 하라

[20] 왜냐하면 사람의 성내는 것이 하나님의 의를

이루지 못하기 때문이다

[21] 그러므로 모든 더러운 것을 내어 버린 후에

그리고 넘치는 악을

그리고 온유함으로 심어진 말씀을 받으라

너희의 영혼을 구원할 수 있는

[22] [그러내 너희는 말씀을 행하는 자들이 되어라

단지 듣기만 하는 자들이 아니라

너희 자신을 속이면서

[23] 왜냐하면 누구든지 말씀을 듣는 자이면서

행하는 자가 아니면

그는 [~하는] 사람과 같기 때문이다

거울로 자신의[자연 그대로의] 얼굴을 살펴보는

²⁴ 왜냐하면 그는 자신을   보고

가서

즉시로 잊어버리기 때문이다

그 자신의 모습이 어떠했는지를

²⁵ 그러나   온전한 율법, 곧 자유의[자유롭게 하는] 율법을 들여다 보는 자

그리고 계속 그렇게 하는[계속 그 안에 머무르는] 자는

[잘 잊어버리는] 듣는 자가 아니라

잘 잊어버리는

오히려 [일을] 행하는 자

일을 [행하는]

이 사람은 그의 행하는 일에 복을 받을 것이다

²⁶ 만약 누구든지 자신이 경건하다고 생각하면

자신의 혀를 재갈 물리지 않으면서

대신 자신의 마음을 속이면서

이 사람의 그 경건은 헛된 것이다

²⁷ 경건 곧   정결하고

더러움이 없는

하나님 아버지 앞에서

이것이다

고아들을 돌아보고

과부들을 [돌아보고]

그들의 환란 중에

자기 자신을 물들지 않게 지키는 것이다

세상으로부터

본 단락은 앞서 다루었던 주제, 곧 성도가 시련을 당할 때 자기 욕심 때문에 시험받으면서 오히려 하나님께 시험받는다고 하며 자신을 속이는 문제의 해결책을 제시한다. 그 해결책은 곧 마음에 심어진 말씀을 겸손히 받고 그 말씀을 실천하는 것이다. 앞서 흩어져 살며 신앙생활하는 성도가 여러 가지 시련을 당할 때, 이를 대하는 신앙의 원리를 제시했다1:2-4. 성도는 어떤 시련을 만나든지 온전히 기쁘게 여겨야 한다. 시련을 온전히 기쁘게 여길 때, 믿음의 시험test을 통과할 수 있고 그 속에 인내가 만들어진다. 성도가 그 인내를 온전히 이룰 때, 하나님이 원하시는 성숙함에 이를 수 있다. 그러나 성도가 모든 시련에 대해 온전히 기뻐하며 인내를 온전히 이루기란 불가능하다. 성도는 그와 같이 할 수 있는 지혜가 부족하기에 하나님께 구해야 한다1:5-8. 그러나 성도가 지혜를 구할 때는 한 마음으로 구하고 의심하지 말아야 한다. 그러면 후히 주시고 꾸짖지 않으시는 하나님이 그 구하는 것을 풍성히 주실 것이다. 이어서 수신자들이 당하는 시련의 문제 중 하나인 부와 가난의 문제를 다룬다1:9-11. 낮은 자는 자기의 높음을, 높은 자는 자기의 낮음을 자랑함으로 하나님에 대한 사랑을 나타내야 한다. 왜냐하면, 그렇게 할 때 주께서 자기를 사랑하는 자들에게 약속하신 생명의 면류관을 주시기 때문이다1:12. 그러나 시련을 당할 때 주의해야 할 사실은 자신이 하나님께 시험받는다고 여기지 말아야 하는 것이다. 왜냐하면 성도는 자기 욕심 때문에 시험받기 때문이다. 욕심을 오래 품고 있으면 죄가 되고, 죄가 장성하면 사망을 낳는다1:14-15. 하나님은 성도를 시험하시지 않고 오히려 모든 좋은 것을 주시는 분이시다. 하나님은 시시 때때로 변하는 사람과 다르게 회전하는 그림자도 없고 변함도 없으시다1:17. 하나님은 모든 피조물 중에서 성도를 가장 귀히 여겨 첫 열매가 되게 하기 위해서 이미 뜻을 정하셨다. 그리고 그 뜻을 이루기 위해 진리의 말씀으로 성도를 낳으셨다1:18. 저자는 이 같은 설명을 하면서 중간에 수신자들에게 스스로 속이지 말라고 명령한다1:16. 스스로 속이며 두 마음을 가지고 신앙생활을 하는 수신자들의 모습을 정확히 지적한다.

　　본 단락1:19-27에서는 두 마음을 가지고 자신을 속이며 신앙생활하고 있는 자들, 곧 영혼이 병든 자들이 구원받을 수 있는 근본적인 해결책을 제시한다. 그것은 곧 마음에 심어진 말씀을 겸손히 받고 그 말씀을 실천하는 것이다. 먼저 본 단락은 "내 사랑하는 형제들아 너희가 알지니 사람마다 듣기는 속히 하고 말하기는 더디 하며 성내기도 더디 하라"1:19는 말로 시작한다. 듣기는 속히 하라는 것은 진리의 말씀 듣는 것을 속히 하라는 것으로 이해해야 한다. 왜냐하면 전후 문맥, 특히 1:18에서 하나님이 진리의 말씀을 수단으로 해서 수신자들을 낳으셨다고 말하기 때문이다. 진리의 말씀으로 낳음을 입은 자는 진리의 말씀을 들어야 한다. 또한 이후에 "말씀을 온유함으로 받으라"1:21, "말씀을 행하는 자가 되고"1:22, "말씀을 듣고 행하지 아니하면"1:23, "자유롭게 하는 온전한 율법을 들여다보고 있는 자"1:25 등과 같이 계속해서 말씀과 관련하여 서술한다. 이와 같은 구절이 단순히 말씀을 듣기만 하는 것이 아니라 듣고 행하는 것에 대해서 지적하므로 듣기를 속히 하라1:19는 말의 의미도 듣고 행하는 것 모두를 포함한다. 말씀을 속히 듣는 자는 말하기를 더디 하고 성내기도 더디 하게 된다.

　　하나님의 뜻을 따라 진리의 말씀으로 지음 받은 자는 모든 더러운 것과 넘치는 악을 내버리고 그 마음에 심어진 말씀을 온유함겸손함으로 받아야 한다. 그래야 자신의 영혼이 구원받을 수 있다1:21. 말씀을 온유함으로 받는 자는 단순히 말씀을 듣는 자가 아니라 그 들은 말씀을 행하는 자이다. 말씀을 듣기만 하는 자는 자신을 속이는 자이다1:22. 주목할 만한 사실은 1:21의 '마음에 심어진 말씀'과 '영혼 구원'이라는 표현이 5:19-20의 '미혹되어 진리를 떠난 자들'과 '영혼을 사망에서 구원할 것'이라는 표현과 유사하다는 것이다. 이와 같은 표현은 두 마음을 품고1:8; 4:8, 자신을 속이며1:16, 22; 5:19, 말씀을 듣기만 하고 행하지 않는1:22-23 수신자들의 근본적인 문제가 무엇인지 보여준다.

이들의 궁극적인 문제는 심어진 말씀을 받지 않는 것이다1:21. 이 문제를 해결하기 위해서는 모든 더러운 것과 넘치는 악을 내버리고, 마음에 심어진 말씀을 겸손히 받고 실천해야 한다. 그러면 그들의 영혼이 구원받을 수 있다.

1:22-27에서는 마음에 심어진 말씀을 겸손히 받는 것의 의미가 무엇인지 거울의 비유를 들어 설명한다. 말씀을 겸손히 받는 것은 말씀을 듣기만 하여 자신을 속이는 자가 아니라 말씀을 행하는 자가 되는 것이다22. 그 이유는 말씀을 듣고 행하지 아니하는 자는 거울을 보고 가서 그 모습을 곧 잊어버리는 것과 같기 때문이다23-24. 말씀을 들여다본다는 것은 그 말씀을 듣고 잊어버리는 것이 아니라 실천하는 것이다25a. 오직 말씀을 실천하는 자가 하나님의 복을 받는다25b. 계속해서 말씀을 듣고 행하는 문제를 경건의 문제로 설명한다1:26-27. 여기서 경건에 대해 지적하는 것은 세 가지이다. 첫째, 스스로 경건하다 생각하며 자기 혀를 재갈 물리지 않는 것은 스스로 속이는 것이고 그 경건은 헛것이다26. 둘째, 참 경건은 고아와 과부를 그 환난 중에 돌보는 것이다27a. 셋째, 참 경건은 자기를 지켜서 세속에 물들지 않도록 하는 것이다27b.

본문 해설Exposition [1]

본문: 야고보서 1:19-21

중심주제Big Idea: 하나님은 두 마음으로 행하는 자들이 가진 근본적인 문제, 곧 영혼의 문제 해결을 위해 심어진 말씀을 겸손히 받고 당신의 의를 이루기를 원하신다.

문맥Context

앞선 문맥에서 성도가 시련을 당할 때, 하나님께 시험받는다고 말하는 것에 대해 지적했다13. 저자가 이와 같은 사실을 지적하는 이유는 수신자들 중에 그와 같이 행하는 자들이 있었기 때문이다. 그러나 사실은 하나님이 시험하는 것이 아니라 각 성도가 자기 욕심에 끌려서 미혹되기 때문에 시험을 받는 것이다14. 성도가 자기의 욕심을 오래 품고 있으면 죄가 되고, 그 죄가 성장하도록 내버려 두면 결국 하나님과 단절된 상태인 사망에 이르게 된다15. 이어서 저자는 "내 사랑하는 형제들아 속지 말라"1:16라고 한다. 전후 문맥을 고려했을 때, '속는다'는 말은 최소한 두 가지 의미로 볼 수 있다. 첫째, 하나님은 원래 선하므로 악에게 시험도 받지 않으시고 사람을 시험하시지 않는데, 성도 스스로가 그렇게 생각하며 속는 것이다. 둘째, 실제로는 그렇지 않으면서 그들 스스로 하나님의 말씀을 잘 지키고 따른다고 생각하며 자신을 속이는 것이다. 그러나 하나님은 그런 분이 아니다. 오히려 하나님은 온갖 좋은 은사와 온전한 선물을 주시는 분이다17a. 사람이 변하는 것과는 다르게 하나님은 변함도 없고 회전하는 그림자도 없으신 분이다17b. 그리고 하나님은 그 백성을 피조물 중에서 가장 귀한 것, 곧 '첫 열매'가 되게 하기 위해서 말씀으로 낳으신 분이다18.

이상에서 본 바와 같이 본 단락은 하나님 앞에서 두 마음을 가지고 살아가는 자들이 가진 근본적인 문제가 무엇인지 말해준다. "내 사랑하는 형제들아 너희가 알지니"1:19라는 문장은 원래 "너희는 알라!"라는 명령형으로 시작한다. 이와 같은 문장 배치는 '알라'는 말을 강조하기 위함이다. 수신자들이 알아야 할 것과 관련해서 두 가지 가능성이 있다. 첫째, 19a의 '알라'라는 명령은 이전에 언급했던 것을 알라는 명령이고, 19b에서 이를 아는 자들이 행해야 할 것을 제시하는 것이다. 둘째, 19a의 '알라'라는 명령은 19b의 내용을 알라는 명령일 수 있다. 그것이 무엇이든지 저자가 수신자들에게 요구하는 것을 세 가지로 말할 수 있다.

본론Body

1. 하나님은 성도가 듣기는 속히 하고 말하기와 성내기는 더디 하여 당신의 의를 이루기를 원하신다1:19-20

1:19의 헬라어 원문은 "너희는 알라! 나의 사랑하는 형제들아"로 시작한다. '형제'라는 표현은 함께 신앙생활하는 자를 부르는 친근한 표현이다. 여기에 '사랑하는'이라는 표현이 첨가된 것은 더 친근하고 애정 어린 마음을 담기 위함이다. 이런 표현이 명령형 동사와 함께 사용되었으므로 저자가 단호하면서도 애정 어린 마음으로 명령하는 것으로 볼 수 있다. '알라'라는 명령에 대한 목적어가 명시되지 않아서 그것이 이전의 내용인지1:13-18, 아니면 1:19b 이하의 내용인지에 대한 논의가 있다. 어떤 것이 목적어가 되어도 전체적인 의미의 차이는 없다. 그러나 1:19b가 접속사 '데'δέ로 시작하면서 새로운 단락, 혹은 내용을 제시하는 것처럼 보인다. 따라서, 저자는 이전에 설명한 것을 알라고 명령한 후, 1:19b에서 수신자들이 행해야 할 것이 무엇인지 다시 명령하는 것으로 볼 수 있다.

저자가 수신자들에게 명하는 것은 듣기는 속히 하고 말하기는 더디 하며 성내기도 더디 하라는 것이다1:19. 여기서도 목적어가 명시되지 않았기 때문에 무엇을 들으라는 것인지 정확히 알 수 없다. 그러나 전후 문맥을 고려해 볼 때 사람의 말을 속히 들으라고 명령하는 것 같지는 않다. 왜냐하면 사람의 말 듣는 것으로 하나님의 의를 이루지는 못하기 때문이다1:20. 전체적인 문맥을 볼 때, 오히려 하나님의 말씀을 들으라는 의미인 듯하다. 앞서 하나님이 그의 택한 자를 진리의 말씀으로 낳으셨다고 했다1:18. 여기서 '진리의 말씀으로'라는 표현은 수단을 나타낸다. 성도가 말씀의 매뉴얼을 따라서 하나님에 의해서 낳음을 입어 피조물의 첫 열매가 되었다는 말이다. 이와 같이 말한 후, 듣기는 속히 하라고 명령하기 때문에 말씀의 매뉴얼대로 낳음을 입은 성도가 말씀을 속히 들어야 하는 것은 지극히 당연하다. 뿐만 아니라 1:21은 '그러므로'로 시작하면서 앞서 설명한 문제의 해결책을 제시한다. 그리고 그 해결책은 '말씀을 온유함으로 받는 것'이다. 1:22-24에서도 말씀을 듣기만 하여 자신을 속이는 자가 아니라 그것을 행하는 자가 될 것에 대해 말한다. 1:25에서도 '자유롭게 하는 온전한 율법', 곧 복음의 말씀에 대해서 말한다. 이처럼 전체 문맥이 말씀을 듣는 것과 행하는 것에 대해 말한다. 따라서 1:19b에서 속히 들으라고 하는 것은 사람의 말이 아니라 하나님의 말씀을 들으라는 것으로 볼 수 있다.

듣기는 속히 하고 말하기와 성내기를 더디 하라는 저자의 명령은 따로 독립된 세 개의 명령이라기보다는 서로 관련된 하나의 명령일 수 있다. 즉, 하나님의 말씀 듣기를 속히 하면 말하기를 더디 하며 성내기도 더디 하게 되는 결과를 얻는다는 것이다. 이와 같이 말할 수 있는 이유는 앞서 지적한 바와 같이 문맥 전체가 단순히 말씀을 듣는 것뿐 아니라 그 말씀을 행하는 것에 대해서도 지적하기 때문이다. 말씀을 듣기만 하는 자는 자신을 속이는 자이다1:22. 말씀을 듣고 행하지 않는 자는 거울로 자기 생긴 얼굴을 보는 사람과 같다1:23-24. 자유롭게 하는 온전한 율법을 보고 실천하는 자가 복을 받을 것이다1:25. 그리고 경건하다 생각하며 자기 혀를 재갈 물리지 않는 것은 자기를 속이는 것이고, 그 사람의 경건은 헛것이다1:26-27. 이와 같이 문맥 전체가 말씀을 듣기만 하고 행하지 않는 문제와 혀를 재갈 물리지 않는 문제 등에 대해서 다룬다. 따라서 1:19b에서 지적한 말씀을 속히 듣는 문제와 말하기와 성내기를 더디 하는 문제는 서로 관련이 있는 명령인 것이다.

1:19b에서 듣기는 속히 하고 말하기와 성내기를 더디 하라고 명령한 후, 1:20에서 그와 같이 해야 하는 이유를 밝힌다. "사람이 성내는 것이 하나님의 의를 이루지 못"하기 때문이다. 1:19b에서 속히 듣고 더디 말하고 성내는 것 세 가지를 말하는데, 1:20에서는 성내는 것만 언급한다. 어떤 이는 1:20-27 전체에서 세 가지와 관련된 내용을 설명하는 것으로 본다. 그러나 앞서 설명한 것처럼 세 가지 명령이 서로 관련되어 있다면, 1:20에서 성내는 것만

언급하더라도 세 가지 모두를 말하는 것으로 볼 수 있다. 속격인 '하나님의 의'는 여러 가지로 해석될 수 있지만, 하나님이 원하는 의, 곧 옳은 것을 행하여 하나님을 기쁘시게 하는 것이나 하나님이 보시기에 의로운 것을 의미한다. 한마디로 말해서 말씀을 더디 들으면서 말하기와 성내기를 속히 하는 것은 하나님이 기뻐하시지 않고 하나님이 원하는 것도 아니고, 그렇게 하면 하나님이 원하는 것을 이룰 수도 없다는 말이다. 앞서 지적한 바와 같이 말씀으로 낳음을 입고 모든 피조물의 첫 열매가 된 자는 말씀을 속히 듣고 그 말씀대로 행함으로 말하기와 성내기를 더디 해야 한다. 그렇게 할 때 하나님의 의를 이룰 수 있다.

이상의 주장이 사실이라면, 서신 전체를 볼 때 수신자들은 저자가 명령한 세 가지를 제대로 지키지 않은 듯하다. 왜냐하면 서신의 곳곳에서 이와 관련된 문제를 반복해서 언급하기 때문이다. 특히, 1:16에 "누구든지 스스로 경건하다 생각하며 자기 혀를 재갈 물리지 아니하고 자기 마음을 속이면 이 사람의 경건은 헛것이라"라고 했다. 3:10에 "한 입에서 찬송과 저주가 나오는도다 내 형제들아 이것이 마땅하지 아니하니라"라고 했다. 4:11에 "형제들아 서로 비방하지 말라 형제를 비방하는 자나 형제를 판단하는 자는 곧 율법을 비방하고 율법을 판단하는 것이라 네가 만일 율법을 판단하면 율법의 준행자가 아니요 재판관이로다"라고 했다. 그리고 4:1에 성내는 것과 유사한, 분쟁과 다툼에 관해서 다룬다. 이와 같은 모든 문제는 말씀을 속히 듣지 않고 실천하지 않기 때문에 나타나는 현상이다.

2. 하나님은 성도가 더러운 것과 악을 버리고 심어진 말씀을 겸손히 받기를 원하신다 1:21

그러면, 성도가 어떻게 하나님의 의를 이룰 수 있을까? 1:21에 "그러므로 모든 더러운 것과 넘치는 악을 내버리고 너희 영혼을 능히 구원할 바 마음에 심어진 말씀을 온유함으로 받으라"라고 한다. 앞서 말씀을 속히 듣고 말하기와 성내기를 더디 하라고 명령하면서 만약 그렇게 하지 못할 때, 결국 사람이 성을 내게 되어 하나님의 의를 이루지 못한다고 했다. 따라서, '그러므로'for this reason로 시작되는 1:21부터 그 문제를 어떻게 해결할 것인지에 대한 해결책을 제시하는 것으로 볼 수 있다.

먼저 모든 더러운 것과 넘치는 악을 버려야 한다. 더러운 것은 '도덕적으로 깨끗하지 않은 것'을, 넘치는 악은 '다른 사람에게 해를 입히려는 성향'을 뜻한다. 따라서 모든 더러운 것과 넘치는 악을 버리라는 것은 어떠한 형태든지 도덕적으로 옳지 못한 것, 그리고 자기 속에서 끊임없이 일어나는 남을 해롭게 하려는 마음을 없애라는 것이다. 저자가 이와 같은 것을 내버리라고 명령하는 것을 볼 때, 앞서 "더디 말하고 더디 성내라"라고 말한 이유를 짐작해볼 수 있다. 즉, 사람 속에는 근본적으로 더러운 것과 남을 해하려는 성향이 가득하기 때문에 급히 말을 하고 성을 내면 상대방의 마음을 상하게 하고, 실족하게 하고, 절망에 빠뜨릴 수밖에 없기 때문이다. 그리고 이와 같은 일이 실제로 수신자들이 속한 공동체 내에서 일어나고 있었을 것이다. 따라서 먼저 자기 속에 있는 모든 더러운 것과 넘치는 악을 버려야 한다.

저자는 수신자들에게 더러운 것과 악은 버리고, 마음에 심어진 말씀을 온유함으로 받으라고 한다. 여기서 '버리다'와 '받다', 그리고 '모든 더러운 것과 넘치는 악'과 '심어진 말씀'이 대조를 이룬다. 1:18에 이어 다시 '말씀'이 등장하는데, 이는 말씀으로 낳음을 입은 자들에게 말씀이 필수일 뿐 아니라 말씀을 받는 것이 그만큼 중요함을 강조하기 위함이다. 하나님의 의를 이루기 위해서는 말씀을 받아야 한다. 헬라어 원문에서 '온유함으로'라는 표현이 문장의 중간에 위치하고, 사본에 따라 쉼표의 위치가 이 표현 앞이나 뒤에 위치하기도 한다. 따라서 모든 더러운 것과 악을 온유함으로 버리라는 것인지, 아니면 심어진 말씀을 온유함으로 받으라는 것인지에 대한 논의가 있다. 그러나 대부분은 쉼표가 앞에 있는 것으로 보고 말씀을 온유함으로 받으라는 의미로 이해한다. 온유함으로 받으라는 말은 겸손함으로 받으라는 말이다. 그런데, 1:21에 '마음에 심어진 말씀'Implanted word이라는 표현이 사용되었다. 흥미로운 것은 말씀을 받으라고 하는데 그 말씀이 이미 성도의 마음에 심어져 있다는 것이다. 이는 1:18에서 지적한 바와 같이 하나님이 성도를 말씀으로 낳으셨음을 암시한다. 성도가 진리의 말씀으로 낳음을 입고 양육을 받았기에 이미 말씀은 그들 안에 심어져 있다. 그러나 저자가 "심어진 말씀을 온유함으로 받으라"라고 하는 것은 이미 마음속에 있는 말씀을 자신의 것으로 받고 그 말씀대로 살아야 하고 실천해야 하는데, 그러지 못한다는 의미이다. 그리고 이러한 성도의 모습은 교만일 수밖에 없다. 성도는 심어진 말씀을 겸손히 받을 때 말하기를 더디 할 수 있고 성내기도 더디 하게 된다. 그리고 이와 같은 모습을 통해서 하나님의 의, 곧 하나님이 기뻐하시는 일을 완성할 수 있다.

3. 하나님은 성도가 심어진 말씀을 받을 때 그 영혼을 구원하신다1:21b

앞서 성도가 하나님 앞에서 두 마음을 품고 신앙생활하고1:8, 자기 욕심 때문에 시험받으면서 하나님께 시험받는다고 말하며 자신을 속이는 모습1:16, 그리고 말씀을 속히 듣지 않으므로 함부로 말하고 속히 성내어 하나님의 의를 이루지 못하는 모습1:19-20 등에 대해서 살펴보았다. 1:21에서 저자는 이와 같이 행하는 자들에게 심어진 말씀을 온유함으로 받는 것을 그 해결책으로 제시한다. 그러나 또 다른 한편으로 그들이 가진 근본적인 문제가 무엇인지 제시한다. "너희 영혼을 능히 구원할 바 마음에 심어진 말씀을 온유함으로 받으라"라고 한 것은 그들의 영혼이 구원받아야 한다는 말이다. "너희 영혼을 능히 구원할 바"로 번역된 것은 '말씀'을 수식하는 분사구로서 "너희의 영혼을 구원할 수 있는"으로 번역할 수 있다. 영어 성경 중 하나는 "왜냐하면 그것은 너희의 영혼들을 구원할 능력이 있기 때문이다"for it has the power to save your souls; NLT라고 번역했다. 이는 한편으로 말씀의 능력에 대해서 말하지만, 또 다른 한편으로 수신자들 중에 영혼이 병들거나 죽어서 능히 구원을 받지 못할 상태에 있는 자가 있음을 암시한다. 5:13-18에서 지적하는 바와 같이 영혼이 병든 자들은 그들의 영혼이 치유받아야 한다. 그들이 보이는 외적인 현상의 궁극적인 문제는 그들의 내적인 문제, 곧 영적인 문제이다.

앞서 시련을 당할 때 기도하지만 의심하는 것1:5-8, 낮음과 높음의 문제로 낙심하거나 자랑하는 것1:9-11, 시련을 당할 때 하나님께 시험받는다고 생각하는 것1:12-16, 말씀은 너디 들으면서 말하기와 성내기를 속히 하는 것1:19-21 등의 문제를 언급했다. 이는 자기 스스로는 하나님의 말씀을 잘 듣고 신앙생활 잘한다고 말하지만 실제로는 두 마음을 가지고 자신을 속이는 것이다. 저자는 수신자들에게서 나타나는 이 모든 외적인 문제의 근본적인 원인이 바로 내적인 문제에 있다는 것을 지적한다. 그들의 영혼이 병들었다는 말이고 영적으로 문제가 있다는 말이다. 내적으로 영혼이 병든 결과 외적인 증상들이 여러 가지 모양으로 나타나는 것이다. 따라서 그들의 영혼은 치유받을 필요가 있다. 그리고 하나님의 말씀은 그들을 능히 구원할 능력이 있다. '영혼'이라는 말은 영혼을 의미하기도 하지만 사람의 전인격whole person을 의미하기도 한다. 만약 이와 같은 의미로 사용되었다면, 수신자들은 지금 전인격적으로 구원을 받을 필요가 있다. 그 의미가 무엇이든지 성가 자신의 영혼과 전인격을 구원하기 위해서는 끊임없이 심어진 말씀을 받아들여야 한다.

결론Conclusion
하나님은 성도가 말씀 듣기는 속히 하면서 말하기와 성내기를 더디 하기를 원하신다. 왜냐하면, 그렇게 해야 성도가 하나님께서 기뻐하시는 일을 할 수 있기 때문이다. 또한 하나님은 성도가 도덕적으로 깨끗하지 않은 것과 남을 해하려는 성향을 버리고 심어진 말씀을 겸손히 받고 그 말씀을 실천하기를 원하신다. 그렇게 할 때, 병든 영혼이 나음을 입고 전 인격이 구원을 받을 수 있다.

적용Application

나는 예수님을 영접한 순간부터 진리의 말씀으로 낳음을 입은 자가 된 것을 알고 있는가? 말씀으로 낳음을 입은 자는 말씀을 속히 듣고 말하기와 성내기를 더디 함으로 하나님이 원하시는 것을 이룰 수 있다는 사실을 인지하고 실천하고 있는가? 영혼이 병들었을 때, 두 마음을 가지고 행하고 자기 자신을 속이는 모습이 나타나게 되는데, 이와 같은 모습이 내게 있지는 않은가? 이를 해결하기 위해 심어진 말씀을 겸손하게 받고 있는가?

설교를 위한 제안

제목: 영혼을 살리는 말씀

1. 하나님의 의를 이루기 위해서 말씀 듣기는 속히 하고 말하기와 성내는 것은 더디 해야 한다.
2. 영혼이 병든 자는 더러운 것과 악을 버리고 심어진 말씀을 받아야 한다.
3. 심어진 말씀을 받을 때 영혼이 구원받을 수 있다.

본문 해설Exposition [2]

본문: 야고보서 1:22-27

Big Idea: 하나님은 성도가 어려운 자를 돌보고 세속에 물들지 않음으로 말씀을 듣고 행하는 경건을 보이기를 원하신다.

문맥Context

앞서 저자는 성도가 시련을 당할 때 하나님께 시험받는다고 말하는 것에 대해 지적하면서, 그것이 사실이 아니라고 가르친다. 왜냐하면 하나님은 악에게 시험을 받지도 않으시고 아무도 시험하시지 않기 때문이다1:13. 그리고 성도가 시험받는 것은 자기 욕심에 끌려서 미혹되기 때문이다1:14. 이는 성도가 시련을 당할 때 성경적인 원리를 따르지 않고 자기 욕심을 따라 행하는 상황을 묘사한 것이다. 성도가 자기 욕심을 오래 품고 있으면 그것이 죄가 되고, 그 죄가 장성하도록 내버려 두면 마침내 하나님과 단절된 상태, 곧 사망에 이르게 된다1:15. 저자는 수신자들에게 이러한 상황에서 자신을 속이지 말라고 명령한다1:16. 하나님에 대해 왜곡된 생각을 가지고, 실상은 그러지 못하면서 자기 스스로 말씀을 잘 지키고 있다고 말하는 모습을 지적한 것이다. 하나님은 결코 성도를 시험하는 분이 아니다. 왜냐하면 하나님은 온갖 좋은 은사와 온전한 선물들을 주시는 분이고17a, 사람이 변하는 것과 다르게 변함도 없으시고 회전하는 그림자도 없으시기 때문이다17b. 무엇보다도 하나님이 성도를 피조물 중 가장 귀한 것을 의미하는 첫 열매가 되게 하기 위해서 말씀으로 낳으셨기 때문이다18.

1:19-21은 수신자들이 가진 문제의 근본적인 원인이 무엇인지 밝힌다. 하나님 앞에서 두 마음을 가지고 자신을 속이며 살아가는 성도는 근본적으로 그들의 영혼이 병든 것이다. 이 문제를 해결하기 위해서 마음에 심어진 말씀을 겸손하게 받아야 한다1:21. 저자는 먼저 앞서 열거한 것들을 "알라!"라고 말하며 주목시킨 후19, "듣기는 속히 하고 말하기는 더디 하며 성내기도 더디 하라"라고 명령한다. 말씀으로 낳음을 입은 자들에게 말씀 듣기를 속히 하라고 명령하는 것이다. 왜냐하면 그렇게 할 때 성도가 하나님의 의를 이룰 수 있기 때문이다20. 이어서 1:21a는 '그러므로'로 시작하면서 앞서 제기된 문제를 해결할 수 있는 방법을 제시한다. 첫째, 모든 더러운 것과 넘치는 악을 내버리는 것이다. '모든 더러운 것'은 '도덕적으로 깨끗하지 않은 것'을, '넘치는 악'은 '남에게 해를 입히려는 성향'을 나타낸다. 둘째, 그 마음에 심어진 말씀을 겸손하게 받아들이는 것이다. 버려야 할 것은 버리고 받아야 할 것을 받아야 한다. 그 심어진 말씀이 영혼을 구원할 능력이 있다. 이는 수신자들의 영혼이 병들었음을 암시한다. 그리고 그 병을 고칠 수 있는 유일한 길은 말씀을 겸손히 받아들이는 것이다.

본 단락1:22-27은 심어진 말씀을 겸손히 받는 것이 무엇을 의미하는지 비유를 들어 더 자세히 설명한다. 말씀을 겸손히 받는 것은 말씀을 듣기만 하여 자신을 속이는 자가 아니라 말씀을 행하는 자가 되는 것이다1:22. 왜냐하면 말씀을 듣고 행하지 않는 자는 거울을 보고 가서 그 모습을 곧 잊어버리는 자와 같기 때문이다1:23-24. 그러나 말씀을 들여다보고 있는 자는 듣고 잊어버리는 자가 아니라 실천하는 자이다1:25a. 이와 같이 행하는 자가 하나님의 복을 받을 것이다1:25b. 계속해서 저자는 말씀을 듣고 행하는 문제를 경건의 문제와 연결시켜서 설명하면서, 경건에 대해 세 가지로 말한다. 첫째, 스스로 경건하다 생각하며 자기 혀를 재갈 물리지 않으면서 자기 자신을 속이는 자의 경건은 헛것이다1:26. 둘째, 참 경건은 고아와 과부를 그 환난 중에 돌보는 것이다1:27a. 셋째, 참 경건은 자기를 지켜서 세속에 물들지 않도록 하는 것이다1:27b.

본론Body

1. 하나님은 성도가 말씀을 듣기만 하고 실천하지 않으면서 자신의 마음을 속이는 자가 되기를 원하지 않으신다22-24

앞서 말씀 듣기를 속히 하는 것1:19과 말씀을 온유함으로 받는 것1:21에 대해서 말했다. 본 단락의 시작인 1:22는 그러나δέ로 시작하면서, "너희는 말씀을 행하는 자가 되고 듣기만 하여 자신을 속이는 자가 되지 말라"라고 말한다. 이는 "너희는 말씀을 행하는 자들이 되고 자신을 속이면서 단지 듣기만 하는 자들이 되지 말라"로 번역할 수 있다. 말씀을 듣고 받는 것도 중요하지만 그것에만 그치지 말고 행하는 자들이 되라는 것이다. '속이다'라는 표현은 각 구절마다 다른 단어가 사용되었지만 1:165:19, 26에도 나타난다. 전자는 성도가 시련 중에 자기 욕심 때문에 시험받으면서 오히려 하나님께 시험받는다고 말하는 것과 관련이 있다. 후자는 스스로 경건하다고 생각하며 자신의 혀를 재갈 물리지 못하는 것에 대해 자신을 속이는 것이라고 한다. 이와 같이 1:22의

'속이는 것' 또한 하나님의 말씀을 듣기만 하면서 스스로 실천한다고 생각하거나 그처럼 보이려 하는 것을 의미한다.

1:23은 "누구든지 말씀을 듣고 행하지 아니하면 그는 거울로 자기의 생긴 얼굴을 보는 사람과 같아서"라고 번역되었다. 그러나 헬라어 원문은 '왜냐하면'ὅτι으로 시작하며 1:22의 이유를 설명한다. 1:23은 가정법εἴ이다. 따라서 "왜냐하면 만약 누구든지 말씀을 듣는 자이면서 행하지 아니하는 자이면, 그는 거울로 자신의 자연 그대로의 얼굴을 살펴보는 사람과 같기 때문이다"라고 번역할 수 있다. '생긴'τῆς γενέσεως으로 번역된 속격의 문자적인 의미는 '존재'existence 또는 '본질'nature이다. 따라서 '자기의 생긴 얼굴'은 '그 자신의 존재/본질의 얼굴'이라는 의미이다. 이는 자연 그대로의 얼굴을 묘사할 때 사용된 유대식 표현이다. '보는'κατανοοῦντι으로 번역된 것은 '관찰하다'observe, '자세히 살피다'look at, 또는 '사려하다'consider 등의 의미가 있다. 따라서 거울을 보는 것은 단순히 대충 훑어본다는 의미는 아니다. 당시 거울이 철이나 동, 그리고 은이나 금으로 만들어졌기 때문에 자세히 들여다볼 수밖에 없는 상황을 반영할 수 있다. 그러나 이런 의미보다는 자신의 얼굴을 보기 위해서 거울을 주의 깊게 살피는 것을 의미한다. 그러므로 1:23은 "누구든지 말씀을 듣고 행하지 않는 자가 되면/이면, 그는 마치 거울로 자신의 원래의 모습을 자세히 살펴보는 사람과 같다"라는 말이다.

1:24에서 "제 자신을 보고 가서 그 모습이 어떠했는지를 곧 잊어버리거니와"라고 했다. 이 구절 역시 헬라어 원문은 '왜냐하면'γάρ으로 시작한다. 본 구절에서 말씀을 듣고 행하지 않는 것이 거울로 자신의 원래 모습을 자세히 살피는 것과 같은 이유를 설명하는 것이다. 따라서 1:24는 "왜냐하면 그는 자신을 보고 가서 즉시로 그 자신의 모습이 어떠했는지를 잊어버리기 때문이다"라고 번역할 수 있다. 여기서 세 개의 동사를 사용하여 거울을 보는 자의 모습이 어떠한지 설명한다. 제 자신을 '보고'κατενόησεν, '가서'

ἀπελήλυθεν, '곧 잊어버린다'ἐπελάθετο라는 것이다. 어떤 이는 첫 번째와 세 번째 동사는 단순 과거이고 두 번째 동사는 완료형인 것은 중간에 위치한 '가다'를 강조하기 위함이라고 본다. 또 다른 이는 단순 과거는 일반적인 사실을 생생하게 전달하고 완료형은 거울을 본 이후와 그것을 잊어버리기 전의 상태를 지시하는 것으로 본다. 그리고 이러한 표현은 즉시 잊어버리는 것을 강조하는 것이라고 주장한다. 저자의 의도를 정확히 알 수는 없다. 그러나 분명한 것은 거울을 보고 가서 곧 잊어버리는 자의 모습은 말씀을 듣기만 하고 행하지 않는 자의 모습과 유비 관계에 있다는 것이다. '그 모습이 어떠했는지를'ὁποῖος ἦν 잊어버리는 것은 곧 '원래 모습'natural appearance 혹은 '원래 존재'natural existence를 잊어버리는 것을 말한다. 거울을 보는 자는 거울을 볼 때는 유심히 관찰하여 자신의 본래 모습을 보지만 그 후에는 가서 자신의 원래 모습을 즉시로 잊어버린다. 이런 면에서 말씀을 듣고 곧 잊어버려 행하지 않는 자와 같은 것이다.

2. 하나님은 말씀을 보는 자, 곧 말씀을 듣고 행하는 자를 축복하신다25

1:25는 역접 접속사 '그러나'δέ로 시작하면서 말씀을 듣기만 하고 행하지 않는 자와 대조되는 모습을 제시한다. 먼저 "자유롭게 하는 온전한 율법을 들여다보고 있는 자"에 대해 묘사한다. 앞서 계속 '말씀'이라는 용어를 사용했지만1:18, 21, 22, 23, 이제 '율법'이라는 표현을 사용한다. 그리고 그 앞에 '자유롭게 하는 온전한'이라는 수식어를 붙인다. '온전한'이라는 표현은 1:4, 17과 3:2에서도 사용되었는데, 이와 같은 반복된 사용은 저자가 온전함을 강조하려는 것이다. 그리고 '자유롭게 하는'이라는 표현은 그 율법이 성도를 얽어매는 율법이 아니라는 말이다. 이는 모세의 율법을 완성하신 예수님의 율법, 곧 인류를 죄의 속박에서 자유롭게 하신 예수님의 구원사역에 의해서 완성된 율법인 복음을 가리킨다. '자유롭게 하는 온전한 율법'이라는 표현을 사용하여 저자 자신이 계속 강조해 왔던 그 하나님의 말씀이 온전하고, 그 온전한 말씀이

성도에게 자유를 준다는 사실을 상기시키려 한 것이다. 그리고 성도는 자유롭게 하는 온전한 율법을 들여다보아야 한다.

'들여다보고 있는 자'라는 표현은 하나의 명사가 사용된 것처럼 보인다. 그러나 이 표현은 '몸을 위로 굽히다'bend over와 '머무르다'stay라는 두 개의 분사가 독립적 용법으로 사용된 것이다. 이는 문자적으로 "들여다 보고 계속 그렇게 하는 자" 또는 "들여다 보고 계속 그 안에 머무르는 자"라고 번역할 수 있다. 말씀을 들여다보고 있는 자는 단순히 그 말씀을 "듣고 잊어버리는 자가 아니요 실천하는 자"라고 한다. 이 또한 문자적으로 "잘 잊어버리는 듣는 자가 아니라 일을 행하는 자" 또는 "망각의 듣는 자가 아니라 일의 행위자"라고 번역할 수 있다. 앞서 묘사한 것처럼 거울을 보고 즉시 잊어버리듯이 말씀만 보고 가서 곧 잊어버리는 자는 진정으로 말씀을 보는 자가 아니라는 말이다. 말씀을 보는 자는 그 말씀을 보고 실천하는 자이다.

저자는 "이 사람은 그 행하는 일에 복을 받으리라"라고 말한다. 전치사구인 '그 행하는 일에'ἐν τῇ ποιήσει는 이유를 나타내는 것으로 보고 '그의 행함 때문에'로 번역하거나, 수단을 나타내는 것으로 보고 '그의 행함으로'로 번역할 수도 있다. 어떤 의미가 되든지 말씀을 보고 그대로 실천하는 것으로/때문에 복을 받을 것이라는 말이다. 어떤 복을 받을 것인지는 명시하지 않았다. 그러나 미래 시제가 사용되었으므로 1:12이나 2:5에 언급한 것처럼 하나님이 그의 사랑하는 자들에게 약속하신 '천국의 면류관'이나 '하나님의 나라'를 가리킬 수 있다.

3. 하나님은 말씀을 실천하는 자, 곧 경건한 자가 어려운 자를 돌보고 세속에 물들지 않기를 원하신다26-27

앞서 저자는 말씀을 듣기만 하는 것과 말씀을 듣고 행하는 것에 대해서 말했다. 이제 이를 경건의 문제와 연결시켜 설명한다. 수신자들 중에 말씀을 듣기만 하고 행하지 않으면서 스스로 경건하다고 말하는 자들이 있었던 것 같다. 저자는 이들에게 참 경건이 무엇인지에 대해서 요약적으로 설명한다. 참 경건이란 첫째, 자신의 혀를 재갈 물리는 것이다1:26. 앞서 듣기는 속히 하고 말하기는 더디 하라고 했다1:19. 비슷한 맥락에서 저자는 경건하다고 생각하는 자는 자신의 혀를 재갈 물릴 수 있어야 한다고 말한다. 경건θρησκεία이라는 표현은 신약성경에서 몇 회행 26:6; 골 2:18; 약 1:26, 27 사용되었다. 어떤 곳에서는 '종교적 행위'religious performance나 '예배'worship와 같은 의미로 사용되기도 한다. 그러나 야고보서에서는 주로 '경건'을 의미하는 것으로 사용되었다. 여기서 말하는 경건의 기준은 예배 참석이나 기도, 금식 등과 같은 종교적 행위일 수 있다. 만약 그렇다면, "누구든지 스스로 경건하다 생각하며 자기 혀를 재갈 물리지 아니하고 자기 마음을 속이면"이라는 말은 스스로 종교적인 행위를 잘하고 있다고 생각하는 것을 지적하는 것이다. 종교적 행위를 잘하여 경건하다고 생각하지만 자기 혀를 재갈 물리지 않는 것이다. 여기서 '재갈 물리다'와 '속이다'는 현재분사이고 주동사는 '생각하다'이다. 따라서, 이 문장은 "누구든지 자기 혀를 재갈 물리지 않고 자기 마음을 속이면서 스스로 경건하다고 생각하면"이라는 의미이다. '마음'은 '정신'mind이나 '감정'emotion 등을 의미하기도 하지만 '육체적 삶의 좌소로서의 마음'heart as the seat of physical life을 의미하기도 한다. 따라서, 자기 마음을 속이는 것은 자기 자신 전체를 속이는 것을 의미한다.

저자는 앞서 서술한 것과 같은 모습을 보이면서도 스스로 경건하다고 생각하는 자의 경건은 헛것이라고 한다. '헛것'μάταιος이라는 말은 '헛된'idle, '가치 없는'worthless, '어리석은'foolish 등의 의미가 있다. 성경에서 이 표현이 사용된 대부분의 경우렘 2:5; 8:19; 10:3, 15; 51:18; 행 14:15; 고전 3:20; 벧전 1:18 '우상숭배'idolatry를 배경으로 한다. 야고보서의 것도 이와 같은 경우라면, 종교적인 행위를 하고 말씀을 듣는 것으로 만족하면서 스스로 바른 신앙생활을 하고 경건하다고 생각하는 것은 하나님을 섬기는 것이 아니라 우상을 섬기는 것과 같다고 지적하는 것이다.

참 경건은 둘째, 고아와 과부를 그 환란 중에 돌보는 것이다1:27a. "하나님 아버지 앞에서 정결하고 더러움이 없는 경건은"이라고 말하며 그것이 무엇인지 설명한다. 정결하고 더러움이 없다는 말은 도덕적morally, 의식적으로ceremonially 뿐 아니라 모든 면에서 더럽혀지지 않은 것을 말한다. 이는 자기 혀를 재갈 물리지 못하여 함부로 말하면서 스스로 경건하다고 생각하며 자신을 속이는 모습1:26과 대조되는 경건의 모습이다. 즉, 자신의 말과 생각과 행하는 것이 일치하는 삶, 그런 경건을 말한다. 저자가 '하나님'이라는 호칭에 '아버지'라는 표현을 더한 이유는 고아와 과부가 구약에서 약자로신 10:18; 24:19; 시 146:9; 렘 7:6; 슥 7:10 등, 하나님은 그들의 아버지요 보호자로 묘사되기 때문이다시 68:5. 하나님이 고아와 과부의 아버지라면 수신자들 역시 하나님의 자녀들로서 고아와 과부를 돌보아야 한다. 그렇게 하는 것이 아버지 앞에서 바른 경건의 모습이다.

고아와 과부는 구약시대부터 약자를 가리키는 대표적인 부류이다. 따라서 이들을 돌보라는 것은 연약하고 소외된 자들을 돌보라는 의미이다. '돌보다'ἐπισκέπτομαι는 '찾다'look for, '방문하다'visit 외에 '돌보다'look after라는 의미로도 사용된다. 따라서 고아와 과부를 돌보는 것은 도와주려는 의도를 가지고 그들을 찾거나 방문하여 돌보는 것을 말한다. 이는 2:14-16에서 지적한 것처럼 헐벗고 일용할 양식이 없는 형제에게 평안히 가라, 덥게 하라, 배부르게 하라고 말만 하고 그들의 실제적인 필요를 채워주지 않는 것과 대조된다. 고아와 과부를 돌보되 '그 환란 중에' 돌보라고 한다. 여기서 말하는 환란θλῖψις은 사회적 약자로 살면서 당하는 모든 억압oppression과 시련tribulation을 가리킨다. 1:1에서 수신자들을 흩어져 있는 자들로 묘사한 것을 보면 그들 중에 사회적 약자들이 많았을 것이다. 그리고 저자가 고아와 과부를 언급한 이유도 이와 같은 서신적 상황을 반영한 것이다. 따라서 저자가 지적하는 것은 스스로 경건하다고 말하면서 사회적 약자들뿐 아니라 공동체 내의 약자들을 돌보지 않는 것은 하나님 앞에서 정결하고 더러움이 없는 경건이 아니라는 것이다.

셋째, 참 경건은 자기를 지켜 세속에 물들지 않는 것이다27b. '지켜'로 번역된 동사는 '지키다'guard라는 의미가 있다. 그리고 '물들지 아니하는'으로 번역된 형용사는 '오점이 없는'spotless 또는 '흠이 없는'with blemish이라는 의미가 있다. 야고보서에서 '세속'은 하나님을 대적하는 인간의 모든 활동과 환경을 가리킨다2:5; 3:6; 4:4. 그리고 '세속에'로 번역된 표현은 두 가지로 번역이 가능하다. 하나는 '세상에 의해'by the world이고 또 다른 하나는 '세상으로부터'from the world이다. 어떻게 번역을 하든 의미는 크게 다르지 않다. 따라서 자기를 지켜 세상에 물들지 않는 것은 하나님을 대적하는 모든 것에 의해 물들지 않도록 자기를 보호하여guard 흠이 없게 하는 것이다. 주목할 것은 앞서 '세속'은 하나님을 대적하는 모든 것이라고 했다. 이는 '세속'이라는 것이 사람의 외부에만 있는 것이 아니라 내부에도 있을 수 있다는 말이다. 만약 외부적인 것이라면, 고아와 과부와 같은 사회적 약자를 돌보면서도 하나님을 대적하는 사회적 분위기나 그 외 모든 것들로부터 자신을 지키라는 의미이다. 만약 '세속'이 내적인 것이라면, 외적으로는 정결하고 더러움이 없는 경건을 가진 것처럼 말하지만 실제로는 그렇지 않은 것을 말한다. 즉, 두 마음으로 행하고 자신을 속이며 자신을 드러내고자 하는 모습을 가리키는 것이다. 1:26에서도 경건하다 생각하며 혀를 재갈 물리지 않고 자기 마음을 속이는 것에 대해서 지적을 한다. 이를 볼 때, 후자의 의미일 가능성이 크다. 어떤 의미가 되었든, 저자는 주의 말씀을 실천하면서 하나님을 대적하는 것들로부터 자신을 지키는 것이 참 경건이라고 말하는 것이다.

결론Conclusion

말씀을 겸손히 받는 것은 듣기만 하면서 자신을 속이는 자가 아니라 말씀을 행하는 자가 되는 것이다1:22. 왜냐하면 말씀을 듣고 행하지 않는 자는 거울을 보고 가서 그 모습을 곧 잊어버리는 사람과 같기 때문이다1:23-24. 그리고 말씀을 들여다보는 자는 듣고 잊어버리는 자가 아니라 실천하는 자이고, 이러한 자는 그가 행하는 일에서 하나님의 복을 받는다1:25. 말씀을 듣고 행하는 것은 경건과 관련이 있다. 첫째, 스스로 경건하다 생각하고 자기 혀를 재갈 물리지 않으면서 자기를 속이는 자의 경건은 헛것이다1:26. 둘째, 참 경건은 고아와 과부를 그 환난 중에 돌보는 것이다1:27a. 셋째, 참 경건은 자기를 지켜서 세속에 물들지 않도록 하는 것이다27b.

적용Application

나는 말씀을 듣고 거울을 보는 것처럼 잠시 기억하다가 잊어버리지는 않는가? 말씀을 들여다보고 있는 것은 말씀을 읽는 것을 넘어 그 말씀을 실천하는 것임을 알고 있는가? 나의 경건함을 혀를 재갈 물리고, 고아와 과부를 돌아보며, 나 자신을 세속으로부터 지키는 것으로 나타내 보이고 있는가?

설교를 위한 제안

제목: 참된 경건이란?

1. 말씀을 듣기만 하고 실천하지 않는 자는 자신의 마음을 속이는 것이다.
2. 말씀을 보는 자는 듣고 행하는 자이고 이를 통해 하나님의 축복을 받는다.
3. 말씀을 실천하는 자 곧 경건한 자는 어려운 자를 돌보고 세속에 물들지 않는 것이다.

본문 주석

¹⁹ Know this, my beloved brothers
　너희는 알라! 나의 사랑하는 형제들아!

　　　　let every person be 　　　quick to hear,
　　　각 사람은 　　　　　듣기를 속히 하고

　　　　　　　　　　　　slow to speak,
　　　　　　　　　　말하기를 더디 하고

　　　　　　　　　　　　slow to anger;
　　　　　　　　　　성내기를 더디 하라

　　1. "내 사랑하는 형제들아 너희가 알지니"라는 문장의 헬라어 원문 어순은 "너희는 알라! 나의 사랑하는 형제들아!"이다. 이 문장은 명령형이기에 기본적인 뉘앙스는 상당히 강하고 단호하다. 그러나 '형제들아'라는 호칭과 함께 더 깊은 친근함을 나타내는 '사랑하는'과 '나의'라는 표현이 사용되어 애정어린 뉘앙스를 더한다. 저자는 단호하면서도 애정어린 명령을 한다고 볼 수 있다. '알라'Ιστε라는 동사는 2인칭 복수 완료 능동태 직설법으로 볼 수도 있고 명령법으로 볼 수도 있다. 이런 이유로 어떤 영어 성경은 "이를 너희는 안다, 나의 사랑하는 형제들아"this you know, my beloved brethren로 번역하고NASB, 또 다른 성경은 당위성을 나타내어 "너희는 이를 반드시 알아야 한다, 나의 사랑하는 형제들아"you must understand this, my beloved라고 번역한다NRSV. 그러나 대부분 영어 성경은 명령형으로 보고 "이를 알라, 나의 사랑하는 형제들아"Know this, my beloved brothers라고 번역하거나ESV, "이를 이해하라, 나의 사랑하는 형제 자매들아"Understand this, my dear brothers and sisters라고 번역한다NLT. NIV는 "나의 친애하는 형제들아, 이를 주의하라"My dear brothers, take note of this라고 번역한다.

2. 본 구절은 "너희는 알라"로 시작하는데, '알라'에 대한 목적어가 제시되지 않아서 학자들 간에 무엇을 알라고 하는지에 대한 논의가 있다. 앞선 단락의 내용을 알라는 것으로 보기도 하고 이어지는 내용을 알라는 명령으로 보기도 한다. 그러나 이어지는 문장은 접속사 '데'δέ로 시작하므로 앞선 내용과 끊어지는 느낌을 준다. 그리고 만약 이어지는 내용이 '알라'는 동사의 목적어 역할을 한다면, 영어의 that에 해당하는 헬라어ὅτι가 따르는 것이 자연스럽다. 그러나 저자는 이어서 '이다'/'되다'라는 의미의 '에이미'εἰμί 동사의 명령형ἔστω을 사용하여 듣기는 속히 하고 말하기와 성내기를 더디 하라고 명령한다. 어쩌면 '알라'의 목적절은 앞선 단락이고1:13-18, 이어지는 구절은 각 사람이 행해야 할 것을 명령하는 것으로 볼 수 있다. 1:19b 이하의 내용, 곧 삶 속에서 말씀을 듣고 실천하는 모습을 보이기 위해서 앞서 열거한 내용1:13-18을 알아야 하는 것이다. 이런 의미에서 1:19b는 앞뒤 단락을 이어주는 역할을 한다. 그러나 어떻게 보든지 의미상으로 큰 차이는 없다.[51]

3. "듣기는 속히 하고 말하기는 더디 하며 성내기도 더디 하라"라고 명령한다. 마틴이 지적한 바와 같이 듣는 것과 말하는 것, 그리고 성내는 것과 관련된 명령은 지혜 문서에서 자주 나타나는 것처럼 이러한 명령은 선한 삶을 위한 보편적인 권면일 수 있다.[52] 그러나 저자가 단순히 지혜서의 보편적 권면 내용을 인용하여 수신자들에게 명령한 것 같지는 않다. 만약 인용을 했다고 하더라도 수신자들이 처한 상황을 반영했을 것이다. 서신 전체에서 볼 수 있듯이 수신자들이 속한 공동체 내에는 말과 관련된 문제들이 있었던 것 같다. 특히, 빨리 말하고 성내는 것이나 시의 적절한 말을 하지 못해서 성도의 마음을 상하게 하거나 실족케 하는 경우가 있었던 듯하다. 이 때문에 저자는 듣고, 말하고, 성내는 것과 관련하여 명령한다.

4. 첫 번째 명령은 '듣기는 속히 하라'는 것이다. 이 명령문도 목적어가 명시되지 않아서 무엇을 들어야 하는지 알 수 없다. 자신이 말하기 전에 타인의 말을

---

51 McCartney, *James*, 114-15.
52 Martin, *James*, 47.

먼저 들어주라는 뜻일 수도 있다. 그러나 타인의 말을 먼저 들으라는 의미보다는 하나님의 말씀을 속히 들으라는 의미인 듯하다. 왜냐하면 전후 문맥에서 저자는 지속적으로 하나님의 말씀 듣는 문제를 다루기 때문이다. 하나님이 그의 정하신 뜻대로 성도를 낳으실 때 진리의 말씀을 수단으로 사용하셨다1:18. 1:21은 '그러므로'διό라는 추론 접속사inferential conjunction로 시작하며 앞서 언급했던 문제의 해결책으로 '말씀을 온유함으로 받는 것'을 제시한다. 그리고 1:22-24에서 단순히 말씀을 듣기만 하여 자신을 속이는 자가 아니라 그것을 행하는 자가 되라고 한다. 1:25에서도 "자유롭게 하는 온전한 율법을 들여다보고 있는 자는 듣고 잊어버리는 자가 아니라 실천하는 자"라고 하면서 말씀의 중요성을 재차 강조한다. 이처럼 문맥 전체의 초점이 말씀에 있다. 따라서 '듣기는 속히 하라'라는 것은 하나님의 진리의 말씀을 속히 들으라는 명령인 것이다.

　　5. 앞서 언급했듯이 저자는 "듣기는 속히 하고 말하기는 더디 하며 성내기도 더디 하라"라는 세 가지 명령을 한다.[53] 첫 번째 것은 하나님 말씀 듣는 것에 속히 하라는 의미라고 했다. 만약 이것이 사실이라면, 이어지는 두 개의 명령, 곧 더디 말하고 더디 성내는 것도 하나님의 말씀을 속히 듣거나 듣지 않는 것과 관련이 있다. 즉, 하나님의 말씀을 속히 듣지 않기 때문에 말하는 것과 성내는 것을 속히 하게 된다는 말이다. 이와 같이 말할 수 있는 근거는 이어지는 문맥에서 말씀을 듣기만 하는 자들이 아니라 듣고 행하는 문제를 다루기 때문이다. 문맥 전체가 말씀을 듣고 행하는 문제를 다루기 때문에 듣기는 속히 하라1:19는 명령도 단순히 듣는 것만을 의미하는 것이 아니라, 듣고 행하는 것을 포함한다는 말이다. 분명 말씀을 속히 듣는 자는 말하기를 더디 하고 성내기도 더디 하게 될 것이다.[54]

---

53 1:19의 세 개의 명령은 하나의 명령형 동사ἔστω와 세 개의 형용사 및 부정사로 구성된다. 이를 간단한 구조로 보면 아래와 같다. 즉,

　　　　되어라ἔστω '듣는 것에 속히'ταχὺς εἰς τὸ ἀκοῦσαι,
　　　　　　　　'말하는 것에 더디'βραδὺς εἰς τὸ λαλῆσαι,
　　　　　　　　'성내는 것에 더디'βραδὺς εἰς ὀργήν·

54 참고. McCartney, James, 115.

for the anger of man does not produce the righteousness of God.

왜냐하면 사람의 성내는 것이 하나님의 의를 이루지[성취하지] 못하기 때문이다

1. 본 구절은 '왜냐하면'γάρ으로 시작하면서 앞선 구절의 명령에 대한 이유를 설명한다. 그런데 여기서는 '성내는 것'ὀργή만 언급한다. 학자들은 1:19의 세 개의 명령과 관련된 내용이 1:20-26에서 반복해서 나타난다고 본다. 즉, 성내는 것은 1:20, 듣는 것은 1:21-25, 그리고 말하는 것은 1:26에 나타난다는 것이다. 이들의 말이 옳다면, 1:20에서 성내는 것만 언급한 것은 세 개의 명령 중 마지막 것만 언급한 것이 된다. 그런데, 1:20을 '왜냐하면'γάρ로 시작하며 그 이유를 밝힌 후, 다시 1:21을 '그러므로'διό; 'therefore' 또는 'for this reason'로 시작하며 앞서 제시한 문제에 대한 해결책을 제시한다. 만약 그렇다면, 1:20의 내용은 단순히 성내는 것과 관련이 있는 것이 아니라 1:19에서 제시된 세 개의 명령 모두와 관련이 있다고 볼 수 있다. 이는 앞서 지적한 것처럼 1:19의 명령이 단절된 세 개의 명령이 아니라 말씀을 속히 듣는 것에서부터 시작해서 말을 더디 하고 결과적으로 성내기를 더디 하라는, 서로 연관된 명령인 것이다. 따라서 "사람이 성내는 것이 하나님의 의를 이루지 못함이라"1:20라는 말은 성내는 것뿐만 아니라 1:19의 세 개의 명령 모두를 염두에 둔 것으로 볼 수 있다.

2. "사람이 성내는 것이 하나님의 의를 이루지 못함이라"라고 했다. '하나님의 의'δικαιοσύνην θεοῦ는 여러 가지 의미로 해석될 수 있다. 첫째, 목적격 속격objective genitive으로 보면, 그 '의'는 '하나님이 요구하는 의'가 된다. 하나님이 원하시는 의는 곧 옳은 것을 행하는 것이고, 이는 하나님을 기쁘시게 하는 것이 된다참고 NIV, NLT. 둘째, 근원을 나타내는 속격a genitive of source으로 보면 '하나님으로부터 나온 의' 혹은 '하나님이 주시는 의'가 된다. 이는 신자가 예수님을 믿거나 예수님과 하나가 될 때 가지게 되는 의를 말한다. 그러나 야고보서의 저자가 계속 강조하는 것은 신자 속에 있는 하나님으로부터 온

의가 아니라 실천하며 행하는 것이기 때문에 이 견해는 적합해 보이지 않는다. 셋째, 주격적 속격subjective genitive 혹은 묘사적 속격descriptive genitive으로 보면, '하나님이 행하시는 의'가 된다. 이는 하나님이 행하시는 의를 의미하기에 하나님이 보시기에 의로운 것, 곧 신적인 의가 된다.[55] 사실 학자들 간에 주격적 속격이나 목적격적 속격의 정의나 의미 해석이 다르기 때문에 어떤 것이라고 명확히 말할 수 없다. 그리고 학자들 간에도 속격인 '하나님의'θεοῦ를 목적격적 속격으로 보기도 하고,[56] 주격적 속격으로 보기도 한다.[57] 무엇이 적합한 것인지 선택하는 것이 쉽지 않다. 그러나 앞선 문맥을 살펴볼 때 변하는 사람과 변하지 않는 하나님을 대조하고1:6-8, 16-17, 사람의 성내는 것과 하나님의 의를 대조한다1:20. 따라서 사람의 성내는 것은 하나님이 행하시는 '의'나 하나님이 성도로 하여금 행하도록 하시는 그 의로움을 이룰 수 없다는 것은 분명하다.

3. '이루다'ἐργάζεται라는 동사는 '일하다'work, '활동적이다'be active라는 의미뿐 아니라 '행하다'do, '성취하다'accomplish, 또는 '수행하다'carry out 등의 의미가 있다. 영어 성경은 "하나님의 의를 생산해내지 못한다"'does not produce the righteousness of God'; ESV; NLT, "하나님의 의를 이루지 못한다"'worketh not the righteousness of God'; KJV, 또는 "하나님의 의를 성취하지 못한다"'does not achieve the righteousness of God'; NASB, "하나님이 원하시는 의로운 삶을 실현하지 못하다"'bring about the righteous life that God desires'; NIV 등으로 번역한다. 어떻게 번역되든지 본문의 의미는 사람의 성내는 것이 하나님의 의를 행하거나 성취하거나, 또는 생산해 내지 못한다는 것이다. 수신자들 중에 어떤 이들이 그들 속에 있는 어떤 류의 불의injustice를 해결한다는 명목 하에 하나님의 말씀 듣기는 더디 하면서 속히 말하고 분을 낸 듯하다. 만약 이것이 사실이면, 이러한 모습은 단순히 또 다른 불의를 생산해 낼 뿐이다. 하나님은 끊임없이

---

55 McCartney, *James*, 115-116을 보라.
56 Blomberg and Kamell, *James*, 86.
57 McCartney, *James*, 115-116.

자신의 진노를 유보했고 저자 자신도 형제를 저주하는 것이 하나님을 찬양하는 것과 맞지 않다고 주장한다3:9. 이처럼 성내는 것 자체가 하나님을 나타내거나 하나님이 원하시는 것을 행하지 못하도록 한다.[58]

²¹ Therefore put away all filthiness
그러므로 모든 더러운 것을 내어 버린 후에
and rampant wickedness
그리고 넘치는 악을
and receive with meekness the implanted word,
그리고 온유함으로 심어진 말씀을 받으라
which is able to save your souls.
너희의 영혼을 구원할 수 있는

1. 본 구절은 '그러므로'διό; therefore, for this reason로 시작한다. 그리고 심어진 말씀을 온유함으로 받으라고 명령한다. 따라서 이 명령의 근거를 앞서 논의한 것에 둔다는 말이다. 블롬버그와 카멜은 이를 지적하면서 "성내는 것이 하나님에 대한 합당한 반응이 아니기 때문에 야고보가 합당한 반응이 무엇인지에 대한 주제를 결론적으로 다룬다"라고 말한다.[59] 그러나 앞서 언급한 바와 같이 1:19-20은 성내는 문제뿐 아니라 말씀을 속히 듣지 않기 때문에 말하기와 성내기를 속히 하게 되고 이것이 하나님의 의를 이루지 못하는 문제를 지적한 것이다. 저자는 이 사실에 근거해서 수신자들이 행해야 할 가장 우선적이면서도 궁극적인 해결책을 제시한다. 그 해결책은 "모든 더러운 것과 넘치는 악을 내버리고 마음에 심어진 말씀을 온유함으로 받는 것"이다.

2. "모든 더러운 것과 넘치는 악을 내버리고"라고 했다. '내버리고'ἀποθέμενοι로 번역된 것은 '내려놓다'/'버리다'lay down,

58 McCartney, *James*, 116.
59 Blomberg and Kamell, *James*, 87.

'제쳐두다'lay aside라는 의미의 단순 과거 분사이다. 그리고 본 구절의 주동사는 '받으라'δέξασθε라는 단순 과거 명령법이다. 따라서 "모든 더러운 것과 넘치는 악을 내버린 후에"라고 번역할 수 있다. '모든 더러운 것'은 옷에 묻은 더러운 떼나 먼지, 흙과 같은 오물filth을 가리킨다. 그러나 눈에 보이는 외적인 더러움뿐 아니라 비유적으로는 도덕적인 더러움moral uncleanness; sordidness이나 영적으로 깨끗하지 못한 것을 가리킬 때도 사용된다.[60] 그리고 '넘치는 악'περισσείαν κακίας은 두 개의 명사, 곧 '악'κακίας의 속격과 '초과'/'과다'περισσείαν의 대격이 함께 사용되었다. 따라서 문자적으로 '악의 과다함'을 의미한다. 저자는 '모든 더러운 것'과 '넘치는 악'이라는 유사한 표현을 반복 사용하여 수신자들이 가진 모든 영적, 도덕적 더러움과 그들 속에 있는 과다한 악을 버려야 한다고 강조한다. 그런 후, 하나님의 말씀을 받으라고 명령한다.

3. "마음에 심어진 말씀을 온유함으로 받으라"라고 했다. 여기 '마음에 심어진'이라는 표현이 있지만 헬라어 원문에는 '마음에'라는 표현은 없다. '심어진'implanted과 '영혼'ψυχή이라는 표현이 사용되어서 '마음에 심어진'으로 의역을 한 듯하다. 헬라적 사고에서 '심어진'ἔμφυτος; implanted이라는 표현은 '태어날 때부터 가지는' 혹은 '타고난 것'을 의미했다.[61] 저자가 이와 같은 표현을 사용한 것은 앞서 "진리의 말씀으로 우리를 낳으셨느니라"라는 표현을 사용했기 때문인 듯하다. 즉, 성도는 하나님에 의해서 말씀으로 낳음을 입었을 때, 곧 다시 태어날 그때 말씀이 심어졌다는 밀이다. 저자는 수신자들이 예수님을 영접했을 때, 그리고 예수님을 믿은 이후에 계속해서 들은 그 복음의 말씀을 '심어진 말씀'으로 묘사한다. '받으라'δέξασθε로 번역된 동사는 다른 본문에서 '믿다'라는 의미로 사용되었다행 8:14; 17:11; 살전 1:6 등. 따라서 심어진 말씀을 받아들이는 것은 그 말씀을 믿는 것을 말한다. 그러나 단순히 믿는 것을 넘어 말씀을 행하는 것도 포함한다.[62] 왜냐하면,

---

60 Blomberg and Kamell, *James*, 87.

61 Blomberg and Kamell, *James*, 88.

62 참고. McCartney, *James*, 117-18.

이어지는 문맥에서 계속 그와 같은 의미로 설명하기 때문이다1:22-25.

4. '온유함으로'ἐν πραΰτητι라는 전치사구는 1:21의 문장의 중앙에 위치한다. 여기 쉼표가 있는데, 어떤 사본에는 이 쉼표가 전치사구 앞에, 또 다른 사본에는 전치사구 뒤에 위치한다. 이 때문에 학자들 간에 이 전치사구의 번역과 관련하여 많은 논의를 한다. 만약에 쉼표가 '온유함으로' 뒤에 위치하면 "그러므로 모든 더러운 것과 넘치는 악을 온유함으로 내 버리고"가 된다. 그러나 쉼표가 '온유함으로' 앞에 위치하면 "심어진 말씀을 온유함으로 받으라"가 된다. 대부분의 학자는 후자의 경우로 본다. '온유함'은 '온화함'gentleness, '겸손함'humility, '정중함'courtesy, '신중함'considerateness 등의 의미가 있다. 본 구절에서는 겸손함을 의미하는 것으로 사용되었다. 학자들이 지적하는 바와 같이 이러한 겸손의 모습이 고대 사회에서는 미덕으로 여겨지지 않고 오히려 연약한 모습이나 부덕으로 여겨졌다. 그러나 성경은 겸손을 부덕한 것이 아니라 누구든지 따라야 할 것으로 제시한다. 특히 예수님은 겸손의 모범을 보이셨다참고. 마 11:29. 저자 역시 부한 자에게 자신의 낮아짐을 자랑하고1:10, 지혜와 총명이 있는 자는 지혜의 온유함으로 그 행함을 보이라고 한다3:13. 전후 문맥을 고려해 볼 때, 심어진 말씀을 겸손히 받는 것은 자기 욕심, 성내는 것, 모든 더러운 것과 넘치는 악을 내어버리는 것과도 관련이 있다1:14-15, 19, 21a. 심어진 말씀을 겸손히 받는 것은 자기 자신으로부터 나오는 모든 더러운 것을 버리고 오직 하나님의 말씀을 받아들이는 것이다.

5. "너희 영혼을 능히 구원할 바"는 '심어진 말씀'을 수식하는 분사구로서 헬라어 원문에는 '~할 수 있는'δύναμαι을 의미하는 분사가 사용되었다. 따라서 "너희 영혼을 구원할 수 있는 그 심어진 말씀"을 의미한다. 특기할 만한 사실은 앞서 사용된 주동사 '받으라'δέξασθε와 분사 '내어 버리고'ἀποθέμενοι의 시제가 단순 과거인 것에 반해 '~할 수 있는'δυνάμενον은 현재시제인 것이다. 이는 그 심어진 말씀이 계속해서 구원할 수 있는 능력의 말씀임을 나타낸다.[63] 그 심어진

63 Blomberg and Kamell, *James*, 88-89.

말씀이 '너희 영혼'τὰς ψυχὰς ὑμῶν을 구원할 수 있다고 했는데, 이 '영혼'은 단순히 사람의 영이나 영적인 상태만을 의미하는 것은 아니다. 고대 사회에서 '영혼'ψυχή은 한 사람의 영적인 부분뿐 아니라 그의 인생이나 그 사람 전체를 가리킬 때도 사용되었다. 따라서 영혼을 구원하는 것은 한 사람의 영혼뿐 아니라 전체로서의 한 사람을 구원하는 것이다. 5:20에서도 기록한 바와 같이 영혼을 구하는 것은 그의 영혼을 죽음에서 구할 뿐 아니라 그들이 지은 죄까지도 용서하는 것이다. 즉, 그들의 육체적인 문제와 영적인 문제 모두를 해결하는 것이다.[64]

    6. 1:21에서는 '버리고'와 '받으라', '모든 더러운 것과 넘치는 악'과 '마음에 심어진 말씀'을 대조하는 듯하다. 앞서 저자가 자기 욕심을 따르는 수신자들의 모습을 지적한 것을 볼 때1:13-16, 그들은 버려야 할 것은 버리지 못하고 받아야 할 것을 받지 않는 교만을 행했던 것 같다. 그들이 행해야 할 가장 우선적인 것은 그들 속에 있는 '모든 더러운 것과 넘치는 악'을 버리는 것이다. 그런 후에 '심어진 말씀'을 겸손히 받아야 한다. 그렇게 할 때 그들의 영혼이 능히 구원받을 수 있다.

[22] But be   doers of the word,
   [그러나] 너희는 말씀을 행하는 자들이 되어라
            and not hearers only,
        단지 듣기만 하는 자들이 아니라
                deceiving yourselves.
          너희 자신을 속이면서

    1. 본 구절은 접속사 '데'δέ로 시작한다. 앞서 마음에 심어진 말씀을 받으라고 했다. 만약 '받으라'는 말이 단순히 믿는 것만을 의미한다면, 접속사

---

[64] McCartney, *James*, 119.

'데'는 '그러나'의 의미로서 그 믿음은 단순히 듣는 것만이 아니라 행하는 것까지 포함한다는 의미가 될 것이다. 그러나 '받으라'는 표현이 믿는 것과 함께 행하는 것까지 포함한다면, 접속사 '데'는 '그리고'의 의미로서 믿는 것이 무엇인지 좀 더 구체적으로 설명하는 것으로 볼 수 있다. 앞서 설명했듯이 1:19의 세 개의 명령이 서로 관련이 있어서 하나님의 말씀 듣기를 속히 할 때 말하는 것과 성내는 것을 더디 할 수 있다는 의미라면, 듣기를 속히 하라는 첫 번째 명령은 듣는 것뿐 아니라 행하는 것도 포함된 명령으로 볼 수 있다. '말씀을 행하는 자'ποιηταὶ λόγου는 주격 명사 '행하는 자들'과 속격 명사 '말씀의'가 결합된 것이다. 만약 '말씀의'가 목적격적 속격이면, '말씀을 행하는 자들'로 번역될 수 있다. 앞서 "마음에 심어진 말씀을 온유함으로 받으라"라고 할 때는 단순 과거 명령령 동사가 사용되었지만, 본 구절에서 "너희는 말씀을 행하는 자가 되고"라고 할 때는 현재 명령형 동사가 사용되었다.[65] 이는 말씀 행하는 것을 지속적으로 하라는 의미를 내포한다.

2. '듣기만 하여'μόνον ἀκροαταί로 번역된 문장에는 '듣는 사람'ἀκροατής의 복수 명사가 사용되었다. 이는 앞서 '말씀을 행하는 자'ποιηταὶ λόγου가 '말씀을 행하는 자들'로 번역된 것처럼 '듣기만 하는 자들'로 번역될 수 있다. 따라서 1:22a는 "그리고/그러나 너희는 말씀을 듣기만 하는 자들이 아니라 행하는 자들이 되고"로 번역할 수 있다.

3. "자신을 속이는 자가 되지 말라"로 번역된 문장의 헬라어 원문은 '너희 자신'ἑαυτούς이라는 재귀대명사와 '속이다'라는 의미의 현재 분사παραλογιζόμενοι가 사용되었다. 이 분사가 앞선 문장을 계속 설명하며consecutive 결과를 나타내는지, 아니면 '듣기만 하고 행하지 않는 자'를 더 설명하는 것attributive인지에 대한 논의가 있다.[66] 그러나 현재 시제의

---

65 야고보서1:22는 "너희는 말씀을 행하는 자가 되고 듣기만 하여 자신을 속이는 자가 되지 말라"라고 번역이 되었는데, 헬라어 원문에는 '되어라'γίνεσθε는 명령형 동사 하나만 사용되었다. 어쩌면 "그러나/그리고 너희는 말씀을 듣기만 하는 자들이 아니라 행하는 자들이 되어라"라고 번역할 수 있을 듯하다.

66 전자의 예는 NIV에서 볼 수 있고"단지 말씀을 듣기만 하여 자신을 속이지 말라. 그것이 말하는 대로 행하라"; Do no merely

주동사인 '되어라'γίνεσθε와 이를 수식하는 현재 분사인 것을 고려해 볼 때, 이 분사는 동시적인 동작을 나타내는 것으로 볼 수도 있다. 즉, "그리고/그러나 너희는 너희 자신을 속이면서 말씀을 듣기만 하는 자들이 아니라 행하는 자들이 되고"라고 번역할 수 있다.[67]

4. 여기서 사용된 '속지 말라'는 표현은 1:16, 26에서도 사용되었다. 1:16에서는 성도가 시련 중에 자기의 욕심 때문에 시험temptation을 받으면서, 오히려 하나님께 시험 받는다고 말하는 상황에서 속지말라고 한다. 그러나 하나님은 변함 없이 모든 좋은 것을 주시는 분이고 성도를 모든 피조물의 첫 열매가 되게 하기 위해 말씀으로 낳으신 분이다1:17-18. 그러므로 성도가 시련을 당할 때, 하나님께 시험 받는다고 말하는 것은 자기 스스로 잘못된 '하나님 상'image을 만들며 자신을 속이는 것이다. 1:26에서는 스스로 경건하다고 생각하며 자신의 혀를 재갈물리지 않는 것을 자신을 속이는 것이라고 말한다. 1:22에서는 계속해서 말씀을 듣는 것과 행하는 것이 병행되어야 한다고 강조한다. 이는 1:21에서 언급했던 것처럼 심어진 말씀을 받아들이는 것, 곧 믿음은 말씀을 듣기만 하는 것이 아니라 들은 말씀을 실천하는 것까지 포함한다는 말이다. 만약 이것이 사실이라면, 1:22에서 자신을 속이지 말라고 하는 것은 말씀을 듣는 것만으로 믿음이 있다고 생각하지 말라는 것이다. 말씀을 듣기만 하면서 심어진 말씀을 받아들인다고 말하는 것은 자신을 속이는 것이다.

---

listen to the word, and so deceive yourselves. Do what it says, 후자의 예는 NASB에서 볼 수 있다"그러나 우리 스스로 그 말을 행하는 자들이지 단지 그들 스스로를 속이는 듣기만 하는 자들이 아님을 증명하라"; But prove ourselves doers of the word, and not merely hearers who delude themselves.

67 참고. ESV와 KJV는 "너희는 말씀을 행하는 자들이 되고 자신을 속이면서 단지 듣기만 하는 자들이 되지 말라"But be doers of the word, and not hearers only, deceiving yourselves로 번역한다.

²³ For if anyone is   a hearer of the word
왜냐하면 누구든지   말씀을 듣는 자이면서

and not a doer,
행하는 자가 아니면

he is like a man
그는 [~하는] 사람과 같기 때문이다

who looks intently at his natural face in a mirror.
거울로 자신의[자연 그대로의] 얼굴을 살펴보는

1. 본 구절은 접속사 '왜냐하면'ὅτι으로 시작한다. 그리고 조건절을 위한 불변화사 '만약' εἰ과 함께 1:22에서 사용된 '듣는 자'ἀκροατὴς와 '행하는 자'ποιητής라는 표현을 다시 사용하면서 앞선 주장에 대한 이유를 설명한다. 따라서 "누구든지 말씀을 듣고 행하지 아니하면"으로 번역된 것은 "왜냐하면 누구든지 말씀을 듣는 자이지만 행하는 자가 아니면" 혹은 "왜냐하면 누구든지 말씀을 듣고 행하는 자가 아니면"으로 번역할 수 있다.

2. "그는 거울로 자기의 생긴 얼굴을 보는 사람과 같아서"라는 문장에서 '거울로'ἐν ἐσόπτρῳ는 수단을 나타낸다. 그리고 '생긴'τῆς γενέσεως으로 번역된 속격 명사의 문자적 의미는 '존재'existence 또는 '본질'nature이다. 따라서 '자기의 생긴 얼굴'τὸ πρόσωπον τῆς γενέσεως αὐτοῦ을 보는 것은 자신의 존재/본질의 얼굴을 보는 것이다. 이와 같은 표현은 자연 그대로의 얼굴을 묘사할 때 사용된 유대식 표현이다.⁶⁸ 따라서 저자는 거울로 자신의 꾸미지 않은 자연 그대로의 모습을 예로 들어 설명하는 것이다. '보는'κατανοοῦντι으로 번역된 분사는 '관찰하다'observe, '자세히 살피다'look at, '사려하다'consider, 또는 '고려하다'contemplate라는 의미가 있다. 따라서 거울로 자기의 생긴 얼굴을 보는 것은 대충 훑어보는 것이 아니라 자세히 살피고 관찰하는 것을 말한다.

---

68 Law, *James*, 86; Blomberg and Kamell, *James*, 90.

여기서 저자는 누구든지 말씀을 듣는 자이면서 행하는 자가 아니면, 그 사람은 마치 거울로 자신의 원래의 모습을 자세히 살펴보는 사람과 같다고 비유적으로 말한다.

²⁴ For he　　　　　looks at himself

왜냐하면　　　그는 자신을 보고

and goes away

가서

and at once forgets

즉시로 잊어버리기 때문이다

what he was like.

그 자신의 모습이 어떠했는지를

1. 본 구절은 다시 '왜냐하면'γάρ으로 시작하면서 앞서 말씀을 듣고 행하지 않는 자는 거울로 자신의 원래 모습을 보는 사람과 같다23고 말한 이유를 설명한다. 여기서 세 개의 동사가 사용되었는데, 첫째 동사인 '보다'κατενόησεν와 셋째 동사인 '잊어버리다'ἐπελάθετο는 단순과거이고 둘째 동사인 '가다'ἀπελήλυθεν는 완료 시제이다. 어떤 이는 이 세 동사는 '금언적 표현'이지만 단순 과거 동사 사이에 완료 시제 동사를 삽입한 것은 '가다'라는 동사를 더 강조하기 위한 것으로 본다.⁶⁹ 그러나 또 다른 이는 금언적 표현의 단순과거는 일반적으로 자명한 사실을 말할 때 사용하지만, 1:24의 것은 자명한 사실을 말하기보다는 예를 들어 보여주려는 성격이 더 강하다고 본다. 그리고 세 개의 동사 모두 단순과거가 아니므로 금언적 표현이 아니라 저자의 유대주의셈어적적 배경에 기인한다고 본다. 즉, 단순 과거형은 일반적인 사실을 생생하게 전달하고 완료형은 거울을 본 이후와 그것을 잊어버리기 전의 상태를 지시하는 것으로

---

69 Blomberg and Kamell, *James*, 91.

본다. 그리고 이러한 표현은 즉시 잊어버리는 것을 강조하기 위함이라고 한다.[70] 저자의 의도가 무엇인지 알 수는 없지만, 이러한 비유적 표현은 말씀을 듣기만 하고 행하지 않는 수신자들의 모습과 유비관계에 있는 것은 분명하다. 전후 문맥이 말씀을 듣기만 하고 행하지 않는 것에 대해서 지적하므로, 저자가 단순히 하나의 동사만을 강조한다고 보기는 어려울 듯하다.

2. "그 모습이 어떠했는지를"ὁποῖος ἦν이라는 문장은 '어떤 류의'of what sort를 의미하는 상관 관계대명사correlative pronoun인 '호포이오스'ὁποῖος와 '이다/있다'는 의미의 '에이미'εἰμί 동사의 미완료 시제ἦν가 사용되었다. 미완료 시제가 사용된 것은 자신의 모습을 보기 위해서 거울 앞에 일정기간동안 서 있었을 때 보았던 자신의 원래의 모습natural appearance 혹은 원래의 존재natural existence가 어떠했는지를 말하기 위함이다. 저자는 거울을 보고 간 자는 그 모습이 어떠했는지를 곧 잊어버린다고 말한다. 저자가 제시한 거울의 비유가 무엇을 의미하는지에 관해 많은 논의를 하지만, 이 비유 속에 복잡한 의미가 숨겨져 있는 것 같지는 않다. 오히려 인간이 일상생활 속에서 보편적으로 행하는 패턴을 제시한 것으로 보인다. 즉, 사람이 매일 거울을 보지만 거울 앞을 벗어났을 때는 이전에 보았던 것을 완전히 잊고 사는 모습을 지적한 것이다. 그리고 이와 같은 모습은 말씀을 듣기만 하고 행하지 않는 자의 모습과 같다.

---

70 McCartney, *James*, 122.

²⁵ But the one   who looks into the perfect law, the law of liberty,
그러나   온전한 율법, 곧 자유의[자유롭게 하는] 율법을 들여다 보는 자
                and perseveres,
                그리고 계속 그렇게 하는[계속 머무르는] 자는
                        being no hearer
                        [잘 잊어버리는] 듣는 자가 아니라
                            who   forgets
                            잘 잊어버리는
                but a doer
                오히려 [일을] 행하는 자
                            who   acts,
                            일을 [행하는]
        he will be blessed in his doing.
        이 사람은 그의 행하는 일에 복을 받을 것이다

1. 본 구절은 접속사 '그러나'δέ로 시작한다. 듣기만 하고 행하지 않는 자의 모습과 대조되는 모습을 설명하겠다는 말이다. "자유롭게 하는 온전한 율법을 들여다보고 있는 자는"이라고 했다. '들여다보고 있는 자'로 번역된 것은 하나의 동사인 것처럼 보이지만 사실은 두 개의 분사로 구성되었다. 첫 번째 분사ὁ παρακύψας는 '몸을 ~위로 굽히다'bend over 또는 '몸을 ~위로 굽혀 보다'bend over and look라는 의미가 있다. 그리고 두 번째 분사παραμείνας는 '남다'remain, '머무르다'stay, 또는 '계속하다'continue라는 의미가 있다. 이 두 개의 분사는 독립적 용법으로 사용되어서 '~하는 자'를 의미한다. 따라서 본 구절에서는 두 가지 동작을 하고 있는 한 사람, 곧 율법을 보고 계속 그것에 머물러 있는 자를 묘사한 것이다. 따라서 "완전한 그리고 자유의/자유롭게 하는 율법을 들여다 보고 계속 그렇게 하는/계속 머무르는 자는"이라는 의미이다.

2. 본 구절에서 '하나님의 말씀'1:21, 23 대신 '율법'이라는 표현이 사용되었다. 일반적으로 이 두 표현은 동일한 것으로 이해된다. 왜냐하면 '율법'에 해당하는 헬라어 '노모스'νόμος는 히브리어의 '토라'에 상당하는 표현이고, 토라는 어떤 율법적 법규뿐 아니라 성경적 가르침도 포함하기 때문이다. 멕카트니는 "말씀과 율법을 동일시하는 것은 말씀을 하나님의 도덕적 지시에만 국한시키는 것이 아니라 하나님의 율법을 성경을 통한 하나님의 구원의 계시 전체와 동일시하는 것이다"라고 주장한다.[71] 그런데, 본 구절에서는 '율법'을 수식하는 형용사인 '온전한'과 설명적 속격 명사인 '자유의'가 추가되어 '자유롭게 하는 온전한 율법'으로 묘사된다. 이는 예수께서 구약의 율법을 성취하심과 그의 백성에게 자유를 주셨다는 사실까지 함축적으로 묘사하기 위함이다. 따라서 '자유롭게 하는 온전한 율법'은 예수께서 전하신 복음의 메시지라고 볼 수 있다. 저자의 이러한 표현 사용은 예레미야 31:31-34의 암시된 내용을 반영한다.[72]

3. 형용사 '온전한'τέλειος은 1:4, 17에도 사용되었다. 1:4에서 시련 중에 온전히 기뻐함으로 믿음의 시험test을 통과한 자에게 인내가 만들어지고, 그 인내를 끝까지 이루는 자는 온전해지고 완전해진다고 했다. 1:17에서 위로부터 빛들의 아버지께로부터 내려오는 '온갖 좋은 은사와 온전한 선물'에 대해 묘사한다. 그리고 본 구절에서 '온전한 율법'에 대해 말한다. '온전한'이라는 형용사는 3:2에서 '온전한 사람'을 묘사할 때도 사용되었다. 이와 같이 '온전한'이라는 표현이 반복적으로 사용된 것은 온전함을 강조하려는 저자의 의도인 듯하다. 성도는 여러 가지 시련 중에 온전함을 이루고, 하나님은 그 백성들에게 항상 온전한 선물을 주시고, 또 성도는 온전한 율법을 듣고 지킬 때 온전함에 이를 수 있다.

4. '자유롭게 하는 온전한'이라는 수식어는 수신자들의 상황을

---

71 McCartney, *James*, 122.

72 Blomberg and Kamell, *James*, 91.

반영한 듯하다. 그들은 율법을 지킴에 있어서 어떤 틀이나 속박 아래 있었던 자들이었다. 그러나 그들은 이제 그리스도의 복음을 통해서 자유를 얻고 온전하게 되었다. 그러나 그들은 예수께서 주신 그 자유를 가지고 마음대로 말하고 행동하며 오히려 공동체를 혼란스럽게 한 듯하다. 저자는 수신자들이 자유롭게 하는 온전한 율법을 들여다보면서 그들의 본래 모습을 깨닫고, 곧 가서 잊어버릴 것이 아니라 그 본 것을 실천하는 자들이 되라고 권한다.

5. "듣고 잊어버리는 자가 아니요 실천하는 자니"라고 했다. 여기 '되다'/'이다'라는 의미의 분사 '게노메노스'γενόμενος가 사용되었다. 이 문장의 주어 역시 앞서 소개한 분사의 독립적 용법 '~을 들여다보고 있는 자'이다. 분사가 반복적으로 사용되기 때문에 문장을 번역하는 것이 쉽지 않다. 그리고 1:25 전체 문장의 주 동사는 "이 사람은 그 행하는 일에 복을 받으리라"라는 문장에 포함된 '이다'/'있다'라는 동사의 3인칭 단수 미래인 '에스타이'ἔσται이다. 영어성경 중 ESV가 헬라어 원문의 의미를 잘 살려서 번역한 듯하다. "온전한 율법 곧 자유의 율법을 들여다 보고 그것을 계속하는 자, 잘 잊어버리는 듣는 자가 아니라 일을 행하는 자, 이 사람은 그의 행하는 일에 복을 받을 것이다"But the one who looks into the perfect law, the law of liberty, and perseveres, being no hearer who forgets but a doer who acts, he will be blessed in his doing.

6. "이 사람은 그 행하는 일에 복을 받으리라"라고 했다. 이 문장은 두 가지 의미로 이해될 수 있다. 첫째, '그 행하는 일에'ἐν τῇ ποιήσει를 이유를 설명하는 것으로 보면 "이 사람은 그의 행함 때문에 복을 받을 것이다"라는 의미가 된다. 둘째, '그 행하는 일에'ἐν τῇ ποιήσει를 수단을 나타내는 것으로 보면, "이 사람은 그의 행함으로 복을 받을 것이다"가 된다. 어떻게 보든 궁극적으로는 그 의미가 비슷하다. 여기서 말하는 복이 무엇인지, 그리고 그 복이 언제 주어지는지 알 수 없다. 그러나 1:12와 2:5에서 하나님이 당신을 사랑하는 자들에게 천국의 면류관과 하나님의 나라를 약속하신 것처럼 1:25의 복도 종말론적인 복을 의미할 것이다.

²⁶ If anyone   thinks he is religious

만약 누구든지   자신이 [~하면서] 경건하다고 생각하면

               and does not bridle his tongue

               자신의 혀를 재갈 물이지 않으면서

               but deceives his heart,

               대신 자신의 마음을 속이면서

                    this person's religion is worthless.

                    이 사람의 그 경건은 헛된 것이다

1. "누구든지 스스로 경건하다 생각하며"라고 했다. '생각하다'δοκέω라는 동사는 일반적으로 두 가지 의미로 사용된다. 먼저 타동사이거나 자기 자신에게 쓰일 때는 '믿다'believe, '생각하다'think; suppose, '~로 여기다'consider 등의 의미가 된다. 그리고 자동사이거나 타인에게 쓰일 때는 '~인 듯하다'seem라는 의미가 있다. 본 구절에서는 자기 자신에게 사용되므로 '생각하다'라는 의미로 볼 수 있다. '경건한'θρησκός이라는 형용사는 신약성경의 다른 곳에서는 나타나지 않고 오직 본 서신 1:26에서만 나타난다hapax legomenon. 이 단어의 명사형θρησκεία이 야고보서 1:26, 27과 골로새서 2:18, 그리고 사도행전 26:5에 사용될 뿐이다. 본 서신에서는 '경건'으로 번역되지만, 다른 경우에는 긍정적 혹은 부정적 의미의 '종교적 행위'religious performance나 '예배'worship와 같은 의미로 사용된다. 이와 같은 용례를 근거로 데이비스는 야고보서에서 말하는 '경건'은 "기도, 금식, 공동체의 예배그리고 만약 그 공동체가 유대인 기독교 공동체라면 의식법을 지키는 것 등을 포함할 것이다. 그것이 무엇이든 그 사람은 외적인 종교적 행위를 하고 자신이 경건하다고 생각한다"라고 말한다.⁷³ 여기서 말하는 '경건하다고 생각하는 것'은 서신 전체에서 반복적으로 지적하는 것, 곧 믿음이 있다 하고 그 믿음을 삶으로 보여주지 않는 모습을 말한다. 그 모습

---

73 Davids, *James*, 101.

속에는 외적인 예배 의식이나 종교적 행위만 성실히 수행하면서 삶이 없는 모습도 포함될 수 있다.

2. "자기 혀를 재갈 물리지 아니하고 자기 마음을 속이면"이라고 했다. '재갈 물리다'χαλιναγωγῶν와 '속이다'ἀπατῶν는 현재 분사이고 주동사인 '생각하다'δοκέω도 현재 시제이다. 따라서 재갈을 물리지 않는 것과 속이는 것은 주동사와 동시적인 행동을 묘사하는 것으로 볼 수 있다. 따라서 "누구든지 자기 혀를 재갈 물리지 아니하고 자기 마음을 속이면서 스스로 경건하다고 생각하면"으로 번역할 수 있다. 동작의 순서를 따지는 것이 어색하지만, 굳이 따지자면 스스로 경건하게 생각하는 행위 자체가 혀를 재갈 물리지 않고 자기 마음을 속이는 동작보다 먼저 일어난 것은 아니다. 그리고 주동사와 분사 모두 현재 시제이므로 자신을 속이고 경건하다 생각하는 현상이 저자가 서신을 기록할 당시 수신자들 속에 지속적으로 나타났음을 의미한다.

3. 저자는 왜 경건하다고 생각하는 문제를 자신의 혀를 재갈 물리는 것과 관련하여 설명하는가? 일반적으로 고대 사람들이나 유대 문헌에서 이러한 연관성에 대해서 많이 언급하고 있기에 저자도 그렇게 했다고 생각한다. 그러나 저자가 일반적인 사실을 지적하기 위해서 본 서신에 그와 같은 보편적인 사실을 기록하지는 않았을 것이다. 그리고 본 서신, 특히 3, 4장을 보면, 말과 관련된 문제를 반복해서 다룬다. 이는 수신자들 사이에서 일어나는 문제들 중에 스스로 믿음이 있다 하면서 행하지 않는 문제, 특히 자신의 혀를 재갈 물리지 못하고 함부로 말하는 문제가 심각했기 때문이다. 저자는 자기의 혀를 재갈 물리지 못하면서 스스로 경건하다고 생각하는 자는 그 자신을 속이는 것일 뿐 아니라 그 경건이 헛된 것임을 상기시킨다.

4. "자기 마음을 속이면"에 사용된 '마음'καρδία은 '정신'mind이나 '감정'emotion 등으로 번역되기도 하지만 '육체적 삶의 좌소로서의 마음'heart as the seat of physical life을 의미하기도 한다. 따라서 자기 마음을 속이는 것은

단순히 자신의 마음만 속이는 것이 아니라 자기 자신을 속이는 것이다. 이를 근거로 멕카트니는 1:22에서 듣기만 하는 자의 필연적 결과가 자신을 속이는 자가 되는 것이라고 지적하는 것과 같이, 1:26에서 자기 마음을 속이는 것 역시 혀를 다스리는데 실패한 것의 당연한 귀결로 본다.[74] 멕카트니의 견해가 어느 정도 일리는 있지만 앞서 언급한 바와 같이 1:26의 문장에서 어떤 것이 원인이고 결과인지 알 수 없기 때문에 그와 같이 말할 수 있는지는 의문이다. 스스로 경건하다 생각하면서 혀를 재갈 물리지 않는 것이 자기 자신을 속이는 것일 수도 있다. 그러나 또 다른 한편으로, 자기 스스로의 모습을 잘 알면서 경건한 척하고 말을 함부로 하는 것이 자신을 속이는 것일 수도 있다. 1:26에서 밝힌 항목의 순서나 인과관계가 중요한 것은 아니다. 오히려 마지막 문장에서 밝힌 것처럼 이러한 현상은 결국 그 사람의 경건이 헛것임을 보여준다는 사실이 중요하다.

5. "이 사람의 경건은 헛것이라"라고 했다. '헛것'μάταιος이라는 표현은 '헛된'idle, '빈'empty, '가치 없는'worthless, '어리석은'foolish 등의 의미가 있다. 이 표현은 70인 역의 예레미야서 2:5; 8:19; 10:3, 15; 51:18, 그리고 사도행전 14:15; 고린도전서 3:20; 베드로전서 1:18 등에 나타난다. 그리고 대부분 '우상숭배'idolatry와 관련된 상황에서 사용된다. 이를 근거로 어떤 학자는 야고보서 1:26에서 혀를 재갈 물리지 못하고 자기 마음을 속이면서 스스로 경건하다고 생각하는 것이 헛것이라고 말하는 것은 저자가 그러한 것을 우상숭배와 같은 것으로 여겼기 때문이라고 본다.[75] 수신자들 중에는 종교적인 행위와 말씀 듣는 것으로 만족하면서 스스로 바른 종교생활을 하고 경건하다고 생각한 자들이 있었을 것이다. 그리고 이러한 상황을 파악한 저자는 그들이 수행하는 종교 생활은 하나님을 섬기는 것이 아니라 우상을 섬기는 것과 같은 것으로 여겼을 수 있다. 이러한 유추가 가능하다. 그럼에도 '헛것'이 주는 가장 기본적인 의미는 그들이 지금 행하고 있는 모든 것들이 헛되고 의미가 없다는 것이다.

---

74 McCartney, *James*, 128.

75 McCartney, *James*, 128; Davids, *James*, 102.

6. 1:26에서 스스로 경건하다고 생각하며 혀를 재갈 물리지 않는 경건은 헛것이라고 했다. 이와 반대로, 2:8에서 이웃 사랑의 '최고의 율법'을 지키는 자에게 '잘한 것'이라고 칭찬한다. 배우고 믿는 대로 실천하는 것이 잘하는 것이라는 말이다. 2:20에서 다시 행함이 없는 믿음이 헛것이라고 하고, 더 나아가서 2:26에서 행함이 없는 믿음은 죽은 것이라고 한다. 저자는 계속해서 믿음과 행함은 떨어질 수 없고, 만약 그 둘이 떨어질 때는 스스로 경건하다고 말하는 것 자체가 의미 없고 심지어 죽은 것과 같다고 말한다. 스스로 경건하다고 생각만 하면서 혀를 재갈 물리지 않는 그런 경건은 아무런 의미가 없다.

²⁷ Religion that is   pure
  경건 곧   정결하고
            and undefiled
            더러움이 없는
  before God, the Father,
  하나님 아버지 앞에서
       is this
       이것이다
            to visit   orphans
            고아들을 돌아보고
                              and widows
                              과부들을 [돌아보고]
            in their affliction,
            그들의 환란 중에
    and to keep oneself unstained
    자기 자신을 물들지 않게 지키는 것이다
            from the world.
            세상으로부터

1. 본 구절에서 계속해서 "정결하고 더러움이 없는 경건"이 무엇인지 설명한다. 형용사 '정결한'καθαρός은 문자적으로 '깨끗한' clean, '순결한' pure이라는 의미가 있다. 그리고 비유적으로는 의식적으로 ceremonially, 또는 도덕적으로 morally 깨끗한 것을 의미한다. '더러움이 없는' ἀμίαντος 역시 앞선 단어와 유사하게 '더럽혀지지 않은' undefiled, '정결한' pure, 또는 '오염되지 않은' unsullied이라는 의미가 있다. 이처럼 비슷한 뜻을 가진 두 개의 단어를 반복 사용하여 하나의 의미, 곧 더럽혀지지 않은 경건이 무엇인지 설명한다. 이러한 정결은 예식을 행함에 있어서 순결한 것보다 도덕적으로 깨끗하거나 더럽혀지지 않은 상태를 말하는 것으로 본다. 그러나 멕카트니가 지적한 바와 같이 도덕적/윤리적 정결은 결국 예배 중의 행위로 확장되기 때문에 명확히 구분할 수 없다.[76] 따라서 본 구절에서 말하는 정결은 모든 면에 있어서 더럽혀지지 않은 경건을 말하는 것으로 볼 수 있다. 저자가 이와 같이 정결하고 더러움이 없는 경건에 대해서 말하는 이유는 1:26에서 묘사한 수신자들의 모습을 염두에 두고 있기 때문이다. 그들은 자신 혀를 재갈 물리지 못하고 함부로 말하면서 스스로 경건하다고 생각하며 자신을 속이는, 정결하지 못하고 더럽혀진 경건을 가지고 있다.

2. "하나님 아버지 앞에서"라고 했다. '아버지'라는 표현이 독특한 것은 아니다. 그러나 단순히 하나님이라고 하지 않고 아버지를 추가한 것은 이어지는 문장에서 고아와 과부를 언급한 것과 관련 있어 보인다. 고아와 과부는 구약적인 배경을 가지고 있다. 시편 68:5참고. 시 10:14, 18는 하나님을 고아의 아버지요 과부의 보호자로 묘사한다. 이러한 배경에서 저자는 수신자들에게 고아와 과부를 돌보라고 말하면서 하나님이 곧 그들의 아버지인 것을 상기시킨다. 그리고 고아와 과부의 아버지 되신 하나님은 수신자들의 아버지이기도 하다. 따라서 그들은 고아와 과부를 돌보면서 그들의 아버지이신 하나님을 나타내야만 한다.[77]

---

76 McCartney, *James*, 128.

77 McCartney, *James*, 129.

3. 하나님 앞에서 정결하고 더러움이 없는 경건의 모습이 두 가지로 제시된다. 첫째, 고아와 과부를 그 환난 중에 돌보는 것이다. 고아와 과부는 구약성경에서 반복적으로 나타나는 소외된 자들의 대표적인 부류이다신 10:18; 24:19; 시 146:9; 렘 7:6; 슥 7:10 등. 고아와 과부를 그 환난 중에 돌보는 것은 단순히 고아와 과부뿐 아니라 연약한 자와 소외된 자 모두를 돌보라는 말이다. '돌보고'ἐπισκέπτεσθαι라는 동사는 '찾다'look for, '방문하다'visit, go to see라는 의미 외에 '돌보다'look after라는 의미가 있다. 고아와 과부를 돌보는 것은 2:14-16에서 지적하는 바와 같이 헐벗고 일용할 양식이 없는 자들에게 평안히 가라, 덥게 하라, 배부르게 하라고 말하면서 그들의 쓸 것을 주지 않는 그런 돌봄이 아니다. 오히려 그들의 실제적인 필요를 채워주면서 돌보는 것을 가리킨다. '그 환난 중에' 돌보라고 했다. '환난'θλῖψις은 '억압'oppression, '고통'affliction, 또는 '시련'tribulation 등의 의미가 있다. 고아와 과부가 당하는 시련은 특별한 것이 아니다. 그들이 사회적인 약자이면서 가난한 자들로서 당하는 경제적인 어려움이나 사회로부터 당하는 부당한 대접, 멸시와 천대 등을 말한다. 저자가 특별히 고아와 과부를 예로 든 이유는 1:1에서 수신자들을 흩어져 있는 열 두 지파로 지칭한 것처럼 그들이 현재 객客으로 살면서 여러 가지 시련을 당하는 상황과 관련이 있어 보인다. 만약 이것이 사실이면, 저자가 고아와 과부를 그 환난 중에 돌아보라고 하는 것은 사회적 약자를 돌보는 것뿐만 아니라 공동체 내에 있는 연약한 자들을 돌보라는 의미도 된다. 수신자들 중에는 고아와 과부와 같은 연약한 자들을 돌보지도 않으면서 스스로 경건하다고 말하는 자들이 있기에 그와 같이 하는 것은 참된 경건이 아니라고 지적하는 것이다.

4. 둘째, 자기를 지켜 세속에 물들지 않는 것이다. '물들지 아니하는'ἄσπιλον으로 번역된 형용사는 '오점이 없는'spotless, '흠이 없는'without blemish이라는 의미가 있다. 따라서, 물들이 않는 것은 오점이 없거나 흠이 없는 것을 가리킨다. "자기 자신을 세상으로부터 물들지 않게 지키는 것이다"라고 했다.[78] '지키다'τηρέω는

---

78 야고보서 1:27b의 "자기를 지켜 세속에 물들지 아니하는 이것이니라"ἄσπιλον ἑαυτὸν τηρεῖν ἀπὸ τοῦ κόσμου는 "자기

'지켜보다'keep watch over, '지키다'guard 등의 의미가 있다. 그리고 '세속/'세상'κόσμος은 하나님을 대적하는 인간의 모든 활동뿐 아니라 모든 환경을 가리킨다참고. 2:5; 3:6; 4:4. '세속에'/'세상으로부터'ἀπὸ τοῦ κόσμου는 '세상에 의해'by the world; NASB; NIV; NRSV, 또는 '세상으로부터'from the world; ESV; KJV라고 번역될 수 있는데, 의미상의 차이는 크지 않다. 중요한 것은 하나님을 거역하는 세상이 무엇을 가리키는가 하는 것이다. 일반적으로 '세상'을 외적 요인을 가리키는 것으로 본다. 만약 그렇다면, 세속에 물들지 않는 것은 하나님의 말씀을 거역하는 모든 외적 요인으로부터 자신을 지키는 것이다. 이와 같은 의미로 볼 때, "고아와 과부를 그 환난 중에 돌보고 또 자기를 지켜 세속에 물들지 아니하는 그것이니라"라고 한 것은 한편으로는 사회적 약자를 돌보지만 또 다른 한편으로는 하나님을 거역하는 사회, 혹은 사회적 분위기에는 물들지 말라는 의미이다. 그러나 서신 전체의 상황을 볼 때, 1:27에서 지적하는 세상은 하나님을 대적하는 내적 요인을 가리키는 듯하다. 왜냐하면 앞서 스스로 경건하다 생각하며 자신을 속이는 것에 대해서 지적했기 때문이다. 정결하고 더러움이 없는 경건을 위해서 고아와 과부를 돌보지만 그 마음속에 자신을 드러내고자 하는 마음이나 하나님의 뜻과 관계없는 다른 마음을 품지 말라는 말이다. 이와 같이 주장할 수 있는 근거는 서신 전체에서 두 마음으로 행하는 것과 자신을 속이는 것에 대해 반복적으로 지적하기 때문이다. 만약 선을 행하면서 자신을 드러내고자 하거나 두 마음으로 행하면, 그것은 하나님을 대적하는 것이고 세상이 그 속에 있다는 말이다. 어떤 경우이든지, 정결하고 더러움이 없는 경건은 사회적 약자를 돌보며 하나님의 말씀을 실천하면서 동시에 하나님을 대적하는 모든 것으로부터 자신을 잘 지키는 것이다.

자신을 세상으로부터 물들지 않게 지키는 것이다'로 번역할 수 있다.

야고보서 2:1-7
〈두 마음
-가난한 자와 부한 자를 차별하는 문제〉
야고보서 2:8-13
〈두 마음
-차별에서 긍휼로〉
야고보서 2:14-26
〈행함과 구별된 믿음, 곧 영혼 없는 몸!〉

두 마음

: 가난한 자와 부한 자를 차별하는 문제

야고보서 2:1-7

본문 구조와 요약

¹ 내 형제들아,

[너희는] 차별하는 마음으로

우리의 영광의 주 예수 그리스도에 대한 믿음을

가지지 말라

² 왜냐하면, 만약 한 사람이 너희 모임에 들어오면

금가락지를 끼고

밝은 옷을 입고

그리고 한 가난한 사람도 들어오면

더러운 옷을 입고

³ 그리고 만약 너희가 그[그 빛나는 옷 입은 자를 눈 여겨 보고

그 빛나는 옷을 입은 자를

그리고 "당신은 여기 좋은 자리에 앉으소서"라고 말하고

반면에 그 가난한 자에게 [~라고] 말하면

"당신은 거기 섰든지"

아니면 "당신은 나의 발등상 아래에 앉으라"

⁴   너희 서로[너희 안에서] 차별하며

악한 생각으로 심판하는 자들이 되는 것이 아니냐?
⁵ 들으라, 나의 사랑하는 형제들아

하나님이 [~한 자들]을 택하지 않았느냐?

[그들은] 세상에서 가난한 자들

믿음에 부요하게 하고

그 나라[왕국]의 상속자들이 되게 하시려고

[그 나라는] 그[하나님]가 약속하신

그[하나님]를 사랑하는 자들에게
⁶ 그러나 너희는 그 가난한 자를 모욕하였다

그 부한 자들은 [너희를 압제한] 자들이 아니냐?

[그들은] 너희를 압제한

그리고 [너희를 법정으로 끌고 간] 자들이 아니냐?

[그들은] 너희를 법정으로 끌고 간
⁷ 그들은 [~하지] 않느냐?

그 아름다운/그 좋은 이름을 [신성]모독하지 [않느냐?]

그것[그 아름다운 이름]으로 너희가 부름 받은바 된

야고보서 2장은 크게 두 가지, 곧 차별하는 문제와 행함이 없는 믿음의 문제를 다룬다. 1장에서 여러 가지 시련을 당할 때 온전히 기뻐하고, 믿음의 테스트를 통과하면 인내가 만들어지고, 끝까지 인내할 때 하나님 앞에서 온전하고 성숙한 모습을 가지게 된다고 했다1:2-4. 그러나 성도가 스스로 그 과정을 지나갈 수 없기에 지혜가 부족할 때, 모든 것을 후히 주시고 꾸짖지 않으시는 하나님께 구해야 한다. 하나님께 지혜를 구할 때는 의심하면서 두 마음을 가지고 구해서는 안된다. 왜냐하면 하나님은 두 마음으로 구하는 자에게는 아무것도 주시지 않기 때문이다1:5-8.

성도가 시련을 당할 때 하나님께 시험받는다고 생각할 수 있다. 그러나 하나님은 악에게 시험받지도 않으시고 시험하지도 않으실 뿐 아니라 그를 사랑하는 자들에게 온갖 좋은 선물들을 변함없이 주시는 분이다. 또한 하나님은 성도를 말씀으로 낳으시고 모든 피조물의 첫 열매가 되게 하셨다. 이런 하나님은 성도를 시험하실 수 없다. 성도는 자기 욕심 때문에 시험받고 죄를 지으며 사망에 이르면서, 오히려 하나님께 시험받는다고 하며 자신을 속여서는 안 된다1:12-18.

하나님을 믿는 자는 말씀 듣기를 속히 하고 말하거나 성내기를 더디 해야 한다. 성도는 말씀으로 낳은 바 되었기에 그 속에 이미 심어진 말씀이 있다. 그러나 중요한 것은 그 말씀을 겸손히 받아야 한다. 말씀을 믿고 삶 속에서 그 말씀을 실천해야 한다. 말씀을 듣기만 하고 행하지 않으면서 스스로 경건하다고 생각하는 것은 자신을 속이는 것이다. 겸손히 말씀을 받은 자는 그 말씀을 사회적으로 소외되고 가난한 자들을 돌아보면서 실천해야 한다. 말씀을 실천하되 하나님을 대적하는 세력인 세상에 물들지는 말아야 한다1:19-27.

1장에서 각기 다른 주제를 다루고 있는 것처럼 보인다. 그러나 그 중심에는 여러 가지 시련의 문제와 이를 대하는 성도의 자세에 대해서 다룬다. 성경의 원리를 따라 시련을 기쁘게 여기며 성숙한 신앙에 이르느냐 아니면 두 마음을 가지고 대하면서 죄와 사망에 이르지만 그렇지 않은 것처럼 행하며 자신을 속이느냐 하는 것이다. 의심하며 기도하고, 자신의 욕심 때문에 시험받으면서 하나님께 시험받는다고 여기고, 말씀을 듣고 행하지 않으면서 스스로 경건하다고 생각하는 것이다. 야고보서 2장도 이러한 맥락에서 벗어나지 않는다. 2:1-13의 차별의 문제도 사람을 둘로 나누는 문제로서, 두 마음을 가진 성도의 속 마음이 겉으로 드러나는 현상이다. 2:1-7에서는 성도가 차별하지 말아야 할 이유를 가난한 자와 부한 자를 대하는 태도의 차이를 예로 들어 설명한다. 2:8-13은 이 차별의 문제를 율법을 지키는 문제와 관련하여 설명한다. 그리고 2:14-26에서 행함과 믿음이 함께하지 않을 때 그 믿음은 아무 유익도 없을뿐더러2:14, 16 죽은 것이나 다름없다고 지적한다2:17, 26.

야고보서 2:4의 '차별하다'로 번역된 단어는 1:6의 '의심하다'로 번역된 것과 같은 동사διακρίνω이다. 의심하는 것은 두 가지 이상의 선택사항 중에서 고민하는 것이고 차별하는 것 또한 여러 가지 상황에서 어떻게 반응할지를 선택하는 문제이다.[1] 이러한 언어의 유사성도 2장에서 다루는 내용이 1장의 것, 곧 두 마음을 가지고 자신을 속이는 문제와 연속선상에 있음을 보여준다.

본문 해설Exposition

중심주제Big Idea: 차별하지 않으시는 하나님은 예수님을 믿는 성도가 서로를 차별하므로 공동체 전체를 차별하는 결과를 가져오지 않기를 원하신다.

문맥Context

저자는 흩어져서 힘겹게 살아가는 수신자들이 일상에서 당하는 여러 가지 시련의 문제로 서신을 시작한다1:1-4. 서신의 본문을 시작하자마자 시련의 문제를 다루는 것은 그것이 수신자들이 당면한 가장 큰 문제였기 때문이다. 수신자들 중 어떤 이들은 일상에서 끊임없이 반복되는 시련을 당하면서 미혹되어 진리를 떠난 듯하다. 그래서 저자는 수신자들이 속한 공동체 전체에게 그와 같은 자들을 돌아서게 하여 그들의 영혼이 구원을 받고 죄 사함을 얻게 하려고 서신을 썼다5:19-20. 미혹되어 진리를 떠난 자들의 가장 큰 특징은 겉으로는 진리를 떠나지 않은 듯 행동하면서 속으로는 영혼이 병들어 있는 것이다. 한마디로 두 마음을 가지고 신앙생활을 하는 것이다1:8; 4:8. 저자는 서신을 시작하면서부터 수신자들이 당면한 가장 중요하고도 근본적인 문제를 다루면서, 시련을 대하는 신앙의 원리를 제공한다.

저자는 시련을 대하는 신앙의 원리를 가르치면서, 두 마음으로

---

1 Blomberg and Kamell, *James*, 101-102.

신앙생활하는 것이 무엇인지 간간히 언급한다. 첫째, 지혜가 부족하여 하나님께 기도할 때, 하나님은 후히 주시고 꾸짖지 않으시는 분임에도 불구하고 오직 믿음으로 구하지 않고 의심하는 것이다1:5-8. 둘째, 자신의 욕심 때문에 시험을 받으면서 하나님께 시험받는다고 말하는 것이다1:12-18. 하나님은 변하지 않는 분으로서 모든 좋은 은사와 온전한 선물을 주시는 분이다. 성도가 그 하나님께 시험받는다고 생각하는 것은 두 마음을 가진 것이고 자신을 속이는 것이다1:16. 셋째, 말씀을 듣고 행하지 않는 것이다1:19-25. 말씀을 듣기만 하고 행하지 않는 자는 두 마음을 가지고 행하는 것이고 자신을 속이는 것이다1:22. 넷째, 스스로 경건하다고 생각하면서 자신의 혀를 재갈 물리지 않는 것이다1:16-27. 스스로 경건하다고 생각하면서 자신이 하고 싶은 말을 하도록 내버려 두는 것, 곧 혀를 재갈 물리지 않는 것은 자신을 속이는 것이고 두 마음으로 행하는 것이다1:26.

저자는 계속해서 성도가 두 마음을 가지고 살아가는 근본적인 이유와 그 해결책을 제시한다1:19-21. 수신자들이 두 마음을 가지고 행하는 이유는 그들 속에 있는 모든 더러운 것과 넘치는 악을 버리지 못하고, 심어진 말씀을 받지 못했기 때문이다. 그들이 이와 같이 하는 근본적인 이유는 영혼이 병들었기 때문이다1:21. 내적인 영혼의 병은 외적인 증상들을 유발한다. 저자가 서신 전체에서 제시하는 여러 가지 외적 증상들은 그들의 영혼이 병들었기 때문이다. 이러한 영혼의 병은 '그 마음에 심어진 말씀'the implanted word을 받아들일 때 치유된다. 말씀을 받아들이는 것은 말씀을 거울을 보듯이 가볍게 대하는 것이 아니라 들은 말씀을 계속해서 읽고 묵상하고 그것을 실천하는 것이다. 심어진 말씀을 받아들이는 것은 개인의 경건의 문제와 관계가 있다1:26-27. 하나님 앞에서 정결하고 더러움이 없는 경건은 듣고 묵상한 말씀이 혀를 재갈 물리고 사회의 약자들을 돌보는 행동으로 나타나야 한다. 그러면서도 하나님을 대적하는 모든 것, 곧 세속에 물들지 않는 것으로 나타나야 한다.

저자는 2장에서도 계속해서 두 마음을 가지고 신앙생활하는 자들의 모습을 다룬다. 특히 2:1-7에서는 공동체 내에 있는 차별의 문제를 다룬다. 2:4의 '차별하다'διακρίνω는 '구분하다'make a distinction, '구별하다'differentiate는 의미 외에 '의심하다'doubt는 의미가 있다. 1:6의 '의심하다'와 2:4의 '차별하다'로 번역된 것이 같은 동사이다. 이와 같은 사실은 차별하는 것 역시 사람들을 두 부류로 나누는 문제로서 두 마음을 가지고 행하는 자들의 한 모습임을 시사한다. 차별은 영혼이 병든 자들의 속마음이 겉으로 드러나는 현상중 하나이다. 본 단락에서 저자는 성도가 차별하지 말아야 할 이유에 대해서 세 가지 정도로 설명한다. 첫째, 성도는 영광의 주 예수 그리스도를 믿는 자들이기 때문에 그에 걸맞지 않은 행동, 곧 차별을 행하지 말아야 한다2:1. 둘째, 성도의 차별은 공동체 구성원 서로를 차별하고 악한 생각으로 심판하는 결과를 가져오기 때문에 차별하지 말아야 한다2:2-4. 셋째, 궁극적으로 하나님이 사람을 차별하지 않으시기 때문에 성도는 차별하지 말아야 한다2:5-7.

본론Body

1. 하나님은 성도가 영광의 주이신 예수님을 믿기에 차별하기를 원하지 않으신다2:1

먼저 "내 형제들아 영광의 주 곧 우리 주 예수 그리스도에 대한 믿음을 너희가 가졌으니 사람을 차별하여 대하지 말라"2:1라고 한다. 이 문장에서 '너희가 믿음을 가졌으니'는 조건절, '차별하지 말라'가 귀결절로서 명령하는 것처럼 보인다. 그러나 여기 사용된 '차별하는 마음으로'ἐν προσωπολημψίαις는 전치사 구이고 그리스도에 대한 믿음을 '가지지 말라'가 명령형 동사이다. 헬라어 원문의 의미를 살리면 "내 형제들아, 차별하는 마음으로 우리의 영광의 주 예수 그리스도에 대한 믿음을 가지지 말라"라고 볼 수 있다. '차별'προσωπολημψία로 번역된 것은 '얼굴'/'외적인 모양'πρόσωπον을 의미하는 명사와 '받아들이다'λαμβάνω라는 동사의 합성어이다. 따라서 '차별'의 문자적인 의미는 어떤 사람의 얼굴이나 외적인 모양을 보고 받아들이는 것이라 할 수 있다. 본 단락은 외적으로 부하게 보이는 자와 가난하게 보이는 자를 차별하는 문제를 다룬다. 저자는 외적인 모양을 보고 사람을 차별하는 마음을 가지고 그리스도에 대한 믿음을 가지지 말라고 명령하는 것이다.

본 단락에서 성도가 차별하지 말아야 할 이유를 직접적으로 밝히지는 않는다. 그러나 "차별하는 마음으로 우리의 영광의 주 예수 그리스도에 대한 믿음을 가지지 말라"라는 문장에서 그 이유를 추론해 낼 수 있다. 이 문장에서 저자는 예수님을 '주'와 '그리스도'로 부르면서 '영광의'와 같은 수식어를 붙인다. 예수님을 이처럼 화려하게 묘사한 것에는 저자의 의도가 있을 것이다. 다양한 해석이 가능하겠지만, 예수님을 이처럼 장황하게 묘사한 것은 그분을 최대한 높여서 수신자들이 믿고 섬기는 예수님이 어떤 분인지를 묘사하려는 듯하다. 예수님은 그리스도, 곧 기름부음을 받은 자로서 메시아이시다. 그리고 예수님은 '주'로서 인류의 주인이시다. 또한 예수님은 인류를 위해 십자가에서 죽으시고 부활하셔서 하나님 우편에 앉으신 영화로우신 분이다. 저자는 수신자들이 이와 같은 영광의 주 예수 그리스도를 믿는 자들로서 차별과 같은 일을 행하는 것은 어울리지 않다고 말하는 듯하다. 비록 그들이 이 땅에서 흩어져서 여러 가지 시련을 당하며 살지만, 예수님을 믿는 자들로서 하나님 나라를 상속받은 자들이다2:5. 그들은 영광의 주님과 함께 하는 영광스러운 자리에 있는 자들로서 차별이라는 영광스럽지 못한 일을 해서는 안된다. 그들이 차별을 행하는 것은 우리 주 예수 그리스도의 영광을 가리는 것이다. "영광의 주 곧 우리 주 예수 그리스도에 대한 믿음을 차별하는 것과 함께 가지지 말라"라는 명령은 믿음을 가진 자들로서 두 마음을 가지고 행동하지 말라는 명령이다.

2. 하나님은 성도가 공동체 내에서 서로 차별하고 악한 생각으로 심판하는 자들이 되기를 원하지 않으신다 2:2-4

　　2:2는 '왜냐하면'으로 시작하면서 차별하는 마음을 가진 채 그리스도를 믿는 믿음을 가지지 말아야 할 이유를 설명한다. 교회에서 실제로 일어날 수 있는 차별의 문제, 곧 두 부류의 사람을 대하는 수신자들의 태도를 예로 들어서 설명한다. 첫 번째 사람은 금 가락지를 끼고 아름다운 옷을 입었다. 아름다운 옷의 문자적인 의미는 '밝은 옷'ἐν ἐσθῆτι λαμπρᾷ으로 금 가락지와 더불어 그가 얼마나 부하고 사회적 지위가 높은지 보여준다. 또 다른 부류의 사람은 남루한 옷을 입은 가난한 자이다. '남루한'ῥυπαρός은 '더러운'dirty 또는 '깨끗하지 못한'unclean 것을 말하고 '가난한'πτωχός은 '구걸하는'begging이라는 의미도 내포한다. 따라서 남루한 옷을 입은 가난한 자는 더러운 옷을 입고 거리에서 구걸하는 거지를 가리킬 수 있다.

　　저자는 이 두 부류의 사람을 묘사할 때도 대조하지만, 이들에 대한 수신자들의 반응도 대조적으로 묘사한다. 첫째, 부한 자들을 대할 때는 '눈여겨본다'ἐπιβλέπω고 한다. 이는 관심을 가지고 자세히 보는 것이다. 그러나 가난한 자를 대할 때는 단순히 말을 건넬 뿐이다. 둘째, '여기'ὧδε와 '저기'ἐκεῖ라는 부사를 통해 두 부류를 대하는 수신자들의 태도를 대조한다. 부한 자에게는 여기 앉으라고 하고 가난한 자에게는 저기 앉으라고 한다. '여기'는 함께 모인 성도들과 가까운 곳을, '저기'는 성도들과 동떨어진 장소라는 뉘앙스를 준다. 셋째, 부한 자에게는 여기 '좋은 자리'에 앉으라고 하지만 가난한 자에게는 '내 발등상'에 앉든지 거기 서 있으라고 한다. 어떤 이는 '좋은 자리에 앉으라'는 것을 '여기 잘 앉으라'you sit here well는 의미로 보기도 한다. 그것이 어떤 의미이든지, 부한 자에게는 신경을 써서 좋은 자리에 편히 앉으라 권한다. 그러나 가난한 자에게는 그들의 발을 얹는 발등상 아래에 앉거나 그가 모임에 처음 들어온 그 위치에 서 있으라고 한다. 구약에서 발등상은 원수를 굴복시킨

것을 상징하는 것으로 사용되기도 한다시 110:1. 만약 이런 의미를 내포한다면, 발등상 아래 앉히는 행위는 수신자들이 가난한 자를 그들보다 더 낮고 천하게 여겼음을 의미한다.

2:2-3은 가정법을 사용하여 부한 자와 가난한 자를 대하는 수신자들의 예를 들었다. 2:4에서 만약 그렇다면 "너희끼리 서로 차별하며 악한 생각으로 판단하는 자가 되는 것이 아니냐"라는 질문을 한다. 이는 '그렇다'라는 답을 유도하는 수사적 질문이다. 여기서 저자는 두 가지를 말한다. 하나는 부한 자와 가난한 자를 차별하는 것은 곧 교회의 구성원들 간에 서로 차별하는 것이다. 저자가 명확히 언급하지 않았기 때문에 앞서 예를 든 부한 자와 가난한 자가 내부인인지 외부인인지 알 수 없다. 그러나 그들이 외부인이라고 하더라도 그들을 차별하는 것은 곧 공동체의 구성원들 간에 서로 차별하는 것이라는 말이다. 왜냐하면 공동체 내부에도 부한 자와 가난한 자가 있기 때문이다. 또 다른 하나는 차별하면 '악한 생각으로 판단하는 자가 되는 것'이다. '생각'διαλογισμῶν으로 번역된 명사는 내적인 생각을 의미할 수도 있고, 외적으로 드러난 견해를 의미할 수도 있다. 본문의 차별은 외적으로 드러나는 것이기에 '악한 생각'도 내적인 생각이 외적인 말이나 견해로 드러난 것을 의미한다. '악한'이라고 한 것은 앞서 지적한 바와 같이 사람을 외적인 모습만 보고 판단하고 차별하는 것을 가리킨다. 외적인 것만 보고 판단하는 것 자체가 악한 것이다. 4:12에서 "입법자와 재판관은 오직 한 분"뿐이라고 했다. 이는 사람이 타인을 판단하는 자가 되는 것이 옳지 않음을 보여준다. 오직 하나님만 할 수 있는 것을 사람이 하려고 하는 것은 하나님 앞에서 악한 것이다. 그러니 차별하지 말아야 한다.

3. 하나님은 차별 없이 가난한 자를 택하여 믿게 하시고 약속하신 천국을 상속받도록 하신다 2:5-7

저자는 계속해서 하나님이 사람을 대하시는 모습을 근거로 성도가 차별하지 말아야 할 이유를 설명한다. 먼저 "들으라! 나의 사랑하는 형제들아!"라고 하며 말하고자 하는 것에 주목하도록 한다. 하나님은 항상 세상에서 가난한 자들을 택하여 믿음에 부요하게 하시고 그 나라의 상속자들이 되게 하신다. '세상에서'τῷ κόσμῳ라는 표현은 문자 그대로 장소적 의미로서 '세상에서', 혹은 관점의 의미로서 '세상적 물질과 관련해서', 또는 도덕적인 의미로서 '세상의 눈으로 보면'을 의미할 수 있다. 의미상으로는 '세상에서'라는 표현을 이와 같이 구분할 수 있다. 그러나 실제로는 물질적으로 가난하여 소외된 자들은 사회적인 지위가 낮아서 늘 주눅 들려 있다. 그리고 이들은 대부분 세상에서 차별당하며 천대받는 자들이다. 따라서 '세상에서'라는 표현은 앞서 제시한 세 가지 의미 모두를 포함한다고 볼 수 있다.

하나님이 세상에서 가난한 자를 택하시지만, 그렇다고 모든 가난한 자들을 택하신다는 의미는 아니다. 왜냐하면 하나님이 약속한 나라의 상속자들이 될 자들은 '하나님을 사랑하는 자들'이기 때문이다2:5. 참고, 1:12. 하나님은 세상에서 가난한 자들을 차별하지 않고 택하셔서 당신을 사랑하는 자들에게 약속하신 나라를 상속받게 하실 만큼 그들을 존귀하게 여기시는 분이다. 저자는 2:6을 '그러나'로 시작하면서 수신자들은 그와 같지 않음을 지적한다. 그들은 그 가난한 자, 곧 세상에서 가난하고2:5, 그들의 모임에 들어와서 차별받은2:1-3 바로 그 가난한 자를 업신여겼다. 앞서 설명한 것처럼 수신자들은 하나님이 세상에서 가난한 자들을 대하신 것처럼 그들을 차별하지 않고 존귀하게 대해야 한다. 그러나 그들은 그렇게 하지 않았다.

저자는 가난한 자들은 업신여기면서 부한 자들을 환대하는 수신자들을 향해서 다시 '그렇다'라는 대답을 유도하는 수사적 질문, 곧 "그 부한 자들은 너희를 압제하고 법정으로 끌고 간 자들이 아니냐?"라고 질문한다. 여기서 '너희'라는 표현을 사용한 것은 수신자들 대부분이 가난한 자들로서 이와 같은 상황을 경험했음을 암시한다. 저자는 수신자들이 이미 경험적으로 알고 있는 부한 자들의 보편적 특징, 곧 가난한 자들을 착취하고 법정으로 끌고 가는 상황을 상기시킨다. 부한 자들의 이와 같은 행위가 무엇을 의미하는지 정확히 명시되지 않았지만, 5:4-6에서 부한 자들이 품꾼들을 대하는 태도와 같은 의미인 듯하다. 부한 자들은 품꾼들이 일한 정당한 삯을 주지 않고 갈취한다. 신실한 품꾼들은 눈물을 흘리며 하나님께 부르짖지만, 부한 자들은 품꾼의 삯을 갈취하여 사치하고 방탕한 생활을 한다. 그리고 그들이 가진 부와 힘을 이용해서 자신들의 잘못은 감추고 오히려 가난한 자들을 법정으로 끌고 가서 죄 있다고 선언하도록 한다.

저자는 그 부한 자들과 관련해서 "너희에게 대하여 일컫는바 그 아름다운 이름을 비방하지 아니하느냐!"라고 말한다. '그 아름다운 이름'을 예수님으로 보는 이들도 있다. 그러나 이전 문맥에서 하나님에 대해서 묘사하고 있기 때문에2:5, 그 아름다운 이름은 하나님을 지칭하는 것으로 보아야 한다. 그리고 "너희에게 대하여 일컫는 바"라는 문장은 문자적으로 "너희 위에 불려졌다"라는 말인데, 이는 "너희가 그 이름으로 불려졌다"라는 의미이다. 이와 같은 표현은 신명기 28:10에서 찾을 수 있다. 여기서 너희라고 불린 자들은 하나님께 속하고 하나님을 구주로 인정하는 자들을 의미한다. 쉽게 말해서 수신자들이 하나님의 특별한 소유물이 되었다는 말이다. '비방하다'βλασφημοῦσιν로 번역된 동사는 하나님께 대하여 비방하는 의미로 사용되었다. 따라서 비방하는 것도 좋지만, '신성 모독하다'로 번역하는 것이 더 옳을 듯하다. 따라서 저자가 말하고자 하는 것은 부한 자들이 수신자들을 당신의 귀한 소유물로 삼아주신 그 하나님의 귀한 이름을 모독한다는 말이다. 그러나 수신자들은 그와 같이 행하는 자들이 부하다는 이유로 그들을 환대하며 가난한 자들과 차별하여 대하는 것이다.

결론Conclusion

본 단락에서는 성도가 왜 차별하지 말아야 하는지에 대해서 세 가지 이유를 제시한다. 첫째, 성도는 영광의 주 곧 예수 그리스도를 믿는 자들로서 그에 걸맞지 않은 일, 곧 차별을 행하지 말아야 한다. 차별을 행하는 것은 주 예수 그리스도의 영광을 가리는 것이다. 둘째, 성도가 차별을 하면 모든 공동체가 서로 차별하는 결과를 가져오고, 차별 그 자체가 악한 의도를 가지고 사람을 판단하는 것이기 때문에 차별하지 말아야 한다. 셋째, 하나님이 세상의 가난한 자를 택하여 당신을 사랑하는 자들을 하늘나라의 상속자로 삼으실 만큼 존귀하게 여긴 것처럼, 성도 또한 그와 같이 사람을 차별하여 대하지 말아야 한다.

적용Application

나는 영광의 주 예수 그리스도를 믿는 그리스도인답게 모든 사람을 공평하게 대하는가? 나는 악한 의도를 가지고 사람을 차별한 것 때문에 공동체가 서로 차별하는 결과를 야기시킨 적은 없는가? 나는 하나님이 모든 약한 자들을 존귀하게 여겨 당신을 사랑하는 자에게 하나님 나라의 상속자로 삼으신 것처럼 약한 자들을 존귀하게 여기는가?

설교를 위한 제안

제목: 차별하지 않으시는 하나님

1. 성도는 예수님을 믿기 때문에 차별하지 말아야 한다.
2. 차별은 악한 생각으로 공동체를 차별하는 결과를 가져오기에 차별하지 말아야 한다.
3. 하나님이 차별 없이 가난한 자를 택하여 믿게 하시고 약속하신 천국의 상속자로 삼으셨기에 성도는 차별하지 말아야 한다.

본문 주석

¹ My brothers,
  내 형제들아,

      show no partiality
      [너희는] 차별하는 마음으로

            as you hold the faith in our Lord Jesus Christ, the Lord of glory.
            우리의 영광의 주 예수 그리스도에 대한 믿음을 가지지 말라

    1. "내 형제들아 영광의 주 곧 우리 주 예수 그리스도에 대한 믿음을 너희가 가졌으니 사람을 차별하여 대하지 말라"라고 했다. 마치 전반부가 조건절이고 후반부는 귀결절로서 "차별하여 대하지 말라"라는 명령을 하는 것처럼 보인다. 그러나 헬라어 원문에서는 '가지라'ἔχετε라는 동사가 명령형이다. 이 동사에 부정형 조사μή가 붙어서 '가지지 말라'라는 부정 명령형이 되었다. 이 동사의 목적어는 '믿음'τὴν πίστιν이다. 따라서, 문장의 후반부는 "우리의 영광의 주 예수 그리스도에 대한/그리스도를 믿는 믿음을 가지지 말라"라는 명령이다. '차별하여'ἐν προσωπολημψίαις라는 전치사구는 '차별하는 태도를 가지고'with an attitude of personal favouritism; NASB 또는 '차별하는 마음을 가지고'라는 의미이다. 따라서 전체 문장은 "사랑하는 형제들아! 너희는 차별하는 마음을 가지고 우리의 영광의 주 예수 그리스도에 대한 믿음을 가지지 말라"라고 번역할 수 있다.

    2. '차별'προσωπολημψία이라는 명사는 '얼굴'/'외적인 모양'πρόσωπον을 의미하는 명사와 '받아들이다'λαμβάνω라는 동사의 합성어이다. 따라서 '차별'은 문자적으로 사람의 얼굴 또는 외적인 모양을 보고 받아들이는 것을 의미한다. 겉으로 보이는 외적인 모양으로 사람을 판단하는 것이 차별이다. 이는 2:2-3에서 지적하는 바와 같이 외적으로 아름다운 옷이나 금가락지를 낀 부한 자는

환대하고 더러운 옷을 입은 가난한 자를 천대하는 것과 같다.

　　3. 본 구절에서 특기할 만한 사항은 예수님에 대한 묘사가 장황한 것이다. 저자는 예수님을 묘사하면서 '주', '그리스도', 그리고 '영광의'와 같은 추가적인 표현을 사용한다. 어떤 이는 '영광의'라는 표현이 하나님을 묘사하는 완곡어법이라고 하고, 또 다른 이는 예수님이나 하나님의 임재를 나타내는 표현으로 보기도 한다. 여러 가지 해석이 가능하겠지만, 기본적으로 이와 같은 수식어는 예수님을 높이기 위해 사용된 것이다. 예수님은 온 인류뿐 아니라 우주 만물의 주님이시고, 인류를 구원할 메시아이시며 인류를 위해 죽으시고 부활하셔서 승천하신 영화로우신 분이시다. 저자는 예수님을 이와 같이 묘사함으로 수신자들이 섬기는 예수님이 얼마나 크고 놀라우신 분임을 밝힌다. 저자가 예수님을 이와 같이 높이는 이유는 그 예수님을 믿는 수신자들이 얼마나 대단한 자들인지 말하기 위이다. 그와 같이 대단한 분을 믿는 대단한 자들이 차별하는 것과 같은 일을 행할 수 없고, 행해서도 안된다는 사실을 강조하려는 것이다.

2　　For if a man wearing a gold ring comes into your assembly,
　　왜냐하면, 만약 한 사람이 너희 모임에 들어오면
　　　　　　[wearing a gold ring]
　　　　　　금가락지를 끼고
　　　　　　and fine clothing
　　　　　　밝은 옷을 입고
　　　　and a poor man in shabby clothing also comes in,
　　　　그리고 한 가난한 사람도 들어오면
　　　　　　[in shabby clothing also]
　　　　　　더러운 옷을 입고

1. 앞서 저자는 차별하는 마음을 가지고 그리스도에 대한 믿음을 가지지 말라고 명령했다. 본 구절은 가정법ἐάν을 사용하여 특정 상황을 예로 들어 수신자들이 행하는 차별이 무엇인지 설명한다. 어떤 이는 2:1의 '차별'προσωπολημψίαις이라는 명사가 복수형인 것과 본 구절에서 특정 상황을 예로 든 것을 근거로 저자가 제시하는 예가 단순히 가정된 것만은 아니라고 본다.[2] 여기서 예로 든 것은 실제로 일어난 일일 수도 있고 비유적인 것일 수도 있다. 그러나 중요한 것은 이러한 예가 수신자들의 상황을 반영한 것이고 또 그들이 충분히 공감할 만한 예라는 것이다.

2. "너희 회당에"εἰς συναγωγὴν로 번역된 것은 '회당'을 의미할 수도 있지만 예배를 위한 성도들의 '모임'assembly을 의미할 수도 있다.[3] 야고보서가 이른 시기에 기록되었다면 이 표현이 예배를 위해서 회당에 모였던 것을 염두에 두고 사용되었을 수도 있다. 그러나 이 표현이 무엇을 의미하는지를 밝히는 것은 그리 중요하지는 않다. 이 단어 하나만을 근거로 수신자들이 순수하게 유대인으로 구성된 기독교인들이라고 결론 내릴 수는 없다. 흩어져 있는 교회가 순수하게 유대인만으로 구성되었을 가능성은 희박하다.

3. 본 구절에서 두 부류의 사람을 소개한다. 첫 번째는 금가락지를 끼고 아름다운 옷을 입은 사람이다. '아름다운 옷'ἐσθῆτι λαμπρᾷ으로 번역된 표현의 문자적인 의미는 '빛나는 옷' 또는 '밝은 옷'으로, 그 사람의 부와 사회적 지위를 나타내는 표현이다. 저자는 그 부한 자가 기독교인들의 모임에 들어왔을 때, 그의 손에 낀 반지와 입은 옷을 보는 것만으로도 그의 부함을 알아차릴 수 있을 만큼 부한 자로 묘사한다. 두 번째는 남루한 옷을 입은ἐν ῥυπαρᾷ ἐσθῆτι 가난한 사람이다. 앞서 부한 자를 묘사할 때는 '부한 자'라고 직접적으로

---

2 Laws, *James*, 98. 그러나 메카트니는 저자가 일반적으로 구체적인 예를 드는 편이고, 또 일부는 구약성경에서 예를 가지고 온 것이기 때문에 2장의 예도 실제로 수신자들에게 일어난 것이 아니라 그와 유사한 것이라고 주장한다. McCartney, *James*, 138.

3 개역개정성경에서 συναγωγή가 '회당'으로 번역되었지만, 대부분의 영어성경은 이를 assemblyESV; KJV; NASB; NRSV 또는 meetingNIV; NLT으로 번역한다.

표현하지 않았다. 그러나 여기서는 '가난한'이라는 직접적인 표현을 사용한다.[4] '남루한'ῥυπαρός은 '더러운'dirty 또는 '깨끗하지 못한'unclean이라는 의미가 있다. 그리고 '가난한'πτωχός은 문자적으로 '구걸하는'begging이라는 의미를 내포한다. 따라서 남루한 옷을 입은 가난한 자는 거지로서 더러운 옷을 입고 거리에서 구걸하는 자를 의미할 수 있다. 그는 부한 자와 대조적으로 모임에 들어섰을 때, 모든 사람이 한눈에 그의 가난함을 알 수 있을 만큼 가난한 외모를 가진 자이다.

3   and if you pay attention to the one
       그리고 만약 너희가 그[그 빛나는 옷 입은 자]를 눈 여겨 보고
              who wears the fine clothing
              그 빛나는 옷을 입은 자를
       and say, "You sit here in a good place,"
       그리고 "당신은 여기 좋은 자리에 앉으소서"라고 말하고
       while you say to the poor man,
       반면에 그 가난한 자에게 [~라고] 말하면
              "You stand over there,"
              "당신은 거기 섰든지"
              or, "Sit down at my feet,"
              아니면 "당신은 나의 발등상 아래에 앉으라"

   1. 본 구절은 앞서 소개된 두 부류에 대한 기존 성도의 상반된 두 가지 반응을 소개한다. 저자는 성도들의 상반된 반응을 강조하기 위해서 몇 가지 대조되는 표현을 사용한다. 첫째, 성도가 부한 자를 대할 때는 '눈여겨보다'ἐπιβλέπω라는 동사를 사용한다. 이는 '자세히 보다'look at,

---

4 저자는 남루하고 가난한 자를 소개하면서 '그리고/그러나 또한'을 의미하는 '데 카이'δὲ καὶ를 사용했다. 이는 "남루한 옷을 입은 가난한 사람"이 "금가락지를 끼고 아름다운 옷을 입은 사람"과 대조를 이룬다는 말이다. 따라서 첫 번째 소개된 자를 '부한 자'라고 직접 소개하지 않더라도 그가 부한 자인지 알 수 있다.

'고려하다'consider, 또는 '관심을 가지다'care about라는 의미가 있다. 부한 자가 금 가락지를 끼고 빛나는 옷을 입고 성도의 모임에 왔을 때, 모든 성도가 그에게 관심을 가지고 자세히 주의 깊게 살피며 관심을 가지는 상황을 묘사한 것이다. 그러나 가난한 자가 왔을 때 성도는 단순히 말을 건넬 뿐이다. 둘째, '여기'ὧδε와 '저기'ἐκεῖ라는 두 개의 상반된 부사를 사용한다. 부한 자에게는 '여기'ὧδε 와서 앉으라고 말하고, 가난한 자에게는 '저기'ἐκεῖ 앉으라고 한다. 우선 이 두 부사가 주는 어감이 다르다. '여기'는 모든 성도와 가깝고 그들이 함께 모여 있는 자리라는 뉘앙스를 준다. 그러나 '저기'는 성도가 앉은자리와 동떨어진 뉘앙스를 준다. 셋째, 부한 자에게는 좋은 자리를 내어주며 앉으라고 권하지만 가난한 자에게는 서 있거나 발등상에 앉으라고 권한다. 부한 자가 왔을 때는 "여기, 좋은 자리good place에 앉으소서"라고 권한다. 좋은 자리에 대한 구체적인 설명은 없다. 그러나 앞서 지적한 바와 같이 이 자리는 분명 모든 성도와 함께 하는 자리이다. 어쩌면 그들이 앉은자리보다 더 상석일 수도 있다. 누가 봐도 관심을 많이 받는 자가 앉는 그런 자리이다. 그런데, 블롬버크와 카멜은 일반적으로 '좋은 자리'로 번역된 표현을 '여기 잘 앉으라'you sit here well로 번역한다.[5] '좋은'καλῶς으로 번역된 단어가 부사이기에 '좋은 자리'로 번역하는 것은 어색한 감이 없지 않아 있다. 만약에 잘 앉으라는 번역이 옳다면 이는 말 그대로 잘 앉거나 편안하게 앉으라는 의미이다. 어떤 의미가 되었든 부한 자에게 권한 자리는 성도들과 가까우면서 특별한 자리인 것은 확실하다. 그러나 가난한 자에게는 내 발등상 아래에 앉든지, 아니면 거기 서 있으라고 한다.[6] 가난한 자에게는 어떤 특정한 자리를 주며 안내하지 않고 보잘것없는 장소 두 곳을 제시하며 그들에게 선택권을 넘긴다. "거기 서 있든지"라는 말은 그가 모임에 들어왔을 때, 처음 들어섰던 그곳에 서 있으라는 말이다. 그곳은 모임을 하는 장소의 입구에 해당된다. '발등상'footstool은 말 그대로 사람이 발을 얹기 위해서

---

5 Blomberg and Kamell, *James*, 108.

6 영어성경 중에 '내 발에'at my feet 라고 번역한 것도 있지만, '내 발을 얹는 곳 아래', 즉 '내 발등상 아래'가 옳다.

만든 발판이다. 따라서 '발등상 아래' 앉으라고 한 것은 그곳에 모인 자들이 발을 올리고 있는 발판 아래, 곧 땅바닥에 앉으라는 말이다. 구약에서 이러한 발등상은 원수를 굴복시킨 것을 상징하기 위해 사용되기도 한다시 110:1. 만약 이러한 의미가 내포되어 있다면, 굴복까지는 아니더라도 성도가 가난한 자를 자신보다 더 낮고 천하게 여겼다는 의미로 볼 수 있다.

4   have you not then made distinctions among yourselves
      너희 서로[너희 안에서] 차별하며
      and become judges with evil thoughts?
      악한 생각으로 심판하는 자들이 되는 것이 아니냐?

    1. 본 구절은 2:2에서부터 시작된 가정법의 귀결절에 해당한다. 앞서 저자는 "만일 너희 회당에 금 가락지를 끼고 아름다운 옷을 입은 사람이 들어오고 또 남루한 옷을 입은 가난한 사람이 들어올 때에 너희가 아름다운 옷을 입은 자를 눈여겨보고 말하되 여기 좋은 자리에 앉으소서 하고 또 가난한 자에게 말하되 너는 거기 서 있든지 내 발등상 아래에 앉으라 하면"2:2-3이라고 가정했다. 그리고 본 구절에서 그와 같이 가정한 대로 한다면, "너희끼리 서로 차별하며 악한 생각으로 판단하는 자가 되는 것이 아니냐"라고 말한다. 여기서 두 가지를 말한다. 첫째, 부한 자와 가난한 자를 차별하면 교회 성도끼리 서로 차별하는 것이 된다. 저자가 자세히 설명하지 않기에 정확히 무엇을 의미하는지 알 수 없다. 블롬버그와 카멜은 이를 두 부류의 사람이 한 공동체에 들어왔을 때, 그 공동체 구성원들로부터 다르게 취급을 받았음을 의미한다고 본다.[7] 그렇게도 볼 수도 있지만, 저자는 지금 두 부류의 사람이 공동체 속에 들어왔을 때 그들을 차별하는 문제를 다루기 때문에 그 공동체 내의 무리를 차별하는 것이라고 말하는 듯하다. 저자는 분명 수신자들이 속한 공동체 내에 있는

---

7 Blomberg and Kamell, *James*, 110.

부한 자와 가난한 자를 염두에 두고 말했을 것이다. 만약 그렇다면, 외부인이 공동체에 왔을 때 차별하는 것은 내부에도 그와 동일한 부류의 사람들이 있기 때문에 그들 서로를 차별하는 것이 된다. '너희끼리 서로'ἐν ἑαυτοῖς라는 표현이 영어성경에서는 '너희 중에'/'너희 사이에'among yourselves로 번역되지만, '서로'each other라는 의미로 번역될 수도 있다.

    2. 둘째, 악한 생각으로 심판자가 되는 것이다. '생각'διαλογισμός으로 번역된 명사는 '생각'thought, '견해'opinion, 또는 '추론하는 것'reasoning 등의 의미가 있다. 따라서 이 단어가 한 사람의 내적인 생각을 의미할 수도 있고 외적으로 제시된 견해를 의미할 수도 있다. 서신 전체의 문맥을 고려해볼 때, 남을 판단하고 차별하는 것이 내적인 생각과 외적으로 판단하는 견해로도 나타난 듯하다.[8] '악한'πονηρός이라는 형용사는 문맥에서 볼 때, 두 부류의 사람을 대할 때 외적으로 보이는 것으로 판단하고 차별하는 행위를 가리킨다고 볼 수 있다. 외적인 모양을 보고 판단하고 이러저러한 견해를 제시하는 것 자체가 악한 것이다. 악한 생각으로 타인의 심판자가 되는 것이 옳지 않은 이유는 4:12에서 찾을 수 있다. 여기서 "입법자와 재판관은 오직 한 분이시니 능히 구원하기도 하시며 멸하기도 하시느니라 너는 누구이기에 이웃을 판단하느냐"라고 말한다. 사람이 또 다른 사람을 악한 생각으로 판단하는 것은 율법의 준행자로 살아야 할 자가 하나님처럼 되는 교만을 행하는 것이다4:11. 그리고 심판자가 되어 사람을 차별하는 것은 자칫 한 영혼을 실족히게 하여 멸할 수 있다. 사람을 구하고 멸하는 일은 오직 하나님께만 속한 일이기에, 차별함으로 사람을 판단하는 것은 자신이 하나님의 역할을 하려는 악한 행위이다4:12. 따라서 차별하는 것은 옳지 않다.

---

8 참고. Blomberg and Kamell, *James*, 109.

⁵ Listen, my beloved brothers,

들으라, 나의 사랑하는 형제들아

has not God chosen those

하나님이 [~한 자들]을 택하지 않았느냐?

who are poor in the world

[그들은] 세상에서 가난한 자들

to be rich in faith

믿음에 부요하게 하고

and heirs of the kingdom,

그 나라[왕국]의 상속자들이 되게 하시려고

which he has promised to those

[그 나라는] 그[하나님]가 약속하신

who love him?

그[하나님]를 사랑하는 자들에게

1. 본 구절부터 하나님이 사람을 대하는 방식을 기준으로 성도들이 차별하지 말아야 할 이유를 제시한다. 먼저 '들으라!'라는 명령형 동사와 함께 '내 사랑하는 형제들아!'라는 애정 어린 표현을 사용하여 수신자들의 주의를 환기시킨다. 그리고 저자가 자주 사용하는 질문 방식, 곧 긍정의 답을 요구하는 부정 의문문 "~하지 아니하셨느냐?"으로 수사적 질문을 하며 권면한다.

2. "하나님께서 세상에서 가난한 자를 택하여"라고 했다. '택하다'ἐξελέξατο는 단순 과거 시제로서 일반적인 사실, 혹은 금언적 사실을 말하는 것으로 본다.[9] 하나님은 항상 그와 같다는 것이다. 그러나 이를 이해하기 위해서는 먼저 세상에서 가난하다는 말의 의미를 명확히 해야 한다. 왜냐하면 하나님이 항상 물질적으로 가난한 자들을 택하시는 것은 아니기 때문이다. 세상에서 가난하다는 말의 의미와 관련해서 학자들 간에 논의가 있는데, 대략

---

9 Blumberg and Kamell, *James*, 112.

세 가지로 요약할 수 있다. 첫째, 장소를 나타내는 것으로서 '세상에서'라는 의미이다. 둘째, 어떤 관점을 나타내는 것으로서 '~에 대하여'with respect to라는 의미이다. 세상적인 물질과 관련해서 가난하다는 말이다with respect to worldly goods. 셋째, 도덕적인 의미로서 '세상의 눈으로 보면'in the eyes of the world 가난하다는 말이다.[10]

3. 학자들은 나름대로의 논리를 내세우며 각기 다른 견해를 제시한다. 그러나 야고보서에서 말하는 '세상에서 가난한 자'는 이 세 가지 견해 중 하나라고 단정적으로 말하기는 어렵다. 왜냐하면 세상 사람들이 소유한 것으로 따지거나 세상 사람들의 관점에서 볼 때 가난한 자들은 실제로 가난하기 때문이다. 그리고 하나님이 세상에서 가난한 자들만 택하신 것이 아니므로 단순히 세상적인 물질과 관련해서 가난하다고 볼 수도 없다. 따라서 세 경우 모두를 포함하는 의미라고 보아야 한다. 물질적으로 가난하여 소외된 자들이나 사회적인 지위가 낮아서 늘 주눅 들려 있는 자들, 그리고 사회에서 사람들로부터 차별당하며 천대받는 자들 모두를 포함한다.

4. 저자는 하나님이 세상에서 가난한 자들을 택하여 '믿음에 부요하게' 하셨다고 말한다. 이는 믿음이 넘치도록 풍성하게 하셨다는 말이다. 세상에서 가난한 것이 단순히 물질적인 것만을 의미하지 않고 세상적인 관점에서 가난한 것이라면, 여기서 말하는 믿음도 단순히 눈에 보이지 않는 비물질적인 것만을 의미하지는 않을 듯하다. 야고보서 전체에서 지속적으로 상소하는 행함이 있는 믿음을 말한다. 이런 믿음이 넘치도록 풍성하기에 물질적으로는 부족하고 세상에서 가난한 자로 취급받지만 하나님을 믿는 믿음에 부요하고, 또 그 믿음을 삶으로 실천하는 면에서도 부요하다는 의미이다.

5. "또 자기를 사랑하는 자들에게 약속하신 나라를 상속으로 받게 하지 아니하셨느냐"라고 말하며 하나님이 가난한 자들에게 행하신 일을 묘사한다. 본 구절은 문자적으로 "그[하나님]를 사랑하는 자들에게 약속하신 나라/왕국의

---

10 참고. Blumberg and Kamell, *James*, 112.

상속자가 되게 하지 아니하셨느냐"라는 의미이다. 여기서 말하는 하나님의 약속은 아브라함에게 주어졌고 믿음의 후손들에게 주시겠다고 지속적으로 약속하셨던 그 '땅'에 대한 약속이고 궁극적으로는 하나님의 나라에 대한 약속이다. 하나님을 사랑하는 자들에게 주어질 약속의 선물에 대해서는 이미 1:12에서 생명의 면류관이라고 언급한 바 있다. 이러한 사실은 비록 가난한 자들이 세상에서는 가난한 자로 취급을 받아도, 하나님의 택함을 받고 믿음에 부요하게 된 자들임을 의미한다. 그리고 그들은 아브라함에게 약속된 그 하나님의 나라를 상속받을 수 있을 만큼 존귀하게 여김을 받는 자들이다.

^{6} But you have dishonored the poor man.
그러나 너희는 그 가난한 자를 모욕하였다
    Are not the rich the ones
    그 부한 자들은 [너희를 압제한] 자들이 아니냐?
        who oppress you,
        [그들은] 너희를 압제한
    and the ones
    그리고 [너희를 법정으로 끌고 간] 자들이 아니냐?
        who drag you into court?
        [그들은] 너희를 법정으로 끌고 간

    1. 본 구절은 접속사 '그러나'δέ로 시작한다. 이는 2:5와 대조를 이룬다는 말이다. 저자는 2인칭 대명사ὑμεῖς를 사용하여 하나님께서 가난한 자들을 대한 것과는 다르게, 그들을 모욕한 것이 바로 '너희'라고 강조한다.[11] 2:5에서 "하나님이 ~하지 아니하셨느냐?"οὐχ ὁ θεὸς라고 시작했다. 그러나 2:6은 "그러나 너희는"ὑμεῖς δέ으로 시작하면서 세상에서 가난한 자들을 대하시는

---

11 헬라어는 동사에 인칭이 포함되어 있기 때문에 일반적으로 인칭 대명사를 따로 사용하지 않는다. 만약 인칭 대명사가 사용되었다면 그것을 강조하려는 의도가 있는 것으로 본다.

하나님의 태도와 수신자들의 태도를 대조한다. 정관사를 사용하여 '그 가난한 자를'τòν πτωχόν이라고 부른 것은 그들이 하나님께서 존귀하게 여기셨던 바로 그 자들이라는 말이다. 그리고 이들은 2:1-3에 등장했던 교회의 모임에 들어온 가난한 자를 가리킨다. 수신자들은 하나님이 그처럼 존귀하게 여긴 자들을 업신여겼다. '업신여기다'ἀτιμάζω라는 말은 '불명예스럽게 하다'dishonor, 또는 '수치스럽게 하다'treat shamefully라는 의미가 있다.

2. 이제 저자는 부한 자들의 일반적인 모습을 묘사한다. 부정 의문문을 다시 사용하여 "부자는 너희를 억압하며 법정으로 끌고 가지 아니하느냐"라고 말한다. 앞서 부한 자를 다룰 때는 직접적으로 그들이 부한 자임을 언급하지 않고 금가락지를 끼고 아름다운 옷을 입은 사람으로 묘사했다. 그러나 여기서는 '부한 자들'οἱ πλούσιοι이라고 직접적으로 언급한다. 이 단어는 2:5의 '믿음에 부요한'πλουσίους ἐν πίστει이라는 표현에 사용된 형용사πλούσιος의 복수 주격이 독립적 용법으로 사용되어 부한 자들을 지칭한다. 그들이 압제한 대상을 '너희', 곧 수신자들이라고 한다. 이는 그들 대부분이 부자들의 압제를 받을 수밖에 없는 가난한 자들임을 암시한다. 이러한 사실은 앞서 지적한 바와 같이 부한 자와 가난한 자를 차별하는 것은 '너희 중에' 또는 '너희끼리' 서로 차별하는 것이 아니냐는 저자의 지적을 이해하는데 도움을 준다2:4.

3. 부자는 가난한 자들을 압제한다고 한다. '압제하다'καταδυναστεύουσιν로 번역된 동사는 '착취하다'exploit 또는 '지배하다'dominate라는 의미도 포함한다. 이 동사가 현재형으로 사용된 것은 그들이 여전히 가난한 자를 압제하고 있음을 의미한다. 이어서 다시 3인칭 대명사αὐτοί와 접속사καί를 사용하여 '또한 그들은'이라고 강조하며, 부한 자가 가난한 자들을 압제할 뿐 아니라 법정으로 끌고 간다고 한다. 본문에서 왜 부자가 가난한 자를 법정으로 끌고 가는지 설명하지는 않는다. 그러나 끌고 간다는 것은 무엇을 강제 집행한다는 말이다. 이는 복음서의 비유에서도 나오듯이마 18:23-35 가난한 자가 부자에 대해서 빌린

돈이나 이행해야 할 의무를 제대로 하지 않았을 때, 그것에 대한 대가를 치르게 하기 위한 강제적인 수단일 수 있다. 혹은 5:1-6의 내용을 고려해 볼 때, 부자는 가난한 자들의 재물을 갈취하고 이를 감추기 위해 가난한 자들을 법정으로 끌고 가서 정죄하고 죽였을 수 있다5:6.

⁷ Are they not the ones
   그들은 [~하지] 않느냐?
      who blaspheme the honorable name
      그 아름다운/그 좋은 이름을 [신성]모독하지 [않느냐?]
         by which you were called?
         그것[그 아름다운 이름]으로 너희가 부름 받은바 된

   1. 저자는 앞서 사용했던 3인칭 대명사αὐτοί를 다시 사용하여 "그들이 그 좋은 이름을 [신성] 모독하지 않았느냐?"라는 부정 의문문으로 질문한다. 앞서 언급한 바와 같이 3인칭 대명사인 '그들'을 반복해서 사용하는 것은 그 부한 자가 행하는 행동 하나하나를 강조하는 것이다. 그들은 가난한 자들을 억압하고 법정으로 끌고 갈 뿐 아니라 '그 아름다운/좋은/ 선한/ 존귀한 이름'을 [신성] 모독한다.
   2. 부한 자들이 신성 모독한 대상을 하나님이나 예수님으로 묘사하지 않고 '아름다운 이름'이라고 한 것은 독특하다. 어떤 이는 당시의 세례 의식에서 예수님의 이름이 불려진 것을 근거로 이 아름다운 이름이 예수님의 이름을 암시한다고 본다. 그러나 이러한 사실을 증명할 근거가 부족하다. 앞서 2:5에서 하나님이 세상의 가난한 자들을 택하여 믿음에 부요하게 하시고, 당신을 사랑하는 자들에게 약속하신 나라의 상속자가 되게 하셨다고 했다. 이 같은 하나님의 모습은 2:6에서 묘사하는 부한 자들, 곧 가난한 자들을 억압하고 법정으로 끌고 가며 착취하는 모습과 대조된다. 부한 자들이 하나님이

사랑하시고 긍휼히 여기시는 가난한 자들을 대하는 모습은 하나님을 멸시하고 하나님의 이름을 비방하는 것이라 할 수 있다. 따라서 문맥을 고려해 볼 때, 그 아름다운 이름은 하나님을 가리키는 것으로 보아야 한다.

　　3. "너희에 대하여 일컫는 바"라는 문장의 문자적인 의미는 앞서 언급된 것처럼 "아름다운 이름이 너희 위에 불려졌다"라는 말이고 "너희가 그 이름으로 불려졌다"라는 의미이다. 이와 같은 표현이 사용된 경우를 신명기 28:10---"땅의 모든 백성이 여호와의 이름이 너를 위하여 불리는 것을 보고 너를 두려워하리라"---에서 찾을 수 있다. 이 표현의 의미는 '너희'라고 불리는 자들이 '그 아름다운 이름', 곧 하나님께 속하고 하나님을 구주로 인정하는 자들이라는 말이다. 멕카트니는 이것은 구약에서 선조들의 이름이 그 자손들에게 불려지는 것과, 종들이 그 주인의 이름으로 불려지는 것과 같은 의미라고 한다. 특히 하나님의 이름이 사용될 때에는 하나님의 특별한 소유물들에게 붙여졌다고 한다.[12] 이와 같은 사실은 앞서 언급한 바와 같이 하나님이 세상에서 가난한 자를 택하여 믿음에 부요하게 하실 뿐 아니라 하나님의 나라를 상속받게 하신 사실을 상기시켜 준다. 따라서 2:7은 "부한 자들은 너희를 당신의 귀한 소유물로 삼아 주신 그 하나님의 귀한 이름을 신성모독하는 자들이 아니냐?"라는 의미로 이해할 수 있다.

---

12 McCartney, *James*, 143.

두 마음:
차별에서 긍휼로

야고보서 2:8-13

본문 구조와 요약

⁸ 만약 너희가 참으로 최고의[왕의] 율법을 지키면

    성경에 따른

        "네 이웃 사랑하기를 네 몸과 같이 하라"는

    너희가 잘 하는 것이다

⁹ 그러나 만약 너희가 사람을 차별하면

    너희가 죄를 짓는 것이고

    [범법자로] 정죄 되는 것이다

        율법에 의해서 범법자로

¹⁰ 왜냐하면 누구든지 온 율법을 지키다가

    그러나 하나를 범하면

    그 모두를 범한 자가 되기 때문이다

¹¹   왜냐하면, [~라고] 말한 사람이

        "간음하지 말라"라고

    또한 말씀하셨기 때문이다

        "살인하지 말라"라고

> 만약에 너희가 간음하지 않았지만
>> 살인하면
>>> 너희가 율법의 계명을 범한 자가 되는 것이다
> 12 너희는 이와 같이 말하고 이와 같이 행하라
>> 심판 받을 자처럼
>>> 자유의 율법으로
> 13   왜냐하면 긍휼 없는 심판이 [~에게]
>> 긍휼을 행하지 않은 자에게 [임할 것이기 때문이다]
>>> 긍휼은 심판을 이긴다

본 단락은 이전 단락과 같이 계속 차별의 문제를 다룬다. 특히 본 단락에서는 차별하는 문제를 하나님 나라의 최고의 법/왕의 율법을 지키는 문제와 관련해서 설명한다. "네 이웃을 네 몸과 같이 사랑하라"는 최고의 법을 지킨다고 하면서도 사람을 차별하면 그것은 그 최고의 법을 지키지 않는 것이기 때문에 죄를 짓는 것이고, 그 사람은 그 법에 의해서 범법자로 정죄된다2:8-9. 누구든지 온 율법을 지키다가 그중 하나를 범한 경우, 즉 간음하지 않았지만 살인을 하면 이것 역시 율법을 범하는 것이 된다2:10-11. 하나님을 믿는 자가 이 모든 법을 차별 없이 지켜야 하는 이유는 한 분이신 하나님이 간음하지 말라고 했을 뿐 아니라 살인도 하지 말라고 했기 때문이다2:11. 본 단락은 한편으로 차별하는 문제를 다루지만 또 다른 한편으로 그 이면에 두 마음을 가진 수신자들의 모습과 두 개의 율법 모두를 지키라고 하는 한 하나님을 대조한다. 이러한 대조는 1장에서 믿음으로 구하고 의심하는, 두 마음을 품은 사람과 변함도 없고 회전하는 그림자도 없으신 하나님을 대조한 것과 맥을 같이 한다1:16-17.

하나님을 믿는 자들, 곧 자유의 율법 아래 놓인 자들은 그 율법을 근거로 심판받을 자처럼 말하고 행동해야 한다2:12. 자유의 율법을 따라 심판을 받는 것은 성도가 그리스도의 사랑과 그가 흘린 보혈의 피로 인해 죄로부터 자유롭게 되는 것과 관련이 있다. 자유의 율법의 가장 큰 특징은 예수님이 십자가에서 보여주셨던 사랑과 긍휼이다. 그렇기 때문에 이 율법을 기준으로 행하고 형제를 대하는 자들은 사랑과 긍휼의 마음을 가지고 행해야 한다. 왜냐하면, 예수님이 먼저 인류를 사랑과 긍휼로 대했기 때문이다. 만약 성도가 그들이 경험한 사랑과 긍휼로 이웃을 대하지 않으면 그들 역시 긍휼 없는 심판을 받을 것이다2:12-13.

본문 해설Exposition

중심주제Big Idea: 긍휼의 하나님은 그의 백성이 이웃을 사랑하라는 최고의 법을 지키면서 사람을 차별하지 않고 자유의 율법대로 심판받을 것처럼 말하고 행동하기를 원하신다.

문맥Context

야고보서 2장은 수신자들이 가지고 있을 법한 문제를 좀 더 구체적으로 언급한다. 2:1-13에서는 공동체 내에 있는 성도간의 차별 문제를 다룬다. 앞서 2:1-7에서는 성도가 차별하지 말아야 할 이유 세 가지를 제시했다. 첫째, 성도가 영광의 주 예수 그리스도를 믿는 자들로서 그에 걸맞지 않는 행동을 하지 말아야 하기 때문이다2:1. 둘째, 성도의 차별은 공동체 구성원 서로를 차별하고 악한 생각으로 심판하는 자가 되는 결과를 가져오기 때문이다2:2-4. 셋째, 궁극적으로 하나님이 사람을 차별하지 않으셨기 때문에 성도는 차별하지 말아야 한다2:5-7.

이처럼 성도가 부한 자와 가난한 자를 차별하지 말아야 할 이유를 설명한 후, 이제는 차별의 문제를 "네 이웃 사랑하기를 네 몸과 같이 하라'는 최고의 율법을 지키는 것과 관련하여 설명한다2:8-9. 저자가 여기서 이웃을 사랑하라는 최고의 율법에 대해서 언급한 이유는 아마도 수신자들이 이웃 사랑을 잘 실천하고 있다고 생각하거나 그렇게 말하면서도 차별을 행했기 때문인 듯하다. 저자는 그들이 이 율법을 지키면 잘하는 것이지만 차별하면 죄를 짓는 것이고 율법으로부터 정죄를 당한다고 말한다. 계속해서 저자는 차별이 왜 최고의 율법을 어기는 것인지, 그 이유를 구체적으로 설명한다2:10-11. 모든 율법을 지켜도 하나를 어기면 전체를 범한 자가 되는데, 이는 간음하지 말라는 율법을 명하신 한 하나님이 또한 살인하지 말라는 율법도 명하셨기 때문이다. 이어서 저자는 차별하지 않기 위해서 성도가 가져야 할 자세를 설명한다2:12-13. 그들은 항상 자유의 율법을 따라 심판받을 자처럼 말도 하고 행해야 한다2:12. 왜냐하면 그들도 마지막 때에 심판을 받을 것인데, 이 땅에서 긍휼을 행하지 않은 자는 긍휼 없는 심판을 받을 것이기 때문이다2:13.

본론Body

1. 하나님은 성도가 "네 이웃 사랑하기를 네 몸과 같이 하라"라는 최고의 법을 지켜 차별하는 죄 짓기를 원하지 않으신다2:8-9

2:8에 "네 이웃 사랑하기를 네 몸과 같이 하라는 최고의 법을 지키면 잘하는 것이거니와"라고 말한다. 앞서 차별에 대해서 다루다가 여기서 이웃사랑의 계명을 말하는 이유는 차별하는 것과 이웃 사랑은 밀접한 관련이 있기 때문이다. 아마도 수신자들 중에 차별을 일삼으면서도 이웃을 사랑하라는 율법을 잘 지키고 신앙생활을 잘하고 있다고 말하는 자들이 있었을 것이다. 2:8에서 이웃사랑의 최고의 법을 지키라고 한 후, 2:9에서 대조를 이루는 접속사 '그러나'로 시작하면서 사람을 차별하면 율법에 의해서 범법자로 정죄된다 한다. 차별이 곧 이웃을 사랑하라는 계명을 어기는 것이라는 말이다. 특히 이웃 사랑의 계명을 최고의 계명이라고 한 것처럼 차별의 문제는 매우 중요한 문제라고 할 수 있다.

마태복음 22:37-40에서는 크고 첫째 되는 계명을 하나님 사랑과 이웃 사랑이라고 말한다. 그러나 야고보서 2:8에서는 이웃을 네 몸과 같이 사랑하는 것이 성경에 기록된 최고의 법이라고 한다. 저자가 오직 이웃 사랑만 언급한 이유는 앞서 계속해서 사람과의 관계에서 나타나는 차별의 문제에 관해서만 언급했기 때문이다. '최고의 법을'νόμον βασιλικὸν로 번역된 표현은 '왕의 법을'Royal Law로 번역해도 무방하다. 왜냐하면 '왕의'로 번역된 것과 어원이 같은 표현인 '왕국'βασιλεία이 앞서 2:5에 사용되었기 때문이다. "네 이웃을 네 몸과 같이 사랑하라"라는 법은 하나님의 왕국에서 모두가 지켜야 할 왕의 법이다. 그러면 이웃 사랑이라는 왕의 계명을 지키는 것은 무엇을 의미할까? 사실 출애굽기 22:21-27과 레위기 19:13-18에 이웃사랑과 관련하여 여러 가지 항목을 열거한다. 이 말씀을 근거해서 볼 때, 당시 유대인들에게 '이웃 사랑'을 실천하는 것에 관한 기준은 명확했다. 마태복음 19:16-22에서 한 부자 청년이 "이 모든 것[계명]을 내가 지키었사온대 아직도 무엇이 부족하나이까?"라고 대답했다. 이처럼 비록 그렇게 하는 것이 쉽지는 않지만 성경에서 제시한 계명을 잘 지키기만 하면 누구나 이웃을 사랑한다고 말할 수 있다는 것이다. 저자는 만약 그와 같이 이웃을 사랑하라는 왕의 율법을 실천한다면, 그것은 잘하는 것이라고 한다. 여기서 '지키다'τελέω로 번역된 동사는 '이루다', '성취하다'라는 의미로서 1:4와 2:22에서도 '온전하게 하다'는 의미로 사용되었다. 이러한 뉘앙스를 고려한다면, 2:8은 네 이웃 사랑하기를 네 몸과 같이 하라 하신 왕의 법을 온전하게 하는 것이다. 그렇게 하는 것이 하나님을 믿는 자로서 잘 행하는 것이다.

2:9는 역접 접속사인 '그러나'δέ로 시작한다. 이는 이웃사랑을 실천하는 것과 차별은 대조되는 것으로서 왕의 율법을 온전하게 하지 못하는 것이라는 말이다. 저자가 이와 같이 언급하는 것은 수신자들이 이웃 사랑의 계명을 지키는 것과 차별의 상호 연관성을 인지하지 못했을 수 있다. 또는 그것을 인지하고도 두 마음으로 신앙생활했을 수 있다. 앞서 지적한 바와 같이 저자는 경건하다고

판단할 수 있는 계명이나 예식 준수 등은 잘 지키면서도 일상생활에서 믿음 있음을 보여주지 못하는 수신자들의 모습을 지적한 것일 수도 있다1:25-26. 2:9에서 "그러나 만일 너희가 사람을 차별하여 대하면 죄를 짓는 것이니 율법이 너희를 범법자로 정죄하리라"라고 말한다. 여기서 죄를 '짓다'ἐργάζομαι로 번역된 동사는 '행위'ἔργον와 같은 어근을 가진 단어이다. 이를 문자 그대로 번역하면 '죄를 행하다'가 된다. 믿음을 가진 자들은 믿음을 행해야 한다. 그러나 그들은 믿음을 행하는 대신 죄를 행하고 있다. 그 결과 그들은 율법으로 말미암아 범법자로 정죄된다.

저자가 수신자들의 어떤 상황을 두고 말하는지 정확하게 알 수 없다. 그러나 이는 서신 전체에서 지적하는 두 마음을 가지고 신앙생활을 하는 것과 관련이 있다. 수신자들 중에 스스로 경건하다 생각하고, 하나님이 명한 이웃 사랑의 계명을 잘 지킨다고 말하지만 실제 공동체 생활에서는 부한 자와 가난한 자를 차별하는 자들이 있었다는 말이다. 그러나 저자는 분명히 지적한다. 차별하면 이웃을 사랑하라는 왕의 법을 지키지 않는 것일 뿐 아니라 그 율법에 의해서 범법자로 정죄될 것이다.

2. 한 하나님이 모든 율법을 재정했기에 성도는 한 마음으로 모든 율법을 지켜야 한다2:10-11

2:10은 "왜냐하면 누구든지 온 율법을 시기나가 [그러나] 하나를 범하면 그 모두를 범한 자가 되기 때문"이라고 한다. '왜냐하면'으로 시작하는 것은 앞서 사람을 차별하는 것이 죄를 범하는 것이고 율법에 의해 범법자로 정죄된다고 한 것에 대한 이유를 설명한다는 말이다. '누구든지'라고 한 것은 한 사람도 예외 없이 모두가 이에 해당된다는 말이다. '범하다'πταίω는 동사는 로마서 11:11과 베드로후서 1:10에서 '실족하다'라고 번역되었고, 무엇보다도 야고보서 3:2에서 '실수하다'라고 번역되었다. 이 동사가 사용된 용례를 볼 때, 본 구절에서 저자는

율법을 의도적으로 범한 것보다는 실수로 범한 상황을 지적한 것처럼 보인다. 누구든지 모든 율법을 지키다가 실수로 그중에 하나를 범한다고 해도 예외 없이 율법 전체를 어기는 것이 된다는 말이다. 만약 이것이 사실이라면, 고의로 율법을 범하는 것은 두말할 필요 없이 율법에 의해서 범법자로 정죄될 것이다. 수신자들이 차별한 것에 고의성이 있었는지는 알 수 없지만, 어떠한 경우라도 차별하면 죄를 짓는 것이고 율법에 의해 범법자로 정죄될 것이다.

　　2:11 역시 2:10과 마찬가지로 '왜냐하면'으로 시작하는데, 이는 두 가지로 해석할 수 있다. 첫째, 2:10과 2:11을 대등한 관계로 보면, 2:10-11의 각 구절은 사람이 차별하면 죄를 짓는 것이고 율법에 의해서 범법자로 정죄된다고 한 것2:8-9에 대한 이유를 설명하는 것이다. 둘째, 2:10은 2:8-9의 이유를, 2:11은 2:10의 이유를 제시하는 것으로 보면, 2:11은 온 율법을 다 지켜도 그 하나를 범하면 모두 범한 자가 된다고 한 것2:10에 대한 이유를 설명하는 것이다. 어떻게 해석도 가능하지만, 후자가 더 본문의 문맥에 어울리는 듯하다. 저자는 차근차근 하나씩 설명하면서, 각 설명에 대한 이유를 제시하려 한 듯하다. 2:1-7에서 수신자들 내의 차별의 문제를 다룬다. 이어서 차별의 문제를 이웃사랑이라는 왕의 율법과 관련지어 설명한다2:8. 그리고 차별은 죄를 짓는 것이므로 율법에 의해서 범법자로 정죄된다고 말한 후2:9, 온 율법을 지켜도 하나의 율법을 어기면 모두 범한 자가 되기 때문이라고 그 이유를 설명한다2:10. 이어서 온 율법을 지켜도 하나의 율법을 어기면 모두를 범한 자가 되는 이유는, 간음하지 말라고 명한 하나님이 살인도 금하셨기 때문에 그 둘 중 하나를 잘 지킨다고 하더라도 또 다른 하나를 범하면 율법을 범한 자가 되는 것이다2:11.

　　2:11에서 "왜냐하면 간음하지 말라고 하신 분이 또한 살인하지 말라고 말씀하셨기 때문"이라고 말한 것이 흥미롭다. 왜냐하면, 이 문장은 간음하지 말라는 것과 살인하지 말라는 것에 대해서 말하지만, 그 강조점은 오히려 그와 같이 말한 한 분이신 하나님께 있기 때문이다. 앞서 1:17에서 하나님을

"변함도 없으시고 회전하는 그림자도" 없으신 분으로 묘사하면서 두 마음을 가지고 자신을 속이는 자들1:16과 대조했다. 이처럼 본 구절에서 이것도 명하고 저것도 명하는 한 하나님과 사람을 차별하면서 이것은 행하지만 저것은 행하지 않는 수신자들을 대조한다. 저자는 수신자들이 한 분이시며 변하지 않으시는 하나님처럼 한 마음으로 온 율법을 잘 지켜 차별하지 않기를 원한다.

앞서 이웃사랑과 차별의 문제를 다루다가 본 구절에서 갑자기 간음과 살인의 문제를 언급한다. 그 이유는 아마도 수신자들의 공동체 내에서 일어나는 실제적인 문제를 다루기 위함인 듯하다. 2:10은 모든 사람을 포함하는 주어인 '누구든지'로 시작한다. 그러나 2:11a에서 "네가 비록 간음하지 아니하여도 살인하면 율법을 범한 자가 되느니라"라고 한다. 주어가 '너희'로 바뀌고 현재 시제의 동사를 사용한다. 이는 간음과 살인이 실제로 수신자들이 속한 공동체 내에 있었을 가능성을 보여준다. 여기서 저자가 "간음하지 아니하여도 살인하면"이라고 했기에, 공동체 내에 있었던 문제는 살인이었을 가능성이 더 크다. 어떤 이는 이 살인의 문제는 사람을 영적으로 실족케 하는 것이라고 본다. 그러나 또 다른 이는 구약 시대뿐 아니라 신약시대에도 유대교 내에서 죄지은 자를 돌로 쳐 죽이는 것이 가능했다고 한다. 수신자들 중에 예수님을 믿은 후에도 과거의 습관을 여전히 가지고 있었던 자들이 있었다면, 실제로 살인이 있었을 수 있다고 본다. 야고보서 4:1-2과 5:6에 살인과 관련된 내용이 재차 언급되기 때문에 수신자들 사이에 싸움과 다툼을 넘어서 살인이 있었을 가능성도 배제할 수 없다. 그러나 살인이 무엇을 의미하든지 저자가 말하고자 하는 것은 분명하다. 누구든지 모든 율법을 다 지켜도 그중에 하나를 범하면 모두를 범한 것이 된다는 것이다.

3. 하나님은 성도가 자유의 율법대로 심판 받을 것처럼 말하고 행동하기를 원하신다2:12-13

2:12에서 "너희는 자유의 율법대로 심판받을 자처럼 말도 하고 행하기도
하라"라고 한다. 헬라어 원문의 어순은 '말도 하고 행하기도 하라'로 번역된
문장이 문장 제일 앞에 있다. 이 문장은 '이와 같이'/'그러므로'라는 의미의
부사οὕτως로 시작하고, 이 부사가 '말하라'와 '행하라'는 명령형 동사에
각각 사용되어 "이와 같이 말하고 이와 같이 행하라"로 번역할 수 있다. 이는
모든 율법을 지켜도 그중 하나를 범한 자가 어떻게 말하고 행해야 할 것인지
강조하여 말한 것이다참고. ESV-"So speak and so act as". 앞선 구절에서는 율법을
행하는 것에 대해서 지적했지만, 본 구절에서는 "이와 같이 말하고 이와 같이
행하라"라고 하며 말과 행동의 문제를 함께 언급한다. 말과 행동의 문제를
다루는 이유는 앞서 다루었던 차별의 문제가 말하는 것과 밀접하게 관련되어
있기 때문이다. 2:2-3에서 부한 자와 가난한 자에 대한 차별의 문제는 "여기
좋은 자리에 앉으소서"라고 말한 것과 "너는 거기 서 있든지 내 발등상 아래
앉으라"라고 말한 것으로 표현된 것과 같다. 이 외에도 야고보서의 여러 곳에서
믿음의 생활과 말의 관련성에 대해 자주 언급한다1:19; 3:1-12; 5:9. 그리고 3:1-
2과 5:9에서 지적하는 바와 같이 믿음의 생활과 말은 심판과 직접적인 관계가
있다. 2:12-13에서도 말과 행하는 문제를 심판과 직접적으로 연결시킨다.
저자는 차별의 문제가 말과 행하는 문제임을 지적하면서 이 둘이 일치해야
한다는 사실을 가르치려 한 듯하다. 왜냐하면 이어지는 단락인 2:14-26에서
말과 행동의 일치에 대해서 다루기 때문이다. 따라서, 2:12-13은 이전 단락의
요약과 결론인 동시에 이후 단락을 여는 서론 역할을 한다고 볼 수 있다.

2:12에서 "너희는 자유의 율법대로 심판을 받을 자처럼 말도 하고
행하기도 하라"라고 한다. 율법에 '자유의'라는 수식어가 붙었다. 이는 모세의
율법이 아니라 그 율법을 완성하신 예수님의 복음을 나타내기 위함이다. 모세의
율법이 이스라엘 백성을 애굽의 종살이에서 자유롭게 한 것처럼 예수님은
십자가에서 죽으심으로 그의 백성을 죄로부터 자유롭게 하셨다. 예수님은

당신의 죽음을 통해서 "네 이웃을 네 몸과 같이 사랑하라"는 왕의 율법을 몸소 실천하며 가르쳐 주셨다2:8. 그리고 성도로 부름을 받은 자는 예수님의 이웃 사랑 실천을 통해서 구원을 몸소 경험한 자들이다. 따라서 이를 경험한 자들은 말하는 것이나 행동하는 것에 있어서 자유의 율법을 따라야 한다. 만약 자유의 율법을 따르지 않는다면, 그는 정죄될 것이다. 저자는 자유의 율법대로 심판받을 자처럼 말하고 행동하는 것이 무엇인지 2:13에서 구체적으로 설명한다. 긍휼히 여기는 마음을 가지고 말하고 행하는 것이다.

2:13에서 "긍휼을 행하지 아니하는 자에게는 긍휼 없는 심판이 있으리라"라고 말한다. 헬라어 원문은 '왜냐하면'으로 시작하기 때문에, "왜냐하면 긍휼 없는 심판이 긍휼을 행하지 않는 자에게 임할 것이기 때문이다"라고 번역할 수 있다. 앞서 "너희는 자유의 율법대로 심판받을 자처럼 말도 하고 행하기도 하라"2:12라고 말했다. 그리고 여기서 그 이유를 밝히면서 긍휼을 행하지 않는 자는 긍휼 없는 심판을 받을 것이라고 말한다. 이는 자유의 율법대로 심판받을 자처럼 말하고 행하는 것은 결국 긍휼을 행하는 것임을 의미한다. 긍휼을 행하는 것은 앞서 언급했던 이웃 사랑과도 관련이 있다. 따라서, 차별은 이웃사랑과 긍휼히 여기는 마음이 결여된 것이라고 할 수 있다. 그리고 이웃사랑과 긍휼히 여기는 마음의 결여는 자유의 율법대로 심판받을 것을 의식하지 못한 결과이다.

계속해서 저자는 성노가 긍휼을 행해야 할 이유를 제시한다. 그 이유는 긍휼을 행하지 않을 때 긍휼 없는 심판을 받을 것이기 때문이다2:13b. 이는 마지막 때의 심판을 가리킨다. 마지막 때에 긍휼을 행하지 않은 자가 하나님 앞에 섰을 때, 하나님 또한 그에 대한 모든 긍휼을 제하시고 그가 행한 대로 심판하실 것을 의미한다. 앞서 언급했던 바와 같이 예수님의 긍휼 없이는 그 누구도 죄 용서를 받지 못한다. 이처럼 마지막 날의 심판 때도 하나님의 긍휼 없이는 그 누구도 구원을 얻지 못할 것이다. 2:13 마지막에 "긍휼은 심판을 이기고 자랑하느니라"라는 말을 덧붙인다. 이 문장은 '이기다'와 '자랑하다'라는 두 개의 동사가 사용된 것처럼 보인다. 그러나 사실은 하나의 동사κατακαυχάομαι가 사용되었다. 이 동사는 '자랑하다'boast와 '승리하다'triumph over라는 의미 모두를 포함한다. 아마도 두 가지 의미를 모두 한글 번역에 반영한 듯하다. 그러나 '승리하다'라는 의미로 번역해도 충분하다. 자유의 율법을 의식하여 사람을 긍휼히 여기며 말하고 행동하는 자는 하나님의 긍휼의 심판을 받을 것이기 때문에 긍휼이 심판을 이긴다고 말할 수 있다.

결론Conclusion

본 단락은 이웃 사랑의 문제를 차별의 문제와 연관시켜서 설명한다. 율법의 계명을 잘 지켜도 이웃 사랑이라는 왕의 율법을 실천하지 않으면 모든 율법을 어기는 것이다. 실수로 율법을 범해도 그것 때문에 율법에 의해서 범법자로 정죄된다. 왜냐하면 간음하지 말라고 명하신 하나님이 살인도 하지 말라고 명하셨기 때문이다. 성도는 형제를 살인하고자 하는 마음이 일어나도 자신이 예수 그리스도께서 실천하신 이웃 사랑을 통해 자유를 경험하고 누리는 자임을 기억해야 한다. 그리고 자신이 경험한 긍휼을 타인에게 말과 행동으로 나타내 보여야 한다. 그렇게 할 때 마지막 때에 하나님의 긍휼의 심판을 경험하게 될 것이다.

적용Application

나는 "네 이웃을 네 몸과 같이 사랑하라"라는 계명을 삶 속에서 차별하지 않는 것으로 실천하고 있는가? 혹시 나는 내가 원하는 율법만 지키고 다른 것을 지키지 않음으로 그것을 명하신 한 분이신 하나님의 말씀을 거역하고 있지는 않은가? 나는 형제를 대할 때 예수께서 나를 긍휼히 여기신 것처럼 긍휼히 여기는 마음으로 대하고 있는가?

설교를 위한 제안

제목: 자유의 율법대로 심판받을 자처럼……

1. 하나님 나라의 율법을 지킨다고 하면서 차별하면 죄를 짓는 것이다.
2. 모든 율법을 지켜도 그중에 하나를 어기면 모든 율법을 어기는 것이다.
3. 차별하지 않기 위해서는 자유의 율법대로 심판받을 것처럼 말하고
   행동해야 한다.

본문 주석

[8] If you really fulfill the royal law
  만약 너희가 참으로 최고의[왕의] 율법을 지키면
      according to the Scripture,
      성경에 따른
          "You shall love your neighbor as yourself,"
          "네 이웃 사랑하기를 네 몸과 같이 하라"는
              you are doing well.
              너희가 잘 하는 것이다

1. "만약 너희가 참으로 최고의 율법을 지키면"이라고 했다. '최고의'βασιλικόν라고 번역된 표현은 성경에서 '왕의'royal라는 의미로 쓰일 때가 더 많다.[13] 신약성경에서 야고보서를 제외한 4회요 4:46, 49; 행 12:20, 21의 경우를 보면, 한 번을 제외하고 모두 '왕의'로 번역되었다.[14] 본 구절에서도 '왕의' 또는 '왕이 세운'으로 번역하는 것이 더 낫다. 왜냐하면, 2:5에서 '나라'βασιλεία로 번역된 단어는 원래 '왕국'을 의미하고, '왕의'와 같은 어원을 가졌기 때문이다. 앞서 하나님이 당신을 사랑하는 자들에게 하나님의 왕국을 상속해 줄 것이라고

---

13 5:8의 '최고의 법'νόμον βασιλικόν으로 번역된 표현은 대부분의 영어성경에서 '왕의 율법'royal law으로 번역되었다.
14 요한복음 4:49의 경우 '신하'official, '왕실 관리'royal official, '귀족'nobleman 등으로 번역되었다.

하셨다. 따라서 여기서 말하는 율법도 그 왕국의 법으로 보는 것이 자연스럽다. '왕의 율법'을 수식하기 위해 '성경에 있는'according to the Scripture이라는 표현이 사용되었다. 성경에는 여러 가지 다양한 법이 제시되었는데 굳이 '성경에 있는'이라는 표현을 쓰면서 하나의 법을 제시한다. 그 이유는 이 법이 모든 법 중에서 가장 중요하면서도 왕이신 하나님이 만드신 율법을 대표하는 법이기 때문이다.

2. "네 이웃 사랑하기를 네 몸과 같이 하라"라는 왕의 법은 레위기 19:18에 언급되었다. 여기서 동포에 대한 복수나 원망 대신 오히려 그들을 사랑하라고 명한다. 이 계명은 예수님에 의해서 다시 인용된다. 마태복음 22:34-40에서 "어느 계명이 크니이까"36라는 한 율법사의 질문에 예수님은 첫째는 "네 마음을 다하고 목숨을 다하고 뜻을 다하여 주 너의 하나님을 사랑하라"37, 그리고 "둘째도 그와 같으니 네 이웃을 네 자신같이 사랑하라"라고 답하신다39. 그런 후에 "이 두 계명이 온 율법과 선지자의 강령"40이라고 말씀하신다. 이 두 계명이 성경 전체의 가장 핵심이라는 것이다. 야고보서 2:8에서는 사람과의 관계에 대해서만 다루기에 핵심 되는 두 계명 중에 이웃사랑에 대해서만 언급했다.

3. "네 이웃 사랑하기를 네 몸과 같이 하라 하신 최고의 법"에 대해 언급했다고 해서 일부 율법 지키는 문제만을 지적한 것은 아니다. 왜냐하면 앞서 하나의 율법을 지키면서 다른 것을 어기는 자는 율법을 범한 자라고 했기 때문이다2:10-11. 전체 문맥이 율법 전체를 지키는 문제를 다루기 때문에 2:8의 것도 특정 율법만 지키라고 말하는 것은 아니다. 일반적으로 '율법'νόμος이라는 단어는 "어떤 특정한 명령을 의미하기보다는 하나님의 명령 전체"를 의미한다.15 그럼에도 불구하고 저자가 특정한 율법을 예로 든 것은 본문의 문맥을 고려했기 때문이다. 전후 문맥에서 다루는 차별의 문제는 "네 이웃 사랑하기를 네 몸과 같이 하라"라는 최고의 법과 직접적인 관련이 있기 때문이다. 그리고 수신자들

15 McCartney, *James*, 147.

중에 율법을 지킨다고 말하면서도 차별하는 자들이 있었기에 이를 지적하기 위해 이웃 사랑과 관련된 율법을 예로 들었을 것이다. 따라서, 이웃 사랑에 대한 것만 언급했다고 해서 부분적인 율법 준수에 대해 말한 것은 아니다.

　　4. '지키면'τελέω으로 번역된 동사는 '끝을 내다'bring to an end, '이루다'finish, '성취하다'accomplish 등의 의미가 있다. 왕의 율법을 지키는 것은 이웃을 사랑하라는 명령이 자신의 삶 속에서 이루어지도록 하는 것이다. 동일한 단어가 1:4에서 "인내를 온전히 이루라"와 2:22에서 "행함으로 믿음이 온전하게 되었다"로 번역되었다. 후자의 번역을 고려하면 2:8의 것은 "네 이웃 사랑하기를 네 몸과 같이 하라 하신 최고의 법을" 온전하게 하는 것이다. 이웃 사랑이 성도의 삶 속에서 이루어지지 않거나 혹은 그것이 삶 속에서 온전하게 되지 못할 때, 그 성도의 삶은 율법으로 말미암아 정죄받게 될 것이다. 그리고 '잘하는 것'καλῶς ποιεῖτε이라는 말은 '잘 행하고 있다'you are doing well라는 의미로서, 하나님을 믿는 자로서 잘 행하고 있다는 의미이다.

[9] But if you show partiality,
　그러나 만약 너희가 사람을 차별하면
　　　you　　are committing sin
　　　너희가 죄를 짓는 것이고
　　　　　and are convicted
　　　　　[범법자로] 정죄 되는 것이다
　　　　　　　by the law as transgressors.
　　　　　　　율법에 의해서 범법자로

　　1. 본 구절은 역접 접속사 '그러나'δέ와 함께 "만일 너희가 사람을 차별하여 대하면"이라는 조건절로 시작한다. 이는 본 구절이 2:8과 대조를 이룬다는 말이다. 이웃을 사랑하라는 왕의 율법을 지키면 잘하는 것이다2:8.

그러나 만약 차별하면 그것은 잘하는 것이 아니라 오히려 죄를 짓는 것이고 율법에 의해 범법자로 정죄되는 것이다2:9. 어떠한 형태의 편애나 차별도 죄를 짓는 것이며 범법자로 정죄될 사유가 된다. 어떤 이는 표현 방법이 다를 뿐이지 부한 자를 대할 때도 이웃을 사랑하는 마음으로, 가난한 자를 대할 때도 사랑하는 마음으로 대했다고 말할 수 있다. 그러나 각 부류의 사람을 사랑으로 대했다고 하더라도 그 대하는 방법에 있어서 차별이 나타난다면 그것은 이웃 사랑의 계명을 지키지 않는 것임을 명확히 한다. 죄를 '짓다'ἐργάζομαι로 번역된 동사는 '행위'ἔργον를 뜻하는 명사와 어근이 같은 동사라는 사실을 주목할 필요가 있다. 이를 문자적으로 번역하면 '죄를 행하다'이다. 앞서 저자는 "내 형제들아 영광의 주 곧 우리 주 예수 그리스도에 대한 믿음을 너희가 가졌으니 사람을 차별하여 대하지 말라"2:1라고 했다. 믿음을 가진 자가 사람을 차별하여 대하면 그것은 죄를 행하는 것이다. 믿음을 가진 자는 차별이라는 죄를 행하는 대신 믿음을 행해야 한다. 믿음이 있는 자에게서 믿음의 행위가 나타나지 않고 죄의 행위가 나타나면, 그 사람은 율법으로 말미암아 범법자로 정죄될 것이다. 저자는 차별하여 대하는 것은 죄를 짓는 것일 뿐 아니라, 율법도 그렇게 하는 것을 죄라고 말하며 범법자로 정죄한다고 한다. 그 이유는 2:10-11에서 설명된다.

[10] For whoever   keeps the whole law
  왜냐하면 누구든지 온 율법을 지키다가
                but fails in one point
            그러나 하나를 범하면
      has become accountable for all of it.
      그 모두를 범한 자가 되기 때문이다

1. 본 구절은 접속사 '왜냐하면'γάρ으로 시작한다. 이는 앞서 사람을

차별하여 대하면 죄를 짓는 것이고 율법에 의해 범법자로 정죄된다고 한 이유를 설명하는 것이다. "누구든지 온 율법을 지키다가 그 하나를 범하면"이라고 했다. 여기서 부정대명사 '누구든지'ὅστις가 사용된 것은 2:10-11에서 지적하는 것이 모든 사람에게 예외 없이 적용된다는 말이다. '범하다'πταίω라는 동사는 어떤 법이나 규칙을 의도적으로 범하는 것보다 그것을 지키는 것에 실패하거나 실수한 것을 가리키는 듯하다. 왜냐하면 이 단어가 사용된 다른 용례를 보면약 3:2; 롬 11:11; 벧후 1:10, 야고보서 3:2에서는 '실수하다'로, 로마서와 베드로후서에서는 '실족하다'로 번역되었기 때문이다. 한 사람이 온 율법을 지키다가 실수로 그중 하나를 어길 때, 나머지 모든 것을 범한 것이 된다는 말이다. 만약 이것이 사실이라면, 고의로 율법 하나를 어기는 것은 두말할 필요가 없다. 율법은 전체로서 하나이고 나누어져 있지 않기 때문에 모든 것을 지켜야 한다. 실수든 고의든 할 것 없이 누구든지 율법을 하나라도 어긴다면 이는 그 전체를 범하는 것이 된다.

2. 저자가 이러한 원리를 설명하는 이유는 수신자들 중에 차별을 일삼으면서도 그것이 잘못된 것인지 알지 못하거나, 다른 율법은 잘 지키고 있기 때문에 하나 정도는 어겨도 문제 될 것이 없다고 생각하는 자들이 있었기 때문인 듯하다. 어쩌면 차별하는 것 자체를 대수롭지 않게 생각했을 수도 있다. 야고보서 2장 초반부에 차별하지 말 것에 대해 가르쳤다. 그리고 2:8에서 이웃 사랑이라는 왕국의 법과 관련해서 설명하는 이유도 수신자들이 그 말씀의 의미를 몰랐거나, 그 말씀을 삶 속에 제대로 실천하지 못했거나, 그 말씀을 이미 알고 있었음에도 행하지 않았기 때문이다. 이러한 가르침을 통해서 볼 때, 수신자들의 삶과 앎 사이에 모순이 있었음을 알 수 있다. 그들이 두 마음을 가지고 신앙생활하고 있음을 보여주는 것이다. 그들은 스스로 믿음이 있다고 생각하지만 실제 삶 속에서는 그 믿음이 나타나지 않는, 그래서 그들 스스로를 속이는 자들이었다.

¹¹ For he who said,

왜냐하면, [~라고] 말한 사람이

"Do not commit adultery,"

"간음하지 말라"라고

also said,

또한 말씀하셨기 때문이다

"Do not murder."

"살인하지 말라"라고

If you do not commit adultery

만약에 너희가 간음하지 않았지만

but do murder,

살인하면

you have become a transgressor of the law.

너희가 율법의 계명을 범한 자가 되는 것이다

1. 본 구절 역시 '왜냐하면' γάρ으로 시작하며 이유를 설명하는데, 이는 두 가지로 해석될 수 있다. 첫째, 2:11이 2:10과 대등한 절을 이루면서 2:8-9의 이유를 설명하는 것이다. 2:8-9에서 이웃 사랑의 율법을 지키면 잘하는 것이지만 사람을 차별하면 죄짓는 것이고 율법에 의해서 범법자로 정죄된다고 했다. 그리고 그 이유를 2:10과 2:11에서 각각 설명하는 것이다. 만약 그렇다면, 2:10은 2:8-9에 대한 첫 번째 이유가 되고, 2:11은 두 번째 이유가 된다. 둘째, 2:11을 2:10의 이유를 설명하는 것으로 보는 것이다. 2:10은 2:8-9의 이유를, 2:11은 2:10의 이유를 밝히는 것으로 보는 것이다. 이처럼 볼 경우 2:8-9의 내용을 점층적이면서도 더 구체적으로 설명하는 것이다. 어떻게 보든 상관없지만, 후자의 경우가 더 본문의 의미를 잘 드러내는 듯하다. 2:1-7에서 차별의 문제를 다룬다. 2:8-9에서 차별하는 것과 이웃을 사랑하라는 최고의 법의 연관성에 관해 말하면서, 이웃 사랑의 법은 지키지만 사람을 차별하면 죄를

짓는 것이고 율법에 의해 범법자로 정죄된다고 한다. 이어서 2:10에서 그와 같이 되는 이유는 온 율법을 지키더라도 실수로 그중에 하나를 범하면 모두를 범하는 것이 되기 때문이라고 설명한다. 2:11에서는 또 다른 율법인 간음과 살인의 경우를 예로 들어서 그 이유를 설명한다. 한 분이신 하나님이 이것도 명하고 저것도 명하셨기 때문에 어느 것 하나라도 범하면 율법을 범한 자가 되는 것이다.

2. 주목할만한 사실은 여기서 "간음하지 말라 하신 이가 또한 살인하지 말라 하셨은즉"이라고 말하면서, 율법의 두 항목 모두를 지키라고 하신 한 분이신 하나님을 주목하게 한 것이다. 한 분이신 하나님이 간음과 살인 모두를 금하셨기 때문에 간음하지 않았다면 살인 또한 하지 말아야 한다. 이 중에 하나라도 어기면 한 분이신 하나님의 말씀을 어기는 것이다. 앞서 저자는 하나님은 "변함도 없으시고 회전하는 그림자도 없으시니라"1:17라고 묘사했다. 한 분이시며 변함도 없으신 하나님은 성도가 이 율법은 지키면서 저 율법 범하는 것을 허락하지 않으신다. 두 마음을 가지고 율법을 지키는 것을 허락하지 않으신다.

3. 2:11b에서 "네가 비록 간음하지 아니하여도 살인하면 율법을 범한 자가 되느니라"라고 했다. 저자가 많은 율법 항목 중에 간음과 살인을 예로 제시한 이유는 무엇일까? 마틴은 이 문장에서 현재형 동사가 사용된 것을 지적하면서, 이는 어떤 형태의 폭력인지 알 수는 없지만 수신자들이 속한 공동체 내에 살인이 실제로 있었음을 암시하는 것으로 본다.[16] 마태복음 5:12-16, 27-28에서 살인과 간음을 더욱 넓은 의미를 지닌 것으로 가르치기에 본 구절의 간음이나 살인을 문자 그대로 받아들이는 것이 불합리해 보일 수도 있다. 그러나 마틴의 지적처럼 저자가 언급한 간음과 살인 문제가 실제로 수신자들 사이에 있었을 수도 있다. 왜냐하면 4:1-2와 5:6에서도 살인에 대해서 다시 언급하기 때문이다. 특히 4:1-2에 사용된 '살인'이라는 단어는 '싸움', '다툼', '욕심',

16 Martin, *James*, 70.

'시기' 등과 같은 단어와 함께 사용되었기 때문에 살인 또한 문자 그대로의 의미일 가능성이 크다. 왜냐하면, 여러 가지를 열거하면서 어떤 것은 실제 일어난 문제로, 또 다른 것은 비유적인 의미로 보는 것은 어색하기 때문이다. 구약시대뿐 아니라 신약시대에서도 어떤 경우는 살인이 갈등을 해결하는 종교적 수단으로 여겨질 때가 있었다. 세속 사회에서 노예를 죽이는 경우도 큰 문제가 되지는 않았다. 만약 수신자들 중에 교회 내에서 생긴 갈등을 그러한 방법으로 해결하려고 하는 자들이 있었다면, 살인의 문제도 그들 사이에서 실제로 있었을 것이다. 만약 이것이 사실이라면, 저자가 수신자들에게 간음하는 범죄를 저지르지 않더라도 문제를 해결하기 위해 살인을 하면 그것은 율법 전체를 어기는 것이라고 가르치는 것은 설득력이 있다.

[12] So speak and so act as those

　너희는 이와 같이 말하고 이와 같이 행하라

　　　who are to be judged

　　　심판 받을 자처럼

　　　　　under the law of liberty.

　　　　　자유의 율법으로

　　　1. 본 구절의 첫 단어는 부사 '후토스'οὕτως; '이와 같이', '그러므로'가 사용되었다. 어떤 이는 이를 '때문에'because로 번역하면서 두 가지 해석이 가능하다고 본다. 하나는 "어떤 율법을 어기더라도 그 사람은 죄인이 되기 때문에, 심판받을 자처럼 말하기도 하고 행하기도 하라"이다. 또 다른 하나는 "당신이 심판을 받을 것이기 때문에 말하기도 하고 행하기도 하라"는 것이다.[17] 후자는 해석상 어색하다. 왜냐하면 본 구절에서 '심판받을 것'을 이유로 제시하지 않기 때문이다. 전자가 더 적절한 이유는 후토스가 전후 문맥의

17 J. B. Mayer, *The Epistle of St. James: The Greek Text with Introduction, Notes and Comments* (2nd ed. New York: Macmillan, 1897), 91; D. G. McCartney, *James* (Grand Rapids: Baker, 2009), 149.

인과관계를 나타내지는 않더라도 2:8-11에서 다루었던 문제에 대한 결과로 '이와 같이' 행하라는 명령은 가능하기 때문이다. 모든 율법을 다 지킨다고 하더라도 그중에 하나를 범하면 모든 것을 범하는 것이 되기 때문에, '이와 같이' 너희는 말하고 행하기도 하라는 것이다.

2. 여기서 두 개의 명령형 동사인 '말하라' λαλεῖτε와 '행하라' ποιεῖτε가 사용된다. 그런데 앞서 설명한 부사인 '후토스'는 한 번만 사용되어도 되지만 각 동사에 두 번 반복해서 사용되었다. 이와 같은 부사의 반복 사용은 각각의 행동, 곧 말하는 것과 행하는 것이 동일하게 중요함을 강조하는 것이다. '행하다' ποιέω라는 동사는 2:8에서 최고의 법을 지키면 '잘 행하는 것'이라고 할 때도 쓰였다. 심판받을 자처럼 행하는 것은 2:8에서 지적한 것처럼 최고의 법을 지키며 잘 살아가는 것을 말한다. '행하는 것'과 '행하는 자가 되는 것'에 관해서는 1:19-27에서도 지속적으로 강조한다. 주목할 것은 2:12에서 '행하라'는 명령 외에 '말하라' λαλεῖτε라는 명령이 추가된 것이다. 이전의 문맥을 고려할 때, 말하는 것이 추가된 것은 차별하는 것과 말하는 것이 밀접한 관련이 있기 때문이다. 이는 부한 자와 가난한 자가 교회에 들어올 때 성도의 반응을 보면 알 수 있다2:2-3. 그들은 부한 자에게는 "여기 좋은 자리에 앉으소서"라고 말하고, 가난한 자에게는 "너는 거기 서 있든지 내 발등상 아래 앉으라"라고 말한다. 차별은 행동으로도 나타나지만 말하는 것으로 더 확실히 표현된다.[18]

3. 야고보서의 저자는 서신 전체에서 말에 대해서 많이 지적한다. 1:19에서 "사람마다 듣기는 속히 하고 말하기는 더디 하며"라고 했고, 3:1-12, 특히 1-2에서 "만일 말에 실수가 없는 자라면 곧 온전한 사람이라"라고 했다. 3:14에서 "진리를 거슬러 거짓말하지 말라"라고 했고, 5:9에서 "형제들아 서로 원망하지 말라"라고 했다. 특히 3:1-2와 5:9에서는 말하는 것과 관련하여 실수하거나 원망할 때 받게 될 심판에 관해 서술한다. 이는 말하는 것이 심판의 직접적인 원인이 된다는 사실과 함께 말하는 것이 얼마나 중요한지를 보여주는

---

18 매카트니는 "말은... 주먹으로 한 대 때리는 것보다 훨씬 더 큰 손상을 입힌다"라고 말한다. McCartney, *James*, 149.

것이다. 특히 3:1과 5:9는 예수님의 말씀을 반영한다. 예수님은 "사람이 무슨 무익한 말을 하든지 심판 날에 이에 대하여 심문을 받으리니 네 말로 의롭다 함을 받고 네 말로 정죄함을 받으리라"마 12:36-37라고 했다.[19] 성도는 자신이 한 말을 토대로 마지막 날에 심판을 받게 되므로 늘 말하는 것에 조심해야 한다. 그리고 상대방이 부하든 가난하든 누구를 대하든지 동일한 마음으로, 차별하는 마음 없이 대해야 한다.

4. 앞서 저자는 '온전한 율법'1:25, 그리고 '최고의 법'2:8이라는 표현을 사용했다. 그런데, 본 구절에서는 '자유의 율법'이라는 표현을 사용한다. 유대인에게 있어서 율법은 하나이고 예수님이 바로 그 율법을 완성하셨다면, 저자가 각기 다른 수식어로 율법을 묘사한 것은 하나의 율법의 다양한 측면, 혹은 성격을 보여주기 위함이다. '온전한'τέλειος이라는 말은 흠이 없거나 오류가 없는 상태, 또는 완전히 성취된 상태를 말한다. '최고의'τέλειος라는 말은 '왕의'royal라는 의미로서 "네 이웃 사랑하기를 네 몸과 같이 하라"라는 계명이 하나님의 왕국의 율법을 대표하는 왕의 율법이라는 말이다. 따라서 '자유의 율법'이라는 말은 그 율법을 따르는 자에게 자유를 주는 율법을 말한다. 이스라엘 백성들에게 주어진 모세 율법은 그들이 출애굽 할 때, 그리고 종으로부터 자유롭게 될 때 주어졌다. 그리고 그 율법을 완성하신 예수님도 그의 백성을 죄와 종 됨으로부터 자유롭게 하셨다. 따라서 저자가 여기서 '자유의 율법'이라고 한 것은 예수께서 율법을 완성하심으로 그 백성에게 자유를 주셨음을 강조하기 위함이라고 볼 수 있다.

5. "자유의 율법대로 심판받을 자처럼 말도 하고 행하기도 하라"라고 한다. 앞서 설명한 바와 같이 '자유의 율법'의 특성은 일차적으로 자유를 주는

---

19 예수님의 가르침마 12:34-35에 따르면 사람은 마음에 가득한 것을 밖으로 낸다고 한다. "선한 사람은 그 쌓은 선에서 선한 것을 내고 악한 사람은 그 쌓은 악에서 악한 것을 내느니라"35라고 했다. 따라서 마태복음 12:36과 야고보서 3:1; 5:9의 유사성을 놓고 볼 때, 야고보서의 저자가 지적하는 것은 단순히 말하는 것만이 아니라 그 속에 무엇이 있는지에 대한 지적도 포함한다. 야고보서 4:8에 "마음을 성결하게 하라"라고 권하는데 이는 저자가 악한 마음에서 나오는 것이 악한 말과 행동인 것을 알기 때문이며, 수신자들이 겉으로는 신앙이 있는 척 하지만 실제로는 그렇지 않은, '두 마음을 품고'살아가는 자들임을 지적하는 것이다약 4:8. 참고. McCartney, *James*, 149.

율법이다. 성도를 모든 속박으로부터 자유롭게 하고, 궁극적으로 죄로부터 자유케 하여 구원한다. 이 자유의 율법은 이웃 사랑하기를 자신의 몸과 같이 하라고 명하기 때문에 누구를 대하든지 차별하지 말아야 한다. 이러한 사랑은 수신자들이 예수님의 사랑의 섬김을 통해 구원받은 사실과 앞서간 믿음의 선배들이 베풀어준 사랑에 의해서 공동체의 일원이 된 것을 통해 경험했던 것이다. 따라서 "자유의 율법대로 심판받을 자처럼 말도 하고 행하기도 하라"라고 말하는 것은 이 율법이 가르치는 것을 기준으로 심판을 받기 때문에 말하는 것과 행하는 것에 있어서 늘 자유의 율법을 의식하라는 말이다. 문맥을 따라 말하면, 항상 부한 자나 가난한 자를 사랑으로 대하고 차별하지 말라는 것이다. 이와 같이 행하는 것을 이어지는 2:13에서는 긍휼을 행하는 것으로 묘사한다.

¹³ For judgment is without mercy to one
　왜냐하면 긍휼 없는 심판이 [~에게]
　　　　who has shown no mercy.
　　　긍휼을 행하지 않은 자에게 [임할 것이기 때문이다]
　　　　Mercy triumphs over judgment.
　　　긍휼은 심판을 이긴다

　　1. 본 구절은 '왜냐하면'γάρ으로 시작하면서 앞서 "자유의 율법대로 심판받을 자처럼 말도 하고 행하기도 하라"2:12라고 명령한 것의 이유를 설명한다. 그 이유는 자유의 율법을 따라 긍휼히 여김을 받은 자들이 경험한 대로 가난한 자들이나 이웃을 대하지 않으면 마지막 날 하나님께서 심판하실 때, 모든 긍휼을 배제하고 그들이 행한 그대로 심판을 받기 때문이다. 아무도 하나님의 긍휼 없이 구원받을 수 있는 자는 없다. 또한 그 누구도 하나님의 심판을 피해 갈 수 없다. 이러한 사실을 고려해 볼 때, 긍휼 없는 심판은

참으로 무서운 심판이 될 것이다. "긍휼을 행하지 아니하는"이라는 표현에서 '행하다'ποιέω라는 동사가 사용되었다. 저자는 이 표현을 서신 전체에서 12회나 사용할 정도로 '행함'을 강조한다. 긍휼을 행하라고 표현하는 것은 단순히 이웃이나 가난한 자를 긍휼히 여기는 마음이나 생각을 가지라는 말이 아니다. 오히려 마음으로 품고 있는 그 긍휼을 눈으로 보이게 행하라는 말이다. 그와 같이 행하지 않는 자에게는 긍휼 없는 심판이 주어질 것이다.

2. "긍휼은 심판을 이기고 자랑하느니라"라고 한다. 여기서 '이기고 자랑한다' κατακαυχάομαι로 번역된 동사는 '자랑하다'boast라는 의미로 쓰이기도 하고 '이기다'/'승리하다'triumph over라는 의미로 쓰이기도 한다. 따라서 '이기고 자랑한다'라고 번역한 것은 이 단어가 가지고 있는 두 가지 의미를 모두 포함시켜 번역한 것이다. 그 의미를 더욱 강조하기 위해서 두 가지 의미 모두를 포함시킨 듯하다. 대부분의 영어성경이 그렇듯, '이기다'triumph over라고 번역해도 무방하다. 긍휼이 심판을 이긴다는 말은 바로 앞 문장에서 지적했던 것처럼 긍휼을 행하지 않는 자에게는 긍휼 없는 심판이 반드시 있지만, 만약 긍휼을 행했다면 그 긍휼로 인해서 긍휼의 심판을 받을 것이라는 말이다. 이웃이나 가난한 자들을 대할 때 긍휼을 행하는 자는 분명 그들이 하나님과 예수님으로부터 받았던 긍휼을 기억하며 실천하는 자들이다. 그리고 2:8에서 지적한 바와 같이 그들은 "네 이웃 사랑하기를 네 몸과 같이 하라고 하신 최고의 법"을 잘 지키는 자들이다. 저자는 이와 같은 자들은 심판의 날에 분명히 하나님의 긍휼히 여기심을 받을 것이라고 말한다. 행함과 구별된 믿음,

곧 영혼 없는 몸!

야고보서 2:14-26

본문 구조와 요약

¹⁴ 무슨 유익이 있느냐? 내 형제들아

　　만약 누군가　　　믿음을 가지고 있다고 말하면서

　　　　　　　그러나 행함을 가지고 있지 않으면

　　그 믿음이 그를 구원하지 못하는 것 아니냐?

¹⁵　　만약 형제나 자매가　　　헐벗고

　　　　　　일용할 양식이 없는데

¹⁶　　　　　그러나 너희 중에 누구든지 그들에게 [~라고] 말하면

　　　　　"평안히 가라, 따뜻하게 하고 배부르게 하라"

　　　　　　그들에게 그 몸에 필요한[합당한] 것들을

　　　　　　　주지 않으면서

　　무슨 유익이 있겠느냐?

¹⁷ 이와 같이 믿음 또한

　　만약에 그것[믿음]이 행함을 가지지 않으면

　　　　그것 자체가[그것 만으로는] 죽은 것이다

¹⁸ 그러나 어떤 사람이 말할 것이다

　　　"너는 믿음이 있고 나는 행함이 있으니"

　　　너는 내게 너의 믿음을 보여라

행함은 별도로 하고

그러면 나 역시 너에게 그 믿음을 보이겠다

나의 행함으로

¹⁹ 너는 하나님이 한 분이신 줄을 믿는다.

잘 하는 것이다

귀신들 조차도 믿고 떠느니라

²⁰ 너는 알기를 원하느냐

오 허탄한[어리석은] 사람아!

행함을 별도로 한 믿음이 무용하다는 것을

²¹ 우리 조상 아브라함이 행함으로 의롭다 함을 받지 않았느냐?

그가 그의 아들 이삭을 제단에 바친 후에

²² 너는 그 믿음이 그의 행함과 함께 일하는 것을 본다

그리고 그 행함을 통해서 그 믿음이 온전하게 됨을 [본다]

²³ 그리고 성경에 이른 바 […의로 여겨졌다는] 말씀이 이루어졌고

"아브라함은 하나님을 믿었고

그리고 이것[아브라함이 하나님을 믿은 것]이 그에게 의로 여겨졌다"

그리고 그는 하나님의 벗이라 칭함을 받았다

²⁴ 너희는   행함으로 사람이 의롭게 됨을 안다[본다]

그리고 믿음 만으로가 아니라

²⁵ 그리고 이와 같이

창녀 라합 또한 행함으로 의롭다 함을 받지 않았느냐?

그가 사자들을   영접하고

그리고 다른 길로 나가게 한 후에

²⁶ 왜냐하면 영혼 없는 몸이 죽은 것과 같이

이와 같이 행함이 없는 믿음 또한 죽은 것이기 때문이다

본 단락에서는 한 사람이 가진 믿음이 행함이 없을 때, 그 믿음은 아무런 유익이 없을뿐더러 죽은 것임을 강조한다. 이러한 주장은 1장에서부터 다루었던

두 마음을 가지고 행하는 자들, 자기 욕심 때문에 시험받으면서 하나님께 시험받는다고 말하며 자신을 속이는 자들, 말씀을 듣기만 하고 행하지 않으면서 스스로 경건하다고 속이는 자들, 사람을 차별하며 이웃을 사랑하라는 계명을 잘 지키고 있다고 생각하는 자들이 가진 믿음의 실체가 무엇인지를 밝힌다. 그런 믿음은 영혼 없는 몸이 죽은 것처럼 죽은 믿음이다.

먼저 2:14와 2:16의 "무슨 유익이 있으리요?"라는 동일한 수사적 질문이 괄호 역할을 한다. 그 사이에 헐벗고 일용할 양식이 없어 도움이 필요한 형제를 대하는 성도의 태도를 예로 든다. 이와 같은 자들에게 믿음이 있다고 말하는 성도가 단순히 평안히 가라, 덥게 하라, 배부르게 하라고 말만 하고 그들의 실제적 필요를 돕지 않는다면, 그 믿음은 아무런 유익이 없다. 그와 같은 믿음은 구원의 능력도 없고 아무런 유익을 주지 못할 뿐 아니라, 그 자체가 죽은 것이다2:17.

2:18에서 저자는 "너는 믿음이 있다" 혹은 "나는 행함이 있다"라고 하는 자들의 말을 인용한다. 그리고 그들에게 행함은 별도로 하고 믿음이 있음을 보이라고 반박한다. 믿음은 행함이 없으면 보일 수 없다. 이어서 행함이 없는 믿음이 죽은 믿음이며 구원의 능력도 없음을 설명하기 위해서 귀신, 아브라함, 라합의 예를 차례로 제시한다. 먼저 귀신을 예로 들어서 설명한다. 귀신은 수신자들처럼 하나님을 믿고 떨지만 그 이상의 행동을 하지 않는다2:19. 하나님의 존재를 믿고 두려워한다면 하나님께 순종해야 한다. 그러나 귀신은 오히려 하나님을 대적한다. 이와 같은 믿음은 구원의 능력도 없을뿐더러 그 자체가 죽은 것이다. 그러나 아브라함은 하나님을 두려워한다는 사실을 이삭을 제단에 바치는 것을 통해 실제로 나타내 보였다2:21; 창 22:12. 그의 믿음은 행함으로 온전하게 되었고, 이를 통해 하나님께로부터 의롭다, 하나님의 벗이라 칭함을 받았다2:22-24. 이와 마찬가지로 라합도 이스라엘의 정탐꾼들을 접대하고 다른 길로 나가게 함으로 그가 하나님을 두려워한다는 사실을 나타내

보였다수 2:9-12. 저자는 성경 역사 속의 인물을 통해서 행함이 없는 믿음이 헛것이라는 사실을 보인다. 그리고 2:26에서 "영혼 없는 몸이 죽은 것 같이 행함이 없는 믿음은 죽은 것이니라"라고 결론적으로 말한다.

이 단락에서 믿음과 행함의 관계를 반영하는 단어들이 몇 개 사용되었다. 먼저 '~없는'χωρίς으로 번역된 단어이다. 이는 문자적으로 '별도로 하고'apart from; 18, 20, 26라는 의미이다. '행함을 별도로 한 믿음'이 헛것이거나 '영혼을 별도로 한 몸'이 죽은 것임을 설명할 때 사용되었다. 둘째, '함께 일하다'συνεργέω; 'work with'; 22라는 표현이다. 이는 '믿음과 행함이 함께 일하는 것'을 말할 때 사용되었다. 셋째, '~으로만'μόνος; 'only' 또는 'alone'; 24이다. 사람이 의롭다 함을 받는 것이 '믿음으로만'이 아니라는 사실을 지적할 때 사용되었다. 세 표현 모두 믿음과 행함이 따로 존재해서는 아무런 유익이 없을 뿐 아니라 심지어 죽은 것임을 설명하기 위해서 사용되었다.

본문 해설Exposition

중심주제Big Idea: 하나님은 성도가 귀신들처럼 머리로만 아는 헛된 믿음, 행함이 없는 죽은 믿음이 아니라 아브라함과 라합처럼 행하는 믿음을 가지기를 원하신다.

문맥Context

앞서 2:1-13에서 두 마음으로 신앙생활 하는 수신자들 사이에 있었던 차별의 문제를 다룬다. 먼저 2:1-7에서 성도가 차별하지 말아야 할 이유를 세 가지로 설명한다. 첫째, 차별은 영광의 주 예수 그리스도를 믿는 믿음을 가진 성도의 격에 맞지 않기 때문이다2:1. 둘째, 사람을 차별하면 결국 성도 서로를 차별하고 악한 생각으로 판단하는 자가 되는 것이기 때문이다2:2-4. 셋째,

차별하는 것은 하나님께서 택하셔서 믿음에 부요하게 하시고 하나님의 나라 상속을 약속하신 자를 업신여기는 것이기 때문이다2:5-7.

2:8-13에서는 계속해서 차별의 문제를 "네 이웃 사랑하기를 네 몸과 같이 하라"라는 계명과 관련하여 설명한다. 이웃을 사랑하라는 계명을 지키면 잘하는 것이다. 그러나 성도를 차별하면 하나님의 왕국의 최고의 법인 이웃 사랑의 법을 어기는 것이다2:9. 저자가 이와 같이 말하는 것은 수신자들 중에 이웃 사랑의 계명을 지킨다고 하면서도 차별을 행하는, 두 마음으로 신앙생활하는 자들이 있었기 때문이다. 아무리 율법에 명시된 이웃사랑의 계명과 관련된 요구사항을 다 지킨다고 해도 사람을 차별하면 죄를 짓는 것이다. 그리고 율법은 그와 같이 행하는 자를 범법자로 정죄한다2:9. 모든 율법을 다 지킨다고 해도 그중에 하나를 범하면 그 율법을 범하는 것이기 때문이다2:10. 이는 간음하지 않아도 살인을 하면 율법을 범한 자가 되는 것과 같다. 성도가 이 율법과 저 율법 모두를 지켜야 하는 이유는 간음하지 말라고 하신 하나님이 또한 살인하지 말라고 명하셨기 때문이다2:11. 성도가 사람을 차별하지 않기 위해서는 자신 또한 자유의 율법을 따라 심판받는다는 사실을 기억하고 늘 말과 행동에 조심해야 한다2:12. 인류를 위해 자신을 희생하신 예수님의 긍휼을 경험한 자들은 예수께서 행하셨던 것처럼 긍휼을 행하는 삶을 살아야 한다. 그렇게 할 때, 마지막 날에 하나님의 긍휼의 심판을 받을 수 있기 때문이다2:13.

앞서 설명한 문맥 속에서 2:14-26은 믿음과 행함은 서로 떼어놓을 수 없는 관계임을 설명한다. 앞선 단락에서는 차별과 이웃사랑이라는 예를 들어 설명했다. 본 단락에서는 이를 좀 더 보편화시켜서 믿음과 행함의 관계가 어떤 것인지 대략 세 가지로 나누어 설명한다. 첫째, 행함이 없는 믿음은 그 자체가 죽은 것이다2:14-17. 둘째, 믿음과 행함은 분리될 수 없고 귀신처럼 머리로만 믿는 것은 믿음이 아니다2:18-19. 셋째, 믿음은 아브라함과 라합처럼 하나님 경외를 행함으로 보이는 것이다2:20-26.

본론Body

1. 하나님은 행함이 없는 믿음 그 자체가 죽은 것이라고 하신다2:14-17

2:14는 "무슨 유익이 있겠느냐, 내 형제들아"라는 표현으로 시작하고, 2:16 역시 "무슨 유익이 있겠느냐?"로 끝난다. 2:14-16은 하나의 수사적 질문이 수미상관을 이루면서 행함이 없는 믿음은 아무 유익이 없음에 대해서 말한다. 본 단락은 실제로 믿음이 있으면서 행하지 않는 사람에 대한 것이 아니다. 오히려 믿음이 있다고 말하는 사람이 행하지 않는 것에 대해서 다룬다. 이는 2:14에서 "만일 사람이 믿음이 있노라 하고 행함이 없으면"if someone says he has faith but does not have works이라고 말한 것과 같다. 본인 스스로는 믿음이 있다 생각하고 그렇게 말하지만, 실제 삶 속에서는 믿음 있음을 나타낼만한 행동이 전혀 없음을 뜻한다. 이와 같은 자들은 1:16, 22에서 속지 말라고 언급한 것처럼 자기 자신을 속이는 것이다. 믿음 있다고 생각하거나 말한다고 믿음이 있는 것은 아니다. 그 믿음이 삶 속에서 행동으로 나타나야 비로소 믿음이 있다고 말할 수 있다.

저자는 말로만 믿음이 있다 하고 행함이 없는 믿음이 무엇인지 성도가 헐벗고 일용할 양식이 없는 형제와 자매들을 대하는 태도를 예로 들어 설명한다15. 일반적으로 신앙 공동체 내의 동료를 '형제'로 부르는 것을 감안할 때, '자매'라는 용어가 추가된 것은 의도적인 듯하다. 왜냐하면 저자는 앞서 고아와 과부1:27 외에 세상에서 가난한 자2:2, 5, 6에 대해서도 언급하며 사회적으로 소외된 자들이나 약자들에 대한 관심을 보였기 때문이다. 헐벗고 먹지 못하는 형제와 자매를 언급한 것은 수신자들이 속한 공동체 내에도 그와 같은 자들이 있었음을 반영한다. 그리고 동일한 조건 하에서라면 형제보다 자매가 더 약한 자들이기에 교회 내의 모든 약자들을 언급하기 위해서 형제와 자매 모두를 언급한 것처럼 보인다. "형제나 자매가 헐벗고"라는 표현은 형용사 '헐벗은'naked과 동사 '존재하다'exist, '현존하다'be present로 구성되어있다. 이는 그들이 일시적인 어려움에 빠진 것이 아니라 그 상황이 지속되었음을 의미한다.

현재 분사인 "일용할 양식이 없는데"라는 표현 역시 그들이 매일 필요한 양식이나 영양분이 부족한 상태를 나타낸다.

2:16은 접속사 δέ로 시작한다. 대부분의 영어성경은 '그리고'로 번역하거나 번역하지 않았다. 그러나 문맥상 '그러나'로 번역하는 것이 더 낫다. 왜냐하면, 2:16은 내용상 앞서 설명한 것과 대조를 이루기 때문이다. 앞서 헐벗고 일용할 양식이 없는 형제나 자매에 대해서 언급하면서 그들은 일용할 양식과 입을 옷이 필요하다고 했다. 그리고 2:16에서는 이들에게 실제적인 도움을 주지 않으면서 말만 하는 자들을 언급한다. 따라서, "만약 형제나 자매가 헐벗고 일용할 양식이 없는데, 그러나 [오히려] 너희 중에 누구든지 그들에게 그 몸에 필요한 것들을 주지 않으면서 '평안히 가라, 따뜻하게 하고 배부르게 하라'라고 말하면"이 된다. '평안히 가라'라고 말하는 것은 문안 인사와 같은 것이다. 이런 인사가 헐벗고 굶주린 자들에게 필요하기는 하지만, 말뿐인 문안 인사는 그들에게 전혀 도움이 되지 않는다. 평안히 가라는 표현은 현재 능동태 명령형인데 반해서, '따뜻하게 하고 배부르게 하라'는 현재 중간태 혹은 수동태 명령형이다. 만약 이를 중간태로 보면 스스로 따뜻하게 하고 배부르게 하라는 의미가 된다. 스스로 기도하면서 그 어려움을 극복하라는 말이다. 만약 이를 수동태로 보면 누구의 도움을 받아 그렇게 하라는 의미가 된다. 이는 다른 형제의 도움을 받거나 아니면 기도하면서 하나님의 도움으로 그 어려움을 극복하라는 의미이다. 어떤 의미든 헐벗고 일용할 양식이 필요한 자에게 단순히 말로만 문안인사를 하는 것이 아무런 유익을 주지 못하는 것처럼, 행함이 없는 믿음은 아무런 유익이 없다.

특히 주목할 것은 저자가 그 '몸'에 쓸 것, 곧 그 '몸'에 필요한 것들을 주지 않으면서 말만 하는 것에 대해서 언급한 것이다. 여기서 언급된 헐벗고 굶주린 형제나 자매가 영적인 문제 때문에 고통을 당하는 것이 아니라는 말이다. 그들은 지금 옷이나 먹을 것 외에 그들의 육체가 생명을 유지하는데 필요한 것이 없어서 고통을 당하고 있다. 그들은 하루하루 먹고 살아갈 양식과 입을 옷이 필요하다. 저자는 수신자들에게 생명을 유지하는데 전혀 도움이 되지 않는 말만 할 것이 아니라 그들의 육체가 하루하루 살아갈 수 있도록 실제적인 도움을 주라고 말하는 것이다. 그들에게 단순히 "평안하라, 따뜻하게 하라, 배부르게 하라"라고 말만 하는 믿음은 유익이 없다. 그런 믿음은 자기 자신을 구원할 수 있는 믿음이 아니다2:16; 참고. 2:14. 2:14에서 믿음이 있다고 말하면서 행함이 없는 자와 관련해서 이야기를 전개한다. 그리고 2:17에서는 '믿음'을 의인화시켜 주어로 사용하여, "이와 같이 믿음 또한 행함을 가지지 않으면 그것 자체가 죽은 것이다"라고 말한다. 행함을 가지지 못한 믿음은 생명력이 없다는 말이다. 이후에 2:26에서 "영혼 없는 몸이 죽은 것 같이 행함이 없는 믿음은 죽은 것"이라고 말한 바와 같이 행함은 믿음의 영혼이다. 행함이 없는 믿음은 죽은 것과 같다.

2. 하나님은 믿음이 행함과 분리될 수 없고 머리로만 아는 것도 믿음이 아니라고 하신다2:18-19

앞서 믿음이 행함과 함께하지 않을 때 그 믿음은 구원의 효력이 없거나 죽은 것이라고 했다. 이제 그와 같은 주장에 대해 반대 견해를 가진 자들의 말을 인용한다. 그리고 그에 대해 행함이 없으면 믿음을 보일 수 없다고 반박한다. 먼저 저자는 "너는 믿음이 있고 나는 행함이 있으니"라고 말한다. 한글 성경에는 인용부호가 표기되지 않아서 2:18 전체가 하나의 문장인 듯 번역되었다. 그러나 대부분의 영어성경은 이를 인용문으로 처리한다. 그리고 그다음에 이어지는 문장을 저자가 말하는 것으로 본다. 여기서 '어떤 사람'에 해당하는 자가 저자의 대적인지, 지지자인지, 혹은 제삼자인지에 대한 논의가 있다. 저자가 여기서 행함이 없는 믿음을 이야기하는지 아니면 행함과 믿음의 불 분리성을 이야기하는지에 대한 의견도 분분하다. 인용문의 화자가 누구이든지 간에,

저자는 "너는 믿음이 있다" 그리고 "나는 행함이 있다"라고 말한 각 사람에게 답을 한다. 2:18이 '그러나'ἀλλά로 시작하는 것은 앞서 2:14-17에서 행함과 믿음은 분리될 수 없다고 말한 저자의 주장과 반대되는 견해, 곧 믿음과 행함이 따로 존재할 수 있다고 주장한 자들의 말을 인용한 것이다. 이와 같은 사실은 2:18이후부터 앞서 주장한 것처럼 믿음과 행함이 분리될 수 없다는 사실을 재확인하는 내용임을 알 수 있다.

저자는 믿음과 행함이 분리될 수 있다고 주장하는 자들에게 "행함이 없는 네 믿음을 내게 보이라 나는 행함으로 내 믿음을 네게 보이리라"2:18b라고 말한다. 이는 "너의 행위를 별도로 두고 네가 믿음이 있다고 말하는 것만 가지고 너의 믿음을 보이라 그러면 나는 나의 행함으로 믿음이 있다고 말한 것을 보이겠다"라는 뜻이다. 여기서 말하는 '행위'는 율법의 행위가 아니라 믿음의 행위를 말한다. 믿음이 있음을 보이는 행위이며 그 행위가 곧 믿음이다. 이와 같은 믿음은 단순히 하나님의 존재만 믿는 것을 의미하지 않는다. 왜냐하면 귀신들도 그와 같이 하기 때문이다2:19. 2:19a에서 "네가 하나님은 한 분이신 줄을 믿느냐"라고 질문한 후, 만약 그렇다면 그것은 잘하는 것이라고 지적한다. 이 발언은 그와 같이 행하는 자를 칭찬하는 것처럼 보인다. 그러나 2:19b에서 "귀신들도 믿고 떠느니라"라고 말한다. 이를 볼 때, 2:19a에서 수신자들에게 "잘하는도다"라고 말한 것은 긍정적인 발언이거나 칭찬이 아님을 알 수 있다. 하나님의 한 분 되심을 믿는 것은 잘못된 것은 아니다. 그러나 2:18을 근거로 해서 볼 때, 한 분이신 하나님의 존재를 믿기만 하는 것은 결코 잘하는 것이 아니다. 왜냐하면 귀신들도 한 분이신 하나님의 존재를 믿고 떨기 때문이다. 귀신들이 떠는 것은 단지 하나님이 두려워서 떠는 것 외에 아무것도 아니다. 귀신들이 진심으로 하나님의 존재를 믿는다면, 하나님 앞에서 떠는 것을 넘어 순종하는 것으로 나타나야 한다. 하나님의 말씀을 따라 사는 것으로 나타나야 한다. 그러나 귀신들은 하나님의 말씀에 순종하지는 않는다. 오히려 하나님을 대적한다. 수신자들도 귀신들처럼 하나님이 한 분이심을 믿고 그를 두려워했다. 그러나 그것뿐이다. 믿고 두려워하는 모습이 그들의 삶 속에서 전혀 나타나지 않았다.

따라서 "네가 하나님이 한 분이신 줄을 믿느냐 잘하는도다"라는 말은 빈정대는 듯한 말투로 볼 수 있다. "네가 하나님은 한 분이신 줄을 믿느냐? 잘~한다. 귀신들도 믿고 떠느니라"라고 말하는 것이다. 믿음이 행함과 별도로 존재할 수 있다고 믿는 자들에게, 그 믿음은 귀신들이 하나님을 믿는 것과 별반 다르지 않다고 빈정대며 말하는 것이다. 하나님이 한 분임을 믿고 그를 두려워한다면 그 두려워하는 모습이 행위 속에서 나타나야 한다. 그것이 믿음과 행위가 함께 하는 자의 모습이다.

3. 하나님은 성도가 아브라함과 라합처럼 하나님 경외를 행함으로 보일 때 의롭게 여기시고 벗이라 칭해주신다 2:20-26

앞서 저자는 믿음과 행함이 별도로 존재할 수 있다고 말하는 자들의 주장을 반박했다. 하나님의 존재를 믿고 두려워하지만 이를 행위로 나타내지 않는 귀신들을 예로 들어, 그러한 믿음이 존재할 수 있지만 그것은 죽은 믿음이라고 말했다. 이제 믿음과 행함이 나누어질 수 없는 관계임을 재확인하기 위해 구약의 두 인물인 아브라함과 라합을 예로 들어 설명한다21-25. 이에 앞서 디아트리베diatribe; 가상의 대화자를 설정해놓고 질문과 대답을 주고받는 형식 형식을 사용하여 행함이 없는 믿음이 얼마나 무용한 것인지 다시 한번 강조하며 요약한다20. '허탄한 사람'으로 번역된 표현은 지적, 도덕적, 영적으로 결핍된 자 모두를 가리킬 수 있다. 여기서는 어리석은 자라고 해도 될 듯하다. 그들은 행함이 없는 믿음이 아무 유익이 없고14, 16, 죽은 믿음이라는 것을 모르기 때문에17 어리석은 자들이다. 또한 믿음과 행함이 따로 존재할 수 있고18, 하나님의 존재를 아는 것만으로 충분하다고 믿기 때문에 어리석다19. 이에 저자는 "행함이 없는 믿음이 헛것인 줄을 알고자 하느냐!"20라고 분명하게 말한다. 여기 어원이 같은 두 단어, '행함'의 복수 명사인 '에르곤'ἔργων과 '헛것'의 단수 명사인 '아르게'ἀργή가 사용되었다. 저자는 언어유희를 통해 "행함이 없는 믿음은 행하지 않는다"faith that has no works does not work라고 말한다. 저자는 이와 같이 어리석고 머리가 빈 자, 곧 지식이 없는 자에게 "알고자 하느냐/지식을 가지고자 하느냐"라고 묻는다. 이에 대해 구약의 인물인 아브라함과 라합을 예로 들어 답을 제시한다.

먼저 아브라함의 예를 들어 설명한다21-23. 아브라함은 이삭을 제물로 드릴 때 그의 행위를 통해서 의롭게 여김을 받았다21. 그런 후에 믿음과 행위의 관계에 대하여 세 가지 점을 명확히 한다22-23. 첫째, 믿음은 행위와 함께 일한다. 둘째, 믿음은 행위에 의해서 완성된다. 셋째, "아브라함이 하나님을 믿었고 이것이 그에게 의로 여겨졌다"창 15:6는 성경의 말씀이 성취되었고창 22:12 아브라함은 하나님의 친구라 칭함 받았다대하 20:7; 사 41:8. 아브라함의 예는 믿음이 있다고 말하는 것만으로는 의롭다고 칭함을 받을 수 없음을 보여준다. 믿음은 행위와 함께 일하고 행위를 통해서 완전하게 된다.

아브라함의 예는 창세기 15장과 22장의 두 기사를 묶어놓은 것이다. 창세기 15장에는 하나님이 아브라함의 자손을 하늘의 별과 같이 많게 하실 거라는 약속, 그리고 아브라함이 여호와를 믿었을 때 하나님이 이를 그의 의로 여기신 사실을 기록한다. 창세기 22:1에서 "하나님이 아브라함을 시험하시려고 그를" 불렀다고 했다. 아브라함은 이삭을 제물로 바치라는 하나님의 요구에 순종함으로 여전히 하나님을 믿고 있음을 증명해 보였다. 특히 주목할 것은, 창세기 22:12에서 하나님의 천사가 아브라함에게 "네가 네 아들 네 독자라도 내게 아끼지 아니하였으니 내가 이제야 네가 하나님을 경외하는 줄을 아노라"라고 말한 것이다. 창세기 15장과 22장 사이에 얼마의 기간이 지났는지 모른다. 아들을 주시겠다는 약속 후에 이삭이 태어났고 그가 모리아 땅의 한 산으로 갈 때 번제를 드릴 나무를 지고 갈 정도로 성장했으므로 최소한 십 수년은 지났을 것이다. 하나님은 아브라함에게 믿음이 있는지 말로 묻지 않으셨다. 오히려 그의 믿음을 행동으로 보일 기회를 주셨다. 이삭을 당신께 제물로 바치는 것이다. 그리고 아브라함이 하나님을 위해 이삭을 제물로 드렸을 때, 비로소 아브라함이 하나님을 두려워한다고 인정하셨다. 귀신들과 다르게 하나님에 대한 아브라함의 두려움은 당신의 명령에 순종하는 것으로 나타났다. 이후 여호와의 사자가 아브라함에게 다시 나타나 하나님의 약속을 확인한다. 여호와의 사자는 "이는 네가 나의 말을 준행하였음이니라"라고 말하며 하나님이 그에게 복을 주시는 이유를 설명한다창 22:18. 성경에서 구체적으로 기록되어 있지는 않지만, 다른 사람의 입을 통해서 하나님이 아브라함을 당신의 벗으로 삼으셨다고 한다참고. 사 41:8. 저자는 아브라함의 예를 든 후, "사람이 행함으로 의롭다 하심을 받고 믿음으로만은 아니니라"약 2:24라고 말한다. 아브라함의 예를 보편화시켜 모든 성도에게 적용한 것이다.

두 번째로 라합을 예로 든다25. 아브라함은 믿음의 조상이기 때문에 예로 들었다면, 라합을 예로 든 것은 의외이다. 어쩌면 저자가 서신 전체에서 사회적 약자에 대해 관심을 보인 것과 관련이 있을 수 있다. 저자는 1장에서 고아와 과부와 같은 사회적 약자에 관심을 두었다1:27. 2장을 시작하면서 차별의 문제를 다루면서 세상에서 가난한 자를 언급했다2:5. 5장에서 부한 자들로부터 억압받는 품꾼에 대해서 다룬다5:1-6. 저자는 유대인의 믿음의 조상인 아브라함과 이방인이면서 창기였던 라합, 즉 극과 극의 두 인물을 예로 들면서 누구라도 의롭게 되려면 믿음과 행함이 함께 해야 함을 강조한다. 라합은 여리고 성에 온 두 명의 이스라엘 정탐꾼을 숨겨주고 피신시켰다. 라합이 그와 같이 한 이유는 여호수아서 2:9-12에 잘 나타난다. 그는 이전에 하나님이 홍해 물을 마르게 하신 것과 아모리 사람의 두 왕인 시혼과 옥에게 행하신 것을 들었다10. 이러한 소식을 듣고 라합은 그 하나님이 상천 하지의 하나님인 것을 깨달았다. 그리고 하나님이 가나안 땅을 이스라엘 백성에게 주신 줄 알고 그들을 두려워했다9. 이처럼 라합은 하나님을 두려워했기에 이스라엘의 두 정탐꾼이 자신의 집에 있다는 사실을 알고 온 왕의 신하들을 속이고 그들이 도피할 수 있도록 도왔다수 2:1-24. 라합은 하나님을 두려워했기에 당장 자신의 목숨을 해하려는 자들의 위협을 무릅쓰고 두 정탐꾼을 탈출하도록 도움으로 하나님에 대한 자신의 믿음을 나타내 보인 것이다. 이처럼 아브라함과 라합은 하나님의 존재를 알고 두려워하기만 한 귀신들과는 다르다. 하나님의 존재를 알고 두려워하는 모습이 삶으로 나타났기 때문에 믿음을 행함으로 보인 자들의 모범이 된다.

아브라함과 라합의 예를 든 후 마지막으로 "영혼 없는 몸이 죽은 것같이 행함이 없는 믿음은 죽은 것이니라"라고 결론 내린다26. 저자가 제시한 유비를 보면 조금 이상하다. 일반적으로 형상이 없는 영혼은 믿음에, 그리고 형상을 가진 몸은 행함에 비유된다. 그러나 저자는 이를 의도적으로 꼬아놓은 듯하다. 몸에 영혼이 없으면 죽은 시체가 되는 것처럼 믿음에 행함이 없으면 그 믿음이 죽은 시체가 된다는 말이다. 결국 육체에 영혼이 있어야 산 사람이듯, 믿음에 행함이라는 영혼이 있어야 살아있는 믿음이 되는 것이다.

결론Conclusion

믿음과 행함은 서로 떼어놓을 수 없다. 믿음이 있다고 말하면서 헐벗고 일용할 양식이 필요한 형제와 자매에게 그 필요한 것을 주지 않으면서 평안히 가라, 따뜻하게 하라, 배부르게 하라고 말만 하는 믿음은 아무런 유익도 없고 자신을 구원에 이르게 할 수도 없다. 어떤 이는 믿음과 행함이 따로 존재할 수 있다고 말하지만, 이와 같이 말하는 것은 하나님의 존재를 믿고 두려워하지만 그의 말씀에 순종하지 않는 귀신들의 모습과 같다. 오히려 아브라함과 라합이 이삭을 제물로 드리거나 두 정탐꾼을 피신시킴으로 하나님 두려워하는 믿음의 모습을 나타내 보인 것처럼, 믿음과 행함은 분리할 수 없다. 육체에 영혼이 없으면 시체에 불과하듯이 믿음에 행함이 없으면 죽은 믿음이다.

적용Application

나는 믿음이 있다고 말하면서 혹시 말로만 그 믿음을 실천하고 있지는 않은가? 나의 삶 속에 하나님을 경외하는 모습이 실제로 나타나고 있는가? 나는 함께 신앙생활하는 지체들 중에 약한 자들을 행함으로 돌보고 있는가?

설교를 위한 제안

제목: 행함, 믿음의 영혼

1. 행함이 없는 믿음은 그 자체가 죽은 것이다.
2. 하나님을 알고 믿지만 행하지 않는 믿음: 귀신의 믿음과 같다.
3. 하나님을 두려워하는 것이 삶으로 나타나는 믿음: 아브라함과 라합의
   믿음과 같다.

본문 주석

¹⁴ What good is it, my brothers,
　무슨 유익이 있느냐? 내 형제들아

　　　if someone says he　　has faith
　　　만약 누군가　　　믿음을 가지고 있다고 말하면서

　　　　　but does not have works?
　　　　　행함을 가지고 있지 않으면

　　Can that faith save him?
　　그 믿음이 그를 구원하지 못하는 것 아니냐?

1. 본 구절의 헬라어 원문은 "무슨 유익이 있느냐, 내 형제들아"로 시작한다. 이러한 시작은 고대 작가들이 논의를 시작할 때, 자신이 동의하지 않는 사실을 말할 때 주로 쓰는 표현이다.[20] 저자는 행함이 없는 믿음을 가지고도 구원받을 수 있다고 생각하거나 그렇게 주장하는 것은 옳지 않음을 논하려고 한다.

2. "만일 사람이 믿음이 있노라 하고 행함이 없으면"이라고 했다. 이 문장의 문자적인 의미는 "만일 누군가 믿음을 가지고 있다고 말하면서 행함을 가지고 있지 않으면"이다. 혹은 "만일 누군가 믿음이 있다고 말하지만 행함을 가지고 있지 않으면"이다. 각 문장의 첫 부분에 '믿음'과 '행위'라는 명사를 위치시켜서 이 둘을 강조한다. 믿음과 행함의 문제는 저자가 앞서 계속 다루었던 주제이다. 그중에 첫째, 성도가 시련을 기쁘게 여기는 것이다1:2. 둘째, 믿음으로 구하고 의심하지 않는 것, 곧 두 마음을 품지 않는 것이다1:5-8. 셋째, 믿음으로 시련을 인내하는 것, 곧 시련 중에 자기 욕심에 끌려 시험받으면서 하나님께 시험받는다고 생각하며 스스로를 속이는 것이다1:12-18. 넷째, 말씀을 듣고 행하지 않는 문제, 특히 혀를 재갈 물리지 않는 문제와 고아와 과부를 돌보지 않는 문제이다1:19-26. 다섯째, 예수님에 대한 믿음을 가지고도 사람을 차별하는 문제2:1-13 등이 있다. 이렇게 볼 때, 앞서 언급했던 모든 문제는 믿음이 있노라 하고 행함이 없는 것과 관련이 있다.

3. '행위'ἔργον라는 표현이 사용되었다. 이 행위는 바울이 말하는 율법주의적 행위, 즉 '율법의 행위'works of the law를 말하지 않는다. 본 서신에서 말하는 행위는 믿음을 실천하거나 실현하는 차원에서의 행위이다. 블롬버그와 카멜은 '행위'work보다는 '행동'action으로 번역하기를 권한다.[21] 따라서 '행위'는 '믿음의 행동'이나 '믿음의 실천', 또는 '믿음의 표현'으로 번역해도 좋을 듯하다.

4. "그 믿음이 능히 자기를 구원하겠느냐?"라고 했다. 이 부정 의문문은

---

20 Davids, *James*, 120; Blomberg and Kamell, *James*, 129.

21 Blomberg and Kamell, *James*, 129.

"그 믿음이 그를 구원하지 못한다!"라는 부정적인 대답을 기대한다. '믿음'이라는 명사에 정관사가 사용된 것은 이 믿음이 앞서 제시된 그 믿음, 곧 믿음이 있노라 하고 행함이 없는 믿음을 가리킨다. 이 부정 의문문은 믿음을 가지고도 차별을 행한 모습, 곧 "내 형제들아 영광의 주 곧 우리 주 예수 그리스도에 대한 믿음을 너희가 가졌으니 사람을 차별하여 대하지 말라"2:1라는 말씀을 상기시킨다. 영광의 주님인 예수 그리스도에 대한 믿음이 있으면 그에 걸맞은 행동이 따라야 한다. 만약 그렇지 않으면 그 믿음은 구원의 능력을 가진 그리스도를 믿는 믿음이 아니다. 이렇게 볼 때, "그 믿음이 능히 자기를 구원하겠느냐?"2:14라는 질문은 "주 예수 그리스도에 대한 믿음을 가진 것으로 이해할 수 있겠느냐?"라는 의미로 볼 수 있다. 행함이 없는 믿음을 가진 자는 하나님을 사랑하는 자들에게 약속된 생명의 면류관을 받을 수 없고1:12, 하나님 나라의 상속자가 될 수 없다2:5.

15   If a brother or sister is   poorly clothed
      만약 형제나 자매가 헐벗고

                            and lacking in daily food,
                            일용할 양식이 없는데

1. 본 구절에 사용된 '형제나 자매'라는 표현은 독특하다. 왜냐하면 일반적으로 성도를 부를 때 '형제'ἀδελφός라는 표현을 쓰고 '자매'ἀδελφή라는 표현은 잘 사용하지 않기 때문이다.[22] 만약 이것이 사실이라면, '자매'라는 표현은 저자가 의도적으로 추가한 것이다. 이는 헐벗고 일용할 양식이 없는 자들 중에 자매도 있었다는 의미일 수 있다. 저자가 '고아와 과부'1:27, '세상에서

---

22 '자매'ἀδελφή라는 표현은 복음서에서 17회마 12:50; 13:56; 19:29; 막 3:32, 35; 6:3; 10:29, 30; 눅 10:39, 40; 14:26; 요 11:1, 3, 5, 28, 39; 19:25, 사도행전에서 1회행 23:16, 바울서신에서 6회롬 16:1, 15; 고전 7:15; 9:5; 딤전 5:2; 몬 1:2, 그리고 일반서신에서 2회약 2:15; 요 2 1:13가 사용되었다.

가난한 자'2:2, 5, 6, 그리고 품꾼5:1-6과 같은 자들을 언급한 것을 보면, 그는 사회적 약자에 대한 관심이 많았던 듯하다. 저자가 자매를 따로 언급한 것은 아마도 같은 조건이라면 자매가 형제들보다 더 약한 자이기 때문이다. 이를 통해 성도 중에 가장 약한 자들이 헐벗고 일용할 양식이 없어 굶주리고 있다는 사실을 말하려 한 듯하다.

2. 형용사 '헐벗은'γυμνός은 '벌거벗은'naked/stripped, '초라하게 옷을 입은'poorly dressed이라는 의미가 있다. 이 형용사와 함께 '존재하다'exist 또는 '현존하다'be present라는 의미의 현재시제 동사ὑπάρχω가 사용되었다. 이러한 사실을 지적하면서, 롭스는 그들이 헐벗고 지내는 상황이 지속되었거나, 적어도 그들이 처한 상황을 견뎌야만 하는 그런 상태임을 암시하는 것이라고 바르게 말한다.[23] 저자가 말하는 헐벗고 일용할 양식이 없는 형제자매는 지속적으로 그 어려움에서 벗어나지 못하는 자들이다. 이러한 사실은 "일용할 양식이 없는데"라는 문장에서 '없는데'λειπόμενοι가 현재 분사인 것에서 더 확실해진다.

16   and one of you says to them,
그러나 너희 중에 누구든지 그들에게 [~라고] 말하면
"Go in peace, be warmed and filled,"
"평안히 가라, 따뜻하게 하고 배부르게 하라"
without giving them the things needed for the body,
그들에게 그 몸에 필요한[합당한] 것들을 주지 아니하면서
what good is that?
무슨 유익이 있겠느냐?

1. 본 구절은 접속사 '데'δέ로 시작한다. 대부분의 영어성경은 '그리고'and로 번역한다. 이와 같이 번역해도 되지만, 오히려 역접의 의미인

---

23 Ropes, *James*, 106.

'그러나'but로 번역하는 것이 더 나을 듯하다. 왜냐하면 앞서 형제자매 중에서 헐벗고 일용할 양식이 없는 자2:15에 대해 말하지만, 본 구절에서는 그들에게 실제적인 도움을 주지 않고 말로만 위로하고 격려하는 자들에 대해 언급하기 때문이다. "만약 형제나 자매가 헐벗고 일용할 양식이 없는데, 그러나/오히려 너희 중에 누구든지 그에게 이르되 평안히 가라, 덥게 하라, 배부르게 하라 하며 그 몸에 쓸 것을 주지 아니하면"이라는 말이다.

　　2. '평안히 가라'라는 표현은 보편적인 인사로, '안녕' 또는 '잘 가'good bye에 해당한다. 이와 같은 인사는 일용할 양식이 없어 헐벗고 굶주린 형제자매에게 꼭 필요하다. 왜냐하면, 그들에게 평안이 필요하기 때문이다. 그러나 이와 같은 말뿐인 인사는 그들에게 전혀 도움이 되지 않는다. "덥게 하고 배부르게 하라"라는 문장에서 '덥게 하라'라는 표현보다는 '따뜻하게 하라'to warm라는 표현이 더 나을 듯하다. '배부르게 하라'라는 것은 '먹이라'feed, '가득 채워라'fill, 또는 '만족하라'be satisfied라는 의미로, 음식을 먹어 배부르게 하라는 말이다. 이 두 현재시제 명령형 동사는 중간태로 볼 수도 있고 수동태로 볼 수도 있다. 중간태이면 헐벗고 굶주린 형제자매 스스로 따뜻하게 하고 배부르게 하라는 의미이다. 그들 스스로 기도하면서 그 어려움을 극복하라는 말이다. 수동태이면 누구의 도움을 받아 그렇게 하라는 의미이다. 기도하면서 하나님이나 다른 사람의 도움으로 그 어려움을 극복하라는 말이다. 이는 현대 많은 기독교인이 함께 신앙생활하는 형제자매가 지속적으로 헐벗고 굶주림에도 불구하고 단순히 '힘내세요' 혹은 '이겨내세요'라고 말하며 아무런 도움을 주지 않는 것과 같다. 이 두 동사가 중간태이든 수동태이든, 일용할 양식을 해결하지 못하고 헐벗은 형제자매에게 스스로 따뜻하게 하고 배부르게 하라거나 다른 사람의 도움으로 그렇게 하라고 말하며 실제적인 도움을 주지 않는 믿음은 아무런 유익이 없다.

　　3. "그 몸에 쓸 것을 주지 아니하면"이라고 했다. '쓸 것'τὰ ἐπιτήδεια으로

번역된 것은 '필요한'necessary 또는 '합당한'fit for이라는 의미의 복수 형용사가 독립적 용법으로 사용되어서 '필요한 것들'τὰ ἐπιτήδεια이 된다. 이 형용사에 '몸'을 의미하는 명사의 속격τοῦ σώματος이 결합되어 '그 몸에 필요한 것들'이 된다. 저자가 '몸'이라는 표현을 사용한 것은 앞서 형제자매가 헐벗고 일용할 양식이 없다고 한 것처럼, 그들의 육체가 생명을 유지하는데 필요한 옷과 먹을 것이 필요함을 말하기 위함이다. 몸이라는 표현을 통해서 그 형제자매가 영적인 문제 때문이 아니라 하루하루 살아가는데 필요한 양식과 입을 것이 없어서 당하는 육체적인 문제 때문에 고통을 당하고 있음을 명확히 한다. 동료 성도는 그들에게 말이 아니라 그들의 육체의 필요를 채울 수 있는 것들로 도와야 한다.

4. 본 구절을 마무리하면서 2:14에서 사용되었던 "무슨 유익이 있으리요"라는 표현이 다시 사용한다. 블롬버그와 카멜은 이를 설명하면서 "행함이 없는 말들이 가난한 자에게 아무 유익이 되지 못하듯, 행함이 없는 믿음은 성도에게 아무런 유익을 끼치지 못한다"라고 말한다.[24] 2:14에서 "내 형제들아 만일 사람이 믿음이 있노라 하고 행함이 없으면 무슨 유익이 있으리요 그 믿음이 능히 자기를 구원하겠느냐"라고 했다. 유익이 없다고 말하는 것은 그 믿음이 자신을 구원하는 데 아무 유익이 없다는 말이다. 이와 마찬가지로 2:16에서는 헐벗고 굶주린 자에게 단순히 말만 하고 필요한 것을 주지 않으면 그 사람에게 아무런 유익이 없다는 말로서, 그를 그 헐벗음과 굶주림에서 구원해내지 못한다는 의미이다.

---

24 Blomberg and Kamell, *James*, 131.

¹⁷ So also faith by itself,

  이와 같이 믿음 또한

      if it does not have works,

      만약에 그것[믿음]이 행함을 가지지 않으면

          is dead.

          그것 자체가[그것 만으로는] 죽은 것이다

    1. 본 구절은 '이와 같이'οὕτως καί로 시작한다. 이는 '그래서 또한'so also, '심지어'even so, '이와 같이'in the samy way 등으로 번역된다. 따라서 "이와 같이 믿음 또한 [역시] 행함을 가지지 않으면 그것 자체가 죽은 것이다"라는 의미가 된다. 앞서 2:14는 행함이 없는 믿음이 자기 자신을 구원하지 못하기에 유익이 없다고 했다. 그리고 2:16은 행함이 없는 말만으로는 헐벗고 굶주린 자를 그들이 처한 상황에서 구원하지 못하기에 유익이 없다고 했다. 따라서 본 구절에서 "이와 같이 믿음 또한 행함이 없으면 그 자체가 죽은 것"이라고 하는 것은 그 믿음 자체가 죽은 것이기에 구원의 능력이 없고, 본인에게나 이웃에게 생명을 주지 못한다는 말이다.

    2. 앞서 2:14에서 부정대명사 '티스'τις를 주체로 하여 "만일 누군가 믿음을 가지고 있다고 말하고 행함을 가지고 있지 않으면"이라고 말했다. 그러나 2:17에서는 믿음을 의인화하여 그 믿음이 행함을 가지지 않으면 그 믿음 자체가 죽은 것이라고 한다. 저자는 반복해서 믿음과 행함은 분리할 수 없다고 강조했다. 그러나 이제는 좀 더 강한 표현을 사용하여 믿음이 행함을 가지지 못하면 그 자체가 죽은 것이라고 말한다. 이 말의 의미가 2:26, 곧 "영혼 없는 몸이 죽은 것 같이 행함이 없는 믿음은 죽은 것"이라는 문장에 나타난다. 한마디로 말해서 행함이 믿음의 영혼이라는 것이다.

¹⁸ But someone will say,

  그러나 어떤 사람이 말할 것이다

    "You have faith and I have works."

    "너는 믿음이 있고 나는 행함이 있으니"

      Show me your faith

      너는 내게 너의 믿음을 보여라

        apart from your works,

        행함은 별도로 하고

     and I will show you my faith

     그러면 나 역시 너에게 그 믿음을 보이겠다

       by my works.

       나의 행함으로

1. "너는 믿음이 있고 나는 행함이 있으니"라는 문장은 대부분의 영어성경에서 인용문으로 처리되었다. 본 구절은 해석하기 난해한 구절로 여겨진다. 그 이유는 이 인용문의 주체가 누구인지 알 수 없기 때문이다. 본문에서는 단지 "어떤 사람이 말하기를"이라고만 했기에 학자들은 그 주체가 누구인지를 밝히기 위해 많은 논의를 해왔다. 일반적으로 '너'와 '나'는 특별히 누구를 지칭하기보다 보편적인 사람들, 곧 이 사람과 저 사람을 가리킨다고 본다. 막연히 어떤 사람이 하는 말을 너와 내가 하는 말로 옮겨놓았다는 것이다. 따라서 "어떤 사람은 믿음을 가졌다 하고, 또 다른 사람은 행함을 가졌다고 말할 것이다"라는 의미로 본다. 본 구절이 '그러나'ἀλλὰ로 시작하는 것을 볼 때, 저자가 어떤 사람들이 하는 말을 인용한 이유는 그들이 자신의 주장을 반박했기 때문이다. 앞서 저자는 계속해서 믿음과 행함은 불가분의 관계라고 말했다. 그러나 수신자들 중 어떤 이는 이에 반대하며 믿음과 행함은 따로 존재할 수 있다고 주장한 것이다. 그들 중에도 어떤 사람은 "나는 믿음을 가졌다"라고

말하고, 또 다른 사람은 "나는 행위를 가졌다"라고 말한 듯하다.

2. "행함이 없는 네 믿음을 내게 보이라 나는 행함으로 내 믿음을 네게 보이리라"라고 했다. "행함이 없는 네 믿음을 내게 보이라"라고 번역된 것은 "행함을 별도로 하고/일단 접어두고 내게 너의 믿음을 보이라"라는 의미이다. 이는 믿음과 행함이 분리될 수 있다고 믿고 말하는 자에게 행함을 별도로 하고 믿음 있음을 보이라는 말이다. 2:14에서 "만약 누군가 믿음을 가지고 있다고 말하면서 행함을 가지고 있지 않으면"이라고 했다. 이를 통해서 볼 때, 행함을 별도로 두고 믿음을 보이라는 말은 믿음을 가지고 있다고 말하는 것만 가지고 믿음 있음을 보이라는 뜻이다. 만약 누군가 이를 증명해 보인다면 저자 자신은 행함으로 믿음이 있다고 말한 것을 보일 것이라고 한다.

3. 인간이 어떤 행위를 통해서 구원을 얻을 수 있다는, 행위 구원을 말하는 것이 아니다. 오히려 말로만 믿음이 있다고 하면서 실제로 그렇지 않은, 두 마음을 가지고 자신을 속이며 신앙생활하는 것을 지적하는 것이다. 미혹되어 진리를 떠나 영혼이 병든 채 믿음을 가지고 있는 것처럼 말하지만, 실제로 그 믿음을 나타내 보이지 못하는 자들에게 행함이 없는 믿음은 죽은 믿음이고, 구원의 능력을 상실한 죽은 믿음이라고 가르치는 것이다.

[19] You believe that God is one;
  너는 하나님이 한 분이신 줄을 믿는다
      you do well.
      잘 하는 것이다
Even the demons believe-- and shudder!
귀신들 조차도 믿고 떠느니라

1. 저자는 수신자들이 유일하신 하나님에 대한 믿음을 가지고 있다고 말한다. 그리고 그와 같이 하는 것은 잘하는 것이라고 한다. '잘하는도다'라는

표현에 '행하다'ποιέω라는 동사가 사용되었다. 이는 특별한 것이 아니라 보편적으로 사용되는 표현이다. 그러나 믿음의 행위를 강조하는 문맥에서 볼 때, 2:8의 것과 같이 의도적으로 사용된 듯하다. 그런데 저자는 "귀신들도 믿고 떠느니라"라고 말한다. 저자가 정말 귀신들이 잘하고 있음을 칭찬하기 위해서 이같이 말한 것 같지는 않다. 왜냐하면 귀신들은 칭찬받을 대상이 아니기 때문이다. 그리고 본 구절은 앞선 구절과 같이 믿음의 행위가 동반되지 않은 믿음에 대해 말하기 때문이다. 만약 이것이 사실이라면, 앞서 저자가 수신자들에게 "잘하는도다"라고 말한 것 역시 그들을 칭찬하려는 의도가 아님을 알 수 있다. 학자들은 이 표현을 빈정대는 듯한 표현sarcastic/ironic expression으로 본다. 귀신들도 하나님의 존재를 믿고 떤다고 말한 것은 수신자들의 믿음이 그와 같음을 지적하기 위함이다. 귀신들은 한 분이신 하나님의 존재를 믿고 떨지만, 떠는 것 이상의 아무런 믿음의 행위를 보이지 않는다. 이처럼 수신자들 역시 하나님의 한 분 되심을 믿지만 그 믿음을 삶으로 보이지 않음을 지적하는 것이다. 따라서 "잘하는도다"라고 한 것을 한국식으로 바꾸면, 비아냥거리는 투로 "잘~ 한다!"라고 말하는 것과 같다.

　　2. "귀신들도 믿고 떠느니라"라고 번역된 것은 "귀신들조차도 믿고 떤다"는 의미이다. '떤다'φρίσσουσιν라는 동사는 두려움으로 인해서 떠는 것, 그것도 통제하거나 억제할 수도 없이 떠는 것을 묘사할 때 사용된다.[25] 무Moo는 이 동사를 설명하면서 "하나님이나 초자연적인 존새를 접했을 때 유발되는 두려움을 말한다. 이러한 두려움은 특히 파피루스에서 마법사가 그의 말을 들으려는 자들이 나타내기를 바라는 효과를 묘사할 때 자주 나타난다"라고 말한다.[26] 본 구절에서 갑자기 귀신이 믿고 떠는 것에 대해 언급한 이유 역시 믿음과 믿음의 행위의 맥락에서 이해해야 한다. 저자가 지적한 바와 같이 귀신들도 수신자들처럼 유일하신 하나님의 존재를 믿고 인정한다. 심지어

---

25 Blomberg and Kamell, *James*, 135.

26 Moo, *James*, 130.

그들은 하나님의 존재에 대해 두려워하기까지 한다. 그런데 그것뿐이다. 하나님의 존재를 인정하고 그를 두려워한다면 그에 걸맞은 행동이 뒤따라야 한다. 다시 말해서, 하나님의 존재를 믿고 두려워하는 자들은 하나님을 섬기고 그 말씀에 순종하는 삶을 살아야 한다. 그러나 귀신은 그렇지 않다. 하나님의 존재를 인정하고 두려워하지만 그 말씀에 순종하지 않는다. 오히려 하나님의 말씀을 거역하고 대적한다. 귀신들은 행함이 없는 믿음을 가진 것이다. 그 믿음은 구원의 능력도 없을뿐더러 죽은 믿음이다. 따라서 말로는 믿음이 있다 하면서 믿음의 행위가 없는 수신자들의 믿음은 귀신들의 믿음과 같다.

²⁰ Do you want to be shown,
   너는 알기를 원하느냐

      you foolish person,
     오 허탄한[어리석은] 사람아!

         that faith apart from works is useless?
        행함을 별도로 한 믿음이 무용하다는 것을

    1. 본 구절은 "너희가 알기를 원하느냐"라는 말로 시작하면서, 2:21-26에서 아브라함과 라합의 예를 통해 행함이 없는 믿음이 무용하다는 사실을 설명할 준비를 한다. '허탄한'κενέ이라는 표현은 '속이 빈'hollow, '허황된'empty/idle이라는 의미가 있다. 이는 믿음과 행위가 분리될 수 있다고 믿는 자들은 속이 빈 자들이고 허황된 자들이라는 말이다. 믿음과 행함이 분리될 수 있다고 믿거나, 행함이 없이 믿기만 하는 것도 무익하지 않다고 생각하는 자들에게 행함은 별로 중요하지 않았을 것이다. 그러나 그와 같은 자들을 허탄한 자라고 하면서 "행함이 없는 믿음이 헛것인 줄을 알고자 하느냐"라고 질문한다. 이는 행함을 별도로 한 믿음은 무용하다는 말이다. 믿음이 행함으로부터 분리될 때, 그 믿음은 아무짝에도 쓸모가 없다고 분명히 말하는 것이다.

2. 헬라어 원문을 보면 "행함이 없는 믿음이 헛것이다"ἡ πίστις χωρὶς τῶν ἔργων ἀργή ἐστιν라는 문장에 언어유희word play가 사용되었음을 알 수 있다. 저자는 서신 전체에서 '행함'을 나타내는 '에르곤'ἔργον이라는 표현을 15회 사용할 정도로 이를 강조한다. 본 구절에서도 복수 속격 형태ἔργων가 사용되었다. 그리고 '헛것'이라는 의미의 단어인 '아르게'ἀργή가 사용되었다. 이는 '에르곤'과 어원이 같은 단어이다. '아르게'ἀργή는 부정을 나타내는 알파ἀ와 '일'/'행함'을 의미하는 명사 '에르고스'ἔργος의 합성어이다ἀ+ ἔργος. 무Moo는 이와 같은 헬라어 원어의 언어유희를 영어로 "동작하지 않는 믿음은 작동하지 않는다"faith that doesn't work doesn't work라고 표현했다.[27]

²¹ Was not Abraham our father justified by works

　우리 조상 아브라함이 행함으로 의롭다 함을 받지 않았느냐?

　　　when he offered up his son Isaac on the altar?

　　　그가 그의 아들 이삭을 제단에 바친 후에

　　1. 앞서 "내 형제들아 만일 사람이 믿음이 있노라 하고 행함이 없으면"14이라는 가정법을 사용하여 믿음과 행함이 분리될 수 없다는 사실을 설명했다2:14-17. 그러나 이제 과거 이스라엘 역사에서 실재했던 인물인 아브라함과 라합의 예를 들어서 설명한다. 먼저 "우리 조상 아브라함이 행함으로 의롭다 하심을 받은 것이 아니냐?"라는 부정 의문문을 통해 긍정의 대답을 유도한다. '의롭다 함을 받다'ἐδικαιώθη로 번역된 동사는 '의롭다 하다'justify, '의롭게 여기다'treat as just라는 의미의 동사 '디카이오오'δικαιόω의 단순 과거 수동태이다. 이는 아브라함 스스로 의롭게 된 것이 아니라 하나님이 그를 의롭게 여겨주셨기 때문에 의롭게 되었다는 말이다. 따라서 야고보서의 저자가 행함 그 자체를 의롭게 되는 수단으로 제시하는 것은 아니다. 성도는 하나님이 의롭게

27 Moo, James, 132.

여겨주실 때 비로소 의롭게 된다.

  2. "그 아들 이삭을 제단에 바칠 때에"라는 문장은 아브라함의 믿음의 행위를 나타낸다. 앞서 아브라함이 행함으로 의롭다 함을 받았다고 했는데, 아브라함의 행함이 바로 그 아들 이삭을 제단에 바친 것이다. '바칠 때에' ἀνενέγκας로 번역된 것은 단순 과거 능동태 분사이다. 그리고 주동사인 '의롭다 함을 받다' ἐδικαιώθη 역시 단순 과거 시제이다. 이 둘의 시제를 고려해 볼 때, 그 번역은 "우리 조상 아브라함이 그 아들 이삭을 제단에 바친 후에, 행함으로 의롭다 함을 받지 않았느냐?"가 될 수 있다.[28] 이 분사구문은 원인을 나타내어서 "~바쳤기 때문에"라는 의미로 보기도 하고, 수단을 나타내어서 "~바쳐서"라는 의미로 보기도 한다. 그러나 어떻게 보든지 전체적인 의미는 큰 차이가 없다.

  3. 아브라함이 이삭을 제단에 바친 것은 귀신들이 하나님을 믿고 떠는 것, 또는 수신자들이 행함 없이 하나님을 믿기만 하는 것과 분명 차이가 있다. 아브라함이 이삭을 바친 사건이 창세기 22장에 기록되어 있다. 여기 하나님이 아브라함의 믿음과 이삭을 드리는 그의 행위를 어떻게 보시는지 짐작할 수 있는 구절이 있다. 아브라함이 이삭을 결박하여 칼로 잡으려 할 때, 주의 사자가 아브라함을 부른다. 창세기 22:12에 "사자가 이르시되 그 아이에게 네 손을 대지 말라 그에게 아무 일도 하지 말라 네가 네 아들 네 독자까지도 내게 아끼지 아니하였으니 내가 이제야 네가 하나님을 경외하는 줄을 아노라"라고 말한다. '경외하다'라는 표현의 기본적인 의미는 두려워하는 것이다. 아브라함은 하나님을 두려워했고 그 두려움이 이삭을 바치는 행동으로 나타난 것이다. 아브라함의 믿음은 그의 믿음의 행위와 일치했다. 비록 창세기에서 쓰인 단어의 의미가 야고보서의 것과 일치하지는 않겠지만, 창세기 본문에서 말하고자 하는 전체적인 문맥과 뉘앙스는 야고보서의 것과 일치한다. 아브라함의 믿음은 하나님을 믿고 떠는 것에만 그친 귀신의 믿음과는 다르다. 아브라함은 그의

---

28 헬라어의 시상을 더 중요하게 여길 경우, 다르게 번역될 수 있음을 염두에 두라.

믿음과 행함이 함께하는 좋은 예를 보여준다.

²² You see that faith was active along with his works,
　너는 그 믿음이 그의 행함과 함께 일하는 것을 본다
　　　　　　　and faith was completed by his works;
　　　　　　　그리고 그 행함을 통해서 그 믿음이 온전하게 됨을 [본다]

　　1. "네가 보거니와"βλέπεις로 번역된 헬라어 원문의 문자적 의미는 보는 것을 말하지만, 무언가 이해하고 알게 되거나 깨닫게 되는 상황에서도 사용된다. 이는 앞서 아브라함이 행함으로 그의 믿음을 보였다는 사실을 통해서 지금 언급될 내용을 깨닫게 된다는 말이다. 그들이 깨닫게 될 사실은 두 가지이다. 첫째, 믿음이 아브라함의 행함과 함께 일하는 것을 알게 된다. "믿음이 그의 행함과 함께 일하고"라고 했다. '함께 일하고'συνήργει로 번역된 동사의 시제는 미완료이다. 이는 아브라함의 믿음과 행함이 과거에 단회적, 혹은 일시적으로 함께한 것이 아니라 지속적으로 행해진 성격의 것ongoing nature이라는 말이다. 여기서도 같은 어원을 가진 동사 '함께 일한다'συνήργει와 명사 '행함'ἔργοις을 통해 언어유희word play를 사용한다. "믿음이 그의 행함과 함께 일하고"로 번역된 문장을 언어유희의 뉘앙스를 살려서 번역하면 "믿음은 그의 일과 함께 일한다" 또는 "믿음은 그 행함과 함께 행한다"faith was working with his works; NASB로 번역할 수 있다. 어떤 영어성경은 '일하다'work라는 동사 대신에 '행동'action이나 '활동적인'active이라는 표현을 사용한다. 바울이 말하는 '율법의 행위'works of the law와 구분하기 위해서 이와 같이 번역한 듯하다. ESV와 NRSV는 "믿음은 그의 행동과 함께 활동했다"faith was active along with his works로, NIV는 "그의 믿음과 그의 행동은 함께 일하고 있었다"his faith and his actions were working together로, 그리고 NLT는 "그의 믿음과 그의 행동이 함께 일했다"his faith and his actions worked together로 번역한다.

2. 둘째, 수신자들은 행함으로 믿음이 온전하게 된다는 사실을 알게 된다. '온전하게 되었느니라'ἐτελειώθη로 번역된 동사는 '완성하다'complete, '끝내다'finish, '성취하다'accomplish 등의 의미를 지닌 동사 '테레이오오'τελειόω의 단순 과거 수동태이다. 단순 과거 시제는 과거의 단회적인 사건을 나타낸다. 앞서 '함께 일하고'συνήργει로 번역된 동사는 과거의 지속적이거나 반복된 동작을 나타내는 미완료 시제였다. 이 두 동사의 시제는 아브라함의 믿음은 지속적으로 행함과 함께 일했고, 이삭을 하나님께 드린 사건을 통해서 단회적으로 그의 믿음이 온전함에 이르렀음을 보여준다.

　　3. '온전하게 되다'ἐτελειώθη라는 동사는 1:4에서 "인내를 온전히 이루라 이는 너희로 온전하고 구비하여 조금도 부족함이 없게 하려 함이라"라는 문장에 사용된 같은 어원의 형용사 '온전한'τέλειος을 상기시킨다. 1:2-4에서 저자는 수신자들에게 여러 가지 시련을 당할 때 온전히 기쁘게 여기면, 그 믿음의 시험test을 통과하여 그 속에 인내가 만들어진다고 했다. 그리고 그 만들어진 인내를 온전히 이루라고 했다. 인내를 온전히 이루는 것은 온갖 시련 중에도 믿음이 있다는 증거, 곧 기쁘게 여기는 행동을 반복할 때 가능하다. 이런 과정을 통해서 신자는 시련 중에도 하나님이 원하시는 성숙된 신앙인으로 자라게 된다. 이와 마찬가지로 2:22에서 아브라함의 믿음은 그 자신의 행위와 함께 일한다고 한다. 그 믿음이 행함과 함께 일하는 상태가 지속될 때, 마침내 그의 믿음이 온전하게 되었다. 저자는 아브라함의 삶에서 볼 수 있는 믿음과 행함의 관계가 어떤지를 보고 깨닫게 한다.

23 and the Scripture was fulfilled that says,

그리고 성경에 이른 바…말씀이 이루어졌고

"Abraham believed God,

"아브라함은 하나님을 믿었고

and it was counted to him as righteousness"

그리고 이것[아브라함이 하나님을 믿은 것]이 그에게 의로 여겨졌다"

-- and he was called a friend of God.

그리고 그는 하나님의 벗이라 칭함을 받았다

1. "이에 성경에 이른바… 말씀이 이루어졌고"라고 했다. '이루어지다'ἐπληρώθη로 번역된 동사는 '채우다'fill/make full, '완성하다'complete 등의 의미가 있는 '플레로오'πληρόω의 단순 과거 수동태이다. 저자는 이스라엘의 역사 속에 실재했던 아브라함의 예가 성경 말씀의 성취라고 말한다. 이러한 주장은 믿음과 행함이 분리될 수 없고 함께 일한다는 주장을 더 확실히 뒷받침하는 근거가 된다. 아브라함과 관련하여 성경 말씀이 성취된 것 두 가지를 지적한다.

2. 첫째, "아브라함이 하나님을 믿으니 이것을 의로 여기셨다"라는 말씀이 성취되었다. 이를 문자적으로 번역하면 "그리고 아브라함은 하나님을 믿었고 이것[아브라함이 하나님을 믿은 것]이 그[아브라함]에게 의로 여겨졌다"Abraham believed God, and it was counted to him as righteousness; ESV이다. 이는 창세기 15:6의 "아브람이 여호와를 믿으니 여호와께서 이를 그의 의로 여기시고"And he believed the Lord, and he counted it to him as righteousness라는 말씀의 인용이다. 두 문장은 공통적으로 아브라함이 주님/하나님을 믿었다고 말한다. 그러나 그 이후 문장을 보면, 원 본문은 주님Lord이 주어로 사용되었고, 야고보서의 것은 믿음이 주어로 사용되었다. 저자가 이와 같이 본문 인용에 변형을 주어 믿음을 주어로 내세운 이유는 야고보서 문맥에서 믿음과 행함의

관계에 대해서 교훈하고 있기 때문이다. 그러나 의미상으로는 차이가 없다.

3. 창세기 15장에서 하나님이 아브라함의 몸에서 날 자가 그의 상속자가 될 것이고, 그의 자손이 하늘의 별처럼 많아질 것이라고 약속하셨다. 아브라함은 이를 믿었고 하나님은 그의 믿음을 의롭게 여기신다. 그런데 야고보서 본문에서는 창세기 22장의 사건을 설명하면서 아브라함이 이삭을 제단에 바칠 때 그의 행함으로 의롭다 여김을 받았다고 말한다약 2:21-22. 그런 후, 창세기 15:6에서 아브라함이 그의 믿음으로 의롭게 여김 받은 사실을 다시 언급하면서, 이 말씀이 완전히 성취되었다고 말한다. 저자는 아브라함의 믿음이 하나님을 두려워하여 이삭을 드리는 행위에서 나타났고, 이는 창세기 15:6의 말씀의 성취이므로 믿음과 행위가 분리될 수 없고, 또 믿음이 행위와 함께 일한다는 주장이 사실임을 증명한다.

4. 둘째, "그는 [아브라함은] 하나님의 벗이라 칭함을 받았다." 이 구절은 성경의 직접 인용이라기보다는 역대하 20:7, 혹은 이사야 41:8에 나타난 '주의 벗 아브라함'을 빌어 설명한 듯하다.[29] 블룸버그와 카멜은 아브라함이 하나님의 벗이라고 불린 것은 그에게 그보다 더 큰 영광스러운 것이 없다는 의미로 본다. 그리고 창세기 18:17-18의 "여호와께서 이르시되 내가 하려는 것을 아브라함에게 숨기겠느냐 아브라함은 강대한 나라가 되고 천하 만민은 그로 말미암아 복을 받게 될 것이 아니냐"라는 말씀을 근거로 하나님이 아브라함에게는 아무것도 숨기지 않을 만큼 아주 가까운 친구로 여겼다고 본다. 하나님은 아브라함의 역동적인 믿음을 보고 그를 의롭다고 칭한다는 의미에서 법적으로 대할 뿐 아니라, 그를 인간적으로 대한다는 것이다. 이러한 관계를 가질 수 있도록 한 것이 아브라함의 믿음이고 하나님은 그를 벗이라 부르며 응답한 것이다.[30]

---

29 '주의 벗 아브라함'이라고 번역된 것은 엄밀히 말해서 '사랑을 받은 자 아브라함'beloved Abraham이라는 의미인데, 영어성경은 대부분 'friend'로 번역을 했다. 실제로 그런 의미가 있기도 하다.

30 Blomberg and Kamell, *James*, 138.

5. 아브라함이 하나님의 벗이라고 칭함 받은 사실은 세상과 벗이 되려는 것을 경고한 4:4의 말씀과 관련이 있다. 저자는 "간음한 여인들아 세상과 벗 된 것이 하나님과 원수 됨을 알지 못하느냐 그런즉 누구든지 세상과 벗이 되고자 하는 자는 스스로 하나님과 원수 되는 것이니라"4:4라고 말한다. 아브라함은 하나님을 믿었고 그 믿음을 행함으로 실천했다. 하나님은 아브라함의 그 믿음을 보시고 의롭게 여기셨을 뿐 아니라 당신의 벗이라고 칭하셨다. 이와는 대조적으로 하나님보다는 자기 욕심을 따르고, 그 욕심을 따라 살인하고 다투고 싸우는 자들은 간음한 여인과 같고 세상과 벗 된 것이라고 말한다. 세상의 벗이 되려는 자들은 하나님과 원수가 된다.

²⁴ You see that a person is justified   by works
　너희는 행함으로 사람이 의롭게 됨을 안다[본다]

　　　　　　　　　　　　and not by faith alone.
　　　　　　　　　　　　그리고 믿음 만으로가 아니라

1. 본 구절은 "이로 보건대"ὁρᾶτε ὅτι로 시작한다. '보다'ὁράω라는 동사는 문자적 의미 그대로도 쓰이지만 '의식하다'/'알다'notice라는 의미로도 쓰인다. 이는 수신자들이 이제껏 저자의 설명을 듣고 그 의미가 무엇인지 깨닫게 된다는 말이다. '이로 보건대'도 좋지만, '너희는 안다'로 번역하는 것이 더 좋을 듯하다.

2. 저자가 아브라함의 예를 통해서 궁극적으로 전달하고자 하는 결론은 믿음과 행함이 분리될 수 없다는 것이다. '행함으로'ἐξ ἔργων라는 표현이 문장 제일 앞에 배치되었다. 이는 의롭다고 칭함을 받는 것이 단순히 믿음이 있다고 말하는 것에 의해서가 아니라 행함이 동반되어야 함을 강조하는 것이다. 누구든지 "나는 믿는다", "나는 믿음이 있다"라고 말할 수 있다. 그러나 그렇게 말한다고 해서 모두가 하나님으로부터 의롭다 칭함을 받은 것은 아니다. 하나님으로부터 의롭다 칭함을 받기 위해서는 당신을 믿는 믿음과 그에 따르는

행위, 곧 믿음의 행위가 있어야만 한다. 이 믿음의 행위는 사람들에게 선을 행하는 것을 말하지도 않고 구원을 보장하는 어떤 행위가 있다는 의미도 아니다. 문맥에서 계속 강조하는 것은 한 분이신 하나님의 존재를 믿고 경외하면, 그 경외하는 모습이 삶에서 행동으로 나타나야 한다는 것이다. 믿음이 있다고 말하는 것도 하나님의 존재를 인정하는 것이지만, 믿음의 행위가 있을 때 하나님의 존재를 온전히 인정하는 것이다.

^{25} And in the same way
  그리고 이와 같이

  was not also Rahab the prostitute justified by works
  창녀 라합 또한 행함으로 의롭다 함을 받지 않았느냐?

    when she   received the messengers
    그가   사자들을 영접하고

      and sent them out by another way?
      그리고 다른 길로 나가게 한 후에

  1. 다시 구약 이스라엘의 역사에 실재한 인물인 라합을 예로 든다. 라합은 앞서 제시된 아브라함과는 몇 가지 면에서 차이가 있다. 아브라함은 유대인으로서 믿음의 조상이고 유대인들이 우러러보는 인물이다. 그러나 라합은 비록 예수님의 족보에 등장하기는 하지만마 1:5, 이방인이면서 창녀였다. 창녀였던 라합을 예로 든 것은 의도적이다. 왜냐하면 저자는 고아와 과부1:27, 세상에서 가난한 자2:5, 헐벗고 일용할 양식이 없는 형제자매2:15, 그리고 부한 바들로부터 억압받는 품꾼5:1-6과 같은 사회적 약자에 대해 언급하며 특별한 관심을 보였기 때문이다. 저자는 의도적으로 유대인이 믿음의 조상으로 여기는 아브라함, 그리고 이와 대조를 이루는 이방인이면서 창녀였던 라합을 언급한 듯하다. 이를 통해 믿음과 행함을 함께 가지고 있는 자라면 누구든지 의롭다

칭함을 받을 수 있다는 사실을 전달하고자 한 듯하다. 사람이 보기에 덕망이 있고 존경을 받을만한 사람뿐 아니라 보잘것없고 천대받는 사람도 예외 없이 행하는 믿음을 가진 자들은 의롭다 칭함을 받을 수 있다. 흩어져서 살았던 수신자들 중에 천한 신분을 가지고 힘겹게 살아가는 자들은 이와 같은 사실에 큰 격려와 위로를 받았을 것이다.

2. "기생 라합이 사자들을 접대하여 다른 길로 나가게 할 때에 행함으로 의롭다 하심을 받은 것이 아니냐"라고 말한다. 이 문장의 주동사 '의롭다 함을 받다'ἐδικαιώθη는 단순 과거 수동태이다. 그리고 '접대하여'ὑποδεξαμένη와 '나가게 할 때에'ἐκβαλοῦσα는 단순 과거 분사이다. 따라서 시제를 고려해볼 때, 라합은 사자들을 접대하고 다른 길로 나가게 한 후에 그의 행함으로 의롭다 함을 받았다. 이 두 개의 분사 역시 아브라함의 행동을 설명할 때 사용된 분사처럼 원인의 분사나 수단의 분사로 볼 수 있다. 그러나 어떤 용법으로 보든지 큰 의미상의 차이가 없다.

3. 라합이 두 정탐꾼을 접대하고 다른 길로 가게 한 이유를 살펴볼 필요가 있다. 여호수아서 2장, 특히 2:9-12에서 그 이유를 설명한다.

⁹말하되 여호와께서 이 땅을 너희에게 주신 줄을 내가 아노라 우리가 너희를 심히 두려워하고 이 땅 주민들이 다 너희 앞에서 간담이 녹나니 ¹⁰이는 너희가 애굽에서 나올 때에 여호와께서 너희 앞에서 홍해 물을 마르게 하신 일과 너희가 요단 저쪽에 있는 아모리 사람의 두 왕 시혼과 옥에게 행한 일 곧 그들을 전멸시킨 일을 우리가 들었음이니라 ¹¹우리가 듣자 곧 마음이 녹았고 너희로 말미암아 사람이 정신을 잃었나니 너희의 하나님 여호와는 위로는 하늘에서도 아래로는 땅에서도 하나님이시니라 ¹²그러므로 이제 청하노니 내가 너희를 선대하였은즉 너희도 내 아버지의 집을 선대하도록 여호와로 내게 맹세하고 내게 증표를 내라.

라합이 두 정탐꾼을 숨겨주고 피신시킨 이유를 다음과 같이 제시한다.

첫째, 라합이 이전에 하나님이 홍해 물을 마르게 하신 것과 아모리 사람의 두 왕인 시혼과 옥의 군대를 전멸시키신 일을 들었기 때문이다10. 둘째, 라합은 하나님이 위로 하늘과 아래의 땅에서도 하나님인 것을 깨달았기 때문이다11. 셋째, 이 모든 일을 행하신 하나님이 가나안 땅을 이스라엘 백성에게 이미 주셨다는 사실을 알았기 때문이다9. 이 모든 사실을 알고 있던 라합은 "우리가 너희를 심히 두려워하고 이 땅 주민들이 다 너희 앞에서 간담이 녹나니"9라고 말한다. 라합은 이스라엘 백성을 두려워했고, 그들의 하나님을 두려워했다.

4. 여리고 왕은 두 정탐꾼이 라합의 집에 들어가서 유숙했다는 제보를 받고 그의 신하들을 보내어 그들을 잡아오라고 했다수 2:2-3. 이미 두 정탐꾼의 정보를 알고 온 왕의 신하들에게 거짓 정보를 주면서 두 정탐꾼을 도피할 수 있도록 돕는 것은 쉽지 않은 일이다. 그러나 라합이 자신의 생명을 잃을 수 있는 위험을 무릅쓰고 정탐꾼들을 도피할 수 있도록 한 이유는 그가 하나님을 더 두려워했기 때문이다. 라합은 하나님의 존재를 믿고 두려워했다. 그리고 라합의 이 믿음은 두 정탐꾼을 도피하도록 돕는 것으로 나타났다. 하나님에 대한 자신의 믿음을 행함으로 나타내 보인 것이다. 라합의 이 같은 행동은 아브라함이 하나님을 경외했기에 이삭을 제물로 바치려고 했던 것과 같다. 라합의 경우에도 믿음과 행위가 함께 일했고, 하나님은 라합의 그 믿음을 보시고 그를 의롭다고 칭하셨다. 아브라함과 라합의 믿음의 행위는 귀신이 하나님의 한 분 되심을 믿고 떨지만 그에 걸맞은 행위가 나타나지 않는 것과 대조된다.

[26] For as the body apart from the spirit is dead,

왜냐하면 영혼 없는 몸이 죽은 것과 같이

so also faith apart from works is dead.

이와 같이 행함이 없는 믿음 또한 죽은 것이기 때문이다

1. 본 구절에서는 행함과 믿음의 관계를 영혼과 몸의 관계에 빗대어 은유적으로 묘사하며 앞서 논의한 것에 대한 결론을 내린다. 사람의 몸은 영혼이 그 속에 있을 때 한해서 살아 있고 영혼이 없으면 죽은 것이다. 이와 마찬가지로 믿음은 행함이 있을 때 비로소 살아 있는 믿음이라고 할 수 있다. 일반적으로 비유적인 표현을 쓸 때, 눈에 보이는 몸과 행함을 병행으로 놓고 눈에 보이지 않는 영혼과 믿음을 병행시키는 것이 자연스럽다. 그러나 여기서는 의도적으로 꼬아서 눈에 보이지 않는 믿음을 눈에 보이는 육체와 병행으로 놓고, 눈에 보이는 행위와 눈에 보이지 않는 영혼을 병행으로 놓았다. 이와 같이 하여 믿음의 영혼은 행함이고 따라서 믿음이 행함을 가지지 않으면 그 믿음은 죽은 것이라고 설명한다.

2. 2:14-26 단락을 시작하면서 "내 형제들아 만일 사람이 믿음이 있노라 하고 행함이 없으면 무슨 유익이 있으리요 그 믿음이 능히 자기를 구원하겠느냐?"14라는 질문을 했다. 이는 구원할 수 없다는 대답을 기대하는 부정 의문문이다. 그리고 단락을 마무리하면서 "영혼 없는 몸이 죽은 것같이 행함이 없는 믿음은 죽은 것이니라"26라고 말하며 2:14의 질문에 결론적으로 대답한다. 이제까지 저자는 가정법을 통해 가상적인 예를 들어서 설명하고2:15-16, 이스라엘의 역사에 실재한 인물인 아브라함2:21-24과 라합2:25의 예를 들어서 설명했다. 그런 후에 믿음이 행함을 가지지 못할 때 그 믿음은 죽은 것이라는 결론을 내린다. 이와 같은 결론을 통해 수신자들이 빠져있는 착각이나 신앙적 오류를 바르게 잡고자 한 듯하다. 믿음이 있다고 말만 하면서 그 믿음을 행하지 않는 자들에게 그런 믿음은 영이 없는 죽은 육체와 같다고 말한 저자의 주장은 충격적인 말이었을 것이다. 그러나 저자는 그와 같은 충격을 주어서라도 그들의 영혼을 구원하고자 한 듯하다5:19-20.

야고보서 3:1-12
  〈통제할 수 없는 혀
    : 선생이 많이 되지 말아야 할 이유!〉
야고보서 3:13-18
  〈선생, 하늘의 지혜로 행하는 자!〉

통제할 수 없는 혀

: 선생이 많이 되지 말아야 할 이유!

야고보서 3:1-12

본문 구조와 요약

¹ 너희는 많이 선생이 되지 말라, 내 형제들아

    [왜냐하면 ~를] 알고

        우리가 더 엄격한[큰] 심판을 받을 줄 [알고]

² 왜냐하면 우리가 다 실수가 많기 때문이다

 그리고 만약 누구든지 말에 실수가 없으면

    그는 성숙한 사람으로

        [그는] 또한 온 몸까지도 굴레 씌울 수 있다.

³ 만약 우리가 말들의 입에 재갈을 물리면

    그들[말들]이 우리에게 복종하도록 하기 위해

    그리고 그들[말들]의 온 몸을 제어한다

⁴ 또 배들을 보라!

    그 배들은 매우 크고

    강풍에 의해 밀려가지만

    그것들은 조정된다

매우 작은 키에 의해서

어디든지 사공이 원하는 곳으로

5 이와 같이 혀도 작은 지체이지만

그러나 큰 것들[큰 일을 할 수 있음]을 자랑한다

얼마나 큰 숲을 태우는지

보라 얼마나 작은 불이

6 그리고 그 혀는   불이다

불의의 세계이다

그 혀는 우리 지체 중에 위치해 있으면서

온 몸을 더럽히고

그리고 삶 전체를 불사르고

그리고 지옥에 의해서 불살라진다

7 왜냐하면 각 종류의   [야생]짐승과 새

벌레와 바다에 속한 생물들은

길들여 지고

그리고 인류에 의해 길들여져 왔지만

8 그러나 사람들 중에 어느 누구도 혀를 길들일 수 없기 때문이다

그것[혀]은 쉬지 아니하고 악하다

[그것은] 치명적인 독이 가득하다

9 그것으로

우리가 주님이신 아버지를 찬송하고

그리고 그것으로

우리가 사람들을 저주한다

[그들]하나님의 형상대로 지음을 받은

10   바로 그 입에서   축복이 나오고

그리고 저주도[나온다]

마땅하지 않다 내 형제들아

이러한 것들이 그런 식으로 되는 것이 [마땅하지 않다]

> ^{11} 샘이 바로 그 구멍으로부터
> 단 것[물]을 내겠느냐
> 그리고 쓴 물을
> ^{12} 내 형제들아 무화과 나무가 감람열매를 맺을 수 없고
> 포도나무가 무화과를 맺을 수 없는 것 아니냐?
> 이와 같이 짠 물이 단 물을 내지 못한다

3장은 선생이 되는 것과 관련된 문제를 다룬다. 선생은 다른 사람들보다 더 큰 심판을 받기 때문에 선생이 많이 되지 말라는 말씀으로 시작한다3:1. 이어서 "우리가 다 실수가 많으니 만일 말에 실수가 없는 자라면 곧 온전한 사람이라 능히 온몸도 굴레 씌우리라"3:2라고 말한다. 저자가 이를 가정법으로 한 것은 실제로 그와 같이 할 수 있는 사람이 없다는 사실을 지적하려는 것이다. 왜냐하면 실제로 사람이 혀를 통제할 수 없기 때문이다. 저자는 사람이 혀를 통제할 수 없다는 사실을 세 단계로 설명한다. 첫째, 말의 입에 물리는 작은 재갈3:3, 배를 운행하는 작은 키3:4, 그리고 많은 나무를 태우는 작은 불3:5을 예로 들어 작은 혀의 큰 영향력에 대해서 설명한다. 둘째, 혀의 불의함과 파괴성에 대해서 설명하면서 그것이 온몸을 더럽히고 인간의 삶 전체를 불태울 뿐 아니라, 결국 혀 자신도 지옥불에 의해서 불타버린다/심판받는다고 말한다3:6. 셋째, 인류가 살아 있는 모든 생명체를 길들일 수는 있어도 혀를 능히 길들일 사람은 아무도 없다고 말한다3:7-8. 그 혀는 악이고 죽이는 독이 가득하다3:8. 샘이 한 구멍에서 단 물과 쓴 물을 동시에 낼 수 없고3:11 무화과나무가 감람 열매를, 포도나무가 무화과를 맺을 수 없다3:12. 이처럼 혀는 악과 독이 가득하고 사람이 길들일 수 없기에 악과 독을 낼 수밖에 없다. 따라서 사람은 선생이 많이 되지 말아야 한다.

3:1-12에서는 선생이 많이 되지 말라고 하지만, 3장 전체가 선생이 많이 되지 말라는 교훈으로 끝나지 않는다. 3:13부터 "너희 중에 지혜와 총명이

있는 자가 누구냐?"라는 질문을 하면서, 다시 선생에 대해서 언급한다. 앞서 사람이 혀를 통제할 수 없다는 사실에 대해서 설명하면서 선생이 많이 되지 말라고 했다. 따라서 본 단락은 혀를 어떻게 통제할 수 있을지에 대해 설명할 것이라고 기대할 수 있다. 그러나 저자는 어떻게 혀를 통제할 것인지에 대해서 전혀 언급하지 않는다. 앞서 세상 그 누구도 자신의 혀를 통제할 수 있는 사람이 없다고 말했기에, 본 단락에서 혀를 통제하는 방법에 대해 가르칠 것이라고 기대하는 것은 오히려 문맥의 흐름상 어색하고, 저자가 의도하는 논리에도 맞지 않다. 3:13부터 저자는 말과 관련된 것이 아니라 오히려 행동과 관련된 선행에 대해서 말한다. 지혜와 총명이 있는 자는 "지혜의 온유함으로 그 행함을 보일 지니라"라고 명령한다3:13. 사람이 행함으로 보일 때 그 행함이 땅 위의 것이나 정욕의 것일 수도 있고3:14-16, 위로부터 난 지혜의 것일 수도 있다3:17-18. 저자는 "선행으로 말미암아 지혜의 온유함으로 그 행함을 보일 지니라"3:13라는 말씀을 실천할 때, 땅 위의 것이나 정욕이나 귀신의 것보다는 위로부터 내려온 지혜로 행하라고 한다. 선생에게 위로부터 난 지혜가 필요한 이유는 "짠 물이 단 물을 내지 못하느니라"3:12라고 지적한 것처럼, 사람 속으로부터 단물과 같이 쓸만하고 유익한 것은 나올 수 없기 때문이다.

　　3장의 패턴은 1장 초반부의 것과 비슷하다. 1장에서 여러 가지 시련을 당할 때 이를 온전히 기쁘게 여기면 인내를 가지게 되고, 인내를 온전히 이룰 때 하나님 앞에서 성숙한 신앙인이 된다고 했다. 그러나 사람이 이와 같은 과정을 통해 성숙한 신앙인이 되는 것은 쉽지 않다. 아니 거의 불가능하다. 따라서, 저자는 "너희 중에 누구든지 지혜가 부족하거든……구하라 그리하면 주시리라"1:5라고 명령한다. 하늘의 지혜로만 가능하다는 말이다. 이와 마찬가지로 3장에서도 지혜와 총명이 있는 자, 곧 선생 된 자들이 누구인지 질문한 후, 그들은 "선행으로 말미암아 지혜의 온유함으로 그 행함을 보일 지니라"13라고 명령한다. 땅의 것이 아닌 하늘의 지혜로 행하라는 말이다.

3장 전체는 야고보서의 상황과 어떤 관련성이 있을까? 3:1의 선생이 많이 되지 말라는 말씀은 무슨 의미일까? 왜 저자는 3장에서 갑자기 선생이 많이 되지 말라고 하는 것일까? 사실 말의 문제는 서신 전체에 걸쳐서 나타난다. 앞서 1:19, 26에서도 말의 문제를 다루었다. 하나님을 믿는다고 말하면서 행하지 않는 자, 곧 두 마음을 가지고 믿음생활하는 자는 자기 욕심에 끌려 미혹되고1:14, 시련을 당할 때 하나님께 시험받는다고 생각한다1:13. 그러한 자들은 부한 자들과 가난한 자들을 차별하여 대한다2:3-6. 혀나 말의 문제는 비방하는 문제slandering; 4:11, 공허한 자랑empty boasting; 4:13, 공동체 내에서 서로 원망하는 문제grumbling against others; 5:9 등 서신 전반에 걸쳐 나타난다. 이와 같이 말과 관련된 문제가 수신자들 사이에 만연했다면, 그들 중 어떤 이는 시련을 당하며 힘들어하는 성도들을 위로하거나 권면한다고 하면서 선생 된 위치에 서려고 했었을 것이다. 시련을 당하는 자들에게 여러 가지 말로 격려하고 권하고 질책했을 수도 있다. 그러나 그들의 이와 같은 행위가 시련을 당하는 자들을 위한 권면이 아니라 자신이 그들과 같지 않음을 나타내거나 자랑하려는 마음에 기인했을 수도 있다. 처음에는 그런 마음이 없었다 해도 그렇게 변했을 수도 있다. 그 결과 3:17-18에서 열거하는 하늘의 지혜로 행하는 것이 아니라 3:15-16에서 열거하는 땅의 지혜로 행하는 모습이 나타났을 수 있다. 이와 같은 현상 때문에 저자는 수신자들을 향해서 선생이 많이 되지 말라고 권하는 것이다. 그리고 지혜와 총명이 있는 자들은 말로가 아니라 지혜의 온유함으로 그 행함을 보이되, 위로부터의 지혜를 가지고 행하라고 권한 것이다.

본문 해설Exposition

중심주제Big Idea: 하나님은 선생된 자가 더 큰 심판을 받고, 사람이 성숙하지 못하여 말에 실수가 많고, 작지만 큰 능력을 가진 혀를 통제하지 못하기에 선생이 많이 되지 않기를 원하신다.

문맥Context

2:1-13에서 두 마음을 가지고 신앙생활하는 수신자들 사이에 있을법한 차별의 문제를 다룬다. 먼저 2:1-7은 성도가 차별하지 말아야 할 이유를 제시한다. 그리고 2:8-13은 차별의 문제를 "네 이웃을 네 몸처럼 사랑하라"라는 계명과 관련하여 설명한다. 차별하는 것은 하나님의 왕국에서 지켜야 할 최고의 법인 이웃 사랑의 법을 지키지 않는 것이기에 죄를 짓는 것이다9. 한 하나님이 간음뿐 아니라 살인도 하지 말라고 하셨기에, 하나를 범하지 않아도 다른 것을 범하면 온 율법을 어기는 것이다10-11. 차별의 죄를 범하지 않기 위해서는 자유의 율법으로 심판받을 것을 기억하고 긍휼히 여기는 삶을 살아야 한다12-13. 2:14-26에서는 차별의 문제를 좀 더 보편화 시켜, 믿음과 모든 행위에 대한 문제로까지 확장시킨다. 사람들은 믿음과 행위가 따로 존재할 수 있다고 말한다. 그러나 저자는 이 둘은 서로 떼어놓을 수 없는 관계임을 명확히 한다. 그리고 "영혼 없는 몸이 죽은 것같이 행함이 없는 믿음은 죽은 것이니라"라고 결론을 내린다2:26.

야고보서 3장은 말의 문제를, 특히 선생이 되는 문제와 관련해서 다룬다3:1. 3장은 '우리'라는 보편적 주어를 사용하지만 단락 전체를 볼 때, 선생된 자들 혹은 선생이 될 자들에 대한 것이다. 왜냐하면 3:13에서 다시 "지혜와 총명이 있는 자가 누구냐?"라고 물으면서 선생 됨에 초점을 맞추기 때문이다. 3장에서 특별히 선생에 대해 다루는 이유를 몇 가지로 생각해 볼 수 있다.

첫째, 말씀을 가르치는 자의 역할이 중요하기 때문이다 앞서 미혹되어 진리를 떠난 자들, 곧 영혼이 병든 자들은 마음에 심어진 말씀을 받아들여야 한다고 했다1:21. 말씀을 가르치는 자가 선생이기에, 그들의 역할이 중요하다. 둘째, 서신 전체에서 두 마음을 품고 행하는 자들이 있다고 했는데, 그들 중에 선생 된 자들이 포함되어 있을 수 있기 때문이다. 셋째, 수신자들 모두에게 선생이 많이 되지 말라고 명하고 있기에, 그들이 속한 공동체 회원들 중 많은 사람이 선생의 위치에 서서 진리를 떠나 영혼이 병든 자들을 훈계하고 가르치려 했을 수 있다. 저자는 이와 같은 수신자들의 상황을 알고 그들에게 선생이 많이 되지 말라고 명령하는 것이다. 선생 된 자들은 혀를 다스리고 온 몸도 다스릴 수 있는 성숙한 자들이어야 한다3:2. 만약 그렇지 못한 자들이 말만 앞세워 형제를 권하면 오히려 그들을 더 실족하게 하고 다툼과 싸움을 일으킬 수 있다. 어떤 이유가 되었든지 본 단락에서 선생이 많이 되지 말아야 할 이유를 말하면서, 이를 말하는 것과 연결시킨다. 여기서 사람이 말에 실수가 많은 근본적인 이유를 세 가지로 설명한다. 먼저 저자가 선생이 되지 말라고 한 이유를 살피고, 이어서 사람이 말에 실수가 많은 근본적인 이유 세 가지를 차례로 살필 것이다.

본론Body

1. 하나님은 선생 된 자가 더 엄격한 심판을 받고, 모두가 온전하지 않기에 선생이 많이 되지 않기를 원한다3:1-2

먼저 저자는 "내 형제들아 너희는 선생 된 우리가 더 큰 심판을 받을 줄 알고 선생이 많이 되지 말라"3:1라고 말한다. 이 문장의 헬라어 원문 어순은 "너희가 선생이 많이 되지 말라, 내 형제들아, 우리가 큰 심판을 받을 것을 알고/ 알기 때문에"이다. 여기서 '알고'는 분사로서 동시적 상황KJV, NASB을 말하거나 원인을 말하는 것ESV, NIV, NRSB으로 불 수 있다. 선생이 많이 되지 않아야 할 이유는 선생은 더 큰 심판, 곧 더 엄격한 심판을 받기 때문이다. 이는 한 공동체 내에서 선생의 역할이나 책임이 더 크다는 것을 간접적으로 나타내는 말이다.

3:2는 다시 '왜냐하면'for으로 시작하면서, 모든 사람이 많은 것에 있어서 실수가 많기 때문에 선생이 되지 말아야 한다고 한다. 저자는 많은 것 중에 특히 말에 대한 설명을 덧붙인다. 사람이 실수가 많지만, 만약 말에 실수가 없으면 온전한 자이고, 온몸도 다스릴 수 있다는 것이다. 이와 같이 말하는 이유는 그만큼 말실수를 하지 않는 것이 쉽지 않기 때문이다. 말을 다스려 실수하지 않으면 몸의 어떤 부분도 통제할 수 있다고 한다. '온전한'τέλειος이라는 표현은 1:4에서도 사용되었다. 많은 시련 가운데서 인내를 이룰 때 마침내 얻을 수 있는 것이 온전함이다. 온전함이란 성숙을 의미한다. 3:1-2는 시련과 인내와 상관이 없지만, 두 본문 모두 성숙하게 되는 것이 쉽지 않음을 보여준다. 말에 실수를 하지 않을 만큼 성숙한 사람은 다른 온몸도 굴레를 씌워서 통제하고 다스릴 수 있을 만큼 성숙한 자이다. 그러나 가정법으로 "만약 누구든지 말에 실수가 없으면"이라고 했다. 이는 말에 실수하지 않는 자가 없고, 따라서 성숙한 사람이나 온몸까지도 굴레 씌울 수 있는 사람이 없음을 의미한다. 이러한 이유로 저자는 수신자들에게 선생이 많이 되지 말라고 한다.

3:1-2는 서론 역할을 한다. 여기서 저자는 이후에 언급될 혀의 역할과 그것을 다스려서 한 입으로 두 종류의 말을 하지 않는 것이 불가능함을 보여준다. 그러면 사람이 왜 말에 실수를 할 수밖에 없을까?

2. 혀는 작은 것이지만 그 미치는 영향력이 크기 때문에 말실수를 할 수밖에 없다 3:3-6

3:3부터 말에 실수 없이 성숙하게 되는 것이 왜 불가능한지 설명한다. 먼저 혀가 비록 작지만 그것이 가진 큰 능력을 보여주기 위해서3:5a 세 가지 비유를 든다. 첫째, 말horse의 입에 물리는 재갈이다. 재갈은 말의 몸에 비해서 매우 작다. 그러나 그 작은 것을 통해서 말이 주인에게 순종하도록 하고 주인은

말을 인도할 수 있다. 둘째, 배의 방향타rudder이다. 큰 범선을 움직이도록 하는 것은 강한 바람이다. 그러나 그렇게 강한 바람에 의해서 움직이는 배를 사공이 뜻하는 곳으로 갈 수 있도록 하는 것은 사공이 쥐고 있는 '키'이다. 배의 키는 배의 크기에 비해 매우 작지만 그 역할은 매우 중요하고 없어서는 안 될 요소이다. 셋째, 작은 불이다. 불 자체는 매우 작은 것이지만 큰 숲이나 산을 태워버릴 만큼 큰 힘을 가지고 있다. 이 세 가지 비유는 의도적으로 작은 것에서 큰 것으로 진행하는 점층법을 사용한다. 말horse도 크지만 그것보다 더 큰 배, 그리고 그것과는 비교되지 않게 큰 산불을 비유로 들면서 이 모든 것들이 매우 작은 재갈, 키, 그리고 작은 불에 의해 큰 영향을 받는다고 설명한다.

　　흥미로운 것은 이러한 비유를 들면서 3:6에서 혀를 '불의의 세계'와 '불'로 묘사한 것이다. 앞서 작은 것의 큰 영향력에 대해서 말했다. 이제는 혀가 얼마나 악한 영향력을 미치고 파괴적인 힘을 가졌는지 구체적으로 설명한다. 먼저 불의의 세계는 혀가 얼마나 악하고 악한 영향력을 미치는지 보여주는 이미지이다. 불의의 세계인 혀는 각 지체들과 함께 있으면서 온 몸을 더럽힌다. '세계'라는 말은 하나님께 적대적인 모든 것을 가리킨다. 왜냐하면 1:27에서도 하나님과 '세계'를 대조적으로 사용했고, 4:4에서는 '세상과 벗 된 것이 하나님의 원수'라고 두 번 반복해서 말하기 때문이다. 두 번째로 '불'의 이미지는 파괴를 의미한다. 작은 불이 온 숲을 태우듯3:5, 이 불이 삶의 수레바퀴를 불사른다. 삶의 수레바퀴가 한 사람의 생애 전체를 가리키는 것이라면 불과 같은 삭은 혀가 한 사람의 인생 전체를 파괴한다는 말이다.

　　3:6a에서 혀의 악하고 파괴적인 위력에 대해서 말한 후, 3:6b에서 "그 사르는 것이 지옥불에서 나느니라"라고 말한다. 대부분의 학자들은 이를 불의 근원을 밝히는 표현으로 본다. 삶의 수레바퀴를 사르는 불의 근원이 지옥불이라는 것이다. 그러나 이와 같이 볼 수 있는 근거가 약하다. 왜냐하면 "삶의 수레바퀴를 불사르나니"에 사용된 능동태 분사가 3:6b에서 수동태로

사용되었기 때문이다. "그 사르는 것이 지옥 불에서 나느니라"라고 번역된 것은 오히려 "[그 혀가] 지옥에 의해서 불타느니라"라고 번역되는 것이 옳다. 대부분의 영어성경은 이와 같이 번역한다. 만약 그렇다면, 혀가 삶의 수레바퀴를 불사르듯이 그 혀도 지옥불에 의해서 불살라진다는 의미가 된다. 악하고 파괴적인 영향력을 행사한 혀도 결국 예수님이 재림하실 때 심판받아 파괴될 것이라는 말이다.

3. 사람은 모든 짐승들을 길들일 수 있지만 혀를 길들이지는 못하기에 말실수를 할 수밖에 없다3:7-8

앞서 제시된 세 개의 비유는 작은 혀의 큰 능력에 대해서 말했다. 이제 3:7-8에서는 그 혀를 길들일 수 있는 사람이 아무도 없다고 말한다. 먼저 "여러 종류의 짐승과 새와 벌레와 바다의 생물은 다 사람이 길들일 수 있고 길들여 왔거니와"7라고 했다. '종류'라는 말은 종種 species을 가리킨다. 짐승과 새와 벌레와 바다 생물에 속한 모든 종이 인간이라는 종에 의해서 길들여져 왔다는 말이다. 창조 이후 인간은 세상의 모든 생물을 길들여 왔고 또 길들일 수 있다고 말한다. 본 구절에서 '길들이다'라는 동사가 두 번 반복해서 사용되었다. 모두 수동태로서 하나는 현재 수동태δαμάζεται이고 다른 하나는 완료 수동태δεδάμασται이다. 이는 과거로부터 지금까지 늘 세상 모든 류의 동물이 인류에 의해 길들여져 왔고 또 길들여질 수 있다는 말이다. 이와 같은 사실은 하나님의 천지 창조 기사를 상기시킨다. 창세기 1:24-31에 하나님이 천지를 창조하시고 아담과 하와에게 모든 생물을 다스릴 수 있는 권세를 부여하신 이후 인류는 현재까지 만물의 영장으로서 세상을 다스리며 살고 있다. 저자가 이 땅의 모든 류의 짐승을 길들일 수 있는 인류를 묘사한 이유는 인류라는 존재의 위대함을 말하기 위함이다. 그런데 3:8에서 "그러나 인류 중에 그 누구도 혀를 길들일 수 없다"라고 말한다. 세상의 모든 짐승을 다스릴 수 있는 위대한 인류조차도 다스릴 수 없는 것이 혀라는 말이다. 이를 통해 혀가 가진 힘이 얼마나 크고 대단한지 보여준다. 혀의 위대함을 강조하기 위해서 인류의 위대함을 먼저 강조한 것이다.

앞서 3:6에서 혀를 불의의 세계로 묘사했다. '세계'는 하나님을 인정하지 않고 대적하는 모든 것을 가리킨다고 했다. 3:8에서 다시 혀를 "쉬지 아니하는 악이요 죽이는 독이 가득한 것"으로 묘사한다. '쉬지 아니하는'ἀκατάστατος이라는 표현은 1:8에서 "두 마음을 품어 모든 일에 정함이 없는unstable 자"를 묘사할 때 사용되었다. 본 구절에서도 '쉼이 없는'restless 혹은 '안정적이지 않은'unstable 혀의 이미지를 묘사한 듯하다. 이는 쉬지 않고 악을 내뿜거나 늘 변하기 때문에 악을 뿜어내는 시간이나 상황을 예측할 수 없는 상태를 묘사한 것이다. '죽이는 독'이라는 표현에서 형용사 '죽이는'θανατηφόρος은 '죽음을 불러오는'death-bringing 또는 '치명적인'deadly이라는 의미가 있다. 하나님을 대적하는 불의의 세계인 혀가 악과 치명적인 독을 뿜어낸다는 말이다. 이와 같이 사람 속에 있는 혀는 작지만 통제할 수 없다. 게다가 치명적인 독까지 품고 있기 때문에 이를 통제할 수 없는 수신자들에게 선생이 많이 되지 말라고 한다.

4. 길들여지지 않은 혀는 두 마음을 지닌 자들처럼 하나님을 찬송하며 경건한 척 하면서도 실제 교회생활에서는 하나님의 형상을 지닌 사람을 저주한다3:9-12

앞서 혀는 인류 중에 누구도 길들이지 못할 큰 힘이 있고 쉬지 아니하는 악이며 죽이는 독이 가득하다고 했다3:8. 이제 저자는 악하고 죽이는 독이 가득한 혀가 보이는 이중적인 모습에 대해서 묘사한다3:9-12. 먼저 "이것으로 우리가 주 아버지를 찬송하고 또 이것으로 하나님의 형상대로 지음을 받은 사람을 저주하나니"3:9라고 말한다. '이것'으로 번역된 3인칭 대명사'그것으로'가 옳다를 두 번 반복해서 사용한다. 이는 하나님을 찬송하고 하나님의 형상을 한 사람을 저주하는 것이 바로 그 '혀' 임을 강조하는 것이다. 저자는 '우리'를 주어로 사용하여 그와 같은 일이 수신자들이 속한 공동체 내에서 일어나고 있음을 암시한다. 그들은 교회 내에서 예배할 때는 입술로 하나님을 찬송하지만, 그 입술로 함께 신앙생활하는 성도를 저주한다는 말이다. 이와 같은 이중적인 모습은 믿음으로 구하고 의심하는 모습1:6-8, 말씀을 듣지만 행하지 않음으로 자신을 속이는 모습1:22-24, 스스로 경건하다 생각하지만 자기 혀를 재갈 물리지 않는 모습1:26, 온 율법을 지키다가 그 하나를 범하는 모습2:10-11, 믿음이 있다 말하고 행하지 않는 모습2:14, 17 등에서 나타난다. 이러한 모습은 미혹되어 진리를 떠나 두 마음을 가지고 사는 자들의 모습이다. 이 혀에 의해서 저주받는 자들을 '하나님의 형상으로 지음을 받은' 자로 묘사한 것3:9b은 주목할 만하다. 왜냐하면 비록 사람이 하나님은 아니지만, 하나님의 형상을 따라 지음을 받은 존재이기에 그를 저주하는 것은 곧 하나님을 저주하는 것이기 때문이다.

저자는 계속해서 한 입에서 축복과 저주가 나오는 것과 관련하여, "이러한 것들이 그런 식으로 되는 것이 마땅하지 않다"라고 말한다3:10. 이 말은 문맥을 고려해 볼 때, 한 입에서 찬송과 저주가 나오는 것이 불가능하다는 말을 하려는 것은 아닌 듯하다. 왜냐하면 앞선 문맥에서 작지만 큰 힘을 가진 혀는 불의의 세계로서 온몸을 더럽히고 불로서 인생 전체를 불태울 수 있다는 사실을 지적하면서 사람들 중에 그 혀를 통제할 수 있는 자가 아무도 없다고 했기 때문이다. 이를 고려해 볼 때, 혀가 하나님을 찬양하는 것이 오히려 어색하다. 따라서 앞서 지적한 바와 같이 되어서는 안 된다는 당위성을 지적하는 듯하다. 이와 같은 일은 결코 일어나서는 안 된다는 것이다. 계속해서 한 입에서 축복과 저주를 낼 수 없음을 뒷받침하기 위한 비유를 열거한다. 하나의 샘이 있으면 그 구멍에서 단물과 쓴 물을 낼 수 없다3:11. 팔레스틴의 열곡에 있는 샘 중에 염분이나 미네랄이 많이 함유된 샘은 오직 쓴 물만 낼 수 있고 이 샘은 무익하다. 마찬가지로 단물을 내는 샘의 구멍으로부터 쓴 물이 나올 수 없다. 뿐만 아니라 무화과나무가 감람 열매를 맺을 수 없고, 포도나무가 무화과를 맺을 수 없다3:12a. 여기서 열거된 열매는 당시 지중해 지역의 주요 산물로서 모든 수신자들에게 익숙한 나무이다. 어떤 나무를 예로 들더라도 각 나무는 그 나무에서 맺을 수 있는 열매만을 맺을 수 있다. 이처럼 한 혀, 한 입이 찬양과 저주를 낼 수 없다.

흥미로운 사실은 3:12의 마지막에서 "이와 같이 짠 물이 단물을 내지 못한다"라고 한 것이다. 앞서 제시된 비유는 성도가 하나님을 찬양하는 입으로 성도를 찬양해야 한다고 주장하는 것처럼 보인다. 만약에 이러한 주장을 하려 했다면, 단 물이 짠물을 내지 못한다고 결론을 내렸을 것이다. 그러나 저자의 마지막 결론은 이와는 반대로 짠 물이 단물을 내지 못한다는 것이다. 저자의 이러한 결론은 앞선 문맥에서 설명했던 것과 일치한다. 앞서 "혀는 곧 불이요 불의의 세계라 혀는 우리 지체 중에서 온 몸을 더럽히고 삶의 수레바퀴를 불사르나니 그 사르는 것이 지옥 불에서 나느니라"3:6라고 했다. "혀는 능히 길들일 사람이 없나니 쉬지 아니하는 악이요 죽이는 독이 가득한 것이라"3:8라고 설명했다. 3:1-12 역시 앞선 문맥이 제시한 것처럼 일관되게, 그리고 철저하게 혀의 악함에 대해서 지적한다. 혀는 악하기 때문에 선보다는 악을, 살리는 것보다는 죽이는 것을 생산해 낼 수밖에 없다. 혀는 짠 물을 내는 샘과 같아서 단물을 내지 못한다. 사람의 혀가 이와 같기 때문에 사람이 선생이 많이 되지 말아야 한다3:1. 저자가 3:12에서 이와 같이 단락을 마무리하는 이유는 아마도 이어지는 단락3:13-18에서 선생은 하늘의 지혜가 필요하고 이를 말로서가 아니라 선행으로 보여야 할 자라는 사실을 말하기 위함이다.

결론 Conclusion

　　저자는 수신자들이 선생이 많이 되지 말아야 할 이유를 사람의 말과 혀의 악함과 관련하여 설명한다. 선생이 많이 되지 말아야 할 이유는 선생은 더 큰 심판을 받기 때문이다3:1-2. 선생은 큰 영향을 미치는 만큼 그에 걸맞게 엄중한 심판을 받는다. 사람이 말에 실수가 없으면 온전한 자이면서 온몸도 제어할 수 있지만, 그와 같은 사람은 없기 때문에 선생이 많이 되지 말아야 한다. 사람이 말실수를 할 수밖에 없는 이유는 첫째, 혀는 비록 작지만 큰 영향력을 행사하기 때문이다3-6. 혀는 불의의 세계로서 온몸을 더럽히고, 불로서 한 사람의 인생 전체를 파괴한다. 그리고 지옥에서 불타는 심판을 받을 만큼 악하다. 둘째, 이와 같은 혀를 세상의 어느 누구도 길들일 수 없기 때문이다7-8. 셋째, 혀는 짠물을 내는 샘으로서 단물을 내지 못하기 때문이다9-12. 하나의 입으로 하나님을 찬송하기도 하고 사람을 저주하기도 하는 일은 결코 있어서는 안 된다.

적용 Application

　　나는 말에 실수가 많아 온전한 자가 아님에도 불구하고 교회에서 선생이 되려는 열망이 가득하지는 않은가? 나는 선생 된 자가 더 큰 심판을 받는다는 사실을 인지하고 있는가? 나는 혀가 가진 악하고 큰 영향력과 그 혀를 내가 길들 수 없음을 알 고 있는가? 나는 내가 가진 혀로 하나님을 찬양하면서 동시에 성도를 저주하고 있지는 않은가?

설교를 위한 제안

제목: 혀, 통제할 수 없는 악함 [1]

1. 선생은 더 큰 심판을 받기에 선생이 많이 되지 말아야 한다

[1] 선생이 더 큰 심판을 받기에 선생이 되지 말라

[2] 말에 실수가 없으면 온전한 사람이지만, 그런 자는 아무도 없기에

선생이 많이 되지 말아야 한다.

제목: 혀, 통제할 수 없는 악함 [2]

1. 혀는 작은 것이지만 큰 영향력을 미친다

2. 인류는 모든 짐승을 길들일 수 있지만 혀만큼은 길들일 수 없다

3. 길들여지지 않은 혀는 하나님을 찬송하기도 사람을 저주하기도 한다

본문 주석

[1] Not many of you should become teachers, my brothers,
너희는 많이 선생이 되지 말라, 내 형제들아

for you know
[왜냐하면 ~를] 알고

that we who teach will be judged with greater strictness.
우리가 더 엄격한[큰] 심판을 받을 줄 [알고]

1. 본 구절은 부정어 '메'μή와 함께 2인칭 복수 명령형 동사 '되어라'γίνεσθε를 사용하여 '너희는 되지 말라'라고 명령한다. 이는 수신자 모두에게 선생이 많이 되지 말라고 명령하는 것이다. 수신자들 중에 선생이 되려는 자가 많지 않기를 바란다는 의미이다. 이어지는 문장에서 선생이 많이 되지 말라고 하는 이유를 설명한다. "선생 된 우리가 더 큰 심판을 받을 줄 알고"라고 번역된 것의 헬라어 원문은 '선생 된'이라는 표현은 없다. '취하다'λαμβάνω라는 동사의 1인칭 복수 미래 시제λημψόμεθα가 사용되어 "우리가 더 큰/엄격한 심판을 받을/취할 것이다"라고 했다. 그러나 앞선 문장에서 "너희는 많은 선생이 되지 말라"라고 명령하고, 이어서 "우리가 더 큰 심판을 받을 것이기 때문이다"라고 했기에 문장 전체를 의역하여 "선생 된 우리가"라고 번역한 듯하다.

2. "선생 된 우리가 더 큰 심판을 받을 줄 알고"라고 했다. '큰'μέγας으로 번역된 표현이 영어성경에서 '엄격한'strict; ESV; NIV; NASB으로 번역되었다. 형용사 '큰'μέγας은 그 규모나 강도에 있어서 '큰'large; great을 의미한다. 본 구절에서는 비교급μεῖζον이 쓰였기 때문에 '더 큰'으로 번역되었다. '심판'κρίμα은 '심판 판결'judicial verdict이나 '처벌'legal decision을 의미하기에,[1] 더 큰 심판을 받는 것은 선생이 아닌 자들이 받는 것보다 더 큰 판결이나 처벌을 받는다는 말이다. 이런 의미에서 선생 된 자들은 더 엄격한 심판을 받는다.

3. 심판이 무엇을 의미하는지 명시되지 않았다. 그러나 서신의 몇 곳에서 심판에 대해 언급된 부분이 있다. 2:13에 "긍휼을 행하지 아니하는 자에게는 긍휼 없는 심판이 있으리라 긍휼은 심판을 이기고 자랑하느니라"라고 했다. 선생이 아니더라도 누구든지 형제를 긍휼히 여기지 않는 자는 그와 동일하게 긍휼이 없는 심판을 받는다. 하물며 선생 된 자가 긍휼 없이 행하면 일반인들이 긍휼 없는 심판을 받는 것보다 더 큰 심판을 받게 될 것이다. 2:12에서 자유의 율법에 대해 언급했다. 자유의 율법은 하나님이 명한 왕의 법으로서 이웃을 자신의 몸처럼 사랑하는 것이다. 그리고 그의 백성의 죄를 사하시고 모든 죄악으로부터 건져내어 자유케 하신 예수님의 사랑의 법이다. 누구든지 그와 같은 사랑의 법을 따라 형제를 긍휼히 여기지 않으면, 사랑과 긍휼이 없는 심판을 받게 된다. 선생 된 자들은 그보다 더 엄격한 잣대를 기준으로 심판받게 될 것이다.

4. 4:11-12에도 심판과 율법에 대해 언급한다. 형제를 비방하고 판단하는 문제를 다루면서, 이와 같이 하는 것은 율법을 비방하고 판단하는 것이고 더 나아가서 자신이 율법의 준행자가 아니라 재판관이 되는 것이라고 한다. 그런데, 그 율법의 입법자와 재판관은 오직 한 분이신 하나님밖에

---

1 그런데 하틴(P. J. Hartin)은 그것이 큰 심판이든 큰 형벌이든 구분할 필요가 없다고 한다. 왜냐하면 더 엄격한 법의 적용은 더 심각한 형벌을 가져오기 때문이다. P. J. Hartin, *James*, Sacra Pagina 14 (Collegeville, MN: Liturgical Press, 2003), 173.

없다4:12. 따라서 형제를 비방하고 판단하는 것은 그 율법의 입법자와 재판관 되신 하나님을 모욕하는 것이다. 재판관인 하나님은 율법에 근거하여 구원도 하고 멸하기도 하신다. 주목해 보아야 할 것은 여기서 율법을 어기는 것과 형제를 비방하는 것, 곧 말하는 것과 관련짓는다는 것이다. 누구든지 율법을 어기고 형제를 비방하고 판단하면 심판을 받게 될 것이다. 4:11-12은 마태복음 12:36-37, 곧 "내가 너희에게 이르노니 사람이 무슨 무익한 말을 하든지 심판 날에 이에 대하여 심문을 받으리니 네 말로 의롭다 함을 받고 네 말로 정죄함을 받으리라"라는 말씀을 상기시킨다. 이 말씀은 말하는 것과 심판 날에 있을 판결문이 직접적인 연관이 있음을 보여준다. 일반 형제들이 이런 행위를 할 때 멸망의 심판을 받는다면, 선생들은 더 큰 멸망의 심판을 받을 것이다.

5. 5:9에 "형제들아 서로 원망하지 말라 그리하여야 심판을 면하리라 보라 심판주가 문밖에 서 계시니라"라고 한다. 이 구절 역시 심판과 말을 관련시킨다. 서로 원망하거나 불평하는 말을 하면 심판주로부터 심판을 받게 된다고 한다. 저자는 그 심판의 상황이 임박했다고 하면서 서로 원망하지 말고 심판을 면하라고 한다.

6. 3:1의 경고는 강조점이나 주된 관심사는 달라도 마태복음 23:9-10, 특히 "또한 지도자라 칭함을 받지 말라 너희의 지도자는 한 분이시니 곧 그리스도시니라"10라는 예수님의 말씀과 유사하다. 마가복음 12:38-40참고. 눅 20:46-47에서 예수님은 "긴 옷을 입고 다니는 것과 시장에서 문안받는 것과 회당의 높은 자리와 잔치의 윗자리를 원하는 서기관들을 삼가라"라고 하면서 "그들은 과부의 가산을 삼키며 외식으로 길게 기도하는 자"라고 묘사한다. 12:40 마지막에 "그 받는 판결이 더욱 중하리라"라고 말한다. 이처럼 선생이 더 큰 심판을 받는 것은 예수님 때부터 가르쳤던 것이다.

² For we all stumble in many ways.

왜냐하면 우리가 다 실수가 많기 때문이다

And if anyone does not stumble in what he says,

그리고 만약 누구든지 말에 실수가 없으면

he is a perfect man,

그는 성숙한 사람으로

able also to bridle his whole body.

[그는] 또한 온 몸까지도 굴레 씌울 수 있다.

1. 본 구절은 "우리가 다 실수가 많으니 만일 말에 실수가 없는 자라면 곧 온전한 사람이라 능히 온몸도 굴레 씌우리라"라고 번역되었다. 그러나 헬라어 원문은 '왜냐하면'γάρ으로 시작한다. 따라서, "왜냐하면 우리가 다 말에 실수가 많기 때문이다"3:2a라고 번역하는 것이 자연스럽다. 그리고 이 문장은 이어지는 조건절 "만일 말에 실수가 없는 자라면"3:2b과 연결되는 것보다 오히려 3:1과 연결되는 것으로 보아야 한다. 만약 그렇다면, 선생이 많이 되지 말아야 할 첫 번째 이유는 선생이 더 큰 심판을 받을 것이기 때문이고3:1b, 두 번째 이유는 '우리'가 다 실수가 많기 때문이다3:2a. 저자가 '우리'를 주어로 사용한 것은 자신을 비롯한 선생 된 자들뿐 아니라 모든 수신자를 포함하기 위함이다. 왜냐하면, 이어지는 문장에서 누구를 특정하지 않고 않고 부정 대명사τις를 사용하여 '말에 실수가 없는 자라면'이라고 말하기 때문이다. 따라서 모든 사람이 다 실수가 많지만, 특히 선생이 실수를 행하면 그 실수에 대해 더 큰 심판을 받게 되므로 선생이 많이 되지 말아야 한다는 말이다. 3:1b에서 선생이 더 큰 심판을 받을 것에 대해서 말한다. 그리고 3:2a에서 모두가 실수가 많음에 대해 말한 후, 3:2b부터 본격적으로 말하는 것과 관련해서 더 구체적으로 다룬다. 따라서 3:2a의 "우리가 다 실수가 많으니"라는 문장은 3:1의 이유를 설명할 뿐 아니라 3:2b에서부터 다룰 말과 혀의 문제를 위한 연결고리 역할을

하는 것으로 볼 수 있다.

2. "우리가 다 실수가 많으니"라고 했다. '많은'πολλά은 실수의 빈도수를 나타내는 의미로서 '많은' 또는 '자주'를 의미할 수도 있고 실수의 영역을 나타내는 의미로서 '많은 부분' 또는 '많은 면'을 의미할 수도 있다. 영어성경에서는 '많은 실수'many mistakes/in many things로 번역되거나참고 NLT; KJV, '많은 면에서'in many ways로 번역된다참고 ESV; NASB; NIV.

3. 조건절 "만일 말에 실수가 없는 자라면"에 부정 대명사 τις가 포함되어 있다. 따라서 "누구든지 말에 실수가 없으면"으로 번역할 수 있다. 모든 사람이 많은 것에서 자주 실수를 한다. 그러나 특히 말에 실수가 없으면 "곧 온전한 사람이라"라고 한다. '온전한'τέλειος이라는 표현은 대부분의 영어성경에서 '완벽한'perfect으로 번역되었다. 이와 같은 의미도 되지만, 여기서는 어쩌면 신앙의 성숙한mature 모습을 말할 수도 있다. 동일한 표현이 1:4에서 인내를 온전히 이룰 때의 성숙함을 묘사하기 위해 사용되었기 때문에 본 구절의 의미와 비슷하다. 1:17에서 하늘로부터 오는 '온전한 선물', 그리고 1:25에서 '자유케 하는 온전한 율법'을 묘사하기 위해서 '온전한'τέλειος이라는 표현이 사용되었다. 이 두 경우 '성숙한'이라는 의미보다 오히려 '완벽한'perfect의 의미로 보는 것이 더 나을 듯하다.

4. '말에'ἐν λόγῳ라는 표현에서 '말'λόγος은 보편적인 의미에서의 말을 의미한다. 그러나 앞서 하나님의 말씀을 지칭하기 위해서 동일한 표현이 네 번 사용되었다. 하나님은 "자기의 뜻을 좇아 진리의 말씀으로 우리를" 낳으셨다1:18. "너희 영혼을 능히 구원할 바 마음에 심어진 말씀을 온유함으로 받으라"라고 하고1:21, 이어서 "너희는 말씀을 행하는 자가 되고 듣기만 하여 자신을 속이는 자가 되지 말라"라고 한다1:22. 그리고 "누구든지 말씀을 듣고 행하지 아니하면 그는 거울로 자기의 생긴 얼굴을 보는 사람과 같아서"라고 한다1:23. 이처럼 '말'λόγος이 하나님의 말씀을 가리킬 때는 그것을 적극적으로

듣고, 따르고, 실천하라고 한다. 그러나 사람 속에서 나오는 말을 의미하는 것으로 사용되었을 때는 실수하지 않도록 당부한다. 특히, 3:2b에서 '말에'ἐν λόγῳ라는 표현을 문장의 앞에 배치하여 강조한다.[2] 말에 실수가 없는 자면 "곧 온전한 사람이라 능히 온몸도 굴레 씌우리라"라고 말한다. 굴레는 말馬이나 소와 같은 가축을 효과적으로 제어하기 위해서 머리와 목에서 고삐에 걸쳐 얽어매는 줄이다. 따라서 말言에 실수가 없는 자가 능히 온몸도 굴레 씌울 수 있다는 말은 온몸을 통제하는 데 있어서 말하는 것이 가장 중요하다는 의미이다.

　　5. 이전의 문맥과 함께 생각을 해보자. 성도가 선생이 많이 되지 말아야 할 이유는 선생은 더 큰 심판을 받기 때문이고 모든 사람들이 실수가 많기 때문이다. 사람들이 실수가 많아도 말에 실수가 없으면 온전하다고 할 수 있다. 왜냐하면 말을 통제할 수 있는 자가 온몸을 통제할 수 있기 때문이다. 그러나 문제는 말실수가 없는 사람이 없다는 것이다. 만약 그런 사람이 있다면 그는 매우 성숙한 사람이다. 말에 실수가 없는 사람은 하나님의 말씀을 속히 듣는 자로서 말하기를 더디 하고 성내기를 더디 하는 사람이다1:19-20. 그리고 말씀을 받을 뿐 아니라 그 말씀을 행하는 자이다1:21-22. 자신의 말을 할 때도 하나님의 말씀으로 하고, 그 말씀을 삶에서 실천하는 자이다. 이런 식으로 말을 제어하는 자는 온전하면서도 신앙적으로 성숙한 자로서 선생이 되어도 마땅하다. 그러나 말에 실수가 없는 자, 곧 온전한 자가 없기 때문에 많이 선생이 되지 말아야 한다.

[3] If we put bits into the mouths of horses
　만약 우리가 말들의 입에 재갈을 물리면
　　　　so that　they obey us,
　　　　그들[말들]이 우리에게 복종하도록 하기 위해
　　　　　　we guide their whole bodies as well.
　　　　　　그리고 그들[말들]의 온 몸을 제어한다

2　McCartney, *James*, 180.

1. 본 구절은 "우리가 말들의 입에 재갈 물리는 것은 우리에게 순종하게 하려고 그 온몸을 제어하는 것이라"로 번역된다. 그러나 영어성경은 이 문장을 '만약'if-ESV, NRSV; now if-NASB, '보라'behold-KJV, 또는 '~때'when-NIV로 시작하는 문장으로 번역한다. 이처럼 각기 다르게 번역하는 이유는 헬라어 사본의 차이 때문이다. 어떤 헬라어 사본은 '에이 데'εἰ δέ로 시작하지만, 또 다른 사본은 같은 표현이지만 악센트가 생략된 것도 있다. 어떤 이는 그리스 고본에서 '에'η, '에이'ει, '오이'οι 대신 '이오타'ι를 사용한 것으로 보고itacism '보라'라는 의미의 '이데'ἴδε로 여기기도 한다. 야고보서의 여러 곳에서 비슷한 표현인 '이두'ἰδού가 나타나므로3:4, 5; 5:4, 7, 9, 11 그럴 것도 같다. 그러나 정작 '이데'ἴδε라는 표현이 야고보서의 다른 곳에서 나타나지는 않는다.[3] 어떻게 번역되든지 문장 해석에 큰 영향을 미치지는 않는다.

2. 앞서 말에 실수가 없으면 온 몸도 능히 굴레를 씌울 수 있다χαλιναγωγέω고 했다. 본 구절에서는 이 단어와 어원이 같은 '재갈'χαλινός을 연결 단어로 사용하여 글을 전개한다. '재갈'은 말의 입에 물리는 작고 보잘것없어 보이는 것이지만, 그것으로 말의 몸 전체를 통제할 수 있는 중요한 것이다. 이 비유는 몸의 한 작은 부분이라 할지라도 그것이 가지는 역할이나 기능은 몸 전체에 미칠 정도로 크고 중요한 것임을 보여준다.

3. "우리가 말들의 입에 재갈 물리는 것은"으로 번역된 것은 엄밀히 말해서 "우리가 말들의 입들에 재갈들을 물리는 것은"으로, 모든 말들의 입에 재갈을 물리는 것은 보편적인 것임을 보여준다. 여기 사용된 전치사 εἰς는 말들의 입들에 재갈을 물려서 얻으려는 결과가 무엇인지 보여준다. 그 결과는 "우리에게 순종하게 하려고 그 온몸을 제어하는 것"이다. 이 문장은 "그들[말들]이 우리에게 복종하도록 하기 위해"라는 문장과 "우리는 그들[말들]의 온몸을 제어한다"라는 문장이 접속사 '그리고'καί로 연결되어 있다. 만약 이와 같이 본다면, "만약 우리가 말들의 입들에 재갈들을 물리면 그들[말들]이

<hr>

3 Martin, James, 110. 헬라어 사본에서 아주 드물게 ἰδού표현이 나타나기도 한다.

우리에게 복종하고, 우리는 그들의 전체 몸들을 제어한다"로 번역이 가능하다. 이는 접속사 '그리고'καί로 연결된 두 문장을 대등하게 보고 번역한 것이다.[4] 두 문장을 인과관계로 보더라도 "순종하게 하려고 그 온몸을 제어하는 것"으로 보기보다는 "말들이 우리에게 순종하게 하여 그 몸 전체를 제어하는 것"으로 보아야 한다. 어떻게 보든지 의미상의 큰 차이는 없다.

[4] Look at the ships also
또 배들을 보라!

    though they   are so large
    그 배들은   매우 크고

        and are driven by strong winds,
        강풍에 의해 밀려가지만

    they are   guided
    그것들은 조정된다

        by a very small rudder
        매우 작은 키에 의해서

            wherever the will of the pilot directs.
            어디든지 사공이 원하는 곳으로

1. 본 구절에서 다시 바다 위의 배를 예로 들어 설명한다. 배들을 보라고 한 후, 먼저 그 배의 크기와 바람의 세기에 주목하도록 한다. 일반적으로 배는 앞서 예로 들었던 사람의 몸과 말의 몸통보다 훨씬 크다. 이렇게 큰 배를 움직이게 하려면 엄청나게 강한 바람이 필요하다. 부는 듯 마는 듯 한 미풍으로 배를 움직이게 하는 것은 불가능하다. 어떤 배가 되었든지 배의 크기보다도 더 강한 바람이 있어야 한다. 강한 바람이 큰 배를 움직이게 하고, 그 배는 바람이

---

4 영어성경에서 접속사 καί를 강조용법으로 보고 '역시'as well로 번역하기도 한다참고. ESV; NASB. 이와 같이 볼 때, "만약 우리가 말들의 입들에 재갈을 물리면 그들[말들]이 우리에게 복종하고, 우리는 그들의 전체 몸까지도 어거한 다"If we put bits into the mouths of horses so that they obey us, we guide their whole bodies as well'; ESV로 번역할 수 있다.

부는 방향을 따라 움직인다.

2. 저자가 먼저 배의 크기와 바람의 세기에 주목하도록 하는 이유가 이어지는 문장에서 나타난다. 큰 배는 강한 바람에 의해 그 바람이 부는 곳으로 움직인다. 그러나 실제로 그 배는 강한 바람이 원하는 곳으로 가지 않는다. 오히려 사공의 뜻을 따라 사공이 원하는 곳으로 간다. 왜냐하면, 그 배는 사공이 쥐고 있는 '키'에 의해서 움직이기 때문이다. 사공의 뜻은 큰 배와 비교했을 때 상대적으로 지극히 작은 '키'ruddle를 통해서 전달된다. 저자는 이 키가 지극히 작은 것임을 나타내기 위해서 '작은'μικρός의 최상급ἐλάχιστος 형태를 사용한다. 배의 '키'는 지극히 작기 때문에 중요하게 보이지 않을 수도 있다. 그러나 실제로 그 배를 사공이 원하는 곳으로 가게 하는 것이 '키'이다. 따라서 배를 구성하는 많은 요소 중 그 어떤 것보다도 키가 큰 힘을 발휘한다고 볼 수 있다. 이처럼 배는 매우 작은 키에 의해서 움직인다는 사실을 강조하기 위해 먼저 배의 크기와 바람의 세기에 주목하게 한 것이다.

[5] So also the tongue is a small member,

이와 같이 혀도 작은 지체이지만

yet it boasts of great things.

그러나 큰 것들[큰 일을 할 수 있음]을 자랑한다

How great a forest is set ablaze

얼마나 큰 숲을 태우는지

by such a small fire!

보라 얼마나 작은 불이

1. 본 구절은 '이와 같이'οὕτως로 시작한다. 앞서 언급했던 말馬의 재갈이나 배船의 키와 같이 사람의 몸에 있는 지체들 중에서 가장 작은 것 중 하나인 혀도 그와 같이 작지만 큰 영향력이 있다는 사실을 말하기 위함이다.

먼저 "혀도 작은 지체로되 큰 것을 자랑하도다"라고 한다. 작은 혀가 큰 것을 자랑한다는 것은 그 기능에 있어서 큰 것을 자랑한다는 의미이다. 그리고 혀를 '작은 지체'로 묘사했기 때문에 이와 대조시키기 위해서 '큰 것'이라는 표현을 사용한 듯하다. 여기서 '큰 것'으로 번역된 것은 복수 형용사이므로 '큰 것들'μεγάλα을 의미한다. 이후에 작은 불이 큰 숲을 태운다고 말한 것을 볼 때, 혀가 작은 지체이지만 얼마나 큰 일들을 하는지 말하는 듯하다.

2. 이어서 '보라'ἰδού라는 표현을 사용하여 주목시키며 '불'을 또 다른 예로 제시한다. "보라 얼마나 작은 불이 얼마나 많은 나무를 태우는가"라고 했다. 첫째, '나무'ὕλη는 단수ὕλην이고 '많은'ἡλίκην으로 번역된 것도 '얼마나 큰'how great/how large을 의미한다. 따라서 '많은 나무'라고 번역하는 것은 어색하다. 그런데, 나무ὕλη라는 단어는 '나무' 외에 '숲'을 의미하기도 하기에 '많은 숲'으로 이해하는 것이 더 나을 듯하다. 둘째로, '얼마나 작은'과 '얼마나 많은'으로 번역된 표현은 헬라어 원문에서 같은 표현ἡλίκος이 사용되어, 이런 의미로도 쓰이고 저런 의미로도 쓰인다. 그런데 후자의 경우 '얼마나 많은' 보다는 '얼마나 큰'이 더 나아 보인다. 앞서 살핀 바와 같이 '나무'를 '숲'으로 번역하고, 또 그 숲이 단수라면 '많은 나무'라고 번역하는 것보다 '큰 숲'으로 번역하는 것이 더 낫다. 따라서 전체 문장은 "보라 얼마나 작은 불이 얼마나 큰 숲을 태우는가"라고 번역할 수 있다.

3. 앞서 작은 것의 '위대함'/'큼'에 대해서 말했다. 그러나 3:5b에서는 '작은 불이 큰 숲을 태우는 것', 곧 작은 것의 위대함뿐 아니라 그 작은 것이 얼마나 큰 파괴력을 행사하는지에 대해서도 묘사한다. 저자가 말하고자 하는 초점이 작은 것의 위대함/큼에서 작은 것이 미치는 엄청난 파괴력으로 옮겨가는 것이다.

⁶ And the tongue is   a fire,

　그리고 그 혀는   불이다

                             a world of unrighteousness.

                             불의의 세계이다

The tongue is set among our members,

그 혀는 우리 지체 중에 위치해 있으면서

                     staining the whole body,

                     온 몸을 더럽히고

                     setting on fire the entire course of life,

                     그리고 삶 전체를 불사르고

                     and set on fire by hell.

                     그리고 지옥에 의해서 불살라진다

　　1. 본 구절은 번역과 해석이 쉽지 않다. 왜냐하면, 3:6a에 다섯 개의 주격 명사가 있지만 동사καθίσταται; '위치해 있다'는 하나뿐이기 때문이다. 그리고 '불의의 세계'로 번역된 표현의 의미를 명시하지 않기 때문에 이 또한 해석이 쉽지 않다. 앞서 말의 재갈이나 배의 키와 같은 비유를 들면서 혀가 얼마나 크고 중요한 역할을 하는지 간접적으로 언급했다. 그러나 본 구절에서는 직접적으로 혀가 곧 불이요 불의의 세계라고 말한다.[5] 3:5에서 작은 불이 큰 숲을 태운다고 했다. 그리고 본 구절에서는 혀가 바로 그 불이며 불의의 세계라고 말하며, 혀가 얼마나 큰 파괴력과 악한 영향력을 미치는지 설명하려 한다.[6]

　　2. 앞서 언급한 것처럼 본 구절의 문장 구조가 복잡하기 때문에 번역이나 해석이 쉽지 않다. 그럼에도 불구하고 저자가 전달하고자 하는 것은 분명한 듯하고 문장의 구조도 다음과 같이 도표로 나타낼 수 있다.

5　K. A. Richardson, *James* (Nashville: Broadman & Holman Publishers, 1997), 152.

6　야고보서 3:6과 관련된 더 깊은 논의는 주기철, "야고보서 3:6의 φλογιζομένη ὑπὸ τῆς γεέννης("그 사르는 것이 지옥 불에서 나느니라")의 번역과 해석문제," 『갱신과 부흥』 27(2021), 29-64를 참고하라.

καὶ ἡ γλῶσσα   [주어: 혀]

πῦρ·   [보어 1: 불]

ὁ κόσμος τῆς ἀδικίας   [보어 2: 불의의 세계]

ἡ γλῶσσα   [주어: 혀]

καθίσταται ἐν τοῖς μέλεσιν ἡμῶν,   [주동사: 위치하다]

ἡ σπιλοῦσα ὅλον τὸ σῶμα
[분사구 1–불의의 세계인 혀: 몸을 더럽힘–보어 2 설명]

καὶ φλογίζουσα τὸν τροχὸν τῆς γενέσεως
[분사구 2–불인 혀: 인생을 불태움– 보어 1 설명]

καὶ φλογιζομένη ὑπὸ τῆς γεέννης
[분사구 3–불인 혀: 게엔나에 의해 불탐– 보어 1 설명]

위의 구조에서 볼 수 있듯이 주어는 혀가 분명하다. 이 혀는 두 가지 보어인 불과 불의의 세계로 묘사된다. 하나의 주동사는 이 혀가 지체 중에 위치해 있음을 나타낸다. 그리고 세 개의 분사는 그 혀가 어떤 영향을 미치는지 설명한다. 불의의 세계인 혀는 몸을 더럽히고, 불인 혀는 인생을 불태우며 파괴하고 마지막에 그 자신도 게엔나에 의해서 불타며 멸망한다.[7]

3. 먼저 혀를 '불의의 세계'로 비유한다. 이와 관련하여 여러 가지 견해가 있다. 어떤 이는 '세계'를 '장식' 또는 '장식품'의 개념으로 이해하여 혀가 불의를 보다 매력적으로 보이게 만든다고 이해한다. "잘 닦여진 수사가 악을 좋게 들리도록 한다"는 것이다.[8] 그러나 '세계'를 이러한 의미로 해석하는 것은 신약성경에서 드물다. 또한 야고보서에서 사용된 세 번의 경우 모두 <u>부정적인 의미, 곧 하나님을 대적하는 인류를 나타내기 위해 사용되었다</u>1:27;

---

7 야고보서 3:6의 문장구조는 간략하게 말해서 '혀'주어 - '불'보어 1 – '불의의 세계'보어 2 – '혀'주어 – '위치하다'주동사 - '더럽히다'분사구 1: 보어2설명 - '불사르다' 분사구 2: 보어1 설명- '불살라지다'분사구 3: 보어1 설명로 나타낼 수 있다. 보어와 각 보어를 묘사하는 분사의 순서에 있어서, 보어 1- 보어 2 - 보어2를 서술하는 분사구 1-보어1을 서술하는 분사 구2, 3인 것은 아마도 서술의 편의성을 위함인 듯하다.

8 McCartney, *James*, 186; Martin, *James*, 114. 헬라 학자들이 이렇게 주장한다고 본다참고. Mayor, 1897, 110.

2:5; 4:4.[9] 또 다른 이는 '세계'를 '전체'the whole를 의미하는 것으로 보고 혀를 죄악 '전체'whole 또는 죄악의 총체totality로 이해한다. 이 견해 역시 타당하지 않은 이유는 '세계'라는 단어가 중립적인 의미가 아니라 지속적으로 부정적으로 사용되었기 때문이다. 또한 '세계'를 '전체'라는 의미로 보면 같은 단어가 사용된 야고보서의 다른 경우에서 의미가 통하지 않기 때문이다. 이런 의미는 헬라어 자료에서 거의 찾아보기 힘들다.[10] 또 다른 그룹의 학자들은 '세계'를 '많은' 또는 '다량의'in large quantity를 의미하는 것으로 보면서, '불의의 세계'를 '악으로 가득한' 또는 '엄청난 악을 가져오는'이라는 의미로 이해한다. 이러한 해석은 그 단어의 부정적 의미를 그대로 보존하지만, 정관사를 무시하게 된다.[11]

　　4. 일반적으로 '불의의'를 형용사적 역할을 하는 질적 속격으로 보면서, 표현 그대로 '불의의 세계'the unrighteous world를 의미하는 것으로 본다. 그런데, 여기에 정관사가 붙었기 때문에 단순히 '한 악한 세계 전체'가 아니라 '그 악한 세계 전체'를 의미한다.[12] '불의의 세계'가 이와 같은 의미를 가졌다고 하더라도 실제로 그것이 무엇을 의미하는지 이해하기 쉽지 않다. 이것이 고대에 흔했던 생각들, 곧 몸은 우주의 축소판이고 혀는 악의 세계의 축소판인 것을 말한다면 혀나 말 안에 있는 모든 것들은 세상의 모든 악을 표현하는 것일 수 있다.[13] 이와 같은 의미와 함께 야고보서에서 사용된 용어를 통해서 '불의의 세계'가 무엇을 의미하는지 유추해볼 수 있다. 앞서 '세계'는 하나님을 대적하는 모든 것이라고 했다. 그리고 4:4에서 세상, 곧 세계와 벗이 되는 것은 하나님과 원수 되는 것이라고 했다. 따라서 '세상'의 반대말은 '하나님'이고 '불의'ἀδικία의 반대말은 '의'δικαιοσύνη라고 할 수 있다. 그리고 '하나님의 의'라는 표현이 야고보서에서

9　McCartney, James, 186.

10　칼빈이나 에라스무스, 그리고 19세기 학자들은 대부분 Bede를 따른다. McCartney, James, 186.

11　McCartney, James, 187. 메이어(Mayor)는 '돌봄의 세계'a world of cares는 '많은 돌봄'many cares을 의미하지만 '돌봄의 그 세계'the world of cares는 그 세계the world에 관해서 말하는 것이라고 설명한다. Mayor, The Epistle of James, 110.

12　참고. McCartney, James, 187.

13　Richardson, James, 153.

세 번1:20; 2:23; 3:18 사용되었다. 앞서 1:20에서 '하나님의 의'는 여러 가지로 해석될 수 있지만, 특히 하나님이 원하는 것을 행하여 하나님을 기쁘시게 하거나 또는 하나님 보시기에 옳은 것을 말한다고 했다. 그러므로 불의의 세계는 하나님을 대적하는 것들이 하나님의 뜻이나 원하는 것을 행하지 않는 것을 말한다. 따라서 하나님이 원하는 것을 생산하거나 배출해 내지 못하는 모든 것을 가리킨다. 특히, 3:8에 혀는 "쉬지 아니하는 악이요 죽이는 독이 가득한 것"이라고 했기 때문에 '불의의 세계'인 혀를 통해서 악과 독이 품어져 나온다고 보아야 한다. 혀는 그 불의의 세계의 중심이다. 그리고 불의의 세계인 이 혀는, 첫 번째 분사구가 묘사하는 바와 같이 불의한 것으로 온몸을 더럽힌다. 혀가 비록 지체들 가운데 가장 작은 것 중의 하나이지만 몸의 많은 지체들 중에 거하면서 그보다 큰 지체들에게 악한 영향력을 미쳐 모든 지체를 더럽히는 역할을 할 수 있다.

5. 둘째, 혀를 '불'로 묘사한다. 불의 이미지는 이미 3:5b에서 사용되었다. 앞서 말의 온몸을 제어하기 위해 입에 물리는 재갈과 큰 배를 운행하는 지극히 작은 키에 이어 작은 불이 큰 숲을 태운다는 사실을 지적하면서 작은 지체인 혀의 큰 영향력에 대해서 언급했다. 그러나 불의 이미지는 단순히 큰 영향력을 넘어서 혀의 파괴적인 힘destructive power을 묘사한다.[14] '불사르다'φλογίζω라는 동사는 본 구절 외에 신약성경에는 나타나지 않지만, 칠십인역LXX의 출애굽기 9:24; 시편 96:3; 다니엘 3:94 외에 마카베오 1서 3:5; 집회서 3:3과 같은 외경, 그리고 솔로몬의 시편 12:3과 같은 위경에 나타난다. 그리고 대부분의 경우 태우거나 태워서 멸하는 것, 곧 파괴적인 이미지를 나타내기 위해서 사용되었다.

6. 두 번째 분사구는 '생의 바퀴를 불사른다'라고 했다. '바퀴'τροχός로 번역된 단어는 '항로'/'노정'course의 의미로도 사용된다.[15] 그리고

---

14 참고. S. A. Laws, *The Epistle of James,* BNTC (Massachusetts: Hendrikson Publishers, 1980), 148; S. McKnight, *The Letters of James,* NICNT (Grand Rapids: Eerdmans Publishing, 2011), 280-85; Stulac, *James,* 124; Blomberg and Kamell, *James,* 156-57; Martin, *James,* 113; Davids, *James,* 144.

15 McCartney, *James,* 189는 수레바퀴wheel를 "창조된 세계를 원으로 보는 유대인들의 개념"the Jewish notion of the cre-

'생'γένεσις이라는 단어는 '출생'birth 또는 '세대'generation를 의미한다.[16] 따라서 생의 바퀴는 인생의 모든 과정이나 전 생애를 의미한다. 불이 생의 바퀴를 불사르는 것은 인생 전체를 파괴한다는 말이다. 작은 불꽃이 큰 숲을 태워 파괴하듯이 작은 혀도 인생 전체를 불태워 파괴하는 것이다.

7. 세 번째 분사구는 수동태이다. 두 번째 분사구는 불인 혀가 인생 전체를 파괴하는 것에 대해서 말하지만, 여기서는 혀가 지옥에 의해서 불탄다set on fire by hell고 말한다. 거의 모든 학자들은 이 문장을 혀가 내뿜는 불의 근원source을 묘사하는 것으로 본다. 생의 바퀴를 불태우는 그 혀의 불이 지옥으로부터 난다는 것이다. 그리고 그 지옥은 악의 세력이 갇혀있는 곳이므로 결국 생의 바퀴를 불사르는 혀의 배후에 이런 악이 있다고 말한다.[17] 그런데 "[혀가] 지옥에 의해서 불태워진다"라는 문장이 혀가 내뿜는 불의 근원을 묘사하는지에 대해서는 의문이다. 왜냐하면, 앞서 나타난 '불태우다'라는 능동태 분사가 혀가 인생 전체를 파괴하는 것을 묘사했다면, 같은 동사의 수동태 분사는 그 혀도 불태워지는 존재임을 말하는 것으로 보아야 하기 때문이다. 앞선 표현은 혀가 인생을 파괴한다는 의미에서 '불태운다'로 표현했다면, 여기서는 혀가 지옥에 의해서 파괴된다는 의미에서 "지옥 불에 의해서 탄다"로 보아야 한다. 혀도 결국은 심판을 받을 수밖에 없는 존재라는 의미이다.[18] 확실히 '지옥'에 해당하는 표현γέεννα은 "힌놈의 아들의 골짜기"로 예루살렘의 남쪽 계곡을 일컫는다. 그리고 "유명한 유대인 경건인들은 이곳을 미래 심판의 징소로 여긴다. 복음서에서 이는 '지옥'을 지칭하고 다음 세계에 악한 자들이 벌을 받을

---

ated world as a circle이라고 본다.

16 McCartney는 γένεσις가 "자주 '세대'generation로 번역되면서 근원origin이나 태어남birth 또는 심지어 인간 이야기의 기간을 의미한다"라고 말한다. McCartney, *James*, 189.

17 Richardson, *James*, 154; Stulac, *James*, 126; P. H. Davids, *The Epistle of James: A Commentary on the Greek Text* (Grand Rapids: Eerdmans, 1982), 143.

18 야고보서 3:6은 심판의 배경에서 보아야 한다. 참고. Richard Bauckham, "The Tongue Set on Fire by Hell James 3:6" in *The Fate of the Dead: Studies on the Jewish and Christian Apocalypses* (Leiden: Brill, 1998), 119-31.

곳으로 여긴다."[19] 게엔나가 가지는 이런 의미로 볼 때, 3:6의 마지막 분사는 혀가 내뿜는 불의 근원이 지옥임을 밝히는 것보다 불의의 세계의 중심이면서 생의 바퀴를 불사르는 파괴적인 존재인 혀 역시 마지막에는 심판을 받을 수밖에 없음을 밝히는 것이다.

⁷ For every kind of beast and bird,
　왜냐하면 각 종류의 [야생]짐승과 새
　　　　　　　　of reptile and sea creature,
　　　　　　벌레와 바다에 속한 생물들은
　　　　　　　　　　can be tamed
　　　　　　　　길들여 지고
　　　　　　　　and has been tamed by mankind,
　　　　　　그리고 인류에 의해 길들여져 왔지만

　　1. "여러 종류의 짐승과 새와 벌레와 바다의 생물은 다 사람이 길들일 수 있고 길들여 왔거니와"라고 했다. 새롭게 문장을 시작하는 듯이 보이지만 헬라어 원문은 '왜냐하면'γάρ으로 시작한다. 이는 3:7-8이 이전 구절에 대한 이유를 설명한다는 말이다. 혀가 왜 그렇게 다른 지체에 악한 영향을 미치고 인생 전체를 파괴하며, 그 혀도 심판을 받을 만큼 악한 것인지를 설명하는 것이다. 그 이유를 한마디로 말한다면, 세상의 그 누구도 악하고 치명적인 독을 가진 혀를 길들일 수 없기 때문이다.

　　2. '여러 종류의'πᾶσα φύσις라고 번역된 표현은 엄밀히 말해서 '각 종류의'라고 번역해야 한다. 왜냐하면 '파사'πᾶσα는 복수 명사와 사용될 때는 '모든', 단수 명사와 사용될 때는 '각각'의 의미로 사용되기 때문이다. 여기서 '종류'種로 번역된 단어φύσις는 단수이다. 이어서 모든 짐승을 네 종류, 곧 야생동물, 새 종류, 기는 것들, 그리고 바다에 속한 것들로 분류한다. 이

<hr>

19 Richardson, *James*, 154, n. 22.

네 종류에 해당하는 헬라어 속격을 사용하여 모두 '종류'에 해당하는 주격 명사φύσις를 수식하도록 했다. "야생 동물의, 새 종류의, 기는 것들의, 바다에 속한 것들의 각 종species은 길들여진다"라는 말이다. 이 모든 짐승들은 사람에 의해 길들여질 수 있다. 여기서 사람을 '사람이라는 종'/'인류'τῇ φύσει τῇ ἀνθρωπίνῃ; human species로 묘사한다. 이는 앞서 모든 종류의 짐승을 묘사할 때와 같은 표현을 사용하여 두 부류를 비교하기 위함이다. 인간이라는 종은 이 세상에 있는 모든 종의 생물도 지배하고 다스릴 수 있을 만큼 강한 존재라는 것이다.

3. 본 구절이 사람을 주어로 한 능동태로 번역되었지만, 헬라어 원문은 '각 종'이 주어이고 현재 수동태 동사 '길들여지다'δαμάζεται가 사용되었다. 현재 동사가 사용된 것은 지금 현재 세상의 모든 종류의 짐승들이 여전히 사람에 의해 길들여진다는 말이다. 그리고 인류가 과거로부터 이와 같은 일을 계속 해왔음을 나타내기 위해서 같은 동사의 완료 수동태δεδάμασται가 사용되었다. 인류는 항상 세상의 모든 짐승을 길들일 수 있을 만큼 강한 존재이다. 이와 같은 사실은 창세기의 창조 기사에 명백히 나타난다. 창세기 1:26에 "하나님이 이르시되 우리의 형상을 따라 우리의 모양대로 우리가 사람을 만들고 그들로 바다의 물고기와 하늘의 새와 가축과 온 땅과 땅에 기는 모든 것을 다스리게 하자 하시고"라고 했다. 하나님은 홍수 이후에 노아에게도 다음과 같이 말씀하신다. "땅의 모든 짐승과 공중의 모든 새와 땅에 기는 모든 것과 바다의 모든 물고기가 너희를 두려워하며 너희를 무서워하리니 이것들은 너희의 손에 붙였음이니라"창 9:2. 인류는 창조 이후부터 줄곧 세상의 모든 생물들을 다스리는 자들이었다참조. 시 8:6-8.

4. 3:6에서 혀의 파괴적이고 악한 영향력에 대해서 말하고, 이어지는 3:7에서 인류의 위대함을 이야기한다. 이와 같이 3:7에서 인류의 능력을 높이는 이유는 3:8에서 나타날 반전을 극대화하기 위함이다. 혀가 엄청난 파괴력과 영향력을 가지고 있지만3:6, 인류는 예로부터 세상의 모든 종류의 짐승들을

지배할 만큼 위대한 집단이므로3:7 혀를 통제할 수 있을 것처럼 보인다. 그러나 그 위대한 인류가 몸의 가장 작은 지체 중 하나인 혀를 길들이지 못한다. 따라서 그 혀의 파괴력과 악한 영향력은 인류가 짐승을 길들일 때 보여준 것보다 훨씬 더 크다.[20]

[8] but no human being can tame the tongue.

　그러나 사람들 중에 어느 누구도 혀를 길들일 수 없기 때문이다

　　　it is a restless evil,

　　　그것[혀]은 쉬지 아니하고 악하다

　　　full of deadly poison.

　　　[그것은] 치명적인 독이 가득하다

　　1. "혀는 능히 길들일 사람이 없나니 쉬지 아니하는 악이요 죽이는 독이 가득한 것이라"라는 문장의 헬라어 원문은 역접 접속사 '그러나'δέ로 시작한다. 이는 본 구절에 앞서 다루었던 내용, 곧 인류가 땅과 하늘과 물의 각 짐승의 종을 다 길들여 왔고 현재도 길들일 수 있다3:7는 사실과 대조되는 내용이 기록될 것이라는 말이다. 목적어인 '혀'τὴν γλῶσσαν를 문장 제일 처음에 위치시킨 것은 모든 생물을 다 길들일 수 있는 인류도 바로 그 혀는 길들일 수 없음을 강조하는 것이다. 인류 중에 혀를 길들일 수 있는 사람이 아무도οὐδείς 없다. "혀는 능히 길들일 사람이 없나니"라고 번역된 문장은 보다 더 강한 의미로서 "사람들 중에 어느 누구도 혀를 길들일 수 없다"라고 번역할 수 있다. 이와 같은 표현을 통해 저자는 혀의 강력한 영향력을 극대화하여 그 영향력이 얼마나 대단한지를 보여준다.

　　2. 혀의 영향력은 두 가지로 묘사된다. 첫째, 그 혀는 '쉬지 아니하는 악'이다. "쉬지 아니하는 악이요"라고 번역된 문장은 두 개의 형용사 '쉬지

───────────

20 Richardson, *James*, 155.

않는'ἀκατάστατον과 '악한'κακόν의 조합이다. 주의해서 볼 것은 '혀'γλῶσσα는 여성 명사인데 반해서 이를 수식하는 두 형용사가 중성인 것이다. 따라서 이 두 형용사가 혀를 직접적으로 수식하는 것으로 볼 수 없다. 이 두 형용사 앞에 연결사copula가 생략되었거나 이 표현을 독립된 감탄사quasi-exclamations와 같은 것으로 볼 수 있다. 이러한 문제가 해석상의 큰 문제를 야기하지는 않지만 주의해야 한다. 왜냐하면, "쉬지 아니하는 악이요"라는 문장에서 마치 '악'이 명사인 것처럼 보이고, 따라서 혀의 존재 자체를 악으로 볼 여지를 주기 때문이다. 그러나 앞서 설명한 바와 같이 '쉬지 않는'과 '악한' 모두가 형용사이기 때문에 "쉬지 아니하는 악이요"라는 문장은 혀의 존재를 설명하기보다는 혀의 상태를 설명하는 것이다. 따라서 "[그것 또는 이는] 쉬지 아니하고 악하다/얼마나 쉬지 않고 악한가!"로 이해할 수 있다.

3. '쉬지 않는'ἀκατάστατον이라는 형용사는 1:8에서 두 마음을 품은 자를 '정함이 없는unstable 자'로 묘사할 때도 사용되었다. 같은 단어가 문맥에 따라 다르게 번역되었지만 의미상으로는 통한다. 둘 모두 쉬지 않고 움직이며 변하는 안정적이지 못한 모습을 그리는 것이다. 주목할만한 사실은 이 단어가 두 마음을 품은 자의 특징을 묘사할 때뿐 아니라, 한 입으로 찬송과 저주를 말하는 혀를 묘사할 때 사용된 것이다3:9. 이와 같이 동일한 단어가 정함이 없는 마음을 묘사한 1:8과 쉬지 않는 악으로서의 혀를 묘사한 3:8에 사용된 것은 마음과 혀가 밀접하게 관계가 있음을 암시한다. 한 입으로 찬송과 저주를 말하는 것은 단순히 혀의 문제가 아니라 그 마음의 문제라는 것이다.

4. 둘째, 혀는 죽이는 독이 가득하다. 죽이는 독이 가득하다는 것은 '죽음을 부르는'death-bringing 또는 '치명적인'deadly 독이 가득하다는 말이다. 이러한 표현은 "뱀 같이 그 혀를 날카롭게 하니 그 입술 아래에는 독사의 독이 있나이다"시 140:3, "악인은 그 입으로 그의 이웃을 망하게 하여도 의인은 그의 지식으로 말미암아 구원을 얻느니라"잠 11:29, 혹은 "마음이 지혜로운 자는

계명을 받거니와 입이 미련한 자는 멸망하리라"잠 10:8 등의 구약의 구절들을 반영한다. 저자가 성경적 개념으로 혀의 특성을 설명했다는 사실에는 의심의 여지가 없지만, 동시에 수신자들의 상황도 반영했을 것이다. 왜냐하면 서신 전체에서 말과 관련된 것, 곧 말하기와 성내기를 더디 하는 것1:19, 혀를 재갈 물리지 못하는 것1:26, 사람을 차별하며 여기 앉으라 저기 앉으라 하는 것2:1-3, 자유의 율법대로 심판받을 자처럼 말도 하고 행하기도 하는 것2:12, 헐벗고 일용할 양식이 없는 형제자매들에게 말로만 평안히 가라, 덥게 하라, 배부르게 하라 말하는 것2:15-16, 싸움과 다툼에 관한 것4:1-3, 서로 비방하는 것4:11, 서로 원망하는 것5:9, 맹세하는 것5:12 등에 대해서 지속적으로 언급하기 때문이다.

5. 5:19-20에서 미혹되어 진리를 떠난 자에 대해서 언급한다. 수신자들 중에 이와 같은 자들이 생기는 이유는 분명 흩어져서 신앙생활하며 겪을 수밖에 없는 여러 가지 시련 때문이다. 수신자들 중에 또 다른 부류의 사람들은 그와 같이 미혹되어 진리를 떠나려는 자들을 지도하기 위해서 권면하고 훈계했을 것이다. 만약 그렇지 않았다면, 저자가 3:1에서 "너희는 선생이 많이 되지 말라"라고 말할 이유가 없다. 그들 중에 말로 미혹된 자들을 돌아서게 하지 못하고 오히려 실족하게 하고, 진리를 떠나도록 부추기는 사례도 있었을 것이다. 5:19-20에서 지적하듯 진리를 떠난 자들은 죄인이며, 그들의 영혼은 사망한 상태이다. 만약 그들이 그렇게 된 것이 사람의 말로 인한 것이라면 혀가 쉬지 아니하고 악할 뿐 아니라 죽음을 부르는 독이 가득하다고 말하는 것은 매우 옳다.

⁹ With it

그것으로

    we bless our Lord and Father,

    우리가 주님이신 아버지를 찬송하고

and with it

그리고 그것으로

    we curse people

    우리가 사람들을 저주한다

        who are made in the likeness of God.

        [사람들] 하나님의 형상대로 지음을 받은

    1. "이것으로 우리가 주 아버지를 찬송하고 또 이것으로 하나님의 형상대로 지음을 받은 사람을 저주하나니"라고 했다. '이것으로'라고 번역된 것은 엄밀히 말해서 '그것으로'ἐν αὐτῇ가 되어야 한다. 왜냐하면 여기서 전치사 '엔'ἐν과 함께 3:8의 여성 명사인 혀γλῶσσα를 가리키는 3인칭 여성 대명사 '아우테'αὐτῇ를 사용하여 수단을 나타내기 때문이다. 따라서, '그것으로'는 '그 혀를 가지고'라는 말이다. 본 구절에서 혀가 행하는 두 가지 대조되는 행위, 곧 찬송과 저주에 대해서 말한다. 본 구절은 두 개의 문장으로 구성되는데, 각 문장을 '그것으로'ἐν αὐτῇ로 시작한다. 이는 찬송과 저주라는 상반된 행동의 주체가 바로 그 혀라는 사실을 강조하기 위함이나. 3:9를 시작으로 해시 성도가 그들이 길들일 수 없는 혀와 입으로 두 가지 일, 곧 하나님을 찬송하는 것과 하나님의 형상으로 지음 받은 사람을 저주하는 것에 대해서 설명한다3:9-12.

    2. 전후 문맥과 서신 전체와 관련해서 생각해 보면, 지금 저자가 말하고자 하는 것이 무엇인지 알 수 있다. 여기서 단순히 혀가 지체 중에서 지극히 작지만 큰 영향력을 행사하고, 인류 중에 누구도 그 혀를 통제할 수 없다는 사실만을 지적하려 한 것은 아니다. 3:9-12에서 제시한, 한 입으로 두 가지를 행하는

모습은 전체 서신에서 지속적으로 지적하는 두 마음을 가진 자들의 모습과 일맥상통한다. 5:19-20은 수신자들 중에 미혹되어 진리를 떠난 자들이 있음을 암시한다. 저자는 수신자들이 속한 공동체에게 그와 같은 자들을 돌아서게 하여 그 영혼을 사망에서 구원하고 그들이 죄 사함을 받게 하라고 권한다. 미혹되어 진리를 떠난 자들은 교회를 떠난 것이 아니라 하나님의 말씀을 등진 자들이다. 그와 같은 자들이 공동체 내에 생겼을 때 수신자들 중 어떤 이들은 그들을 훈계하거나 권하면서 말을 함부로 한 듯하다. 만약 그러지 않았다면, 저자가 "사람마다 [말씀을] 듣기는 속히 하고 말하기는 더디 하며 성내기도 더디 하라"1:19라고 하지 않았을 것이다. 이는 수신자들 중에 주의 말씀 듣기는 더디 하면서 말하기를 속히 하고 성내기를 급히 했던 자들이 있었음을 암시한다1:19-20. 이와 같은 상황은 수신자들이 서로 싸우거나 다투는 상황을 만들었을 것이다4:1-2. '그러므로'로 시작하는 1:21은 1:19-20에서 묘사한 상황에 대한 해결책을 제시한다. 수신자들은 그들 속에 있는 모든 더러운 것과 넘치는 악을 내버리고 마음에 심어진 말씀을 온유함으로 받아야 한다는 말이다1:21. 왜냐하면, 그들 속에 심어진 말씀이 그들의 영혼을 구할 수 있기 때문이다1:21. 이는 5:19-20에서 "내 형제들아 너희 중에 미혹되어 진리를 떠난 자를 누가 돌아서게 하면 너희가 알 것은 죄인을 미혹된 길에서 돌아서게 하는 자가 그의 영혼을 사망에서 구원할 것이며 허다한 죄를 덮을 것임이라"는 말씀과 일맥상통한다.

3. 1:22-25에서 말씀을 듣고 행하는 자에 대해서 설명한 후, "누구든지 스스로 경건하다 생각하며 자기 혀를 재갈 물리지 아니하고 자기 마음을 속이면 이 사람의 경건은 헛것이라"1:26라고 했다. 이는 말씀을 받아들이는 것과 혀를 재갈 물리는 것은 깊이 관련이 있음을 보여준다. 심어진 말씀을 받아들이는 자는 그의 입을 재갈 물리는 자와 같다는 말이다. 그러나 말씀을 듣고 자기의 입에 재갈 물리지 않고도 스스로 경건하다 생각하는 자들의 경건은 헛것이다.

저자는 이와 같이 행하는 자를 '자기 마음을 속이는 자'라고 묘사한다. 결국 3:1-12에서도 단순히 혀를 통제하지 못하는 것만을 말하지는 않는다. 말씀을 제대로 받아들이지 않고도 받은 척하고 말씀을 묵상하지도 않으면서 경건한 척하며 말하는, 두 마음을 가진 자의 모습에 대해 말하는 것이다. 수신자들이 속한 공동체의 선생들 중에 그와 같은 모습을 나타낸 자들이 있었을 것이다. 혹 수신자들 중에서 어떤 자들이 선생과 같이 되어서 두 마음을 가진 자의 모습을 나타냈을 수도 있다. 이러한 이유로 저자는 수신자들에게 선생이 많이 되지 말라고 권한다.

4. 결국 3:1-8은 외적으로 나타나는 혀의 악하고도 큰 영향력에 관한 것도 되지만, 엄밀히 말해서 말씀을 받아들이지 않고 묵상하지 않으면서도 경건한 척하며 조언하는 선생이나, 선생처럼 조언을 일삼는 것에 대한 지적이라고 할 수 있다. 두 마음을 가지고 자신을 속이는 자들은 겉으로도 두 가지 모습이 나타난다. 그것은 바로 주 아버지를 찬송하면서 동시에 하나님의 형상대로 지음 받은 사람을 저주하는 것이다. 이러한 모습은 서신 전체에서 반복해서 나타나는 두 마음을 가진 자의 모습을 그대로 반영한다. 그들은 하나님을 찬송하는 듯한 삶을 살지만, 교회생활 중에서 하나님의 형상을 가진 성도들을 저주한다. 하나님의 형상으로 지음 받은 자들은 3:7에서 지적한 바와 같이 여러 종류의 짐승과 새와 벌레와 바다의 생물을 길들여 왔고 또 길들일 수 있는 큰 특권을 하나님으로부터 부여받은 자들이다. 만약 인류가 하나님으로부터 이 땅을 다스리라는 위임 명령을 받은 자들이라면, 하나님을 찬양하면서 하나님의 형상대로 지음을 받은 사람을 저주하는 것은 합당하지 않다. 하나님을 찬송하면 그의 형상대로 지음 받은 자들도 찬송해야 한다. 그러나 두 마음을 가진 자는 그렇지 못하다. 하나님을 찬송하며 그 형제를 저주하는 자들은 믿음으로 구하고 의심하는 자1:6-8, 말씀을 듣지만 행하지 않음으로 자신을 속이는 자1:22-24, 스스로 경건하다 생각하지만 자기 혀를

재갈 물리지 아니하는 자1:26, 온 율법을 지키다가 그 하나를 범하는 자2:10-11, 믿음이 있다 하고 행함이 없는 자2:14, 17 등과 같은 자들이다.

^{10} From the same mouth come blessing
바로 그 입에서   축복이 나오고
                              and cursing.
                              그리고 저주도 [나온다]

My brothers,
마땅하지 않다 내 형제들아
                    these things ought not to be so.
                    이러한 것들이 그런 식으로 되는 것이 [마땅하지 않다]

1. 이전까지 혀를 통제할 수 없는 것과 관련해서 말하다가 이제 입과 관련해서 말한다. 앞서 언급한 것처럼 혀를 통제할 수 없는 것이 속히 말하는 것과 관계가 있다면, 말을 내뱉는 입과 관련해서 말하는 것은 그렇게 어색하지 않다. 통제되지 않고 늘 변하는 혀를 가진 입에서 나오는 것 역시 통제되지 않은 말이다. 본 구절에서 그 입을 강조하기 위해 '그와 같은'/'바로 그'τοῦ αὐτοῦ 입으로부터 찬송과 저주가 나온다고 한다.

2. 저자는 "한 입에서 찬송과 저주가 나오는도다"라고 말한 후, "내 형제들아 이것이 마땅하지 아니하니라"라고 강하게 말한다. 이는 한 입에서 찬송과 저주가 나오는 것이 불가능하다고 말하는 것은 아니다. 그렇게 되어서는 안 된다는 당위성을 말하는 것이다. 즉 "이러한 것들이 그런 식으로 되어서는 안 된다"these things ought not to be so-ESV; these things ought not to be this way-NASB라는 의미이다. 메카트니는 "저주하는 것은 그 저주받은 자를 만드신 분을 모욕하는 것이고3:9, 그리스도의 명령에 직접적으로 불순종하는 것일 뿐 아니라눅 6:28; 비교. 롬 12:14, 특별히 [그 저주하는 것이] 하나님을 찬송하는 것과

함께 할 때, 그것은 진리의 말씀을 부인하는 것3:14이다. 왜냐하면 그럴 때 그 찬송은 위선이 되기 때문이다비교. 요일 4:20"라고 주장한다.[21]

3. 앞서 메카트니는 한 입으로 찬송과 저주하는 것의 의미를 잘 설명했다. 그러나 이전 문맥은 계속해서 혀가 작지만 대단한 힘을 가진 사실3:3-5a, 혀는 불의의 세계로 온 몸을 더럽히고 불로서 한 사람의 인생 전체를 불태워 파괴할 수 있다는 사실3:5b-6, 그리고 혀를 통제할 수 있는 자가 아무도 없다는 사실3:7-8 등에 대해 서술한다. 이와 같은 사실에 비추어 볼 때, 온몸을 더럽히고 인생을 파괴할 뿐 아니라 이를 통제할 사람이 없을 정도로 쉬지 않는 악이면서 치명적인 독이 가득한 혀가 주 아버지를 찬송하는 것이 오히려 이상하다. 3:12의 마지막 부분에서 "짠 물이 단 물을 내지 못하느니라"라고 지적한 것처럼, 사람은 악한 혀로 사람을 저주할 수밖에 없다. 오히려 악하고 파괴적인 혀가 하나님을 찬송하는 것이 이상하다. 여기서 저자는 이러한 것들이 그런 식으로 되어서는 안 된다고 단호히 말한다. 이후에 해결 방법이 제시되겠지만, 본 구절에서는 단순히 그렇게 되어서는 안 된다는 당위성을 강조한다.

[11] Does a spring pour forth from the same opening
　샘이 바로 그 구멍으로부터
　　　　both　　fresh
　　　　　　단 것물을 내겠느냐
　　　　　　and salt water?
　　　　　　그리고 쓴 물을

1. 저자는 다시 의문 조사μήτι를 사용하여 부정적인 대답을 기대하는 질문, 곧 "샘이 바로 그 구멍으로 단 물과 쓴 물을 생산해 낼 수 있느냐?"라는 질문을 한다. 어떤 샘물이든 쓴 물이나 단 물 중에 하나만 생산해 낼 수 있다.

21 McCartney, *James*, 192-93.

이와 같은 사실은 한 입에서 축복과 저주를 낼 수 없는 것과 같다. 일반적으로 샘물이 단물을 낼 것이라고 생각한다. 그러나 팔레스틴의 열곡rift valley; 두 개의 평행한 단층애로 둘러싸인 좁고 긴 계곡에는 염분이나 미네랄이 많이 함유된, 사람의 인체에 유해한 물을 품어내는 샘이 있다. 단 물을 내는 샘은 사람의 생명을 유지하는 데 도움이 되고, 쓴 물을 내는 것은 사람의 생명에 무익하거나 유해하다. 저자는 이 둘을 한꺼번에 할 수 있는 샘은 없다고 지적한다.[22]

[12] Can a fig tree, my brothers, bear olives,
　내 형제들아 무화과 나무가 감람열매를 맺을 수 없고
　　　　or a grapevine produce figs?
　　　　포도나무가 무화과를 맺을 수 없는 것 아니냐?
　　　　　　Neither can a salt pond yield fresh water.
　　　　　　이와 같이 짠물이 단 물을 내지 못한다

　1. 끝으로 당시 지중해 지역의 주요 산물인 무화과나무, 감람나무, 포도나무를 예로 들어 설명한다. 각각의 나무는 서로 다른 열매를 맺을 수 없다. 무화과나무가 감람 열매를 맺을 수 없듯이 포도나무가 무화과를 맺을 수 없다. 각 나무가 맺을 수 있는 것은 정해져 있다. 앞선 예들은 하나의 입이나 샘으로 두 개의 다른 것찬양과 저주; 단물과 쓴 물을 낼 수 없다고 말하고, 이제 각각의 나무가 맺을 수 있는 것 외에 다른 것을 맺을 수 없다고 말한다.

　2. 마지막으로 "이와 같이 짠 물이 단 물을 내지 못하느니라"라고 결론을 내린다. 앞서 3:9-11에서 하나의 입으로 찬양과 저주를 내지 못하고, 한 샘물이 단 물과 쓴 물을 내지 못한다고 했다. 이상의 논의는 성도가 그의 입으로 하나님을 찬양하듯이 성도를 찬양하고, 단물을 내는 샘물이 단물만 내듯이 하나의 물만 내어야 한다고 주장하는 것처럼 보인다. 그러나 "이와 같이 짠물이 단물을 내지 못하느니라"라고 한 마지막 결론을 주목해 볼 필요가 있다.

22 McCartney, *James*, 193.

이 결론에서 저자는 근본적으로 쓴 물은 단 물을 내지 못한다는 말을 하려고 한 듯하다. 이러한 결론은 앞서 저자가 혀에 대해 설명한 것과 맥을 같이한다. 저자는 "혀는 곧 불이요 불의의 세계라 혀는 우리 지체 중에서 온 몸을 더럽히고 삶의 수레바퀴를 불사르나니 그 사르는 것이 지옥 불에서 나느니라"3:6라고 했다. 그리고 "혀는 능히 길들일 사람이 없나니 쉬지 아니하는 악이요 죽이는 독이 가득한 것이라"3:8라고 했다. 저자는 일관되게 혀는 온몸을 더럽히는 불의의 세계이고 인생 전체를 파괴하는 불이며 그 누구도 길들일 수 없는 악이고 죽이는 독이 가득하다고 말한다. 혀는 근본적으로 악하기 때문에 '선'이 아니라 '악'을, 살리는 것보다는 죽이는 것을 생산해 낼 수밖에 없다. 무화과나무가 무화과 열매를 생산하듯이 근본적으로 악이 가득한 입과 혀는 악을 생산해낼 수밖에 없는 것이다. 따라서 저자가 결론적으로 말하고자 하는 것은 짠물과 같은 혀는 단물을 내지 못한다는 것이다.

3. 3:1부터 시작해서 선생이 많이 되지 말라고 하며 혀와 말에 대해 다루었다. 그리고 마지막 결론은 짠물이 단물을 내지 못한다는 것이다. "그러면 누가 선생이 될 수 있는가?"라고 반문할 수 있다. 본 단락에서 저자가 말과 혀에 관해 집중적으로 다룬 이유는 아마도 이어지는 단락에서 행하는 문제를 부각하기 위함인 듯하다. 이후에 설명하겠지만, 저자는 선생이 되려는 자들은 혀를 제어할 수 없기 때문에 말보다는 겸손히 행함을 보여야 한다고 주장한다. 선생은 하늘의 지혜가 필요한 자로서 말이 아니라 지혜의 온유함으로 그 행함을 보이는 자3:13라는 말이다. 서신 전체에서 제시하는 바와 같이 선생도 말로 선생 됨을 보일 것이 아니라 행함으로 선생 됨을 보여야 한다. 이와 관련된 설명이 이후의 단락에서 계속 나타난다.

선생, 하늘의 지혜로 행하는 자!

본문 구조와 요약

¹³ 너희 중에 지혜와 총명이 있는 자가 누구냐?

그의 그 선한 행위[삶의 방식]으로부터로 그의 행함들을 보이게 하라

지혜의 온유함으로

¹⁴ 그러나 만약 너희가 독한 시기를 가지고 있으면

그리고 이기적 욕망을 너희 마음속에[가지고 있으면]

자랑하지 마라

그래서 그 진리를 거슬러 거짓말하지 마라

¹⁵ 이것은 바로 그 지혜가 아니라

위로부터 내려온

그러나   땅으로부터 온 것이고

육적인 것[비영적인 것]이고

귀신적인 것이대

¹⁶ 왜냐하면 시기가 있는 곳에

그리고 이기적 욕망이 있는 곳에

거기   혼란이 있고

그리고 모든 악한 일이 있기 때문이다

¹⁷ 그러나 위로부터 난 지혜는 우선적으로   성결하고

다음은 화평하고
관용하고
양순하고
긍휼과 선한 열매가 풍성하고
편견이 없고
거짓이 없다
[18] 그리고 의의 ['의'라는] 열매는 화평 가운데서 거두어진다
화평을 행하는 자들에 의해서 [거두어진다]

앞서 저자는 선생이 많이 되지 말라고 하면서 그 이유를 선생이 더 큰 심판을 받고3:1, 모든 사람들이 말에 실수를 많이 하여 온전하지 못하기 때문이라고 했다3:2. 이어서 사람이 말에 실수가 많은 이유를 설명한다. 인간이 가진 혀는 말馬의 재갈과 배船의 키와 숲 전체를 태우는 작은 불처럼 작지만 큰 능력을 가지고 있는데 반해, 이를 길들일 수 있는 사람이 아무도 없기 때문이다3:8. 혀는 불이요 불의의 세계로서 온몸을 더럽히고 인생 전체를 파괴할 수 있을 만큼 강하다. 그러나 마지막 날에 그 자신도 지옥불에 의해서 멸망당할 만큼 쉬지 아니하는 악이며 치명적인 독이 가득하다3:6-8. 3:1-12의 마지막에 "이와 같이 짠 물이 단 물을 내지 못하느니라"3:12라고 결론을 내린다. 이 결론은 사람이 근본적으로 짠 물을 내는 샘물과 같이 사람에게 무익하고 유해한 것만을 쏟아내기 때문에, 어떤 이유에서든 사람에게 유익한 단물을 내지 못함을 암시한다. 이상의 논의의 결론은 누구라도 악한 혀를 제어할 수 없기 때문에 말에 실수가 없는 자가 없고, 따라서 온전한 자가 없기 때문에 선생이 많이 되지 말아야 한다는 것이다.

3:1의 "선생이 많이 되지 말라"라는 명령은 "선생이 되지 말라"라는 것과는 다르다. 누군가에게 선생이 될 수 있는 여지를 남겨두었다. 그러면, 누가 선생이 될 수 있는가? 이어지는 3:13-18에서 이에 대해 답한다. 앞서 저자는

선생이 되는 것을 말하는 문제와 연결시키면서, 그와 같이 하면 아무도 선생이 될 수 없다고 결론을 내렸다. 이와 같은 주장은 본 단락에서 말하고자 하는 것이 무엇인지 짐작할 수 있도록 한다. 선생이 되는 것은 말의 문제가 아니라 행함의 문제라는 것이다. 이처럼 볼 수 있는 이유는 본 단락을 시작하면서 바로 그 문제를 지적하기 때문이다. 3:13에서 "너희 중에 지혜와 총명이 있는 자가 누구냐 그는 선행으로 말미암아 지혜의 온유함으로 그 행함을 보일 지니라"라고 명령한다. 그러나 행함을 보인다고 해서 모두가 지혜와 총명이 있는 자는 아니다. 왜냐하면 겉으로는 지혜의 온유함으로 행함을 보이는 것처럼 하면서 그 마음속에 독한 시기와 이기적인 욕망을 품고 자신을 자랑하는 자들이 있기 때문이다. 이와 같이 행하는 것은 진리를 거스르는 것이고 거짓말하는 것이다3:14. 그들 스스로는 그것이 하늘의 지혜라고 생각할지 몰라도, 그와 같은 지혜는 땅 위의 것이고 정욕의 것이며 귀신의 것이다3:15. 왜냐하면 그러한 행동의 결과로 혼란과 모든 악한 일이 나타나기 때문이다3:16. 지혜의 온유함으로 행하는 것은 곧 성결, 화평, 관용, 양순, 긍휼, 선한 열매, 편견과 거짓이 없는 모습을 보이는 것이다3:17. 뿐만 아니라 이들은 화평하게 하는 자들로서 지혜의 온유함으로 행한 결과 의의 열매를 거둔다3:18. 이와 같이 선생 된 자들은 말이 아니라 위로부터 내려온 지혜로 행해야 한다.

본 단락3:13-18에서 저자는 위로부터 내려온 지혜의 필요성과 그 지혜가 무엇인지, 그리고 그 지혜를 가졌을 때 나타나는 결과가 무엇인지 설명한다. 뿐만 아니라 이런 지혜를 가졌다고 하면서 땅의 지혜로 행하는 자들의 특징과 결과가 무엇인지에 대해서도 대조적으로 설명한다.

본문 해설Exposition [1]

중심주제Big Idea: 하나님은 선생 된/될 자들이 땅의 지혜가 아니라 하늘의 지혜의 온유함으로 그 행함을 보이기를 원하신다.

문맥Context

3:1-12는 선생이 많이 되지 말아야 할 이유를 두 가지로 설명한다. 첫째, 선생은 더 큰/엄격한 심판을 받기 때문에 선생이 많이 되지 말아야 한다3:1. 이는 선생의 역할이나 책임, 그리고 미치는 영향력이 일반 사람들보다 더 크기 때문이다. 둘째, 모든 사람이 다 실수가 많기 때문에 선생이 많이 되지 말아야 한다3:2. 저자는 사람이 많은 실수를 한다고 하면서 특히 말하는 것과 연결시켜 설명한다. 모든 사람이 실수가 많지만 말에 실수가 없으면 온전한 사람으로서 능히 온몸도 굴레 씌울 수 있다. 그러나 실제로 그와 같은 사람이 없기 때문에 선생이 많이 되지 말아야 한다. 여기서 선생이 되는 것과 말하는 문제를 연결시키는 이유는 수신자들이 속한 공동체 내에 그와 같이 행하는 자들이 있음을 반영하기 위함인 듯하다참고 1:19-20, 26.

이어서 모든 사람이 말실수가 많을 수밖에 없는 이유를 세 가지로 설명한다3:2-12. 첫째, 혀는 작지만 그 미치는 영향력이 크기 때문이다3:3-6. 둘째, 세상의 모든 짐승을 길들일 수 있는 인류가 혀만큼은 길들일 수 없기 때문이다3:7-8. 셋째, 길들여지지 않은 혀는 한 입으로 하나님을 찬송하면서도 하나님의 형상을 지닌 사람을 저주하기 때문이다3:9-12. 겉으로 드러나는 현상은 혀만의 문제가 아니라 마음의 문제다참고. 1:8; 3:8. 앞서 "누구든지 스스로 경건하다 생각하며 자기 혀를 재갈 물리지 아니하고 자기 마음을 속이면 이 사람의 경건은 헛것이라"1:26라고 했다. 경건과 혀를 제어하는 것은 긴밀하게 연결되어 있다. 경건하다고 말하면서 혀를 재갈 물리지 못하면 이는 자기 마음을 속이는 것이고 두 마음으로 행하는 것이다. 이와 같이 3:1-12에서 다루는 문제도 서신 전체에서 지적하는 것처럼 두 마음으로 행하는 자의 모습을 나타내는 것이다. 경건하지 못한 자가 혀를 재갈 물리지 못하고, 또 선생이나 선생처럼 행하려는 자가 형제에게 말하기를 속히 하는 것에 대해 지적하는 것이다. [말씀] 듣기는 더디 하고 말하기는 속히 하고 성내기를 급히 하는 자참고. 1:19는 영혼이 죽은 자이고 심어진 말씀을 받지 않는 자이다1:21. 그는 마음에 심어진 말씀을 온유함으로 받아야 한다. 그렇게 할 때 영혼이 구원을 받고 [말씀] 듣기는 속히 하고, 말하기를 더디 하며, 성내기도 더디 하게 될 것이다1:19.

이와 같은 문맥에서 저자는 본 단락3:13-18을 "너희 중에 지혜와 총명이 있는 자가 누구냐"라는 질문으로 시작한다. 선생을 '지혜와 총명이 있는 자'라고 칭하면서 계속해서 선생의 문제를 다룬다. 그러나 이제는 앞서 지적했던 '말'이 아니라 '행함'과 연관시켜서 설명한다. 이는 선생이 되는 것은 말하는 것이 아니라 행하는 것과 관련이 있기 때문이다. 이와 관련하여 세 가지로 말한다. 여기서는 첫 번째 것만 다루기로 한다.

본론Body

1. 하나님은 지혜자가 선행으로, 지혜의 온유함으로 그 행함을 보이기를 원하신다13

본 단락은 "너희 중에 지혜와 총명이 있는 자가 누구냐?"3:13라는 수사적인 질문으로 시작한다. '지혜와 총명'이라는 표현은 구약적 배경을 가지고 있다. 칠십인역LXX에서 이 두 표현이 함께 나타나는 경우는 세 번 있다신 1:13, 15: 4:6. 첫 두 번의 경우는 지도자에게, 마지막 것은 모든 백성에게 적용된다. 이는 '지혜와 총명'이 선생들을 가리킬 때도 사용되지만, 보다 확장해서 모든 사람에게 적용될 수 있다는 말이다. 저자가 이 시점에서 이런 질문을 하는 이유는 수신자들 중에 말씀 듣기는 더디 하면서 말하기를 속히 하는 자들이 있었기 때문이다. 저자는 3:1에서 "너희는 선생 된 우리가 더 큰 심판을 받을 줄 알고 선생이 많이 되지 말라"라고 명령했다. 이어서 그 이유를 설명한 후3:1-12, 다시 "너희 중에 지혜와 총명이 있는 자가 누구냐?"라고 질문하면서 선생이 되는 것의 의미가 무엇인지를 설명한다.

앞서 '지혜와 총명'이라는 표현이 구약적 배경을 가지고 있다고 했다. 구약에서 지혜의 근본을 보여주는 대표적인 구절은 잠언 9:10이다. 여기서 "여호와를 경외하는 것이 지혜의 근본이요 거룩하신 자를 아는 것이 명철이니라"참조. 잠 1:7; 시 111:10라고 했다. 지혜는 여호와를 경외하는 것, 곧 두려워하는 것에서 시작된다. "너희 중에 지혜와 총명이 있는 자가 누구냐?"라는 말은 고린도전서 1:20의 "지혜 있는 자가 어디 있느냐 선비가 어디 있느냐 이 세대에 변론가가 어디 있느냐 하나님께서 이 세상의 지혜를 미련하게 하신 것이 아니냐"라고 한 것에서도 찾을 수 있다. 이 구절은 이사야 19:12-13 말씀을 인용한 것이다. 여기서 "너의 지혜로운 자가 어디 있느냐 그들이 만군의 여호와께서 애굽에 대하여 정하신 뜻을 알 것이요 곧 네게 말할 것이니라. 소안의 방백들은 어리석었고 놉의 방백들은 미혹되었도다. 그들은 애굽 종족들의 모퉁잇돌이거늘 애굽을 그릇 가게 하였도다"라고 했다. 이 구절은 앗수르 왕국이 팽창하던 때에 유다의 지도자들이 애굽의 힘을 한 번 빌려보려고 했던 상황을 기록한 것이다. 유다의 지도자들은 애굽의 지혜를 빌려서 그 상황을 벗어나 보려고 했다. 한 나라가 이웃한 대국의 침공을 받을 때, 자국의 힘으로 막을 수 없다면 또 다른 대국을 의지하여 당면한 위기를 극복하는 것이 세상의 보편적인 지혜이다. 그러나 유다의 지도자들은 애굽으로부터 아무런 도움을 받지 못했다. '방백'은 리더들을 가리키는데, 그 애굽의 지혜롭다고 하던 자들 때문에 애굽이 망하게 되었다. 애굽이 망한 이유는 그렇게 하는 것이 하나님이 정하신 뜻이기 때문이다. 유다의 지도자들은 세상의 지혜 대신에 하나님을 두려워했어야만 했다. 고린도전서 1:20의 말씀처럼, 하나님의 지혜가 세상의 지혜를 미련하게 하여 아무 쓸모없게 만든 것이다. 출애굽기 14장에 나타난 홍해 사건도 마찬가지다. 앞뒤가 막힌 상황에서 이스라엘 백성이 할 수 있는 가장 쉬운 일은 애굽으로 다시 돌아가는 것이다. 그렇게 하는 것이 세상이 말하는 보편적인 지혜일 수 있다. 그러나 하나님은 홍해를 가르는 지혜를 보여주신다. 따라서, 하나님을 두려워하고 따르는 것이 더 큰 지혜임을 보여준다.

'총명'ἐπιστήμων은 '박식한'knowledgeable '숙련된'skilled 또는 '지식이나 배운 것을 효과적으로 실천할 수 있다는 의미에서 아는 것이 많다'라는 의미가 있다. 따라서 총명하다는 것은 단순히 똑똑한 것을 말하지 않는다. '지혜와 총명'이 있는 자는 하나님을 두려워하면서 그 아는 것을 잘 실천하는 자이다. 저자는 "너희 중에 지혜와 총명이 있는 자가 누구냐"라는 수사적 질문을 한다. 그리고 그러한 자들이 있다면 그는 "선행으로 말미암아 지혜의 온유함으로 그 행함을 보이라"라고 명령한다. 선행이란 '그 행위가 좋거나 선한 것'good behavior 혹은 '삶의 모습이 좋거나 선한 것'good way of life을 말한다. 지혜와 총명이 있는 자는 그의 삶 속에서 이런 선행을 행하고 있음을 보여야 한다. '지혜의 온유함'이라는 표현은 지혜를 가진 자의 모습이 겸손함으로 나타나야 한다는 말이다.

세상의 눈이나 당시 헬라 시대의 관점에서 볼 때, 지혜와 온유는 잘 어울리지 않는다. 왜냐하면 세속적 관점에서 지혜는 '능수능란함'을 의미하고, 어떤 일이나 사람을 자신이 원하는 대로 다루는 것을 말하기 때문이다. 이처럼 하기 위해서는 겸손하거나 온유해서는 안 된다. 실제로 헬라 시대에는 이와 같은 온유한 모습을 부도덕하거나 악덕한 것으로 여기기도 했다. 그러나 성경은 온유함을 모든 그리스도인들이 따라야 할 것으로 가르친다. 특히, 예수님은 겸손히 종의 형체를 입고 이 땅에 오셨고, 십자가에서 못 박히기까지 낮아지셨기다. 따라서, 모든 그리스도인은 그것을 악덕이나 약한 것으로 보지 않는다. 저자는 지혜와 총명이 있는 자들은 그의 선행으로 말미암아 지혜의 온유함으로 그 행함을 보이라고 명령한다.

이전의 문맥을 고려해서 생각해 보자. 앞서 저자는 선생이 많이 되지 말라고 했고, 혀를 다스릴 수 있는 사람도 아무도 없다고 했다. 그런데, 3:13에서 지혜와 총명이 있는 자, 곧 선생은 선한 행위로 온유한 지혜의 모습을 보이라고 명령한다. 이는 선생이나 선생이 되려는 자들은 말로 자신이 선생인 것처럼 하지 말고, 오히려 자신의 선한 삶의 모습으로 선생 됨을 보이라는 것이다. 삶의 선한 모습으로 보이되 온유한 모습으로, 겸손한 모습으로 보이라고 한다. 저자는 이처럼 삶으로 보이는 자가 진정한 지혜와 총명을 가진 자, 곧 선생이라고 말한다.

지혜와 총명이 있는 자는 선행으로, 그 지혜의 온유함으로 그 행함을 보이라고 했다. 이 말씀은 앞서 계속 지적했던, '행함이 없는 믿음은 죽은 믿음'이라는 말씀과 유사하다2:14-26. 앞서 "어떤 사람은 말하기를 너는 믿음이 있고 나는 행함이 있으니 행함이 없는 네 믿음을 내게 보이라 나는 행함으로 내 믿음을 네게 보이리라"2:18라고 했다. 그리고 "영혼 없는 몸이 죽은 것 같이 행함이 없는 믿음은 죽은 것이니라"2:26라고 했다. 이처럼 믿음이 있다는 것은 말로만으로 표현될 수 없다. 누군가 믿음이 있다고 말한다면 그에 상당한 믿음의 행위가 있을 때 비로소 그 사람의 믿음이 참인 것을 알 수 있다. 이와 마찬가지로 누군가 "나는 하나님의 지혜를 받았다" 혹은 "나는 하나님을 두려워한다"라고 말만 하면 그가 지혜와 총명을 가진 자인지 알 수 없다. 그가 자신의 삶으로 하나님의 지혜와 총명을 보일 때 비로소 그 사람이 참으로 하나님을 두려워하고 하나님의 지혜를 가진 자인지 알 수 있다.

2장에 행함과 믿음에 대한 세 가지 예가 나온다. '귀신들의 믿음'2:19과 아브라함의 믿음2:21-24, 그리고 라합의 믿음2:25이다. 이 세 가지 예가 보여주는 공통점은 모두가 하나님을 두려워하는 것이다. 심지어 귀신들조차도 하나님의 존재를 알고 그를 두려워한다. 그러나 귀신들의 믿음과 아브라함과 라합의 것 사이에는 결정적인 차이가 있다. 귀신들은 하나님을 두려워하지만, 그 두려워하는 모습이 행함으로 나타나지 않는다. 그들이 하나님을 두려워한다면 하나님을 믿고 따라야 한다. 그러나 귀신들은 하나님을 두려워하며 떨지만 여전히 하나님을 대적한다. 반면에, 아브라함은 하나님을 두려워했기 때문에 자신의 독생자인 이삭을 제물로 바치라고 했을 때, 주저하지 않고 그 말씀에 순종하여 제물로 바치려고 했다창 22:12. 라합도 하나님을 두려워했기에, 자신이 당장 죽임을 당할지도 모르는 상황에서도 정탐꾼들을 숨겨주고 도주할 수 있도록 도왔다수 2:9-12. 그 두려워하는 모습이 행동으로 나타난 것이다. 이와 마찬가지로, 지혜와 총명이 있다고 말하는 자는 그것을 말로가 아니라 삶 속에서 온유한 모습으로 나타내야 한다.

결론Conclusion

하나님의 지혜를 가진 선생은 그 지혜를 삶 속에서 온유한 모습, 즉 겸손한 모습으로 선한 행위를 통해서 나타내는 자이다.

적용Application

나는 지혜와 총명을 가진 자로서 내 삶 속에서 겸손한 모습으로 선을 행함으로 그 지혜를 보여주고 있는가?

설교를 위한 제안

제목: 선생, 하늘의 지혜로 행하는 자 [1]

1. 지혜자는 선행으로, 지혜의 온유함으로 그 행함을 보여야 한다13

본문 해설Exposition [2]

중심주제Big Idea: 하나님은 선생 된/될 자들이 땅의 지혜가 아니라 하늘의 지혜의 온유함으로 그 행함을 보이기를 원하신다.

문맥Context

앞서 3:1-2에서 선생 된 자들이 더 큰/엄격한 심판을 받고, 모두가 실수가 많기 때문에 선생이 많이 되지 말라고 명령했다. 3:2의 가정법 "만일 말에 실수가 없는 자라면 곧 온전한 사람이라"라는 말씀은 실제로 온전한 사람이 없음을 암시한다. 3:3-12에서 사람이 말에 실수할 수밖에 없는 이유를 세 가지로 설명한다. 첫째, 혀는 작은 것이지만 그 미치는 영향력이 크기 때문이다3:3-6. 둘째, 세상의 모든 짐승을 길들일 수 있는 인류라도 혀는 길들이지는 못하기 때문이다3:7-8. 셋째, 길들여지지 않은 혀는 한 입으로 하나님을 찬송하면서도 하나님의 형상을 지닌 사람을 저주하기 때문이다3:9-12. 3:2의 가정법과 3:3-12의 설명을 근거로 볼 때, 이 세상에 혀를 제어할 수 있는 사람은 아무도 없다. 말에 실수가 없는 사람이 없기 때문에 선생이 많이 되어서는 안 된다.

3:13-18은 "너희 중에 지혜와 총명이 있는 자[선생]가 누구냐?"3:13라는 질문으로 시작하며 선생이 되는 것과 관련된 주제를 이어간다. 선행 단락에서는 선생이 되는 것과 말하는 것을 연결시켜 설명하면서 선생이 많이 되지 밀라고 했다3:1-12. 본 단락에서는 지혜와 총명이 있는 자는 "선행으로 말미암아 지혜의 온유함으로 그 행함을 보일 지니라!"라고 명령한다3:13. 서로 대조를 이루는 듯한 두 단락은 선생이 되는 것이 무엇을 의미하지 보여준다. 선생 됨은 말이 아니라 삶 속에서 지혜의 온유함으로 선을 행할 때 나타나는 것이다. 그러나 지혜의 온유함으로 선을 행하는 것도 그들 스스로 내행 수 있는 간단한 문제가 아니다. 특히, 영혼이 병들어 진리를 떠난 자들, 곧 두 마음을 가진 자들에게는

더더욱 그러하다. 왜냐하면, 사람이 말하는 것뿐 아니라 선을 행하는 것에 있어서도 두 마음으로 행할 수 있기 때문이다. 수신자들 중에 두 마음으로 선을 행하는 자들이 있었기에 3:14-15과 3:16-18에서 각각 '땅으로부터 난 지혜'와 '위로부터 난 지혜'의 특징과 그러한 지혜로 행하는 자들이 만들어 내는 결과를 설명한다. 여기서는 3:14를 중심으로 땅으로부터 난 지혜의 특징과 그것으로 행하는 자들이 만들어 내는 결과에 대해서 살펴볼 것이다.

본론Body

2. 하나님은 시기와 다툼을 자랑하는 자들, 곧 땅의 지혜로 행하는 자들이 자랑하지 않고 진리를 거스르지 않기를 원하신다14

[1] 하나님은 선생이 마음 속의 독한 시기와 이기적 욕망으로 행하지 않기를 원하신다.

먼저 "너희 마음속에 독한 시기와 다툼이 있으면 자랑하지 말라"3:14라고 명령한다. 이 명령은 앞뒤가 맞지 않는 것처럼 보인다. 왜냐하면 일반적으로 마음속에 시기와 다툼이 있으면 그것을 자랑하기보다는 숨기려 하기 때문이다. 이 문장은 3:13-16의 전체 문맥을 보면 이해하기 쉽다. 먼저 3:13에서 "지혜의 온유함으로 그 행함을 보일 지니라"라고 명령한다. 그러나 3:14에서 "그러나 그 마음속에 독한 시기와 다툼이 있으면 자랑하지 말라 진리를 거슬러 거짓말하지 말라"라고 명령한다. 3:14가 '그러나'로 시작하는 것은 내용상으로 3:13과 대조를 이룬다는 말이다. 3:13이 선생이 행해야 할 것이라면, 3:14는 선생이 행하지 말아야 할 것에 대한 것이다. 그리고 3:15에서 "이러한 지혜는 위로부터 내려온 것이 아니요 땅 위의 것이요 정욕의 것이요 귀신의 것이니"라고 말한다. 3:14에서 지적한 대로 행하는 것이 이와 같다는 말이다. 따라서, 3:14은 땅 위의 지혜로 행하는 것이 어떤 것인지 묘사하는 것이다.

본문에서 독한 시기와 다툼이 무엇인지 몇 가지로 묘사한다. 첫째,

'시기'ζῆλος로 번역된 단어는 긍정적인 의미로는 '열정'zeal이나 '열심'ardour을 나타낸다. 그러나 부정적인 의미로는 '시기'jealousy나 '질투'envy, 혹은 논쟁을 일으키려는 마음을 나타내기도 한다. 본 구절에서는 '독한'이라는 수식어가 있으므로 부정적인 의미이다. '독한'πικρός으로 번역된 표현은 앞서 "샘이 한 구멍으로 어찌 단물과 쓴물을 내겠느냐"3:11라고 한 문장에서 '쓴'bitter으로 번역 된 단어와 같다. 단물과 쓴 물은 긍정적인 것과 부정적인 것의 대조로서, 전자는 먹을 수 있는 유용한 물이고 후자는 그렇지 못한 무용한 물이다. 이런 관점에서 볼 때, '독한'이 주는 이미지도 부정적이고 파괴적이며, 전혀 도움이 되지 않는 모습을 나타낸다. 이후에 다시 언급하겠지만 서신 전체 상황을 고려해 볼 때, 한 사람이 자기 속에 있는 열정으로 미혹되어 진리를 떠난 자를 도왔을 수 있다. 그러나 그것이 도움이 되기보다 오히려 상대방이 더 진리를 떠나도록 하는 결과를 낳았을 것이다. 그 이유는 도우려는 자가 상대방보다는 자신을 더 생각했기 때문이다. 지체를 살리기 위해 돕기보다는 자신의 지혜 있음을 나타내기 위해 도왔기 때문이다. 이와 같은 독한 시기에 기인한 행함은 전혀 도움이 되지 않는다.

둘째, '다툼'ἐριθεία으로 번역된 단어는 '경쟁의식'rivalry, '갈등'strife, '이기적인 욕망'selfish ambition 등을 의미한다. 앞서 독한 시기와 다툼이 "너희 마음속에" 있다고 했다3:14. 마음속에 다툼이 있다는 말은 자신의 마음속에서 혼자 다툰다는 말인지, 아니면 다투려는 마음이 있다는 것인지 명확하지 않다. 그런데, 대부분의 영어성경은 이를 '이기적인 욕망'selfish ambition으로 번역한다. 마음속에 열심이 있고 욕망은 있지만 그것이 모두 이기적인 것으로, 자신을 위한 것이고 자신의 욕망을 채우기 위한 것이라는 말이다. '이기적인 욕망'으로 번역된 단어가 성경 밖에서 처음으로 사용되었을 때아리스토틀이 사용, 그 의미는 "부당한 방법으로 공직을 추구하는 자기본위의 추구"를 의미한다고 한다. 저자가 이런 정치적 의미로 사용하지는 않았다 하더라도, 그런 의미는 충분히 담고

있을 듯하다. 선생처럼 되거나 행동하기 위해서 자신에게 지혜가 있다는 것을
나타내는 방식으로 사람들을 자신의 편이 되게 하거나, 자신의 주위에 두려고
하는 행동을 말하는 것이다.

이러한 독한 시기와 이기적 욕망이 "너희 마음속에 있으면"이라고 말한
것은 이러한 것들이 겉으로 드러나지 않음을 암시한다. 겉으로 지혜와 총명이
있는 것처럼 행동하지만, 실상은 자신의 욕심을 채우려는 것을 지적하는 것이다.
저자는 본 서신에서 계속해서 겉과 속이 다름, 곧 마음은 그렇지 않으면서
겉으로 그런 것처럼 행동하는 것을 지적했다. 이와 같이 행하는 것은 두 마음을
품는 것이고1:8, 자신에게 속는 것이다1:16. 자신을 속이는 것일 뿐 아니라1:22,
26 말과 행함이 일치하지 않는 모습이기도 하다2:14-26. 저자는 "너희 마음속에
독한 시기와 다툼이 있으면 자랑하지 말라"3:14라고 하면서 선생이 하나님의
지혜로 행하는 것처럼 하면서, 실제로는 자신의 욕심과 야망을 위해서 행동하는
것을 주의하라고 한다.

[2] 하나님은 선생이 마음속의 독한 시기와 이기적 욕망이 있다면
자랑하지 않고 진리를 거스르지 않기를 원하신다.

계속해서 저자는 마음속에 독한 시기와 이기적 욕망이 있다면 두 가지
것을 하지 말라고 명한다3:14. 먼저 이를 자랑하지 말라고 하고, 이어서 진리를
거스르지 말라고 한다. 자랑하는 것κατακαυχάομαι은 자신이 가진 것을 뽐내거나
자신이 가진 것보다 더 과장하여 나타내는 것을 말한다. 하나님으로부터 주어진
지혜가 있다고 하더라도 그것을 사용할 때, 자신을 뽐내거나 자신을 나타내려는
목적이 있다면 그것을 멈추라는 말이다. 왜냐하면 지혜와 총명이 있는 자는
자신의 선행을 지혜의 온유함으로 나타내야 하기 때문이다3:13. 앞서 지적한
바와 같이 온유함이란 겸손을 뜻한다. 따라서 하늘로부터 온 지혜를 가진 자는
겸손함으로 자신의 삶 속에서 선행을 통해서 그것을 나타내야 한다. 만약 주어진
지혜를 자신을 자랑하거나 드러내기 위해서 사용한다면, 바로 그때부터 그것은

더 이상 하늘의 지혜가 아니다.

　　둘째로 진리를 거스르지 말아야 한다. 앞서 지혜와 총명이 있는 자는 "선행으로 말미암아 지혜의 온유함으로 그 행함을 보일 지니라"3:13라고 명했다. 이 명령은 하늘로부터 온 지혜를 가진 자가 어떻게 그것을 드러낼 것인지에 대한 기준을 제시한다. 이와 같이 행하지 않는 것은 곧 하나님의 말씀을 거스르는 것이 된다는 말이다. 진리인 하나님의 말씀은 자기 욕심과 항상 대조를 이룬다. 자기 욕심을 위해서 행동하면 그것은 곧 하나님의 말씀인 진리를 거스르는 것이다. 이러한 대조는 1:14-18에서도 나타난다. 하나님은 그 백성에게 "온갖 좋은 은사와 온전한 선물"을 주시는 분이시다1:17. 그리고 "그 피조물 중에 우리로 한 첫 열매가 되게 하시려고 자기의 뜻을 따라 진리의 말씀으로 우리를 낳으셨느니라"라고 했다1:18. 첫 열매는 가장 좋은 것을 의미한다. 하나님은 그의 택하신 자들이 가장 좋은 피조물이 되게 하기 위해서 진리의 말씀으로 낳으셨다. 말씀으로 낳음을 입은 자가 하나님의 말씀을 제대로 붙들고 있으면, 하나님이 그에게 모든 좋은 것을 주시고 그를 시험하지 않으신다는 사실을 확신할 것이다. 그러나 그렇지 않다면, 자신이 하나님께 시험받는다고 생각하게 된다1:13. 1:14-15에서 "오직 각 사람이 시험을 받는 것은 자기 욕심에 끌려 미혹됨이니 욕심이 잉태한즉 죄를 낳고 죄가 장성한즉 사망을 낳느니라"라고 했다. 이처럼 성도가 자기 욕심에 이끌리면 하나님의 진리의 말씀을 거스르고, 자신을 속이게 된다. 여기서 말하는 자기 욕심은 3:14의 것과 같다. 마음속에 있는 독한 시기와 이기적인 욕망을 자랑하는 것은 곧 하나님의 진리의 말씀을 거스르는 것이다.

　　[3] 하나님은 선생이 땅의 지혜가 아니라 하늘의 지혜로 겸손히 행하기를 원하신다.

　　이상에서 지혜와 총명이 있는 자가 어떻게 행하고3:13, 또 어떻게 행하지 말아야 할 것인지3:14에 대해서 설명했다. 이와 같은 설명은 '하늘의 지혜'와

'땅의 지혜'에 대한 근본적인 차이가 무엇인지 보여준다. 이 둘의 근본적인 차이는 그것을 "누구를 위해 사용하는가?"에 있다. 하늘의 지혜가 있는 자는 자신을 드러내지 않고 겸손히 행한다. 말을 많이 하지 않고 그 지혜를 겸손히 자신의 삶 속에서 드러낸다. 그러나 땅의 지혜로 행하는 자는 자신을 먼저 생각한다. 지혜를 자신의 유익을 위한 도구나 수단으로 사용한다. 그 속에 이기적인 욕망을 가지고 자신을 드러내기 위해서 행한다. 하늘의 지혜가 주어져도 그것을 자신의 이기적 목적을 위해서 사용하면, 땅의 지혜가 되는 것이다. 저자는 지혜와 총명이 있는 자는 "선행으로 말미암아 지혜의 온유함으로 그 행함을 보일 지니라"3:13라고 명령한다. 그러나 또 다른 한편으로 "그러나 너희 마음속에 독한 시기와 다툼이 있으면 자랑하지 말라 진리를 거슬러 거짓말하지 말라"3:14라고 명하며 수신자들을 주의시킨다.

결론Conclusion

하늘로부터 지혜를 받은 것처럼 행동하면서 실상은 자신의 욕심과 야망을 위해서 행하는 자가 있다. 그는 자신이 가진 것을 자랑하고 나타내 보이려고 한다. 이러한 지혜를 가진 자는 자랑하지 말아야 하고, 하나님의 말씀을 거스르지 말아야 한다.

적용Application

나는 선을 하늘의 지혜로 행한다고 하면서 내 속에 있는 시기심과 이기적 욕망을 채우거나 자랑하려고 하지는 않는가? 나는 내 욕심에 끌려 행함으로 하나님의 진리를 거스르고 있지는 않은가?

설교를 위한 제안

제목: 선생, 하늘의 지혜로 행하는 자 [2]

2. 선생이 행함을 보일 때, 독한 시기와 이기적 욕망으로 자랑하거나 진리를   거스르지 말아야 한다.

[1] 선생이 지혜를 행할 때, 독한 시기와 이기적 욕망을 따라 행하지 말아야 한다.

[2] 선생이 지혜를 행할 때, 자랑하지 말고 진리를 거스르지 말아야 한다.

[3] 하늘의 지혜와 땅의 지혜의 차이: 누구를 드러내는 것인가!

본문 해설Exposition [3]

중심주제Big Idea: 하나님은 선생 된/ 될 자들이 땅의 지혜로가 아니라 하늘의 지혜의 온유함으로 그 행함을 보이기를 원하신다.

문맥Context

저자는 3장을 시작하면서 수신자들에게 선생이 많이 되지 말라고 했다. 그 이유는 선생은 더 큰/엄격한 심판을 받고, 모두가 실수가 많기 때문이다3:1-2. 사람이 실수가 많지만 말에 실수가 없으면 온전한 사람인데, 이는 그와 같이 하는 자는 온몸도 굴레 씌울 수 있기 때문이다. 그러나, 그와 같이 행할 수 있는 자는 아무도 없다. 왜냐하면 사람은 살아 있는 모든 생물들을 다스릴 만큼 위대한 존재이지만3:7, 그 몸에 있는 작은 지체인 혀를 다스릴 수 없기 때문이다3:8. 혀는 불의의 세계로서 온몸에 악한 영향을 미치고 불로서 인생 전체를 파괴하고, 마침내 지옥불에 의해서 심판을 받아 파괴될 만큼 악하다3:6. 이 혀로 성도는 하나님을 찬양하고 하나님의 형상을 한 사람을 저주하는데3:9, 이는 마땅하지 않다3:10. 결국 혀는 짠 물을 내는 샘과 같아서 단물을 내지 못한다3:11-12. 인류는 쉬지 아니하는 악이요 죽이는 독이 가득한 혀를 다스릴 수 없기에3:8, 수신자들은 선생이 많이 되지 말아야 한다.

　　3:13에서 "너희 중에 지혜와 총명이 있는 자가 누구냐"라고 질문하면서, 하늘의 지혜와 땅의 지혜에 대해서 설명한다. 이와 같은 설명을 통해 저자는 선생이 되려면 땅의 지혜가 아니라 하늘의 지혜가 있어야 한다고 가르친다. 그런데 여기서 하늘의 지혜를 알거나 가지는 것을 강조하지 않는다. 오히려 하늘의 지혜를 행하는 것에 대해 말한다. 선생이 되는 것은 말을 많이 하는 것에 있지 않고, 오히려 그 삶 속에서 선을 행함으로 그가 가진 지혜의 온유함을 보이는 것에 있다는 말이다3:13. 하늘로부터 온 지혜는 하나님을 두려워하는 것이고 그 지혜를 겸손한 모습으로, 말이 아니라 삶에서 나타나는 선행으로 보이는 것이다3:13. 반대로, 땅의 지혜를 가진 자는 모든 일에 자신을 먼저 생각한다. 지혜를 사용해도 그것을 자신의 유익을 위한 도구나 수단으로 사용한다. 그 속에 독한 시기와 이기적 욕망을 가지고 자신을 나타내기 위해서 행한다3:14.

　　앞선 두 해설exposition [1], [2]에서 3:13과 3:14를 중심으로 하늘의 지혜를 가진 자와 땅의 지혜를 가진 자의 모습에 대해서 살펴보았다. 본 해설에서는 3:15-18을 중심으로 땅의 지혜의 특징과 하늘의 지혜의 특징에 대해서 살펴보고 3:13-18 전체의 결론을 내리려 한다.

3. 하나님은 성도가 땅의 지혜로 행하여 혼란과 모든 악한 일을 유발할 것이 아니라 위로부터 난 지혜로 행하여 화평으로 심어 의의 열매를 거두기 원하신다17-18

　　[1] 하나님은 성도가 정욕의 것이요 귀신의 것인 땅의 지혜로 행하여 혼란과 모든 악한 일을 유발하지 않기를 원하신다14-16

　　앞서 지혜를 가진 자가 그 속에 독한 시기와 이기적 욕망을 가지고 자신을 자랑하기 위해 그 지혜를 사용하면 그것은 하나님의 진리를 거스르는 것이라고 했다3:14. 이러한 지혜는 위로부터 내려온 지혜일 수 없다. 이러한 지혜의 특징이 세 가지로 제시된다3:15. 첫째, 그러한 지혜는 땅 위의 것ἐπίγειος이다. 이 말은 '땅에 뿌리박은'earthbound 것이나 '열등한'inferior것을 나타낸다. 그 의미가 무엇이든, 분명한 것은 위로부터 온 것과 대조되고 그 근원이 하늘이 아니라 땅이라는 것이다. 하늘로부터 온 것은 '온갖 좋은 은사와 온전한 선물'1:17이다. 그리고 하늘로부터 온 지혜는 선을 행하는 것이고 이를 온유함으로 나타내는 것3:13이다. 이와 반대로 땅의 것은 독한 시기와 이기적 욕망으로 행하는 것이고, 자신을 드러내는 자랑이 가득하고, 진리를 거슬러 행동한다3:14.

둘째, 위로부터 내려오지 않은 지혜는 정욕의 것ψυχική이다. 정욕의 것은 영적인 것의 반대말로서 영적이지 않다는 말이다. 육체적인 욕구를 말하는 것이 아니라, 사람 속에 있는 자아가 추구하는 것을 말한다. 무엇을 행할 때, 그 중심에 자아가 있고 그 자아가 하고자 하는 대로 따르는 것을 말한다. 결국 정욕의 것은 앞서 말한 독한 시기와 이기적 욕망을 따르는 것이고3:14, 자신을 자랑하고자 하는 마음은 성령의 인도가 아니라 본인의 욕망이라는 것이다.

셋째, 위로부터 내려오지 않은 지혜는 귀신의 것δαιμονιώδης이다. 귀신의 것이라고 했기 때문에 귀신 들림이나 사탄에 사로잡힌 상태를 말하는 것처럼 보인다. 그럴 수도 있지만, 앞서 지적한 것들은 모두 자기중심적인 것이고 자신의 욕망을 위한 것이었다3:14. 하나님 중심이 아니라는 말이다. 이와 마찬가지로, 귀신적이라고 묘사한 것은 자기 자신을 위하는 마음을 가리킨다. 4:7에 "너희는 하나님께 복종할지어다 마귀를 대적하라"라고 했다. 이는 하나님께 복종하는 것이 곧 마귀를 대적하는 것이라는 말이다. 만약 이것이 사실이라면, 이와 반대로 하나님께 복종하지 않는 것이 곧 마귀를 대적하지 않는 것이다. 따라서, '귀신의 것'은 자기의 욕심과 정욕을 따라 자신의 것을 주장하는 것을 의미한다고 볼 수 있다. 어떤 이는 귀신적인 것을 설명하기 위해서 마태복음 16:16-23에 나타난 베드로의 예를 든다. 베드로는 "주는 그리스도시요 살아계신 하나님의 아들이시니이다"마 16:16라고 고백한다. 그렇게 고백할 때, 예수님은 "바요나 시몬아 네가 복이 있도다 이를 네게 알게 한 이는 혈육이 아니요 하늘에 계신 내 아버지시니라"라고 말씀하신다마 16:17. 그런데, 곧이어 예수님이 고난을 받고 곧 죽을 것이라고 하셨을 때, 베드로는 "주여 그리 마옵소서 이 일이 결코 주께 미치지 아니하리이다"라고 대답한다마 16:22. 그리고 예수님은 베드로를 다음과 같이 책망하신다. "사탄아 내 뒤로 물러가라 너는 나를 넘어지게 하는 자로다 네가 하나님의 일을 생각하지 아니하고 도리어 사람의 일을 생각하는도다"마 16: 23. 이와 같은 예는, 사람 속에 하나님의 주장과 자아의 주장이 함께 있음을 보여준다. 그리고 자신의 생각을 주장하면 하나님의 일을 생각하지 않게 되고, 이는 사탄의 생각을 따르는 것이고 귀신적인 것이 되는 것이다.

3:16에서 "시기와 다툼이 있는 곳에는 혼란과 모든 악한 일이 있음이라"라고 했다. 그러나 헬라어 원문은 "왜냐하면, ~하는 곳에서" ὅπου γάρ; for where로 시작한다. 이는 마음속에 있는 독한 시기와 이기적 욕망으로 자랑하고 진리를 거슬러 행하는 것이 왜 위로부터 내려온 것이 아니고 땅의 것, 정욕의 것, 귀신의 것인지 설명하는 것이다. 이와 같은 지혜로 행할 때 나타나는 두 가지 결과로 그것이 하늘로부터 온 지혜가 아님을 알 수 있다. 첫째, 시기와 다툼으로 행하면 혼란의 결과를 가져온다. '혼란'은 안정적이지 못한 상태를 말한다. 땅의 지혜는 공동체로 하여금 안정적이지 못하게 한다. 본인은 지혜로 행한다고 하지만 그 지혜가 오히려 공동체 회원들에게 혼란을 주는 결과를 낳는다. '혼란'ἀκατάσχετος이라는 단어는 1:8의 '정함이 없는'ἀκατάστατος과 3:8의 '쉬지 아니하는'ἀκατάσχετος과 같은 어근을 가진다. 이러한 표현이 사용된 대상을 주목해볼 필요가 있다. 1:8은 직접적으로 "두 마음을 품어 모든 일에 정함이 없는 자로다"라고 밝힌다. 3:8은 "혀는 능히 길들일 사람이 없나니 쉬지

아니하는 악이요 죽이는 독이 가득한 것이라"라고 했다. 혀에 대해서 말하지만, 이것 역시 두 마음을 가진 자의 외적 형태를 나타내는 것이다. 따라서 3:8의 것도 1:8과 동일하게 두 마음을 가진 자에게 사용된 것으로 볼 수 있다. 두 마음을 가진 자가 하늘의 지혜를 가진 것처럼 행하면서 실제로는 마음속에 있는 독한 시기와 이기적 욕망을 따라 행한다면, 그 결과는 결국 혼란만 초래할 뿐이다.

둘째, 시기와 다툼으로 행하면 모든 악한 일을 야기시킨다. '악한'φαῦλος은 '가치 없는'worthless, '나쁜'bad, '천한/비열한'이라는 의미가 있다. 특히 도덕적 가치나 질에 있어서 천한 것of low moral value or quality을 가리킨다. 그러므로 모든 악한 일이 있다는 것은 인간의 삶에서 나타나는 모든 도덕적 타락이 나타난다는 말이다. 겉으로는 좋게 보이고 모든 사람들이 흠모하는 지혜처럼 보여도, 그 지혜의 근원에는 도덕적인 천박함이 숨어있는 것이다.

[2] 하나님은 성도가 위로부터 난 지혜로 행하여 화평으로 심어 의의 열매를 거두기를 원하신다17-18

이상에서 땅의 지혜의 특징과 그 결과에 대해서 언급했다. 이제는 위로부터 난 지혜의 특징을 몇 가지로 서술하면서17 그로 인해 나타나는 결과가 무엇인지 밝힌다18. 먼저 "오직 위로부터 난 지혜는 첫째 성결하고"3:17a라고 했다. '성결한'은 '거룩한'holy 또는 '깨끗한'pure이라는 의미가 있다. '첫째'라고 한 것은 엄밀히 말해서 가장 중요한 것을 의미한다. 하늘로부디 온 지혜의 특징 중에서 가장 중요한 것이 성결이라는 말이다. 앞서 서신 전체에 흐르는 중요한 주제 중 하나가 두 마음을 품는 것과 관련이 있다고 했다. 그리고 4:8에서 두 마음을 가지는 이유를 찾을 수 있다. 저자는 "하나님을 가까이 하라 그리하면 너희를 가까이하시리라 죄인들아 손을 깨끗이 하라 두 마음을 품은 자들아 마음을 성결하게 하라"라고 한다. 두 마음의 문제는 마음의 성결의 문제와 관련이 있다. 두 마음을 가지지 않은 자는 믿음으로 구하고 조금도 의심하지 않는다1:6-9. 정결하고 더러움이 없는 경건은 혀를 재갈 물리고참고. 3:6 어려운 자를 돌아보며, 자신을 지켜 세속에 물들지 않는 것이다1:26-27. 하늘의 지혜로 행하는 자는 가장 우선적으로 성결함을 가진다.

그다음은 '화평'이다. 이는 '샬롬', '평화를 사랑하는peace-loving 것', 혹은 '하나 됨을 지키는 것'을 의미한다. 이는 3:16에서 지적한 바, 땅 위로부터의 지혜인 시기와 이기적 욕망이 혼란을 야기시키는 것과 대조를 이룬다. 그다음은 '관용'이다. '관용하는'의 국어사전적 의미는 "남의 잘못을 너그럽게 받아들이거나 용서하는"이다. 그러나 헬라어 원문의 기본적인 의미는 '온화한'gentle 또는 '친절한'kind이다. 마틴Martin은 관용을 다음과 같이 적절하게 설명한다. "비 호전적인 태도를 취하고 어떤 도발이 있어도 화를 내려고 하지 않는 것이다. 왜냐하면 그렇게 화내는 것은 공동체 내의 상황에 비추어 볼 때 전혀 의미 없는 것이기 때문이다"Martin, 134. 다음은 '양순'이다. 이는 어떤 "설득에 굴복하는 것을 말한다. 그러나 속는 것을 말하는 것이 아니라 도덕적으로나 신학적으로 위협이 될만한 심각한 문제가 없을 때 남의 의견을 따르는 것"을 말한다Martin, 134. 수신자들 중에 자신을 나타내려고 하는 마음이나 개인의 이기적인 욕심을 관철시키려는 모습이 있었던 것 같다. 그리고 저자는 그와 같은 모습이 지혜자의 모습이 아님을 가르치기를 원한 듯하다.

다음은 '긍휼과 선한 열매가 가득한 것'이다. 모든 요소들이 다 연결되겠지만, 이 두 가지는 특히 연결되어 있는 항목이다. 긍휼히 여기는 것은 남을 용서하거나 관대하게 대하는 것으로서 형편이 어려운 자들을 대할 때 더욱 필요한 덕목이다. 앞서 "긍휼을 행하지 아니하는 자에게는 긍휼 없는 심판이 있으리라 긍휼은 심판을 이기고 자랑하느니라"2:13라고 할 정도로 저자는 긍휼에 대해 강조한다. 선한 열매는 씨를 뿌리고 정성 들여 가꾼 결과로써 얻게 되는 유익한 열매를 말한다. 가난한 자들을 차별하지 않고 어떤 모양으로든 도와주고 돌봐줄 때 나타나는 유익한 결과, 그것이 바로 선한 열매라고 할 수 있다.

그다음은 '편견과 거짓이 없는 것'이다. 형용사 '편견이 없는'ἀδιάκριτος은 '공정한'impartial, '변함이 없는'unwavering이라는 의미가 있다. 만약 첫 번째를 의미한다면, 이 표현의 반대말인 '차별하다'가 "너희끼리 서로 차별하며 악한 생각으로 판단하는 자가 되는 것이 아니냐"2:4라는 문장에서 사용되었다. 그리고 같은 어원의 동사인 '심판하다'κρίνω가 4:11-12에서 4회 사용되었다. 이를 근거로 해서 볼 때, 편견이 없는 것은 형제에 대해서 공정하게 대하여 차별하거나 함부로 판단하지 않는 것을 포함한다. 만약 두 번째를 의미한다면, 이 표현의 반대말이 "오직 믿음으로 구하고 조금도 의심하지 말라 의심하는 자는 마치 바람에 밀려 요동하는 바다 물결 같으니"1:6에서 '의심하다'로 사용되었다. 이와 같이 의심하는 자는 "두 마음을 품어 모든 일에 정함이 없는 자"1:8로 묘사된다. 따라서 '변함이 없는' 지혜의 모습은 그의 말과 행동에 있어서 일치하는 모습을 보이는 것이다. 형용사 '거짓이 없는'ἀνυπόκριτος은 '위선적인'의 반대말이다. 성경에서 '위선적인'이라는 단어가 자주 사용되었던 대상은 바리새인들이다. 바리새인들을 가리켜 '외식한다'는 표현을 많이 쓰는데, 이는 위선적인 것을 의미한다외식[外飾]: 겉을 꾸미는 것. 그렇다면, 거짓이 없다는 것은 겉과 속이 다르지 않다는 말이다. 따라서, 이 말은 신실하다는 말과 같은 의미라고 할 수 있다.

이제 저자는 위로부터 난 지혜를 가진 자가 만들어 내는 결과를 설명하면서 이전에 열거한 항목들을 요약하며 결론을 내린다18. "화평하게 히는 자들은"이라는 표현은 본 단락의 시작인 3:13에서 "너희 중에 지혜와 총명이 있는 자가 누구냐?"라고 한 질문을 상기시킨다. 3:13-18의 문장 구조를 볼 때, 문단을 시작하면서 질문을 하고 그에 답을 한 후, 마지막에 다시 "화평케 하는 자들은"으로 시작한다. 이러한 문장 구조는 저자가 말하고자 하는 지혜와 총명 있는 자들이 결국 화평케 하는 자들임을 말한다. 지혜와 총명이 있는 자들은 선행을 통해 그 지혜의 온유함으로 그 행함을 보이는 자들이다. 그들의 모습

속에는 우선 성결함이 있고, 화평하고 관용하고 양순하고 긍휼과 선한 열매가 가득하다. 그리고 편견과 거짓이 없다. 지혜와 총명이 있는 자는 화평케 하는 자로서 이 모든 행동을 통해 화평을 심고 그 결과 의의 열매를 거둔다. 앞서 "사람의 성내는 것이 하나님의 의를 이루지 못하느니라"1:20라고 했다. 이 말씀은 3:17과 관련이 있다. 즉, 화평을 심는 자가 의의 열매를 추수하는데, 이 의는 하나님의 의로우심을 말한다. 이는 선생 된 자만 의의 열매를 거두는 것이 아니라, 그가 속한 공동체가 하나님의 의로우심을 나타내는 공동체가 된다는 말이다.

결론Conclusion

하늘의 지혜를 행하는 자는 화평케 하는 자들이고, 평소의 삶 속에서 화평을 심는 행동을 한다. 또, 말을 많이 하는 것으로가 아니라 삶의 모습 속에서 선한 행위를 통해 화평을 심는다. 그 결과, 하나님의 의가 그 열매로 나타난다.

적용Application

내가 선생으로, 혹은 교회의 리더로 성도들이나 그룹을 섬길 때, 나의 섬김을 통해서 그 모임 속에 화평의 결과가 나타나는가? 그렇지 않으면 분열이나 분쟁이 생기는가? 그러한 결과의 이유는 무엇이라고 생각하는가?

설교를 위한 제안

제목: 선생, 하늘의 지혜로 행하는 자 [3]

3. 땅의 지혜로 행하는 자는 혼란과 모든 악한 일을 유발하지만 하늘의 지혜로 행하는 자는 화평으로 심어 의의 열매를 거둔다.

[1] 땅 위의 지혜의 특징과 땅 위의 지혜의 결과: 혼란과 모든 악한 일.

[2] 하늘로부터 온 지혜의 특징과 하늘로부터 온 지혜의 결과: 화평으로 심어 의의 열매를 거둔다.

본문 주석

¹³ Who is wise and understanding among you?
　너희 중에 지혜와 총명이 있는 자가 누구냐?
　　　　By his good conduct let him show his works
　　　　그의 그 선한 행위[삶의 방식]으로부터]로 그의 행함들을 보이게 하라
　　　　　　in the meekness of wisdom.
　　　　　　지혜의 온유함으로

　　1. 먼저 "너희 중에 지혜와 총명이 있는 자가 누구냐?"라고 질문한다.
만약 지혜가 구약적인 배경을 가지고 있다면, 지혜의 근본은 하나님을
두려워하는 것이다_{잠 9:10}. 그리고 '지혜'חכמה로 번역된 히브리어는 기본적으로
'기교'technical skill나 '경험'experience을 의미한다. 따라서 이 지혜는 단순히
이론적이거나 머리로만 아는 것은 아닌 듯하다.[1] '총명'ἐπιστήμων으로 번역된
단어가 영어성경에서 'understanding'이해으로 번역되기도 하는데, 이는
'숙련된'expert, '박식한'learned, 또는 '노련한'skilled이라는 의미가 있다. 따라서
총명은 단순히 똑똑하거나 지식을 많이 가진 것만을 의미하지는 않는다. 서신
전체에서 행함과 함께 하는 믿음을 강조하듯, 지혜와 총명 또한 삶으로 보여줄
수 있는 실천적인 의미를 가진 개념이다. 주목할 것은 지혜와 총명이라는
표현이 칠십인역LXX에서 일반인들에게도 사용되었지만 지도자들에게 더 많이
사용된 것이다.[2] 이와 같은 사실은 '지혜와 총명이 있는 자'는 교회의 지도자,
특히 3:1에서 언급했던 선생 된 자를 암시한다. 그러므로 본 단락에서도 3:1-
12에서 다루었던 선생이 되는 것과 관련된 논의를 계속하는 것으로 볼 수 있다.
"너희 중에 지혜와 총명이 있는 자가 누구냐?"라는 질문은 "너희 중에 선생이

1　참고. Blomberg and Kamell, *James*, 171.
2　이 표현의 용례가 많은 것은 아니지만 구약성경에서 지혜와 총명이 함께 나오는 경우가 세 번인데_{신 1:13, 15; 4:6}그
　중에 두 번은 지도자에게, 나머지 한 번은 일반 백성에게 적용된다. 참고. Blomberg and Kamell, *James*, 171.

누구냐?"라는 질문과 같다. 저자는 이와 같은 수사적 질문을 한 후, 이에 대한 답을 하기 시작한다.

2. "그는 선행으로 말미암아 지혜의 온유함으로 그 행함을 보일지니라"3:13라고 했다. '보이라'δειξάτω라는 동사는 3인칭 단수이고, 이 동사의 주체는 '너희'가 아니라 '너희 중에 누구든지'이다. 3인칭 명령형 동사가 사용되었으므로 영어성경은 사역동사let를 사용하여 "~하게 하라"라고 번역한다. 어떤 이는 저자가 의도하는 강한 어조를 살리기 위해서 '하게 하라'let 보다는 '해야 한다'must로 번역하는 것이 낫다고 본다.[3] 여기서 '선행'τῆς καλῆς ἀναστροφῆς으로 번역된 단어는 '선한'/'좋은'을 의미하는 형용사καλός와 '삶의 방식'way of life이나 '행위'conduct, behavior를 의미하는 명사ἀναστροφή의 속격이 사용되었다. 이 속격이 '수단의 속격'instrumental genitive이라면, 지혜와 총명이 있는 자는 그의 삶 속에서 삶의 방식, 곧 삶에서 나타나는 선행을 통해서 '행함들'τὰ ἔργα을 보여야 한다. 다시 말해서 믿음의 행위들을 보여야 한다는 말이다.

3. '지혜의 온유함'은 속격 명사 '지혜'σοφία와 '온유함', '겸손'humility, '공손함'courtesy, 또는 '온화함'gentleness을 의미하는 대격 명사πραΰτης가 사용되었다. 전치사 '엔'ἐν과 함께 수단을 나타내는 전치사구 역할을 한다. 어떤 이는 '지혜의'를 '온유함'의 출처를 나타내는 속격으로 본다.[4] 또 다른 이는 '지혜의'는 수식어이고qualifier '온유함'이 주principal 단어로서 저자가 말하고자 하는 것으로 보기도 한다. 이와 같이 볼 때, 이 지혜의 성격은 자랑하거나 자신의 이익만을 추구하거나 논쟁을 초래하는 것이 아니라 오히려 관대하고 평화롭고 겸손한 것이 된다.[5] 어떤 의미로 사용되든지 저자가 말하고자 하는 것은 지혜와 총명을 가진 자, 곧 선생은 자신의 믿음을 삶 속에서 행함으로

---

3 Blomberg and Kamell, *James*, 171.

4 Blomberg and Kamell, *James*, 171.

5 McCartney, *James*, 199.

보이되 겸손하면서도 온유한 모습으로 보여야 한다. 세상의 눈이나 당시 헬라 시대의 관점에서 볼 때, 지혜와 온유는 잘 어울리지 않는다. 왜냐하면 지혜는 능수능란함을 의미하고, 따라서 어떤 일이나 사람을 자신이 원하는 대로 다루는 것을 말하기 때문이다. 그러기 위해서는 겸손하거나 온유해서는 안 된다. 실제로 헬라 시대에는 이런 온유한 모습을 부도덕하거나 악덕한 것으로 여기기도 했다.[6] 그러나 성경은 이 온유함을 모든 기독교인이 따라야 할 덕목으로 가르친다. 예수님은 겸손히 종의 형체를 입고 이 땅에 오셨고 십자가에 못 박히기까지 낮아지셨기 때문에 모든 기독교인은 그것을 악덕이나 약한 것으로 여기지 않는다. 이를 반영하듯이 저자는 지혜와 총명이 있는 자는 그의 선행으로 말미암아 지혜의 온유함으로 그 행함을 보이라고 명령한다.

4. 본 단락3:13-18을 "지혜의 온유함으로 그 행함을 보이라"13라는 명령으로 시작하는 것은 의미심장하다. 왜냐하면, 3:1-12에서는 선생이 많이 되지 말라고 하면서 그 이유를 말과 관련해서 설명했기 때문이다. 이와 같이 행함을 강조하는 것은 3:1-12에서 지적한 문제의 해결책으로 볼 수 있다. 선생은 말로 되는 것이 아니라 지혜의 온유함으로 그 행함을 보이는 것으로 된다는 말이다.

[14] But if you have bitter jealousy
  그러나 만약 너희가 독한 시기를 가지고 있으면
                and selfish ambition in your hearts,
                그리고 이기적 욕망을 너희 마음속에[가지고 있으면]
        do not   boast
        자랑하지 마라
                and be false to the truth.
                그래서 그 진리를 거슬러 거짓말하지 마라

---

6 McCartney, *James*, 199.

1. 본 구절은 접속사 '그러나'δέ로 시작한다. 이는 본 구절의 내용이 이전 구절의 것과 대조된다는 말이다. "너희 마음속에 독한 시기와 다툼이 있으면 자랑하지 말라"라는 문장은 아이러니한 것처럼 보인다. 왜냐하면 보편적으로 마음속에 시기나 다툼이 있으면 그것을 숨기려고 하지 자랑하지 않기 때문이다. 시기와 다툼은 자랑거리가 아닌데 저자는 그것을 자랑하지 말라고 한다. 이 말의 의미를 알기 위해서는 전후 문맥3:13, 15을 살펴보아야 한다. 앞서 지혜와 총명이 있는 자에게 "그는 선행으로 말미암아 지혜의 온유함으로 그 행함을 보일 지니라"3:13라고 명령했다. 이는 지혜와 총명이 있는 자가 가져야 할 모습을 지적한 것이다. 이어서 "그러나 너희 마음속에 독한 시기와 다툼이 있으면 자랑하지 말라 진리를 거슬러 거짓말하지 말라"3:14라고 명령한다. 이는 지혜와 총명이 있는 자가 행하지 말아야 할 것을 지적한 것이다. 이와 같이 말한 후, 3:15에서 "이러한 지혜는 위로부터 내려온 것이 아니요 땅 위의 것이요 정욕의 것이요 귀신의 것이니"라고 말한다. 이는 3:14의 행위가 하늘의 지혜로 행한 것이 아니라는 말이다. 이와 같은 대조는 수신자들 중에 지혜와 총명이 있는 것처럼 행동하면서 마음속에 있는 독한 시기와 다툼으로 행하는 자들이 있었음을 암시한다. 그와 같이 행하며 선생이 되려고 하는 자들에게 그것을 멈추라고 명령하는 것이다.

2. '시기'ζῆλος로 번역된 단어는 중립적인 의미가 있다. 긍정적인 의미로는 '열정'zeal을, 부정적인 의미로는 '시기'jealousy나 '질투'envy를 뜻한다. 부정적인 의미로서 하나님을 섬기는 데 있어서 잘못된 열정롬 10:2; 빌 3:6; 비교. 갈 1:14이나 논쟁을 일으키려는 마음을 가리킬 때도 사용된다. 여기서는 '독한'이라는 형용사와 함께 사용되었으므로 분명 부정적인 의미로 쓰였다. '독한'πικρός으로 번역된 단어는 앞서 "샘이 한 구멍으로 어찌 단 물과 쓴 물을 내겠느냐"3:11라고 한 문장에서도 사용되어 '쓴'salt/bitter으로 번역되었다. 단물은 먹을 수 있는 유용한 물인 반면에 쓴물은 그렇지 못한 무용한 물을

가리킨다. 이와 같은 긍정적인 것과 부정적인 것의 대조는 "한 입으로 찬송과 저주가 나는도다"3:10라는 문장에도 나타난다. 혀의 악하고 파괴적인 영향력에 대해 말하면서 불의의 세계와 불의 이미지를 사용하여 그것이 온몸을 더럽히고 인생 전체를 파괴한다고 했다3:6. 이러한 부정적인 관점에서 볼 때, '독한'이 주는 이미지도 부정적이고 파괴적이며 도움이 되기보다 오히려 전혀 도움이 되지 않는 것을 묘사하기 위해 사용된 듯하다. 사람의 마음속에 있는 시기심이 독하다는 것은, 그러한 마음으로 지혜를 행한다면 파괴적인 결과를 낳게 된다는 말이다.

3. '다툼'ἐριθεία이라는 표현은 '경쟁의식'rivalry, '갈등'strife, '이기적인 욕망'selfish ambition 등의 의미가 있다. 저자는 이러한 다툼이 마음속에 있다고 하는데, 이 표현이 마음속으로 혼자 다투고 있는 것인지 아니면 다투려는 마음이 있다는 것인지 명확하지 않다. 그런데 대부분의 영어성경은 이를 '이기적인 욕망'selfish ambition으로 번역한다. 헬라어 원문을 볼 때, '다툼' 보다는 '이기적 욕망'으로 번역하는 것이 더 그 의미를 잘 전달하는 듯하다. 열심과 욕망은 있지만 그것이 모두 자신의 유익과 욕망을 채우기 위한 이기적인 것이라는 말이다. '다툼'ἐριθεία이라는 표현이 신약성경 이전에는 오직 한 번 아리스토틀에서 "부당한 방법으로 공직을 추구하는 자기본위의 추구"라는 의미로 사용되었다.[7] 본 구절에서 이와 같은 정치적 의미로 사용되지는 않았겠지만, 충분히 그런 의미를 담고 있을 수 있다. 선생처럼 되거나 행동하기 위해서 스스로 지혜 있음을 나타내는 방식으로 사람들을 자신의 편이 되게 하거나 자신 주위에 두려고 했다는 것이다. 선생이거나 선생이 될 자는 하나님을 두려워해야 하고, 이를 통해 하늘의 지혜를 가지는 자이다. 그리고 그는 삶의 모습에서 나타나는 선행을 통해 지혜의 온유함으로 행함을 보여야 한다. 그러나, 만약 선생이 자기 자신의 이기적인 욕망을 채우기 위해서 지혜를 행한다면, 그것은 하늘로부터 지혜를 받은 자의 모습이 아니라 땅의 지혜로 행하는 자이다.

7 BGD, 309; Mussner, 171, n.2.

4. 독한 시기와 다툼이 "너희 마음속에" 있다고 한다. 이러한 표현은 독한 시기와 다툼이 겉으로 드러나지 않고 보이지 않게 마음속에 있음을 의미한다.[8] 겉으로는 지혜를 겸손히 행하는 것처럼 하지만, 그 속에 독한 시기와 이기적 욕망이 있다는 말이다. 이와 같은 모습은 서신 전체에서 반복해서 지적하는 두 마음을 품는 것1:8, 자신에게 속는 것1:16, 자신을 속이는 것1:22, 26, 그리고 말과 행함이 일치하지 않는 모습이기도 하다.

5. 저자는 가정법으로 "마음속에 독한 시기와 다툼이 있다면"이라고 말한 후, "자랑하지 말라. 그래서 그 진리를 거슬러 거짓말하지 말라"라고 명령하며 두 가지 금한다. 이 문장은 두 개의 명령형 동사가 접속사 '그리고'καί로 연결되어 있다. 첫 번째 동사는 조건문과 관련하여 "독한 시기와 다툼이 있다면 그것을 자랑하지 말라"라는 말이다. 두 번째 동사는 두 가지 경우로 해석할 수 있다. 첫 번째 것과 대등한 관계로 보면 "마음속에 독한 시기와 다툼이 있으면 자랑하지 말라. 그리고 진리를 거슬러 거짓말하지 말라"가 된다. 이는 독한 시기와 다툼을 가지는 것 자체가 진리를 거스르는 것이라는 말이다. 만약 두 번째 동사를 결과적인 관계로 보면 "마음속에 독한 시기와 다툼이 있으면 자랑하지 말라. 그래서 그 진리를 거슬러 거짓말하지 말라"라는 의미가 된다. 이는 독한 시기와 다툼을 가진 것을 자랑하는 것이 진리를 거스르는 것이 된다는 말이다. 문맥을 고려했을 때 후자가 더 타당할 듯하다. 왜냐하면 3:14는 지혜와 총명을 가진 자가 어떻게 행해야 할 지에 대한 기준을 제시하는 3:13과 대조를 이루기 때문이다. 3:13b에서 지혜의 온유함, 곧 겸손함에 대해서 말했다면, 3:14에서는 마음속에 있는 독한 시기와 이기적 욕망을 따라 자신의 지혜를 자랑하는 것에 대해서 말한다. '자랑하다'κατακαυχάομαι라는 표현은 자신이 가진 것을 뽐내어 자신이 가진 것보다 더 과장하여 나타내는 것을 말한다. 이와 같이 하는 것은 진리의 말씀을 거스르는 것이다. 지혜가 있는 자는 말이 아니라 선한 행위로

---

8 3:14의 문장εἰ δὲ ζῆλον πικρὸν ἔχετε καὶ ἐριθείαν ἐν τῇ καρδίᾳ ὑμῶν에서 마지막에 나타나는 '너희 마음속에'라는 표현이 앞의 두 표현인 '독한 시기와 다툼' 모두를 수식하는지 아니면 뒤의 것만 수식하는지는 확실하지 않다.

하되 그것을 나타낼 때도 온유함, 곧 겸손함으로 나타내야 한다.

　　6. 저자의 이러한 논의는 사람이 시험받는 것과 자신의 욕심 간의 관계에 대해서 다룬 1:14-18과 관련이 있다. 사람은 욕심에 이끌려 미혹되고1:14, 아이를 잉태하듯이 그 욕심을 품고 있으면 죄를 낳고, 그 죄가 충분히 자라면 사망을 낳는다1:15. 저자는 수신자들에게 이것에 속지 말라고 하면서1:16, 변함이 없는 하나님은 모든 좋은 은사와 온전한 선물을 주시는 분이라고 말한다1:17. 하나님은 피조물 중에서 성도로 한 첫 열매가 되게 하기 위해서 진리의 말씀으로 그들을 낳으셨다1:18. 하나님이 성도에게 각양 좋은 은사를 주시고 열매를 맺게 하기 위해서 진리로 낳으신 것이다. 여기서 서로 대조를 이루는 것은 인간 개인의 욕심과 진리의 말씀이다. 인간이 자기 욕심을 따라가면 진리의 말씀을 거스르는 것이다. 따라서 마음속의 독한 시기와 이기적인 욕망을 가진 자들이 그것을 자랑하면 진리의 말씀을 거스르는 것이다. 그리고 그들은 진리의 말씀으로 만들어진, 모든 피조물의 첫 열매와 같은 귀한 존재들로서의 모습을 상실한 자들이다.

[15] This is not the wisdom
　이것은 바로 그 지혜가 아니라

　　　　　　　　that comes down from above,
　　　　　　　　위로부터 내려온

　but is　　earthly,
　그러나 땅으로부터 온[것이고

　　　　　　　　unspiritual,
　　　　　　　　육적인 것[비영적인 것]이고

　　　　　　　　demonic.
　　　　　　　　귀신적인 것[이다

1. 저자는 본 구절을 시작하면서 3:14에서 지적한 것처럼 행하는 것은 바로 그 지혜, 곧 위로부터 내려온 지혜가 아니라고 한다. '내려온'κατερχομένη으로 번역된 현재분사는 형용사처럼 '그 지혜'를 수식한다. 그리고 '위로부터'ἄνωθεν라는 부사와 함께 그 지혜의 출처를 밝힌다. 이 부사는 1:17에서도 사용되었는데, 여기서 '빛들의 아버지께로부터'ἀπὸ τοῦ πατρὸς τῶν φώτων라는 전치사구와 함께 '위로부터'라는 말의 의미를 명확히 한다. 위로부터 온다는 말은 '빛들의 아버지'이신 하나님께로부터 온다는 말이다. 각양 좋은 은사와 온전한 선물이 다 위로부터 빛들의 아버지께로부터 내려오는 것처럼 지혜 역시 위로부터 내려온다. 그러나 그 지혜를 독한 시기와 이기적 욕망으로 자신을 나타내기 위해서 행한다면, 그것은 하늘로부터 온 지혜일 수 없다. 저자는 이와 같은 지혜의 특징을 이어져 나오는 세 개의 형용사로 묘사한다.

2. 첫째, 땅 위의 것ἐπίγειος이다. 학자들은 이를 '땅에 뿌리박은'earthbound, 혹은 '열세적인'inferior것을 말하는 것으로 본다.[9] 어떤 의미이든지, 확실한 것은 '땅 위의 것'은 위로부터 온 것과 대조되고 그 근원이 하늘이 아니라 땅이다. 앞서 언급한 것처럼 하늘로부터 온 것과 땅으로부터 온 것은 명백히 다른 특성을 가진다. 하늘로부터 온 것은 모든 좋은 것이고1:17, 선을 행하고 이를 온유함으로 나타내는 것이다3:13. 그러나 땅으로부터 온 것은 독한 시기와 다툼이고 자신을 드러내는 자랑이고 진리를 거스르는 것이다3:14.

3. 둘째, 정욕의 것ψυχική이다. 이는 '영적이지 않은'unspiritual 혹은 '육적인'physical 것을 의미한다. 육적이라고 해서 어떤 육체적인 것σωματικος이나 육체적인 욕구를 말하는 것은 아니다. '프시케'ψυχή가 영혼이나 자아를 가리키듯 '정욕의 것' ψυχικός은 한 개인의 자아가 추구하는 무엇을 의미한다. 그 중심에 자아가 있고 그 자아가 추구하는 것을 따르는 그 무엇을 가리킨다는 말이다. 결국 정욕의 것은 마음속에 있는 자신의 독한 시기와 이기적 욕심, 그리고 자신을 자랑하고자 하는 마음3:14 등을 나타낸다고 볼 수 있다.

9 Marin, *James*, 131; Davids, *James*, 152; Blomberg and Kamell, *James*, 173.

4. 셋째, 귀신의 것δαιμονιώδης이다. '귀신의 것'으로 번역된 단어는 형용사로서 '귀신적인'demonic과 같은 의미이다. 이는 귀신 들림이나 사탄의 세력에 사로잡힌 것을 말할 수도 있다. 그러나 문맥을 보았을 때 하나님 중심으로 살지 않는 모든 것을 가리키는 듯하다. 왜냐하면 3:14에서 지적한 것은 모두 자기중심적이고 자기 욕망을 따라 자신을 자랑하는 것으로, 하나님 중심의 모습과는 다르기 때문이다. 이런 관점에서 '귀신의 것'이라는 말은 자기 자신을 위하는 마음을 가리킨다. 이후에 살피겠지만 4:7에 "너희는 하나님께 복종할지어다 마귀를 대적하라"라고 했다. 여기서 하나님께 복종하는 것과 마귀를 대적하는 것이 함께 가야 함을 보여준다. 바꾸어 말하면, 하나님께 순종하지 않는 것은 곧 마귀를 대적하지 않는 것이다. 이와 유사하게 2:19에서 귀신의 믿음에 대해서 말한 바 있다. 귀신은 하나님의 한 분 되심을 믿고 두려워 떨지만 그것뿐이다. 하나님을 두려워하는 모습이 그 삶에 반영되지 않는다. 종합적으로 말하면, '귀신의 것'이라는 말은 하나님의 존재를 인정하고 그 존재의 두려움을 알지만 그것뿐이고, 자가의 욕심을 따라 행하는 것을 말하는 것으로 볼 수 있다.

5. 리차드슨K. A. Richardson은 사람이 계시적 말과 귀신적인 말을 동시에 할 수 있음을 지적하기 위해 마태복음 16:16-23에 나타난 베드로의 예를 든다. 베드로는 예수님을 향해 "주는 그리스도시요 하나님의 아들이시니이다"마 16:16라고 고백한다. 그러나 예수님이 곧 죽을 것이라고 말씀하셨을 때, "주여 그리 마옵소서 이 일이 결코 주께 미치지 아니하리이다"마 16:22라고 대답한다. 그때 예수님은 베드로에게 "사탄아 내 뒤로 물러가라 너는 나를 넘어지게 하는 자로다 네가 하나님의 일을 생각하지 아니하고 도리어 사람의 일을 생각하는도다"마 16:23라고 책망하신다. 예수님과 베드로의 대화는 사람 속에 자아의 주장과 하나님의 주장이 공존하고 있음을 보여준다. 만일 하나님의 생각을 누르고 자아의 생각을 주장하게 되면 그것이 곧 귀신적인 것임을 보여준다.[10]

10 Richardson, *James*, 166-67.

¹⁶ For where   jealousy
왜냐하면   시기가 있는 곳에

and selfish ambition exist,
그리고 이기적 욕망이 있는 곳에

there will be   disorder
거기   혼란이 있고

and every vile practice.
그리고 모든 악한 일이 있기 때문이다

1. 본 구절은 '왜냐하면 시기가 있는 곳에'ὅπου γὰρ ζῆλος; for where jealousy로 시작한다. 이는 3:15에서 제시한 것처럼 지혜와 총명이 있는 자가 독한 시기와 이기적 욕망에 사로잡혀 자신을 자랑하고 진리를 거슬러 거짓말하는 것이 왜 하늘로부터 온 지혜가 아닌지 그 이유를 설명하는 것이다. 3:16에서는 3:14-15에서 열거한 지혜로 행했을 때 나타나는 두 가지 결과를 소개한다. 이처럼 독한 시기와 이기적 욕망이 만들어 내는 결과를 통해서 그것이 하늘로부터 왔는지 그렇지 않은지를 분별할 수 있다.

2. 독한 시기와 이기적 욕망이 만들어 내는 첫 번째 결과는 '혼란'이다. 혼란은 안정적이지 못한 상태를 말한다. 땅의 지혜로 행하는 자들이 공동체를 안정적이지 못하게 한다는 말이다. 그들 스스로는 지혜를 따라 행한다고 하겠지만, 그 속에 시기와 이기적 욕망이 있기 때문에 공동체 구성원들을 오히려 혼란스럽게 하는 것이다. '혼란'ἀκατάσχετος이라는 명사는 믿음으로 구하고 의심하는 자를 "두 마음을 품어 모든 일에 정함이 없는 자로다"1:8라고 할 때, '정함이 없는'ἀκατάστατος으로 번역된 형용사와 어원이 같다. 그 누구도 길들일 수 없는 혀를 "쉬지 아니하는 악이요 죽이는 독이 가득한 것이라"3:8라고 할 때, '쉬지 아니하는'ἀκατάσχετος으로 번역된 형용사와도 어근이 같다. 주목할 것은 이러한 표현이 누구에게 사용되었는가 하는 것이다. 전자는 믿음으로 구하고

의심하는 자를 두 마음을 가진 자로 묘사하고 이와 같은 자는 정함이 없는 자라고 직접적으로 밝힌다1:8. 후자는 혀를 쉬지 아니하는 악이라고 묘사한 후3:8, 이 혀로 사람이 하나님을 찬송하고 사람을 저주한다고 한다3:9. 통제되지 않는 쉬지 않는 악이 사람의 입에 있으니, 그 사람이 하나님을 찬송하고 사람을 저주하는 두 가지 일을 행하는 것이다. 이 역시 두 마음을 가진 자의 외적인 모습을 나타낸 것이다. 이상의 예는 '정함이 없는'이라는 표현이 두 마음을 가진 자에게 적용됨을 보여준다. 저자는 같은 어원의 단어를 반복해서 사용하여 두 마음을 가진 자의 마음과 행위 모두가 정함이 없고, 또 그들이 만들어 내는 결과 역시 '혼란' 임을 보여준다.

3. 독한 시기와 이기적 욕망이 만들어 내는 두 번째 결과는 '모든 악한 일'이 생기는 것이다. '악한'φαῦλος은 문자 그대로 '악한'evil, '가치 없는'worthless, 또는 '나쁜'bad이라는 의미가 있다. 특히 도덕적 가치나 질에 있어서 천한 것of low moral value or quality을 가리킨다. 따라서 본 구절에서 말하는 모든 악한 일은 인간의 삶에서 나타나는 모든 도덕적 타락을 말한다. 겉으로는 좋게 보이고 모든 사람이 흠모할만한 지혜인 것처럼 보이지만 그 근원에는 도덕적인 천박함이 숨어있다. 마틴이 다음과 같이 적절한 말로 요약을 한다. "야고보는 공동체를 화합시키려는 열정으로 부담감이 있지만, 불행히도 통제되지 않는 혀, 거룩하지 못한 열정, 억제되지 않는 당파심의 필연적 결과는 혼돈과 분열이다."[11]

---

11 Martin, *James*, 132

¹⁷ But the wisdom from above is   first pure,

그러나 위로부터 난 지혜는 우선적으로 성결하고

then peaceable,

다음은 화평하고

gentle,

관용하고

open to reason,

양순하고

full of mercy and good fruits,

긍휼과 선한 열매가 풍성하고

Impartial

편견이 없고

and sincere.

그리고 거짓이 없다

1. 본 구절은 3:16에서 열거한 것과 대조되는 것으로 위로부터 난 지혜의 특징을 구체적으로 설명한다. 첫째, 위로부터 난 지혜는 성결하다. '성결한'ἁγνός으로 번역된 표현은 '거룩한'holy 또는 '깨끗한'pure 것을 의미한다. "오직 위로부터 난 지혜는 첫째 성결하고"라고 했다. '첫째'라고 했기 때문에 둘째, 셋째가 이어져 나오는 순서를 말하는 것처럼 보인다. 그러나 '첫째'πρῶτον로 번역된 것은 순서보다는 '다른 무엇보다도 우선'first of all 또는 '가장 중요한'foremost으로 번역하는 것이 더 좋을 듯하다. 왜냐하면 성결 이후에는 둘째나 셋째와 같은 표현 없이 단순히 몇 가지 항목을 열거하기 때문이다. 야고보서는 미혹되어 진리를 떠난 자를 돌아서게 하여 그 영혼을 사망에서 구원하고 허다한 죄를 덮기 위해서 기록되었다5:19-20. 이를 위해서 저자는 서신 전체에서 진리를 떠난 자들의 모습, 곧 두 마음을 품고 살아가는

자들의 모습을 지적하며 그들에게 한 마음으로 믿음 생활을 하라고 권한다. 저자는 앞서 "하나님을 가까이 하라 그리하면 너희를 가까이하시리라 죄인들아 손을 깨끗이 하라 두 마음을 품은 자들아 마음을 성결하게 하라"4:8라고 했다. 여기 형용사 '성결한'ἁγνός의 명령형 동사ἁγνίσατε가 사용되었다. 저자는 성결하지 않은 자들을 두 마음을 품은 자들로 묘사한다. 미혹되어 진리를 떠난 자들, 곧 두 마음을 품고 신앙생활을 하는 자들은 겉을 깨끗하게 해야 할 뿐만 아니라 그 마음을 성결하게 해야 한다. 결국 두 마음의 문제는 성결의 문제이다. 1:6-9에서 두 마음을 가지지 않은 자는 "믿음으로 구하고 조금도 의심하지 않는다"6라고 했다. 그리고 1:26-27에서 정결하고 더러움이 없는 경건은 혀를 재갈 물리고참고 3:6, 어려운 자를 돌아보고 자신을 지켜 세속에 물들지 않는 것이라고 했다. 저자가 서신 전체에서 가장 강조하고 있는 것이 성결이므로 위로부터 온 지혜를 열거하면서 무엇보다도 성결을 우선적으로 기록한 듯하다. 마틴은 성결은 이후에 열거될 지혜의 특성의 핵심이라고 바르게 주장한다.[12] 앞서 언급한 바와 같이 무엇보다도 성결이 가장 우선인 이유는 이것이 모든 지혜의 핵심이고 기본이기 때문이다. 3:14-15에서 지적한 바와 같이 땅의 지혜를 가진 자는 그 속에 독한 시기와 이기적 욕망이 가득 차서 자신을 드러내려 하고 진리를 거슬러 거짓을 말한다. 이러한 것은 땅 위의 것이고 정욕의 것이고 귀신의 것이다. 성결한 것은 진리를 지킴으로 이 모든 더럽고 추삽한 것에 물들지 않는 것을 말한다.

　　2. 그다음은 '화평한'εἰρηνικός 것이다. 이는 평화를 사랑하는peace-loving것, 또는 하나 됨을 지키는 것을 의미한다. 위로부터 난 지혜의 이러한 특성은 땅 위로부터의 지혜인 시기와 이기적 욕망이 혼란을 야기시키는 것과 대조된다. 본 서신의 몇 곳4:1-2, 11에서 싸움과 다툼에 대해 말하는 것은 수신자들이 속한 공동체가 시기와 이기적 욕망을 따라 행하는 자들로 인해 싸움이나 다툼과 같은 혼란한 상황에 있었기 때문이다. 다음은 '관용한'ἐπιεικής

---

12 Martin, *James*, 134.

것이다. 관용의 국어사전적 의미는 "남의 잘못을 너그럽게 받아들이거나 용서하는 것"이다. 그러나 '관용'으로 번역된 헬라어 원문은 기본적으로 '온화한'gentle 또는 '친절한'kind이라는 의미가 있다. 어떤 이는 이를 '엄격한 요구를 주장하려 하지 않는 것'unwillingness to exact strict claims이라고 말하고, 또 다른 이는 이와 같은 덕목을 가진 자는 "비 호전적인 태도를 취하고 어떤 도발이 있어도 화를 내려고 하지 않는다. 왜냐하면 이러한 것은 공동체 내의 상황에 비추어 볼 때 전혀 의미 없는 것이기 때문이다"라고 말한다.[13]

3. 다음은 '양순한'εὐπειθής 것이다. '양순한'의 국어사전적 의미는 '어질고 순한'이다. 그러나 헬라어 원문의 기본적인 의미는 '순종적인'obedient 또는 '순응하는'compliant이다. 마틴은 '양순'을 "설득에 굴복하는 것을 말하는데, 이는 속는 것을 말하는 것이 아니라 도덕적으로나 신학적으로 위협이 될만한 심각한 문제가 없을 때 남의 의견을 따르는 것"을 의미한다고 한다.[14] 리차드슨은 "야고보가 선생이 많이 되는 것에 대해 주의를 준 것은 신자들로 하여금 순종하는 마음을 불러일으키고 가르치는 것을 타인을 지배하려는 수단으로 보려는 그들의 시각을 제거하기 위함이다"라고 말하며 양순을 설명한다.[15] 어떤 의미이든지 저자는 양순한 것이 위로부터 난 지혜임을 상기시키며, 자신을 나타내려는 마음이나 이기적인 욕망을 관철시키려는 자들에 대해서 그와 같은 것은 위로부터 난 지혜가 아니라 땅 위의 것이라고 지적한다.

4. 다음은 '긍휼과 선한 열매가 가득한'μεστὴ ἐλέους καὶ καρπῶν ἀγαθῶν 것이다. 모든 요소들이 서로 연결되지만 이 두 가지는 특별히 연결되어 있는 항목들로, 어떤 이는 이 두 가지 표현은 동의어이거나 적어도 원인과 결과로 연결되어 있다고 본다.[16] 긍휼히 여기는 것은 남을 용서하거나 관대하게 대하는 것으로서, 특히 형편이 어려운 자를 대할 때 더 필요한 덕목이다. 저자는 "긍휼을

---

13 Martin, *James*, 134.

14 Martin, *James*, 134.

15 Richardson, *James*, 170.

16 Richardson, *James*, 170.

행하지 아니하는 자에게는 긍휼 없는 심판이 있으리라 긍휼은 심판을 이기고 자랑하느니라"2:13라고 할 정도로 긍휼에 대해 강조한다. 그리고 이어서 행함이 있는 믿음에 대해 강조한다2:14-17. 그 외에도 여러 곳에서 비록 긍휼이라는 표현을 사용하지는 않지만 가난한 자들에게 긍휼을 베풀 것에 대해서 말한다. 열매는 씨를 뿌리고 정성 들여 가꾼 결과로 얻게 되는 것으로, 선한 열매는 유익한 열매를 말한다. 가난한 자들을 차별하지 않고 어떤 모양으로든지 도와주고 돌봐주면 그 결과로써 유익한 결과가 나타나는데, 그것이 바로 선한 열매이다.

　5. 그다음은 '편견과 거짓이 없는'ἀδιάκριτος, ἀνυπόκριτος 것이다. '편견이 없는'ἀδιάκριτος으로 번역된 표현은 '공정한'impartial, '변함이 없는'unwavering 것을 의미하는데, 두 가지로 이해될 수 있을 듯하다. 첫째, '공정한'을 의미한다면, 이 표현의 반대말이 "너희끼리 서로 차별하며 악한 생각으로 판단하는 자가 되는 것이 아니냐"2:4라는 문장에서 사용되어 '차별하다'διακρίνω로 번역되었다. 그리고 같은 어원의 단어로서 '심판하다'κρίνω라는 동사가 4:11-12에서 4회 사용되었다. 편견이 없다는 것은 형제에 대해서 공정하고 함부로 판단하지 않는 것을 포함한다. 둘째, '변함이 없는'을 의미한다면, 이 표현의 반대말이 "오직 믿음으로 구하고 조금도 의심하지 말라 의심하는 자는 마치 바람에 밀려 요동하는 바다 물결 같으니"1:6에서 '의심하다'로 번역되었다. 그리고 저자는 이와 같이 의심하는 자를 "두 마음을 품어 모든 일에 정함이 없는 자"1:8로 묘사한다. 이처럼 '변함이 없는' 지혜의 모습은 그의 말과 행동에 있어서 일치하는 모습을 보이는 것을 의미한다.

　6. '거짓이 없는'ἀνυπόκριτος은 '위선적인'hypocrisy의 반대말로서 '위선적이지 않은'without hypocrisy 것을 말한다. 성경에서 '위선적'이라는 표현이 자주 붙었던 대상은 바리새인들이다. 그들을 가리켜 외식한다고 할 때

위선적이다는 표현이 쓰였다. 그렇다면 거짓이 없다는 것은 외식하지 않는 것을 말한다. 겉과 속이 다르지 않다는 말이다. 따라서 거짓이 없는 모습은 '진실한'genuine 또는 '진정한'sincere 모습과 같은 말이다. 이는 앞서 제시된 변함이 없는 모습과도 관련이 있다. 변함없는 자는 신실한 자이다.

[18] And a harvest of righteousness is sown in peace
　그리고 의의['의'라는] 열매는 화평 가운데서 거두어진다

　　　by those who make peace.
　　　화평을 행하는 자들에 의해서

　1. 본 구절은 역접 접속사δέ로 시작한다. 3:17과의 관계를 생각해 볼 때, 이는 역접의 의미인 '그러나'보다는 계속의 의미인 '그리고'로 보는 것이 더 나을 듯하다. 앞서 3:17에서 위로부터 난 지혜의 특성에 대해서 설명했다. 그리고 본 구절에서 그러한 특성을 가진 자들이 가져오는 결과를 설명하는 것이다. 따라서 3:18에서는 3:17의 결과를 서술한다고 볼 수 있다. 본 구절의 내용은 3:14-16의 것과 대조를 이룬다. 왜냐하면 3:14-15는 위로부터 나지 않은 지혜의 특성을 땅 위의 것, 정욕의 것, 귀신의 것이라고 말한 후, 3:16에서 그러한 지혜를 가진 자가 가져올 결과를 진술했기 때문이다.[17] 본 구절은 이전의 내용을 요약하고 결론짓는 것일 뿐 아니라, 뒤이어 나올 내용과도 연결시키는 고리 역할을 한다. 왜냐하면 4:1부터 곧바로 수신자들 중에 있는 싸움과 다툼에 대해서 언급하면서 그것이 싸우는 정욕으로부터 난다고 가르치기 때문이다. 이는 위로부터 온 지혜를 가진 자들에게서는 찾아볼 수 없는 모습이다.

　2. '의의 열매'καρπὸς δικαιοσύνης는 두 가지로 해석이 가능하다. 첫째, 속격인 '의'δικαιοσύνης를 근원source을 나타내는 속격으로 보면 의의 열매는 '의'가 만들어 내는 열매, 곧 의로운 행동이 만들어 내는 보상으로서의 열매the

17 Blomberg and Kamell, James, 176-77.

reward/attribute that righteous behavior produces를 가리킨다. 둘째, 속격인 '의'δικαιοσύνης를 동격의 속격으로 보면 의로움이 곧 열매가 된다the fruit that is righteousness. 문맥을 고려해 볼 때, 후자가 더 나을 듯하다. 왜냐하면 앞서 3:17-18은 3:14-16과 대조를 이룬다고 했기 때문이다. 즉, 3:16은 3:14-15에서 말한 땅 위의 지혜가 가져오는 결과로써 혼란과 모든 악한 일에 대한 설명이라고 했다. 여기서 '열매'라는 표현을 사용하지 않지만, "시기와 다툼이 있는 곳에 혼란과 모든 악한 일이 있음이라"라고 했기에 시기와 다툼의 열매가 혼란과 모든 악한 일인 것은 분명하다. 이와 마찬가지로 3:17에서 위로부터 온 지혜를 가진 자들을 묘사하고, 3:18에서 그들을 화평케 하는 자들이라고 칭하면서 그들이 맺는 열매가 '의'라고 말한다. 따라서 속격인 '의'는 열매의 동격으로 볼 수 있다.

3. 3:18과 1:20의 유사성을 고려하면, 속격인 '의'가 열매의 동격인 것이 더 확실해진다. 저자는 앞서 "사람이 성내는 것이 하나님의 의를 이루지 못함이니라"1:20라고 했다. 여기서 성내는 사람은 "사람마다 [말씀] 듣기는 속히 하고 말하기는 더디 하며 성내기도 더디 하라"1:19라는 말씀을 이행하지 못한 자이다. 그는 하나님의 말씀 듣기를 더디 하기 때문에 속히 말하고 속히 성낸다. 하나님의 말씀을 속히 듣지 않는 자는 모든 더러운 것과 넘치는 악이 가득하다1:21. 그리고 말씀을 듣기만 하고 행하지 않는, 자신을 속이는 자이다1:22. 그와 같은 자는 하나님의 의를 이루지 못한다. 반대로 하나님의 말씀 듣기를 속히 하는 자, 곧 심어진 말씀을 온유함으로 받는 자1:21는 자신의 말 하기를 더디 하고 성내기도 더디 한다. 그는 말씀을 행하는 자이고 하나님 앞에서 정결하고 더러움이 없는 경건을 가진 자이다1:27. 따라서 그는 하나님의 의를 이룰 수 있다. 표현은 다르지만 3:17-18에서도 앞서 설명한 것과 비슷한 말을 하는 듯하다. 하늘의 지혜를 가진 자는 의의 열매를 맺다. 이는 1:20에서 지적하는 하나님의 의, 곧 하나님이 행하시는 '의'나 하나님이 우리로 하여금 행하도록 하시는 그 의가 그들의 공동체에 드러나는 것이다.

4. '화평케 하는 자들은' τοῖς ποιοῦσιν εἰρήνην으로 번역된 문장은 여격인데, 두 가지 의미로 해석이 가능하다. 첫째, 수단의 여격the dative of agent으로서 '화평케 하는 자들에 의해서'라는 의미이다. 둘째, 이익의 여격the dative of advantage으로서 '화평케 하는 자들을 위해서'라는 의미이다. 어떤 이는 3:18의 전반부에 사용된 또 다른 전치사 구인 '화평으로' ἐν εἰρήνῃ가 '~거두어진다' σπείρεται라는 동사와 함께 번역되어야 한다고 본다. 따라서 '화평으로'라는 표현 안에 이미 '화평케 하는 자들에 의해서'라는 의미가 내포되어 있기 때문에 이후에 나타난 '화평케 하는 자들'은 이익의 여격으로 보아야 하고, 따라서 '화평케 하는 자들을 위해서'라는 의미로 본다.[18] 그러나 문맥을 고려할 때, '화평케 하는 자들에 의해서'로 보는 것이 더 나을 듯하다. 3:14-16, 특히 3:16에서 언급한 시기와 다툼은 위로부터 온 지혜가 아니라 땅 위의 지혜를 가진 자들이 만들어 내는 것이다. 따라서 이들이 있는 곳에 혼란과 모든 악한 일이 있다고 말하는 것은 땅의 지혜를 행하는 자들뿐 아니라 그들이 속한 공동체에 그런 일들이 있다는 말이다. 만약 이것이 사실이라면, 이와 대조를 이루는 3:17-18은 하늘의 지혜를 가진 자들이 있는 곳에 화평이 있고, 그 화평을 만들어내는 자들에 의해서 그들이 속한 공동체에 의의 열매가 맺혀지는 것이다. 따라서 그 의의 열매를 화평케 하는 자들만을 위한 것으로 보면 전체 문맥과 잘 어울리지 않는다.

---

18 Dibelius, *James*, 215.

야고보서 4:1-10
〈땅의 지혜로 행하는 자들아,
하나님께 복종하고
주 앞에서 자신을 낮추라!〉

야고보서 4:11-12
〈오직 하나님만 판단하실 수 있음을
인정하고 겸손히 행하라!〉

야고보서 4:13-17
〈자신의 유한성을 깨닫고
겸손히 주의 뜻을 따르라!〉

땅의 지혜로 행하는 자들아, 하나님께 복종하고 주 앞에서 자신을 낮추라!

본문 구조와 요약

¹ [너희 중에] 싸움이 어디로부터
그리고 너희 중에 다툼이 어디로부터냐?
~여기로부터가 아니냐
너희 지체들 가운데서 전쟁을 수행하는 [죄악을]
즐기는 열망
² 너희는 갈망하나
그리고 가질 수 없다
따라서 살인한다
그리고 너희는 시기한다
그리고 얻을 수 없다
따라서 싸운다
그리고 다툰다
너희는 가지지 못한다

왜냐하면 너희가 구하지 않기 때문이다

³ 너희는   구한다

　　그리고 받지 못한다

　　　　왜냐하면 너희는 잘못된 의도로 구하기 때문이다

　　　　너희의 즐거움을 위해서

　　　　마음대로[자유롭게] 쓰려고

⁴ 간음한 여인들아!

　　너희는 알지 못하느냐?

　　　　세상과 벗이 되는 것은 하나님과 원수가 되는 것을

　　　　그러므로 만약 세상과 친구가 되기를 원하면

　　　　그것은 곧 자신을 하나님과

　　　　　　원수되게 하는 것이다

⁵ 또는 너희는 [~을] 헛되다고 생각하느냐?

　　그 성경이 말씀하는 것을

　　　　"그[하나님]가 그 성령을 시기하기까지 사모한다는

　　　　그가 우리 안에 거하게 하신 [그 성령을]"

⁶ 그러나 그가[하나님] 더 큰 은혜를 주신다

　　그러므로 이르기를

　　　　"하나님이 교만한 자를 물리치시고

　　　　　　반면에 겸손한 자에게는 은혜를 주신다"

⁷ 그러므로 너희는 하나님께 복종하라

　　그리고 마귀를 대적하라

　　　　그러면 그[마귀]가 너희를 피할 것이다

⁸ 하나님을 가까이 하라

　　그러면 그[하나님]가 너희를 가까이 하실 것이다

　너희, 죄인들은   손을 깨끗이 하라

　　그리고   너희는 마음을 성결하게 하라, 두 마음을 품은 자들아!

⁹ [너희는] 슬퍼하며 애통하라

> 그리고 울어라!
>   너희 웃음을 애통으로 바꾸어라
>   그리고 너희 즐거움을 근심으로 [바꾸어라]
> 10 너희는 주님 앞에서 낮추라
>   그러면 그[주께서]가 너희를 높이실 것이다

앞서 3:13-18은 하늘의 지혜와 땅의 지혜의 특징과 결과를 대조적으로 열거하면서 선생이 되는 것이 무엇을 의미하는지 설명했다. 선생은 지혜와 총명이 있는 자로서, 선행을 겸손히 행함으로 그가 가진 지혜를 보여야 한다3:13. 그러나 지혜와 총명이 있는 자라도 마음속에 독한 시기와 이기적인 욕망이 있다면, 그것을 자랑하듯이 나타내 보이기 위해서 선을 행해서는 안된다. 왜냐하면, 그렇게 하는 것은 진리를 거스르는 것이요 거짓말하는 것이기 때문이다3:14. 이와 같이 행하는 것은 하늘의 지혜를 받은 자처럼 겸손히 행하는 것이 아니므로 위로부터 내려온 지혜라고 할 수 없다. 오히려 그것은 땅 위의 것이요, 정욕의 것이요, 자아의 욕심을 만족시키기 위한 것, 곧 귀신의 것이다3:15. 땅의 지혜로 행하는 자는 공동체 내에 모든 혼란과 악한 일을 만들어낼 뿐이다3:16. 위로부터 난 지혜를 가진 자는 이와 같지 않다. 왜냐하면, 그가 가진 지혜는 우선적으로 성결하고, 화평하고, 관용하고, 양순하고, 긍휼과 선한 열매가 가득하고, 편견과 거짓이 없기 때문이다3:17. 무엇보다도 하늘의 지혜로 행하는 자는 화평하게 하는 자로서 화평을 심고 그 결과 하나님의 의의 열매를 맺게 한다3:18.

본 단락은 땅의 지혜로 행하는 자들로 인해 공동체에 야기되는 여러 가지 문제를 지적한다. 하나님이 교만하게 행하는 자들을 물리치실 것이기에 그들은 하나님께 복종하고 주 앞에서 자신을 낮추어 겸손히 행해야 한다. 4:1은 "너희 중에 싸움이 어디로부터 다툼이 어디로부터 나느냐?"라는 수사적 질문으로 시작한다. 이 질문은 앞서 땅 위의 지혜를 따라 행하는 자, 곧 시기와 다툼으로 행하는 자가 있는 곳에 모든 혼란과 악한 일이 있다고 한 말을 상기시킨다. 이는 4:1의 질문은 이전 단락의 논의에 근거한 것이라는 말이다. 다시 말해서 싸움과 다툼의 문제는 땅의 지혜를 행하는 자에 의해서 야기되는 문제라는 것이다. 저자는 공동체 내의 싸움과 다툼의 근원이 "너희 지체 중에서 싸우는 정욕으로부터"라고 한다4:1. 이러한 공동체적 열망은 각 개인이 가진 시기와 이기적 욕망3:14에 기인한다. 이를 4:2에서 잘 설명한다. 욕심을 내지만 얻지 못할 때 살인하고, 시기해도 능히 취하지 못할 때 다투고 싸우게 되는 것이다. 그들이 얻지 못하는 이유는 구하지 않기 때문이고 구하여도 받지 못함은 자신의 정욕을 위해 잘못 구하기 때문이다4:2b-3. 이와 같은 자들은 하나님을 대적하는 모든 것, 곧 세상과 벗이 되려 함으로 하나님과 원수가 되는 자들이다4:4. 이들은 하나님이 그들 속에 두신 성령을 시기함으로 거두어가실 것이라는 사실을 깨달아야 한다4:5. 그러나 하나님은 더 큰 은혜를 주시는 분이시기 때문에 그들은 하나님 앞에서 겸손히 행해야 한다4:6.

'그런즉'oὖν으로 시작되는 4:7은 4:1-6에서 논의한 문제에 대한 해결책을 제시한다. 자신의 욕심을 따라 행하면서 싸움과 다툼을 일으키는 자들이 어떻게 행해야 할지 가르치는 것이다. 어떤 이는 4:7의 '하나님께 복종하라'라는 명령과 4:10의 '자신을 낮추라'라는 명령이 한 쌍을 이룬다고 본다. 이 한 쌍의 명령 사이에 세 개의 대구적 명령, 곧 [1] '마귀를 대적하라'와 '하나님을 가까이 하라'7b-8a; [2] '너희 손을 깨끗이 하라'와 '너희 마음을 성결하게 하라'4:8; [3] '슬퍼하라'와 '너희 웃음을 애통으로 바꾸라'4:9가 있다고 본다. 이렇게 볼 때, 4:7과 4:10의 한 쌍의 명령은 하나님 앞에서 겸손한 자의 모습에 대해 설명하는 여러 명령들의 표제heading 역할을 한다.[1] 그러므로, 본 단락 전체는 웃고 즐기는 수신자들의 현재의 모습은 겉과 속이 다른 두 마음을 가진 자의 모습으로서 하나님을 가까이하지 않고 오히려 마귀를 가까이하는 것임을 지적하는 것이다. 수신자들은 하나님을 가까이 함과 동시에 마귀를 대적해야 하고4:7, 하나님

---

1 Moo, *James*, 187-88.

앞에서 그들의 외적인 모습과 내적인 모습 모두를 깨끗하게 하고 성결하게 해야 한다4:8. 그리고 현재는 슬퍼하고 애통하며, 울면서 회개하며 미래에 주어질 웃음과 즐거움을 준비해야 한다4:9. 이 모든 행동을 한마디로 요약하면, 자신을 낮추고 겸손히 하나님께 순종하는 것이다4:10.

본문 해설Exposition

중심주제Big Idea: 하나님은 자기의 정욕을 따라 세상과 벗하는 교만한 자들에게서 지혜를 거두시지만, 겸손한 자에게는 은혜 주시고 그를 높여 주신다.

문맥Context

3:1은 선생이 많이 되지 말라는 명령으로 시작한다. 그 이유는 선생은 더 큰 심판을 받고 모두가 실수가 많기 때문이다3:1-2. 이러한 명령을 시작으로 해서 작지만 큰 영향력을 행사하는 혀에 대해 설명한다3:3-5. 이 혀는 온몸을 더럽히는 불의의 세계이고 인생 전체를 불살라 파괴할 수 있는 불과 같으며, 그 자신도 마지막에는 지옥불에 의해 심판을 받을 수밖에 없는 악한 존재이다3:6. 또한 이 혀는 모든 생물체를 다스리는 위대한 존재인 인류조차도 길들일 수 없을 만큼 악하고 죽이는 독이 가득하다3:7-8. 사람은 이 혀로 하나님을 찬양하기도 하고 하나님의 형상내로 지음 받은 사람을 저주하기도 한다3:9. 이처럼 사람이 한 입에서 찬송과 저주를 내는 것은 마땅하지 않다3:10. 한 샘에서 단물과 쓴 물이 나올 수 없고 무화과나무가 감람 열매를, 포도나무가 무화과를 맺지 못하는 것과 같다3:11-12. 한마디로 짠 물이 단물을 내지 못하듯이 혀는 악을 쏟아낼 수밖에 없는 것이다3:12. 혀는 사람을 살리는 단물을 내지 못하고 오히려 사람을 죽이는 짠 물을 낼 수밖에 없다. 그러므로 사람이 실수가 많지만 말에 실수가 없으면 온전한 자이다. 그러나, 사람은 혀를 통제할 수 없기 때문에 온전하지

않고, 따라서 선생이 많이 되지 말아야 한다3:2.

　　이어지는 단락3:13-18에서 하늘의 지혜와 땅의 지혜의 특징과 그것이 만들어 내는 결과에 대해 설명한다. 이를 통해 선생이 되는 것은 말의 문제가 아니라 행함의 문제임을 명확히 한다. 그리고 선생은 화평케 하는 자로서 화평을 심어 의의 열매를 맺는 자라고 가르친다. 단락을 시작하면서 저자는 선생, 곧 지혜와 총명이 있는 자는 말이 아니라 자신의 삶 속에서 겸손히 행함으로 믿음을 보이라고 한다3:13. 그러나 그 행함이 마음속의 독한 시기와 이기적 욕망으로 자신을 드러내기 위한 것이라면 그 자랑하는 것을 멈춰야 하고, 진리를 거슬러 거짓말하는 것을 멈춰야 한다3:14. 이와 같은 지혜는 위로부터 온 지혜가 아니라 땅 위의 것이고 정욕의 것이며 귀신의 것이다3:15. 이와 같은 지혜를 따르는 자는 혼란과 모든 악한 일들을 만들어낼 뿐이다3:16. 이와 대조적으로, 하늘의 지혜는 우선적으로 성결하고, 다음은 화평, 관용, 양순, 긍휼, 선한 열매가 가득할 뿐 아니라 편견과 거짓이 없다3:17. 그리고 하늘의 지혜를 가진 자는 화평하게 하는 자로서 화평을 심고, 그 결과 의의 열매를 맺는다3:18.

　　본 단락4:1-10은 앞서 지적한 것처럼 땅의 지혜로 행하는 자들로 인한 싸움과 다툼의 출처를 물으며 시작한다. 그리고 이러한 것은 개인의 시기와 욕심에서 비롯된다고 말한다. 저자는 이와 같이 행하는 자들은 세상과 벗 되어 하나님과 원수 된 자들이고 교만한 자들이라고 한다. 그리고 이들이 가진 문제를 해결하기 위해서 어떻게 겸손히 하나님의 말씀에 복종해야 하는지에 대해 교훈한다. 먼저 "너희 중에 싸움이 어디로부터 다툼이 어디로부터 나느냐?"4:1라는 수사적 질문으로 시작한다. '너희 중에'라는 표현을 썼기에 싸움과 다툼이 수신자들이 속한 공동체 내에 실제로 있었던 것 같다. 본 단락을 싸움과 다툼의 출처를 묻는 질문으로 시작한 것은 앞서 3:17-18에서 화평하게 하는 자들이 화평을 심어 의의 열매를 거둔다고 한 것과 대조된다. 이는 오히려 땅의 지혜로 행하는 자들이 만들어 내는 결과3:14-16와 관련이 있다. 저자는 먼저 수신자들 사이에서 일어나는 싸움과 다툼이 욕심과 시기와 개인의 정욕에서 비롯되었음을 밝힌다4:2-3. 그리고 이와 같이 행하는 것은 세상과 벗 됨으로 인해 하나님과 원수가 되는 것이며4:4, 하나님 앞에서 교만하게 행하는 것임을 명확히 한다4:6. 하나님은 겸손한 자에게는 큰 은혜를 주시지만 교만한 자는 물리치고 그에게서 성령을 거두어 가신다4:5-6. 저자는 이처럼 교만하게 행하는 자들이 어떻게 하나님께 복종하며 겸손히 행할 수 있는지 세 개의 쌍으로 된 명령으로 가르친다. 즉, 마귀를 대적하고 하나님을 가까이하고, 손을 깨끗이 하고 마음을 성결하게 하며, 슬퍼하고 애통하며 울고, 웃음을 애통으로, 즐거움을 근심으로 바꾸라고 한다4:7-10. 본 단락에서는 하나님이 교만한 자들을 어떻게 대하시는지, 그리고 무엇을 요구하시는지를 중심으로 세 단락으로 나누어서 살펴보려고 한다.

본론Body

1. 하나님은 자신의 정욕을 따르는 자들의 기도에는 응답하지 않으신다4:1-3

저자는 먼저 수사적 질문을 사용하여 땅의 지혜로 행하는 자들 때문에 야기되는 싸움과 다툼의 출처를 밝힌다. 4:1에서 '어디로부터'라는 표현을 두 번 반복하고, '싸움'과 '다툼'이라는 비슷한 의미의 단어를 사용하여 수신자들의 상황을 밝힐 뿐 아니라 싸움과 다툼이 어디로부터 왔는지 강소한다. 여기서 저자가 싸움과 다툼에 대해서 언급한 것은 어느 정도 예상할 수 있는 문제이다. 왜냐하면 앞서 악하고 독이 가득한, 그리고 온몸을 더럽히고 인생 전체를 파괴하는 혀에 대해 묘사하면서, 그 누구도 그 혀를 다스릴 수 없다고 했기 때문이다3:1-12. 그리고 이어서 하늘의 지혜로 행하는 것처럼 하면서 마음속의 독한 시기와 이기적 욕망, 곧 땅의 지혜로 행하며 혼란과 모든 악한 일을 만들어 내는 것에 대해서 지적했기 때문이다3:13-18. 그런데 수신자들이 속한 공동체에 싸움과 다툼보다 더 심각한 문제가 있었던 것 같다. 4:2에서 '살인'이라는 표현을 사용하기 때문이다. 이를 영적인 의미로 보는 이들도 있다. 그러나 수신자들 중에 어떤 문제를 해결하기 위한 수단으로 살인을 저질렀던 열심당 출신들이 있었다면 그 공동체 내에 실제로 살인이 있었을 수도 있다. 저자는 '어디로부터'라는 수사적 질문을 한 후, 곧이어 "너희 지체 중에서 싸우는 정욕으로부터 나는 것이 아니냐"라는 부정 의문문으로 대답한다. 즉, 싸움과 다툼은 공동체로서의 그들 가운데 있는 싸우는 정욕에서 비롯되었다는 말이다. 이는 그들 가운데 '전쟁을 수행하는 [죄악을] 즐기는 열망', 곧 '죄악 된 열망'이 있음을 지적하는 것이다. 이런 죄악 된 열망은 결국 그들 각자의 마음속에 있는 시기와 이기적인 욕망에 기인한다3:14. 앞서 지적했듯이 마음속의 독한 시기와 이기적 욕망은 하늘의 지혜가 아니라 땅 위의 것, 정욕의 것, 그리고 귀신의 것으로서 혼란과 모든 악한 일을 만들어 낼 뿐이다3:14-16.

4:1에서 싸움과 다툼의 출처가 싸우는 정욕임을 밝혔다. 그리고 4:2-3에서 싸우는 정욕이 싸움과 다툼을 일으키는 과정을 반복적으로 설명한다. 첫째, 마음속으로 갈망한다. 그러나 가지지 못한다. 그래서 살인한다. 둘째, 마음속으로 시기한다. 그러나 가질 수 없다. 따라서 다투고 싸운다. 만약 그들의 갈망이 자기의 이기적 욕망에 기인한 것이라면, 하나님께 구할 필요가 없다. 설령 구한다고 해도 그것은 자신의 욕심을 위한 것이기에 이 또한 응답받지 못한다. 이와 같은 상태를 4:2b-3에서 간략히 설명한다. 이러한 과정은 4:2의 '욕심 내다'라는 동사의 명사형이 사용된 1:14-15에도 나타난다. 1:14-15에서 "각 사람이 시험을 받는 것은 자기 욕심에 끌려 미혹되기 때문이니 욕심이 잉태한즉 죄를 낳고 죄가 장성한즉 사망을 낳느니라"라고 했다. 또한 4:2에서도 "너희는 욕심을 내어도 얻지 못하여 살인하며"라고 했다. 두 곳 모두 욕심의 결과는 자신이나 타인의 죽음이라고 한다. 이어서 나오는 다툼이나 싸움이 상징적인 표현이 아니라 공동체에 실제 있었던 문제라면, 살인 역시

상징적, 혹은 영적인 문제로만 한정할 필요는 없다. 시기도 마찬가지이다. 앞서 독한 시기와 이기적 욕망은 세상적이고 마귀적이고 정욕적인 것이라고 했다. 그리고 이러한 것을 마음에 가지고 있을 때 그 결과로써 혼란과 모든 악한 일이 나타난다고 했다3:14-16. 이처럼, 시기를 가지고 있지만 얻지 못할 때 싸움과 다툼이 일어나는 것이다4:2.

마음속에 욕심과 시기를 가진 자는 하나님께 구하지 않는다4:2b. 만약 구한다고 해도 받지 못하는 것은 잘못 구하기 때문이다4:3. 잘못 구한다는 말은 부당하게/그릇되게 구한다는 말이다. 첫 번째 동사 '구하여도'는 현재 능동태로 반복적인 동작을 말한다. 그리고 두 번째 동사 '잘못 구하기 때문'은 현재 중간태로 구하는 자가 얼마나 자기중심적이며 자신을 위해서 구하는지 강조한다. 저자는 "정욕으로 쓰려고"라는 표현을 추가하여 자기중심적으로 잘못 구하는 기도가 어떤 것인지 명확히 한다. 이는 자신의 즐거움을 위해서 마음대로/자유롭게 쓰기 위해 구하는 것을 말한다. 기도하면서 자신의 정욕을 따라 구하는 자는 앞서 설명한 바와 같이 믿음으로 구하고 의심하는 자와 같다. 그리고 두 마음을 품어 모든 일에 정함이 없는 자와 같다1:5-8. 믿음으로 구하고 의심하는 자는 하나님께 무엇을 얻을 것이라고 기대할 수 없다. 이와 마찬가지로 정욕으로 쓰려고 잘못 구하는 자 역시 응답받지 못한다. 저자는 이와 같은 자들을 '간음한 여인들'에 비유하면서 하나님이 이들을 어떻게 대하시는지 이후에 설명한다4:4.

2. 하나님은 교만한 자들로부터는 당신이 주신 지혜를 빼앗으신다4:4-6

앞서 사람의 마음속에 있는 욕심과 이기적 욕망을 지적하며, 하나님은 그러한 욕망으로 구하는 기도에 응답하지 않으신다고 했다. 이제 4:4-6에서는 싸움과 다툼을 일으키는 자들을 '간음하는 여인들', '세상과 벗이 되고자 하는 자', 그리고 '교만한 자'로 묘사하면서, 하나님이 그러한 자들을 어떻게 대하시는지 설명한다. 하나님은 그들을 '원수'로 생각하시고4:4, 그 베푸신 '지혜'의 영을 몰수하시며4:5, 교만한 자를 물리치신다4:6. 이와 같은 설명을 통해 저자는 수신자들에게 마음속의 욕심과 이기적 욕망을 따라 행하는 것이 얼마나 참혹한 결과를 가져오는지에 대한 경고의 메시지를 전한다.

먼저 '간음한 여인들'이라는 표현은 구약의 배경을 가지고 있다. 구약에서 종종 하나님을 떠나 이방 신을 섬기는 이스라엘 백성을 음란한 여인에 비유하기 때문이다사 62:5; 겔 16:32; 23:45 등. '세상과 벗 된 것'이라는 표현에서 볼 수 있듯이, '간음한 여인들'은 세상과 친밀하게 지내는 것을 말한다. '세상'은 여러 가지 의미가 있다. 그러나 4:1-3에서 반복해서 나타난 표현인 정욕과 욕심, 시기심과 자신의 즐거움을 위해 구하는 것 등을 고려하면, 세상이란 하나님 중심이 아니라 자기중심으로 사는 것이다. 세상은 하나님으로부터 멀어지게 하는 모든 것을 포함한다. 특별히 '벗'이라는 표현을 사용한 것은 아브라함이 하나님을 두려워한다는 사실을 삶으로 보였을 때, '하나님의 벗'으로 인정받은 사실2:23과 대조하기 위함인 듯하다. 아브라함과 다르게 세상의 벗이 되려는 자는 세상을 두려워하는 자이고, 세상 두려워하는 것을 삶으로 나타내는 자이다. 세상과 벗이 되려는 자는 자기 스스로 하나님과 적대적인 관계가 되도록 한다는 사실을 주목해야 한다. 하나님이 그렇게 되도록 하시는 것이 아니라, 스스로 그렇게 되도록 만드는 것이다.

4:5에서 간음한 여인들, 곧 세상과 벗이 되려는 자에 대한 하나님의 반응을 설명하면서, "하나님이 우리 속에 거하게 하신 성령이 시기하기까지 사모한다"라고 한다. '성령'으로 번역된 헬라어 원어는 '프뉴마'이다. 이 표현은 '성령' 또는 '영'으로 번역되는데, 서신 전체에 성령에 대한 직접적인 언급이 많이 없기에 그 의미는 문맥을 통해서 결정해야만 한다. 첫째, 4:6에서 "그러나 더욱 큰 은혜를 주시나니"라고 말한다. 이 구절은 4:5와 역접 접속사인 '그러나'로 연결되므로 4:5의 내용은 하나님이 은혜를 주시지 않거나, 주신 은혜를 다시

거둬가신다는 의미일 수 있다. 둘째, 4:1-3은 3:14-16에서 말한 땅 위의 것이요 정욕의 것이요 귀신의 것으로 묘사된 지혜를 가진 자들이 만들어 내는 결과를 열거한다. 4:4에서 그렇게 행하는 것은 세상과 벗 되는 것이고 하나님과는 원수 되는 것이라고 한다. 4:5는 이러한 자들에 대한 하나님의 반응이다. 하나님은 세상과 벗 되고 하나님과 원수 된 자들로부터 당신이 주신 지혜와 총명을 빼앗아가실 수 있다. 3:13에서 수신자들 중에 지혜와 총명이 있는 자가 누구인지 질문한다. 3:14-16은 지혜와 총명이 있다고 하면서 이를 독한 시기와 이기적 욕망을 가지고 자신을 자랑하거나 진리를 거스르는 데 사용한 자들을 묘사한다. 이러한 모습은 이사야서 11:2에서 "그의 위에 여호와의 영 곧 지혜와 총명의 영이요 모략과 재능의 영이요 지식과 여호와를 경외하는 영이 강림하시리니"라고 한 말씀과 연관이 있다. 주목할 것은 여기서 지혜와 총명의 영을 '여호와의 영'이라고 한 것이다. 야고보서 4:5에서도 '프뉴마'라는 표현을 썼지만, 이는 3:13의 지혜와 총명을 가리킬 수도 있다. 만약 그렇다면, "하나님이 우리 속에 거하게 하신 성령이 시기하기까지 사모한다"4:5라는 말은 하나님이 지혜와 총명을 잘못 사용하는 자들로부터 그것을 빼앗아 가신다는 말이다. 하나님이 빼앗아 가신다는 관점에서 볼 때, '사모한다'라고 번역된 것은 너무 긍정적인 뉘앙스를 전달한다. 오히려 하나님이 성도에게 주신 지혜와 총명을 되찾으려고 시기하며 갈망하는 것으로 보는 것이 더 낫다.

4:5에서 지혜와 총명을 빼앗으시는 하나님의 모습을 그린다면, 4:6은 역접 접속사 '그러나'를 사용하여 4:5에서 설명한 것과는 또 다른 하나님의 모습을 묘사한다. 하나님은 성도가 그들에게 주어진 것을 잘 사용하지 못하면 빼앗아 가시지만 그렇지 않은 자들에게는 더욱 큰 은혜를 주는 분이라는 것이다. 하나님이 모두에게 더욱 큰 은혜를 주시지는 않는다. 하나님은 교만한 자를 물리치시기 때문이다. 물리친다는 말이 대적하는 것을 의미한다고 볼 때, 하나님은 교만한 자를 대적하시는 분이다. 이는 앞서 세상과 벗 된 것이

곧 하나님과 원수 되는 것이라고 말한 것과 일맥상통한다4:4. 원수가 되는 것은 곧 서로 적대적인 관계가 되는 것이기 때문이다. 이와 반대로, 하나님은 겸손한 자에게 은혜를 주시되 더 큰 은혜를 주시는 분이다. 겸손한 자는 문자적인 의미로 낮은 자를 말한다참고 1:9. 이는 사회적 지위나 경제적인 면에서 낮은 것이 아니라, 스스로 자신을 낮게 여기는 자를 말한다. 저자는 비교급을 사용하여 "더욱 큰 은혜를 주시나니"라고 했다. 비교급을 사용하려면 비교의 대상이 있어야 한다. 여기서 하나님이 은혜를 주시는 것과 비교되는 것은 하나님이 거하게 두신 지혜와 총명을 빼앗아 가시는 것이다4:5. 하나님은 지혜와 총명을 제대로 행하지 못하는 자들로부터 그것을 거두어 가실만큼 교만한 자에게 엄하시지만, 겸손한 자에게는 그것보다 더 큰 은혜를 주신다는 말이다. 이는 "너희는 자유의 율법대로 심판받을 자처럼 말도 하고 행하기도 하라 긍휼을 행하지 아니하는 자에게는 긍휼 없는 심판이 있으리라 긍휼은 심판을 이기고 자랑하느니라"2:12-13라는 말씀을 상기시킨다. 여기서 지적하는 것처럼 하나님은 성도에게 긍휼 행하기를 명하시기 이전에, 당신 자신이 그것을 행하시는 분이다.

3. 하나님은 겸손한 자들에게 은혜를 주시고 그들을 높여 주신다4:7-10

앞서 수신자들에게 있을 법한 문제를 지적하고, 하나님이 그런 자들에게 어떻게 행할 것인지에 대해서 설명했다. 특히, 4:6에서 "하나님이 교만한 자를 물리치시고 겸손한 자에게 은혜를 주신다"라고 했다. 4:7이 '그러므로'로 시작한 것은, 어떻게 교만하지 않고 겸손하게 행하여 하나님이 주시는 은혜를 받을지를 기록했다는 말이다. 4:7-10을 한 단락으로 볼 때, 단락의 시작을 "너희는 하나님께 복종할지어다"4:7라고 시작한다. 그리고 단락의 마지막을 "주 앞에서 낮추라 그리하면 주께서 너희를 높이시리라"4:10라고 끝맺는다. 이 두 문장이 괄호 역할을 하고 그 사이에 어떻게 자신을 낮추어 하나님의 높임을 받을 수 있을지를 설명한다. 결국, 앞서 언급했던 모든 것의 근본적인 문제는 하나님 앞에서 교만하게 행하는 것이다. 그리고 4:7-10에서는 수신자들이 가지고 있는 교만의 문제를 해결할 수 있는 방법을 세 쌍의 명령으로 제시한다. '마귀를 대적하라' 그리고 '하나님을 가까이 하라', '손을 깨끗이 하라' 그리고 '마음을 성결하게 하라', '슬퍼하며 애통하여 울지어다' 그리고 '웃음을 애통으로, 너희 즐거움을 근심으로 바꿀지어다' 라고 명령한다. 4:7의 '복종하라'와 4:10의 '낮추라' 는 명령과 그 사이에 있는 세 쌍의 명령은 하나님께 복종하고 자신을 낮추는 자의 모습을 명확히 제시한다.

첫째, 마귀를 대적하고 하나님을 가까이해야 한다7b-8a. 마귀를 대적하라는 말은 마귀에 대항해서 서라는 말이다. 앞서 마음의 독한 시기와 다툼으로 자랑하며 말씀을 거스르는 모습을 "땅 위의 것이요 정욕의 것이요 귀신의 것이니"3:15라고 했다. 그 이후로도 계속 시기와 다툼, 인간의 정욕과 욕심으로 인해 발생하는 싸움과 다툼, 그리고 살인에 대해서 말한다. 이와 같은 문맥을 고려할 때, 마귀를 대적하는 것은 마귀의 영적 세력에 대항하는 것도 포함하겠지만, 자기 속에 있는 시기와 이기적인 욕망을 대적하는 것을 말한다. 시기와 이기적인 욕심을 가지는 것 자체가 마귀를 가까이하는 것이기 때문이다. 저자는 4:1-3에서 묘사하는 대로 행하는 자들을 '세상과 벗이 되는 것'4:4이라고 말한다. 만약 '세상'이 하나님을 대적하는 모든 것을 가리킨다면, 세상과 벗이 되는 것은 하나님을 대적하는 모든 것과 가까이 지내는 것이다. 그리고 그런 상태가 되면 하나님의 원수가 된다. 따라서 마귀를 대적하는 것은 무엇보다도 자기 속에 있는 시기와 이기적인 욕심, 인간의 정욕 등을 대적하는 것이다.

저자는 마귀를 대적하면서 하나님을 가까이하라고 한다. 많은 학자들이 하나님을 가까이하는 것은 구약의 모세나 제사장이 하나님께 가까이 나아가는 것과 관련이 있다고 말한다. 그러나 이런 연관성이 없어도 하나님을 가까이하는 것은 하나님과의 친밀한 관계를 유지하는 것으로 이해할 수 있다. 이는 앞서 가까운 관계를 묘사하기 위해 '벗'이라는 표현을 사용한 것과 유사하다4:4. 따라서 하나님을 가까이하는 것은 하나님의 벗이 되는 것이다. 아브라함이 하나님을 두려워하는 모습을 삶 속에 나타내 보였을 때 의롭다 칭함 받고 하나님의 벗이라 여겨진 것처럼, 하나님을 가까이하는 것은 하나님의 존재를 믿고 그를 경외하는 모습을 삶 속에서 나타내 보이는 것이다.

둘째, 손을 깨끗이 하고 마음을 성결하게 해야 한다8b. 이와 같이 명령하면서 저자는 수신자들을 '죄인들아!' 그리고 '두 마음을 품은 자들아!'라고 호칭한다. 두 개의 다른 호칭이지만 같은 대상을 지칭하기에 그 의미는 같다고 볼 수 있다. 두 마음을 품은 자들이 곧 하나님 앞에서 죄인들이라는 말이다. 두 마음을 품은 자의 모습이 서신 전반에 두루 나타난다. 대표적인 것은 믿음이 있다고 말하면서 행함이 없는 것이다2:14. 그리고 이러한 믿음은 죽은 것이다2:17, 26. 죽은 믿음을 가진 자가 죄인이기에 두 마음을 품은 자는 곧 죄인이다. 또한 두 마음을 품은 자는 자신을 속이는 자이다1:1-18. 자신을 속이는 자는 시련 중에 자신이 하나님께 시험받는다고 생각한다. 그러나 사실은 자기 욕심에 끌려 미혹되어 시험을 받는 것이다1:14. 자기 욕심을 품고 있으면 죄가 되고, 죄를 품고 있으면 사망에 이르게 된다1:15. 사망에 이르는 자는 죄인이므로, 두 마음을 품은 자 역시 죄인이다.

이처럼 두 마음을 품고 죄인 된 자들은 손과 마음을 깨끗하게 하고 성결하게 해야 한다. 손은 외적인 것을, 마음은 내적인 것을 지칭한다. 손과 마음 모두를 깨끗하게 하고 성결하게 하라고 하는 것은 두 마음으로 행하는 죄인들의 근본적인 문제가 외적으로 드러나는 문제만은 아니라는 것이다. 두 마음을 가지고 자신을 속이며 신앙생활하는 자는 외적인 성결뿐 아니라 그들의 마음 또한 성결하게 해야 한다. 외적으로 나타나는 것의 근본적인 문제는 마음에 있기 때문이다. 앞서 "누구든지 스스로 경건하다 생각하며 자기 혀를 재갈 물리지 아니하고 자기 마음을 속이면 이 사람의 경건은 헛것이라"1:26라고 했다.

그리고 "너희 마음속에 독한 시기와 다툼이 있으면 자랑하지 말라 진리를 거슬러 거짓말하지 말라"3:14라고 했다. 뿐만 아니라 "너희가 땅에서 사치하고 방종하여 살륙의 날에 너희 마음을 살찌게 하였도다"5:5라고 했다. 이처럼 내적인 문제와 외적인 문제는 밀접하게 연결되어 있기에 두 마음을 가진 자는 손을 깨끗이 함과 동시에 마음도 성결하게 해야 한다.

셋째, 슬퍼하고 애통하며 울고, 웃음을 애통으로, 즐거움을 근심으로 바꾸어야 한다9. 저자는 수신자들의 현재 모습을 반영하면서 그들이 어떻게 해야 할지를 명령한다. 그들은 현재 웃고 즐기고 있다. 성경에서 '웃음'은 일반적으로 축제를 즐기는 것과 같은 사람들, 곧 그들이 처한 상황을 알지 못하고 현재를 즐기는 자들이나 어리석은 자들의 태도를 냉소적인 어조로 나타낼 때 사용된다눅 6:25; 암 8:10; 잠 14:13. '즐거움'joy은 보통 하나님의 말씀, 회복, 구원, 그리고 마지막 날 등과 관련 있다. 저자는 상인들에게 "오늘이나 내일이나 우리가 어떤 도시에 가서 거기서 일 년을 머물러 장사하여 이익을 보리라 하는 자들아"4:13라고 했다. 그리고 "너희가 땅에서 사치하고 방종하여 살륙의 날에 너희 마음을 살찌게 하였도다"5:3-5, 특히 5라고 했다. 저자는 수신자들 중에 평생을 살 것처럼 계획을 짜고, 웃고 즐기며, 방종한 삶을 사는 자들을 염두에 두고 이와 같은 말을 했을 것이다. 그러나 지금이 그럴 때가 아니라고 한다. 지금은 슬퍼하며 애통하며 울어야 할 때이다. 그들은 웃음을 애통으로, 즐거움을 근심으로 바꾸어야 한다. 저자의 이러한 명령은 누가복음 6:25에서 "화 있을진저 너희 지금 배부른 자여 너희는 주리리로다 화 있을진저 너희 지금 웃는 자여 너희가 애통하며 울리로다"라고 한 것과 유사하다. 여기서 '지금'이라는 표현을 반복 사용하여 현재 배 부른 자와 웃는 자를 향해서, 미래에 그들이 애통하며 울 것이라고 한다. 이는 현재 애통하며 울지 않는 자들에 대한 예수님의 책망으로 볼 수 있다. 이와 마찬가지로 저자도 현재 자신의 신앙 상태, 곧 두 마음을 가지고 있는 모습을 깨닫지 못하고 마냥 즐거워하고, 영원히 살 것처럼 계획하고,

사치하고 방종하며 사는 자들을 향해서 애통하며 근심하며 하나님께 회개함으로 다시 돌아올 것을 촉구한다.

이상에서 제시한 것처럼 수신자들이 하나님께 복종하며 자신을 낮출 때, 하나님이 그들을 높여주신다/위대하게 하신다4:10. 앞서 저자는 낮은 자는 자신의 높음을 자랑하라고 했다1:9-10. 성도가 높아지는 것은 스스로 되는 것이 아니라 하나님이 높여주셔야만 가능하다. 하나님을 잘 섬기고 복종하는 자들에게 생명의 면류관이 주어질 것이고1:12, 하늘나라가 상속으로 주어질 것이고2:5, 하나님의 높임을 받게 될 것이다4:10.

결론Conclusion

하나님은 자신의 정욕을 따라 세상과 벗하는 교만한 자들과는 원수가 되신다. 그리고 이전에 그들에게 주신 지혜와 총명을 거두어 가시고 그들을 물리치신다. 반면에 하나님께 복종하며 자신을 낮추는 자, 곧 마귀를 대적하고 하나님을 가까이하며, 겉과 속의 모든 것을 성결하게 하며, 지금이 슬퍼하며 애통해야 할 때인 줄 아는 자들에게 더 큰 은혜를 주시고 그들은 높여주신다.

적용Application

내 속의 욕심과 시기로 인해서 공동체 내에 다툼과 싸움이 일어나고 있지는 않은가? 나는 간음한 여인처럼 하나님의 뜻을 따르기보다 나 자신의 욕심을 따르며 하나님과 원수 된 삶을 살지는 않는가? 나는 하나님이 교만한 자로부터 성령, 곧 지혜와 총명을 빼앗으시지만 겸손한 자에게는 더 큰 은혜 베푸시는 분임을 알고 겸손히 행하고 있는가?

설교를 위한 제안

제목: 겸손한 자를 높이시는 하나님 [1]

1. 하나님은 자기의 정욕을 따르는 자의 기도에 응답하지 않으신다.

2. 하나님은 교만한 자로부터 주신 지혜를 빼앗고 겸손한 자에게 더 큰 은혜를 주신다.

제목: 겸손한 자를 높이시는 하나님 [2]

3. 하나님은 당신의 말씀에 순종하며 겸손히 행하는 자를 높여 주신다4:7-10

[1] 하나님께 복종하고 겸손히 행하는 자는 마귀를 대적하고 하나님을 가까이한다.

[2] 하나님께 복종하고 겸손히 행하는 자는 손을 깨끗이 하고 마음을 성결하게 한다.

[3] 하나님께 복종하고 겸손히 행하는 자는 슬퍼하고 애통해하며 웃음을 애통으로, 즐거움을 근심으로 바꾼다.

본문 주석

[1] What causes quarrels
 [너희 중에] 싸움이 어디로부터
and what causes fights among you?
 그리고 너희 중에 다툼이 어디로부터냐?

    Is it not this,
    ~로 부터 아니냐

        that your passions are at war within you?
        너희 지체들 가운데서 전쟁을 수행하는 [죄악을] 즐기는 열망

   1. 본 구절의 첫 단어는 '어디로부터'πόθεν; from where라는 의문부사이다. 이는 싸움과 다툼의 출처를 묻기 위한 것으로 문장 초두에 한 번만 사용해도 된다. 그러나 저자는 의도적으로 '싸움'과 '다툼'이라는 표현에 각각 사용하여 그러한 것이 어디로부터 왔는지 강조여 묻는다. 뿐만 아니라 저자는 '싸움'과 '다툼'이라는 비슷한 두 표현을 사용하여 수신자들이 속한 공동체의

상황이 어떠한지를 강조하여 묘사한다. 또한 "너희 중에 싸움이 어디로부터 다툼이 어디로부터 나느냐"라는 수사적 질문을 한 후, 곧바로 "너희 지체 중에서 싸우는 정욕으로부터 나는 것이 아니냐"라는 부정 의문문을 통해서 싸움과 다툼의 출처가 '싸우는 정욕'인 것을 명확히 한다4:1b.

　　2. '싸움'πόλεμος은 문자적인 의미로 '무력 분쟁'armed conflict, '전투'battle 또는 '싸움'fight을, 비유적 의미로 '갈등'strife, '다툼'conflict 또는 '분쟁'quarrel 등을 가리킨다. '다툼'μάχη 역시 '싸움'fighting이라는 의미 외에 앞선 단어의 비유적 의미와 동일한 의미로 사용된다. 본 구절에서 열거된 싸움과 다툼이 수신자들 사이에 있었던 실제적인 싸움인지 아니면 비유적인 것인지에 대한 논의가 있다. 야고보서 3장은 주로 말과 관련된 문제, 곧 말실수3:2, 말들의 입에 재갈 물리는 것3:3, 불의의 세계인 혀3:6, 쉬지 아니하는 악이며 죽이는 독이 가득한 혀3:8, 찬송과 저주를 동시에 내뱉는 입3:10, 그리고 독한 시기와 다툼이 가득한 마음3:14 등에 대해서 다루었다. 이와 같은 문맥을 고려해 볼 때, 본 구절에서 단순히 말로 하는 다툼이나 싸움의 문제를 다루는 것처럼 보인다. 그러나 4:2에서 '살인'과 같은 보다 강한 표현이 사용된 것을 보면 단순히 말로만 하는 시기나 질투, 그리고 다툼을 지적하려 한 것은 아닌 듯하다.[2] 또한 "너희 중에 싸움이 어디로부터 다툼이 어디로부터 나느냐"라는 문장에서 '너희 중에'ἐν ὑμῖν라는 표현은 각 개인의 마음속이나 내적인 상태를 말하는 것이 아니다. 이전 문맥에서 계속해서 사람 상호 간의 관계에 대해서 말하기 때문이다. 따라서 '너희 중에'라는 표현은 수신자들이 속한 공동체로서의 '너희'를 지칭하는 표현이다.

　　3. "너희 지체 중에서 싸우는 정욕으로부터 나는 것이 아니냐"4:1b라는 부정 의문문은 수신자들 중에 있는 싸움과 다툼이 그들 속에 있는 전쟁을 수행하는 죄악을 즐기는 열망, 곧 죄악 된 열망에서 비롯된 것임을 밝힌다. 여기서 비록 공동체의 문제를 지적하지만, 이는 앞서 지적한 개개인 속에 있는

2　Martin, *James*, 144.

시기와 이기적 욕망과 관련이 있다3:14. 리차드슨이 잘 지적하듯이 그들 속에서 싸움과 다툼을 일으키는 것은 악한 영들the demonic이 아니라 하나님의 말씀에 자의적으로 복종하지 않는 인간의 의지가 악한 마음을 만들어 내기 때문이다.[3] 참으로 온전한 사람은 혀뿐 아니라 온 몸을 굴레 씌울 수 있다3:2. 그러나 그와 같이 할 수 있는 자는 아무도 없다. 하늘의 지혜로 행해야 한다. 하늘의 지혜로 행하지 않고 자기의 이기적 욕망으로 행한다면 그들은 서로 싸울 수밖에 없다.

[2] You   desire
  너희는 갈망한다
          and do not have,
          그리고 가질 수 없다
                  so you murder.
                  따라서 살인한다
  You   covet
  그리고 너희는 시기한다
          and cannot obtain,
          그리고 얻을 수 없다
                  so you   fight
                  따라서   싸운다
                          and quarrel.
                          그리고 다툰다
  You do not have,
  너희는 가지지 못한다
          because you do not ask.
          왜냐하면 너희가 구하지 않기 때문이다

---

3 Richardson, *James*, 174.

1. 본 구절은 여러 개의 동사가 네 개의 접속사 '그리고'καί와 여러 개의 쉼표로 연결되어 있다. 이 때문에 각 동사를 끊어 읽기가 쉽지 않다. 영어성경도 각기 다르게 번역한다. 대표적으로 ESV는 "너는 갈망하지만 가질 수 없고 따라서 살인한다. 너는 시기하지만 얻을 수 없고 따라서 싸우고 다툰다. 너는 가질 수 없다. 왜냐하면 구하지 않기 때문이다"You desire and do not have, so you murder. You covet and cannot obtain, so you fight and quarrel. You do not have, because you do not ask라고 번역한다. 반면에 NIV는 "너는 무엇인가를 원하지만 가지지 못한다. 너는 살인하고 시기하지만 네가 원하는 것을 가질 수 없다. 너는 다투고 싸운다. 너는 가지지 못한다. 왜냐하면 네가 하나님께 구하지 않기 때문이다"You want something but don't get it. You kill and covet, but you cannot have what you want. You quarrel and fight. You do not have, because you do not ask God라고 번역한다. 개역개정 성경은 ESV의 것과 비슷하게 번역한다. 본 구절의 번역이 쉽지 않지만, 문장의 순서를 볼 때 마음속에서 일어나는 것, 겉으로 드러나는 것, 그리고 이에 대한 주체자의 반응/행위를 순차적으로 묘사한 듯하다. 첫 번째 문장에서 [1] 마음속으로 갈망하고, [2] 그러나 가질 수 없고, [3] 그래서 살인한다. 두 번째 문장에서 [1] 마음속으로 시기하고, [2] 그러나 가질 수 없고, [3] 따라서 다투고 싸운다. 그런 후에 마지막으로 "너희가 가지지 못하는 것은 구하지 않기 때문이라"4:2c라고 말한 후, "구하여도 받지 못함은 정욕으로 쓰려고 잘못 구하기 때문"4:3이라고 말한다. 이와 같이 볼 때, ESV의 번역이 더 나은 듯하다.

2. '욕심 내다'ἐπιθυμέω로 번역된 동사는 '원하다'desire 또는 '갈망하다'long for라는 의미로서 긍정적인 의미와 부정적인 의미 모두를 가지지만, 본 구절에서는 부정적인 의미로 사용되었다. 이 동사의 명사형ἐπιθυμία이 1:14-15에서도 사용되었다. 사람이 시련을 당할 때 하나님께 시험받는다고 말하지 말아야 할 이유는 각 사람이 자기 욕심에 끌려 미혹되어 스스로 시험받기 때문이다1:14. 그리고 여인이 아기를 잉태하듯이 그 욕심을

오래 품으면 죄를 낳고, 그 죄가 장성하면 영적 사망에 이르게 된다. 저자는 이와 같은 설명을 통해 인간의 내적 욕심이 죄와 사망의 근원임을 밝힌다. 본 구절의 설명도 1:14-15의 것과 유사하다. 각 사람이 욕심을 내지만 욕심 낸 만큼 가지지 못하기 때문에 타인을 살인하고, 또 시기해도 가질 수 없기 때문에 서로 싸우고 다투는 것이다.

3. "너희는 욕심을 내어도 얻지 못하여 살인하며φονεύετε"라는 말속에 '살인'이라는 표현이 나타난다. 어떤 이는 수신자들 중에 실제로 열심당zealot 출신이 있을 수 있기에 살인도 가능했을 것으로 본다.[4] 그러나 대부분의 학자들은 살인을 과장이나 은유적 표현으로 본다. 수신자들이 속한 공동체 내에 실제로 살인이 있었을 가능성이 희박하기 때문이다. 그러나 주목할 것은 여기서 사용된 '살인'이라는 표현이 신약성경 대부분의 곳에서 십계명에서 명한 것과 관련하여 사용된 것이다. 앞서 마음의 욕심이 죄가 되고 그 죄 때문에 사망에 이르게 된다고 지적한 것을 고려해볼 때1:14-15, 사람의 마음의 욕심이 한 사람을 어떤 범죄로 이끌지 아무도 알 수 없다. 수신자들이 속한 공동체에 실제로 살인이 있었는지 알 수 없다. 그러나 뒤이어 나오는 다툼과 싸움이 은유적 표현이 아니라면 살인을 굳이 은유적 표현으로 보아야 할 이유는 없다. 다툼과 싸움과 살인을 언급하면서 전자 두 개는 실제적인 사건을, 나머지 하나는 비유적 사건을 언급하는 것도 어색하다. 따라서 본문에서 지적하는 살인을 은유적 표현에 한정할 필요는 없다. 저자가 인간의 보편적인 성향을 지적한 것일 수도 있다. 수신자들이 속한 공동체에서 살인이 일어나지 않았다고 하더라도 당시에 사람들 사이에 흔히 일어났던 보편적 사실을 지적했다는 말이다. 그러나 이런 설명은 4:1에서 지적한 '너희 중에'라는 표현이 사용된 것을 설명할 수 없다.

4. '시기하다'ζηλόω라는 동사도 중립적인 의미의 단어로, 긍정적인

---

4 마틴은 열심당zealot에 소속된 자들은 실제적으로 '살인'을 문제의 해결책으로 여겼던 자들이 있었기 때문에 수신 자들 중에 그러한 자들이 포함되어 있었다면 실제로 살인이 있었을 수도 있다고 주장한다. Martin, *James*, 144.

의미와 부정적인 의미 모두 있지만 본 구절에서는 부정적인 의미로 사용되었다. 시기하다가 얻지 못하면 싸우고 다툼이 생긴다. 앞서 독한 시기와 다툼/이기적 욕망selfish ambition에 대해서 언급했다3:14. 이러한 것은 세상적이고, 마귀적이고, 정욕적인 것이다3:15. 이러한 것들을 마음에 가지고 있을 때, 그 결과 혼란과 모든 악한 일이 일어난다3:16. 이와 마찬가지로 사람이 시기하지만 시기하는 것을 얻지 못할 때, 싸움과 다툼이 일어난다. 앞서 제시한 욕심과 시기는 사람의 마음으로부터 나오는 것으로 자신만을 생각하는 이기적인 것이다. 또한 이러한 것들은 사람 속에서 나오기 때문에 하나님께 드리는 기도나 간구도 아니다. 따라서 저자는 수신자들이 구하지 않고 그들 속에서 나오는 욕심과 시기만 가지고 있기 때문에 얻을 수 없다는 사실을 지적하는 것이다.

³ You   ask
  너희는 구한다
        and do not receive,
        그리고 받지 못한다
                because you ask wrongly,
                왜냐하면 너희는 잘못된 의도로 구하기 때문이다
                        to spend it on your passions.
                        너희의 즐거움을 위해서 마음대로[자유롭게] 쓰려고

    1. 앞서 "너희가 얻지 못함은 구하지 아니하기 때문이요"4:2라고 했다. 그리고 본 구절에서 "너희가 구하여도 받지 못함은 정욕으로 쓰려고 잘못 구하기 때문이라"라고 한다. 사람이 구하지 않는 것은 자신의 마음속에서 나오는 자기 자신을 위한 갈망과 시기가 가득하기 때문이다. 만약 구한다고 해도 자신을 위한 갈망을 만족시킬 의도로 구하기 때문에 잘못 구할 수밖에 없고, 따라서 받지 못한다. '구한다'αἰτεῖτε와 '받지 못한다'οὐ λαμβάνετε라는

동사는 현재 능동태이다. 이는 현재적 상황이나 지속적인 상태를 묘사하기에 그와 같이 구하는 자들은 항상 받지 못한다는 사실을 지적하는 것이다. '잘못 구한다'κακῶς αἰτεῖσθε라는 말은 '그릇되게'wrongly, 또는 '잘못된/사악한 의도를 가지고'wickedly 구하는 것을 말한다. 주목해서 볼 것은 첫 번째 '구하다'αἰτεῖτε가 능동태인 반면, 이어지는 문장의 "정욕으로 쓰려고 잘못 구함이니라"에서의 '구하다'αἰτεῖσθε는 중간태인 것이다. 중간태는 그 동작의 주체를 강조하기 때문에 구하는 자가 자기중심적으로, 자신을 위해서 구한 것을 강조한다.[5] 그리고 그 잘못된 의도가 무엇인지에 대해서 이어지는 문장에서 설명한다.

2. 구할 때 잘못된 의도로 구하는 것은 곧 정욕으로 쓰려고 구하는 것이다. "정욕으로 쓰려고"ἵνα ἐν ταῖς ἡδοναῖς ὑμῶν δαπανήσητε로 번역된 것은 "너희의 즐거움을 위해 마음대로/자유롭게 쓰려고"로 번역할 수 있다. 저자는 4:1부터 시작해서 계속 사람의 정욕, 욕심, 시기 등에 대해서 지적한다.

[4] You adulterous people!
　간음한 여인들아!

　　　Do you not know
　　　너희는 알지 못하느냐?

　　　　　that friendship with the world is enmity with God?
　　　　　세상과 벗이 되는 것은 하나님과 원수가 되는 것을

　　　　　　Therefore whoever wishes to be a friend of the world
　　　　　　그러므로 만약 세상과 친구가 되기를 원하면

　　　　　　　makes himself an enemy of God.
　　　　　　　그것은 곧 자신을 하나님과 원수되게 하는 것이다

5　Blomberg and Kamell, *James*, 189.

1. 저자는 간통을 범한 여인을 가리키는 여성명사μοιχαλίς의 복수 호격을 사용하여 수신자들을 "간음한 여인들아!"μοιχαλίδες라고 부른다. 수신자들을 이와 같이 호칭한 것은 구약적 배경에서 이해해야 한다. 구약에서 종종 이스라엘 백성을 하나님의 신부로 묘사하고, 하나님을 거역하여 이방 신을 섬기는 이스라엘 백성을 음란한 여인에 비유하기 때문이다. 이러한 사실을 반영한 구약의 대표적인 성경은 호세아서이다호 3:1; 참고. 사 62:5; 겔 16:32; 23:45 등. 저자가 갑자기 수신자들을 간음한 여인들로 호칭하는 이유는 4:1부터 계속 언급된 사람의 정욕, 욕심, 시기 등과 관련이 있다.

2. '세상'κόσμος이라는 개념은 하나님이 만든 우주 만물이나 인류를 가리키기도 한다. 그러나 본문에서는 앞서 '세속'1:27으로 번역된 것과 같이 하나님으로부터 멀어지게 하는 모든 것을 가리킨다. 4:1-3과 관련해서 생각하면, 이는 개인적인 정욕이나 욕심, 그리고 시기심을 가지고 하나님의 뜻대로 구하지 아니하고 자신의 즐거움을 위해서 구하며 살아가는 모습을 말한다. 앞서 살펴보았듯이 아브라함이 하나님을 믿고 두려워하는 모습은 이삭을 제물로 바치는 행위로 나타났다. 이러한 모습을 통해서 그는 하나님의 벗이라고 칭함 받았다2:23. 따라서 세상과 벗이 되는 자는 하나님보다 자기 욕심을 따라 살면서 세상을 두려워하고, 세상을 두려워하는 모습을 삶 속에서 행위로 드러내는 자라고 할 수 있다. 그러니 세상과 벗 된 자는 하나님보다는 오히려 하나님을 대적하는 것들과 친근하게 지내는 자이다.

3. '하나님과 원수가 되는 것'ἔχθρα τοῦ θεοῦ ἐστιν의 문자적인 의미는 '하나님과 적대적인 관계'에 서는 것이다. 하나님의 입장에서 볼 때 당신과의 관계가 멀어지도록 하는 모든 것, 곧 세상과 친근해지는 자가 하나님과 적대적인 관계가 되는 것은 당연하다. 이는 사람의 입장에서도 마찬가지이다. 앞서 저자는 성도가 여러 가지 시련을 당할 때, 하나님께 시험받는다고 여기지 말라고 경고했다1:13. 이러한 모습은 자신의 욕심과 욕망, 그리고 시기로 가득한

자들의 특징이다. 즉, 자기 욕심으로 가득한 자는 삶에 아무런 문제가 없고 모든 일들이 순조로울 때는 잠잠하다. 그러나 시련이 닥치거나 계획하던 일이 자신의 생각대로 되지 않을 때, 그 비난의 화살을 하나님께 돌린다. 그러니 내 욕망으로 가득한 그 순간부터 하나님과 적대적인 관계가 될 수밖에 없다. 저자는 본 구절의 마지막 부분에서 "그러므로 누구든지 세상의 친구가 되기를 원하는 자는 자신을 하나님의 원수가 되게 하는 것"이라고 말하며 이전 진술을 확증한다.

⁵ Or do you suppose it is to no purpose
  또는 너희는 [~을] 헛되다고 생각하느냐?
          that the Scripture says,
          그 성경이 말씀하는 것을
                  "He yearns jealously over the spirit
                  "그[하나님]가 그 성령을 시기하기까지 사모한다는
                          that he has made to dwell in us"?
                          그가 우리 안에 거하게 하신 [그 성령을]"

1. 4:5-6은 해석하기 난해한 구절이다. 왜냐하면 첫째, 사모하는 주체가 누구인지, 그리고 '성령'πνεῦμα으로 번역된 것이 무엇을 의미하는지 명확하지 않기 때문이다. 따라서, 저자가 어떤 의도를 가지고 말하는지 알 수 없다. 둘째, 인용을 의미하는 "~하신 말씀"ἡ γραφὴ λέγει이 가리키는 내용이 성경 어디에도 직접적으로 나타나지 않고, 따라서 이 말씀이 성경을 가리키는지 아니면 또 다른 글을 가리키는지 명확하지 않기 때문이다. 학자들 간에 다양한 논의가 있다. 메카트니는 이 구절의 난해점을 해결하기 위해서는 다음과 같은 의문들이 해소되어야 한다고 주장한다.⁶ 첫째, 전치사 구인 '시기하기까지'πρὸς φθόνον; for envy에 대한 문제로, 하나님이 시기하시기 때문에 무엇인가를 행한다고

---

6 McCartney, *James*, 210-211.

말할 수 있는가? 둘째, '사모한다'ἐπιποθεῖ; yearn; 갈망하다로 번역된 동사는 선한 갈망인가 아니면 악한 욕망인가? 셋째, '성령'τὸ πνεῦμα으로 번역된 단어는 중성적 의미로서 인간의 영창세기에서 말하는 생명의 호흡인가, 인간 속에서 활동하는 부정적인 영인가엡 2:2, 아니면 하나님의 영성령인가? 넷째, "거하게 하신"으로 번역된 단어가 '그가 머물렀다'κατῴκησεν; he dwelt인가 아니면 '그가 머무르게 하다'κατῴκισεν; he caused to dwell인가? 다섯째, 앞서 언급된 '거하게 하신'κατῴκησεν으로 번역된 동사가 원인을 나타내는 것이라면, '사모한다'는 동사의 주체가 성령인가, 하나님인가? 여섯째, 구두점은 어떻게 찍어야 하는가? 즉, '시기하기까지'πρὸς φθόνον; for envy가 새로운 문장의 시작인가 아니면 성경이 말하는 바를 기술하는가?

2. 여러 가지 의문들 중에 가장 접근하기 쉬운 문제가 네 번째 것으로 사본학적인 이슈이다. 다수 사본Majority Text은 "그가 머물렀다"κατῴκησεν; he dwelt를 지지하지만, 가장 오래된 사본들이나 다양한 사본들이 "그가 머무르게 하다"κατῴκισεν; he caused to dwell를 지지한다. 이를 근거로 대부분 후자의 의미로 본다. 만약 이를 받아들인다면 다음과 같은 몇 번역이 가능하다.[7] 첫째, "하나님이 우리신자들 안에 거하게 하신 성령이 질투하여 갈망한다." 즉, 하나님이신 성령은 그의 백성이 세상과 벗이 되려고 하는 것을 용인하시지 않는다는 말이다. 둘째, "하나님이 우리신자 안에 거하게 하신 성령과 관련하여 질투함으로 갈망하신다." 이는 세상과 벗이 되기를 원하는 자들의 뇌리를 떠나지 않는 성령을 거둬들일 것이라는 위협이다. 셋째, "하나님이 우리 안에 두신 생명breath of life과 관련하여 질투함으로 갈망하신다." 이는 하나님이 그의 인간 피조물이 충성하도록 열정적으로 갈망하시는 것을 의미한다. 넷째, "하나님이 우리 안에 거하도록 하신 [인간의] 영이 [세상의 즐거움을 위해서] 갈망할 때, 시기[하고 그래서 싸우는 것]가 그 결과이다." 다섯째, "하나님이 우리 안에 거하게 하신 [인간의] 영이 [세상을 위해] 시기하여 갈망하는 것이다."

7 McCartney, *James*, 211-212.

3. 위의 사항들을 참고해서 하나씩 살펴보자.[8] 첫째, 본문의 전후 문맥은 사람이 세상과 벗 되는 것과 관련이 있다. 그리고 세상과 벗이 되려고 하는 자들을 '간음한 여인'에 비유한다. 4:5는 이러한 영적인 간음을 행하려는 자들에 대한 경고로 보아야 한다. 따라서 여기서 시기하는 주체는 하나님또는 성령님이다. 둘째, '사모한다' ἐπιποθέω로 번역된 표현은 '갈망하다'/'동경하다'yearn라는 의미가 있는 동사로서 악의적인 감정보다는 고결한, 또는 도덕적인 감정을 나타낸다. 신약에 나타난 용례를 볼 때 긍정적인 의미를 지닌 것이 대부분이다롬 1:11; 빌 1:8; 2:26; 살전 3:6; 딤후 1:4; 벧전 2:2. 따라서 하나님이 갈망한다고 해도 전혀 어색하지 않다. 셋째, 그럼에도 불구하고 '시기'φθόνος로 번역된 단어는 주로 부정적 의미로서 시기와 질투의 파괴적 태도와 연관이 있다. 그리고 '시기'φθόνος는 '시기'ζῆλος라는 단어와 동의어로 사용되기도 한다. 하지만 다른 곳에서 '시기'φθόνος가 하나님의 질투를 나타낼 때 사용된 경우는 없다. 따라서 학자들 중에서 4:5의 '시기'φθόνος는 악한 의미에서의 시기이고 따라서 하나님의 신적 속성과는 맞지 않다고 본다. 넷째, 본 서신에 사용된 단어나 표현들 중에 그 원래의 전문적 의미technical meaning를 고려하지 않은 모호한 표현들이 종종 발견된다. '생의 바퀴'3:6, "그는 선행으로 말미암아 지혜의 온유함으로 그 행함을 보일 지니라"3:4, "쓴 물이 단 물을 내지 못하느니라"3:12, 그리고 "사공의 뜻대로 운행하나니"3:4와 같은 표현이다. 이를 근거로 4:5에서 사용된 단어 중 '사모하다'/'갈망하다'ἐπιποθέω나 '시기'φθόνος의 의미도 일반적인 의미로 사용되었는지 명확하지 않다고 본다. 다섯째, '시기하기까지'πρὸς φθόνον로 번역된 표현은 부사구로서 "그가 시기함으로 갈망한다"he yearns with envy나 "그가 질투하여 갈망한다"he desires jealously라는 의미가 되거나 아니면 갈망하는 것 때문에 '질투하게 되는 것'을 의미할 수 있다. 전자는 하나님이 갈망하는 경우에 해당되고, 후자는 인간의 영이 질투하는 욕망을 가진 경우에 해당된다. 인간이 갈망하는 것 때문에 그

8 이하의 논의는 메카트니의 논의를 요약 정리한 것이다. McCartney, *James*, 212-214.

결과로 시기와 질투가 생기는 것이다이는 4:1-3의 내용과도 잘 맞는다. **여섯째,** 이어지는 4:6에서 "그러므로 더욱 큰 은혜를 주시나니"라는 문장의 주체가 하나님이라면, 앞선 문장의 주체도 하나님이거나 성령님일 가능성이 크다. 만약 4:5의 '갈망하다'의 주체가 인간의 영이라면, 4:6을 말할 때에는 새로운 주체인 '하나님'이라고 언급했을 것이다. 그러나 앞서 말한 대로 저자는 명확하지 않은 용어나 표현을 쓰기 때문에 정확히 말할 수는 없다. 그럼에도 다른 모든 사항을 고려해볼 때, 그 주체는 하나님일 가능성이 크다. 일곱째, 이 문맥이 지적하는 문제는 세상과 벗이 되고자 하는 위험성과 그 어리석음에 대한 것이다. 이러한 문제는 오직 성도들에게만 가능한 문제이고, 하나님이 '우리 안에' 거하게 하신 성령에 대해서 말할 때, 그 안에도 힌트가 있다. 이러한 사실은 하나님의 영이 우리로 하여금 충성하도록 하기 위해서 질투함으로 갈망하거나, 또는 하나님이 우리에게 주신 성령을 갈망하는 것으로 볼 수 있도록 한다.

4. 대부분의 학자들은 4:5의 주체를 하나님으로 본다. 그리고 어떤 이는 하나님이 사람의 마음속에 두신 '성령'을 통해서 일하신다고 본다.

이 성령은 인간의 '세속적인' 본성의 성향인 시기와 질투에 대항하신다. 그 결과 '경건한 지혜'godly wisdom가 팽배하게 되는 효과가 있을 것이라고 본다. 하나님은 교회 내에서 싸움과 전쟁을 일삼는 자들을 대적하시고 그러한 자들과 싸우시기 위해서 교회 내의 그의 백성들에게 성령을 두셨다. 따라서 4:5에서 말하는 질투는 하나님의 질투이고, 이는 당신이 적대적인 자들로 하여금 타인에 대한 질투심을 멈추고 그들의 관심을 하나님께로 다시 돌리도록 기다리고 계시기 때문이다.[9]

5. 그러나 메카트니와 여러 학자들은 본 서신에서 성령에 대한 직접적인 언급은 없지만 그에 상당하는 표현인 '지혜'가 등장하고, 이것이 성령과 동일한 기능을 하는 것으로 묘사된다고 본다. 유대인들이 하나님의 영을 지혜의 원천이나 최고점으로 보기도 했고, 쿰란 문서에서도 지혜는 성령을 받음으로

9 Martin, *James*, 150-151.

가질 수 있고 오직 그 공동체 안에 들어간 자만이 가질 수 있다고 기록하기 때문이다. 야고보서의 저자도 이러한 사실을 잘 알고 서신을 기록했다는 것이다. 3:13에서 지혜와 총명에 대해서 말하는데, 총명은 하나님이 사람 속에 두신 영에 의해서 나타난다. 따라서 메카트니는 4:5에서 말하는 영은 하나님이 사람 속에 두신 영으로, 인격이신 성령이 아니라 신적으로 주어진 지혜와 총명wisdom and understanding이라고 주장한다. 이는 구약사 11:2에서 말하는 지혜의 영spirit of wisdom으로서 메시아가 이것으로 기름부음을 받았고, 여호수아와 같은 구약의 지도자들에게 이미 주어진 것이다. 하나님이 시기함으로 갈망한다는 것은 유대인들의 일반적인 이해를 반영한 것으로, 그 영을 지키기 위해서 사람이 하나님께 복종하는 상태여야 하고 그 신적인 영은 거만한 자에게는 주어지지 않는다는 것이다. 이와 같은 논의를 근거로 메카트니는 4:5의 의미가 기본적으로 하나님이 참 진리의 영을 거둬들이겠다는 경고라고 본다. 경고만 하는 것이 아니라 하나님의 은혜도 강조한다4:6. 2:13에서 긍휼이 심판을 이긴다고 한 것처럼, 하나님의 은혜가 지혜의 영을 회수할 것이라는 경고보다 더 우월한 것이다. 그리고 이는 4:8에서도 나타난다.[10]

    6. 이상의 논의와 문맥을 고려하여 정리해보자. 4:1-4까지 수신자들이 속한 공동체 내에 있는 싸움과 다툼에서 시작해서 세상과 벗이 된 것까지 언급한다. 수신자들 중에 하나님과 원수가 되려는 자들이 있다는 말이다. 하나님은 그의 백성 안에 성령, 곧 지혜와 총명을 두셨다. 그런데 그들 중에 세상과 벗함으로 하나님과 원수가 된 관계에 있는 자들이 있다. 이들은 5:19-20에서 말하는 바와 같이 미혹되어 진리를 떠난 자들이다. 4:5의 말씀은 그와 같은 자들로부터 하나님이 그들 안에 두신 성령을 거두어 가실 것이라는 경고이다. 4:6에서 하나님께서 겸손한 자에게 더 큰 은혜를 주실 것이라고 한 것은 "긍휼을 행하지 아니하는 자에게는 긍휼 없는 심판이 있으리라 긍휼은 심판을 이기고 자랑하느니라"2:13라는 말씀을 상기시킨다. 긍휼에 풍성하라고

---

10 McCartney, *James*, 214-215.

명하신 그 하나님은 당신 스스로 은혜와 긍휼이 풍성하신 분이다. 그러나 하나님은 세상과 벗이 되어 자신과 원수 된 자, 겸손하지 않고 교만한 자, 하나님을 가까이하지 않는 자, 그리고 마음이 성결하지 않은 자들로부터 당신의 지혜와 총명을 거두어 가신다.

⁶ But he gives more grace.
　그러나 그가[하나님] 더 큰 은혜를 주신다
　　　Therefore it says,
　　　그러므로 이르기를
　　　　　"God　　opposes the proud,
　　　　　"하나님이 교만한 자를 물리치시고
　　　　　　　　but gives grace to the humble."
　　　　　　　　반면에 겸손한 자에게는 은혜를 주신다"

　　1. 4:1-3에서 다툼과 싸움에 대해 지적하면서 그러한 것은 개인의 욕망에서 난다고 했다. 4:4에서 세상과 벗이 되고자 하는 자들을 간음하는 여인들에 비유했다. 4:1-3과 4:4에서 다른 표현을 사용하지만 그 대상은 같다. 그들은 앞서 설명한 바와 같이 하늘의 지혜를 가지지 못한 자들이다3:13-18. 그리고 땅의 지혜인 독한 시기와 이기적 욕망으로 행하며 혼란과 모든 악한 결과들을 만들어 내는 자들이다.

　　2. 4:5는 땅의 지혜로 행하며 공동체 내에 싸움과 다툼을 일으키는 자들에 대한 경고이다. 하나님이 그들에게 보내신 지혜의 영, 곧 성령을 거둬들이실 것이라고 말한다. 이는 하나님이 그들을 떠나겠다는 말이고 그들은 하나님의 버림을 받을 것이라는 말이다. 이처럼 하나님은 교만한 자에게는 단호하고 무서운 분이시다. 그러나 겸손한 자에게는 그렇지 않다. 앞서 긍휼이 심판을 이긴다고 한 것처럼2:13, 하나님은 더 큰 은혜를 베푸시는

분이다4:6. 잠언 3:34를 인용하여 "하나님께서 교만한 자를 물리치시고 겸손한 자에게 은혜를 주신다"라고 한다. '물리치다' ἀντιτάσσεται로 번역된 것은 '대적하다' oppose라는 의미이다. 앞서 자기 욕심대로만 살아가는 자들, 곧 세상과 벗 되기를 원하는 자들을 하나님과 원수 된 자로 묘사한 것과 맥을 같이한다. 원수는 서로 적대적이며 서로를 대적하기 때문이다. 주목할만한 사실은 잠언 3:34 이전의 문맥에서 이웃을 어떻게 대할 것인지를 언급한 것이다잠 3:27-30. 하나님의 지혜는 선을 베풀 힘이 있을 때 그것을 받을 자에게 아끼지 말라고 베풀라고 한다27. 기회가 있을 때 즉시로 선을 행하고28, 이웃을 해하려고 하지 말며29, 까닭 없이 이웃과 더불어 다투지 말라고 한다30. 그런 후, 패역한 자와 정직한 자32, 악인과 의인33, 거만한 자와 겸손한 자34, 그리고 지혜로운 자와 미련한 자35처럼 서로 대조되는 두 부류를 연속해서 열거한다. 야고보서의 저자는 이와 같은 잠언 3장의 문맥을 고려하여 인용한 듯하다. 즉, 싸움과 다툼을 일으키고 간음한 여인처럼 세상과 벗 됨으로 하나님과 원수가 되려는 자들이 바로 패역한 자이고 악인이며 미련하고도 거만한 자라는 것이다. 하나님은 이처럼 행하는 교만한 자들로부터 지혜와 총명을 빼앗으실 것이다. 그러나 겸손한 자에게는 더 큰 은혜를 주실 것이다.

　　3. 겸손한 자들은 하나님과 벗 된 자들이요 하나님에 대한 믿음을 가진 자들이다. 그들은 하나님을 두려워하고 자신이 가진 믿음을 행함으로 보이는 자들이다. 그들은 자신의 욕심을 쫓지 않고 하나님께 복종하는 겸손한 자들이다4:7. 잠언 3장을 배경으로 볼 때, 겸손한 자들은 정직한 자이고 의인이며 지혜로운 자이다. 무엇보다도 공동체 내에서 이웃과 화평하며 싸움이나 다툼을 일으키지 않는 자들이다약 3:17-18. 하나님은 이들을 겸손하다 하시며 그들에게 더 큰 은혜를 베푸실 것이다.

⁷ Submit yourselves therefore to God.

  그러므로 너희는 하나님께 복종하라

    Resist the devil,

    그리고 마귀를 대적하라

      and he will flee from you.

      그러면 그[마귀]가 너희를 피할 것이다

1. 본 구절은 접속사 '그러므로'οὖν로 시작한다. 이는 앞서 서술했던 내용이 본 구절의 근거가 된다는 말이다. 4:6 마지막 문장에서 저자는 4:1-6의 말씀을 요약적으로 제시하면서, 하나님이 교만한 자를 대적하시고 겸손한 자들에게 은혜를 주신다고 했다4:6. 그러므로 4:7-10은 어떻게 하는 것이 하나님 앞에서 교만하지 않고 겸손한 모습인지 가르치는 것이다.

2. 본 구절의 첫 번째 문장 이후의 구두점과 관련하여, 어떤 헬라어 사본은 쉼표,로 되어 있고 또 다른 사본은 세미콜론;으로 되어 있기 때문에 번역상 차이가 있을 수 있다. 대부분의 영어성경은 세미콜론으로 된 사본을 따라서 '하나님께 순종하라'는 제일 첫 문장을 독립된 문장으로 번역한다. 이와 같이 보면, 이어서 나오는 명령은 제일 처음 명령인 '하나님께 순종하라'의 세부적인 내용으로 볼 수 있다. 이와 함께 어떤 이는 '하나님께 복종하라'4:7라는 명령과 '자신을 낮추라'4:10라는 명령이 한 쌍을 이룬다고 본다. 그리고 이 두 명령 사이에 세 개의 대구적 명령문인 '마귀를 대적하라'와 '하나님을 가까이 하라', '너희 손을 깨끗이 하라'와 '너희 마음을 성결하게 하라', 그리고 '슬퍼하라'와 '너희 웃음을 애통으로 바꾸라'가 자리 잡은 것으로 본다. 이와 같이 이해하면서 4:7과 4:10의 쌍을 이루는 두 명령은 하나님 앞에서 겸손한 자의 모습이 어떠한 것인지에 대해 설명하는 세 쌍의 명령문의 표제heading 역할을 한다고 본다.¹¹ 저자는 하나님께 복종하는 것이 무엇인지, 그리고 하나님께

---

11 Moo, *James*, 187-88.

복종하기 위해서 어떻게 해야 하는지 가르친다. 여기서 열거된 명령형 동사는 서로 관련이 없는 별개의 행동을 지시하기보다 서로 관련된 것들을 열거한다.

　3. 첫째, "마귀를 대적하라 그리하면 너희를 피하리라"라고 했다. '대적하라' ἀνθίστημι는 '반대'opposite의 의미가 있는 전치사ἀντί와 '서다'stand는 의미의 동사ἴστημι가 합성된 단어이다. 따라서 '-에 반대하다'set oneself against, '저항하다'resist, '견디다'withstand라는 의미가 있다. 따라서, 마귀를 대적하는 것은 마귀에 대항해서 서는 것이다. 앞서 지혜를 행한다고 하면서 자기 마음속에 있는 독한 시기와 다툼을 자랑하려는 자들이 가진 지혜는 땅 위의 것이요 정욕의 것이요 귀신의 것이라고 했다3:15-16. 그리고 자기 욕심과 시기 때문에 다툼과 싸움, 그리고 살인이 일어난다4:1-3. 이와 같이 행하는 자들은 '간음한 여인들'이고 '세상과 벗이 되고자 하는 자'이며 스스로 하나님과 원수가 되는 것'이다4:4. 하나님은 이와 같이 행하는 자들로부터 그들 속에 거하게 하신 성령을 거두어 가신다4:5. 이 모든 일을 행하는 자는 하나님 앞에서 교만한 자이다. 하나님은 이들을 물리치실 것이다4:6. 이상에서 열거한 모든 것은 인간의 시기심과 자기 욕심에서 비롯된 것이다. 앞서 시기심과 자기 욕심에서 비롯된 것은 귀신의 것이라고 했다. 따라서 이처럼 교만하게 행하는 모든 것은 마귀를 대적하는 것이 아니라 마귀를 가까이하는 것이다. 저자는 수신자들에게 마귀를 대항하여 서라고 한다. 즉, 자신의 시기심과 이기적 욕망에 대항하여 서라는 말이다. 그렇게 할 때 마귀는 그들을 피하고 도망가게 될 것이다.

⁸ Draw near to God,

　하나님을 가까이 하라

　　　　and he will draw near to you.

　　　　그러면 그[하나님]가 너희를 가까이 하실 것이다

Cleanse your hands, you sinners,

너희, 죄인들은 손을 깨끗이 하라

and purify your hearts, you double-minded.

그리고 너희는 마음을 성결하게 하라, 두 마음을 품은 자들아!

　　1. 둘째, "하나님을 가까이 하라 그리하면 너희를 가까이하시리라"라고 했다. 앞서 사탄을 대적하라고 했지만 이제 하나님을 가까이하라고 한다. '가까이 하라'ἐγγίζω는 '접근하다'approach, '가까이 가다/오다'come near라는 의미이다. 마틴은 하나님을 가까이하는 것은 구약의 제사장이나 모세가 여호와께 가까이 나아오는 것을 상기시킬 뿐 아니라출 19:22; 24:2; 신 16:16 등, 하나님이 그들에게 즉각적으로 반응하여 가까이해 주신다는 사실도 중요하다고 말한다.[12] 앞서 사탄을 가까이하는 것은 자신의 욕심과 정욕대로 행동하는 것일 뿐 아니라 세상을 가까이하는 것이라고 했다. 그렇다면 하나님을 가까이하는 것은 하나님의 뜻대로 살고 행동하는 것으로 볼 수 있다. 아브라함이 하나님을 믿고 그 믿음을 행함으로 보여줄 때, 하나님이 그것을 그의 의로 여기시고 자신의 벗이라고 칭한 것과 같다2:22-23. 앞서 지적한 것처럼 하나님이 성도 속에 둔 지혜의 영을 따라 사는 것은 곧 하나님을 가까이하는 것이다4:5. 그리고 하나님 앞에서 겸손한 것 역시 하나님을 가까이하는 것이다. 하나님은 겸손한 자를 가까이하시고 그에게 더 큰 은혜를 베푸시기 때문이다4:6. 하나님을 가까이하는 것의 궁극적인 의미는 이어지는 구절에 잘 나타난다. "죄인들아 손을 깨끗이 하라 두 마음을 품은 자들아 마음을 성결케 하라"4:8라고 했다. 그리고

---

12 Martin, *James*, 153.

"슬퍼하며 애통하며 울지어다 너희 웃음을 애통으로, 너희 즐거움을 근심으로 바꿀지어다"4:9라고 했다. 이처럼 하나님을 가까이하는 것은 외적인 것과 내적인 것 모두를 성결케 하는 것이다. 그리고 자신의 죄를 진심으로 뉘우치고 회개하며 하나님께로 다시 돌아오는 것이다.

2. 저자는 수신자들을 '죄인들아! 두 마음을 품은 자들아!'라고 부른다. 본 서신에서 '형제들아!'라는 표현이 자주 사용된다. 이 호칭은 저자가 애정을 담아 수신자들을 부르는 표현으로, 그들이 함께 하나님을 믿는 성도라는 말이다. 그런데 4:8에서는 '형제들아!'라는 호격 대신 '죄인들아!'와 '두 마음을 품은 자들아!'라는 호칭을 사용한다. 이 두 표현은 수신자들의 상황을 반영한 것으로, 하나님 앞에서 죄를 저지르는 그들의 모습과 그들이 지은 죄가 무엇인지 암시하는 표현이다. '두 마음을 품은 자들'δίψυχοι로 번역된 형용사는 "두 마음을 품어 모든 일에 정함이 없는 자로다"1:8라는 문장에도 사용되었다. 서신 전체에서 다양한 표현을 사용하여 두 마음을 가진 수신자들의 모습을 묘사한다. '구하고 의심하는 것'1:5-8, '시련 중에 하나님께 시험받는다고 생각하는 것'1:12-18---이와 대조되게 하나님은 변하지 않는 분으로 묘사된다1:17---, '말씀을 듣기만 하고 행하지 아니하여 자신을 속이는 것'1:19-27, '사람을 차별하여 대하는 것'2:1-13---이는 율법의 일부만 지키면서 모든 것을 행하는 것처럼 행동하는 것과도 같다---, '믿음이 있다고 말하면서 행하지 않는 것'2:14-26---이는 '영혼 없는 몸이 죽은 것 같이 행함이 없는 믿음이 죽은 것'이라는 표현에서 잘 나타난다---, '사람이 길들일 수 없는 악이 가득한 입으로 찬양과 저주를 하는 것'3:1-12---이는 '짠 물이 단 물을 내지 못하느니라'는 말씀에 잘 요약된다---, '땅의 지혜로 하늘의 지혜를 가진 자처럼 행하는 것'3:13-18, '세상과 벗 되려고 하면서 하나님과 원수 되는 것'4:1-4 등이다. 본 구절에서 사용된 '죄인들아!'와 '두 마음을 품은 자들아!'라는 호칭은 일차적으로는 바로 앞 구절인 4:1-4를 지적하는 것이겠지만, 더 나아가서 서신

전반에 나타나는 두 마음으로 행하는 수신자들의 모습을 지적하는 것이다.

3. 두 마음을 가지고 행하는 자들을 향해서 "손을 깨끗이 하라……마음을 성결케 하라!"라고 명령한다. 앞서 지적한 바와 같이 저자가 진단하는 수신자들의 문제는 두 마음을 품은 것이다. 이는 믿음이 있다고 말은 하면서 실제의 모습은 그렇지 않은 것이다. 이들은 외적인 행동뿐만 아니라 그들의 마음에도 문제가 있다. 겉과 속 모두 문제가 있는 것이다. 손을 깨끗이 하고 마음을 성결케 하라는 것은 하나님 앞에서 겉과 속 모두를 정결하게 하라는 말이다. 이는 어쩌면 전인the whole person이 정결해야 함을 의미할 것이다. 특히 주목할 것은 '성결'이라는 표현이 구약의 성전에서 하나님의 기물을 관장하던 제사장들이 행했던 성결 규례에서 왔다는 것이다. 시편 24:3-4에서 "여호와의 산에 오를 자가 누구며 그의 거룩한 곳에 설 자가 누구인가 곧 손이 깨끗하며 마음이 청결하며 뜻을 허탄한 데에 두지 아니하며 거짓 맹세하지 아니하는 자로다"라고 했다.[13] 만약 저자가 이와 같은 구약의 구절을 반영했다면, 거룩한 하나님 앞에서 살아가는 수신자들은 그들의 삶 전체가 깨끗하고 성결해야 한다는 사실을 강조하는 것이다.

[9] Be wretched and mourn
  [너희는] 슬퍼하며 애통하라
        and weep.
        그리고 울어라!
Let   your laughter be turned to mourning
너희   웃음을 애통으로 바꾸어라
        and your joy to gloom.
        그리고 너희 즐거움을 근심으로 [바꾸어라]

---

13 참고. Moo, *James*, 190.

1. 셋째, "슬퍼하며 애통하며 울지어다 너희 웃음을 애통으로, 너희 즐거움을 근심으로 바꿀지어다"라고 명령한다. '슬퍼하며 애통하며 울지어다'라는 표현은 구약의 선지서에서 자주 나타난다. 특히, 예레미야는 "딸 내 백성이 굵은 베를 두르고 재에서 구르며 독자를 잃음 같이 슬퍼하며 통곡할지어다 멸망시킬 자가 갑자기 우리에게 올 것임이라"렘 6:26라고 했다. 요엘은 "여호와의 말씀에 너희는 이제라도 금식하고 울며 애통하고 마음을 다하여 내게로 돌아오라 하셨나니"요엘 2:12라고 했다. 두 선지자가 활동했던 시대적 상황이 다르기 때문에 그들의 구체적인 요구사항은 다를 것이다. 그러나 근본적으로 여호와의 날이 가까왔음에 대한 경고이면서 회개를 촉구하는 것이다. 이후에 저자는 "들으라 부한 자들아 너희에게 임할 고생으로 말미암아 울고 통곡하라"5:1라고 명령한다. 그리고 "너희도 길이 참고 마음을 굳건하게 하라 주의 강림이 가까우니라"5:8라고 명령한다. 이와 같은 명령은 구약의 선지자들이 외쳤던 것과 크게 다르지 않다.[14] 수신자들에게 진정한 회개를 요구하는 것이다.

2. 이어서 "너희 웃음을 애통으로, 너희 즐거움을 근심으로 바꿀지어다"라고 명령한다. 여기서 저자는 수신자들의 현재 모습을 반영하는 듯한 표현을 쓰면서, 그들이 어떻게 바뀌어야 할지 가르친다. 그들은 현재 웃고 즐거워한다. 웃고 있는 자들은 일반적으로 두 가지 의미가 있다. 하나는 축제를 즐기는 것과 같은 자들로서, 그들이 저한 상황을 알시 못하고 현새를 즐기는 자들을 가리킨다. 이러한 사실은 예수님의 가르침뿐 아니라 구약에서도 찾아볼 수 있다눅 6:25; 비교. 암 8:10; 잠 14:13 등. 또 다른 하나는 어리석은 자들의 태도를 나타내는 표현으로, 그들의 어리석음을 냉소적으로 묘사한 것이다잠 20:23; 전 7:6 등.[15] 또 다른 표현인 '즐거움'에 관한 특별한 설명은 없지만, 하나님의 백성과 관련하여 성경에 나타난 대부분의 즐거움joy은 하나님의 말씀,

---

14 Moo, *James*, 190; Martin, *James*, 154.

15 Martin, *James*, 154; Moo, *James*, 190.

회복, 구원, 마지막 날 등과 관련이 있다. 본문에서 "너희 즐거움을 근심으로 바꿀지어다"라고 말한 것은 수신자들의 상황이 지금은 즐거워할 때가 아님을 암시한다. 앞서 "너희 웃음을 애통으로"라고 한 것과 무관하지 않게, 회개해야 할 때인 지금 웃고 즐거워한다는 것이다. 수신자들의 모습을 묘사하는 구절이 4장 후반부와 5장 초반부에도 나타난다. 저자는 "오늘이나 내일이나 우리가 어떤 도시에 가서 거기서 일 년을 머물러 장사하여 이익을 보리라 하는 자들아"4:13라고 호칭한다. 그리고 "너희가 땅에서 사치하고 방종하여 살륙의 날에 너희 마음을 살찌게 하였도다"5:5라고 말한다. 수신자들 중에 어떤 이들은 지금 평생 살 것처럼 계획을 짜고 웃고 즐기며, 방종한 삶을 살았던 것으로 보인다.

　　3. '애통'πένθος은 '비탄'grief, '슬픔'sadness, 또는 '애도'mourning를 의미하고 '근심'κατήφεια은 '우울'gloominess, '실의/낙담'dejection을 의미한다. 이 두 표현은 "슬퍼하며 애통하며 울지어다"4:9a라는 명령과 다르지 않다. 애통하며 근심하는 것은 현재의 잘못을 뉘우치고 다시 하나님께로 돌아오는 자들의 모습을 반영한다. 이러한 의미는 앞서 제시한 누가복음 6:25, 곧 "화 있을진저 너희 지금 배부른 자여 너희는 주리리로다 화 있을진저 너희 지금 웃는 자여 너희가 애통하며 울리로다"에 잘 나타난다. 이 구절에서 '지금'이라는 표현을 두 번 사용하고 세 개의 미래 동사인 '주리리로다', '애통하며', '울리로다'를 사용하여 현재의 상황과 미래의 상황을 대조한다. 지금 배부르고 웃는 자들은 미래에 주릴 것이고 애통하며 울게 될 것이라는 말이다. 이는 현재 주리지 않고 애통하지 않으며 울지 않는 자들에 대한 예수님의 책망이다. 마찬가지로 야고보서의 저자도 현재 두 마음을 가지고 신앙생활하면서 그들 자신의 신앙 상태를 깨닫지 못하고 마냥 즐거워하고, 영원히 살 것처럼 계획하고 떵떵거리며 사는 자들을 향해 말한다. 그들에게 지금은 애통하고 근심할 때임을 인식시키면서 회개하고 하나님께 돌아올 것을 촉구한다. 끝으로

'바꿀지어다'μεταтραπήτω로 번역된 동사는 3인칭 단순 과거 수동태 명령형으로, '~로 하여금 ~바뀌지게 하라'는 의미이다. 웃고 즐기는 주체로 하여금 그 웃음과 즐거움이 애통과 근심으로 바뀌도록 하라고 명령하는 것이다.

¹⁰ Humble yourselves before the Lord,
　　너희는 주님 앞에서 낮추라
　　　　and he will exalt you.
　　　　그러면 그[주께서]가 너희를 높이실 것이다

　　1. 앞서 '복종하라'4:7라는 명령과 '낮추라'4:10라는 명령이 짝을 이루어서 4:7-10 전체를 이끈다고 했다. 이 단락 전체는 웃고 즐기는 수신자들의 현재의 모습을 지적한다. 그러한 모습은 겉과 속이 다른 두 마음을 가진 자의 모습으로 하나님을 가까이하지 않고 오히려 마귀를 가까이하는 것임을 지적한다. 따라서 그들은 하나님을 가까이 함과 동시에 마귀를 대적해야 하고, 하나님 앞에서 외적으로 깨끗하게 할 뿐만 아니라 내적으로 성결하게 해야 한다. 그리고 지금 슬퍼하고 애통하며 울면서 회개함으로 미래에 주어질 웃음과 즐거움을 준비해야 한다. 이와 같은 모든 명령을 한마디로 요약하면, "자신을 낮추고 겸손히 하나님께 순종하라"라고 할 수 있다.
　　2. 자신의 욕심과 정욕을 따라 세상과 벗하며 웃고 즐기는 지들은 한마디로 하나님 앞에서 교만한 자들이다. 하나님은 그들의 원수가 되어 그들을 물리치신다4:6. 그러나 자신의 모습을 깨닫고 전심을 다해 하나님께 회개하는 자들은 하나님 앞에서 겸손한 자들이다. 하나님은 그러한 자들에게 은혜를 주실 것이다4:6. 본 단락의 마지막에 다시 하나님이 겸손한 자들을 높이실 것이라고 한다4:10. 이는 '위대하게 한다'make great라는 의미를 포함한다. 자신을 낮추고 겸손해지는 것은 영적인 눈으로 현실을 보라는 의미도 된다. 서신 초반부에

낮은 형제는 자신의 높음을 자랑하고 부한 자는 자신의 낮아짐을 자랑하라고 했다1:9-10. 외적으로 볼 때 부한 것과 상관없이 모든 것을 하나님께 의존하는 상태가 겸손이고 하나님께 복종하는 것이다. 본 서신의 이러한 가르침은 예수님의 가르침뿐 아니라 초대교회 전반의 가르침에도 잘 나타난다눅 18:14; 마 23:12; 참고. 고후 11:7; 벧전 5:6. 마틴은 "하나님 앞에서 자신을 겸손히 하는 것은 하나님이 종말에 상황을 역전시킬 것을 기다리는 것이고 또 그의 개입을 기대하는 것"이라고 바르게 지적한다.[16]

---

16 Martin, *James*, 155.

오직 하나님만
판단하실 수 있음을
인정하고 겸손히 행하라!

야고보서 4:11-12

본문 구조와 요약

¹¹ 형제들아, 서로 비방하지 말라

　　　형제를 비방하는 자나

　　　또는 그의 형제를 판단하는 자는

　　　　　율법을 비방하고

　　　　　그리고 율법을 판단하는 것이다

　　그러나 만약 네가 율법을 판단하면

　　　　　율법을　행하는 자가 아니고

　　　　　오히려 재판관이다

¹² 입법자와 재판관은 오직 한 분으로

　　　　그는　　구원할 능력이 있고

　　　　　멸할 능력이 있는 분이다

　　그런데 이웃을 판단하는 자, 너는 누구냐?

앞선 단락4:1-10에서 '땅의 것이요 정욕의 것이요 귀신의 것'으로 묘사되는 지혜를 가진 자, 곧 독한 시기와 이기적 욕망으로 행하는 자들에 의해서 일어나는 싸움과 다툼에 대해서 언급했다. 이러한 지혜로 행하는 자들은 욕심을 내지만 얻지 못하기 때문에 살인하고, 시기하여도 취하지 못하기 때문에 다투고 싸운다4:2. 그들이 얻지 못하는 이유는 구하지 않거나 구하여도 자신의 정욕을 위해서 구하기 때문이다4:2b-3. 이들은 세상과 벗이 됨으로 하나님과 원수 된 자, 곧 간음한 여인들과 같다4:4. 하나님은 그와 같이 행하는 자들로부터 성령을 거두어 가실 것이다4:5. 하나님은 언제나 교만한 자를 물리치시지만 겸손한 자들에게는 더 큰 은혜를 주시는 분이다4:6. 저자는 이와 같은 사실을 지적한 후에 수신자들을 향해서 하나님께 복종하고 자신을 낮추라고 명령한다4:7, 10. 하나님께 복종하는 것은 마귀를 대적하고 하나님을 가까이하는 것이다4:7b-8a. 손을 깨끗이 하고 마음을 성결하게 하는 것이다4:8. 그리고 지금 슬퍼하고, 애통하고 울면서 회개함으로 미래에 주어질 웃음과 즐거움을 준비하는 것이다4:9. 4:7-10에서 하나님께 복종하고 낮추라고 한 것을 볼 때, 4:1-6은 하나님께 복종하지 않는 교만한 자의 모습을 묘사한 것이라 할 수 있다. 4:10에서 "주 앞에서 낮추라 그리하면 주께서 너희를 높이시리라"라는 말씀은 4:1-10의 요약이고 이어지는 4:11-12을 이해하는 핵심 구절이기도 하다.

4:11-12에서는 형제를 비방하고 판단하는 문제를 다룬다. 앞서 언급했던 것처럼 본 단락도 하나님께서 교만한 자를 물리치시고 겸손한 자에게 은혜를 주시고 높이실 것이라는 문맥에서 이해할 수 있다. 여기서 저자는 형제를 비방하고 판단하는 자는 곧 율법을 비방하고 판단하는 것이라고 말한다. 이와 같이 행동하는 것은 율법의 준행자의 모습이 아니라 재판관의 모습이다11. 율법의 수여자와 심판자는 오직 한 분이신 하나님뿐이기에 형제를 비방하고 판단하여 율법을 비방하고 판단하는 자가 되거나 재판관이 되는 것은 옳지 않다. 오직 하나님만 구원도 하시고 멸망도 시키실 수 있다. 저자는 본 단락을

"너는 누구이기에 이웃을 판단하느냐?"4:12라는 질문으로 끝낸다. 이는 율법의 수여자도 아니고 따라서 심판자도 아닌 사람이 이웃을 판단하는 것이 옳지 않음을 지적하는 것이다.

　본 단락에서 수신자들의 문제에 대해서 지적하지만, 저자가 궁극적으로 말하고자 하는 것은 율법의 수여자는 한 분이시고 그 분만이 사람을 구하고 멸하실 수 있다는 것이다. 앞선 단락에서 지적한 자신을 낮추는 문제와 관련해서 생각해 보면, 수신자들은 형제를 판단하는 문제에 있어서도 오직 하나님만 그것을 할 수 있음을 인정하고 그들이 행하는 잘못된 행동을 멈추어야 한다. 그들은 모든 판단의 문제를 하나님께 맡기고 오직 율법 준행자의 삶을 살아야 한다. 그렇게 하는 것이 하나님께 복종하고 하나님 앞에서 자신을 낮추며 사는 삶이다.

본문 해설Exposition

중심주제Big Idea: 하나님은 성도가 당신만이 입법자와 재판관으로서 사람을 심판하고 구원할 능력 있음을 인정하고 겸손히 율법의 준행자로서 이웃을 판단하지 않기를 원하신다.

문맥Context

　앞서 3:13-18에서 지혜와 총명이 있는 자에 대해 설명하면서 먼저 땅의 지혜를 가진 자의 특징과 그들이 만들어 내는 결과를 서술한다3:14-16. 이어서 하늘의 지혜로 행하는 자들의 특징과 그들이 만들어 내는 결과를 기술한다3:17-18. 이어지는 4:1-4에서 수신자들이 속한 공동체 내에서 일어나고 있는 싸움과 다툼의 문제를 다룬다. 저자는 이러한 결과가 하늘의 지혜를 가진 자 보다는 땅의 지혜를 가진 자가 만들어내는 결과와 같음을 보여준다1-3. 그리고 그와 같이 행하는 것은 간음한 여인들처럼 세상과 벗이 되는 것이고 하나님과 원수되는 것이다4. 하나님은 성도가 그와 같이 행하면 이전에 주셨던 지혜와 총명, 곧 성령을 빼앗아 버리신다4:5-6. 만약 성도가 세상과 벗하며 하나님과 원수가 되면 하나님 역시 그와 같이 교만하게 행하는 자들을 물리치실 것이다. 그러나 하나님은 겸손한 자에게는 더 큰 은혜를 주시는 분이다4:6. 이와 같은 문맥은 결국 지혜 있다고 하면서 마음속의 시기와 이기적 욕망으로 자신을 자랑하며 진리를 거슬러 행하는 자3:14는 하나님 앞에서 교만한 자임을 보여준다. 하나님은 그를 물리치시고 대적하실 것이다.

하나님은 앞서 묘사했던 바와 같은 교만한 자들이 스스로 자신을 낮추어 당신께 복종하기를 원하신다4:7, 10. 자신을 낮추는 것은 마귀를 대적하고 하나님을 가까이하는 것이다4:7b-8a. 손과 마음, 곧 외적인 것과 내적인 것 모두를 깨끗이 하고 성결하게 하는 것이다4:8b. 그리고 지금 두 마음을 가지고 신앙생활하는 그들의 신앙의 모습을 직시하고, 마냥 즐거워하고, 영원히 살 것처럼 계획하고, 떵떵거리며 사는 모습에서 벗어나 애통하며 근심하고 하나님께 회개의 눈물을 흘리는 것이다4:9. 하나님은 당신 앞에서 스스로 낮추는 자를 높여 주신다4:10.

4:11-12에서 다루는 형제를 비방하고 판단하는 문제는 앞서 언급했던 싸움이나 다툼과 관련된 문제의 연장선상에 있다4:1. 서로 비방하고 판단하는 것은 하나님 앞에서 교만하게 행하는 자의 모습인 것이다. 저자는 형제를 비방하고 판단하는 자는 곧 율법을 비방하고 판단하는 자라고 한다. 그리고 율법을 판단하는 자는 율법을 지켜 행하는 자가 아니라 그 율법으로 판단하는 재판관이라고 한다. 형제를 비방하고 판단하는 것이 하나님 앞에서 교만한 모습인 이유는 오직 하나님만이 입법자와 재판자이며 하나님만이 구원하고 멸할 수 있기 때문이다4:12. 형제를 비방하고 판단함으로 스스로 재판관이 되는 것은 하나님처럼 행하려고 하는 것이다. 수신자들을 향해 "너는 누구이기에

이웃을 판단하느냐?"4:12b라고 했다. 이는 "너희는 율법의 수여자도 아니고 따라서 심판자도 아닌데 왜 이웃을 판단하느냐!"라고 책망하는 것과 같다. 만약 이처럼 행하는 자가 있다면, 그는 "주 앞에서 낮추라 그리하면 주께서 너희를 높이시리라"4:10라는 말씀을 기억해야 한다. 하나님 앞에서 자신을 낮추고 하나님께 복종해야 한다.

본론Body

1. 하나님은 성도들이 서로를 비방하고 판단하여 율법의 재판관이 되는 교만 범하기를 원하지 않으신다4:11

앞서 저자는 수신자들을 '간음하는 여인들아!'4:4, '죄인들아!'4:8, '두 마음을 품은 자들아!'4:8라고 호칭했다. 이제 다시 '형제들아!'라고 호칭하며 어조에 약간의 변화를 준다4:11. 먼저, 비방하지 말라고 한다. 이는 타인에 대해 헐뜯거나 나쁘게 말하거나 모함하는 것을 말한다. 남을 비방하는 문제는 앞서 제시했던 땅의 지혜로 행하는 것과 관련이 있다. 이전 문맥에서 땅에 속한 지혜에 대해 말하면서, 독한 시기와 다툼으로 행하는 것과 진리를 거슬러 거짓말하는 것에 대해 지적했다. 그리고 시기와 다툼이 있는 곳에 혼란과 모든 악한 일이 있다고 했다3:14-16. 4장의 첫 부분에서 싸움과 다툼의 문제를 다루면서, 이는 사람의 정욕과 이기적 욕심의 결과라고 말한다4:1-3. 계속해서 사람의 마음속에 있는 시기와 이기적 욕망과 이로 인해 나타나는 외적 결과에 대해 언급한다. 이는 남을 험담하거나 모함하는 것 역시 사람 속의 시기와 이기적 욕망과 관련이 있다는 말이다. 서로를 비방하는 문제 역시 땅의 지혜로 행하는 것과 관련이 있다.

계속해서 형제가 서로 비방하지 말아야 할 이유를 설명한다. 그런데, 첫 문장에서 "서로 비방하지 말라"라고 한 후, 이어서 "형제를 비방하는 자나 형제를 판단하는 자는"이라고 지적한다. '판단하다'라는 동사는 '분리하다',

'심판하다'라는 의미가 있는데, 법정적 용어로써 율법을 근거로 어떤 일에 대해 심판하고 판단하는 것을 말한다. 그러나 본문에서는 율법과 상관없이 형제를 판단하는 것을 말한다. "형제를 비방하는 자나 형제를 판단하는 자는 곧 율법을 비방하고 율법을 판단하는 것"이라고 말하기 때문이다. 율법에 근거해서 옳고 그름을 따지면 율법을 따르는 것이다. 그러나 율법과 관계없이 형제를 판단하면 율법의 판단과 맞지 않을 가능성이 더 크기 때문에 율법을 판단하는 것이 된다. 만약 이것이 사실이라면, 여기서 비방하는 것과 판단하는 것을 함께 언급한 것은 이 두 표현이 비슷한 성격을 가지기 때문이다. 형제를 험담하고 좋지 않게 말하는 것은 율법을 근거한 판단이 아니라 본인 스스로의 시기와 이기적 욕망을 따라 판단한 것이다. 즉, 자기중심적으로 판단하고 결론을 내려서 형제에 대해 말하는 것이 비방이고 판단이라는 것이다. 저자는 비슷한 의미의 두 단어를 반복 사용하여 비방하는 것을 강조한다.

형제를 비방하고 판단하는 것이 율법을 비방하고 판단하는 것인 이유는 구약의 레위기 19:15-18에 근거한다. 여기서 재판할 때 어떻게 할 것인지에 대한 대한 지침을 주기 때문이다. 즉, 재판할 때는 불의를 행하지 말아야 하고 빈부의 여부와 상관없이 누구의 편을 들지 말고 공의로 행해야 한다. 돌아다니며 사람을 비방하지 말아야 하고 이웃의 피를 흘려 이익을 도모하지 말아야 한다16. 형제를 마음으로 미워하지 말고 이웃을 반드시 견책, 곧 합당하게 이유를 따져야 그에 대한 죄를 담당하지 않을 수 있다17. 원수를 갚지 말아야 하고 동포를 원망하지 말며 이웃 사랑을 자신의 몸을 사랑하는 것처럼 해야 한다18. 만약 저자가 이를 염두에 두었다면 수신자들에게 다음과 같은 말을 하고자 했을 것이다. 즉, 공동체 내에서 형제를 대할 때 형제를 사랑하는 마음과 정당한 방법으로 이유를 묻고 따져야 하며, 그 문제로 돌아다니며 사람을 비방하지 말아야 한다. 이를 어기는 것은 곧 율법의 가르침을 어기는 것이고, 따라서 그 율법을 비방하고 판단하는 것이 되는 것이다.

형제를 비방하고 판단하는 자를 향해서 율법의 준행자가 아니요 재판관이라고 말한다. 이는 그들이 율법의 준행자의 위치에 있어야 할 자들임에도 불구하고 자의로 형제를 판단함으로 율법을 판단하는 재판관의 위치에 있음을 지적하는 것이다. 율법의 준행자로서의 본분을 버리고 하나님과 같이 되어 재판하는 모습을 지적하는 것이다. 이러한 모습은 앞서 지적한 것처럼 하나님께 복종하고 하나님 앞에서 겸손히 행하는 것과 거리가 멀다. 따라서 하나님은 이런 자들을 물리치실 것이다4:6.

2. 하나님 한 분만이 입법자이며 재판자로서 사람을 구하기도, 멸하기도 하실 수 있다4:12

4:12는 앞서 형제를 비방하고 판단하면 율법의 준행자가 아니라 재판관이 되는 것이라고 지적한 것에 대한 부연설명이다. 먼저 "입법자와 재판자는 오직 하나이시니"라고 한다. 헬라어 원문의 문장 첫 단어는 '하나'εἷς이다. 이는 입법자와 재판자가 한 분인 것을 강조하는 것이다. 형제를 비방하고 판단하려는 자가 있었겠지만, 오직 한 분이신 하나님만이 그와 같이 할 수 있는 권리가 있음을 강조한다. 주목할 사실은 오직 하나님만 입법자와 재판자가 된다는 사실을 밝히면서 하나님이 가진 구원과 멸할 수 있는 능력에 대해서도 언급한 것이다. 이는 하나님이 행하시는 재판은 한 사람의 옳고 그름을 판가름하는 것을 넘어 그늘의 구원이나 멸망과 직접적으로 관련이 있음을 말해준다. 오직 하나님만 구원과 멸하는 능력이 있기에 판단하는 것은 하나님께만 속한 것이다. 저자가 하나님의 구원과 멸하는 능력에 대해 묘사한 것은 형제를 비방하고 판단하여 율법의 재판관처럼 행한 자가 공동체 구성원들을 실족케 하여 구원에서 멀어지도록 한 경우가 있었기 때문인 듯하다.

앞선 문맥에서 수신자들이 다양하게 묘사된다. 그중에는 그들의 말이나 행동의 악함에 대한 것들도 종종 나타난다. "서로 차별하며 악한 생각으로 판단하는" 모습2:4, 그리고 "하나님의 형상대로 지음을 받은 사람을 저주"하는 모습3:9-10도 있다. 어떤 이는 마치 자신이 선생이 된 것처럼 훈계하고 책망하기도 했고3:1, "허탄한 자랑을 하니 그러한 자랑은 다 악한 것이라"4:16라고 한 것처럼 허탄한 자랑을 일삼은 자도 있었던 듯하다. 만약 이러한 자가 형제를 비방하고 판단한다면, 비록 그가 사람을 구원하거나 멸망시킬 능력이 없다고 하더라도 그의 비방과 판단이 다른 형제에게 미치는 악영향은 엄청날 것이다. 저자는 이와 같은 상황을 염두에 둔 듯하다. 악한 마음을 가진 자가 형제를 서로 비방하고 판단하면, 그 행위가 서로를 낙망하게 하거나 실의에 빠지게 하고, 결과적으로 한 사람의 영혼을 사망에 이르게 할 수 있기 때문이다. 만약 수신자들의 상황이 이와 같다면, 이는 미혹되어 진리를 떠난 자의 영혼을 구원하기 위해서 서신을 기록한 저자의 의도와는 완전히 배치된다5:19-20. 그러므로 그 어떤 사람도 형제를 비방하고 판단하여 율법의 재판관으로 서서는 안 된다. 형제를 판단하는 문제는 오직 그것을 행하실 수 있는 하나님께 맡겨야 한다.

끝으로 저자는 역접 접속사 '그러나'와 함께 "너는 누구이기에 이웃을 판단하느냐?"라는 수사적인 질문으로 마무리한다. 이와 같은 질문은 '너'는 이웃을 판단할 수 없다는 대답을 유도한다. 수신자들에게 "너희는 그러한 위치에 있는 자들이 아니니, 형제를 비방하고 판단하는 교만을 멈추고, 주님 앞에서 겸손히 자신을 낮추라!"라고 촉구하는 것이다.

결론Conclusion
형제를 비방하고 판단하는 것은 자신을 하나님의 반열에 올려놓는 교만한 행위이다. 이와 같이 행하는 자는, 하나님 외에 율법을 주신 분과 판단하실 분이 없음을 인정하고 주 앞에서 자신을 낮추고 겸손해야 한다.

적용 Application

나는 형제를 너무 쉽게 비방하거나 판단하지는 않는가? 나의 그러한 행동이 율법을 준행해야 할 자로서의 모습에서 벗어나 하나님과 같이 되려는 교만한 행동인 것을 알고 있는가? 나의 말로 인해서 형제자매가 교회를 떠나거나 진리에서 멀어진 적은 없는가?

설교를 위한 제안

제목: 홀로 말씀, 판단하시는 하나님홀로 입법자와 재판관이신 하나님

1. 성도가 서로를 비방하고 판단하는 것은 율법의 재판관이 되는 교만을 범하는 것이다.
2. 하나님 한 분만이 입법자이며 재판자로서 사람을 구하고 멸하실 수 있다.

본문 주석

¹¹ Do not speak evil against one another, brothers.

형제들아, 서로 비방하지 말라

The one who speaks against a brother

형제를 비방하는 자나

or judges his brother,

또는 그의 형제를 판단하는 자는

speaks evil against the law

율법을 비방하고

and judges the law.

그리고 율법을 판단하는 것이다

But if you judge the law,

그러나 만약 네가 율법을 판단하면

you are not a doer of the law

너는 율법을 행하는 자가 아니고

but a judge.

오히려 재판관이다

1. 본 구절도 이전의 구절들과 다를 바 없이 명령형으로 시작한다. 그러나 앞서 저자가 수신자들을 '간음하는 여인들아!' 4:4, '죄인들아!' 4:8, 또는 '두 마음을 품은 자들아!' 4:8라고 호칭한 것과 다르게 여기서는 다시 '형제들아!'라고 호칭한다. 이러한 호칭의 변화는 어조의 변화로 볼 수 있다. 먼저 "형제들아, 서로 비방하지 말라"라고 한다. '비방하다' καταλαλέω로 번역된 동사는 '헐뜯다' speak against, '나쁘게 말하다' speak evil of, 또는 '모함/중상하다' slander라는 의미가 있다. 한마디로 누군가에 대해 악한 감정으로 나쁜 말을 하는 것을 말한다. 여기서 서로 비방하는 문제를 언급하는 것은

충분히 이해할 만하다. 앞서 사람 속에서 일어나는 독한 시기와 다툼, 그리고 진리를 거슬러 거짓말하는 것에 대해 지적하면서 땅 위의 지혜로 행하는 자, 곧 시기와 다툼이 있는 곳에 혼란과 모든 악한 일이 있다고 말했기 때문이다3:14-16. 그리고 이어서 수신자들이 속한 공동체 내에 있을법한 싸움이나 다툼에 대해 다시 언급하면서 이러한 것이 사람의 정욕과 욕심에 기인한다고 했기 때문이다4:1-2. 이와 같은 모든 상황이 서로 비방하는 것과 직접적인 연관이 있다.

2. 이어서 "형제를 비방하는 자나 형제를 판단하는 자는 곧 율법을 비방하고 율법을 판단하는 것이라"라고 말한다. 앞서 지적한 형제를 비방하는 것과 함께 형제를 판단하는 것에 대해 말하면서 형제를 비방하지 말아야 할 이유를 설명한다. '판단하다'κρίνω라는 동사는 '분리하다'separate, '심판/생각하다'judge; think; consider, '결론에 이르다'reach a decision 등의 의미가 있다. 이는 법정적인 용어로써 율법을 근거로 어떤 일에 대해서 판단하고 심판하는 것을 말한다. 그러나 본 구절에서는 율법이나 예수님의 가르침을 근거로 한 것이 아니라 온전히 자기 자신을 근거로 형제를 비방하거나 판단하는 것을 말한다. 앞서 반복해서 지적했던 것처럼 자신의 욕심과 정욕을 따라 형제를 비방하고 판단하고, 또 심판judge하는 것이다. 여기서 비방과 판단이라는 두 개의 표현이 사용되었지만, 이 두 표현이 다루는 근본적인 문제는 같다. 자기중심적으로 판단하고 결론을 내려서 형제에 대해서 말하는 것이 곧 비방이고 판단인 것이다.

3. 형제를 비방하고 판단하는 것이 율법을 비방하고 판단하는 것이라고 말할 수 있는 근거를 구약의 레위기 19:15-18에서 찾아볼 수 있다.

¹⁵너희는 재판할 때에 불의를 행하지 말며 가난한 자의 편을 들지 말며 세력 있는 자라고 두둔하지 말고 공의로 사람을 재판할지며 ¹⁶너는 네 백성 중에 돌아다니며 사람을 비방하지 말며 네 이웃의 피를 흘려 이익을 도모하지 말라 나는 여호와이니라 ¹⁷너는 네 형제를 마음으로 미워하지 말며 네 이웃을 반드시

견책하라 그러면 네가 그에 대하여 죄를 담당하지 아니하리라 [18]원수를 갚지 말며 동포를 원망하지 말며 네 이웃 사랑하기를 네 자신과 같이 사랑하라 나는 여호와이니라.

여기서 주목해 볼만한 것은 "너는 네 백성 중에 돌아다니며 사람을 비방하지 말며 네 이웃의 피를 흘려 이익을 도모하지 말라"[16]와 "네 이웃 사랑하기를 네 자신과 같이 사랑하라"[19]라고 한 말씀이다. 특히 주목할 것은 이러한 규칙들이 가난한 자나 세력이 있는 자 할 것 없이 모두를 대할 때 적용된다는 것이다[15]. 그리고 "사람을 재판할지며"라는 표현에 나타나듯이 이와 같은 규칙은 어떤 일이나 문제를 판단할 상황에서 지켜져야 한다. "네 이웃을 반드시 견책하라"/"합당하게 이유를 따져라"you shall reason frankly with your neighbor라고 말한다. 가난한 자의 문제를 다룬다고 해서 무조건 긍휼히 여기는 마음으로 그 문제를 덮으라고 말하지 않는다[17]. 따라서 저자가 지적하는 것은 교회 공동체 안에서 형제를 대할 때 형제를 사랑하는 마음을 가지고 정당한 방법으로 이유를 묻고 따지되, 그 문제를 가지고 돌아다니며 사람을 비방하지 말라는 것이다. 그러므로 사람을 비방하고 판단하는 것은 율법의 가르침을 어기는 것이고, 그것을 비방하고 판단하는 것이 된다.

4. 계속해서 "네가 만일 율법을 판단하면 율법의 준행자가 아니요 재판관이로다"라고 말한다. 이 말씀은 형제를 비방하고 판단하는 것이 율법의 준행자의 모습인지 아니면 재판관의 모습인지를 지적하는 것이다. 율법을 판단하는 것은 율법을 준행하는 자의 모습이 아니라 심판하는 자의 모습이라는 것이다. 하나님의 백성으로 부름 받은 자는 하나님의 율법을 지켜야 할 의무만 있을 뿐, 그 율법으로 형제를 비방하고 판단할 의무는 없다. 앞서 "말씀을 행하는 자가 되고 듣기만 하여 자신을 속이는 자"[1:22]가 되지 말라고 했다[1:22-25]. 또한 "네 이웃 사랑하기를 네 몸과 같이 하라 하신 최고의 법을 지키면 잘하는 것이거니와"[2:8]라고 말한 것처럼 율법을 지켜야 잘하는 것이지 그것을 어기면

범법자가 되는 것이다2:8-12. 율법의 준행자로 살아가는 자는 "자유의 율법대로 심판을 받을 자처럼 말도 하고 행하기도 하라"2:12라고 한 것을 명심해야 한다. 따라서 누구든지 형제를 비방하고 판단한다면 그것은 그들 스스로 형제를 재판하는 재판관이 되는 것이다. 또한 율법의 준행자가 아니라 재판관이 되는 것은 앞서 반복해서 지적했던 바, 하나님께 복종하고 하나님 앞에서 겸손히 행하는 것과도 거리가 멀다. 따라서 하나님은 이런 자들을 대적하실 것이다4:6.

¹² There is only one lawgiver and judge,
  입법자와 재판관은 오직 한 분으로
        he who is able   to save
        그는   구원할 능력이 있고
                          and to destroy.
                          멸할 능력이 있는 분이다
But who are you to judge your neighbor?
그런데 이웃을 판단하는 자, 너는 누구냐?

1. 본 구절은 4:11과 함께 이해해야 한다. 앞서 형제를 비방하고 판단하는 것은 율법의 준행자로서의 모습이 아니라 재판관으로서의 모습이라고 했다. 성도는 하나님의 율법을 준행하는 자들일뿐, 그 율법으로 사람을 비방하고 판단할 권리는 없다. 율법을 만들고 그것으로 심판할 수 있는 분은 오직 하나님밖에 없기 때문이다. "입법자와 재판관은 오직 한 분이시니 능히 구원하기도 하시며 멸하기도 하시느니라"라고 말한다. 어떤 사본에는 '입법자'만 언급된 것도 있지만참고 KJV '입법자와 재판관'이 함께 나타나는 사본도 있다. 그리고 대부분의 번역본은 이를 채택한다. 법을 재정하는 자와 심판하는 자는 오직 한 분뿐이다. "능히 구원하기도 하시며 멸하기도 하시느니라"ὁ δυνάμενος σῶσαι καὶ ἀπολέσαι라고 했다. 여기 사용된 분사ὁ δυνάμενος는 독립적 용법으로서,

앞서 설명한 '그 한 사람'이 구원하고 멸하는 능력이 있음을 묘사하는 것이다. 따라서 "입법자와 재판자는 오직 한 분이시니, 그는 구원하고 멸할 능력이 있는 분이다"라고 번역할 수 있다. '멸하다'ἀπόλλυμι는 동사는 파멸시키거나 죽이는 것을 말한다. 따라서 하나님 홀로 사람을 구원하고 파멸시킬 수 있음을 나타낸다.

2. 저자는 오직 한 분이신 입법자와 재판관이 능히 구원하고 멸할 능력이 있다고 했다. 이를 언급한 이유는 일차적으로 사람을 판단하는 권리가 하나님께만 있고 그 판단이 사람의 구원과 멸망 유무와 관련이 있다는 사실을 지적하기 위함이다. 그러나 주목해야 할 사실은 구원과 멸하는 능력이 오직 하나님께만 있다는 사실이 "네가 만일 율법을 판단하면 율법의 준행자가 아니요 재판관이로다"4:11라는 말씀과 함께 주어졌다는 것이다. 이와 같은 사실은 성도가 재판관이 되어 형제를 비방하고 판단하는 것 자체가 사람의 구원과 멸망에 영향을 미칠 수 있음을 암시한다. 다시 말해서, 비록 성도가 형제를 구원하거나 멸망시킬 능력은 없다고 하더라도 성도의 비방과 판단이 형제에게 엄청난 악영향을 미칠 수 있다는 말이다. 확실히 수신자들 속에 서로 차별하며 악한 생각으로 판단하는 모습2:4, 하나님의 형상대로 지음 받은 사람을 저주하는 모습3:9-10, 그리고 마치 선생이 된 것처럼 훈계하고 책망하는 모습도 있었다3:1. 뿐만 아니라 "허탄한 자랑을 하니 그러한 자랑은 다 악한 것이라"4:16라고 말한 것처럼, 여러 가지 허탄한 자랑을 통해 악한 영향력을 미치고 있었다. 만약에 이것이 사실이라면, 형제를 비방하고 판단하는 행위는 서로를 낙망하게 하거나 실의에 빠지게 할 수 있고, 결과적으로 한 사람의 영혼을 죽음에 이르게 할 수 있다. 따라서 형제를 비방하고 판단하는 것은 미혹되어 진리를 떠난 자들을 돌아서게 하여 그들의 영혼을 사망에서 구원하고 죄 사함 받게 하려는5:19-20 서신의 기록 목적과 완전히 배치된다. 그러므로 그 누구도 형제를 비방하고 판단하면서 율법의 재판관 역할을 해서는 안 된다.

오히려 그들은 오직 하나님만 구원하고 멸할 수 있는 분임을 인정하고 모든 것을 하나님께 맡겨야 한다.

　　3. 마지막으로 역접 접속사인 ‘그러나’δέ로 시작하며 “너는 이웃을 판단할 수 없다”라는 대답을 기대하는 수사적 질문, 곧 “너는 누구관대 이웃을 판단하느냐?”4:12로 문장을 끝낸다. 이는 입법자와 재판관은 오직 한 분뿐인데, “그러나/그런데 너는 누구인데 그렇게 이웃을 판단하고 있느냐?”라고 말하는 것이다. ‘판단하다’로 번역된 동사는 앞서 사용된 ’재판하다’κρίνω라는 동사와 같다. 결국 이웃을 비방하고 판단하는 문제는 하나님 앞에서 자신을 낮추지 않는 모습 중 하나로 볼 수 있다. 교만하게 행하는 모습들 중에서 현재 수신자들 사이에서 이슈가 되고 있는 비방하고 판단하는 문제를 의도적으로 언급한 듯하다. “너는 누구관대 이웃을 판단하느냐?”라는 질문은 “너는 이웃을 판단할 수 없으니 그와 같은 교만을 행하지 말고 겸손히 자신을 낮추라”라는 의미이다.

자신의 유한성을 깨닫고
겸손히 주의 뜻을 따르라!

야고보서 4:13-17

본문 구조와 요약

¹³ 자 보라, [~라고] 말하는 자들아!

　　　"오늘이나 내일 이 곳이나 저 도시에 가서

　　　　　　　그리고 거기서 일 년을 보내며

　　　　　　　그리고 장사하여

　　　　　　　이익을 남기자"[하는 자들아]

¹⁴　　　그러나 너희는 내일 일을 알지 못한다

　　너희 생명이 무엇이냐?

　　　　　왜냐하면 너희는 안개이기 때문이다

　　　　　잠깐 나타났다가

　　　　　그런 후에 사라지는

¹⁵　　　[앞서 말한 것] 대신에 너희는 [다음과 같이] 말해야 한다

　　　"만약 주께서 원하시면

　　　　　우리가 살고

　　　　　또 이것이나 저것을 행할 것이라"

¹⁶ 그러나 지금

> 너희가 너희의 거만함으로 자랑하니
> 그와 같은 모든 자랑은 악한 것이라
> [17] 그러므로 누구든지　　옳은 것 행하는 것을 알고
> 그리고 행하지 않는 자에게
> 그것은 그에게 죄이다

　　본 단락의 대상이 기독교인 상인들인지 아니면 비기독교인 상인들인지에 관한 문제로 논의가 많다. 어떤 이는 이어지는 단락5:1-6에 언급된 자들이 불신자를 지칭하기 때문에 이와 병행을 이루는 4:13-17도 불신자인 상인들에게 주어진 권고로 본다. 또 다른 이는 저자가 수신자들을 호칭할 때 자주 사용하는 '형제들아'라는 표현을 사용하지 않은 사실을 지적하며, 본 단락은 불신자들을 향한 것이라고 본다.[17] 그러나 저자는 수신자들을 향해서 "오늘이나 내일 이곳이나 저 도시에 가서, 거기서 일 년을 보내며 그리고 장사하여 이익을 남기자"13라고 말하는 것보다 "주의 뜻이면 우리가 살기도 하고 이것이나 저것을 하리라"15라고 말하는 것이 옳다고 지적한다. 주의 뜻에 대해 언급한 것을 볼 때, 저자는 기독교인 상인들을 염두에 둔 듯하다. 그리고 기본적으로 야고보서는 교회 공동체에게 보내진 서신이다. 따라서 비록 그 속에 불신자가 섞여 있었을 가능성을 배제할 수 없지만, 기본적으로는 신자들 혹은 신자들 중 특정한 대상에게 주어진 것으로 볼 수 있다.

　　사실 상인들이 신자인지 아닌지의 문제보다 더 중요한 것은 본 단락에서 저자가 전달하고자 하는 것이 무엇인가 하는 것이다. 저자는 안개와 같이 잠깐 있다가 없어질 존재들이 내일을 계획하고 이익을 내려고 하는 어리석음을 지적한다. 어떤 이들은 "오늘이나 내일이나 우리가 어떤 도시에 가서 거기서 일 년을 머물며 장사하여 이익을 보리라"4:13라고 말한 듯하다. 그들은 자신의 생각과 의지를 따라 계획하면 계획한 대로 이익을 낼 수 있다고 확신한 것처럼

---

17 참고. McCarthney, *James*, 225.

보인다. 그러나 그들은 잠깐 보이다가 없어지는 안개처럼 자신의 생명을 보장하지 못하고, 내일 일을 알지 못하는 매우 연약한 존재이다4:14. 따라서 그들은 앞서 말했던 것처럼 해서는 안된다. 저자는 하나님의 백성이 취해야 할 바람직한 태도가 무엇인지 제시한다. "주의 뜻이면 우리가 살기도 하고 이것이나 저것을 하리라"4:15라고 말하는 것이다. 모든 것이 나의 계획에 달린 것이 아니라 주의 뜻에 달려있기 때문에 주의 뜻을 따라 행하라는 말이다. 저자는 단도직입적으로 그들의 교만함과 우쭐대는 모습을 지적하면서, 그와 같이 하는 것은 악이라고 한다4:16. 그리고 마지막으로 무엇을 행해야 옳은지 알면서 그것을 행하지 않는 것이 죄라고 지적한다4:17. 이와 같은 모습은 앞서 계속해서 지적한 바와 같이 하나님 앞에서 교만하게 행하는 것이다. 믿음이 있다고 말하면서 행하지 않는 것, 곧 두 마음을 가지고 행하는 것이다. 옳은 것을 알기만 하고 그것을 행하지 않는 것은 죄다.

본문 해설Exposition

중심주제Big Idea: 하나님은 그의 백성이 그들의 유한성을 깨닫고, 겸손히 하나님의 뜻을 헤아려 그 알고 있는 것을 행하기를 원하신다.

문맥Context

4장 초반부터 수신자들 사이에 있었을 법한 싸움과 다툼의 문제를 다룬다4:1-4. 이러한 문제는 근본적으로 사람의 마음속에 있는 독한 시기와 이기적 욕망에 기인한다. 지혜와 총명을 가진 것처럼 행하지만 실제로는 마음속에 있는 독한 시기와 이기적 욕망을 자랑하기 위해서 행하는 자들에 의해서 싸움과 다툼이 일어난다는 말이다3:14. 그들이 행하는 지혜는 하늘로부터 온 것이 아니라 땅 위의 것이요 정욕의 것이요 귀신의 것이다.

이러한 자들의 행위는 공동체에 혼란과 모든 악한 일을 만들어낼 뿐이다3:16. 이와 같이 행하는 자들은 하나님 앞에서 간음한 여인들과 같다4:1-4. 아브라함이 하나님을 두려워하고 그 두려움을 삶으로 나타내었을 때, 비로소 의롭다 여김을 받고 벗이라 칭함을 받았다2:23. 이와 반대로 싸움과 다툼을 일으키는 자들은 오히려 세상과 벗이 되려고 함으로 하나님과 원수가 된 자들이다4:4.

저자는 공동체 내의 싸움과 다툼은 하늘의 지혜로 행하지 않았기 때문에 발생하는 결과라고 말한다. 그러나 또 다른 한편으로 그러한 결과는 그들의 교만에 기인한다고 간접적으로 밝힌다4:6. 하나님은 지혜와 총명이 있다고 하면서 시기와 이기적 욕망으로 행하는 자들을 교만한 자로 여기시고 그들을 대적하실 것이다4:6. 또한 그들에게 주셨던 지혜의 영, 곧 성령을 빼앗으실 것이다4:5. 이처럼 하나님은 교만한 자들에게 냉정하신 분이다. 그러나 하나님이 모든 자를 그처럼 대하시지는 않는다. 하나님은 겸손히 행하는 자들에게 더 큰 은혜를 주시기 때문이다4:6. 따라서 교만히 행하는 자들이 하나님의 은혜를 체험하기 위해서는 하나님께 복종하며 그 앞에서 겸손히 행해야 한다4:7, 10. 하나님께 복종하며 겸손히 행하는 것은 여러 가지 모양으로 나타날 수 있다. 마귀를 대적하면서 하나님을 가까이하고4:7b-8a, 자신의 내적인 것뿐 아니라 외적인 것까지도 성결하게 해야 한다손과 마음; 4:8b. 영원히 살 것처럼 계획하고 즐거워하고 떵떵거리며 사는 모습에서 벗어나야 한다. 그리고 현실을 직시하여 지금은 애통하며 근심하고 하나님께 회개의 눈물을 흘려야 할 때임을 깨달아야 한다4:9. 이와 같이 자신을 하나님 앞에서 낮출 때 비로소 하나님이 그를 높여 주실 것이다4:10.

4:11-12는 앞서 다룬 싸움이나 다툼과 유사한 문제, 곧 형제들끼리 비방하고 판단하는 문제를 다룬다. 이것 역시 교만하게 행하는 것 중 하나이다. 형제를 비방하고 판단하는 것은 곧 율법을 비방하고 판단하는 것이다. 구약의 율법에서레 19:15-18 재판할 때 형제를 비방하고 판단하는 것을 금하기

때문이다. 따라서 형제를 비방하고 판단하는 것은 곧 율법을 비방하고 판단하는 것이 된다. 이와 같이 행하는 자는 그 자신이 율법의 재판관이 아니라 준행자임을 기억해야 한다4:11b. 오직 한 분이신 하나님만이 율법의 수여자이면서 재판관이시다4:12a. 오직 하나님만 재판을 통해서 사람을 구원하기도 하고 멸하기도 하실 수 있다. 따라서 성도가 하나님과 같이 되어 형제를 비방하고 판단함으로 그를 실족하게 해서는 안 된다. 마지막으로 "너는 누구이기에 이웃을 판단하느냐?"4:12라는 수사적 질문처럼, 성도는 율법으로 사람을 판단할 위치에 있지 않음을 인정하고 오직 겸손히 행해야 한다.

본 단락4:13-17에서 저자는 계속해서 수신자들이 가졌을 법한 또 다른 교만의 문제를 다룬다. 그것은 내일 일을 알지 못하는 잠깐 보이다가 없어지는 안개와 같은 존재인 인간이 오늘과 내일뿐 아니라 일 년의 일을 계획하며 영원히 살 것처럼 교만하게 행하는 것이다4:13-14. 이들은 이와 같이 교만하게 행할 것이 아니라 오히려 "주의 뜻이면 우리가 살기도 하고 이것이나 저것을 하리라"라고 말해야 한다4:15. 교만히 행하는 자들의 모습을 '허탄한 것을 자랑하는 것'4:16으로 그와 같이 행하는 것은 하나님 앞에서 악한 것이다. 허탄한 자랑 대신 오히려 그들은 이미 알고 있는 하나님의 뜻, 곧 '선'을 행해야 한다4:17.

본론Body

1. 하나님은 성도가 그들 자신의 유한성을 깨닫기를 원하신다4:13-14

4:13의 첫 번째 표현은 "들으라/자/이제, ~말하는 자들아!"이다. 앞선 단락4:11-12에서 수신자들을 '형제들아'라고 호칭했는데, 여기서는 "~라고 말하는 자들아"라고 부른다. 이러한 호칭의 변화는 어조의 변화이면서 대상의 변화이다. 이전의 문제는 모든 청중과 관련이 있기에 '형제들아'라고 호칭한 것이라면, 4:13은 특정한 사람들, 곧 "장사하여 이익을 보리라 하는 자들"을

염두에 두고 그와 같이 말하는 자들을 지칭하는 것일 수 있다.

먼저 "오늘이나 내일이나 우리가 어떤 도시에 가서 거기서 일 년을 머물며 장사하여 이익을 보리라 하는 자들아"라고 말한다. 이 문장만 보았을 때는 저자가 하고자 하는 말이 무엇인지, 그와 같이 말하는 자들의 문제가 무엇인지 짐작하기 쉽지 않다. 장사꾼이 오늘이나 내일 어떤 도시에 갈 것인지 고민하며 거기서 얼마나 머물지, 그리고 장사를 해서 얼마의 이익을 남길지 계획하는 것은 지극히 정상적이기 때문이다. 그리고 그렇게 하는 것이 하나님 앞에서 죄는 아닐 것이다. 그럼에도 불구하고 이러한 모습에 문제의식을 가지고 지적하는 것을 보면, 분명 그들에게 문제가 있었던 것 같다. 그 문제는 저자가 사용한 네 개의 미래형 동사가서, 머물며, 장사하여, 이익을 보리라에서 찾아볼 수 있다. 저자는 수신자들 중 누군가 했던 말들을 인용하면서, "이렇게 저렇게 말하는 자들아!"라고 지적한다. 그들은 장사에 대한 계획을 세우면서 그 계획을 따라 실행하면 확실이 이익을 얻을 수 있다는 확신에 찬 듯하다. 앞선 문맥에서 이기적 욕망에 빠져 있는 자, 세상과 벗하려 하는 자, 하나님 앞에서 교만한 자 등에 대해서 다루었다. 그리고 4:10에서 "주 앞에서 낮추라 그리하면 주께서 너희를 높이시리라"라고 결론적 진술을 한다. 이와 같은 문맥에서 볼 때, 상인들이 일반적으로 계획을 세우고 실행하는 것 자체가 문제가 있다고 말하는 것 같지는 않다. 오히려 그러한 계획을 주도 면밀하게 세우면서 지나친 자기 확신에 빠져 있는 것을 지적하는 것이다. 지나친 자기 확신을 가지고 계획을 세우고 그 계획을 따라 확실히 수익을 얻을 수 있다고 믿는 것은 하나님 앞에서 교만이라는 것이다.

여기서 자기 확신에 빠져 미래를 계획하는 상인들의 교만의 문제를 지적한다고 할 수 있는 근거가 이어지는 구절에서 나타난다. "내일 일을 너희가 알지 못하는도다 너희 생명이 무엇이냐", "너희는 내일 일도, 너희의 생명이 무엇인지도 알지 못한다"4:14라고 말한다. 이와 같은 말씀은 앞서 언급했던 상인들의 주도 면밀하면서도 자기 확신에 찬 계획에 의문을 제기한다. 그들은 내일 일도 알지 못하고 그들의 생명이 어떻게 될 지도 알지 못하는 자들이다. 이와 같은 존재가 시간과 장소와 수익에 대해 확신을 가지고 계획을 세우는 것은 불가능하다. 설령 그들이 계획을 세운다고 하더라도 그 계획은 신뢰성 없는 계획일 뿐이다. 이어서 저자는 "왜냐하면 너희는 잠깐 보이다가 없어지는 안개이기 때문이다"4:14b라고 대답하며 그들이 내일 일을 알 수 없는 이유를 설명한다. 안개는 잠깐for a short time 보이다가 사라지는 존재이기에 내일이 있을 수 없고 일 년은 더더욱 상상할 수 없다. 안개는 내일의 계획뿐 아니라 그들의 생명 자체도 언제, 어떻게 될지 알 수 없는 존재들이다. 따라서 자신의 존재가 무엇인지도 모른 채 내일 일과 일 년의 일을 확신하며 계획을 세우는 것은 우스운 일인 것을 넘어 교만한 일이다. 앞서 "이제도 너희가 허탄한 자랑을 하니 그러한 자랑은 다 악한 것이라"4:16라고 했다. 이처럼 저자가 지적하는 상인들은 그들의 계획을 가지고 자랑하며, 거만하게 행한 듯하다. 그러나 그들은 자신의 유한성을 깨닫고 교만하게 행하지 말아야 한다. 이어서 4:15부터 저자는 그와 같이 교만하게 말하는 자들이 어떤 자세를 가져야 할 것인지 가르친다.

2. 하나님은 성도가 겸손함으로 당신의 뜻을 따르기를 원하신다4:15-16

"너희가 도리어 말하기를"4:15a로 번역된 것은 몇몇 영어성경에서 "대신에 너희는 말해야 한다"instead you ought to say로 번역된다. 어떤 이들이 "오늘이나 내일이나 우리가 어떤 도시에 가서 거기서 일 년을 머물며 장사하여 이익을 보리라"4:13라고 말했다. 그러나 그렇게 말하는 "대신에 너희는 말해야 한다"는 것이다. 이는 "오늘이나 내일이나 우리가 어떤 도시에 가서 거기서 일 년을 머물며 장사하여 이익을 보리라"13라고 말하는 것이 잘못되었음을 지적하는 것이다. 오히려 그들은 "만약 주께서 원하시면 우리가 살기도 하고 이것저것을 하리라"4:15b라고 말해야 한다. 이 문장에서도 앞서 4:13에서와 같이 미래형 동사인 '살기도 하고'와 '행할 것이다'가 사용되었다. 여기서 사용된 미래형 동사와 4:13의 것과의 차이점은 그 전제가 다른 것이다. 4:13의 것은 각 사람의 의지대로 하려는 것을 강조한다. 그러나 본 구절의 동사에는 "만일 주께서 원하시면"이라는 전제가 선행한다. 자신의 주관대로 살거나 행하는 것이 아니라 주께서 원하시는 대로 따른다는 말이다. '살기도 하고'라는 동사는 앞서 제기한 "너희 생명이 무엇이냐?"4:14라는 질문에 대한 답변이다. 이는 주께서 원하시면 살 것이고, 주께서 원하시지 않으면 죽음도 받아들이겠다는 의미이다. 한마디로 그들의 생명이 주께 달렸음을 인정하는 것이다. '행할 것이다'라는 미래 동사의 사용도 의도적인 듯하다. 야고보서 전체에서 행함을 강조하는데, 여기서도 '행하다'라는 동사가 사용되었기 때문이다. '행하는 것' 역시 '만약 주께서 원하시면'이라는 전제가 붙는다. '이것저것'이라는 표현은 '무엇이든지'와 같은 의미이다. 저자는 수신자들에게 "주께서 장사를 하여 이익을 남기라고 하시면 남길 것이고, 1년을 어디서 머물라고 하시면 그렇게 할 것이다. 또한 그 모든 것을 포기하라고 하시면 그렇게 할 것이고, 주의 뜻이면 생명도 불사하고 그 일을 행할 수 있어야 한다"라고 말하는 것이다. 이는 자신의 생각대로가 아니라 주의 뜻에 순종하고 복종하여 하나님 앞에서 자신을 낮추라는 말이다4:7, 10.

앞서 상인들이 "주의 뜻이면 우리가 살기도 하고 이것이나 저것을 하리라"4:15라고 말하는 것이 마땅하다고 했다. 4:16은 역접 접속사 '그러나'와 '지금'이라는 표현으로 시작한다. 이는 지금 수신자들의 모습은 4:15의 것과 같지 않다는 말이다. 저자는 "그러나 지금 너희는 허탄한 자랑을 하고 있구나"라고 지적한다. 앞서 상인들이 오늘과 내일, 혹은 일 년 뒤의 계획을 세우고 그것이 당연히 이루어질 것이라는 자기 확신을 가지고 말하는 교만을 지적했다4:13. 그와 같이 말하는 것은 잠깐 보이다가 없어지는 안개와 같은 존재가 해서는 안 될 말이며 행동이다4:14. 오히려 그들은 하루하루 살아가는 인생들로서 주의 뜻이 무엇인지 헤아려 그 뜻을 따라 살아가야 한다4:15. '허탄한 자랑'이란 아마도 앞서 언급했던 바와 같이 하루 앞을 알 수 없는 상인들이 그들의 의미 없는 계획을 자랑하는 것을 말하는 듯하다. 이처럼 하나님의 뜻을 구하거나 헤아리지 않고 자기중심적으로 계획을 세우고 진행하며, 그 의미 없는 계획을 자랑하는 모든 행동은 하나님 앞에서 악한 것일 수밖에 없다.

자랑하는 것과 관련해서, 앞서 "낮은 형제는 자기의 높음을 자랑하고"1:9라고 했다. 낮은 형제가 높음을 자랑할 수 있는 이유는 아무리 사회적으로나 경제적으로 낮고 가난한 지위에 있더라도 믿음을 가지고 시련을 견디어 낸 자들은 하늘나라를 상속으로 받고2:5, 생명의 면류관을 얻을 존재들이기 때문이다1:12. 또한 "부한 자는 자기의 낮아짐을 자랑할지니"1:10a라고 했다. 부한 자가 자신의 낮아짐을 자랑해야 할 이유는 "그가 풀의 꽃과 같이 지나"가기 때문이다1:10b. 아무리 물질적으로 부하고 사회적 지위가 높은 자라도 그는 잠시 있다가 없어질 존재로서 늘 그것을 인지하며 살아야 한다. 자신이 아무것도 아닌 존재라는 사실을 알고 겸손하게 하나님의 뜻을 따라 살아야 한다는 말이다. 하나님 앞에서 그러한 모습으로 살아갈 때, 하나님의 나라를 상속받고2:5, 생명의 면류관을 얻을 것이기 때문이다1:12. 1:10에서 언급한 부한 형제의 모습은 잠시 보이다가 없어질 안개와 같은 존재가 오늘이나 내일, 그리고 일 년의 일을 계획하며 확신하고 자신을 의지하며 교만하게 자랑하는 모습과 같다4:13-14. 부하든 가난하든 하나님 앞에서 겸손하게 자신의 존재를 인정하지 못하는 자는 악을 행하는 자이다4:16. 그리고 그는 하나님이 약속하신 그 나라와 생명의 면류관을 받지 못할 것이다.

3. 하나님은 성도가 겸손히 당신의 뜻을 깨닫고 행하여 죄 짓지 않기를 원하신다4:17

4:17은 '그러므로'로 시작하면서 4:13-16에 대한 요약적 결론을 제시한다. 그 결론은 "사람이 선을 행할 줄 알고도 행하지 아니하면 죄"라는 것이다. 이와 같은 결론은 서신 전체에서 반복적으로 강조하는 것, 곧 아는 것과 행하는 것 사이의 괴리에 관한 것이기도 하지만, 앞서 4:15-16에서 제시한 내용과도 일치한다. 상인들은 마땅히 "주의 뜻이면 우리가 살기도 하고 이것이나 저것을 하리라"4:15라고 말해야 한다. 그러나 그들이 자신의 계획만 거만하게 자랑하고 있으니 허탄한 것을 주장하는 것으로 보일 수밖에 없다. 그리고 이러한 모습은 하나님 앞에서 악을 행하는 것이다4:16. 4:17이 앞선 내용의 요약적 결론이라면, 여기서 지적하는 '선'은 어떤 윤리적인 '선'을 말하는 것은 아닌 듯하다. 오히려 4:15에서 지적한 주의 뜻을 겸손히 행하는 것을 의미한다. 그들은 주의 뜻이 무엇인지 알고 그것을 행해야 한다는 사실도 안다. 그러나 실제 생활 속에서 자기중심적인 삶에서 비롯된 자기 계획만 거만하게 자랑하고 있다. 저자는 이와 같이 행하는 것은 단순히 악한 것을 넘어서 하나님 앞에서 죄라고 말한다.

앞서 "욕심이 잉태한즉 죄를 낳고 죄가 장성한즉 사망을 낳느니라"1:15라고 했다. 여기서 밝히는 죄의 출처는 인간의 이기적 욕망이나 욕심이다. 한 여인이 아이를 임신하여 오랫동안 품었다가 때가 되면 출산을 하듯 한 사람이 욕심을 오랫동안 품고 있으면 그것이 죄를 낳는다. 그리고 이 죄가 장성하면 마침내 사망 곧 하나님과 영원한 단절에 이르게 된다. 이와 같이 저자는 하나님의 뜻이 무엇인지 알고 그것을 행할 수 있으면서도 이를 무시하고 자기 자신의 계획만 거만하게 자랑하는 것은 하나님 앞에서 죄라는 사실을 지적한다.

결론Conclusion

어떤 상인들은 오늘이나 내일, 그리고 일 년의 일을 계획하며 어디에서 얼마의 이익을 볼 것이라는 확신에 찬 말을 한다4:13. 그러나 그들은 내일 일을 알지 못하는 잠깐 보이다가 없어지는 안개와 같은 존재다4:14. 따라서 "주의 뜻이면 우리가 살기도 하고 이것이나 저것을 하리라"라고 말해야 한다4:15. 자신의 존재를 깨닫지 못하고 자기 확신에 차서 '허탄한 자랑을 하는 것'은 하나님 앞에서 악한 것이다4:16. 심지어 하나님의 뜻을 알고 행할 줄 알면서도 그것을 행하지 않는 것은 죄이다4:17. 하나님은 당신의 뜻을 아는 자가 자신의 존재를 깨닫고 하나님 앞에서 그 아는 것을 행하기를 원하신다.

적용Application

나는 모든 것을 나 스스로 할 수 있다고 말하며 하나님 앞에서 교만하게 행하지는 않는가? 나 자신이 안개와 같이 보잘것없는 존재임을 깨닫고, 주님의 뜻에 내 모든 삶을 맡기고 있는가? 나는 이 모든 사실을 알고 있음에도 불구하고 하나님의 뜻 행하기를 주저하고 있지는 않은가?

설교를 위한 제안

제목: 겸손히 하나님의 뜻을 행하라!

1. 하나님의 백성은 자신의 유한성을 깨달아야 한다.
2. 하나님의 백성은 겸손히 하나님의 뜻을 따라야 한다.
3. 하나님의 백성은 겸손히 하나님의 뜻을 깨닫고 행하여 죄짓지 말아야 한다.

본문 주석

¹³ Come now, you who say,
  자 보라, [~라고] 말하는 자들아!

    "Today or tomorrow we will   go into such and such a town
    "오늘이나 내일   이 곳이나 저 도시에 가서
                      and spend a year there
                      그리고 거기서 일 년을 보내며
                      and trade
                      그리고 장사하여
                      and make a profit»—
                      이익을 남기자"[하는 자들아]

    1. 먼저 "들으라 ~라고 말하는 자들아!"로 시작한다. '들으라'Ἄγε νῦν로 번역된 표현은 일반적으로 상대방의 이목을 집중시킬 때 사용된다. 5:1에 한 번 더 나타나지만 다른 신약성경에서는 나타나지 않는다. 이 표현은 '자, 이제' 정도로 이해할 수 있다. 영어성경에서는 'come now'ESV, NRSV, 'go to now'KJV, 'now listen'NIV, 'look here'NLT 등으로 번역된다.

    2. '형제들아' 대신 '~라고 말하는 자들아'라는 호칭이 사용되었다. 어떤 이는 이와 같은 호칭은 그 대상이 신자들이 아니라 교회 외부의 믿지 않는 상인들/사업가들이기 때문이라고 본다. 그러나 앞서 언급한 것처럼 본 서신의 1차적 수신자는 기독교 공동체이다. 저자가 수신자들 중에 포함되지도 않은 믿지 않는 자들에게 '~라고 말하는 자들아'라고 호칭할 이유가 없다. 이러한 호칭의 변화는 일차적으로 그 어조가 애정이 담긴 것에서 단호한 것으로 바뀐 것으로 볼 수 있다. 또한 수신자 전체를 부를 때 '형제들아'라고 불렀다면, 어떤 구체적인 문제를 지적할 때는 특별히 그와 직접적으로 관련이 있는 자들을

호칭했을 수도 있다. 앞서 사용된 '죄인들아' 혹은 '두 마음을 품은 자들아'라는 호칭도 마찬가지다4:8. 이러한 호칭은 '형제들'이라는 수신자 안에 포함된 특정인, 곧 죄짓고 두 마음으로 행하는 자들을 지칭한다.

　　3. "오늘이나 내일이나 우리가 어떤 도시에 가서 거기서 일 년을 머물며 장사하여 이익을 보리라"라고 말하는 상인들에 대해 언급한다. 언뜻 보면 여기서 묘사한 상인들/사업가들의 모습은 지극히 정상적인 것처럼 보인다. 상인이 사업을 위해서 어떤 도시에 언제 갈 것인지 미리 생각하고, 거기서 얼마나 머물며 얼마의 이익을 남길 것인지 계획을 세우는 것은 전혀 이상한 것이 아니기 때문이다. 그럼에도 불구하고 저자가 이와 같은 문제를 지적하는 것에는 이유가 있을 것이다. 어떤 이는 수신자들 중에 있는 상인들이 부자가 되기 위해 세우는 세속적 계획과 노골적인 욕망을 드러낸다고 본다. 따라서 저자는 그러한 상인들의 삶의 방식과 사고가 세속화된 것을 지적하려 했다는 것이다.[18] 서신의 여러 곳에서 세상과 벗이 되는 것과 관련된 이야기를 하기에 그러한 주장도 충분히 가능성이 있다. 그러나 저자가 상인들의 그런 세속적 생각과 생활방식을 지적하기보다는 오히려 미래의 일에 대한 지나친 확신을 꾸짖는 듯하다. 여기 '어떤 도시에 가서', '일 년을 머물며', '장사하여', '이익을 보리라'와 같은 미래형 동사 네 개가 사용되었다. 이는 저자가 임의로 한 말이 아니라 수신자들 중에서 누군가 말한 것을 인용해서 그들이 성도로서 가져야 할 바른 자세가 무엇인지 가르치는 것이다. 여기서 사용된 미래형 동사 네 개는 미래의 가정적인 상황을 말하기보다 오히려 그 동사의 주체가 계획한 대로 이익을 남길 수 있을 것이라는 확신을 보여준다.[19] 이전의 문맥을 고려해 볼 때, 이와 같은 주장이 옳은 듯하다. 왜냐하면 앞서 계속해서 개인의 이기적 욕망과 교만, 겸손, 그리고 주께 복종하며 주 앞에서 자신을 낮추는 문제를 다루었기 때문이다. 본 구절에서도

---

18 Martin, *James*, 165.

19 무(Moo)는 4:13에서 저자가 어떤 상인들을 신중하고도 자기 확신에 찬 계획가로 묘사한다고 본다. Moo, *James*, 196,

지나치게 자기 확신에 찬 자가 자신이 계획하는 모든 것을 이룰 수 있다고 믿는 교만한 태도를 지적한다고 볼 수 있다.

4. 본 구절이 주도 면밀하면서도 자기 확신에 찬 상인들의 교만한 태도를 지적하는 것으로 볼 수 있는 근거는 이어지는 4:14-17에서도 찾을 수 있다. 몇 가지로 나누어 생각해 보면 다음과 같다. 첫째, 잠깐 보이다가 없어지는 안개와 같은 존재는 내일 일을 알 수 없다. 따라서 이와 같은 존재가 오늘이나 내일, 그리고 일 년의 계획을 세우고 어느 도시로 가서 얼마의 이익을 취할 것인지 계획을 세우는 것은 교만한 것이다4:14. 둘째, 저자는 "우리가 어떤 도시에 가서 거기서 일 년을 머물며 장사하여 이익을 보리라"4:13라고 말하는 대신 오히려 "주의 뜻이면 우리가 살기도 하고 이것이나 저것을 하리라"4:15라고 말해야 한다고 가르친다. 이는 상인들의 사업 계획에 주의 뜻이 반영되어 있지 않음을 암시한다. 따라서 그들의 태도가 교만하다고 할 수 있다. 셋째, "이제도 너희가 허탄한 것을 자랑하니"4:16라는 말은 상인들의 계획 속에 어느 정도의 자랑과 교만이 포함되어 있음을 암시한다. 그들은 "내가 세운 계획대로만 하면 확실히 이 정도의 이익을 남겨서 잘 먹고살 수 있다"라는 확신, 그리고 그것을 이루어 내는 자신감과 교만이 있었던 것처럼 보인다. 넷째, "사람이 선을 행할 줄 알고도 행하지 아니하면 죄니라"4:17라는 결론적 선언은 하나님의 뜻을 알고 그것을 행해야 하는 것도 알지만 그것을 행하지 않는 교만함을 지적하는 것이다.

¹⁴ yet you do not know what tomorrow will bring.

그러나 너희는 내일 일을 알지 못한다

What is your life?

너희 생명이 무엇이냐?

    For you are a mist

    왜냐하면 너희는 안개이기 때문이다

        that appears for a little time

        잠깐 나타났다가

        and then vanishes.

        그런 후에 사라지는

    1. "내일 일을 너희가 알지 못하는도다 너희 생명이 무엇이냐"라는 문장의 번역에 대한 논의가 많다. 헬라어 원문에 구두점punctuation이 없다고 볼 때, 본 구절을 번역하기에 애매한 부분이 있기 때문이다. 이를 반영하듯 영어성경도 이 구절을 다양하게 번역한다. 대략 두 가지 정도로 볼 수 있다. 첫째, "너는 내일 일을 알지 못한다"와 "너의 생명은 무엇이냐"라는 문장을 따로 구분된 것으로 보는 것이다. 대부분의 영어성경은 이렇게 번역한다. 대표적으로 ESV는 "그러나 너희는 내일 일을 알지 못한다. 너희 생명은 무엇이냐?"yet you do not know what tomorrow will bring. What is your life?로 번역했다.[20] 둘째, 두 문장을 하나의 문장으로 보는 것이다. 대표적으로 NASB는 "그러나 너는 내일과 같이 너의 생명이 어떨지 알지 못한다"yet you do not know what your life will be like tomorrow로 번역한다. 또는 "너희 중에 그 누구도/너희 모두 내일 일을 알 수 없고 너희의 생명이 어떨지 알 수 없다"라는 번역을 제시할 수 있다. 이는 '알다'ἐπίστασθε라는 동사는 2인칭 복수인 반면에 문장 제일 처음에 '누구든지'whoever/'무엇이든지'whatever, everything that를 의미하는

---

20 참고. NIV는 "왜 너희는 내일 무슨 일이 일어날지조차도 모르느냐? 너희 생명이 무엇이냐?"why, you do not even know what will happen tomorrow. What is your life?로 번역했다.

관계대명사ὅιτινες가 있기 때문이다. 이상에서 본 것처럼 구두점의 위치에 따라서 조금씩 다르게 번역될 수 있지만, 모두 "너희는 내일 일이나 너희의 생명이 어떻게 될지 알 수 없다"라는 의미를 전달하는 데 있어서는 큰 차이가 없다.

2. 이어지는 문장은 '왜냐하면'γάρ으로 시작하면서 이전 문장에 대한 이유를 제시한다. 만약 앞선 두 문장을 독립된 문장으로 보고, 두 번째 것을 "너희 생명이 무엇이뇨?"라고 번역하면, '왜냐하면'으로 시작하는 문장을 읽기가 어색하다. 오히려 앞선 두 문장을 하나의 문장으로 보는 것이 더 자연스럽다. 왜냐하면 이렇게 볼 때, 전체 문장의 인과관계가 잘 설명되기 때문이다. 즉, 누구든지 내일 일을 알지 못하고 내일 그들의 생명이 어떻게 될지 알지 못하는 이유는 그들이 잠깐 보이다가 없어지는 안개와 같은 존재들이기 때문이다.

3. "왜냐하면 너희는 잠깐 나타났다가, 그런 후에 사라지는 안개이기 때문이다"라고 말한다. 앞서 내일이나 일 년을 계획하는 상인들에 대해서 말했다4:13. 그리고 그들에게 "내일 일이나 너희의 생명이 어떻게 될지 알지 못한다"4:14라고 했다. 이처럼 말할 수 있는 이유는 그들이 잠깐 있다가 사라지는 안개와 같기 때문이다. 이 안개는 말 그대로 '잠깐' 동안만πρὸς ὀλίγον; for a short time 나타났다가 사라지기에 내일을 기약할 수 없고 일 년의 계획은 더더욱 그렇다. 잠깐 있다가 사라질 수밖에 없는 자들이 내일과 일 년의 계획을 세우며 이익을 내겠다고 자랑하는 것은 우스운 일이다. 따라서 그들은 자신의 연약함을 인정하고 주님이 원하는 것을 행하는 자들이 되어야 한다. 한마디로 겸손히 주님을 의지하는 자들이 되어야 하는 것이다. 이러한 비유적 표현은 성경의 곳곳에서 나타나지만, 특히 누가복음 12:16-20에서 예수님이 가르친 부자 비유에서도 잘 나타난다.

¹⁵ Instead you ought to say,

[앞서 말한 것] 대신에 너희는 [다음과 같이] 말해야 한다

      "If the Lord wills,

      "만약 주께서 원하시면

            we will live

            우리가 살고

            and do this or that."

            또 이것이나 저것을 행할 것이라"

    1. "너희가 도리어 말하기를"이라고 한다. '도리어'ἀντί로 번역된 전치사는 '대신에'instead of라는 의미로 속격을 지배한다. 헬라어 원문에서는 앞서 말한 내용4:13 전체를 받기 위해 중성 속격 정관사τοῦ가 사용되었다. 그리고 부정사 '말하다'λέγειν의 주어로 2인칭 복수 대명사 대격ὑμᾶς이 사용되었다. 따라서, "그것 대신에 너희는…… 말해야 한다"라고 번역할 수 있다. 앞서 4:13에서 "너희 중에 말하기를"이라고 했고 본 구절에서도 '말하다'라는 동사를 사용한다. 따라서 앞서 제시한 '그것 대신에'는 '그런 말을 하는 대신에'라는 의미이다. 즉, "오늘이나 내일이나 우리가 아무 도시에 가서 거기서 일 년을 유하며 장사하여 이를 보자"라고 말하는 대신에 "주의 뜻이면 우리가 살기도 하고 이것저것을 하리라"라고 말해야 하는 것이다.

    2. '주의 뜻이면'ἐὰν ὁ κύριος θελήσῃ이라고 번역된 문장의 헬라어 원문에는 '뜻'에 해당하는 명사가 없다. 대신 '원하다'θελήσῃ라는 가정법 동사가 사용되었다. 따라서 "주의 뜻이면"으로 번역하는 것보다 "만약 주께서 원하시면"으로 번역하는 것이 더 낫다. 이어서 1인칭 복수 미래 동사인 '살 것이다'ζήσομεν와 '행할 것이다'ποιήσομεν가 쓰였다. '살 것이다'라는 말은 인간이 살아가는 일반적인, 또는 하나님의 자녀로서의 삶을 살 것이라는 말이다. 두 문장이 두 개의 '그리고'καί로 연결된 것은 '~뿐 아니라 ~도'both A and B라는

의미이다. 따라서 "만약 주께서 원하시면 우리가 살기도 할 뿐 아니라 이것이나 저것도 행할 것이다"라고 번역할 수 있다.

　　3. 지시 대명사 '이것 또는 저것' τοῦτο ἢ ἐκεῖνο이 무엇을 가리키는지 명시하지 않아서 그 의미를 정확히 알 수 없다. 그러나 문맥에서 볼 때, 4:13에서 언급했던 사업과 관련이 있을 듯하다. 다음과 같이 말할 수 있다. "그리스도인 상인들은 주께서 원하시는 대로 살 것이라고 말해야 한다. 혹 하나님이 그들로 하여금 사업을 해서 이익을 얻기 원하신다면 그것도 할 수 있다. 그러나 주께서 그것을 원하지 않고 다른 것을 원하시면 그것은 포기하고 다른 것을 해야 한다." 이 문장이 강조하는 것은 '너희'는 오직 '주께' 의존하고 그분이 원하는 것만을 따라야 할 존재라는 것이다.

¹⁶ As it is,
　그러나 지금

　　　　you boast in your arrogance.
　　　　너희가 너희의 거만함으로 자랑하니

　　　　　　All such boasting is evil.
　　　　　　그와 같은 모든 자랑은 악한 것이라

　　1. 본 구절은 접속사 '그러나' δέ와 부사 '지금' νῦν으로 시작한다. 여기서 말하는 내용이 앞서 언급한 것과 대조를 이룬다는 말이다. "너희가 허탄한 자랑을 하니"라고 말한다. '허탄한 자랑' ἐν ταῖς ἀλαζονείαις ὑμῶν으로 번역된 전치사구는 일반적으로 두 가지로 해석될 수 있다. 첫째, 자랑의 대상 object으로 이해를 하면서 '허탄한 자랑'으로 번역하는 것이다. 그들이 허탄한 자랑을 하는 것으로 보는 것이다. NLT는 "너는 너 자신의 계획을 자랑한다" you are boasting about your own plans라고 번역한다. 둘째, 주동사인 '너희가 자랑하다' καυχᾶσθε의 태도를 설명하는 것으로 보는 것이다. 그리고 여기 포함된 명사 ἀλαζονείαις를

'가식'pretension 또는 '오만'arrogance으로 번역한다. 따라서 "너희가 오만한 태도를 가지고 자랑하니"라고 번역할 수 있다. 어떤 이는 '가식' 또는 '오만'으로 번역된 명사가 복수인 것을 지적하면서, 이는 그들의 태도를 지적하는 것이 아니라 자랑의 대상을 말하는 것으로 본다.[21] 그러나 대부분의 영어성경은 이를 자랑의 태도로 번역하여 "너희가 교만함으로 자랑한다"you boast in your arrogance; ESV; NASB; NRSV라는 의미로 본다.

2. 어떻게 번역을 하든지 그 근본적인 의미는 크게 다르지 않다. 문맥을 고려해 볼 때, 여기서는 오늘이나 내일 일을 계획하고 일 년을 준비하며 얼마간의 이익을 낼 것이라고 계획을 세우는 상인이 본인 스스로 그것을 이룰 수 있다고 말하면서 자신의 능력이나 가능성을 자랑하는 듯한 어조로 떠벌리고 다니는 상황을 말하는 듯하다. 스스로 자랑하고 다니지 않더라도 그가 하나님이 무엇을 원하시는지, 당신이 자신의 삶에서 하시고자 하는 것이 무엇인지 생각하지 않고 그 뜻을 묻지도 않고 자신을 중심으로 계획을 세우고 일을 진행하는 것을 말할 수도 있다. 성도가 하나님이 원하는 것이 무엇인지 묻지도 않고 행하는 것 자체가 교만일 수 있기 때문이다.

3. "그러한 자랑은 다 악한 것이라"라고 한다. 여기서 말하는 '그러한 자랑'은 앞서 설명한 바와 같이 하나님을 의지하면서 하나님이 원하는 대로 행하지 않고 자신이 중심이 되어 자신의 모든 것을 계획하고 실행하는 것을 말한다. 이렇게 행하는 모든 것은 '악한 것'이다.

---

21 Moo, *James*, 199.

¹⁷ So whoever   knows the right thing to do
그러므로 누구든지 선을 행하는 것을 알고
and fails to do it,
그리고 행하지 않는 자에게
for him it is sin.
그것은 그에게 죄이다

1. 본 구절은 '그러므로'οὖν로 시작한다. 그러나 많은 이들이 이 구절은 이전의 내용과 큰 연관성이 없다고 본다. 그리고 주어가 2인칭에서 3인칭으로 바뀐 것을 근거로, 본 구절이 후대에 삽입되었다고 본다. 그러나 저자는 '너희'라는 주어를 사용하면서도 간혹 보편적으로 적용될 수 있는 금언적 선언을 한다. 이러한 사실을 고려해 볼 때, 앞서 제시된 근거가 본문을 후대의 삽입으로 볼 수 있도록 하는 확실한 증거가 되는지는 의문이다. 오히려 접속사 '그러므로'는 본 구절이 앞서 제시된 내용과 인과 관계에 있고, 이전 논의에 대한 결론적 진술을 하는 것으로 볼 수 있도록 한다.

2. 먼저 "그러므로 사람이 선을 행할 줄 알고도 행하지 아니하면"이라고 말한다. 여기서 말하는 '선'은 '선한 행위'를 의미한다. 그렇다고 도덕적으로 선한 행위를 말하는 것 같지는 않다. 여기서 갑자기 윤리적인 선한 행위에 대해서 말하는 것은 문맥에 어울리지 않기 때문이다. 앞선 문맥은 근거로 볼 때, 여기서 말하는 '선한 행위'는 성도가 자신의 뜻대로 독립적으로 살면서 그것을 자랑하는 것이 아니라, 오히려 하나님을 의지하면서 당신이 원하시는 것이 무엇인지 헤아려 그 뜻을 따라 살아가는 것이다. 따라서 본 구절의 '선'은 하나님의 관점에서 선한 것, 또는 하나님 앞에서 올바른 것을 말한다. 이를 반영한 듯, 몇몇 영어성경은 "그러므로 누구든지 해야 할 옳은 일을 알고도 그것을 행하지 않으면"So whoever knows the right thing to do and fails to do it"이라고 번역한다참고. ESV; NASB. 이는 앞서 "너희가 도리어 말하기를 주의 뜻이면 우리가 살기도

하고 이것이나 저것을 하리라 할 것이거늘"4:15이라고 말한 것과 일맥상통한다.

3. "행할 줄 알고도 행하지 아니하면 죄니라"라고 말한다. '행할 줄 알고도'εἰδότι...... ποιεῖν와 '행하지 않으면'μὴ ποιοῦντι이라는 두 표현 속에는 공통적으로 '행하다'ποιέω라는 동사가 사용되었다. 이를 통해서 아는 것과 행하지 않는 것을 대조한다. "행할 줄 알고도"εἰδότι...... ποιεῖν의 '알다'는 남성 단수 완료 분사이고 '행하지 아니하면'μὴ ποιοῦντι의 '행하다'는 남성 단수 현재 분사이다. 이와 같이 시제가 다른 두 개의 분사는 상인들이 하나님의 뜻을 행해야 한다는 사실을 이미 알고 있지만 현재 그것을 행하고 있지 않음을 나타낸다. 이와 같이 알고도 행하지 않는 것은 서신 전체에서 지속적으로 지적하고 있는 것처럼 두 마음을 가지고 행하는 것이다1:8; 4:8. 기도를 하지만 의심하는 것1:8, 믿음이 있다고 생각하지만 그에 걸맞게 말하지 않는 것1:26-27, 외모로 사람을 차별하는 것2:1-13, 믿음이 있다고 하지만 행함이 없는 것2:14-26, 한 입으로 찬송과 저주를 내는 것3:9-12, 하늘의 지혜를 가졌다고 생각하지만 땅의 지혜로 공동체를 혼란케 하는 것3:13-18 등과 맥을 같이 한다. 따라서 "선을 행할 줄 알고도 행하지 아니하면"이라는 말은 "너희가 하나님의 뜻을 알고 행할 줄 알면서도 두 마음을 품고 행하지 않으면"이라는 말과 같은 의미이다.

4. 하나님의 뜻을 행할 줄 알고도 행하지 않는 것은 죄라고 말한다. 앞서 설명했던 문장은 두 개의 여격 분사로 되어 있다. 따라서 그 의미는 "선을 행할 줄 알고도 행하지 않는 자에게"가 된다. 그리고 이어서 "죄니라"ἁμαρτία αὐτῷ ἐστιν라고 번역된 문장은 "그것이 그에게 죄이다"라는 의미이다. 따라서 전체 문장은 "선을 행할 줄 알고도 행하지 아니하는 자에게, 그것[그와 같이 하는 것]은 그에게 죄이다"라고 번역할 수 있다. 저자가 이를 지적하는 이유는 수신자들 중 어떤 상인들은 말로 믿음을 고백하는 것으로 믿음이 있다고 믿거나, 특별한 죄 되는 행동 없이 살아가는 것은 아무런 문제가 되지 않는다고 생각했기

때문이다. 그러나 저자는 하나님을 의지하지 않는 모든 계획과 행동과 삶이 하나님 앞에서 죄라고 지적한다. 성도는 하나님을 의지해야 하고 하나님이 원하는 것이 무엇인지 안다면 그것을 실천해야 한다.

야고보서 5:1-6
　　　〈부한 자들은 울며 통곡하고
　　　　가난한 자들은 주께 부르짖으라!〉
야고보서 5:7-12
　　　〈의인이 인내할 수 있는 근거와 자세!〉
야고보서 5:13-18
　　　〈시련 중 영혼이 병든 자를 위하여
　　　　함께 기도하라〉
야고보서 5:19-20
　　　〈미혹되어 진리를 떠난 자를
　　　　돌아서게 하라!〉

부한 자들은 울며 통곡하고
가난한 자들은 주께 부르짖으라!

야고보서 5:1-6

본문 구조와 요약

¹ 자, 부한 자들아

　　울라!

　　통곡하면서

　　　　너희의 [임할] 고생을 인해

　　　　　임할 [고생을 인해]

² 너희 재물은 썩었고

　그리고 너희 옷은 좀 먹었다

³ 너희의 금과 은이 녹슬었고

　　　그리고 그것들의[금과 은의] 녹은　　너희에게 증거가 되고

　　　　　　　　　　　　　　　　　　불과 같이 너희의

　　　　　　　　　　　　　　　　　　육체[살]를 먹을 것이다

　너희가 말세에 재물을 쌓았도다

⁴ 보라,

　　　그 품꾼들의 삯이

　　　　　[그 품꾼들은] 너희 밭에서 작물을 수확한

　　　　　　　[그 삯은] 너희들에 의해 탈취된 것으로

　　　　　　　소리 지른다

　　　　　그리고 그 추수하는 자들의 울부짖음이 만군의 주의 귀에 들렸다

⁵ 너희는 땅에서　　흥청망청 살고

> 방종하며 [살았다]
> 너희는 마음을 살찌웠다
>   살륙의 날에
> [6] 너희는   [그 의인을] 정죄하였다
>   그리고 그 의인을 죽였다
>   그는 너희에게 대항하지 않았다

앞선 단락4:13-17에서 상인들을 예로 들어서 설명했다면, 본 단락에서는 토지를 소유하고 일꾼을 소작농으로 둔 부한 자들을 예로 들어서 설명한다. 학자들은 본 단락이 수신자들 중에 실제로 존재하는 그리스도인 부자에 대한 것이 아니라 구약의 도덕적 가르침으로부터 가지고 온 전형적인 모범이라고 주장한다.[1] 그러나 본문에서 '부한 자들아'라고 호칭한 후에 지속적으로 '너희'라는 주어를 사용하는 것을 볼 때, 단순히 일반적인 부자들에 대한 교훈만은 아닌 듯하다. 수신자들이 대체적으로 가난하고 여러 가지 시련에 직면해 있던 자들이지만, 그들 중에 부한 자로서 두 마음을 가지고 신앙생활을 한 자들도 있었을 것이다. 2:1-13에서 차별의 문제를 다룬 것을 보면, 실제로 수신자들이 속한 공동체 내에 어떤 형태이든 사람들 간의 차이와 차별은 있었을 것이다. 따라서 본 단락 역시 수신자들이 속한 공동체 내에 있던 또 다른 부류, 곧 토지를 소유한 부한 자들이 두 마음을 가지고 신앙생활하는 모습을 지적한 것으로 볼 수 있다.

본 단락은 일차적으로 부한 자들에 대한 권면을 담고 있지만, 또 다른 한편으로 부한 자들로부터 억압받는 가난한 자들에 대한 암시적 권면도 담고 있다. 품꾼들의 삯이 소리를 지르고 만군의 주께서 추수자들의 울부짖음을 들으신다고 하고5:4, 이와 같은 자를 의인이라고 칭하기 때문이다5:6. 여기서 억압받는 품꾼들의 자세에 대해 암시적으로 언급하고 이어지는 단락5:7-12에서

---

1 McCarthney, *James*, 231.

보다 구체적으로 인내해야 할 근거와 자세에 대해서 가르친다. 따라서 본 단락은 한편으로 부한 자들에 대한 경고 및 권면임과 동시에 또 다른 한편으로 가난한 자들에 대해 격려로 볼 수 있다.

본문 해설Exposition

중심주제Big Idea: 하나님은 부한 자들이 그들에게 임할 고생을 알고 땅에서 마음을 살찌게 하는 일을 그치고 울며 통곡하고, 가난한 자들은 당신께 부르짖기를 원하신다.

문맥Context

본 단락은 "들으라 부한 자들아!"5:1로 시작한다. 여기서 말하는 부한 자가 누구를 가리키는지에 대한 논의가 많다. 왜냐하면 이들이 믿지 않는 보편적 부자인지 아니면 믿는 부자인지, 공동체에 소속된 부자인지 아니면 공동체에 소속되지 않은 부자인지 명시하지 않았기 때문이다. 야고보서를 당대의 금언적 내용을 모아놓은 지혜서와 같은 책으로 보는 자들은 보편적 부자들을 가리키는 것으로 볼 것이다. 그러나 본 서신이 1차적 수신자가 있는 교회에게 보내어진 서신이라면, 보편적 부자들도 포함하겠지만 수신자들 중에 포함된 부한 자들로서 믿음대로 부를 사용하지 못하는 자들을 가리킬 것이다. 믿음이 있다고 말하면서도 믿음이 없는 부자들처럼 행동하는 자들을 가리킨다는 말이다. 왜냐하면 서신 전체에서 두 마음을 가진 것1:8; 4:8, 행함이 없는 믿음을 가진 것2:14-26, 자신을 속이는 것1:16, 22; 5:19, 가난한 자를 업신여기는 것2:6, 차별하는 것2:1-4, 9, 싸움과 다툼과 살인하는 것4:1-2, 세상과 벗이 되어 하나님과 원수 되는 것4:4, 형제를 비방하고 판단하는 것4:11-12 등의 문제를 다루기 때문이다.

그런데 전후 문맥을 보면 5:1-6은 주로 부한 자에 대한 권면을 다루지만, 그들로부터 압제당하는 가난한 자의 시련의 문제도 함께 다룬다. 비록 부한 자들의 악행에 대해서 주로 지적하지만, 또 다른 한편으로 그들로부터 억압당할 때 주께 부르짖는 품꾼5:4, 그리고 부한 자들에게 대항하지 않는 가난한 의인들에 대해서 언급하기 때문이다5:6b. 이어지는 단락의 첫 구절에서 "그러므로 형제들아…… 참으라"5:7라고 시작하면서 가난한 자들이 대부분인 수신자들 전체를 향해서 인내하라고 권면한다. 따라서 5장 전체는 부한 자들에 대한 지적으로부터 시작해서 그들에 의해서 고난을 당하는 품꾼들, 그리고 품꾼들처럼 가난한 수신자들에 대해서 다루는 것으로 볼 수 있다. 그리고 그들이 어떻게 그와 같이 시련을 당하는 상황에서 인내해야 할 지에 대해 말한다. 한마디로 말해서 저자는 하나님이 부한 자들의 악행과 가난한 자들의 부르짖음을 보고 들으시며, 그들을 심판하실 것이라는 사실을 가르치는 것이다.

먼저 저자는 지금 부한 자들은 그들에게 닥칠 고생으로 인해서 울고 통곡할 때라고 가르친다5:1. 그들에게 고생이 임하는 이유는 때를 알지 못하고 이 땅에서 재물을 쌓고 가난한 자들을 학대하고 사치하고 방종하며 살기 때문이다5:3, 5. 부한 자들은 그들에게 힘과 부가 있기 때문에 아무도 그들에게 대항하지 못할 것이라고 생각했을 것이다. 그러나 그들이 쌓은 재물이 그들의 잘못을 고발하고 그들의 심판을 예고한다5:2-3. 저자는 또한 간접적으로 가난한 자들을 위로한다. 이는 그들이 받은 억압으로 인해 하나님께 울부짖을 때, 하나님이 그 모든 것을 들으시기 때문이다5:4. 따라서 의인이 직접 부한 자들을 대항할 필요가 없다5:6. 이와 같은 내용을 본문에서 세 가지로 살펴보려 한다.

본론Body

1. 하나님은 부한 자들이 지금은 그들에게 닥칠 고생으로 인해서 울고 통곡해야 할 때임을 알기 원하신다5:1, 3, 5

먼저 "들으라 부한 자들아"라고 하면서 부한 자들의 주의를 환기시킨다5:1a. 앞서 상인들을 권면할 때도 "들으라 ~라고 말하는 자들아"4:13라고 한 것을 근거로 4:13-17과 5:1-6의 대상이 같다고 주장하는 이들이 있다. 그러나 저자가 묘사하는 대상이 다르기 때문에 같은 부류는 아닌 듯하다. 이전 단락은 상인들에게 주어진 것인 반면 본 단락은 땅과 밭을 소유하고 품꾼을 거느린 자들에게 주어진 권면이다. 먼저 이들에게 울고 통곡하라고 한다. '울고 통곡하라'라고 번역이 되어서 두 개의 명령형 동사가 사용된 것처럼 보인다. 그러나 '울라'가 주동사이고 '통곡하라'는 분사이다. 어떤 이는 두 번째 분사를 '부대 상황의 분사구문'a participle of attendant circumstances으로서 주 동사와 같은 기능을 하는 것으로 이해하여 둘 다 명령형으로 번역한다. 그리고 대부분의 영어성경도 이와 같이 번역한다. 그러나 만약 두 번째 분사를 조동사 역할을 하는 분사로 본다면, '통곡하면서 울라'라는 명령이 된다.

'울고 통곡하라'는 표현은 구약 선지자들이 임박한 여호와의 날에 악한 자들을 회개로 부를 때 사용했던 표현이다참고. 애 1:1-2; 사 15:2-3; 렘 9:1; 13:17; 사 13:6; 14:31; 렘 31:20, 31; 겔 21:12; 호 7:14, 특히 사 13:9; 암 8:3, 9. 만약 저자가 구약 선지자들의 표현을 빌어왔다면, 부한 자들에게 통곡하며 울라고 명령하는 것은 그들이 맞게 될 운명을 선지자적 어조로 선언하는 것으로 볼 수 있다. 부한 자들에게 임할 고생이 무엇인지 명시하지 않았지만 하나님 앞에서 죄악을 저지른 자들이 당하게 될 고통임은 분명하다. 앞서 "긍휼을 행하지 아니하는 자에게는 긍휼 없는 심판이 있으리라"4:13라고 했다. 이처럼 부한 자들은 그들에게 고생이 임하더라도 하나님의 긍휼을 기대할 수 없는 상황에 직면할 것이다. 본 단락의 나머지 부분에서 볼 수 있듯이 부한 자들은 품꾼들의 삯을 갈취하고 정죄하여 죽게 하는 긍휼 없는 삶을 살기 때문이다. 따라서 저자는 그들에게 지금 통곡하면서 울라고 명한다.

본문은 언제 부한 자들에게 고생이 임할지 명확히 하지 않는다. 그러나 5:3의 '말세에'와 5:5의 '살륙의 날'이라는 표현은 그때가 언제인지 짐작할 수 있도록 한다. 먼저 '말세에'ἐν ἐσχάταις ἡμέραις로 번역된 전치사구에는 전치사 '엔'ἐν이 사용되었다. 이는 세 가지for; on; in 의미로 해석할 수 있다. 첫째, '-을 위하여'for라는 의미로 '마지막 날들을 위하여'로 번역할 수 있다. 이는 부한 자들이 재물을 쌓은 이유가 마지막 날을 위한 것이라는 의미이다. 둘째, '~에'on라는 의미로, '마지막 날에'로 번역할 수 있다. 이는 부한 자들이 마지막 날, 그때에 재물을 쌓아둔 것을 의미한다. 셋째, '안에'in라는 의미로 '마지막 날들 안에서'로 번역할 수 있다. 이는 이미 시작된 마지막 날 중에 부한 자들이 재물을 쌓았다는 의미가 된다. 세 가지 의미 모두를 포함할 수 있겠지만, 종말론적인 의미already but not yet; 이미 그러나 아직를 지닌 세 번째 것이 가장 타당할 듯하다. 이미 종말이 시작되었지만 완성되지 않았고, 따라서 마지막 날에 완전히 이루어질 것이라는 의미이다. 다음으로 '살륙의 날'과 같은 표현은 구약성경에서 종종 발견된다. 이는 하나님께 패역한 백성이나 이스라엘의 원수된 이방 나라를 멸할 때 주로 사용된다사 34:1-7; 65:1-12. 특히 이사야 30:25-26에는 크게 살륙 하는 날과 함께 여호와께서 자기 백성의 상처를 싸매시고 그들이 맞은 자리를 고치시는 날도 함께 언급된다. 이는 여호와의 날에 패역한 백성이나 여호와께 원수 된 자들은 살륙을 당할 것이고 여호와의 백성들은 회복과 위로를 받을 것이라는 말이다. 저자가 반복해서 말세의 때를 언급하는 것은5:1, 3, 5 지금이 바로 그때이지만 부한 자들이 그 때를 깨닫지 못하고 있음을 상기시키기 위함이다. 그들은 지금이 그 때임을 깨달아야 한다.

2. 하나님은 마지막 때를 준비하지 않고 자신의 사리사욕만을 위해 살아가는 부한 자들을 심판하실 것이다5:2-3, 5

이제 저자는 부한 자들의 행실을 설명하면서 앞서 그들에게 고생이 임할 것이라고 한 이유를 밝힌다. 먼저 5:2부터 부한 자들의 행위가 얼마나 부질없는 것인지 열거한다. 그들이 가진 재물은 썩었다. 욥이 자신을 '좀 먹은 옷'에 비유하며 인생의 덧없음을 말하듯 욥 13:28, 그들의 아름다운 옷은 이미 좀먹었다5:2. '썩었고 좀먹었다'라는 표현은 현재 완료형이다. 이것이 현재의 상태를 강조하는 것인지, 부한 자들이 그렇게 될 것이라는 저자의 확신을 강조하는 것인지, 아니면 부한 자들이 쌓은 부가 이미 썩고 옷이 좀먹기 시작했음을 강조하는 것인지 명확하지 않다. 그러나 분명한 사실은 부富를 상징하는 재물과 옷은 유한하며 마지막 때에 아무런 의미가 없다는 것이다.

이어서 부한 자들이 모은 금과 은이 녹슬었다고 한다5:3a. 부한 자들은 그들의 미래를 위해서 금과 은으로 부를 축적했다. 그러나 잘 녹슬지 않는 금속인 은과 전혀 녹슬지 않는 금이 녹슬었다고 묘사한다. 이는 은과 금조차도 녹슬게 될 만큼 이 땅에 재물을 쌓아두는 것이 헛되다는 사실과 그와 같은 것들이 그들의 미래를 보장해주지 못함을 강조하는 것이다. 앞서 금가락지를 끼고 아름다운 옷을 입은 사람이 교회의 모임에 들어왔을 때, "아름다운 옷을 입은 자를 눈여겨보고 말하되 여기 좋은 자리에 앉으소서"2:3라고 반응한다고 했다. 한 때 아름다운 옷과 금가락지를 끼고 있을 때, 부한 자들은 사람들의 주목을 받고 대접받았을 것이다2:2-3. 그러나 지금 그들의 옷은 좀먹었고 금과 은이 녹슨 것처럼 그들의 부는 부질없는 것이 되었다. 녹슨 금과 은이 "너희에게 증거가 되며"5:3라고 한다. '너희에게'ὑμῖν는 '너희에게 불리한'against의 의미로서 그 증거가 부한 자들에게 부정적인 증거가 된다는 것이다. 부한 자들이 은과 금을 모은 것이 하나님 앞에서 올바르지 못하다는 사실을 녹슨 금과 은이 그들에게 증거 한다는 말이다. 계속해서 이 녹이 "불같이 너희 살을 먹으리라"라고 말한다. 불의 이미지는 앞서 혀의 악함에 대해 설명할 때도 사용되었다3:5-6. 작은 불이 많은 나무를 태우는 것처럼3:5 불인 혀도 작은 지체지만 한 사람의 인생 전체를 불태우고 결국에는 지옥 불에 의해서 태워질 수밖에 없는 악한 존재이다3:6. 이처럼 5:3의 불의 이미지도 마지막 심판의 때를 상징한다. 불의 이미지와 함께 사용된 '먹는다'ἐσθίω는 동사는 비유적 의미로서 먹는 것보다 더 강한 '집어삼키다'devour라는 의미로 볼 수 있다. 이는 은과 금의 녹이 마지막 심판 때에 부한 자들의 육체를 온전히 집어삼키는, 즉 심판하는 불이 된다는 말이다.

부한 자들은 잠시 있다가 썩고 좀먹고, 녹슬어 없어질 재물을 쌓으면서도 그들을 위해 일하는 자들에게 삯을 주지 않는다. "품꾼에게 주지 아니한 삯"5:4이라고 했다. '주지 아니한'ὁ ἀπεστερημένος으로 번역된 표현은 '훔치다'steal, '도둑질하다'rob, '사취하다'defraud라는 의미의 수동태 분사로서 '삯'을 수식하여 '주어지지 아니한 삯'을 말한다. 이는 품꾼이 일한 것에 대한 정당한 대가를 주지 않은 것이기에 사실상 주인이 그것을 사취하거나 도둑질한 것이나 다름없다. 본문은 부한 자들이 이와 같은 불의한 방법으로 재물을 축적했다고 말한다. 그리고 "너희가 땅에서 사치하고 방종하여"5:5라고 한 것처럼 그들은 부정하게 축적한 부를 헛되이 소비한다. '사치하다'τρυφάω라는 말은 '방종하며 사는 삶'lead a life of self-indulgence을 말한다. 그리고 '방종하다'σπαταλάω라는 말 역시 '사치스럽게luxuriously, 그리고 '제 멋대로'indulgently 사는 삶을 말한다. 저자는 비슷한 표현을 반복 사용하여 불의한 방법으로 부를 축적한 부자들이 얼마나 사치하며 흥청망청 사는지를 강조한다. 또한 그들은 불의하게 축적한 부로 '마음을 살찌웠다'3:5b. 단순히 그들의 배를 부르게 했다는 의미일 수도 있다. 그러나 본 서신에서 사용된 '마음'καρδία이라는 단어의 용례를 보면1:26; 3:14; 4:8; 5:8, 대부분 겉으로 드러나는 것과 대조되는 의미로서의 '마음'heart을 가리킨다. 5:5에 사용된 '마음'도 이와 같은 의미로 본다면, 마음을 살게 하는 것은 그들의 마음이 하나님께 대해 무뎌지도록 하는 것을 말한다. 앞서 "하나님을 가까이하라 그리하면 너희를 가까이하시리라 죄인들아 손을 깨끗이 하라 두 마음을 품은 자들아 마음을 성결하게 하라"4:8라고 했다. 마음을 성결하게 해야 할 자들이 오히려 재물과 향락에 대한 욕심으로 그들의 마음을 살찌게 하여 마음이 무뎌지니 때를 분별하지 못하는 것이다. 마음이 무뎌졌기 때문에 그들 자신을 위한 부의 축적과 가난한 자들을 박해하는 것으로 삶의 만족을 누리는 것이다.

부한 자들은 품꾼에게 줄 삯을 갈취할 뿐 아니라 그들을 정죄하고 죽이기까지 했다5:6a. "너희는 의인을 정죄하고 죽였으나"5:6a라고 했는데, 정죄하는 것은 법정적 용어이다. 앞서 "부자는 너희를 억압하며 법정으로 끌고 가지 아니하느냐?"2:6라고 했다. 부자들이 품꾼들을 법정으로 끌고 가서 정죄하는 이유는 그들이 가진 힘을 이용해 품꾼의 삶을 도둑질한 사실을 감추기 위함이다. 그들은 오히려 가난한 자들을 법정으로 끌고 가서 정죄하여 죄인으로 만든 것이다2:6. 품꾼들은 하루 벌어서 하루 살아가는 자들이다. 그와 같은 자들을 죄인으로 만들어 일용할 양식을 구할 수 없도록 하는 것은 그들을 죽이는 것과 같다. 따라서 저자는 부한 자들에게 "너희는 의인을 정죄하고 죽였다"5:6b라고 말한다. 부한 자들이 그와 같이 행하므로 하나님은 그들을 심판하실 것이다.

3. 하나님은 억압받는 가난한 자들의 부르짖는 소리를 들으신다5:4, 6

앞서 설명한 것처럼 부한 자들은 "오늘이나 내일이나 우리가 어떤 도시에 가서 거기서 일 년을 머물며 장사하여 이익을 보자"4:13라고 말하면 그렇게 될 줄로 믿는 상인들처럼 안하무인격으로 행동했을 것이다. 그들은 이 땅에 재물을 쌓고 품꾼들의 삶을 갈취하며, 불의한 방법으로 축적한 부를 가지고 방종하며 살았다. 심지어 가난한 자들을 법정으로 끌고 가서 정죄하며 그들이 일용할 양식을 위해 필요한 돈을 벌지 못하게 함으로 죽음에까지 이르게 했다. 그들은 부를 가지고 있었기 때문에 어느 누구도 그들이 행하는 것을 막거나 그들을 정죄할 자들이 없을 뿐 아니라 품꾼들의 소리에 귀 기울일 사람이 없다고 생각했을 것이다. 그러나 그들의 판단은 잘못되었다. 그 이유를 몇 가지로 찾아볼 수 있다. 첫째, 그들이 모은 은과 금의 녹이 그들에게 대항하여 증거하고 그들을 심판할 것이라고 하기 때문이다5:3. 둘째, 품꾼들이 부한 자들로부터 갈취당한 삯이 소리를 지르기 때문이다5:4. 이와 같은 묘사는 가인과 아벨의 사건을 상기시킨다. 가인이 아벨을 죽인 후, 하나님이 가인에게 나타나셔서 아벨의 행방을 물으셨다. 가인이 "내가 내 아우를 지키는 자니이까?"라고 대답했을 때, 하나님은 "네가 무엇을 하였느냐 네 아우의 핏 소리가 땅에서부터 내게 호소하느니라"창 4:10라고 대답하신다. 가인이나 부한 자들은 그들이 은밀하게 행한 악행이 드러나지 않을 것이라고 생각했다. 그러나 억울한 피와 돈 자체가 소리를 질러 그 사실을 알린다. 이는 비유적 표현으로, 아무리 은밀하게 행해진 일이라도 하나님은 그 모든 악행을 알고 계신다는 말이다. 셋째, "그 추수한 자의 우는 소리가 만군의 주의 귀에 들렸느니라"라고 말하기 때문이다5:4b. 품꾼들은 돈도 없고 힘도 없기에 부한 자들에 의해서 법정에 끌려 다니며 불의한 일을 당해도 세상 법정에서는 아무런 소리도 내지 못한다. 하지만 하나님 앞에서는 울부짖을 수 있다. '우는 소리'αἱ βοαί로 번역된 표현은 슬퍼서 흐느껴 우는 소리보다는 오히려 '울부짖음'cry이나 '외침'shout을 의미한다. 이와 같은 외침은 삯을 갈취당하고 누구에게도 말하지 못하는 가난한 품꾼들이 하나님 앞에 나와서 그 억울함을 토로하며 울부짖는 소리를 말한다. 그들의 울부짖는 소리가 '만군의 주의 귀'에 들렸다고 한다. 여기서 사용된 '만군의 주'Lord of hosts는 구약에서 자기 백성을 보호하시는 군대의 리더로서의 하나님을 묘사할 때 사용된 표현이다사 5:9; 참고. 시 17:1-6; 18:6; 31:2; 눅 18:17; 계 6:10. 하나님은 당신께 부르짖는 백성들의 소리를 들으시고 그들을 보호해 주실 것이다. 따라서 부한 자들의 생각과 다르게 하나님이 가난한 자들이 당하는 모든 어려움을 아시고 그들의 부르짖음을 듣고 계시기에 그들의 판단이 잘못된 것이다.

본 단락의 마지막에서 "너희는 의인을 정죄하고 죽였으나 그는 너희에게 대항하지 아니하였느니라"5:6라고 했다. '의인'을 예수님으로 보는 이도 있지만, 여기서 갑자기 예수님이 등장하는 것은 문맥의 흐름상 어색하다. 오히려 의인은 5:4에서 언급한 착취당하는 품꾼들 중 하나님을 의지하는 신실한 자들을 가리키는 것으로 보아야 한다. 의인은 부한 자들로부터 부당한 대우와 갈취를 당해도 주님의 도우심을 바라며 주께 울부짖는 자들이다. 의인의 이러한 모습은 "여러 가지 시련을 당하거든 온전히 기쁘게 여기는"1:2 자들과 같다. 또한 지혜가 부족할 때 구한 것 이상으로 넘치게 주시고 꾸짖지 않으시는 하나님께 의심하지 않고, 두 마음을 품지 않고 구하는 자와 같다1:5-6. 그들이 부르짖을 수 있는 이유는, 만군의 주가 그들의 소리를 들으시고 그들을 지키시고 보호하실 것이기 때문이다. 그러므로 품꾼과 같은 가난한 자들이 부한 자들로부터 부당한 대우를 받으며 시련을 당한다고 해도 하나님께 부르짖어야 한다. 또 다른 한편으로 5:6에 나타난 '의인'이라는 표현은 "그러므로 형제들아!"로 시작하는 5:7과 자연스럽게 연결될 수 있는 근거를 제공한다. 5:1-6의 사실을 근거로 해서 이제 저자는 수신자들에게 인내해야 할 이유와 자세에 대해서 권면할 것이다.

결론Conclusion

하나님은 빈부에 관계없이 모든 자들의 행위를 지켜보고 그들을 심판하실 것이다. 부한 자들, 곧 이 땅에서 재물을 쌓고 가난한 자들을 학대하며 불의하게 쌓은 것으로 사치하고 방종하며 사는 자들은 지금이 울고 통곡해야 할 때임을 알아야 한다. 그리고 부한 자들로 인해 억압받는 가난한 자들은 하나님께 나와 울부짖어야 한다. 그렇게 할 때 하나님이 그들의 기도를 들으실 것이다.

적용Application

나는 부한 자로서 가난한 자들로부터 불의하게 재물을 갈취하는 악을 행하지는 않은가? 나는 불의하게 취한 재물로 사치하고 방종하며 살지는 않은가? 나는 지금이 종말의 때인 것을 깨닫고 울고 통곡하고 있는가? 혹, 나는 가난한 자로서 불의한 일을 당할 때 하나님께 나아가 부르짖고 있는가?

설교를 위한 제안

제목: 하나님께 울고 부르짖으라!

1. 부한 자는 곧 고생이 닥칠 것을 알고, 지금이 울고 통곡해야 할 때임을 깨달아야 한다.
2. 마지막 때를 준비하지 않고 자신의 욕심만 채우며 마음을 살찌우는 부한 자는 하나님의 심판을 받을 것이다.
3. 하나님은 억압받는 가난한 자들의 부르짖는 소리를 들으신다.

본문 주석

[1] Come now, you rich,
　자, 부한 자들아

　　Weep
　　울라!

　　and howl
　　통곡하면서

　　　　for the miseries
　　　　너희의 [임할] 고생을 인해

　　　　　　that are coming upon you.
　　　　　　임할 [고생을 인해]

1. 먼저 "들으라 부한 자들아"Ἄγε νῦν οἱ πλούσιοι로 시작한다. '들으라'Ἄγε

νῦν는 주의를 환기시키는 표현으로, 4:13Ἄγε νῦν οἱ λέγοντες에서도 이를 사용하여 "~라고 말하는 자들"οἱ λέγοντες의 주의를 환기시킨다. 여기서도 먼저 부한 자들의 주의를 환기시킨 후, 그들에게 명령한다. 4:13과 5:1에서 사용된 용어가 비슷하다는 것을 근거로 두 구절의 "~라고 말하는 자들"4:13과 "부한 자들"5:1을 동일한 집단으로 보는 이들이 있다. 그럴 가능성을 배제할 수는 없다. 그러나 같은 부류의 사람들에게 반복해서 다른 내용으로 경고하는 것으로 보는 것은 어색하다. 오히려 서신 전체에서 지적하는 것처럼, 두 마음을 가지고 신앙생활하는 또 다른 부류에게 권면하는 것일 가능성이 크다.[2]

2. "울고 통곡하라"κλαύσατε ὀλολύζοντες라고 번역된 문장은 '울다'κλαίω; weep, cry, bewail라는 부정 과거 명령형 동사와 '통곡하다'ὀλολύζω; cry out, wail라는 현재 능동태 분사를 번역한 것이다. 대부분의 영어성경은 둘 다 명령형으로 번역한다. 두 번째 분사를 '부대 상황의 분사구문'a participle of attendant circumstances으로 보면서, 주 동사와 같은 기능을 하는 것으로 보기 때문이다. 만약 이 분사를 조동사modal verb의 역할을 하면서 앞선 명령형 동사의 구체적인 태도를 묘사하는 것으로 이해한다면, "통곡하면서 울라!"로 번역할 수 있다. '울다'와 '통곡하다'는 비슷한 표현으로 두 번째 것ὀλολύζω은 통곡할 때 나는 소리를 사용한 의성어이다. 본 구절이 선지자적 어조를 담고 있다고 보는 이유는 이 두 표현이 종종 구약의 선지서에서 주의 날이 임할 때, 악한 자들/이방 나라들의 반응을 나타내기 위해서 자주 사용되기 때문이다.[3] 첫 번째 표현κλαίω은 칠십인역의 예레미야 애가 1:1-2; 이사야 15:2-3, 5; 예레미야 9:1; 13:17에 나타나고, 두 번째 표현ὀλολύζω은 칠십인역의 아모스 8:3; 이사야 13:6; 14:31; 예레미야 31:20, 31; 에스겔 21:12; 호세아 7:14 등에 나타난다. 이들 중에 이사야 13:6과 아모스 8:3, 9의 선지자적 신탁oracle은 임박한 여호와의

---

2 마틴은 4:13-17에서는 상인들에게 그들의 교만한 부분을 지적하면서 회개를 촉구하는 반면에, 5:1-6에서는 부한 자들이 당면할 운명이 어떤 것인지 경고하지만, 그들의 삶의 방식을 바꾸어서 하나님의 심판을 피하도록 하지 않고 오히려 선지자적인 어조로 악한 자들에 대한 비난만 있을 뿐이라고 말한다. Martin, *James*, 175.

3 Moo, 『야고보서』, 238.

날을 상기시키는 것과 회개에로의 부름이 결합되어 있다.[4]

3. "너희에게 임할 고생으로 말미암아"라고 했다. 이는 부한 자들이 통곡하며 울어야 할 이유를 밝히는 것이다. '고생'ταλαιπωρία으로 번역된 명사는 '괴로움'distress, '곤란'trouble, '불행'misery의 의미가 있다. 이 단어 역시 선지자적인 어조를 가진 표현으로 아모스서 6:1-9에서 부자이면서 억압하는 자들에 대해 정죄한 것과 비슷하다. 학자들은 이스라엘의 후기 역사에서 종종 가난한 자들이 부한 자들로부터 억압받는 모습이 나타나고, 지혜 문서에서 부한 자와 불의한 자를 동의어로 사용했을 뿐 아니라, 중간기 문헌과 신약성경에서도 부의 위험성에 대해서 지적한 것을 주목한다. 이러한 지적은 단순히 부한 것에 대한 지적이 아니라 주어진 부를 잘못 사용하는 것에 대한 지적이기 때문에 저자가 지적하는 것 역시 이와 같은 의미일 수 있다. 그리고 그에 대한 내용은 야고보서 5:1 이하에서 확인할 수 있다.

4. '너희에게 임할'이라는 표현은 1차적으로 종말의 때, 곧 주께서 다시 오실 날을 가리킨다. 앞서 설명한 것들이 선지자적 어조라면 저자 역시 선지자적인 마음으로 주께서 다시 오실 날에 주어진 부富를 잘못 사용하는 부한 자들에게 임할 불행을 선포하는 것으로 볼 수 있다. 이는 앞서 지적한 바와 같이 하나님을 사랑하는 자들에게 주어질 생명의 면류관과 하나님의 나라에 대한 약속이 미래적인 것과 같은 것이다1:12; 2:5. 그럼에도 불구하고 자신에게 주어진 부와 그 힘을 남용하는 자들에게 임할 고생이 온전히 미래적인 것만을 의미한다고 확정적으로 말할 수는 없다. 하나님이 언제 그들을 심판하실지는 아무도 알 수 없기 때문이다. 하나님의 심판은 이 땅에서도 가능하다.

---

4 Martin, *James*, 175-76.

^{2} Your riches have rotted

너희 재물은 썩었고

and your garments are moth-eaten.

그리고 너희 옷은 좀 먹었다

1. 본 구절에서 '재물'πλοῦτος로 번역된 단어는 궁극적으로는 같은 의미겠지만, 부한 자들이 쌓아 놓은 재물을 의미할 수도 있고, 재물을 쌓아 놓은 부한 자들의 부富 자체를 의미할 수도 있다. '썩었고'σέσηπεν라고 번역된 동사는 '부패하다'decay, '썩다'rot라는 의미로 신약성경의 본 구절에만 사용되었다. "옷은 좀먹었으며"라는 표현은 신약성경에는 나타나지 않는다. 그러나 욥기 13:28에서 욥이 "나는 썩은 물건의 낡아짐 같으며 좀 먹은 의복 같으니이다"라고 말한다. 욥은 자신을 좀 먹은 의복에 비유하면서 자신의 상황을 묘사한다. 욥기 14:1-2에서 "여인에게서 태어난 사람βροτός은 생애가 짧고 걱정이 가득하며 그는 꽃과 같이 자라나서 시들며 그림자 같이 지나가며 머물지 아니하거늘"이라고 하면서 인생이 덧없다고 말한다. 마태복음 6:19-20에서 "너희를 위하여 보물을 땅에 쌓아 두지 말라 거기는 좀과 동록이 해하며 도둑이 구멍을 뚫고 도둑질하느니라 직 너희를 위하여 보물을 하늘에 쌓아 두라 거기는 좀이나 동록이 해하지 못하며 도둑이 구멍을 뚫지도 못하고 도둑질도 못하느니라"라고 했다. 여기 '좀먹었다'σητόβρωτος라는 표현은 없지만 이와 비슷한 표현들이 나타난다. 6:19에 '좀'the moth, whose larvae eat clothing; 옷을 먹는 애벌레에 해당하는 단어σής와 '동록'eating/a destructive insect or worm; 어떤 파괴하는 곤충이나 기는 벌레에 해당하는 단어βρῶσις가 나타난다. 이 두 단어가 합성되어서 '좀 먹는'이라는 의미가 된다. 따라서 예수님이 말씀하신 것도 근본적으로는 야고보서의 것과 다르지 않다. 마태복음 6:19에서 "좀과 동록이 해하며ἀφανίζει"라고 한 것처럼 좀은 옷을 파괴한다. 그리고 '해하다'로

번역된 단어는 야고보서 4:14에서 잠깐 보이다가 '없어지는'ἀφανιζομένη 안개를 묘사하기 위해 분사로 사용되었다. 따라서, 옷이 좀먹는다는 것은 부의 축적을 상징하는 옷이 좀에 의해서 파괴되거나 사라지는 것을 의미한다.

2. "썩었고…… 좀먹었으며"σέσηπεν καὶ…… σητόβρωτα γέγονεν라고 번역된 두 동사가 완료형인 것에 주목할 필요가 있다. 왜냐하면 학자들 간에 이 완료형 동사가 사용된 것이 현재 부한 자들의 부富와 옷이 문자 그대로 썩고 좀먹었다는 사실을 나타내기 위함인지, 아니면 또 다른 의미를 가졌는지에 대한 논의가 있기 때문이다. 어떤 이는 이를 현재의 상태를 강조하기 위한 표현이라고 보면서 문자적으로 해석해서는 안 된다고 주장한다. 그 근거는 5:3에서 갑자기 미래형 동사 "너희에게 증거가 되며"εἰς μαρτύριον ὑμῖν ἔσται와 "너희 살을 먹으리라"φάγεται τὰς σάρκας ὑμῶν가 사용되어 시제가 전환되기 때문이다. 또 다른 이는 완료형 동사가 선지자적인 의미가 있는 것으로, 부한 자들의 재물이 그렇게 될 것이라는 확신을 가지고 있었기 때문에 이미 일어난 것처럼 묘사하는 완료형을 썼다고 본다.[5] 또 다른 견해는 부한 자들의 부富가 이미 썩기 시작했고 옷이 좀먹기 시작했다고 보는 견해이다. 그들의 부가 올바르게 제대로 사용되지 않고 있기 때문에 이미 썩고 좀먹기 시작했다는 말이다.[6] 위의 세 견해 중에 어떤 것 하나가 옳다고 말하기는 어렵다. 모든 의미를 다 포함하고 있을 수도 있다. 분명한 것은 저자가 부자들의 부富를 상징하는 재물과 옷의 유한성과 의미 없음에 대해서 말하고 있다는 것이다.

---

5 Ropes, *James*, 284-85.

6 Blomberg and Kamell, *James*, 220-21.

³ Your gold and silver have corroded,

  너희의 금과 은이 녹슬었고

       and their corrosion   will be evidence against you

      그리고 그것들의[금과 은의] 녹은 너희에게 증거가 되고

                and will eat your flesh like fire.

                불과 같이 너희의 육체[살]를 먹을 것이다

You have laid up treasure in the last days.

너희가 말세에 재물을 쌓았도다

1. 본 구절에서도 완료형 동사 '녹슬었다'κατίωται가 사용되었다. 금과 은이 녹슬었다고 묘사한 것은 주목할만하다. 일반적으로 은은 몰라도 금은 녹슬지 않는 금속으로 알려져 있기 때문이다. 금과 은은 부한 자들의 재물을 대표하는 것이다. 따라서 금과 은이 녹슬었다고 말하는 것은 "너희 재물은 썩었고 너희 옷은 좀먹었으며"라고 말한 것처럼 그들의 재물이 부질없는 것이 된다. 저자는 금과 같이 녹슬지 않는 금속조차도 녹슬게 될 만큼 부한 자들이 이 땅에 재물을 쌓아두고 남용하는 것이 헛된 것임을 강조한다. 부한 자들이 그들의 미래를 위해 녹슬 염려가 없는 금을 쌓아두었지만 그것마저 녹슬게 된다는 사실을 지적함으로, 그와 같이 하는 것이 그들의 미래를 안전하게 지키거나 보장해 주지 못한다는 사실을 지적하는 것이다.[7]

2. "이 녹이 너희에게 증거가 되며"라고 말한다. '녹'ἰός으로 번역된 단어는 '녹'rust과 '독'poison, venom이라는 의미가 있다. 앞서 "혀는 능히 길들일 사람이 없나니 쉬지 아니하는 악이요 죽이는 독[ἰοῦ]이 가득한 것이라"3:8라는 문장에서 '독'으로 번역되었다. 여기서는 금과 은과 함께 사용되었으므로 '녹'으로 번역되었다. 은과 금에 생긴 녹이 결과적으로εἰς 그 부한 자들에게 증거가 될 것이라고 한다. '증거가 되며'라는 문장의 '되다'ἔσται는 미래형 동사이기 때문에

---

7 Blomberg and Kamell, *James*, 221.

엄밀히 말해서 "증거가 될 것이며"라고 번역하는 것이 옳다. '너희에게 증거가 될 것이다'라는 표현은 일반적으로 두 가지로 해석된다. 첫째, '너희에게'ὑμῖν의 의미를 '~불리한'against으로 보고, 그 증거가 부한 자들에게 부정적인 증거가 된다는 것이다. 대부분의 영어성경은 이와 같이 번역한다참고. 'and their corrosion will be evidence against you'; ESV. 둘째, 단순히 대상을 가리키는 것으로서 '부한 자들에게' 증거가 되어서 그들로 하여금 그들의 마음을 돌이키도록 한다는 것이다.[8] 어떻게 해석이 되든지 의미상으로 크게 차이가 나는 것 같지는 않다. 금과 은이 녹스는 것이 부한 자들 스스로에게 '부를 남용하는 것'이 얼마나 무의미하고 헛된지, 그리고 더 나아가서 하나님 앞에 죄가 되는지 증거 하는 것일 수 있다. 혹은 은과 금의 녹이 부한 자들에게 불리한 증거가 되기 때문에 그들이 지금 행하는 것을 멈추고 "울고 통곡하라"라고 권하는 것일 수도 있다. 따라서 두 가지 의미 모두를 포함할 수 있다.

3. 계속해서 "[이 녹이] 불 같이 너희 살을 먹으리라"라고 한다. 여기서 사용된 불의 이미지는 이미 3장에서도 나타난다. 3장에서 작은 혀의 큰 영향력에 대해 설명하면서 작은 불이 많은 나무를 태우는 것과 같이3:5, 혀도 작은 지체지만 한 사람의 인생 전체를 불태울 수 있고 결국에 지옥 불에 의해서 태워질 악한 존재라고 했다3:6. 본 구절에 나타난 불의 이미지도 3장에서와 같이 파괴의 이미지이면서 궁극적으로는 지옥불을 상징하는 듯하다. 만약 그렇다면, 이는 마지막 심판의 때를 암시하는 것이다.

4. "불 같이 너희 살을 먹으리라"라고 했다. 미래형 동사 '먹으리라'φάγεται는 문자적으로 '먹는다'eat라는 의미이지만, 비유적으로 사용되었을 때는 보다 강한 '잡아먹다'consume 또는 '집어삼키다'devour로 번역될 수 있다. 앞서 부한 자들이 그들에게 주어진 부와 재물을 남용할 때, 그 부와 재물이 녹슬어 전혀 쓸모없는 것이 된다고 했다. 이 녹은 그들이 하나님 앞에서 얼마나 잘못된 삶을 살고 있는지 보여주는 증거가 된다. 또한 그 녹은

---

8 Blomberg and Kamell, *James*, 221-222.

모든 것을 태워버리는 불과 같이 그들의 육체를 온전히 집어삼키는/심판하는 불이 될 것이다참고. 사 66:24; 막 9:48-49.

5. 끝으로 "너희가 말세에 재물을 쌓았도다"라고 말한다. '말세에'ἐν ἐσχάταις ἡμέραις라는 표현의 전치사ἐν는 영어성경에서 여러 가지 의미로 사용된다. 어떤 곳에서는 "~을 위해"for the last days; 마지막 날을 위해 KJV; NRSV로, 다른 곳에서는 "~에"on the last days; 심판의 날에; NLT로, 그리고 "안에"in the last days; 마지막 날들 안에; ESV; NASB; NIV로 번역된다. 첫째, 만약 'for'의 의미라면 부한 자들이 마지막 날에 칭찬받거나 구원을 얻기 위해 재물을 쌓았다는 의미가 된다. 둘째, 만약 'on'의 의미라면 '마지막 날에'라는 의미가 된다. 이는 마지막 날, 그 날에 재물을 쌓아두었다는 의미가 된다. 셋째, 만약 'in'의 의미라면 '마지막 날들 안에서'가 된다. 이는 마지막 날이 이미 시작되었고 그 날들 안에서 재물을 쌓았다는 의미가 된다. 세 번째 것이 가장 적합한 듯하다. 이미 마지막 날은 시작되었고 그 안에서 부한 자들은 여전히 재물을 쌓고 있기 때문이다. 이는 종말론적already but not yet; 이미 그러나 아직 사고를 반영한다. 이미 그 종말의 날이 시작되었지만 아직 완전히 임하지 않은, 따라서 하나님의 심판의 날이 가까이 오고 있다는 말이다.

6. 부한 자들은 마지막 때가 이미 시작된 지금 재물을 쌓고 있다. 아마도 그들은 이와 같이 하여 그들의 미래를 보장하고 그들 스스로를 구원할 수 있을 것이라 생각한 듯하다. 그러나 "너희가 말세에 재물을 쌓았도다"라는 말씀은 부한 자들이 말세에 하지 말아야 할 일을 하고 있음을 암시한다. 그들의 재물은 썩었고 옷은 좀먹었고 금과 은은 녹이 슬어서 아무짝에도 쓸모없는 것이 되었기 때문이다. 그들에게 남겨진 것은 오직 고생이며 온 몸이 불타는 것이다.

⁴ Behold,

　보라,

　　　　the wages of the laborers

　　　　그 품꾼들의 삯이

　　　　　　who mowed your fields,

　　　　　　[그 품꾼들은] 너희 밭에서 작물을 수확한

　　　　　　　which you kept back by fraud,

　　　　　　　[그 삯은] 너희들에 의해 탈취된 것으로

　　　　　　　　are crying out against you,

　　　　　　　　소리 지른다

　　　and the cries of the harvesters have reached the ears of the Lord of hosts.

　　　그리고 그 추수하는 자들의 울부짖음이 만군의 주의 귀에 들렸다

　　　1. 본 구절은 '보라'ἰδοὺ로 시작한다. 이 표현은 전체에 6회3:4, 5; 5:4, 7, 9, 11 사용되었다. 이는 어떤 중요한 예나 이미지/비유적 표현을 사용할 때 주의를 환기시키기 위해서 사용한다.[9] "너희 밭에서 추수한 품꾼에게 주지 아니한 삯이 소리 지르며"라는 문장의 주어는 '삯'ὁ μισθὸς이다. 이 삯은 '너희들에 의해 탈취된 것으로'ὁ ἀπεστερημένος ἀφ᾽ ὑμῶν라는 분사구의 수식을 받는다. 이 분사구에 포함된 전치사구 '아프 휘몬'ἀφ᾽ ὑμῶν은 일반적으로 수단이나 방편을 나타내는 역할을 하는 것으로서 '너희들에 의해서'by you라고 번역된다. '주지 아니한'ὁ ἀπεστερημένος으로 번역된 것은 '훔치다'steal, '도둑질하다'rob, 또는 '사취하다'defraud라는 의미를 가진 동사ἀποστερέω의 수동태 분사이다. 이 분사는 앞서 언급된 '삯'을 수식한다. 따라서 '주지 아니한'으로 번역된 것은 '주어지지 아니한'으로 번역하는 것이 바람직하다. 여기서 수고한 품꾼들에게 정당하게 주어져야 할 삯이 제대로 주어지지 않은 것을 지적한다. 따라서 그 의미는 단순히 주어지지 않은 것보다 더 강한, 땅의 주인이 품꾼으로부터 삯을 사취/

9　Martin, *James*, 178.

도둑질한 것이다. 한글로 옮기는 것이 쉽지 않지만, 만약 옮긴다면 "너희 밭에서 작물을 수확한 그 품꾼들의 삯, 곧 너희에 의해서 탈취된 그 삯이"로 번역할 수 있다.

2. 땅 주인이 품꾼으로부터 갈취한 삯, 그 자체가 소리를 지른다고 묘사한 것은 분명 은유적인 표현이다. 이는 가인과 아벨의 사건을 연상시킨다. 가인이 아벨을 죽였을 때, 하나님은 가인에게 아벨이 어디 있는지 물으신다. 그리고 가인은 "내가 내 아우를 지키는 자니이까?"라고 대답한다. 그때 하나님은 "네가 무엇을 하였느냐 네 아우의 핏 소리가 땅에서부터 내게 호소하느니라"창 4:10고 말씀하신다. 악한 일을 행한 당사자가 말을 하지 않기 때문에 그 모든 악행이 드러나지 않을 것처럼 보인다. 그러나 억울한 피와 갈취된 삯 그 자체가 소리를 질러 그 사실을 알린다. 사람은 은밀히 행해진 일을 모른다 할지라도 하나님은 그 모든 악행을 알고 계신다는 말이다.[10] 이어지는 문장에서 그 품꾼들 또한 하나님을 향해 울부짖는다고 묘사한다. 저자는 한편으로 품삯을 갈취한 땅 주인들의 악행을 고발하면서, 또 다른 한편으로 품꾼들의 외침을 강조하기 위해서 비슷한 내용을 은유법으로 반복 묘사한다.

3. 계속해서 "그 추수한 자의 우는 소리가 만군의 주의 귀에 들렸느니라"라고 말한다. '추수한 자'τῶν θερισάντων로 번역된 분사의 독립적 용법은 '추수하다'θερίζω의 남성 복수형이므로 '추수하는 자들'을 가리킨다. '우는 소리'αἱ βοαί로 번역된 것은 '슬피 우는 소리'이기보다는 오히려 '울부짖음'cry, 또는 '외침'shout을 의미한다. 이는 삯을 갈취당하고도 아무 말도 하지 못하는 품꾼들의 울부짖는 소리를 나타낸다. 그들의 울부짖는 소리가 만군의 주의 귀에 들렸다. 여기서 주목할 것은 하나님을 '만군의 주'Lord of hosts로 묘사한 것이다. 이 표현은 구약에서 하나님을 자기 백성을 보호하는 군대의 리더로 묘사할 때 사용된다사 5:9; 참고. 시 17:1-6; 18:6; 31:2; 눅 18:17; 계 6:10. 무Moo가 주장하듯 '만군'은 이 땅의 군대를 의미할 때도 있지만, 많은

10 Moo, *James*, 206-208.

경우 하나님의 천상의 군대를 지칭한다. 따라서 온 우주를 다스리시는 하나님이 구약에서 자주 묘사되는 바와 같이特히 이사야 5-6장 가난한 자들과 억압당하는 자들을 지키시고 보호하실 것이라는 의미를 담고 있다.[11]

4. "만군의 주의 귀에 들렸느니라"라고 했다. 완료형 동사 '들렸느니라'εἰσεληλύθασιν가 사용되었는데, 이는 만군의 주되신 하나님이 괴로움 가운데서 울부짖는 품꾼들의 소리를 이미 들으셨다는 말이다. 마틴은 완료형 동사는 첫째, 하나님이 품꾼들의 울부짖는 소리를 이미 들으셨음을, 그리고 둘째, 불의한 부자들에 대한 심판이 이미 시작되었음을 나타내는 것으로 본다.[12]

[5] You have lived on the earth   in luxury
　너희는 땅에서　　　　　　흥청망청 살고
　　　　　　　　　　and in self-indulgence.
　　　　　　　　방종하며 [살았다]
You have fattened your hearts
너희는 마음을 살찌웠다
　　　　　　　in a day of slaughter.
　　　　　　살륙의 날에

1. 계속해서 부한 자들을 향해 "너희가 땅에서 사치하고 방종하여"라고 말한다. '사치하고'τρυφάω라는 동사는 '방종한 삶을 살다'lead a life of self-indulgence, '흥청거리며 놀다'revel, 또는 '술을 마시며 흥청거리다'carouse라는 의미가 있다. 따라서 여기서 말하는 사치는 멋을 부리며 사는 것을 넘어 자신이 가진 것으로 즐기고 마음대로 사용하며 흥청망청 사는 모습을 말한다. '방종하다'σπαταλάω라는 동사는 '사치스럽게/방탕하게luxuriously, 또는 '제 멋대로/방종하게'indulgently 사는 것을 말한다. 이처럼 '사치하다'와

11 Moo, *James*, 207.

12 Martin, *James*, 179.

'방종하다'라는 동사는 비슷한 의미를 가졌다. 비슷한 의미의 단어를 반복 사용하여 품꾼들의 삯을 갈취하는 부한 자들의 삶이 얼마나 방종한 삶인지 강조한다.

2. 부한 자들의 사치하고 방종한 삶은 이 '땅에서'ἐπὶ τῆς γῆς 그렇다. 이 표현은 여러 가지 의미로 해석될 수 있다. 첫째, 문자 그대로 사치하고 방종한 부자들의 이 땅에서의 삶을 묘사하는 것이다. 둘째, '저 하늘'과 대조되는 개념으로 사용되었다. 복음서의 부자와 거지 나사로 비유눅 16:19-31에서 볼 수 있듯이 저자가 이 땅의 삶과 저 하늘의 삶을 대조하기 위해서 의도적으로 이와 같은 표현을 사용한 듯하다. 만약 그렇다면, 그 이면에는 이 땅에서의 즐거움과 방종은 저 하늘에서의 슬픔과 고난을 암시한다. 셋째, 방종한 삶의 유한성을 묘사하기 위해 사용되었을 수 있다. '이 땅'에서의 때가 있으면 '저 하늘'에서의 때가 있듯이 이 땅의 삶은 한정적이어서 언젠가 끝이 난다. 만약 이러한 의미라면, 저자는 부한 자들의 방종한 삶이 일시적인 것temporal 임을 말하려 한 것이다.

3. "살륙의 날에 너희 마음을 살찌게 하였도다"라고 했다. '살륙의 날'ἐν ἡμέρᾳ σφαγῆς은 하나님의 심판의 날을 의미한다. 이러한 표현이 다른 신약성경에는 잘 나타나지 않지만 구약성경에는 종종 발견된다. 구약성경에서 하나님께 패역한 백성이나 이스라엘의 원수 된 이방 나라를 멸할 것이라는 표현들이 나타난다사 34:1-7; 65:1-12. 특히 이사야 30:25에서 '크게 살륙하는 날'에 대해 언급하고 이어서 30:26에서 "여호와께서 자기 백성의 상처를 싸매시며 그들의 맞은 자리를 고치시는 날"에 대해 언급한다. 이는 여호와의 날에는 살륙도 있지만 치유와 회복도 있음을 의미한다. 여호와께 원수 된 자들에게는 살륙이 임하고 여호와의 백성에게는 회복과 위로가 임한다는 말이다. 이 날을 여호와의 날로 볼 수 있는 근거는 앞서 5:3에서 "너희가 말세에 재물을 쌓는도다"라고 했기 때문이다. 본 구절의 '살륙의 날'은 5:3의 '말세'의

반복된 표현으로 볼 수 있다.

4. "마음을 살찌게 하였도다"라는 표현에 관해서는 두 가지 견해가 있다. 첫째, 마음을 살찌우는 것은 사치하고 방종한 자들이 마음속에 가지고 있는 부富에 대한 갈망을 의미하는 것으로 보는 것이다. 둘째, '마음'καρδία이라는 단어는 보편적으로 마음의 갈망보다는 사람의 중간 부분을 가리킬 때 사용된다. 따라서 마음을 살찌게 하는 것은 부한 자들이 사치하고 방종한 삶을 살면서 자기 배를 채우는 행위fattening one's stomach라는 것이다.[13] '살찌게 하다'τρέφω라는 동사는 기본적으로 '먹이다'feed, '영양분을 공급하다'nourish, 또는 '음식을 제공하다'provide with food라는 의미가 있다. '먹여 키우다'rear, '양육하다'bring up는 의미도 있지만 본문에서는 앞서 제시한 의미가 더 적절하다. 그러나 단순히 먹이는 것을 넘어, 부정적인 의미로 사용되었기 때문에 대부분의 영어성경에서 번역한 것처럼 '살찌우다'fattened라는 의미가 된다.

5. 서신 전체의 문맥에서 마음을 살찌우는 것이 무엇을 의미하는지 찾을 수 있다. '마음'καρδία이라는 단어는 야고보서에서 몇 회 사용되었다. 먼저 "누구든지 스스로 경건하다 생각하며 자기 혀를 재갈 물리지 아니하고 자기 마음을 속이면 이 사람의 경건은 헛것이라"1:26라고 했다. 그리고 "너희 마음속에 독한 시기와 다툼이 있으면 자랑하지 말라 진리를 거슬러 거짓말하지 말라"3:14라고 했다. 또한 "하나님을 가까이하라 그리하면 너희를 가까이하시리라 죄인들아 손을 깨끗이 하라 두 마음을 품은 자들아 마음을 성결하게 하라"4:8라고 했다. 그리고 "너희도 길이 참고 마음을 굳건하게 하라 주의 강림이 가까우니라"5:8고 한다. 이와 같은 용례를 볼 때, 본 서신에서 사용된 '마음'은 물리적인 '배'stomach를 지칭하지는 않는다. 오히려 눈에 보이는 '겉모양'과 대조되는 의미로서의 '마음'heart을 의미한다. 특히 주목해 볼 구절은 4:8로서, "죄인들아 손을 깨끗이 하라 두 마음을 품은 자들아 마음을 성결하게 하라"라고 했다. 이는 수신자들이 겉만 깨끗하게 할 것이 아니라

13 Blomberg and Kamell, *James*, 224.

겉으로 드러나는 문제의 근본적인 원인인 병든 마음까지도 성결하게 하라는 것이다. 따라서, 본 구절에서 저자는 부한 자들이 재물과 향락에 대한 욕심으로 인해 그들의 마음을 살찌게 했기 때문에 하나님께 대해 더 무뎌지는 상황을 지적한다고 볼 수 있다.

^{6} You   have condemned
　너희는 [그 의인을]　　　　정죄하였다
　　　　　and murdered the righteous person.
　　　　　그리고 그 의인을 죽였다
　　　　　　　　　He does not resist you.
　　　　　　　　　그는 너희에게 대항하지 않았다

　　1. "너희는 의인을 정죄하고 죽였으나"라고 했다. 어떤 이는 '그 의인'τὸν δίκαιον을 예수님이라고 생각한다. 본 구절 전체가 예수님이 당한 일들을 연상시키기 때문이다. 그러나 전체 문맥을 고려해 볼 때, 여기서 갑자기 예수님에 대해 언급하는 것은 어색하다. 오히려 그 의인은 사치하고 방종하며 사는 부한 자들에 의해서 착취당하면서도 울며 주님을 향해 울부짖는 연약한 품꾼일 가능성이 더 크다. 정관사를 사용하여 '그 의인'이라고 한 것도 앞서 나왔던 자를 다시 언급하는 것으로 볼 수 있다. 5:16에서 기도와 관련하여 '의인'이라는 표현을 사용하고, 이어서 엘리야와 그의 기도를 하나의 모범으로 제시한다. 이는 본 구절에서 말하는 의인이 단순히 가난하고 연약하여 핍박당하는 자들이 아니라 그와 같은 상황 중에서도 신실하게 예수님을 믿고 주님을 향해 울부짖는 자임을 암시한다.
　　2. 부한 자들은 의인을 정죄하고 죽였다. '정죄하다'καταδικάζω라는 말은 '죄가 있다고 선언하다'pronounce guilty, 또는 '비난하다'condemn라는 의미이다. 이는 법정적 용어로 품꾼의 삯을 갈취한 부한 자들이 그들의 부와

힘을 이용하여 자신의 잘못은 감추고 오히려 가난한 자들을 법정으로 끌고 가서 죄인으로 만들었다는 말이다참고. 2:6. '죽이다'φονεύω라는 동사는 2:11[2회]과 4:2에도 나타나는데, 두 구절 모두 '살인하지 말라'라는 율법의 말씀과 관련해서 사용되었다. 학자들은 유대 문헌에서 이웃을 못살게 구는 것 자체가 그들을 죽이는 것이라고 기록한 것을 인용하며집회서 34:22, 부를 남용한 자들이 품꾼의 삯을 갈취한 것에 대한 결과를 말하는 것으로 본다. 정죄하고 죽이는 것은 부한 자들이 권력을 이용하여 가난한 자들을 법정으로 끌고 가서 죄를 뒤집어 씌워 그들에게 필요한 것을 공급하지 않는다는 말이다.[14] 어떤 의미가 되었든지 정죄하고 죽였다는 표현이 단순히 비유적이거나 영적인 표현만이 아닌 것은 확실하다. 법을 악용하여 품꾼들을 투옥시킬 경우, 그리고 매일 벌어서 하루하루를 살아가는 품꾼들에게 하루의 삯을 주지 않아 일용할 양식을 살 수 없도록 하는 경우 모두 그들을 죽음에 이르게 할 수 있기 때문이다.

　　3. 부한 자는 의인을 정죄하고 죽이지만, "그[의인]는 너희에게 대항하지 아니하였느니라"라고 말한다. 본 구절의 구두점이 명확하지 않기 때문에 이 표현을 수사적 질문으로 보고, "그가 너희에게 대항하지 아니하였느냐?"라고 읽는 이들도 있다. 어떤 이는 '그'라고 지칭된 자를 하나님으로 보고 "하나님이 너희를 대항하지 아니하시느냐?"라고 이해하기도 한다. 이와 같이 이해하는 이유는 4:6에서도 본 구절에서 사용된 '대항하다'ἀντιτάσσεται라는 동사를 사용하여 "하나님이 교만한 자를 물리치시고"라고 했기 때문이다. 4:6에서 하나님이 교만한 자를 물리치시듯 여기서도 하나님이 부한 자인 토지 주인을 물리치신다는 것이다.[15] 저자가 계속해서 비슷한 부류의 사람들을 다루기 때문에 4:6과 5:6에서 다루는 자들의 연관성을 무시할 수는 없다. 그러나 문맥을 무시하고 그 두 부류가 같은 사람들이기 때문에 5:6의 '그'를 하나님으로 보는 것은 어색하다.

---

14 Moo, *James*, 209-210; Blomberg and Kamell, *James*, 225.

15 Blomberg and Kamell, *James*, 225.

4. 대부분의 학자들은 본 구절의 '그'를 불의한 대우를 받으면서도 하나님을 믿는 품꾼들, 곧 '그 의인'으로 이해한다. 앞서 어떤 이들이 이 구절을 보며 예수님을 떠올렸듯이, 아마도 그 의로운 자들은 그들이 당하는 부당한 대우와 갈취에도 불구하고 주님의 도우심을 바라며 주께 울부짖었을 것이다5:4. 이와 같은 시련은 서신을 시작하면서 언급했던 것처럼 수신자들이 당할 수 있는 여러 가지 시련 중 하나이다1:2. 그리고 여러 가지 시련을 만나거든 온전히 기쁘게 여기라고 권한 것처럼, 수신자들 중에 어떤 이들은 신앙의 원리를 따라 그들에게 주어진 시련을 기도하면서 기쁘게 여겼을 것이다.

의인이 인내할 수 있는 근거와 자세

야고보서 5:7-12

본문 구조와 요약

^{7} 그러므로 인내하라 형제들아!
　　　주님이 오실 때까지
　　보라, 농부가 땅의 귀한 열매를 기대하는 것을
　　　그것을[그것에 대해] 인내하며
　　　　　그것[열매]이　　이른 비를 받고
　　　　　　　그리고 늦은 비를[받을 때까지]
^{8} 너희도 인내하라
　마음을 굳게 하라
　　　왜냐하면 주의 강림이 가깝기 때문이다
^{9} 원망하지 마라, 형제들아! 서로에 대해서
　　　그래야 너희가 심판 받지 않을 것이다
　　　　　보라, 심판자가 문 앞에 서 계신다
^{10} 본을 삼으라, 형제들아! 고난과 오래 참음의
　　　선지자들을
　　　　　[그들은] 주님의 이름으로 말한

¹¹ 보라, 우리는 [~를] 복되다고 여긴다

인내한 자들을

너희는 욥의 인내를 들었다

그리고 주님의 결말[목적]을 보았다,

그 주님은   자비하시고

긍휼이 풍성하신 분임을

¹² 그러나 무엇보다도, 내 형제들아,

맹세하지 말라!

하늘로도 [하지 말고]

땅으로도 [하지 말라]

또는 아무 다른 맹세로도 [하지 말라]

대신에 너희의 "예"가 '예'가 되게

그리고 너희의 "아니"가 '아니'가 되게 하라

그러면 너희가 정죄[심판]에 빠지지 않게 될 것이다

앞선 단락 말미에 핍박하는 자들에게 대항하지 않고 하나님께 부르짖는 '의인'에 대해서 간략하게 언급했다5:4, 6. 본 단락에서는 이전 단락의 논의를 근거로 해서 수신자들이 왜 인내해야 하는지 농부의 비유를 들어 설명한다. 먼저 "보라 농부가 [그 열매]가 이른 비와 늦은 비를 맞을 때까지 [그 열매]에 대해 인내하며 땅에서 나는 귀한 열매를 기대하는 것"을 본으로 삼으라고 한다5:7. 농부는 농작물을 재배할 때 온갖 고된 일을 한 후, 그 열매에 대해 인내하며 비가 내릴 때까지 기다린다. 농부가 인내하며 기다릴 수 있는 이유는 추수 때에 귀한 열매를 얻을 수 있다는 기대감 때문이다. 이와 마찬가지로 수신자들이 인내하며 마음을 굳건하게 할 수 있는 이유는 그들이 그토록 기다리던 주의 강림이 가까웠기 때문이다5:8.

이어서 성도가 인내하며 형제를 향해 서로 불평하거나 원망하지 말아야 할 이유를 설명한다5:9. 인내하는 중에 서로 불평하며 원망하는 것에 초점을 맞추면서 말과 관련하여 논의를 이어간다. 저자가 특별히 말에 초점을 맞추는 이유는 수신자들 중에 시련당하는 것으로 인해 서로 원망하는 자들이 있었기 때문이다. 앞서 형제를 비방하거나 판단하는 것은 곧 율법을 판단하는 것이고, 이는 율법을 준행하는 것이 아니라 오히려 재판관이 되는 것이라고 했다. 오직 하나님만이 율법의 입법자이며 재판관이기에 성도가 형제를 판단하며 재판관처럼 행하는 것은 옳지 않다4:11-12. 만약 이것이 사실이라면, 형제가 서로 원망하는 것도 하나님의 심판의 이유가 될 수 있다. 저자는 "주의 강림이 가까우니라ἤγγικεν"5:8, "심판주가 문 밖에 서 계시니라ἕστηκεν"5:9라고 말한다. 여기서 두 개의 완료형 동사를 사용한 것은 심판주의 재림이 임박했음을 강조하기 위함이다. 심판주가 오면 공동체 내에서 서로 불평하며 비난하는 자들을 심판하실 것이다.

이제 시련 중에도 불평과 원망을 하지 않은 성경의 모범을 제시하며 수신자들이 어떻게 행해야 할지 가르친다. 먼저 고난과 오래 참음의 본으로 선지자들을 제시하며 그들을 '주의 이름으로 말한' 자들로 묘사한다5:10. 선지자들의 이 같은 모습은 앞서 지적한 서로 원망하는 자들의 모습과 대조를 이룬다5:9. 저자는 수신자들이 고난 중에 인내하며 서로 원망의 말을 하지 않고 오히려 주의 이름으로 말한 선지자들을 본받기를 원한다. 주의 이름으로 말하는 것은 어떤 시련 가운데서도 불의한 것에 대해서 하나님의 이름으로 말하고 하나님의 이름을 욕보이지 않는 말을 하는 것이다. 어떤 고통스러운 상황 중에도 나의 말이 아니라 하나님의 말씀, 곧 진리의 말씀을 말하는 것이다.

이어서 수신자들이 모범으로 삼아야 할 또 다른 인물로 욥을 제시한다. 욥은 성경에서 고난 중에 인내한 자의 대표적 인물이다. 그러나 앞선 문맥을 보았을 때 본 단락에서 단순히 욥의 고난과 인내만을 본으로 제시하지는 않는 듯하다. 저자가 계속해서 말과 관련하여 수신자들을 교훈하기 때문이다. 욥기 42:7에서 하나님은 욥과 그의 친구들이 한 말을 비교하여 판단하신다. 즉, 욥은 그의 친구들과 다르게 고난 중에서도 하나님에 대하여 바른말을 한 것이다. 이와 같은 사실은 욥기 42:8에서 반복해서 언급된다. 그런 후에 저자는 그 욥에 대한 하나님의 결말, 곧 '주는 가장 자비하시고 긍휼히 여기시는 이'라는 사실을 주목하라고 한다5:11. 욥이 인내했을 때 이전보다 더 많은 것을 받은 것에 주목할 것이 아니라 그에게 그런 자비를 베푸시고 그를 긍휼히 여기시는 하나님의 궁극적인 목적을 보라는 말이다.

앞서 주의 이름으로 말한 선지자들이나 주님에 대해 바르게 말한 욥의 예를 들고 하나님의 궁극적인 목적이 무엇인지 가르쳤다. 그러나 무엇보다도 중요한 것은 시련을 피하기 위해 맹세를 함부로 하지 않는 것이라고 한다. "맹세하지 말지니 하늘로나 땅으로나 아무 다른 것으로도 맹세하지 말라"라고 말한다5:12. 수신자들 중 어떤 이들은 시련 중에 맹세를 남용하여 그들이 당하는 고난을 피하거나 이득을 얻으려 한 듯하다. 이러한 맹세는 고난 중에 인내하는 것도 아니고 또 하나님을 의지하는 것도 아니다. "너희가 그렇다고 생각하는 것은 그렇다 하고 아니라고 생각하는 것은 아니라"5:12b 하라고 명한다. 이는 앞서 제시한 선지자들과 욥의 경우에서 볼 수 있듯이, '주의 이름으로 말하는 것'과 '여호와께 대하여 옳게 말하는 것'을 의미한다. 고난 가운데서도 주의 말씀을 근거로 '예'와 '아니오'를 확실히 말하는 것이다. 그렇게 할 때 정죄 받음을 면할 것이다.

본문 해설Exposition

중심주제Big Idea: 하나님은 성도가 의인들처럼 주의 강림이 가까움을 깨닫고 인내하면서 서로 원망하는 대신 주의 이름으로 말하고 행하기를 원하신다.

문맥Context

    서신 전체에서 저자는 수신자들에게 여러 가지 권면을 한다. 4:13-17에서는 특히 상인들에게 두 마음을 가지고 행하는 것, 곧 주의 뜻을 알면서도 행하지 않는 교만에 대해서 지적한다. 그들은 "오늘이나 내일이나 우리가 어떤 도시에 가서 거기서 일 년을 머물며 장사하여 이익을 보리라"4:13라고 말하며 모든 것이 그들의 계획대로 이루어질 것이라고 확신한다. 이와 같이 행하는 상인들의 모습은 거만함으로 허탄한 자랑을 하는 것과 같다. 이처럼 행하는 모든 것은 악한 것이다4:16. 그들은 잠깐 보이다가 없어지는 안개와 같아서 내일 무슨 일이 일어날지 알 수 없는 존재이기 때문이다4:14. 그러므로 그들은 자신의 계획과 뜻이 어떠하든지, "주의 뜻이면 우리가 살기도 하고 이것이나 저것을 하리라"4:15라고 말해야 한다. 결론적으로, 옳은 것이 무엇인지 알면서도 그와 같이 행하지 않는 것은 하나님 앞에 죄를 짓는 것이라고 말한다4:17.

    이어서 5:1-6에서 부한 자들에게 지금은 울고 통곡해야 할 마지막 때인 것을 깨달으라고 명한다. 또 다른 한편으로 부한 자들로부터 억압받는 품꾼들에게 주께 부르짖는 자들이 되라고 암시적으로 말한다. 먼저 저자는 땅을 가지고 품꾼들을 부려 그들의 밭을 경작하게 할 만큼 부한 자들에게 권면한다. 그들은 지금 금과 은, 그리고 재물을 쌓고 좋은 옷을 입으며5:2-3, 이 땅에서 사치하고 방종하면서 그들의 마음을 살찌워 무디게 한다5:5. 부한 자들은 부를 축적하기 위해서 그들의 밭에서 일하는 품꾼들에게 주어야 할 삯을 갈취했고5:4, 가난한 자들을 억압하고 법정으로 끌고 갔다2:6. 부한 자들은 그와 같이 악을 행하면서도 그들에게 대항하거나 그들의 악행을 지적할 자가 없을 거라고 생각했다. 그러나 그들은 잘못 판단하였다. 그들이 쌓은 금과 은이 녹슴으로 그들의 잘못을 증거 하기 때문이다5:3. 또한 그들이 품꾼에게 주지 않은 삯이 소리 지르며, 품꾼들이 부르짖는 소리를 만군의 주께서 들으셨기 때문이다5:4. 부한 자들은 지금이 말세이며 살륙의 날임을 깨닫고5:3, 5, 그들에게 임할 고생으로 말미암아 울고 통곡해야 한다5:1. 이처럼 일차적으로 부한 자들에게 지금이 마지막 때인 것을 깨닫고 통곡하고 울라고 경고한다. 그리고 부한 자들로부터 억압당하면서도 그들에게 대항하지 않고 오히려 주께 엎드리는 자를 '의인'이라고 칭하면서5:4, 6, 수신자들에게 그와 같이 하라고 암시적으로 명한다.

　　본 단락5:7-12에서는 부한 자들로부터 억압당하는 수신자들에게 주의 강림이 가까움을 깨닫고 인내하며 원망의 말 대신 주의 이름으로 말하고 행하라고 권한다. 5:7은 '그러므로'로 시작하면서 이전 단락의 논의를 근거로 삼는다. 그리고 '형제들아'라는 호칭을 사용하여 수신자들과 앞서 언급된 '의인'을 연결시킨다5:6. 먼저 저자는 농부의 비유를 통해 그가 많은 수고를 하지만 이른 비와 늦은 비가 온 이후에 마침내 귀한 열매가 열릴 것을 알기 때문에 인내할 수 있다고 말한다5:7. 이처럼 수신자들도 시련을 겪고 있지만 마지막 날이 가까이 왔기 때문에 인내하라고 권한다5:8-9; 참고. 5:3, 5. 시련을 인내하기란 쉽지 않다. 시련 중에는 불평하고 원망하기 쉽다. 그러나 수신자들에게 시련 중에 서로 원망하지 말라고 권한다. 원망하는 자는 곧 오실 주께 심판을 받을 것이기 때문이다5:9. 선지지와 욥을 모범으로 제시하면서 인내하면서 말하는 것에 조심하라고 권한다. 선지자들이 많은 어려움을 당하면서도 '주의 이름으로' 말한 것처럼 성도는 시련 중에 서로 원망하는 말을 할 것이 아니라5:9, 오히려 주의 이름으로 말하라는 것이다5:10. 또한 성도는 하나님에 대해 옳지 않게 말한 욥의 친구들과 다르게 시련 중에도 하나님에 대해 옳게 말함으로 하나님의 자비와 긍휼을 경험한 욥을 본받아야 한다욥 42:7. 무엇보다도 말을 할 때, 시련을 피하기 위한 임시방편으로 '맹세'를 남용하지 말아야 한다. 오히려 성도는 주의 말씀을 기준으로 옳은 것은 '예', 아닌 것은 '아니오'라고 말해야 한다5:12. 이 모든 논의를 통해서 저자는 억압받는 품꾼과 같은 수신자들이 주께서 강림하실 때 주어질 마지막 상급을 바라보고 인내하며 서로 원망의 말 대신 주의 이름으로 옳고 그름의 의사를 분명히 밝히라고 권한다. 그와 같이 하는 것이 심판을 면하는 길이기 때문이다. 이와 같은 사실을 세 단락으로 나누어 살펴보려고 한다.

본론Body

1. 하나님은 성도가 주의 강림이 가까움을 알고 끝까지 참고 마음을 굳게 하기를 원하신다5:7-8

먼저 저자는 농부의 비유를 통해 부한 자들로부터 억압받는 품꾼과 같은 상황에 있는 수신자들이 인내할 수 있는 근거를 제시한다. 5:7이 접속사 '그러므로'로 시작되는 것은 앞서 논의한 것이 본 단락의 근거가 된다는 말이다. 앞서 저자는 부한 자들이 지금이 마지막 때인 것을 깨닫지 못하고 재물을 쌓고 사치하고 방종한 삶을 산다고 지적한다5:2-3, 5. 그리고 세상은 부한 자들로부터 억압받는 품꾼들의 울부짖음을 들어주지 않을지라도 만군의 주께서 그들의 소리를 들으신다고 강조했다5:4. 이를 근거로 시련 중에 있는 수신자들에게 주께서 강림하시기까지 길이 참으라고 권한다5:7.

먼저 수신자들에게 "보라 농부가 [그 열매]가 이른 비와 늦은 비를 맞을 때까지 [그 열매]에 대해 인내하며 땅에서 나는 귀한 열매를 기대하는 것"5:7을 본으로 삼으라고 한다. 일반적으로 농부는 농작물 재배를 시작하기 전부터 추수할 때까지 땅을 갈고 씨를 뿌리고, 거름 주고, 열매를 솎아주고, 가지를 치는 등 수없이 많은 수고를 한다. 농부로서 할 수 있는 모든 일을 한 후, 그 열매에 대해 인내하면서 비가 내릴 때까지 기다린다. 10월 중순-11월 중순의 이른 비와 3-4월의 늦은 비는 지중해 분지에 살던 자들에게는 익숙한 추수기를 말한다참고. 신 11:14. 농부는 자신이 할 수 있는 모든 일을 다 한 후, 이 두 시기에 충분한 비가 오기를 기다린다. 그가 기르는 열매가 물을 잘 흡수하여 비싼 값에 팔릴 수 있는 좋은 상품이 되기를 바란다. 농부의 일은 고되고 그 일을 감당하는 것은 쉽지 않다. 그럼에도 불구하고 그가 인내할 수 있는 이유는 마지막에 귀한 열매를 얻을 수 있다는 기대 때문이다. 이처럼 수신자들도 주께서 강림하시기까지 인내해야 한다. 시련을 견디어 낸 자, 곧 하나님을 사랑하는 자는 당신이 약속하신 생명의 면류관1:12과 하나님 나라를 상속받을 것이다2:5. 시련이 지속되면 마음이 약해지거나 허물어질 수 있다. 따라서 그들은 인내하되, 더욱 마음을 굳건하게 해야 한다. 왜냐하면 주의 강림이 가까왔기 때문이다5:8.

2. 하나님은 성도가 선지자들과 욥과 같이 인내 중에 주의 이름으로 말하기를 원하신다5:9-11

앞서 수신자들이 인내할 수 있는 근거를 제시했다. 이제 주의 이름으로 말한 선지자들과 하나님에 대해 바르게 말한 욥을 모범으로 제시하며 그들이 따라야 할 인내의 자세를 가르친다. 먼저 수신자들에게 인내하라고 하면서 서로 원망하지 말라고 권한다5:9. '원망하는 것'은 말 그대로 '불평하는 것'complain이다. 여기서 '서로'κατ' ἀλλήλων라는 표현을 사용했다. 이는 문자적으로 '서로에게 대항하여' 원망하지 말라는 의미이다. 서로에게 비난의 화살을 돌리지 말라는 말이다. 앞서 형제를 비방하거나 판단하는 것은 곧 율법을 판단하는 것이고, 따라서 율법의 준행자가 아니라 오히려 재판관이 되는 것이라고 했다. 이와 같은 행위가 잘못된 이유는 오직 하나님만이 율법을 만들고 판단하실 수 있기 때문이다4:11-12. 만약 5:9가 4:11-12과 내용상 관련이 있다면, 공동체 내에서 서로 원망하는 것이 하나님의 심판의 대상이 되는 이유를 설명할 수 있다. 오직 하나님만 하실 수 있는 일을 사람이 대신하려고 히기 때문이다. 사람이 하나님과 같이 되어 행동하기 때문에 하나님의 심판을 받을 수밖에 없는 것이다. 앞서 5:8에서 주의 강림이 가까움을 완료형 동사로 묘사했다. 이처럼 5:9에서도 완료형 동사를 사용하여 "심판주가 문 밖에 서 계시니라ἕστηκεν"라고 묘사한다. 이는 심판주의 오심이 임박했음을 강조하는 것이다 그가 오시면 공동체 내에서 서로를 향해 불평하며 비난하는 자들을 심판하실 것이다.

수신자들에게 인내하며 서로 불평하지 말라고 한 후, '주의 이름으로 말한' 선지자들을 고난과 오래 참음의 모범으로 제시한다. 5:7-8에서 시련 중 인내하라고 하면서, 5:9에서 인내하는 중에 '서로 원망하지 않는 것'에 대해 가르친다. 그리고 5:10에서 선지자들을 시련과 오래 참음의 본으로 제시하며 그들이 '주의 이름으로 말한' 것에 초점을 둔다. 여기서 지적하는 '주의 이름으로 말한 것'은 5:9에서 지적한 '서로 원망하는 것'과 대조를 이룬다. 저자는 수신자들이 시련 중에 인내하면서 원망의 말을 하는 대신 주의 이름으로 말한 선지자들 본으로 삼기를 원했다. 주의 이름으로 말하는 자는 늘 주님을 의식하기 때문에 함부로 말하지 못한다. 어떤 이는 주의 이름으로 말하는 것은 인내하는 중, 불의한 것에 대해 하나님의 관점에서 하나님의 이름으로 말할 수 있는 자세로 본다. 또 다른 이는 하나님의 이름을 욕보이지 않는 말을 하는 태도를 가리킨다고 본다. 어떤 고통의 상황 가운데서도 나의 말이 아니라 하나님의 진리의 말씀을 말하는 것이 곧 주의 이름으로 말하는 것이다.

이어서 수신자들이 본받아야 할 또 다른 예로 욥을 제시한다5:11. 욥은 성경에 등장하는 인물들 중 시련 중에 인내한 자의 대명사이다. 그러나 여기서는 욥의 인내의 모습뿐 아니라 시련 중 말하는 모습도 함께 모범으로 제시하는 것으로 보아야 한다. 왜냐하면, 앞선 문맥에서 계속해서 인내할 때 형제가 서로 원망하지 말 것과 주의 이름으로 말한 선지자를 본받으라고 하면서 인내와 말하는 것을 연결하여 설명하기 때문이다. 욥기 42:7에 "여호와께서 욥에게 이 말씀을 하신 후에 여호와께서 데만 사람 엘리바스에게 이르시되 내가 너와 네 두 친구에게 노하나니 이는 너희가 나를 가리켜 말한 것이 내 종 욥의 말 같이 옳지 못함이니라"라고 했다. 하나님이 욥과 그의 친구들을 평가하실 때 그들이 한 말과 관련해서 판단하고 계심을 주목할 필요가 있다. 하나님은 욥의 말과 그 친구들의 말을 비교하신다. 그리고 하나님은 욥의 친구들이 자신에 대해서 한 말이 욥의 것과는 다르게 옳지 않다고 말씀하신다. 욥은 시련 중에서도 하나님에 대하여 바른말을 한 것이다. 욥기 42:8에 반복해서 "그런즉 너희는 수소 일곱과 숫양

일곱을 가지고 내 종 욥에게 가서 너희를 위하여 번제를 드리라 내 종 욥이 너희를 위하여 기도할 것인즉 내가 그를 기쁘게 받으리니 너희가 우매한 만큼 너희에게 갚지 아니하리라 이는 너희가 나를 가리켜 말한 것이 내 종 욥의 말 같이 옳지 못함이라"라고 말한다.

욥기 42:8-10에는 욥이 친구들과 하나님 사이에서 중재자 역할을 하며 그들을 위해서 기도하는 모습이 나타난다. 이는 분명 시련 중에 인내하면서도 형제들을 향해 서로 원망하는 모습과는 다르다. 하나님은 욥이 기도할 때 그의 곤경을 돌이키시고 그가 이전에 가졌던 소유보다 갑절이나 주셨다42:10. 저자는 욥이 인내하는 모습뿐 아니라 '주께서 주신 결말'목적도 주목하게 한다. 욥기의 결말은 "주는 가장 자비하시고 긍휼히 여기시는 이"라는 사실이다5:11. 욥이 인내했을 때 이전보다 더 잘 된 것이 욥기의 기록 목적이거나 결말도 아니고, 그것에 주목해야 하는 것도 아니다. 오히려 욥에게 그런 자비를 베푸시고 그를 긍휼히 여기시는 하나님의 궁극적인 목적이 욥기의 결말이면서 수신자들이 주목해야 할 사실임을 밝힌다. 이상의 사실을 통해 저자가 전달하고자 하는 것은 시련 중에 인내하며 주의 이름으로 말하고, 하나님께 대하여 바른말을 하는 자는 결국 자비와 긍휼이 풍성한 심판주를 경험하게 된다는 사실이다. 때를 알지 못하고 방종하며 사는 자들에게 마지막 날은 살육의 날이다5:1-6. 그러나 인내하며 주의 이름으로 말하는 자에게 마지막 날은 심판주의 자비와 긍휼을 경험하는 날이 될 것이다5:7-11.

3. 하나님은 성도가 주의 말씀을 근거로 옳고 그른 것에 '예'와 '아니오'를 명확히 말하기를 원하신다5:12

앞서 주의 이름으로 말한 선지자들이나 주님에 대해 바르게 말한 욥을 수신자들이 따를 모범으로 제시했다. 그리고 하나님의 궁극적인 목적이 무엇인지 설명했다. 그런 후, 무엇보다도 중요한 것은 앞서 제시한 예를 따라 행하는 것이라고 말한다. 먼저 "맹세하지 말지니 하늘로나 땅으로나 아무 다른 것으로도 맹세하지 말라"5:12라고 말한다. 몇몇 학자들은 수신자들 중에 어떤 이들은 어려움을 당하거나 고난 중에 있을 때 신용을 얻거나 부한 자들로부터 품삯을 더 받거나 그들의 자비를 구하기 위해서 맹세를 남용했다고 한다. 또 다른 이는 그들 중에 현재 당면한 시련을 피하기 위해서 맹세라는 방법을 동원한 자들이 었었다고 본다. 만약 이것이 사실이라면, 맹세는 고난 중에 인내하는 것도 아니고 하나님을 의지하는 것도 아니다. 이와 같은 사실은 5:12에서도 발견할 수 있다. 5:12에서 '오직'으로 번역된 단어는 접속사 '그러나'δέ이기 때문이다. 첫 번째 문장에서 "내 형제들아 무엇보다도 맹세하지 말지니 하늘로나 땅으로나 아무 다른 것으로도 맹세하지 말고"라고 했다. 그리고 이어서 "그러나 너희가 그렇다고 생각하는 것은 그렇다 하고 아니라고 생각하는 것은 아니라 하여 정죄 받음을 면하라"라고 말했다. 이 말은 '맹세'는 '예'도 아니고 '아니오'도 아닌 애매한 대답이라는 것이다. 이와 같이 시련 중에 애매한 대답을 하면 심판을 받게 된다.

저자는 "너희가 그렇다고 생각하는 것은 그렇다 하고 아니라고 생각하는 것은 아니라" 하라고 권한다. '그렇다'와 '아니다'의 기준은 앞서 제시된 선지자와 욥의 예에서 찾을 수 있다. 앞서 저자는 주의 이름으로 말한 선지자들과 여호와에 대하여 말할 때 옳게 말한 욥을 본으로 삼으라고 했다10-11. 이어서 무엇보다도 중요한 것은 맹세하지 않는 것이며 '예'와 '아니오'를 명확히 하는 것이라고 한다12. 따라서, 본 구절에서 말하는 '예'와 '아니오'의 기준은 앞서 제시한 '주의 이름으로 말하는 것'과 '여호와에 대해 바르게 말하는 것'이 될 것이다. 한마디로 말해서 고난 중에서도 주의 말씀을 근거로 '예'와 '아니오'를 분명히 말하라는 것이다. 그렇게 할 때 정죄 받음을 면하게 될 것이다.

결론 Conclusion

성도는 부한 자들로부터 억압당하는 상황에서도 하나님께 부르짖는 의인이 되어야 한다. 농부는 많은 수고를 하지만 이른 비와 늦은 비가 내린 후에 귀한 열매가 열릴 것을 기대하기 때문에 인내할 수 있다. 이처럼 성도 또한 주의 날이 가까이 왔기에 하나님의 약속을 기다리며 인내할 수 있다. 그러나 인내할 때는 주의 이름으로 말한 선지자들이나 인내 중에도 하나님에 대해 바르게 말한 욥을 본으로 삼아야 한다. 그들을 본으로 삼되, 무엇보다 중요한 것은 말을 할 때는 당면한 시련을 피하기 위해 맹세를 남용해서는 안된다. 오히려 주의 말씀을 기준으로 '예'와 '아니오'를 명확히 해야 한다. 그래야 심판을 면할 수 있다.

적용Application

나는 주의 날이 가까이 왔음을 알고 현재 당면한 시련을 인내하고 있는가? 나는 시련 중에 형제를 비방하지 않고 오히려 주의 말씀을 기준으로 말하고, 주께 대하여 바른 말을 하고 있는가? 나는 당면한 시련을 피하기 위해 맹세를 남용하지는 않는가? 주의 말씀을 기준으로 '예'와 '아니오'를 분명히 하고 있는가?

설교를 위한 제안

제목: 시련 중에 주의 이름으로 언행을……

1. 의인은 주의 강림이 가까움을 알고 끝까지 참고 마음을 굳게 하는 자이다.
2. 의인은 선지자들과 욥과 같이 인내 중에 주의 이름으로 말하는 자이다.
3. 의인은 주의 말씀을 근거로 옳고 그른 것에 '예'와 '아니오'를 명확히 하는 자이다.

본문 주석

⁷ Be patient, therefore, brothers,

　그러므로 인내하라 형제들아!

　　　　until the coming of the Lord.

　　　　주님이 오실 때까지

　See how the farmer waits for the precious fruit of the earth,

　보라, 농부가 땅의 귀한 열매를 기대하는 것을

　　　　being patient about it,

　　　　그것을[그것에 대해] 인내하며

　　　　　　until it receives　the early

　　　　　　그것[열매]이　　이른 비를 받고

　　　　　　and the late rains.

　　　　　　그리고 늦은 비를[받을 때까지]

　　1. 먼저 "그러므로 형제들아 주께서 강림하시기까지 길이 참으라"라고
한다. 본 구절이 '그러므로'οὖν로 시작하는 것은 이전 단락의 내용이 본 단락의
근거가 된다는 말이다. 앞서 "들으라 부한 자들아!"라고 시작하면서 부한
자들에게 경고의 메시지를 전달한다. 부한 자들은 품꾼들의 삯을 갈취하며
부를 축적하고 향락하고 방탕한 삶을 살며, 약한 자들을 정죄하고 죽였다.
그들은 말세에 재물을 쌓으므로 그들의 몸이 불같이 삼킴을 당할 것이고 살륙의
날에 그들의 마음을 살찌게 함으로 하나님의 심판을 면하지 못할 것이다5:1-
6. 또 다른 한 편으로 저자는 시련을 당하는 품꾼들에게 소망의 메시지를
전했다. 억압당하는 품꾼들이 울며 부르짖을 때 만군의 주께서 그들의 소리를
들으신다5:4. 그리고 그와 같이 행하며 하나님을 의지하는 자를 '의인'이라고
불러주신5:6. 이제 '형제들아'라는 호칭을 사용해서 수신자들 전체에게 권면한다.

저자는 앞서 언급한 '의인'과 수신자들을 연결시키면서 "주께서 강림하시기까지 길이" 참으라고 말한다5:7.

2. 먼저 "보라 농부가 땅에서 나는 귀한 열매를 바라고 길이 참아 이른 비와 늦은 비를 기다리나니"라고 한다. 5:4에서처럼 '보라'ἰδού로 시작하며 주의를 집중시킨 후, 열매를 바라며 인내하는 농부를 비유로 들어 설명한다. '바라다'ἐκδέχομαι로 번역된 동사는 '기다리다'wait for, '기대하다'expect, 또는 '고대하다'look forward to라는 의미가 있다. 추수를 기다리는 농부는 자신이 경작한 식물이 좋은 열매를 많이 맺기를 기대하며 기다린다. '귀한 열매'라고 했는데, '귀한'τίμιος으로 번역된 형용사는 '가치 있는'valuable, '귀중한'precious, '값비싼'costly이라는 의미가 있다. 농부가 귀한 열매를 바라는 것은 경작한 식물의 열매가 잘 자라서 시장에 내다 팔았을 때 최고의 가격을 받을 수 있기를 원하는 것과 같다.

3. 저자는 농부가 바라는 열매를 '땅에서 나는/땅의'τῆς γῆς 귀한 열매로 묘사한다. 농부가 바라는 것이 땅에서 날 것은 분명한데 굳이 '땅에서'라는 표현을 사용한 이유가 있을 것이다. 이 표현은 앞서 "너희가 땅에서 사치하고 방종하여 살륙의 날에 너희 마음을 살찌게 하였도다"5:5라는 문장에서도 사용되었다. 이 구절에서 땅은 하늘과 대조되고 시간적으로 일시적인 것을 의미한다고 했다. 만약 이와 같은 의미가 본 구절에서도 사용된다면, 농부가 그와 같이 인내하고 기다리는 것은 이 땅의 일시적인 열매를 바라기 때문이다. 농부가 땅의 것을 위해서 인내하며 기다린다면, 주의 강림의 때에 하늘의 것으로 보상받을 자는 더더욱 인내하며 기다려야 한다5:8.

4. 농부는 땅에서 나는 귀한 열매를 기다리지만 자신이 강제로 땅의 귀한 열매를 맺게 할 수 없기에 하늘의 도우심을 기다릴 수밖에 없다. '땅에'ἐπὶ τῆς γῆς라는 표현이 이후 문맥에서 다시 나타난다. 엘리야가 기도할 때 "땅에 비가 오지 아니하고"5:17 다시 기도할 때 "하늘이 비를 주고 땅이 열매를

맺었느니라"5:18라고 했다. 농부와 엘리야는 땅의 열매를 기다리지만 하늘의 도우심을 바라본다. 그러나 이와 대조적으로 부한 자들은 땅에서 사치하고 방종하여 살륙의 날에 마음을 살찌게 한다5:5. 이와 같은 대조는 땅에서 나는 것이라고 해도 하나님의 도우심을 기다려야 한다는 교훈을 준다. 만약 사람이 억지로 얻으려고 한다면, 그것은 하나님이 원하시는 것이 아닐 수도 있다. 저자는 '길이 참아'μακροθυμῶν라는 현재 능동태 분사를 통해 농부가 귀한 열매를 바라는 동안 지속적으로 인내하며 기다리는 모습을 묘사한다. '길이 참아'μακροθυμῶν ἐπ᾽ αὐτῷ에 포함된 전치사 '에피'ἐπί는 영어성경에서 "그것에 관해서 인내하면서"being patient about it; ESV; NASB, "그것을 위해 오래 인내하면서"hath long patience for it; KJV, 또는 "그것을 인내하면서"being patient with it; NRSV로 번역된다. 그 의미에 있어서 큰 차이는 없다.

5. "이른 비와 늦은 비를 기다리나니"ἕως λάβη πρόϊμον καὶ ὄψιμον라고 했다. 이 문장의 주어는 농부가 아니라 '귀한 열매'이다. 따라서 "그것[귀한 열매]이 이른 비와 늦은 비를 받을/얻을 때까지"라는 의미이다. 농부는 땅에서 나는 귀한 열매를 바라고 길이 참되, 그 열매가 이른 비와 늦은 비를 받을 때까지 기다린다는 말이다. 이른 비와 늦은 비는 지중해 분지에 살던 자들에게는 익숙한 추수기를 말한다. 이른 비는 10월 중순부터 시작해서 11월 중순까지 지속되고, 늦은 비는 3월에서 4월에 집중된다신 11:14. 농부는 이 두 시기에 비가 충분히 와서 그 열매가 물을 잘 흡수하여 비싼 값에 팔릴 수 있는 좋은 상품이 되기를 바라며 기다린다.

6. 농부는 단순히 비가 오기만 기다리지는 않는다. 그는 씨 뿌리기, 거름주기, 열매를 솎아주기, 가지치기 등 농작물을 재배할 때 필요한 모든 일을 한다. 농부는 비가 안 와도 걱정하고 비가 너무 많이 와도 걱정한다. 농부의 걱정은 귀한 열매가 수확될 때까지 계속된다. 그럼에도 불구하고 농부가 강제적으로 귀한 열매를 맺게 할 수는 없다. 자신이 할 수 있는 일을 다 한 후에

이른 비와 늦은 비를 기다려야 한다. 이와 마찬가지로, 성도가 강제로 주님의 날을 앞당길 수 없다. 그날은 하나님만 아시기 때문이다. 성도는 현재 그들에게 주어진 일을 하면서 인내하고 기다릴 수밖에 없다. 서신 전체에서 지적하듯이 인내하며 기다리는 것은 쉽지 않다. 온갖 시련 속에서 견뎌야 한다. 그러나 마침내 주의 날이 도래했을 때 주께서 그들을 보호하시고 위로해 주실 것이다. 저자는 5:7에서 '인내하라' Μακροθυμήσατε라는 명령형 동사를 문장 제일 처음에 위치시켜서 수신자들에게 인내를 강조한다.

⁸ You also, be patient.

  너희도 인내하라

  Establish your hearts,

  마음을 굳게 하라

        for the coming of the Lord is at hand.

        왜냐하면 주의 강림이 가깝기 때문이다

    1. 앞서 5:7은 "그러므로 형제들아 주께서 강림하시기까지 길이 참으라"라는 명령으로 시작하며 농부의 예를 들어 성도가 인내해야 할 이유를 제시했다. 그리고 본 구절에서 다시 앞서 사용했던 명령형 동사μακροθυμήσατε를 통해 "너희도 길이 참고"라고 명령한다. 이와 같이 저자가 반복해서 '참으라'라고 명령하는 것은 수신자들이 처한 현재의 상황이 쉽지 않음을 반영한다. 뿐만 아니라 농부가 귀한 열매를 바라고 기다리는 것처럼 그들에게 주의 강림을 기다리라고 하는 것은 그 시련의 끝이 있음을 암시한다.

    2. 이어서 "마음을 굳건하게 하라"라고 명한다. '굳건하게 하다'στηρίζω의 문자적인 의미는 '설립하다' set up; establish, '조력하다' support이다. 비유적으로 사용될 때는 '확정하다' confirm, '설립하다' establish, '강하게 하다' strengthen 등의 의미로 쓰인다. 신약의 많은 경우 이 동사가 '굳게 하다' strengthen라는 의미로

사용되었는데롬 1:11; 16:25; 살전 3:2, 13; 살후 2:17; 3:3; 벧전 5:10; 벧후 1:12; 계 3:2 등, 본 구절에서도 이와 같은 의미로 사용되었다. 수신자들에게 마음을 굳건하게 하라고 하는 이유도 그들이 시련을 당하는 상황과 관련이 있을 듯하다. 앞서 살펴보았듯이 누구든지 시련 중에 인내하며 기다리는 것은 쉽지 않다. 만약 그 시련이 언제 끝날지 알 수 없는 상황이라면, 인내하며 기다리다가 마음이 흔들리고 처음 가졌던 결심이 약해질 수도 있다. 그러니 마음을 굳건하게 해야 한다. 마음을 굳건하게 하는 것은 부한 자들이 그들의 '마음을 살찌게' 한 것과는 대조된다5:5. 마음을 살찌우는 것은 이 땅에서 자신의 즐거움을 위해 살고 사치하고 방종하며 사는 것이다. 만약 성도가 이와 같이 행한다면, 그들은 겉과 속이 다른 삶을 사는 것이다. 따라서 그들은 손[겉]을 깨끗하게 할 뿐 아니라 마음[속]도 성결하게 해야 한다4:8. 앞서 "슬퍼하며 애통하며 울지어다. 너희 웃음을 애통으로, 너희 즐거움을 근심으로 바꿀지어다"4:9라고 했다. 이처럼 그들은 현재의 즐거움을 위해 살며 마음을 살찌울 것이 아니라 오히려 슬퍼하고 애통하며 근심하며 살아야 한다. 다가올 심판의 때를 생각하며 마음을 강하게 하여 외적 시련뿐 아니라 내적 유혹에도 흔들리지 않아야 한다.

　　3. 이어서 "왜냐하면 주의 강림이 가깝기 때문이다"라고 하며 성도가 인내하고 마음을 굳게 해야 할 이유를 제시한다. 주의 강림은 앞서 사용된 말세5:3나 살륙의 날5:5의 또 다른 표현이다. 서신 초반부터 저자는 "자기를 사랑하는 자들에게 약속하신 생명의 면류관"1:12과 "자기를 사랑하는 자들에게 약속하신 나라를 상속"2:5할 것에 관해서 언급했다. 이는 저자가 서신을 쓰면서 시종일관 마지막 때를 염두에 두었다는 말이다. '가까우니라'ἤγγικεν라는 동사가 완료형인 것은 주의 강림이 이미 시작되었다는 말이다. 그러나 그날이 언제인지 알 수 없기 때문에 수신자들은 더 마음을 강하게 하고 인내하며 그날을 기다려야 한다.

⁹ Do not grumble against one another, brothers,

원망하지 마라, 형제들아! 서로에 대해서

so that you may not be judged;

그래야 너희가 심판 받지 않을 것이다

behold, the Judge is standing at the door.

보라, 심판자가 문 앞에 서 계신다

1. 세 번째 명령인 "형제들아 서로 원망하지 말라"라고 한다. '원망하다'στενάζω는 '한숨 쉬다'sigh, '신음하다/낮게 탄성을 지르다'groan, 또는 '불평하다'complain라는 의미가 있다. 그런데 이 한숨/불평이 자기 자신을 향한 것이 아니라 '서로를 향한 것'κατ᾽ ἀλλήλων이다. 앞서 사람이 시련을 당할 때 온전히 기쁘게 여기고1:2, 그 시련의 테스트를 믿음으로 이길 때 인내가 만들어지고1:3, 인내를 온전히 이룰 때 하나님 앞에서 온전한 자가 된다고 했다1:4. 이러한 가운데 지혜가 부족하면 하나님께 의심하는 마음 없이 믿음으로 구하면, 주께서 후히 주시고 꾸짖지 않으실 것이다1:5-6. 야고보서 1장과 5장이 내용상으로 정확히 일치하지 않고, 또 1장에서 '인내'ὑπομονή로 번역된 단어가 5:7의 것μακροθυμέω과 같지 않지만 의미상 서로 비슷하다. 저자는 성도가 시련을 당할 때 공동체 내에서 서로를 향해 불평하는 것이 옳지 않다고 말한다. 서로 원망하는 것은 두 가지의 의미가 있을 수 있다. 하나는 서로에게 비난의 화살을 돌리는 것이고 또 하나는 성도들에게 투덜대며 불평을 하는 것이다.¹⁶

2. 계속해서 "그리하여야 심판을 면하리라"라고 말한다. 여기서 목적을 나타내는 '히나'ἵνα와 부정어인 '메'μή, 그리고 '심판하다'κρίνω의 2인칭 복수 단순 과거 수동태 가정법κριθῆτε이 쓰였다. 따라서 "그래서/그렇게 해야 너희가 심판을 받지 않을 것이다"라는 의미이다. 이는 성도가 서로를 향해 비난의 화살을 돌리거나 투덜대는 것이 하나님의 심판의 대상이 된다는 말이다. 앞서 형제를

---

16 Moo, *James*, 214-15.

비방하거나 판단하는 것은 곧 율법을 판단하는 것이라고 했다. 그리고 율법을 판단하는 것은 율법의 준행자의 모습이 아니라 오히려 재판관이 되는 것이라고 했다4:11. 오직 하나님만 율법을 만들고 판단하실 수 있는데 사람이 그 일을 담당하려고 하는 것이 잘못되었음을 지적하는 것이다4:12. 만약 5:9와 4:11-12가 내용상 관련이 있다면, 공동체 내에서 서로 원망하는 것이 하나님의 심판의 대상이 되는 이유를 알 수 있다. 성도가 서로 원망하는 것은 스스로 하나님이 되어 행동하는 것과 같은 것이다. 오직 하나님만 하실 수 있는 일을 사람이 하고 있으니 하나님의 심판을 받을 수밖에 없다는 것이다.

3. 마지막으로 "보라 심판주가 문 밖에 서 계시니라"라고 말한다. 저자는 5:7-12를 시작할 때부터 반복해서 주의 강림이 가까이 왔다고 말한다5:7-8. 그리고 여기서 다시 심판주가 문 밖에 서 계신다고 말한다. 5:8에서 완료형 동사ἤγγικεν로 "주의 강림이 가까우니라"라고 한 것처럼, 5:9에서 다시 '서다'ἵστημι의 완료형 동사ἕστηκεν를 사용하여 "심판 주가 문 밖에 서 계시니라"라고 말한다. 이는 심판주의 오심이 임박했음을 알리는 것이다. 심판주가 곧 오셔서 시련 중에 형제에게 불평하며 비난하는 자를 심판하실 것이다.

[10] As an example of suffering and patience, brothers,
본을 삼으라, 형제들아! 고난과 오래 참음의

take the prophets
선지자들을

who spoke in the name of the Lord.
[그들은] 주님의 이름으로 말한

1. 5:7, 8에서와 같이 본 구절에서 다시 '형제들아'라는 호칭과 함께 명령형 동사를 사용하여 선지자들을 본으로 삼으라고 한다. 여기서

'본'ὑπόδειγμα으로 번역된 단어는 '예'example, '모델/모범'model, 또는 '삶의 방식/패턴'pattern이라는 의미가 있다. 선지자들을 본으로 삼으라는 말은 그들을 모범으로 삼아 그들의 삶의 양식이나 패턴을 본받으라는 말이다. 선지자들이 고난을 당하는 것과 오래 참는 모습을 본받으라는 것이다. 어떻게 보면 선지자들을 삶의 본으로 삼으라는 말이 마음에 와닿지 않거나 이해되지 않는다. 왜냐하면 하나님의 선지자는 보통 사람들과는 다른 특별한 자로 여겨지기 때문이다. 그러나 5:17에서 "엘리야는 우리와 성정이 같은 사람이로되"라고 말한 것처럼 저자는 선지자들을 수신자들과 동일한 자들로 이해한다. 따라서 고난과 인내로 점철되었던 선지자들의 삶은 현재 시련의 길을 걷고 있는 수신자들의 본이 될 수 있다. 데이비스는 '고난'κακοπαθίας은 수동적인 의미로서 고난당하는 것을, '오래 참음'μακροθυμίας은 능동적인 의미로서 고난의 상황 가운데서 인내하는 것이라고 말한다. 그러면서 이 두 단어가 함께 사용되어 하나의 의미를 형성하는二詞一意; hendiadys것으로 본다. '선지자들의 고난 중 인내'를 의미하는 것이다.[17]

　　2. 선지자들을 고난과 오래 참음의 본으로 삼으라고 한 후, 관계대명사절을 통해 그 선지자들을 "주의 이름으로 말한" 자들로 묘사한다. 이는 선지자들이 고난 중에도 주의 이름으로 말을 했다는 의미이다. 무Moo는 이 표현을 근거로 선지자들이 인내한 고난은 그들의 잘못에 근거한 것이 아니라 신실하게 하나님의 뜻을 붙들고 행한 결과였음이 명백하다고 말한다.[18] 무 의 주장이 옳지만 본 구절에서 선지자들이 주의 뜻을 행하다가 당하는 고난 중에 인내한 것만을 강조하려 한 것 같지는 않다. 오히려 어떤 종류의 고난을 당하든지 인내하면서 '주의 이름으로 말한 것'을 강조한다. 이와 같은 선지자들의 모습은 시련과 고난이 닥칠 때 서로 원망하는 모습5:9과 대조를 이루기 때문이다. 주의 이름으로 말하는 자는 늘 주님을 의식하기에 함부로 말하지 못한다. 이와 같은

---

17 Davids, *James*, 186.
18 Moo, 『야고보서』, 254.

선지자들의 모습, 곧 시련 중에 인내함과 동시에 주의 이름으로 말하는 것을 본으로 삼으라는 것이다. 처치Church가 잘 지적한 바와 같이 주의 이름으로 말하는 것은 불의를 맹렬히 비난하는 수사법을 포함한다. 즉, 주의 이름으로 말하는 것은 단순히 아무 말도 하지 않고 인내만 하는 것이 아니라 하나님의 관점에서 불의한 것에 대해 하나님의 이름으로 말할 수 있는 그러한 자세, 하나님의 이름을 욕보이지 않는 말을 하는 태도를 가리킨다.[19] 이러한 태도는 어떤 환난의 상황 가운데서도 하나님의 진리의 말씀을 기준으로 말하는 것을 의미한다.

[11] Behold, we consider those blessed
　보라, 우리는 [~를] 복되다고 여긴다
　　　who remained steadfast.
　　　인내한 자들을
　　　　　You have heard of the steadfastness of Job,
　　　　　너희는 욥의 인내를 들었다
　　　　　and you have seen the purpose of the Lord,
　　　　　그리고 주님의 결말[목적]을 보았다,
　　　　　　　how the Lord is　compassionate
　　　　　　　그 주님은　　　자비하시고
　　　　　　　　and merciful.
　　　　　　　　긍휼이 풍성하신 분임을

　　1. 먼저 "보라 인내하는 자를 우리가 복되다 하나니"라고 말한다. '인내한 자'τοὺς ὑπομείναντας는 '남다'remain, '그대로 있다'stay, '공격에 견디다'stand one's ground라는 의미를 가진 동사ὑπομένω의 복수 분사가 독립적 용법으로 <u>사용되어서</u> '인내하는 자들'이 된다. '복되다 하나니'μακαρίζω라고 번역된 동사는

19 Blomberg and Kamell, *James*, 229에서 재인용.

'복되다고 생각하다'consider blessed라는 의미이다. '인내한 자들'은 고난 가운데서 주의 이름으로 말하며 인내한 선지자들뿐 아니라 그와 같이 행한 모든 자들을 지칭한다. 그리고 일반적으로 성도는 그러한 자들은 복되다고 생각한다. 이어서 "너희가 욥의 인내를 들었고"라고 말하면서 성경에서 고난 중에 인내한 대표적인 인물인 욥을 또 다른 모범으로 제시한다. 앞서 선지자들을 모범으로 삼으라고 했고5:10, 본 구절에서 "보라 인내하는 자를 우리가 복되다 하나니"라고 말한 후, 욥 한 사람을 수신자들이 따라야 할 모범으로 제시한다. 이를 볼 때 욥을 고난 중에 인내한 선지자들 중 대표적인 인물로 본 듯하다. 일반적으로 욥이 선지자로 여겨지지는 않지만, 저자는 그가 선지자적인 역할을 한 것으로 본 듯하다. 아마도 앞서 지적한 것처럼 고난 중에 인내한 선지자들이 주의 이름으로 말한 것처럼 욥 역시 말하는 것과 관련하여 선지자적인 역할을 한 것으로 이해할 수 있다 5:10.

2. 욥기 42:7에 "여호와께서 욥에게 이 말씀을 하신 후에 여호와께서 데만 사람 엘리바스에게 이르시되 내가 너와 네 두 친구에게 노하나니 이는 너희가 나를 가리켜 말한 것이 내 종 욥의 말 같이 옳지 못함이니라"라고 했다. 여기서 하나님은 욥과 그의 친구들이 한 말을 기준으로 판단하신다. 하나님은 욥의 친구들이 욥과는 다르게 당신에 대해 바르게 말하지 않는다고 지적하신다. 본문에서 욥이 어떻게 말했는지 밝히지 않지만 분명 그의 친구들과 대조되는 말, 곧 하나님에 대해 바른말을 했을 것이다. 욥기 42:8에서 다시 욥의 친구들이 하나님에 대해 말한 것이 옳지 않다고 지적한다. 이러한 사실은 앞서 선지자들이 주의 이름으로 말한 것과 맥을 같이 한다5:10. 이러한 문맥에서 볼 때, 저자는 욥이 고난 중에 인내하면서 하나님에 대해 옳은 말을 한 것을 근거로 그가 선지자적 역할을 한 것으로 본 듯하다. 욥은 선지자들처럼 하나님의 뜻을 전달하는 역할을 한 것이다. 욥도 선지자들처럼 옳은 말, 진리를 말한 사람이었다.

3. "너희가 주께서 주신 결말을 보았거니와"라고 말한다. 욥의 친구들이 하나님의 말씀대로 행할 때 하나님이 욥을 기쁘게 받으실 것이라고 한다욥 42:8.

그 친구들이 하나님께 번제를 드릴 때 욥은 그들을 원망하거나 비난하는 대신 그들을 위해 기도했다. 욥의 이러한 모습 또한 선지자들이 주의 이름으로 말한 모습과 같다. 욥기 42:10에 "욥이 그의 친구들을 위하여 기도할 때 여호와께서 욥의 곤경을 돌이키시고 여호와께서 욥에게 이전 모든 소유보다 갑절이나 주신지라"라고 했다. 욥에게 주어진 더 구체적인 복의 내용은 욥기 42:10-17에 기록되어 있다. '주께서 주신 결말'이라는 표현에서 '결말'τέλος로 번역된 명사는 '목적'end, '목표'goal 또는 '결과'outcome라는 의미가 있다. 따라서 '주께서 주신 결말'은 하나님이 욥을 위해 계획하신 목적, 혹은 하나님이 욥의 삶에 보여주신 결말을 의미한다.[20]

　4. 이어서 ὅτιthat 절을 사용하여 주께서 주신 결말이 무엇인지 설명한다. 하나님이 욥을 위해 계획하신 것, 혹은 욥의 삶에 보여주신 결말은 "주는 가장 자비하시고 긍휼히 여기시는 이"라는 것이다. 앞서 '결말' τέλος로 번역된 명사는 두 가지로 해석 가능하다고 했다. 첫째, '결말'이 하나님의 목적을 가리킨다면, 욥의 이야기를 통해서 하나님은 당신이 자비하시고 긍휼 하신 분이라는 사실을 보여주는 것이 목적이다. 둘째, '결말'이 말 그대로 주께서 욥에게 보여주신 결말을 의미한다면, 욥의 이야기의 결론은 '주는 가장 자비하시고 긍휼히 여기시는 분'이라는 것이다. 어떻게 해석하든지 의미상으로는 큰 차이는 없다.

　5. "주는 가장 자비하시고 긍휼히 여기시는 이시니라"라고 했다. '자비'πολύσπλαγχνος와 '긍휼'οἰκτίρμων은 모두 '동정하는'compassionate 또는 '자비로운'merciful이라는 의미가 있다. 비슷한 표현을 반복 사용하여 하나님의 자비하심을 강조하고, 수신자들이 현재의 고난을 견디고 인내할 수 있도록 격려한다. 성도가 고난 중에도 선지자들처럼 주의 이름으로 말하고 욥처럼 하나님의 뜻을 말하면 하나님의 자비와 긍휼이 그들의 삶에 풍성하게 나타날 것이다.

---

20 Blomberg and Kamell, *James*, 230.

¹² But above all, my brothers,

　그러나 무엇보다도, 내 형제들아,

　　　do not swear,

　　　맹세하지 말라!

　　　　　either　by heaven

　　　　　하늘로도 [하지 말고]

　　　　　or by earth

　　　　　땅으로도 [하지 말라]

　　　　　or by any other oath,

　　　　　또는 아무 다른 맹세로도 [하지 말라]

　　　but let your "yes" be yes

　　　대신에 너희의 "예"가 '예'가 되게

　　　　and your "no" be no,

　　　　그리고 너희의 "아니"가 '아니'가 되게 하라

　　　　　　so that you may not fall under condemnation.

　　　　　　그러면 너희가 정죄[심판]에 빠지지 않게 될 것이다

　　1. 본 구절은 접속사 '그러나'δέ로 시작한다. 앞서 시련을 당하면서 형제들끼리 서로 원망하지 말라고 했다9. 그리고 선지자들과 욥의 예를 들어서 인내 중에 주의 이름으로 말하는 것과 하나님에 대해 바르게 말하는 것이 중요하다고 했다10-11. 그런 후에 접속사 '그러나'로 시작하면서 맹세하지 말라고 하는 것은, 말을 할 때 주의할 것을 전달하려는 의도로 보인다. "주의 이름으로 말하고 하나님에 대해 바르게 말하라! 그러나 맹세하지 말라!"라는 의미이다.

　　2. "내 형제들아 무엇보다도 맹세하지 말지니"라고 했다. '무엇보다도'Πρὸ πάντων와 관련해서 본 구절이 앞 단락에 속한 것인지 아니면 이후 단락5:13-20의 시작을 의미하는지에 대한 논의가 있다. 이러한 표현을 사용한 것은 맹세의 문제가 다른 그 어떤 것보다 큰 문제인지, 아니면 이전 논의의 결론을 말하기

위해 사용된 표현인지에 관한 논의도 있다. 그러나 중요한 것은 앞서 설명했듯이 '무엇보다도'라는 표현은 주의 이름으로 말하되 무엇보다도 조심해야 할 것이 무엇인지 강조하기 위한 장치라는 것이다.

3. "맹세하지 말지니 하늘로나 땅으로나 아무 다른 것으로도 맹세하지 말고"라고 말한다. 맹세를 금하는 구절은 신약성경의 복음서에 몇 번 나타난다. 하늘이든 땅이든 그것으로 맹세하는 것은 그것에 포함된 것으로 맹세하는 것이다. 마태복음 23:22에서 "또 하늘로 맹세하는 자는 하나님의 보좌와 그 위에 앉으신 이로 맹세함이니라"라고 한 바와 같다. 마태복음 5:33-37에서 예수님은 도무지 맹세하지 말라고 하신다. 특히, 5:36에서 "네 머리로도 하지 말라 이는 네가 한 터럭도 희고 검게 할 수 없음이라"라고 한 것처럼, 맹세하지 말라고 하는 것은 인간의 무력함에 그 원인이 있다. 아무리 맹세하더라도 인간이 할 수 있는 것이 아무것도 없다는 것이다. 만약 하늘로 맹세하고 지키지 않으면 오히려 하나님의 이름만 욕되게 하기에 맹세할 필요가 없다. 저자가 맹세하지 말라고 한 것을 볼 때, 이 맹세는 분명 부정적인 것이다. 몇몇 학자들이 지적하듯이 수신자 중에 어려움을 당하거나 고난 중에 있을 때 신용과 같은 무엇을 얻기 위해서, 부한 자들로부터 품삯을 더 받거나 그들의 자비를 구하기 위해서, 또는 현재 당면한 난관을 피하기 위해서 맹세라는 방법을 동원한 듯하다. 이어지는 문장에서 "대신에δὲ 너희의 '예'가 '예'가 되게 하고 너희의 '아니'가 '아니'가 되게 하라 그러면 너희가 정죄[심판]에 빠지지 않게 될 것이다"라고 한다. 이와 같은 부연 설명은 앞서 제시한 맹세는 '예'도 아니고 '아니'도 아닌 애매한 표현임을 암시한다. 맹세는 자신의 의사를 명확히 표현하지 않는 한 방편이라는 말이다. 그렇기 때문에 '예'와 '아니오'를 명확히 하지 않으면서 맹세한다면, 심판을 받을 수밖에 없다. 만약 이것이 사실이라면, 이러한 맹세는 고난 중에 인내하는 것도 아니고 하나님을 의지하는 것도 아니다.[21]

4. 맹세 대신 "오직 너희가 그렇다고 생각하는 것은 그렇다 하고 아니라고

---

21 참고. Blomberg and Kamell, *James*, 230-31.

생각하는 것은 아니라 하여 정죄 받음을 면하라"라고 말한다. 이 문장은 다시 접속사 '그러나'δέ로 시작한다. 이는 맹세하지 말고 오히려 본 구절에서 명령하는 바를 행하라는 의미이다. "너희가 그렇다고 생각하는 것은 그렇다 하고 아니라고 생각하는 것은 아니라 하여"라고 번역된 문장의 헬라어 원문의 의미는 "예면 예라 하고, 아니면 아니라 하라"이다. 이는 단순히 각 사람이 생각하는 대로 '예'와 '아니오'라고 대답하라는 말은 아니다. '예'와 '아니오'의 기준은 앞선 문맥에서 찾을 수 있다. 앞서 저자는 주의 이름으로 말하는 선지자들과 여호와에 대하여 옳은 것을 말한 욥을 시련 중에 인내한 자들의 대표적인 모범으로 제시했다. 이 모범은 수신자들의 '예'와 '아니오'의 기준이 무엇이어야 할지 보여준다. 고난 가운데서도 믿음을 지키면서 주의 이름으로 옳으면 예라고 말하고 옳지 않으면 아니라고 말하라는 것이다. 다시 말해서 주님 안에서 진리를 말하라는 것이다. 맥카트니는 맹세는 믿음과 반대되는 것으로서 불신을 말한다고 본다. 믿음은 그것이 '예'라고 말할 때는 항상 '예'이기 때문이다. 믿음이 있는 자들에게 맹세는 필요 없다. 믿음이 있는 자는 자신이 한 말을 강조하기 위해서나 고난을 해결하기 위해서 맹세할 필요가 없다고 한다. 그들은 믿음이 있기 때문에 항상 인내하고 기도하면서 기다리고 늘 그들의 약속을 지킨다고 한다.[22]

5. 마지막으로 "아니라 하여 정죄 받음을 면하리라"라고 한다. 이 표현은 "그러면 정죄/심판에 빠지지 않게 될 것"이라는 말이다. 옳을 때 예라 하고 옳지 않을 때 아니오라고 하며 진리를 말하면 심판을 빚지 않을 것이라는 말이다. 앞서 지적했듯이 예와 아니오를 명확히 하지 않고 맹세를 남용하면, 그 사람은 심판을 받게 될 것이다.

---

22 McCartney, *James*, 247.

시련 중 영혼이 병든 자를
위하여 함께 기도하라!

야고보서 5:13-18

본문 구조와 요약

¹³ 너희 중에 고난 당하는 자가 있느냐?

　　　그로 하여금 기도하게 하라!

　　[너희 중에] 즐거워하는 자가 있느냐?

　　　그로 하여금 찬송하게 하라!

¹⁴ 너희 중에 병든 자가 있느냐?

　　　그로 하여금 교회의 장로들을 청하게 하라

　　　　그리고 그들[장로들]로 하여금 그를 위하여 기도하게 하라

　　　　　그 위에 기름을 부으며

　　　　　　그 주님의 이름으로

¹⁵　　　　그리고 그 믿음의[믿음으로 하는] 기도는 구원할 것이다

　　　　그 [영적으로] 피곤한 자[아픈 자]를

　　　　　그리고 그 주께서 그를 일으키실 것이다

　　만약 그가 죄를 지었다면

　　　　그는 용서함을 받을 것이다

¹⁶ 그러므로, 너희는 서로 죄를 고백하라

그리고 서로를 위해 기도하라

병이 낫기를 위하여

의인의 간구는 [그 역사하는 힘이] 매우 크다

그 역사하는 힘이

¹⁷ 엘리야는 [어떤 사람과] 같은 본성을 가진 사람이다

그리고 그가 간절히 기도했다

비가 오지 않기를

그리고 삼 년 육 개월 동안

땅에 비가 오지 않았다

¹⁸ 그가 다시 기도했고

그리고 그 하늘은 비를 주었다

그리고 땅이 그의 열매를 맺었다

본 단락5:13-18은 서신 본문의 마지막 단락이다. 서신 본문의 첫 단락1:2-4에서 그랬던 것처럼 본문을 마무리하면서 다시 시련과 기도에 대해서 언급한다. 저자는 수신자들의 현재 상태를 '영혼이 병든 자'로 규정하고, 그러한 병을 고칠 수 있는 유일한 길은 교회의 장로들과 함께 온 교회가 서로를 위해서 하나님께 기도하는 것이라고 한다. 그러면, 그들의 영혼이 구원받고 죄 사함 받아 하나님께서 그들에게 맡기신 원래의 자리, 원래의 직분으로 돌아갈 수 있다고 말한다.

먼저 본 단락은 "고난당하는 자가 있느냐?"와 "즐거워하는 자가 있느냐?"5:13라는 두 개의 수사적 질문으로 시작한다. 이 두 질문은 서신의 본문 첫 단락에서 제시했던 시련을 대하는 원리를 요약적으로 제시한다. 수신자들은 흩어져 살면서 여러 가지 시련을 당하는 자들이다. 저자는 그들에게 당면한 시련을 온전히 기쁘게 여기라고 명령하고, 이를 통해 그 속에 만들어진 인내를

이루어서 신앙의 성숙에 이르라고 한다1:2-4. 그러나 그와 같은 신앙의 원리를 따르는 것이 쉽지 않기에 하나님께 지혜를 구하는 기도를 해야 한다1:5. 이와 같은 과정 중에 후히 주시고 꾸짖지 않으시는 하나님을 경험하며 즐거움을 누리는 자가 있다면, 그는 하나님을 찬양해야 한다5:13. 왜냐하면, 그렇게 하는 것이 신자의 마땅한 도리이기 때문이다.

이어서 저자는 "너희 중에 병든 자가 있느냐?"5:14라는 질문을 시작으로 영적으로 병든 문제는 기도로 해결할 수 있음을 가르친다5:14-18. 이와 같은 질문은 저자가 서신 본문에서 다루었던 여러 가지 문제를 한마디로 요약하는 표현이다. 수신자들 중에 영적으로 병든 자들과 관련된 문제를 다룬 이후에 마지막으로 그들에게 권면하는 것이다. 이와 같은 저자의 권면은 서신의 기록 목적이 담긴 5:19-20과 문맥적으로 잘 어울린다. 여기서 저자는 수신자들에게 미혹되어 진리를 떠난 자를 돌아서게 하라고 한 후, 그 길에서 돌아선 자는 그 영혼이 사망에서 구원받을 것이라고 말하기 때문이다. 서신의 기록 목적에서 밝히는 것처럼, 서신 본문에서도 중간중간에 수신자들의 영적 질병과 관련된 언급을 한다. 1:21에서 "모든 더러운 것과 넘치는 악을 내버리고 너희 영혼을 능히 구원할 바 마음에 심어진 말씀을 온유함으로 받으라"라고 했다. 영혼이 병든 자들은 두 마음을 가지고 행동한다1:8; 4:8. 마음의 병은 겉으로 나타나기 마련이다. 그렇기에 저자는 수신자들을 향해 "죄인들아 손을 깨끗이 하라 두 마음을 품은 자들아 마음을 성결하게 하라!"4:8라고 명한다.

저자는 병든 자들을 향해서 교회의 장로들을 청하고 장로들은 주의 이름으로 기름을 바르며 그를 위해 기도하라고 한다5:14. 교회의 장로들을 청하는 것은 그들이 특별한 치유의 은사가 있어서라기보다는 교회의 대표이기 때문이다. 그리고 교회의 대표를 부르는 것은 곧 교회 전체를 부르는 것이다. 여기서 저자는 영적으로 병든 자가 자신의 상황을 교회에 알리고 기도받을 것을 권하는 것이다. 기름을 바르는 행위는 구약시대에 제사장, 왕, 또는 선지자와 같은 직분을 세울 때 행해졌다. 본문의 문맥에서 기름부음은 영적으로 병들어 곤고한 삶을 살면서 하나님의 부르심에 합당하게 살지 못하는 자를 다시 세우는 행위이다. 그리하여 하나님의 백성 된 직분을 회복시키는 것을 의미한다. 영적 곤고함을 넘어 죄를 범하였다고 하더라도 기도하면 그 죄를 사함 받을 수 있다5:15.

　　5:16은 접속사 '그러므로'로 시작하면서 앞선 구절을 근거로 "너희 죄를 서로 고백하며 병 낫기를 위하여 서로 기도하라"라고 명령한다. 만약 앞서 제시한 바와 같이 성도가 영적으로 병든 것을 넘어 하나님 앞에서 죄를 지었다면5:15, 공동체의 구성원 모두가 함께 기도해야 한다. 왜냐하면 기도할 때 그들의 영적인 질병이 치유되어 일으킴을 받고 죄 사함 받을 수 있기 때문이다. 그리고 의인의 기도는 능력이 크기 때문이다. 이러한 공동체적 기도는 영적 곤고함으로 인해 제 자리에서 이탈한 신자들을 원래의 자리로 회복시켜 그들에게 주어진 직분을 잘 감당하도록 한다.

　　마지막으로 영적으로 병든 자들을 위한 기도의 필요성을 강조하기 위해 구약의 선지자 엘리야가 비 오기를/오지 않기를 위해 기도한 것을 예를 든다5:17-18. 엘리야 선지자는 이전의 모든 이스라엘 왕보다 더 하나님을 노엽게 한 아합 왕과 이스라엘 백성 때문에 하나님께 수년 동안 비가 내리지 않도록 기도한다참고 왕상 16:33; 17:1. 아합 왕과 이스라엘 백성은 하나님과 바알신 사이에서 머뭇머뭇하며 두 마음을 가지고 행한 자들이다왕상 18:21. 엘리야는 이스라엘 백성이 여호와는 하나님이시고 하나님이 그들의 마음을 돌이키실 분임을 알게 해 달라고 기도한다왕상 18:36-37. 이 엘리야의 기도는 그가 바알의 선지자들과의 대결에서 승리한 후에 이루어진다왕상 18:39. 그 후, 엘리야가 기도할 때왕상 18:41-46 다시 비가 내렸다. 저자는 하나님과 바알 사이에서 두 마음을 품고 머뭇머뭇하는 이스라엘 백성들의 마음을 돌이키기 위해 기도한 엘리야처럼, 영적으로 병들어서 두 마음을 품고 행하는 수신자들을 위해서 서로 기도하라고 권하는 것이다.

본문 해설Exposition

중심주제Big Idea: 하나님은 교회가 영적으로 병든 자들을 위해서, 그리고 성도가 서로의 죄를 고백하며 기도함으로 죄 사함 받고 회복되기를 원하신다.

문맥Context

저자는 5:1부터 부한 자들에게 임할 고생을 상기시키며, 지금은 울고 통곡할 때라고 가르친다. 그러나 그들은 지금 금과 은과 같은 재물을 쌓고 좋은 옷을 입으며5:2-3, 사치하고 방종하면서 그들의 마음을 살찌워 무디게 한다5:5. 또한 부한 자들은 그들을 위해 일하는 품꾼들에게 줄 삯을 갈취하여 부를 축적했고5:4, 가난한 자들을 억압하며 법정으로 끌고 갔다참고 2:6. 부한 자들은 자신이 행하는 악을 제지하거나 대항할 자가 아무도 없다고 생각한 것이 분명하다. 그러나 저자는 그 부한 자들이 쌓은 금과 은이 녹슬므로 그들의 잘못을 증거 하고5:3, 그들이 품꾼에게 주지 않은 삯이 소리를 지른다고 한다5:4a. 품꾼들은 부한 자들에게 대항하지 못하지만, 주께서 그들의 편에 서서 그들이 부르짖는 소리를 들으신다5:4b. 그러므로, 부한 자들은 지금이 말세요 살륙의 날임을 깨닫고5:3, 5, 그들에게 임할 고생으로 말미암아 울고 통곡해야 한다5:1. 저자는 5:1-6에서 일차적으로 부한 자들에 대한 경고의 메시지를 전한다. 그러나 부한 자들로 인해 시련을 당하면서도 대항하지 않고 오히려 주께 울부짖는 자들을 '의인'이라고 칭하면서, 수신자들에게 그와 같이 행할 것을 암시적으로 권한다5:6.

5:7에서 저자는 앞서 언급했던 '의인'을 수신자들과 연결하면서, 시련을 겪고 있는 수신자들에게 마지막 날까지 인내하라고 권한다5:8-9; 참고, 5:3, 5. 성도가 시련 중에 인내할 수 있는 이유는 농부가 많은 고생을 하지만 이른 비와 늦은 비가 온 이후에 마침내 귀한 열매가 열릴 것을 기대하기 때문에 인내할

수 있는 것과 같다5:7. 주의 강림이 가까이 왔기 때문이다. 성도가 시련 중에 저지르기 쉬운 가장 큰 잘못은 말하는 것과 관련이 있다. 사람이 힘들면 불평과 원망을 하기 마련이기 때문이다. 저자는 구약의 선지자들과 욥을 모범으로 제시하면서 성도가 시련 중에 어떻게 말할 것인지에 대한 지침을 제공한다. 성도는 시련 중에 서로 원망하지 않고 오히려 선지자들처럼 주의 이름으로 말해야 한다5:9-10. 또한 성도는 욥과 같이 하나님에 대해 올바르게 말하여 하나님의 자비와 긍휼을 경험할 수 있어야 한다참고. 욥 42:7. 그러나 말을 할 때, 무엇보다도 주의할 것은 시련을 피하기 위해 맹세를 남용하지 않는 것이다. 성도는 시련을 피하기 위한 임시방편으로 맹세를 남용할 것이 아니라 주의 말씀을 기준으로 옳은 것은 '예', 아닌 것은 '아니오'라고 말할 수 있어야 한다. 그렇게 할 때 정죄를 면할 수 있다5:12.

　　서신 본문의 마지막 단락 첫 구절에서 "너희 중에 고난당하는 자가 있느냐?"5:13라는 수사적 질문을 한다. 이는 서신의 본문 첫 단락에서 "너희가 여러 가지 시련을 당하거든 온전히 기쁘게 여기라"1:2라고 한 것과 함께 수신자들이 당면한 가장 큰 이슈이면서 근본적인 문제가 그들이 겪고 있는 시련임을 암시한다. 1:2-8에서 시련을 당할 때 온전히 기쁘게 여기고 인내를 온전히 이루어 성숙을 이루라고 하면서도 하나님께 기도하라고 했던 것처럼1:2-8, 서신을 마무리하면서 다시 시련 중에 기도하라고 권한다. 5:13-18은 서신 전체를 마무리하면서 결론적으로 기도하라고 가르친다5:13. 영적으로 병든 자들은 자신의 구원과 처음 부르심을 받았을 때의 모습을 회복하기 위해서 교회의 대표인 장로들을 청하여 기도를 받아야 한다. 그리고 성도는 서로의 죄를 고백하며 기도해야 한다5:14-16. 의인의 간구가 역사하는 힘이 큰 것을 보여주기 위해서 구약의 인물인 엘리야를 모범으로 제시한다5:17-18. 이와 같은 내용을 세 단락으로 나누어서 살펴보려고 한다.

본론Body

1. 하나님은 영적으로 병든 자들이 교회의 기도를 통해 예수님의 능력으로 죄사함 받고 회복되기를 원하신다5:13-15

　　　본 단락은 "고난당하는 자가 있느냐?"와 "즐거워하는 자가 있느냐?"라는 질문으로 시작한다. 이 두 질문은 당연히 '그렇다'라는 대답을 요구하는 수사적 질문이다. 전후 문맥과 서신 전체에서 보여주듯이 수신자들은 여러 가지 시련을 만난 자들이다1:2. 저자는 수신자들이 당면한 시련을 기쁘게 여김으로 그 속에 인내가 만들어지고 인내를 온전히 이루어 신앙의 성숙에 이르기를 원한다. 이런 과정 중에 지혜가 부족하면 하나님께 지혜를 구해야 한다약 1:2-5. 그리고 기도할 때는 조금도 의심하지 말고, 두 마음을 가지고 기도하지 말아야 한다1:6-8. 앞서 언급했던 두 개의 질문은 수신자들의 전체적인 상황을 요약한다. 시련을 당하는 자들은 기도해야 한다5:13a. 그리고 시련을 당할 때, 그것을 기쁘게 여기고 기도함으로 후히 주시고 꾸짖지 않으시는 하나님의 선하심을 경험하고1:5, 그 즐거움을 누린 자들은 이로 인해 하나님께 찬송을 해야 한다5:13b. 찬양은 감사와 기쁨의 고백으로서 하나님의 선하심을 경험한 자들의 마땅한 도리이기 때문이다.

　　　5:14에서 다시 "너희 중에 병든 자가 있느냐?"라는 질문을 한다. 이 구절은 전통적으로 육신의 질병과 관련된 것으로 이해되었다. 육신의 질병도 여러 가지 시련 중 하나이기에 충분히 가능성이 있다. 그러나 서신을 마무리하는 시험에서 5절5:14-18이나 할애할 만큼 육신의 질병이 수신자들에게 중요한 문제였는지는 의문이다. 본 단락의 전후 문맥과 서신 전체를 볼 때, 저자는 오히려 수신자들이 가진 근본적인 문제였던 영적인 질병에 관해 다루면서 서신의 본문을 마무리한 듯하다. 저자가 여기서 영적인 질병에 관해서 다룬다고 볼 수 있는 근거는 다음과 같다. 첫째, 5:14의 '병들다'ἀσθενέω라는 동사는 육체적, 영적 질병 모두를 가리키는 데 사용된다. 이 동사가 성경의 여러 곳에서

육체적인 질병을 가리키는 데 사용된다마 10:8; 막 6:56; 눅 4:40; 요 4:46; 5:3, 7; 행 9:37; 빌 2:26, 27; 딤후 4:20. 그러나 종종 영적/믿음의 연약함을 나타낼 때도 사용된다롬 4:19; 8:3; 14:1-2; 고전 8:11-12. 따라서 한글로 '병들다'라고 번역된다고 해서 육체적 질병을 가리킨다고 단정할 수 없다.

둘째, 5:15의 '구원하다'σῴζω와 '일으키다'ἐγείρω로 번역된 동사 역시 육체적, 영적 질병 모두를 가리키는 데 사용될 수 있다. "믿음의 기도는 병든 자를 구원하리니"5:15라고 했다. 여기서 '구원하다'σῴζω라고 번역된 동사는 복음서에서 간혹 병든 자를 고치는 문맥에서 사용된다마 9:21-22; 막 5:23, 28, 34; 10:52; 눅 8:48, 50; 눅 17:19; 요 11:12. 그러나 그 외 신약성경 대부분의 경우 구원과 관련해서 사용된다. 특히 본 서신에서 5:15 외에 4회1:21; 2:14; 4:12; 5:20 더 사용되는데, 모두 명백하게 영혼 구원과 관련하여 사용되었다. 본 구절의 '구원하리니'로 번역된 동사를 육체의 구원으로 보는 이유 중 하나는 이어서 나타나는 '일으키다'라는 동사 때문이다. 병자가 고침을 받고 일어나는 것을 자연스러운 결과로 보기 때문이다참고 막 1:31; 2:9-12; 9:27; 마 9:5-7; 행 3:7. 또 어떤 이는 '일으키다'를 '구원하다'의 동의어로 보기도 한다. 그러나 '일으키다'라는 동사도 '깨우다'wake; 마 8:25, '죽은 자를 일으키다'raise the dead; 마 10:8; 요 12:1, 9, 17; 고전 15:15; 갈 1:1, '병자를 일으키다'마 9:5-7; 막 1:31; 2:9-12; 9:27; 행 3:7 외에 예수님이 죽음에서 살아나신 것마 26:32; 27:63- 64; 막 16:14; 눅 24:34; 요 21:14; 롬 4:24, 고전 6:14; 고후 4:14; 엡 1:20; 살전 1:10; 살후 2:8, 그리고 신자의 종말론적 부활을 묘사할 때롬 13:11; 고전 15:15- 16, 32, 35, 52; 고후 1:9; 4:14; 엡 5:14도 사용되었다. 특히, 로마서 13:11에서 '일으키다'ἐγείρω가 비유적으로 '자다가 깰 때'를 지적하기 위해서 사용되었는데, 이는 영적인 죽음이나 죄에 빠져있는 상태를 잠에 비유하여 그것에게서 벗어나는 것을 의미한다. 따라서, '구원하다'와 '일으키다' 역시 육체적인 질병과 함께 영적인 질병에도 사용될 수 있다.

셋째, 5:15의 '병든 자'τὸν κάμνοντα는 영적 곤고함을 나타낼 때도 사용될 수 있다. '병든 자'로 쓰인 동사κάμνω는 '아프다'be ill는 의미 외에 '낙담하다'be discouraged라는 의미가 있다. 이 동사는 히브리서 12:3에서도 사용된다. "너희가 피곤하여 낙심하지 않기 위하여 죄인들이 이같이 자기에게 거역한 일을 참으신 이를 생각하라"라고 했는데, 여기서 '피곤하여'grow weary로 번역되었다. 이는 육체적 피곤보다 영적으로 피곤하고 지친 상태를 말한다. 칠십인 역의 욥기 10:1에서 "내 영혼이 살기에 곤비하니 내 불평을 토로하고 내 마음이 괴로운 대로 말하리라"라고 했다. 여기서도 육체적인 질병보다는 영적 곤비함을 나타내는 데 사용되었다.

넷째, 서신 전체와 전후 문맥이 영적으로 병든 자에 대해서 다루고 있다. 먼저 야고보서는 스스로 미혹되어 진리를 떠난 자들의 문제, 곧 마음이 병들어 두 마음을 가지고 행동하는 문제를 다룬다. 마음의 병은 겉으로 드러나기 마련이다. 저자가 "죄인들아 손을 깨끗이 하라 두 마음을 품은 자들아 마음을 성결하게 하라"4:8라고 명한 것은 수신자들의 영적인 문제를 염두에 두고 있었기 때문이다. 또한 저자는 "너희 영혼을 능히 구원할 바 마음에 심어진 말씀을 온유함으로 받으라"1:21라고 권했다. 이는 수신자들의 마음이 병들어 영혼이 죽어가고 있음을 암시한다.

다섯째, 기름을 바르며 기도하는 것은 영적 곤고함으로 인해 원래 있어야 할 자리, 하나님이 부르신 그 직분/위치에서 떠난 자를 다시 세우는 것으로 볼 수 있다. 저자는 영적으로 병든 자는 교회의 장로들, 곧 영적 리더들을 청하여 기도를 부탁하고, 장로들은 기름을 바르며 그를 위해 기도하라고 했다5:14. 신약성경의 몇 구절막 6:13; 눅 10:34에 나타난 바와 같이 고대 세계에서는 기름이 상처 치료제로 사용되었다. 그러나 기름을 붓는 행위는 구약시대에 제사장출 40:13, 15, 왕샷 9:8; 삼상 15:1; 16:3, 12; 왕상 1:34; 19:15; 19:16; 황하 9:3, 6, 12, 또는 선지자왕상 19:16와 같은 직분을 세울 때 행해졌다. 야고보서 본문에서는 왕, 제사장, 선지자의 직분을 세우는 것에 대해 언급하지는 않는다. 그러나 본문의 문맥을 고려해 볼 때 영적으로 병들어 곤고한 삶을 살면서 하나님의 부르심의 자리에서 이탈하여 합당하게 살지 못하는 자를 다시 세우는 의미는 될 수 있다. 하나님의 부르심과 그에게 맡긴 직분을 회복시키는 것이다. 그러나 단순히 영적 곤고함으로 인한 문제가 아니라 죄를 범했다고 하더라도 기도하면 죄 사함 받을 수 있다5:15. 주의 이름으로 기도할 때, 주께서 능력이 있으므로 영적으로 병든 자뿐 아니라 심지어 죄를 범한 자들까지도 용서함을 받을 것이다.

2. 하나님은 교회 내의 성도들이 죄를 지었을 때 서로 기도하여 용서받기를 원하신다5:16

앞서 저자는 믿음의 기도가 병든 자를 구원하고, 주께서 그를 일으키시고, 혹 죄를 범했다고 하더라도 죄 사함을 받을 것이라고 했다5:14-15. 5:16은 '그러므로'로 시작한다. 이는 5:14-15의 논의가 5:16의 근거가 된다는 말이다. 5:16에서 저자는 갑자기 수신자들이 서로 죄를 고백하여 병이 낫기를 기도하라고 한다. 5:14의 질병을 육체적인 질병으로 볼 때 이와 같은 갑작스러운 주제 전환을 이해하기 쉽지 않다. 그러나 영적인 질병으로 볼 때는 더 쉽게 이해가 된다.

5:14의 '병든 자'는 영적으로 피곤하고 지쳐있는 상태grow weary, 즉 영적으로 침체한 상태를 말한다고 했나. 5:19에서 지적히는 바와 같이 미혹되어 진리를 떠난 자가 곧 영적 침체를 겪는 자이다. 진리를 떠났다고 해서 교회 공동체를 떠난 것은 아니다. "너희 중에 미혹되어 진리를 떠난 자를 누가 돌아서게 하면"5:19이라고 했기 때문이다. 그들 중에는 영적 침체에 빠진 것을 넘어 죄를 지은 자도 있었을 것이다. 어쩌면 죄를 짓게 되는 결과는 영적 침체의 자연스러운 귀결일 수 있다. 저자가 "죄인을 미혹된 길에서 돌아서게 하는 자가 그의 영혼을 사망에서 구원할 것이며 허다한 죄를 덮을 것임이라"약 5:20라고

했기 때문이다. 미혹되어 진리를 떠난 자들은 두 마음을 가지고 산다1:8; 4:8. 두 마음을 가진 자들은 믿음이 없으면서 믿음이 있다 하고 자신과 타인을 속인다1:16, 22-27. 믿음이 있다고 말은 하면서 실상은 그 믿음에 합당한 행함이 없다1:25; 2:14, 17-18, 20-26. 믿음이 있다고 말하면서 차별하며2:1-13, 하나님을 찬양하는 입으로 당신의 형상을 따라 지음을 받은 자들을 저주한다3:9-12. 하늘의 지혜를 가졌다고 하면서 땅의 지혜로 행하여 혼란과 모든 악한 일을 일으킨다3:13-18. 그들은 공동체 내에서 싸움과 다툼을 일으키고4:1-10, 서로 비방하고4:11-12, 하나님을 믿는다 하면서 자기 뜻대로 모든 것을 할 수 있다고 생각하며 교만하게 행한다4:13-17. 저자가 서신 전체에서 다루는 여러 가지 문제들을 보면, 결국 그들 중에서 영적으로 병든 자들이 일으키는 문제가 서로에게 얼마나 큰 악영향을 미치는지 알 수 있다. 그와 같이 영적으로 병든 자들은 교회의 지도자들을 청하여 기도를 받아야 한다. 그리고 장로와 교회는 그들이 있던 원래 자리, 원래 직분으로 돌아올 수 있도록 기도로 도와야 한다. 만약 그들에게 죄가 있고 그 죄로 인해서 서로에게 악한 영향력을 미쳐 공동체를 파괴한다면, 그들은 서로 죄를 고백하며 병 낫기를 위해 기도해야 한다. 그렇게 할 때 그들이 다시 일으킴을 받고 죄 사함을 받을 수 있기 때문이다.

5:16b에서 "의인의 간구는 역사하는 힘이 크기 때문"이라고 말하면서 성도가 서로 기도해야 할 이유를 밝힌다. 앞서 저자는 부한 자들로부터 갈취당하는 품꾼에 대해 서술했다5:4. 그리고 그 시련을 제공한 자에게 대항하지 않고 오직 하나님께 울며 부르짖는 품꾼들을 '의인'으로 묘사했다5:6. 저자는 하나님이 그 품꾼의 울부짖음을 들으신다고 했다5:4. 하나님이 의인의 기도를 들으신다고 한 것은 그의 기도가 의심 없는 간절한 기도임을 암시한다참고. 1:2-12. 이처럼 교회 공동체에 속한 자들은 서로의 죄를 고백하고 서로의 병이 낫기를 위해 의인들이 하는 것과 같이 하나님께 울며 부르짖어야 한다. 그리고 그와 같은 자들의 기도는 능력이 있다. 기도 자체가 능력이 있는 것이 아니라

그러한 자들의 기도를 하나님이 들어 응답하시기 때문에 기도가 능력이 있는 것이다. 저자는 이와 같이 전적으로 기도에 의존하라고 한 후, 구약성경의 인물인 엘리야를 의인의 기도의 모범으로 제시한다. 그리고 의인의 기도가 어떤 것인지 더 구체적으로 설명하면서 수신자들이 어떻게 기도해야 하는지 가르친다.

3. 하나님은 성도들이 엘리야처럼 기도하여 두 마음을 품은 자들이 주께 돌아오기를 원하신다5:17-18

마지막으로 저자는 영적으로 병든 자들을 위한 기도의 필요성을 강조하기 위해 구약의 선지자 엘리야를 예로 든다. 만약 본 단락이 육체의 질병과 관련되고 이를 뒷받침하기 위해 엘리야의 기도를 예로 제시했다면, 죽은 사르밧 과부의 아들을 살리기 위한 엘리야의 기도왕상 17:17-24를 예로 드는 것이 더 적절하다. 그러나 저자는 비 오기를/오지 않기를 위해 기도한 엘리야를 예로 든다. 저자가 이와 같은 예를 든 이유가 있을 것이다. 열왕기상 16-17장은 아합 왕은 그 이전의 이스라엘 모든 왕보다 더 하나님을 노하게 했다고 기록한다왕상 16:33. 이에 하나님은 엘리야를 통해 수년 동안 비가 내리지 않을 것이라고 말씀하신다왕상 17:1. 엘리야가 비가 오지 않도록 기도한 것은 아합 왕과 이스라엘 백성이 하나님을 떠나 바알과 아세라를 섬겼기 때문이다. 열왕기상 18:21에서 "엘리야가 모든 백성에게 가까이 나아가 이르되 너희가 어느 때까지 둘 사이에서 머뭇머뭇하려느냐 여호와가 만일 하나님이면 그를 따르고 바알이 만일 하나님이면 그를 따를지니라 하니 백성이 말 한마디도 대답하지 아니하는 지라"라고 했다. 이 말씀은 이스라엘 백성들의 상태를 잘 설명해 준다. 그들은 하나님과 바알 사이에서 머뭇거리고 있다. 이는 그들이 영적으로 병들어서 두 마음을 품고 행동하고 있음을 보여주는 것이다. 열왕기상 18:36-37에서 "저녁 소제드릴 때에 이르러 선지자 엘리야가 나아가서 말하되 아브라함과 이삭과 이스라엘의 하나님 여호와여 주께서 이스라엘 중에서 하나님이신 것과 내가 주의 종인 것과 내가 주의 말씀대로 이 모든 일을 행하는 것을 오늘 알게 하옵소서 여호와여 내게 응답하소서 내게 응답하소서 이 백성에게 주 여호와는 하나님이신 것과 주는 그들의 마음을 돌이키심을 알게 하옵소서 하매"라고 기록한다. 엘리야 선지자가 바알의 선지자들과 대결하여 승리한 후, 열왕기상 18:39에서 "모든 백성이 보고 엎드려 말하되 여호와 그는 하나님 이시로다 여호와 그는 하나님 이시로다 하니"라고 기록한다. 이스라엘 백성들이 하나님의 살아계심을 다시금 깨닫고 인정한 것이다. 이 일 후에 엘리야가 기도했고왕상 18:41-46, 하늘에서 비가 내렸다.

이상과 같은 사실은 엘리야가 하나님과 바알 사이에서 두 마음을 품고 머뭇머뭇하는 이스라엘 백성들의 마음을 돌이키기 위해서 비가 오지 않기를/오기를 기도한 것임을 보여준다. 이와 같은 사실은 수신자들이 미혹되어 진리를 떠난 모습, 곧 두 마음을 품고 신앙생활하는 모습과 세상과 벗하며 하나님과 벗이 되기를 원하는 모습과도 일맥상통한다. 저자는 오직 하나님만 의지했던 엘리야를 의인의 예로 제시한다. 그리고 수신자들이 서로의 죄를 고백하며 서로를 위해 기도할 때 엘리야와 같은 마음과 자세로 기도할 것을 촉구한다. 이처럼 의인의 기도는 미혹되어 진리를 떠나서 두 마음을 품고 신앙생활하는 자들을 주께로 돌이킬 것이다.

결론Conclusion

수신자들은 여러 가지 시련 중에 살아가는 자들이다. 그들은 시련 중에 기도해야 하고, 기도 중에 하나님의 선하심을 맛보았으면 찬양하며 감사해야 한다. 만약에 영적으로 곤고한 자가 있으면, 그는 교회의 지도자인 장로들을 청하여 기도를 받아야 한다. 장로들은 그들에게 기름을 바르며 기도함으로 그들이 영적 침체로부터 벗어날 수 있도록 돕고 그들이 원래 있던 자리로 돌아오게 해야 한다. 영적 침체 중에서 혹시 죄를 범하였다면 성도들은 서로 죄를 고백하며 서로의 병 낫기를 위해 기도하며 오직 주님께 의지해야 한다. 그들은 엘리야처럼 서로를 위해서 기도하여 두 마음을 품고 살아가는 자들이 하나님의 하나님 되심을 깨닫고 돌아올 수 있도록 해야 한다.

적용 Application

나는 시련을 당할 때 신앙의 원리를 따라 기도하며, 하나님의 선하심을 맛 보았을 때 감사의 찬양을 하나님께 올려드리는가? 혹시 내가 속한 공동체에 영적으로 병들어서 교회의 리더들이나 교회 전체의 기도가 필요한 자들이 있다면, 그들을 원래 자리로 되돌리기 위해서 함께 기도하며 격려하고 있는가? 내가 속한 공동체는 두 마음을 품은 자들을 돌아서게 하기 위해서 엘리야처럼 오직 하나님만 의지하며 기도하고 있는가?

설교를 위한 제안

제목: 영혼이 병든 자를 위한 기도

1. 성도는 영혼이 병들었을 때, 교회의 기도를 통해 예수님의 능력으로 죄사함 받고 회복되어야 한다.
2. 성도는 죄를 지었을 때, 서로 기도하여 용서받고 회복되어야 한다.
3. 성도는 엘리야처럼 기도하여 누 마음을 품은 사들이 주께 돌아오도록 도와야 한다.

본문 주석

¹³ Is anyone among you suffering?

너희 중에 고난 당하는 자가 있느냐?

Let him pray.

그로 하여금 기도하게 하라!

Is anyone cheerful?

[너희 중에] 즐거워하는 자가 있느냐?

Let him sing praise.

그로 하여금 찬송하게 하라!

1. 본 구절은 수사적 질문 두 개로 시작하고 이어서 명령형 동사를 사용하여 그 질문에 답한다. 먼저 "너희 중에 고난당하는 자가 있느냐?"라고 질문한다. '고난당하다'κακοπαθέω라는 동사는 앞서 선지자들이 당한 고난을 말할 때 사용된 명사κακοπάθεια와 같은 어근을 가진다5:10. 이는 사람이 당할 수 있는 모든 종류의 고난을 가리킬 때 사용된다. 그러므로 여기서는 어떤 특정한 고난을 가리키기보다는 수신자들이 당하는 모든 육체적, 정신적, 영적인 고난을 포함한다. 서신의 본문을 "너희가 여러 가지 시련을 만나거든"으로 시작하고1:2, 서신 전체에서 시련의 문제를 다루기 때문에 이와 같은 수사적 질문이 전혀 어색하지 않다. 아마도 수신자들 모두가 '예'라고 대답할 것이다. 저자는 이와 같은 상황의 수신자들에게 '기도하라'προσευχέσθω라고 명령한다. 1:2-8에서도 여러 가지 시련을 당하는 수신자들에게 "믿음으로 구하고 조금도 의심하지 말라"라고 했다1:6. 시련 중에 그것을 기쁘게 여기고 하나님 보시기에 조금도 부족함이 없는 신앙인으로 성장하기 위해서는 지혜가 필요하고, 그 지혜가 부족한 자는 하나님께 기도해야 한다.

2. 이어서 "즐거워하는 자가 있느냐?"라고 질문한다. '즐거워하다'εὐθυμέω라는

동사는 '활기차다'be cheerful, '기운을 돋우다'cheer up, 또는 '분발하다'keep up one's courage라는 의미가 있다. 이 동사는 사도행전 27:22, 25에서 사용되었는데, 두 경우 모두 '안심하다'take heart라는 의미로 번역되었다. 본 구절에서 말하는 즐거움은 영적인 즐거움일 수도 있고,[23] 하나님의 선하심을 경험한다는 의미에서의 즐거움일 수도 있다.[24] 여기서 말하는 '즐거워하는 자'는 1장에서 제시한 바와 같이 시련 중에 즐거워하고 끝까지 인내하여 신앙의 성숙에 이른 자, 그리고 한 마음으로 기도하여 후히 주시고 꾸짖지 아니하시는 하나님을 경험한 자 등을 말하는 듯하다.

3. 이어서 "저는 찬송할지니라"ψαλλέτω라고 명령한다. '찬송하다'ψάλλω로 번역된 동사에서 '찬송'psalm이라는 단어가 나왔다. 이 동사의 원래 의미는 '~을 잡아당기다'pluck로 하프와 같은 현악기의 줄을 잡아당겨 연주하는 것을 의미했다. 이는 성서 문학Biblical Literature에서 주로 예배 중에 악기를 연주하고 노래를 부르는 것, 하나님을 찬양하는 것과 관련이 있었다. 그러나 신약성경이 기록될 당시에는 악기를 연주하는 것보다는 노래하는 것과 더 관련이 있었다. 본 서신에서는 이 찬송이 정확히 무엇을 의미하는지 알 수 없다. 악기 사용이나 노래를 배제할 수는 없지만, 아마도 일반적인 의미로서 어려운 상황에서 하나님의 선하심을 경험한 자의 합당한 반응, 곧 감사와 기쁨의 고백을 의미하는 듯하다.[25]

4. 이상에서 살펴본 바와 같이 고난당하는 자는 기도하고, 즐거워하는 자는 찬송하라고 한 것은 이제까지 논의한 것을 간단하게 요약하는 질문이며 명령인 듯하다. 고난 중에 기도하는 것은 서신의 본문 시작부터 수신사들에게 권면한 것이다. 시련 중에 있는 자는 늘 기도해야 한다. 즐거워하는 자에게 찬송하라고 한 것은 성경의 원리와 가르침을 따라 행했을 때, 그 즐거움을 누리는 자는 분명 하나님께 감사의 찬송을 올려드리라는 의미이다.

---

23 Martin, *James*, 206.

24 Blomberg and Kamell, *James*, 252.

25 참고. McCartney, *James*, 252.

¹⁴ Is anyone among you sick?

　　너희 중에 병든 자가 있느냐?

　　　　Let him call for the elders of the church,

　　　　그로 하여금 교회의 장로들을 청하게 하라

　　　　　　and let them pray over him,

　　　　　　그리고 그들[장로들]로 하여금 그를 위하여 기도하게 하라

　　　　　　　　anointing him with oil

　　　　　　　　그 위에 기름을 부으며

　　　　　　　　　　in the name of the Lord.

　　　　　　　　　　그 주님의 이름으로

　　1. 다시 "너희 중에 병든 자가 있느냐"라는 수사적인 질문을 한다. 이와 같은 질문은 서신의 본문에서 다루었던 수신자들이 가진 여러 가지 문제를 한 마디로 요약한 것이다. 본문을 끝내면서 저자는 그들의 상태를 상기시키면서 마지막으로 권면을 하려는 것이다. "너희 중에 병든 자가 있느냐"라는 질문은 전통적으로 육체적인 질병을 가리키는 것으로 해석이 되어왔다. 그러나 이 질문이 과연 육체적인 질병을 가리키는지, 아니면 영적인 질병을 가리킬 수는 없는지에 대한 논의가 필요하다. 왜냐하면, '병들다'ἀσθενέω로 번역된 동사는 육체의 질병뿐 아니라 영적인 연약함을 나타낼 때도 쓰이기 때문이다. 이 단어는 복음서나 사도행전에서는 일반적으로 육체적인 질병을 지칭할 때 쓰인다. 그러나 바울서신에서는 육체적인 연약함뿐 아니라 종종 영적/믿음의 연약함을 나타낼 때도 쓰인다롬 4:19; 8:3; 14:1-2; 고전 8:11-12.

　　2. 블롬버그와 카멜은 야고보서가 이른 시기에 기록되었고 저자가 예수님의 가르침에 의존하고 있다는 사실, 그리고 서신 전체에서 언급한 고난이 온전히 외적인/육적인 것이기에 본 구절의 '병들다'라는 동사도

육체적인 질병을 가리킨다고 본다.[26] 그러나 야고보서에서 말하는 시련이나 고난이 모두 육체적인 것이라고 단정할 수는 없다. 특히 5:13에서 "너희 중에 고난당하는 자가 있느냐"와 "즐거워하는 자가 있느냐"라는 질문 역시 수신자들의 육체적인 고난만을 염두에 두고 말했다고 볼 수 없다. 1:2에서 말한 바와 같이 수신자들은 '여러 가지 시련'을 겪고 있다. 그 시련은 육체적, 정신적, 영적 시련 모두를 포함한다. 그리고 이어지는 구절인 5:15에 "믿음의 기도는 병든 자를 구원하리니"라고 했다. 이후에 다시 다루겠지만 육체의 질병 낫기를 위해 기도하면서 '구원하다'σῴζω라는 동사를 사용한 것은 좀 어색하다. 또한 5:16은 "그러므로 너희 죄를 서로 고백하며 병 낫기를 위하여 서로 기도하라 의인의 간구는 역사하는 힘이 큼이니라"라고 했다. 여기서 '병 낫기를'이라고 했기 때문에 육체의 병을 가리키는 것이라고 생각할 수 있다. 그러나 사실 이러한 번역은 의역이다. 본문에는 '병'이라는 표현이 없고 "~하면 낫게 될 것이다"~that you may be healed라는 표현밖에 없다. 따라서 번역은 "그러므로 서로 죄를 고백하고 서로를 위해서 기도하라 그리하면 깨끗하게/고침을 받게 될 것이다"라고 할 수 있다. 여기 '낫게 하다'ἰάομαι라는 의미의 동사가 사용되었다. 이 동사는 대부분 육체의 질병을 낫게 하는 데 사용되지만, 베드로전서 2:24에서는 영적인 치유와 관련해서 사용되었다"저가 채찍에 맞음으로 너희는 나음을 얻었나니". 야고보서 5:16에서도 죄를 고백하고 서로를 위해 기도하는 것과 함께 사용되었으므로 이를 육체의 질병보다는 영적인 질병과 연결시키는 것이 더 자연스럽다.

3. 저자는 병든 자가 있는지 질문한 후, "그는 교회 장로들을 청할 것이요"라고 명령한다. '장로'라는 표현은 복음서, 사도행전, 그리고 바울 서신 전반에 걸쳐서 나타난다. 복음서와 사도행전 초반부에서 장로는 주로 유대교 내에 있는 지도자들을 가리킨다. 그러나 사도행전 11장 이후부터는 장로가 교회 내에서 활동하는 자들로 묘사되는 경우가 많다. '장로'라는 호칭은 유대교에서 사용되던 것이 기독교로 자연스럽게 넘어온 것으로, 교회 내의 지도자급에

---

26 Blomberg and Kamell, *James*, 242.

속한 자들을 지칭한다. 유대교 내에서는 단순히 장로라고 칭해지던 것이 야고보서에서는 교회의 장로로 한정되기 때문이다. 저자가 '교회의 장로'라고 묘사한 것은 아마도 수신자들에게 그 장로들의 소속을 분명히 하기 위함이었을 것이다. 무Moo가 지적하듯이 에베소서에서 장로들이 양 떼를 인도하는 자들로 묘사되었고행 20:28; shepherd/pastor, '장로'라는 명칭과 '목사'라는 명칭이 함께 언급된 예가 없는 것을 볼 때, 장로들이 목사/목회자의 기능을 수행한 자들이었을 수도 있다. 무는 이런 이유 때문에 성도가 질병으로 어려움을 당할 때 장로들을 청하는 것은 당연하다고 본다.[27]

4. 저자는 청함을 받은 장로들과 관련하여, "그들은 주의 이름으로 기름을 바르며 그를 위하여 기도할지니라"라고 명령한다. 이 문장에는 '기도하다'와 '기름을 바르다'라는 두 개의 동사가 사용되었다. 이 중에서 주동사는 '기도하다'이고 '기름을 바르다'는 분사로서 기도하는 장로들의 상태를 묘사하는 것이다. 따라서 이 문장은 장로들이 기름을 바르면서 기도하는 것을 묘사한 것이다. 학자들 간에 기름을 바르는 행위와 관련해서 많은 논의가 있다. 첫째, 기름 바르는 것을 치료를 위해 약을 사용한 것으로 본다. 어떤 이는 마가복음 6:13이나 누가복음 10:34의 선한 사마리아 비유에서 사마리아인이 상처에 기름과 포도주를 부은 것, 그리고 여러 유대 문헌에서 기름이 고대 세계에서 치료제로 사용되었던 것을 근거로 야고보서의 것도 그와 같은 경우라고 본다.[28] 둘째, 육체의 치료를 위한 종교적 의식으로서의 기름부음으로 보는 견해가 있다. 항상 그런 것은 아니지만 신약성경에 나타난 기름부음의 경우 아홉 번 중에 여덟 번이 종교적 예식과 관련이 있다고 본다.[29] 이런 경우 기름부음이 치료를 위한 목적이라고 볼 수는 없다.

5. 당시에 일반적으로 행하던 관습만 가지고 본문의 '기름 부음'의 의미를

---

27 Moo, *James*, 226-28.

28 참고. Davids, *James*, 193.

29 Blomberg and Kamell, *James*, 243, n.24.

파악할 수는 없다. 치료의 목적이 될 수도 있고 종교적 예식이 될 수도 있다. 그러나 앞서 언급했던 것처럼 5:14의 병이 영적인 병이라면 어떨까? 영적인 병에 걸린 자는 영적으로 약해진 상태가 되고 하나님의 부르심에 합당하게 행하지 못한다. 그리고 교회의 리더십은 이들을 다시 회복시켜 그 원래의 직분, 그들의 자리에 돌아갈 수 있도록 해야 한다. 기름부음은 어쩌면 이런 의미에서 사용되었을 수 있다. 구약성경에서 일반적으로 제사장출 40:13, 15이나 왕삿 9:8; 삼상 15:1; 16:3, 12; 왕상 1:34; 19:15; 19:16; 왕하 9:3, 6, 12, 혹은 선지자왕상 19:16를 세울 때 기름을 부었다. 직분을 세울 때 기름을 부어서 그 직분을 거룩하게 한 것이다. 본 서신에서는 제사장이나 왕, 그리고 선지자를 세우는 것에 대해서 말하지는 않는다. 그러나 전후 문맥을 보았을 때, 영적으로 연약한 자들이 기도할 때 주께서 그를 구원하시고 다시 일으키시고, 혹 범죄 하였다고 하더라도 죄 사함을 받는다고 말한다5:15. 그리고 5:19-20에서도 진리를 떠난 자들을 돌아서게 하는 것19, 그리고 죄인을 미혹된 길에서 돌아서게 하는 자에 대해서도 말한다20a. 그리고 미혹된 길에서 돌아섰을 때 그 영혼이 구원받는다고 한다20b. 이러한 문맥을 볼 때, 미혹되어 진리를 떠난 자를 기도로 다시 회복시키고 그들이 원래 부름을 받았던 그 자리/직분으로 돌아갈 수 있도록 하는 것이라고 볼 수 있다.

6. 장로들은 "주의 이름으로" 기름을 바르면서 기도해야 한다. 이 표현은 앞서 언급했던 주의 이름으로 말한 선시사들5:10, 그리고 하나님에 대하여 올바르게 말한 욥을 상기시킨5:11. '주의 이름으로'라는 표현은 기도를 위해 청함을 받은 장로들 역시 다른 것이 아니라 오직 하나님의 진리의 말씀에 근거해서 행하고 기도하라는 말이다. 저자가 장로들을 초청해서 기도를 받으라고 한 이유는 구약의 제사장, 왕, 선지자들을 세울 때 '하나님의 사람들'이 기름 부어 세운 것과 같은 의미인 듯하다. 장로들이 부름을 받는 것은 그들이 무슨 치유의 은사가 있어서라기 보다는 하나님의 교회를 위해 리더로 부름을 받은 자들이기

때문이다. 장로를 부르라고 하지 않고 장로들을 부르라고 한 것은 그 교회 공동체의 리더들을 부르라는 의미이다. 교회의 영적 리더들은 영적으로 병든 자들을 돌아보며 기도하고, 그들이 다시 제 자리로 돌아가 하나님의 부르심에 합당하게 반응할 수 있도록 도와야 한다. 그리고 장로들이 교회의 대표라면, 장로들을 부른 것은 곧 교회 전체를 부른 것이다.

[15]
And the prayer of faith will save the one
그리고 그 믿음의[믿음으로 하는] 기도는 구원할 것이다
who is sick,
그 [영적으로] 피곤한 자[아픈 자]를
and the Lord will raise him up.
그리고 그 주께서 그를 일으키실 것이다
And if he has committed sins,
만약 그가 죄를 지었다면
he will be forgiven.
그는 용서함을 받을 것이다

1. 앞서 청함을 받은 장로들에게 병든 자를 위해 기도하라고 했다5:14. 그리고 이제 기도와 관련하여 "믿음의 기도는 병든 자를 구원하리니"라고 말한다. '믿음의 기도'ἡ εὐχὴ τῆς πίστεως는 '신실한 기도', '하나님이 응답하실 거라는 믿음에 근거한 기도' 등을 의미할 수 있지만, 특별히 어느 하나를 의미하기보다 모두를 포함할 수 있다.[30] '병든 자'τὸν κάμνοντα로 번역된 단어는 '병들다'κάμνω라는 동사의 분사로서 독립적 용법으로 사용되었다. 이 동사는 '아프다'be ill 외에 '낙담하다'be discouraged라는 의미가 있고 신약성경과 칠십인역에서 각각 1회씩 사용되었다. 히브리서 12:3에서 "너희가 피곤하여 <u>낙심하지 않기 위</u>하여 죄인들이 이같이 자기에게 거역한 일을 참으신 이를

30 McCartney, James, 255.

생각하라"라고 했는데, 여기서 '피곤하여'grow weary로 번역되었다. 이는 육체적 피곤보다는 영적으로 피곤하고 지친 상태를 말한다. 욥기 10:1에서 "내 영혼이 살기에 곤비하니 내 불평을 토로하고 내 마음이 괴로운 대로 말하리라"라고 했는데, 여기서도 영적 곤비함을 나타내기 위해 사용되었다.

　　2. 앞서 언급한 것처럼 육체적인 질병을 가진 자에게 '구원하다'σῴζω라는 표현을 사용한 것은 어색하다. 블롬버그와 카멜은 이 단어가 야고보서에서 여러 회 사용되었는데, 5:15의 것을 제외한 모든 경우 영적인 구원과 관련해서 사용되었다고 인정한다. 이를 근거로 하나님의 궁극적인 관심은 일시적인 육체적인 질병의 치유보다는 영원한 영적인 삶에 있다고 지적한다.[31] 서신 전체를 고려해 볼 때, 하나님이 수신자들의 영혼에 더 큰 관심이 있다는 것은 사실이다. 그러나 본 구절 전후 문맥이 블롬버그와 카멜이 주장하듯 육체적인 질병의 문제를 다루는지는 의문이다.

　　3. 계속해서 "주께서 그를 일으키시리라"라고 말한다. 어떤 이는 '구원하리니'와 '일으키시리라'가 미래형 동사인 것을 지적하면서, 이는 현재의 육체적 질병으로부터의 구원 또는 미래 종말에 일어날 완전한 구원 중에 하나일 수 있다고 본다. 그러나 병든 자가 나음을 받기 위해 장로들을 청하는 문맥에서 그 구원과 일으킴이 종말의 것을 말하는 것은 어색하다고 본다.[32] 미래형 동사가 사용되었다고 해서 항상 종말에 일어날 구원을 가리키는 것으로 볼 필요는 없다. 현재 당면한 문제를 위해 기도할 때, 그 이후에 일어닐 모든 일이 미래이기 때문이다. 현재 직면한 문제에 대한 해결책으로서 곧 일어날 일들을 지칭하는 것으로 볼 수 있다. 만약 전후 문맥이 영적인 질병에 관한 것이라면 그 질병이 기도로 해결될 수 있다고 말하는 것이다. 또한, '일으키다'라는 동사가 항상 미래의 종말론적인 의미로만 사용된 것은 아니다. 종말론적인 의미로서

---

31 Blomberg and Kamell, *James*, 243-45.

32 참고. David P. Nystrom, *James: The NIV Application Commentary* (Grand Rapids: Zondervan Publishing House, 1997), 307; McKnight, *James*, 441-42; McCartney, *James*, 256-57; Martin, *James*, 209.

일으킴을 받는 것은 궁극적으로 미래에 일어나겠지만, 현재 이미 일어난 일을 가리킬 수도 있다. 그를 일으키시는 주체가 '주'Lord라고 밝힌 것 역시 종말론적인 기대사 33:22-24를 반영한 것일 수도 있다. 그러나 단순히 영적으로 곤한 자를 일으키시는 주체가 '주' 임을 밝히는 것일 수도 있다.[33] 기도를 위해 부름 받은 자들은 '주의 이름'으로 기름을 바르며 그를 위해 기도해야 한다5:14. 기도하는 자들에게나 기름에 그 능력이 있는 것이 아니라 주님께 능력이 있기 때문이다. 그리고 그 기도를 들으시는 분이 주님이시기 때문이다.

4. 저자는 영적인 질병을 넘어 죄의 문제를 염두에 두고, "혹시 죄를 범하였을지라도 사하심을 받으리라"라고 말한다. 본문을 육체의 질병에 관한 것으로 보는 자들은 여기서 말하는 죄를 질병과 연관시킨다. 항상 그런 것은 아니지만 육체의 질병은 죄의 결과일 수도 있다는 것이다. 육체의 질병과 죄는 관련이 있을 수 있다. 그러나 여기서 영적인 연약함이나 영적 곤고함의 상태를 말하는 것으로 보면, "혹시 죄를 범하였을지라도"로 번역된 가정법은 더 쉽게 이해가 된다. 영적으로 곤고할 때 기도하면 주께서 고치고 일으키시지만, 혹시 죄를 범한 상태라 하더라도 주께서 사해주실 것이라는 말이다. '범하였을지라도'πεποιηκώς라고 번역된 것은 완료형 분사인데, 이는 과거에 죄를 지은 것이 현재에도 여전히 영향을 미치고 있다는 말이다. 혹시 이와 같은 상황이라고 하더라도 기도하면 주께서 용서해 주신다는 말이다.

---

33 야고보서 5:15의 '주'Lord라는 표현이 구약에서 약속된 미래의 주님의 구원을 상기시킨다고 보는 자들이 있다사 33:22-24. 참고. McCartney, *James*, 256-57; Stulac, *James*, 184.

¹⁶ Therefore,   confess your sins to one another

그러므로, 너희는 서로 죄를 고백하라

        and pray for one another,

        그리고 서로를 위해 기도하라

                that you may be healed.

                병이 낫기를 위하여

The prayer of a righteous person has great power

의인의 간구는 [그 역사하는 힘이] 매우 크다

        as it is working.

        그 역사하는 힘이

1. 본 구절은 '그러므로' οὖν로 시작하면서 앞선 논의를 근거로 삼아 수신자들에게 명령한다. 앞서 병든 자는 교회의 장로들을 청하고, 장로들은 그를 위해 주의 이름으로 기름을 바르며 기도하라고 했다. 믿음의 기도는 병든 자를 구원하고 주께서 그를 일으키시되, 행여 그가 죄를 지었다고 하더라도 그 죄를 사해주실 것이다. 이를 근거로 저자는 "그러므로 너희 죄를 서로 고백하며 병이 낫기를 위하여 서로 기도하라"라고 명한다. 수신자들이 가장 먼저 해야 할 일은 서로 죄를 고백하고 병 낫기를 위해서 기도하는 것이다. 많은 학자들이 이 구절 역시 육체적인 질병을 위해 서로 기도하라는 의미로 본다. 무Moo 역시 그와 같이 이해하면서, "이 고백을 특히 신체상의 고통을 치유하는데 방해가 되는 어떤 죄와 관련된 것으로 이해하는 것이 최상이다"라고 주장한다. 계속해서 그는 5:14는 장로들이, 5:15은 전체 교인이 치유를 위해 기도해야 함을 지적하면서 이와 같은 사실은 치유의 능력이 장로들에게 있는 것이 아니라 기도에 있음을 입증하는 것이라고 본다.[34] 무의 주장은 병든 자가 장로들을 청해서 기도를 받아야 할 이유를 설명할 수 없다. 결국 교회 전체가 함께 기도할 것인데, 굳이 장로를

---

[34] Moo, *James*, 229-31.

칭해시 기도를 받아야 할 이유가 없기 때문이다. 이와 같은 주장은 설득력이 약할 뿐 아니라 5:14와 5:16을 설명하기가 쉽지 않다. 오히려 저자는 수신자들이 영적 곤고함에 빠졌을 때 교회의 리더들을 청하여 기도를 받아야 하지만, 만약 서로에게 죄를 지었다면 그 죄 사함을 받기 위해서 서로 기도하라고 명하는 것으로 볼 수 있다. 그렇게 할 때 영적 곤고함에서 벗어날 수 있기 때문이다.

2. 수신자 중에 어떤 이들이 영적 질병, 곧 영적 곤고함에 빠져 있고5:14, 이에 더해서 그들이 하나님 앞에서 서로에게 죄를 지었다면5:15, 이는 한 개인의 문제가 아니라 공동체 전체의 문제가 된다. 한 사람의 영적 곤고와 죄는 공동체에 속한 구성원 모두에게 영향을 미치고, 나아가서 공동체 전체에 큰 해가 되기 때문이다. 따라서 수신자들이 서로에게 죄를 지었다면 그들의 영적 곤고함이 해결되고 죄 사함을 받을 수 있도록 서로 죄를 고백하고 위해서 기도해야 한다. 그렇게 할 때 개인뿐 아니라 공동체 전체의 문제가 회복된다. 이와 같은 해석은 5:19-20에서 수신자들 중에 있는 미혹되어 진리를 떠난 자를 돌아서게 할 것을 권하는 것과도 맥을 같이 한다.

3. 앞서 서로 죄를 고백하고 기도하라고 한 후, "의인의 간구는 역사하는 힘이 큼이니라"라고 말한다. 만약 여기서 언급된 의인이 앞서 언급했던 그 의인과 관련이 있다면5:6, 이는 힘겨운 시련 가운데서도 오직 만군의 주만 바라보며 주께만 의지하는 자를 가리킨다. 오직 주만 바라보며 의지하는 자의 기도는 주께 구하고 의심하지 않는 기도를 말한다1:2-12. '간구'δέησις로 번역된 단어는 '간청'entreaty, '탄원/애원'supplication, '기도'prayer라는 의미가 있다. 이 단어는 앞서 기도와 관련해서 사용된 단어들과는 다르지만 그 의미에 있어서는 별반 다르지 않다. '역사하는 힘이 크다'는 것에 한 논의가 많다. 이에 해당하는 단어ἐνεργουμένη가 두 가지로 번역될 수 있기 때문이다. 먼저 현재 분사 중간태로서 "기도는 그 효력이 매우 강하다"the prayer is very powerful in its working로 번역될 수 있다. 그리고 현재 분사 수동태로서 "기도는 [하나님/성령에

의해] 능력이 주어질 때 매우 강력하다"prayer is very powerful when it is energized by the Spirit로 번역될 수도 있다. 또한 이 분사를 시간의 부사로 보면서 "그것이 행해질 때"when it is exercised나 형용사의 한정적 용법으로서 "효과적인 기도"the effective prayer로 볼 수도 있다. 어떤 의미가 되든지 기도 자체가 역사하는 힘이 있을뿐더러 그 기도의 역사는 하나님의 능력에 기인하기 때문에 어떤 것 하나라고 쉽게 말할 수 없다. 전후 문맥에서 계속해서 기도에 관해서 말하기에 기도를 강조하는 의미로 볼 수 있다. 그러나 그 기도의 역사는 하나님에 의해서만 가능하기 때문에 하나님의 주권적인 사역 또한 간과해서는 안된다.

[17] Elijah was a man with a nature like ours,

엘리야는 [어떤 사람과] 같은 본성을 가진 사람이다

and he prayed fervently

그리고 그가 간절히 기도했다

that it might not rain,

비가 오지 않기를

and for three years and six months

그리고 삼 년 육 개월 동안

it did not rain on the earth.

땅에 비가 오지 않았다

1. 앞서 "의인의 간구는 역사하는 힘이 큼이니라"5:16라고 했다. 그리고 이제 구약의 인물인 엘리야를 '의인의 기도'의 모범으로 제시한다. 먼저 "엘리야는 우리와 성정이 같은 사람이로되"라고 말한다. '성정이 같은' ὁμοιοπαθής으로 번역된 형용사는 '어떤 사람과 같은 본성을 가진'을 의미하는데, 어떤 이들은 '모든 인류와 같은 한계를 가진'이라는 의미로 보기도 한다.[35] 저자가 이러한

---

35 Martin, *James*, 212를 보라.

표현을 사용한 이유는 엘리야가 선지자이기 때문에 보편적인 사람과 달리 기도의 능력이 있거나 대단한 사람이어서 그의 기도가 응답되었다고 생각할 가능성 때문이다. 저자는 엘리야도 수신자들처럼 여러 가지 시련을 만나고 어려운 상황에 처하는 등 지극히 평범한 사람임을 나타내기 위해서 이와 같은 전제로 시작한다.

2. 이어서 "그가 비가 오지 않기를 간절히 기도한즉"이라고 말한다. 여기서 "간절히 기도한즉"이라고 번역했는데, 헬라어 원문에는 '간절히'라는 말이 없이 명사인 '기도' προσευχή와 동사인 '기도하다' προσεύχομαι가 반복 사용되었다. 이는 유대인들이 말하고자 하는 바를 강조하기 위해서 사용한 방식인데, 이러한 강조를 나타내기 위해서 '간절히'라는 표현을 삽입한 듯하다[36] 엘리야에 관한 기록은 열왕기상 17-18장에 나타난다. 엘리야가 기도하여 3년 6개월 동안 비가 오지 않은 것에 대한 구체적인 상황이 기록되어 있지는 않다. 그러나 열왕기상 17:1에 "길르앗에 우거하는 자 중에 디셉 사람 엘리야가 아합에게 말하되 내가 섬기는 이스라엘의 하나님 여호와께서 살아 계심을 두고 맹세하노니 내 말이 없으면 수년 동안 비도 이슬도 있지 아니하리라 하니라"라고 기록한다. 이 말씀은 비가 오지 않은 것이 엘리야와 관련이 있음을 보여준다.

3. 그러면 엘리야의 기도 중에 비와 관련된 내용을 예로 든 이유는 무엇일까? 여러 학자들이 주장하는 바와 같이 5:13-18에서 다루는 병이 육체의 질병과 기도에 관한 것이라면, 엘리야가 사르밧 과부의 죽은 아들을 살린 사건이 더 적절한 예가 된다. 왜냐하면 엘리야가 기도하여 죽은 자가 살아났듯이 병든 자가 장로들을 청하여 기도를 받으면 나을 것이라고 말할 수 있기 때문이다. 학자들은 엘리야의 예가 궁극적으로 이스라엘 백성을 회개시키고 하나님과의 관계를 회복시키는 것이기 때문에, 그러한 의미에서 엘리야의 비와 관련된 기도도 충분히 설득력이 있다고 본다. 그러나 5:13-18의 예를 영적인 곤고함으로 보면, 비와 관련된 엘리야의 예는 더 잘 설명된다. 이를 설명하기

36 Blomberg and Kamell, *James*, 246.

위해서 야고보서를 간략하게 언급할 필요가 있다. 수신자들이 처한 상황은 서신 전체에서 지적하듯 '두 마음'을 품은 것과 관련되어 있다1:8; 4:8. 이는 외적으로 드러나는 문제는 내적인 문제와 관련이 있고, 그 내적인 문제는 결국 수신자 중에 영적인 곤고함에 빠져 있거나 내적인 죄로 인해서 외적인 불의함을 저지르는 것으로 나타나는 것과 같다. 내적으로는 믿음이 있다고 생각하고 말하지만 실제 행동은 그렇지 않은 것이다. 이는 5:19-20의 말씀과 맥을 같이한다. 저자는 수신자들 중에 미혹되어 진리를 떠난 자가 있음을 알았을 것이다. 그리고 그들에게 이러한 "죄인을 미혹된 길에서 돌아서게 하는 자가 그의 영혼을 사망에서 구원할 것이며 허다한 죄를 덮을 것임이니라"5:20라고 말하면서 그들을 돌보라고 권하는 것이다.

4. 야고보서의 이러한 상황은 엘리야의 기도와 이스라엘 백성들이 처한 상황과도 잘 들어맞는다. 열왕기상 16장 후반부와 17장 초반부에 아합 왕이 이전의 이스라엘 모든 왕보다 더 하나님을 노하게 했다고 기록한다왕상 16:33. 이에 하나님이 엘리야를 통해서 수년 동안 비가 내리지 않을 것이라고 말씀하신다왕상 17:1. 엘리야가 비가 오지 않도록 기도한 것은 아합 왕과 이스라엘 백성이 하나님을 떠나 바알과 아세라 신을 섬겼기 때문이다. 이와 같은 이스라엘 백성의 상태를 열왕기상 18:21은 "엘리야가 모든 백성에게 가까이 나아가 이르되 너희가 어느 때까지 둘 사이에서 머뭇머뭇하려느냐 여호와가 만일 하나님이면 그를 따르고 바알이 만일 하나님이면 그를 따를지니라 하니 백성이 말 한마디도 대답하지 아니하는 지라"라고 밝힌다. 이스라엘 백성들은 바알과 하나님 사이에서 머뭇거리고 있고, 두 마음을 품고 있다. 그들은 영적으로 병들어 있다. 그리고 열왕기상 18:36-37은 "저녁 소제드릴 때에 이르러 선지자 엘리야가 나아가서 말하되 아브라함과 이삭과 이스라엘의 하나님 여호와여 주께서 이스라엘 중에서 하나님이신 것과 내가 주의 종인 것과 내가 주의 말씀대로 이 모든 일을 행하는 것을 오늘 알게 하옵소서 여호와여 내게 응답하소서 내게

용답하소서 이 백성에게 주 여호와는 하나님이신 것과 주는 그들의 마음을 돌이키심을 알게 하옵소서 하매"라고 기록한다. 특히 마지막 부분을 주목해 볼 필요가 있다. 엘리야는 이스라엘 백성들이 주 여호와가 하나님이신 것과 주께서 그들의 마음을 돌이키실 것을 알게 해 달라고 구한다. 그리고 열왕기상 18:39에 "모든 백성이 보고 엎드려 말하되 여호와 그는 하나님 이시로다 여호와 그는 하나님 이시로다 하니"라고 기록한다. 엘리야의 기도대로 이스라엘 백성이 여호가 하나님 이심을 인정한 것이다. 그들이 하나님을 인정한 후 엘리야가 다시 기도할 때왕상 18:41-46, 하늘에서 비가 내렸다. 따라서 엘리야의 비와 관련된 기도는 이스라엘 백성들의 마음을 돌이키는 것과 밀접한 관련이 있다.

　　5. 비와 관련하여 또 하나 지적할 것이 있다. 앞서 5:7-12에서 저자는 수신자들에게 주께서 강림하시기까지 인내할 것을 농부의 비유로 설명했다. 농부는 씨를 뿌리거나 나무를 가꾸면서 귀한 열매를 기대하며 길이 참는데, 그가 경작하는 작물이 이른 비와 늦은 비를 받을 때까지 참는다고 했다. 앞서 설명했듯이 농부가 할 수 있는 것은 인내하며 비를 기다리는 것뿐이다. 농부가 땅의 농작물이 최상의 결과를 얻도록 하기 위해 많은 수고와 땀을 흘리지만 결정적으로 비를 오게 할 수 없다. 엘리야도 농부와 같은 평범한 사람이다. 그러나 그런 평범한 사람의 기도라 할지라도 그 기도에는 능력이 있다. 기도를 통해서 비가 오게도 하고 오지 않게도 한다. 뿐만 아니라 기도를 통해서 두 마음을 가진 자들의 마음을 돌이키게도 할 수 있다.

¹⁸ Then he prayed again,

그가 다시 기도했고

        and heaven gave rain,

        그리고 그 하늘은 비를 주었다

        and the earth bore its fruit.

        그리고 땅이 그의 열매를 맺었다

1. 앞서 기도의 능력에 대해서 말했는데, 본 구절에서 다시 그것을 설명한다. 여기서 "하늘이 비를 주고"라고 말한다. 앞서 저자는 "온갖 좋은 은사와 온전한 선물이 다 위로부터 빛들의 아버지께로부터 내려오나니 그는 변함도 없으시고 회전하는 그림자도 없으시니라"1:17라고 했다. 그리고 "오직 위로부터 난 지혜는 첫째 성결하고 다음에 화평하고 관용하고 양순하며 긍휼과 선한 열매가 가득하고 편견과 거짓이 없나니"3:17라고 했다. '하늘'ὁ οὐρανός이라는 표현은 '위로부터'ἄνωθεν라는 표현에 상응하는 것이다. 하늘이 비를 주는 것은 곧 하나님이 주신다는 말이다. 그리고 위로부터 오는 비가 땅으로 하여금 열매를 맺게 한다. 이것이 바로 기도의 힘이다. 그러므로 기도가 중요하다.

미혹되어 진리를 떠난 자를 돌아 서게 하라!

야고보서 5:19-20

본문 구조와 요약

¹⁹ 내 형제들아,

    너희 중에 누가 미혹되어 진리를 떠나고

    그리고 누군가가 그를 돌아오게 하면

²⁰

    그로 하여금 알게 하라

    죄인을 [미혹된 길로부터] 돌아서게 하는 자는

    그의 미혹된 길로부터

      그의 영혼을 죽음으로부터

    구원하고

    또 많은 죄를 덮을 것을

야고보서는 서신이지만 다른 바울 서신이나 공동 서신의 맺음말과는 그 양식이 조금 다르다. 서신의 맺음말을 구성하는 요소들epistolary elements, 곧 마지막 인사closing greeting, 은혜 기원greace benediction, 평강 기원peace benediction, 자필 서명autobiography 등이 나타나지 않는다. 오로지 결론적 권면concluding exhortation만 나타난다.

보편적으로 서신의 서론이나 맺음말에 그 서신을 기록한 목적이나 본문에서 다루었던 중요한 이슈를 반복하거나 요약적으로 기록한다. 만약 이것이 사실이면, 5:19-20도 서신의 기록 목적이나 중요한 이슈를 알 수 있는 단서를 제공할 것이다. 여기서 저자는 "너희 중에 미혹되어 진리를 떠난 자를 누가 돌아서게 하면"이라고 말하면서 서신을 기록한 목적이 무엇인지 암시적으로 밝힌다. '미혹되어 진리를 떠난 자'는 서신 전체에서 '두 마음을 가지고 행하는 자'로 묘사된다. 스스로 믿음이 있다고 말하고 하나님을 섬긴다고 말하지만 그들의 삶 속에서 그와 같은 모습이 나타나지 않는다. 그들이 그와 같은 믿음을 가지는 이유는 영혼이 병들었기 때문이다. 따라서 그들은 "손을 깨끗이 하라 두 마음을 품은 자들아 마음을 성결하게 하라"4:8라는 말씀처럼 겉을 깨끗이 할 뿐만 아니라 마음도 깨끗하게 해야 한다. 또한 그들은 그들 속에 심어진 말씀을 온유함으로 받아야 한다. 그렇게 할 때 그들의 영혼이 구원받을 수 있다1:21. 저자는 수신자들을 향해서 그들 중에 미혹되어 진리를 떠난 자들을 돌아서게 하여 그들의 영혼이 사망에서 구원받고 죄 사함 받을 수 있도록 도우라고 권한다.

본문 해설Exposition

중심주제Big Idea: 하나님은 성도가 미혹되어 진리를 떠난 자들을 돌아서게 하여 그들의 영혼이 구원 받고 죄 사함 받기를 원하신다.

문맥Context

앞선 단락인 5:13-18에서 저자는 서신의 본문을 마무리하면서,

본문을 시작할 때 언급했던 것처럼 수신자들이 당면한 근본적인 문제, 곧 시련을 겪으면서 살아갈 수밖에 없는 자들이 어떤 자세로 살아가야 할 것인지 마지막으로 권면한다. 먼저 저자는 본문의 마지막 단락 첫 구절인 5:13에서 두 개의 수사적인 질문을 한다. 첫째는 "너희 중에 고난당하는 자가 있느냐?"라는 질문이고 둘째는 "즐거워하는 자가 있느냐"라는 질문이다. 전자는 서신 본문의 시작인 1:2에서 "너희가 여러 가지 시련을 당하거든"이라고 질문하면서, 그럴 때 온전히 기쁘게 여기고 인내를 온전히 이루고 지혜가 부족할 때 하나님께 구하라고 했던 것의 반복인 듯하다. 그리고 후자는 시련 중에 기도하며 하나님의 은혜를 맛본 자들에게 주는 권면으로서 그에 합당한 반응인 찬송을 하나님께 돌리라는 의미인 듯하다. 이와 같이 하여 수신자들은 시련 중에 기도하고, 늘 감사하며 살아야 한다.

저자는 계속해서 영적으로 병든 자, 곧 미혹되어 진리를 떠난 자에게 교회의 장로들을 청하라고 권한다. 청함을 받은 장로들은 그에게 기름을 바르며 기도함으로 그가 구원받고, 죄 사함 받도록 해야 한다. 그리고 그가 영적 곤고함에서 벗어나고 그가 원래 있던 자리로 돌아올 수 있도록 해야 한다5:14-15. 그뿐만 아니라 교회의 성도들은 서로의 죄를 고백하며 영적 무기력함과 죄로부터 벗어날 수 있도록 해야 한다5:16. 그들은 품꾼이 시련 가운데서도 그들을 괴롭히는 자들에게 대항하지 않고 오직 하나님께 부르짖었던 것처럼, 하나님께 매달려야 한다5:16b. 하나님은 그와 같이 행하는 자, 곧 의인들의 기도를 들어주신다. 저자는 마지막으로 오직 하나님께 매달려 기도함으로 기도의 응답을 받고, 하나님과 이방 신 사이에서 두 마음을 품고 있던 자들에게 하나님이 참 신이심을 깨닫게 한 엘리야를 수신자들이 따라야 할 모범으로 제시한다5:17-18. 이상과 같은 내용으로 서신의 본문을 마무리하면서 저자는 의인의 기도가 역사하는 힘이 있으며 수신자들도 그와 같이 기도할 것을 권면한다.

저자는 서신의 마지막 단락인 5:19-20에서 서신 본문에서 말했던 것을 간단하게 요약하면서 수신자들에게 명령하는 것으로 마무리한다. 즉, 형제들 중에서 미혹되어 진리를 떠난 자를 돌아서게 하면, 그의 영혼이 사망에서 구원을 받고 죄 사함을 받을 것이라는 말이다. 만약 서신의 닫는 단락이 서신 전체의 내용을 요약하거나 본문에서 다루었던 내용을 직, 간접적으로 반영한다면, 5:19-20을 통해서 야고보서의 기록 목적을 파악할 수 있다. 그리고 그 기록 목적과 각 본문의 내용이 긴밀하게 연결되어 있을 것이다. 따라서 본 단락을 통해서 수신자들이 가지고 있는 근본적인 문제가 무엇인지, 그리고 그 문제는 서신 전체와 어떤 연관성을 가지고 있는지 두 가지로 살펴보려고 한다.

본론Body

1. 하나님은 성도가 그들 중에 미혹되어 진리를 떠난 자를 돌이키기를 원하신다5:19

일반적으로 바울 서신의 닫는 단락에는 그 단락을 구성하는 여러 가지 서신적 요소들epistolary elements이 있다. 그 요소들에는 '마지막 인사'closing greeting, '은혜 기원'grace benediction, '평강 기원'peace benediction, '결론적 권면'concluding exhortation, '송영'doxology, '기쁨의 표현'joy expression, '기도 요청'request for prayer, '추신'postscript 등이 있다. 공동 서신에서는 이와 같은 요소들이 명확하게 나타나지는 않지만, 야고보서 5:19-20은 서신적 요소 중에서 결론적 권면에 해당하는 요소를 포함한다. '내 형제들아'Ἀδελφοί μου라는 호격과 "누구든지 죄인을 미혹된 길에서 돌아서게 하는 자가 그 영혼을 사망에서 구원할 것이며 허다한 죄를 덮을 것을 알게 하라γινωσκέτω"라는 명령형 문장이다. 저자가 서신을 이와 같은 명령문으로 끝내는 것은 서신 전체에 명령형 동사가 54회 사용된 것과도 관련이 있을 것이다. 이는 수신자들의 상황이 마지막까지 명령형을 통해 권면할 수밖에 없는 심각한 상황을 반영할 수도 있다.

저자는 먼저 "너희 중에 미혹되어 신리를 떠난 자를 누가 돌아서게 하면"5:19이라고 말한다. 이는 수신자들 중에 미혹되어 진리를 떠난 자들이 있었음을 암시한다. '미혹되다'πλανηθῇ라는 동사는 수동태has been led astray이지만 중간태적 의미로서 '스스로 타락하다/벗어나다'one goes astray of one's own accord라는 의미가 있다. 따라서 그 강조점이 외적인 원인에 있는 것이 아니라 그와 같이 행하는 사람의 의도적인 행동에 있다. 1:16에서도 '미혹되다'πλανᾶσθε라는 동사의 수동태 명령형이 사용되어 "내 사랑하는 형제들아 속지 말라"로 번역되었다. 여기서도 외적인 요인으로 인해 속는 것이 아니라 자기 자신을 속이는 것을 말한다. 1:12-18의 문맥에서도 자기 자신의 욕심 때문에 스스로 미혹되는 것에 대해 설명하기 때문이다. 저자는 수신자들이 시련을 당할 때 "내가 하나님께 시험을 받는다"1:13라고 말하지 말라고 권한다. 이는 하나님은 시험도 하지 않을뿐더러 사람은 자기 욕심에 끌려 미혹되어 시험받기 때문이다1:14. 그리고 이 욕심이 잉태하여 죄를 낳고 죄가 장성하여 사망에 이르게 된다1:15. 여기서 저자는 자기의 욕심 때문에 스스로 미혹되는 것을 지적한다. 이와 마찬가지로 5:19도 외적인 요인에 의해 미혹되는 것이 아니라 자기 스스로 미혹되어 진리를 떠나는 것을 가리킨다. 또한 이는 자기 속의 이기적 욕망과 시기심으로 인한 것이기 때문에 사람의 마음속에서 일어나는 사탄의 역사 때문이라고도 말할 수 있다약 3:15; 4:7.

야고보서 5:19에서 미혹되어 진리를 떠난 자에 대해 언급하면서, '너희 중에'ἐν ὑμῖν라는 표현을 사용한다. 이는 그 미혹된 자가 교회 공동체를 완전히 떠나지 않았음을 말한다. 아마도 그들은 공동체 내에 머물면서 진리를 떠나지 않은 것처럼 행세하면서도 실제로는 진리를 떠난 자들이었을 것이다. 이는 서신 전체에서 두 마음을 가지고 행하는 것에 대해서 지적하는 것과 맥을 같이한다약 1:8; 4:8. 서신의 본문 초반부인 1:2-8과 본문의 마지막 부분인 5:13-18에서 시련과 기도의 문제를 다루는 것을 볼 때, 수신자들이 미혹되어 진리를 떠난 이유는 그들이 디아스포라에 살면서 당하는 여러 가지 시련 때문인 듯하다. 끊이지 않는 시련 때문에 그들이 가지고 있던 믿음을 지키지 못해서 하나님의 진리의 말씀을 떠났으면서도 그렇지 않은 것처럼 태연하게 살아가는 것이다. 그리고 저자가 수신자들 중에 그러한 자들이 있음을 알고 공동체 전체에게 그 문제를 해결하도록 권면하기 위해 야고보서를 기록한 것이다.

　　　그러면, 미혹되어 진리를 떠난 자는 어떤 모습일까? 5:19-20이 서신 전체의 요약이라면 서신 전체에서 '미혹되어 진리를 떠난' 자의 모습을 찾을 수 있다. 대략적으로 찾아보면 다음과 같다. 첫째, 하나님을 온전히 의지하지 못한다1:1-8. 저자는 먼저 여러 가지 시련 중에 살아가는 자들에게 기도할 것을 권하면서 의심하지 말고 구하라고 한다. 1:6의 '의심하다'διακρίνω라는 동사는 '흔들리다'waver라는 의미가 있다. 즉, 수신자들 중에 어떤 이들은 하나님을 온전히 믿지 못하고 흔들렸다는 것이다. 미혹되어 진리를 떠난 자는 아마도 하나님과 자신의 생각 사이에서 흔들려 하나님을 온전히 의지하지 못하게 된 듯하다. 둘째, 자신을 속이거나 남을 속인다1:16, 22, 26; 1:19-27. 1:12-18에서 저자는 하나님을 모든 좋은 것을 주시는 분1:17, 시험하지도 않는 분1:13으로 묘사한다. 그러나 미혹되어 진리를 떠난 자는 자신의 욕심을 따라 행하여 사망에 이르고도 "내가 하나님께 시험을 받는다"라고 생각하며 스스로 속인다. 1:19-27에서는 말씀을 실천하지 않으면서 듣는 것만으로 믿음이 있다고 생각하거나1:22-25, 스스로 경건하다고 생각하면서 자기 혀를 재갈 물리지 않는 자, 그러면서도 스스로 경건하다고 생각하는 자에 대해 묘사한다. 셋째, 신앙이 있다고 하면서 차별하거나 온 율법을 지킨다고 하면서도 그중 하나를 범한다2:1-13. 2:4의 '차별하다'διακρίνω로 번역된 동사는 1:6의 '의심하다'로 번역된 동사와 같은 동사이다. 따라서 엄밀히 말해서 차별하는 것은 나누고 구분하는 것이고 판단하는 것이다. 넷째, 믿음이 있다고 말하면서 행함이 없다2:14-26. 헐벗어 일용할 양식이 없는 형제에게 단순히 말로만 평안히 가라, 덥게 하라, 배부르게 하라고 하면서도 그에게 실제적인 도움을 주지 않는다. 그들은 귀신들처럼 말로는 하나님을 두려워한다고 하지만, 실제 모습 속에서는 하나님을 두려워하는 모습이 전혀 없이 살아간다. 다섯째, 무분별하게 선생이 되어 입에 재갈 물리지 않고 함부로 말을 하려고 한다3:1-12. 본 단락에서 저자는 한 입으로 아버지를 찬송하고 사람을 저주하는 것3:9, 한 입에서 찬송과 저주를 내는 것3:10, 샘이 한 구멍으로 단물과 쓴 물을 내는 것3:11, 무화과나무가 감람 열매를 맺을 수 없고, 포도나무가 무화과를 맺지 못하는 것과 같이 짠물이 단물을 내지 못하는 것3:12에 대해서 묘사한다. 여섯째, 땅의 지혜로 하늘의 지혜를 가진 자처럼 행한다3:13-18. 즉, 마음속에 시기와 이기적 욕망을 가지고 행하면서 혼란과 모든 악한 일들을 일으킨다. 일곱째, 세상과 하나님 사이, 곧 마귀와 하나님 사이에서 두 마음을 가지고 행한다4:1-10. 이들은 시기와 이기적 욕망을 좇아 행하면서 하나님과 원수로 행한다. 여덟째, 형제를 비방함으로써 율법의 준행자가 아니라 재판관이 되는 교만을 행한다4:11-12. 이러한 행위는 그 형제를 멸할 수도 있다. 여기서 사용된 판단 하다κρίνω는 동사는 1:6과 2:4에서 각각 '의심하다'와 '차별하다'로 번역된 동사διακρίνω와 같은 군의 동사이다. 저자는 형제를 불합리하게 판단하는 것뿐만 아니라 두 마음을 가진 자들의 모습을 묘사하기 위해서 의도적으로 같은 어원의 동사를 사용한 듯하다. 아홉째, 허탄한 자랑을 하면서 모든 것을 자신이 계획한 대로 하며 살 수 있을 거라고 확신한다4:13-17. 열째, 종말의 때를 잘 준비하지 못하고 부를 축적하며 가난한 자들을 착취하고, 사치하고 방종하게 살아간다5:1-6. 이들은 지금이 마지막 때인지 알지 못하고 재물을 쌓고 화려한 옷을 입으면서도 가난한 자들에게 주어야 할 품삯을 갈취한다. 그리고 땅에서 사치하며 방종하면서 자신의 마음을 살찌게 하여 무디어진 채 살아간다. 열한째, 서로 원망하면서 당면한 시련을 피하기 위해서 맹세를 남용한다5:7-12.

이상에서 서술한 바와 같이 야고보서 전체는 미혹되어 진리를 떠난 자들의 모습이 어떠한지를 묘사한다. 수신자들은 흩어져 살면서 종교적, 문화적, 정치적, 사회적 배경이 다른 자들과 섞여서 이방인으로 살았다. 그리고 이와 같은 삶은 수많은 시련을 동반한다. 그들이 당하는 시련은 평생 벗어나지 못할 성격의 것일 수도 있다. 저자는 서신 본문의 마지막 단락5:13-18뿐 아니라 첫 단락1:2-8에서도 시련의 문제를 다루면서 기도하라고 권하지만, 수신자 중에 어떤 이들은 그와 같은 상황을 이기지 못하고 스스로 미혹되어서 그들이 따르던 진리의 말씀을 떠난 듯하다. 이와 같은 상황을 파악한 저자는 수신자들이 속한 공동체를 향해서 그들을 돌아서게 하도록 권하기 위해 본 서신을 기록한 것이다.

2. 하나님은 미혹된 자가 돌아올 때 그들의 영혼을 죽음으로부터 구하시고, 그들의 죄를 용서해 주신다5:20

저자는 계속해서 "죄인을 미혹된 길에서 돌아서게 하는 자가 그의 영혼을 사망에서 구원할 것이며 허다한 죄를 덮을 것임이라"5:20고 말한다. 문장의 모호성 때문에 어떤 이는 죄인을 돌아오게 한 자의 죄가 용서받을 것이라고 주장하기도 한다. 그러나 본문 전체가 미혹되어 진리를 떠난 자들의 모습에 대해서 묘사하기에 그들 중에 다시 돌아온 자의 죄가 덮어질 것으로 보는 것이 자연스럽다. 그 이유는, 첫째, 5:19에서 미혹되어 진리를 떠난 자와 그를 돌아서게 하는 자는 5:20의 '죄인'과 '미혹된 길에서 돌아서게 하는 자'에 각각 상응하고, 죄인을 돌아서게 하는 자가 구원의 대상이 아니라 미혹되어 진리를 떠난 죄인이 구원받을 대상이기 때문이다. 둘째, 미혹되어 진리를 떠난 자는 죄에 빠져 사망할 수밖에 없고, 따라서 그들은 죄 용서가 필요하기 때문이다. 야고보서 5:19에 사용된 '미혹되다'πλανηθῇ라는 동사가 1:14의 "오직 각 사람이 시험을 받는 것은 자기 욕심에 끌려 미혹됨이니"에서도 사용되었다. 1:15에서 "욕심이 잉태한즉 죄를 낳고 죄가 장성한즉 사망을 낳느니라"라고 했다. 이는 미혹되어 진리의 말씀을 떠난 자는 자기 욕심에 사로잡힌 자이고 죄가 가득하며 그로 인해 사망에 빠질 수밖에 없는 사이다. 5:20에서 말하는 '그의 영혼'은 미혹되어 진리에서 떠난 자의 영혼을 말하는 것으로 보는 것이 더 타당하다.

앞서 미혹되어 진리를 떠난 자의 모습을 열 한 가지로 살펴보았다. 저자는 진리를 떠나 두 마음을 품고 살아가는 자의 모습만 지적한 것이 아니라, 그가 어떻게 해야 할지에 대해서도 설명했다. 즉, "너희 중에 미혹되어 진리를 떠난 자를 누가 돌아서게 하면"5:19이라고 말하면서도, 어떻게 그들을 돌아서게 할 것인지에 대한 지침 또한 제시했다는 말이다. 서신의 본문에서 제시하는 각 모습에 대한 해결책을 다음과 같이 제시할 수 있다.

첫째, 흩어져 살면서 여러 가지 시련을 겪는 자들은 시련을 온전히 기쁘게 여기고, 인내를 온전히 이루며, 하나님 앞에서 온전한 자가 되어야 한다1:2-4. 그리고 지혜가 부족할 때는 하늘의 지혜를 구하되 믿음으로 구하고 의심하지 말아야 한다1:5-8. 둘째, 자신과 남을 속이는 자는 그의 영혼을 능히 구원할 바 마음에 심어진 말씀을 겸손히 받아야 한다1:21. 셋째, 차별하거나 율법을 지킨다고 하면서 하나를 범하는 자는 자신 또한 율법대로 심판을 받을 것을 염두에 두고 말하고 행해야 한다. 만약 긍휼히 여기는 마음이 없이 행하면 그 또한 긍휼 없는 심판을 받을 것이기 때문이다. 긍휼이 심판을 이기기 때문에 항상 긍휼히 여기는 마음으로 형제를 대해야 한다2:12-13. 넷째, 아브라함이 이삭을 하나님께 드리고 라합이 자신의 생명이 위협받는 중에도 하나님이 보내신 정탐꾼들을 숨겨주었던 것처럼, 하나님을 두려워하는 모습이 삶 속에서 나타나야 한다. 그렇게 할 때 의롭다고 칭함을 받을 수 있다2:21-25. 다섯째, 혀를 재갈 물려야 하고 선생이 많이 되지 말아야 한다3:1-2. 혀는 작은 불씨가 큰 산을 태우는 것과 같은 큰 파괴력을 가지고 있다. 그리고 온몸을 더럽히는 불의의 세계처럼 악을 소유하고 있다. 따라서 무분별하게 선생이 되어 함부로 말하는 자는 말들의 입에 재갈을 물려 온 몸을 통제하고, 배 사공이 큰 배를 지극히 작은 키로 자신의 뜻대로 운행하는 것처럼 혀를 재갈 물려 통제해야 한다. 여섯째, 지혜와 총명이 있는 자들은 선행을 통해 지혜의 온유함으로 그 행함을 보여야 한다3:13. 하늘의 지혜를 행하는 자는 성결, 화평, 관용, 양순, 긍휼과 선한 열매가 가득하고 편견과 거짓이 없는 자이다. 한마디로 화평케 하는 자로서 공동체가 화평하도록 하여 의의 열매를 거둔다3:13, 17-18. 일곱째, 자신의 시기심과 이기적 욕망을 따라 행하며 하나님과 원수가 되는 것은 곧 하나님 앞에서 교만하게 행하는 것이기에, 하나님께 복종하며 겸손히 행해야 한다4:6-10. 마귀를 대적하고 하나님을 가까이해야 하고, 겉과 속 모두를 정결하게 해야 하고, 지금이 웃고 즐길 때가 아니라 슬퍼하며 애통해야 할 때인 것을 알아야 한다. 여덟째, 오직 하나님만이 입법자이며 재판관인 것을 깨닫고 이웃을 판단하지 말아야 한다4:11-12. 아홉째, 그 자신이 잠깐 보이다가 없어지는 안개와 같은 존재인 것을 인식해야 한다. 그리고 "주의 뜻이면 우리가 살기도 하고 이것이나 저것을 하리라"4:15라고 말하며, 오직 주님을 의지해야만 한다. 열째, 마지막 때에 그들에게 임할 고생을 알고 통곡해야 한다5:1-6. 그들이 쌓은 재물이 증거 하는 것과 하나님이 가난하지만 당신께 의지하는 자들, 곧 의로운 자들의 부르짖음 들으심을 깨달아야 한다. 열한째, 이들은 고난 가운데서도 농부가 귀한 열매를 바라고 인내하는 것처럼 주의 강림을 기다리며 인내해야 한다5:7-8. 주의 이름으로 말한 선지자들처럼 말하며 서로 원망하지 말아야 한다5:9-11. 그리고 고난을 피하고자 맹세를 남용할 것이 아니라 오직 주의 말씀을 기준으로 옳은 것은 옳다, 그른 것은 그르다고 말해야 한다5:12.

앞서 제시한 것들 중에서 가장 중요한 것은 두 번째 언급했던 것이다. 즉, "너희 영혼을 능히 구원할 바 마음에 심어진 말씀을 온유함으로 받으라"1:21라고 한 말씀이다. 1:18에서 "그가 그 피조물 중에 우리로 한 첫 열매가 되게 하시려고 자기의 뜻을 따라 진리의 말씀으로 우리를 낳으셨느니라"라고 한 것처럼 수신자들은 진리의 말씀으로 낳음을 입었다. 그러나 5:19-20에서는 미혹되어 진리, 곧 진리의 말씀을 떠났다고 했다. 따라서, 그들이 가진 근본적인 문제는 진리의 말씀으로 낳음을 입은 자들이 그 진리의 말씀을 떠난 것이다. 따라서 그들은 심어진 말씀을 온유함으로 받아야 한다. 그들은 다른 그 무엇보다도 주의 말씀 듣기를 속히 해야 한다1:19. 이와 같이 할 때, 진리를 떠나 영혼이 병든 자들이 치유받을 수 있다.

무엇보다도 야고보서 5:13-18에서 기록한 바와 같이 영적으로 병든 자들은 교회 앞에 기도를 요청해야 한다. 그리고 교회는 그들의 회복을 위해서 기도해야 한다. 그렇게 하여 원래 그들이 있던 자리, 하나님이 부르신 자리로 돌아갈 수 있도록 도와야 한다. 이와 같이 성도가 서로를 위해 기도하면서, 혹시 죄를 지은 것이 있다면 서로 고백하고 병 낫기를 위해서 기도해야 한다. 기도할 때는 하나님과 바알 사이에서 머뭇거리던 이스라엘 백성들이 하나님께 돌아와 하나님을 인정하도록 하기 위해 기도하며 애를 썼던 엘리야처럼 기도해야 한다. 오직 하나님께 모든 것을 맡기고 하나님의 도우심을 기다리는 의인과 같이 되어야 한다. 의인의 간구가 역사하는 힘이 크기 때문이다5:16b. 그렇게 할 때, 미혹되어 진리를 떠난 자들의 영혼이 사망에서 구원받고, 그들의 허다한 죄가 사함을 받을 것이다.

결론Conclusion

하나님은 야고보서의 수신자들이 그들과 함께 신앙생활 하는 동료들 중에서 미혹되어 진리를 떠나는 자들을 돌아보기를 원하신다. 그리고 그들을 돌아서게 하여 그들의 영혼이 구원을 받고 죄 사함 받기를 원하신다.

적용Application

나와 교회는 함께 신앙생활 하는 성도들 중에서 여러 가지 시련 중에서 미혹되어 진리를 떠난 자들, 곧 두 마음을 가지고 신앙생활 하는 자들을 돌아보고 있는가? 나와 교회는 미혹되어 진리를 떠난 자들이 그 길에서 돌아서서 그들의 영혼이 구원받고 죄사함을 받을 수 있도록 돕고 있는가?

설교를 위한 제안

제목: 미혹되어 진리를 떠난 자를 돌아서게 하라!

1. 성도는 그들 중에 미혹되어 진리를 떠난 자를 돌아서게 해야 한다.
2. 성도는 미혹되어 진리를 떠난 자의 영혼이 구원받고 지은 죄를 사함 받도록 해야 한다.

본문 주석

¹⁹ My brothers,
   내 형제들아,

      if anyone among you wanders from the truth
      너희 중에 누가 미혹되어 진리를 떠나고
      and someone brings him back,
      그리고 누군가가 그를 돌아오게 하면

    1. 먼저 "내 형제들아 너희 중에 미혹되어 진리를 떠난 자를 돌아서게 하면"이라고 했다. 서신을 마무리하면서 '내 형제들아'라는 호칭을 사용한 것은 마지막 권면을 위해 애정 어린 마음으로 수신자들을 부르기 위함이다. 이 문장은 가정법ἐάν으로 "만약에 너희 중에 미혹되어 진리를 떠난 사람이 있고 누군가가 그를 돌아오게 하면"이라는 의미이다. 서신의 특성, 곧 떨어져 있지만 수신자들이 처한 상황을 듣고 그들에게 필요한 메시지를 바로 옆에서 조언하는 것처럼 기록한 것이기에 가정법을 사용했다고 해서 가정적인 사실만을 말하는

것은 아니다. 서신 전체를 고려해 볼 때, 수신자들 중에는 분명 하나님의 진리를 떠난 자들이 있었다. 저자는 그들을 염두에 두고 "만약 너희 중에 누군가 그런 부류에 속한다면"이라고 말한다.

2. '미혹되어'πλανηθῇ라는 동사는 수동태로서 '미혹되다'be led astray 또는 '속다'be deceived라는 의미가 있다. 그러나 일반적으로 수동태이지만 중간태적 의미가 있어서 '스스로 타락하다/벗어나다'one goes astray of one's own accord라는 의미로 사용된다. 이 단어는 1:16에서 "내 사랑하는 형제들아 속지 말라"라고 말할 때도 사용되었다. 그런데 1:16이나 서신 전체를 보았을 때, 속는 것은 어떤 외부적인 영향에 의해서 속는 것이 아니라 자기 스스로를 속이는 것이다. 1:16의 것도 시련을 당할 때 하나님께 시험을 받는다고 여기는 것에 대해 지적한다. 그리고 저자는 이것을 자기 욕심에 끌려 미혹되는 것이라고 설명한다1:14. 욕심이 잉태하여 죄를 낳고 죄가 장성하면 사망을 낳게 된다1:15. 그리고 수신자들에게 "내 사랑하는 형제들아 속지 말라"라고 명령한다. 따라서 5:19의 것도 어떤 외적 요인에 의해서라기 보다는 자기 스스로에게 속지 말라는 것이며, 스스로 진리에서 벗어나지 말라고 권하는 것이다. 마틴은 더 나아가서 여기서 사용된 '떠나다'라는 동사 뒤에는 우상숭배 사상뿐 아니라 도덕적 이원론이 내포되어 있다고 본다. 뿐만 아니라 이러한 변절 뒤에는 사탄의 영향력이 있다고 본다. 이미 저자가 3:15와 4:7에서 올바르지 않은 행동 뒤에는 악한 영이 역사하고 있다고 말하기 때문이다.[37]

3. '진리를 떠난 자'라는 표현에서 '진리'와 관련하여, 무Moo는 단순한 기독교 교리를 넘어서 복음과 관련된 모든 것을 지칭하는 것으로 본다. 그리고 이 진리는 믿어져야 할 뿐 아니라 행해져야 한다. 이것이 서신 전체의 가르침이기 때문이다.[38] 무의 견해와 같이 진리는 기본적으로 하나님의 말씀이고 복음이요, 예수님의 가르침이라고 할 수 있다참고. 약 1:18; 3:14. 따라서 진리를

---

37 Martin, *James*, 218-19.
38 Moo, *James*, 236-37.

떠난 자는 하나님의 말씀을 떠난 자이다. 그리고 '돌아서게 하다'ἐπιστρέψῃ라는 동사는 처음으로 하나님께로 와서 구원을 받았을 때뿐 아니라 하나님을 떠났다가 다시 돌아오는 것을 말할 때도 사용되는 동사이다.

20   let him know
       그로 하여금 알게 하라
           that whoever brings back a sinner
           죄인을 [미혹된 길에서] 돌아서게 하는 자는
               from his wandering
               그의 미혹된 길로부터
                   will save his soul from death
                   그의 영혼을 죽음으로부터 구원하고
                   and will cover a multitude of sins.
                   또 많은 죄를 덮을 것이다

1. "너희가 알 것은"γινωσκέτω ὅτι으로 번역된 동사는 3인칭 단수 명령형이다. 영어성경에는 사역동사let가 사용되어 "그로 하여금 알게 하라"라고 번역된다. 이 문장의 주체는 '죄인을 미혹된 길에서 돌아서게 하는 자'5:19이므로 "그로 하여금 알게 하라" 또는 "그는 알아야 한다"로 번역할 수 있다.

2. "죄인을 미혹된 길에서 돌아서게 하는 자가"라고 했다. '돌아서게 하는 자'ὁ ἐπιστρέψας는 5:19의 '돌아서게 하다'라는 동사의 분사가 독립적 용법으로 사용된 것이다. 여기서 저자는 죄인이라는 표현을 사용한다. 이는 앞선 구절의 '너희 중에 미혹되어 진리를 떠난 자'를 가리킨다. 스스로든 외부의 유혹에 의해서든 결과적으로 미혹되어 진리를 떠난 자는 하나님 앞에서 죄인일 수밖에 없다.

3. 죄인을 미혹된 길에서 돌아서게 하는 자는 "그의 영혼을 사망에서

구원할 것이며"라고 말한다. '그의 영혼'이 누구를 가리키는지에 대해서 많은 논의가 있다. 헬라어 원문에서 그 주어를 명확히 밝히지 않기 때문이다. 그러나 문장 전체를 볼 때 분명한 것은 두 부류가 있다는 것이다. 하나는 진리에서 떠난 자이고 또 다른 하나는 그를 돌아서게 할 자이다. 이 두 부류 중에서 '죄인을 돌아서게 할 자'가 진리를 떠난 자는 아니다. 따라서 그의 영혼이 사망에 있다고 볼 수도 없다. 반대로 진리를 떠난 자의 당연한 귀결은 죽음이고 사망이다. 1:14에서 '미혹됨'에 대해서 말하면서 "욕심이 잉태한즉 죄를 낳고 죄가 장성한즉 사망을 낳느니라"1:15라고 했다. 미혹되어 진리의 말씀을 떠난 자는 자기의 욕심에 사로잡힌 자이고 죄가 가득하며 그로 인해 사망에 빠져 있는 자이다. 따라서 여기서 말하는 '그의 영혼'은 미혹되어 진리에서 떠난 자의 영혼을 말하는 것으로 볼 수 있다.

　　4. 계속해서 그들의 "허다한 죄를 덮을 것임이라"라고 말한다. 여기서도 '허다한 죄를 덮는다'라는 표현이 누구에게 해당되는지에 대한 논의가 있다. 앞서 논의한 바와 같이 여기서도 일차적으로 '미혹되어 진리를 떠난 자'가 돌아올 때 그의 죄가 덮어질 것이라는 의미이다. 그러나 유대 문헌에는 죄인을 돌아오게 한 자가 죄 용서함 받을 자격이 있다고 기록한 기록이 있다.[39] 따라서 학자들은 죄에서 돌아오게 하는 자의 허다한 죄가 덮어질 것도 배제할 수 없다고 본다. 어떤 의미가 되었든지 죄의 길에서 돌아온 자의 영혼이 구원받고 그가 지은 죄가 덮어질 것은 분명하다. 이렇게 서신을 마무리하면서 수신자들 중에서 진리를 떠난 자를 돌아오게 하여 구원받고 죄 사함 받을 수 있도록 격려한다.

---

39 Blomberg and Kamell, *James*, 249.

야고보서 본문 구문분석

제 1 장

[1] James, a servant of God and of the Lord Jesus Christ,

Ἰάκωβος θεοῦ καὶ κυρίου Ἰησοῦ Χριστοῦ δοῦλος

야고보, 하나님과 주 예수 그리스도의 종

To the twelve tribes in the Dispersion

ταῖς δώδεκα φυλαῖς ταῖς ἐν τῇ διασπορᾷ

흩어져 있는 열 두 지파들에게

Greetings.

χαίρειν.

문안한다.

[2] Count it all joy, my brothers,

Πᾶσαν χαρὰν ἡγήσασθε, ἀδελφοί μου,

온전히 기쁘게 여기라, 내 형제들아

when you meet trials of various kinds,

ὅταν πειρασμοῖς περιπέσητε ποικίλοις,

너희가 다양한 종류의 시련을 만날 때

[3]   for you know

γινώσκοντες

왜냐하면 너희는 알기 때문이다

that the testing of your faith produces steadfastness

ὅτι τὸ δοκίμιον ὑμῶν τῆς πίστεως

κατεργάζεται ὑπομονήν

너희의 믿음에 대한 그 테스트가 인내를 만들어 내는 것을

⁴ And let steadfastness have its full effect,

ἡ δὲ ὑπομονὴ ἔργον τέλειον ἐχέτω,

그리고 그 인내가 그 일을 온전히 하도록 하라

that you may be perfect

ἵνα ἦτε τέλειοι

너희가   완벽해 지고

and complete,

καὶ ὁλόκληροι

그리고 온전해지기 위해

lacking in nothing.

ἐν μηδενὶ λειπόμενοι.

아무런 부족함 없이

⁵ If any of you lacks wisdom,

Εἰ δέ τις ὑμῶν λείπεται σοφίας,

만약 너희 중에 누구든지 지혜가 부족하면

let him ask God,

αἰτείτω παρὰ τοῦ διδόντος θεοῦ

그로 하여금 하나님께 구하게 하라

who gives generously to all without reproach,

πᾶσιν ἁπλῶς καὶ μὴ ὀνειδίζοντος

후히 주시고 꾸짖지 아니하시는 [하나님께]

and it will be given him.

καὶ δοθήσεται αὐτῷ.

그러면 그것이 그에게 주어질 것이다

[하나님이 그것을 그에게 주실 것이다]

⁶ But let him ask in faith,

αἰτείτω δὲ ἐν πίστει

그러나 [구할 때는] 그가 믿음으로 구하게 하라

with no doubting,

μηδὲν διακρινόμενος·

의심 없이

for the one who doubts is like a wave of the sea

ὁ γὰρ διακρινόμενος ἔοικεν κλύδωνι θαλάσσης

왜냐하면 의심하는 자는 바다의 파도와 같기 때문이다

that is driven and tossed by the wind.

ἀνεμιζομένῳ καὶ ῥιπιζομένῳ.

[그 파도는] 바람에 의해 밀리고 흔들리는

⁷ For that person must not suppose

μὴ γὰρ οἰέσθω ὁ ἄνθρωπος ἐκεῖνος

저 사람이 기대하지 말아야 할 이유는

that he will receive anything from the Lord;

ὅτι λήμψεταί τι παρὰ τοῦ κυρίου,

주님으로부터 무엇이든지 받을 것이라고

⁸ he is a double-minded man,

ἀνὴρ δίψυχος,

그는 두 마음을 가진 자로

    unstable in all his ways.

    ἀκατάστατος ἐν πάσαις ταῖς ὁδοῖς αὐτοῦ.

    그의 모든 일에 정함이 없기 때문이다

[9] Let the lowly brother boast in his exaltation,

    Καυχάσθω δὲ ὁ ἀδελφὸς ὁ ταπεινὸς ἐν τῷ ὕψει αὐτοῦ,

    낮은 형제는 그의 높음을 자랑하게 하라!

[10] and the rich in his humiliation,

    ὁ δὲ πλούσιος ἐν τῇ ταπεινώσει αὐτοῦ,

    그리고[그러나] 부한 자는 그의 낮음을 [자랑하게 하라]

    because like a flower of the grass he will pass away.

    ὅτι ὡς ἄνθος χόρτου παρελεύσεται.

    왜냐하면 풀의 꽃과 같이 그가 지나가기 때문이다

[11]   For the sun rises with its scorching heat

    ἀνέτειλεν γὰρ ὁ ἥλιος σὺν τῷ καύσωνι

    왜냐하면 태양이 타는듯한 열과 함께 떠올라

    and withers the grass;

    καὶ ἐξήρανεν τὸν χόρτον

    그 풀을 말리고

    its flower falls,

    καὶ τὸ ἄνθος αὐτοῦ ἐξέπεσεν

    그 풀의 꽃을 떨어뜨리고

    and its beauty perishes.

    καὶ ἡ εὐπρέπεια τοῦ προσώπου αὐτοῦ

ἀπώλετο•

그 풀의 얼굴[모양]의 아름다움은

사라지기[파괴되기] 때문이다

So also will the rich man fade away

οὕτως καὶ ὁ πλούσιος…[μαρανθήσεται.]

이와 같이 부한 자도 사라질 것이다

in the midst of his pursuits.

ἐν ταῖς πορείαις αὐτοῦ μαρανθήσεται.

그가 오고 가는 중에 [일상에서 행하는 일들 중에]

¹² Blessed is the man

Μακάριος ἀνὴρ

~한 사람에게 복이 있기를!

who remains steadfast under trial,

ὃς ὑπομένει πειρασμόν,

[그 사람은] 시련을 참는 자

for when he has stood the test

ὅτι δόκιμος γενόμενος

왜냐하면 그가 검증된 후에[그 시험을 통과한 후에]

he will receive the crown of life,

λήμψεται τὸν στέφανον τῆς ζωῆς

[그가] 생명의 면류관을 얻을 것이기 때문이다

which God has promised to those

ὃν ἐπηγγείλατο

[그 면류관은] ~자들에게 약속된

who love him.

τοῖς ἀγαπῶσιν αὐτόν.

그[하나님]를

사랑하는 자들에게

¹³ Let no one say when he is tempted,

Μηδεὶς πειραζόμενος λεγέτω

누구든지 시련을 받을 때에 ~라고 말하지 말라

"I am being tempted by God,"

ὅτι ἀπὸ θεοῦ πειράζομαι·

"하나님으로부터 내가 시험을 받는다"라고

for God cannot be tempted with evil,

ὁ γὰρ θεὸς ἀπείραστός ἐστιν κακῶν,

왜냐하면 하나님은 악에게 시험을 받지 않으시고

and he himself tempts no one.

πειράζει δὲ αὐτὸς οὐδένα.

누구도 시험하지 않으시기 때문이다

¹⁴ But each person is tempted

ἕκαστος δὲ πειράζεται

오히려 각 사람은 [~에 의해서] 시험 받는다

when	he is lured
	ἐξελκόμενος
	끌려 다니면서
and	enticed
καὶ	δελεαζόμενος·
그리고	유혹 받으면서

by his own desire.

ὑπὸ τῆς ἰδίας ἐπιθυμίας

자신의 욕심에 의해서

¹⁵ Then desire when it has conceived

εἶτα ἡ ἐπιθυμία συλλαβοῦσα

그런 후, 그 욕심이 잉태하면

gives birth to sin,

τίκτει ἁμαρτίαν,

죄를 낳고

and sin when it is fully grown

ἡ δὲ ἁμαρτία ἀποτελεσθεῖσα

그리고 죄가 장성하면

brings forth death.

ἀποκύει θάνατον.

사망을 낳는다

¹⁶ Do not be deceived,

Μὴ πλανᾶσθε,

속지 말라,

my beloved brothers.

ἀδελφοί μου ἀγαπητοί.

나의 사랑하는 형제들아!

¹⁷ Every good gift and every perfect gift is from above,

πᾶσα δόσις ἀγαθὴ καὶ πᾶν δώρημα τέλειον ἄνωθέν ἐστιν

각 좋은 은사와 각 온전한 선물은 위로부터

coming down from the Father of lights

καταβαῖνον ἀπὸ τοῦ πατρὸς τῶν φώτων,

빛들의 아버지께로부터 내려오나니

with whom there is no variation

παρ᾽ ᾧ οὐκ ἔνι παραλλαγὴ

그는 변함도 없으시고

or shadow due to change.

ἢ τροπῆς ἀποσκίασμα.

또는 회전하는 그림자도[없으시다]

[18] Of his own will he brought us forth

βουληθεὶς ἀπεκύησεν ἡμᾶς

그가 뜻을 정한 후에 우리를 낳아서

by the word of truth,

λόγῳ ἀληθείας

진리의 말씀으로

that we should be a kind of firstfruits of his creatures.

εἰς τὸ εἶναι ἡμᾶς ἀπαρχήν τινα τῶν αὐτοῦ κτισμάτων.

우리가 그의 피조물 중에 한 첫 열매와 같이 되게 하셨다

[19] Know this, my beloved brothers

Ἴστε, ἀδελφοί μου ἀγαπητοί·

너희는 알라! 나의 사랑하는 형제들아!

let every person be	quick to hear,
ἔστω δὲ πᾶς ἄνθρωπος	ταχὺς εἰς τὸ ἀκοῦσαι,
각 사람은	듣기를 속히 하고
	slow to speak,
	βραδὺς εἰς τὸ λαλῆσαι,
	말하기를 더디 하고

slow to anger;

βραδὺς εἰς ὀργήν•

성내기를 더디 하라

20   for the anger of man does not produce the
righteousness of God.

ὀργὴ γὰρ ἀνδρὸς δικαιοσύνην θεοῦ οὐκ ἐργάζεται.

왜냐하면 사람의 성내는 것이 하나님의 의를
이루지 못하기 때문이다

21 Therefore put away   all filthiness

διὸ ἀποθέμενοι πᾶσαν ῥυπαρίαν

그러므로   모든 더러운 것을 내어 버린 후에

and rampant wickedness

καὶ περισσείαν κακίας

그리고 넘치는 악을

and receive with meekness
the implanted word,

ἐν πραΰτητι, δέξασθε τὸν ἔμφυτον λόγον

그리고 온유함으로 심어진 말씀을 받으라

which is able to save your souls.

τὸν δυνάμενον σῶσαι τὰς ψυχὰς ὑμῶν.

너희의 영혼을 구원할 수 있는

22 But be doers of the word,

Γίνεσθε δὲ ποιηταὶ λόγου

[그러나] 너희는 말씀을 행하는 자들이 되어라

and not hearers only,

καὶ μὴ μόνον ἀκροαταὶ

단지 듣기만 하는 자들이 아니라

deceiving yourselves.

παραλογιζόμενοι ἑαυτούς.

너희 자신을 속이면서

²³ For if anyone is   a hearer of the word

ὅτι εἴ τις   ἀκροατὴς λόγου ἐστὶν

왜냐하면 누구든지   말씀을 듣는 자이면서

and not a doer,

καὶ οὐ ποιητής,

행하는 자가 아니면

he is like a man

οὗτος ἔοικεν ἀνδρὶ

그는 [~하는] 사람과 같기 때문이다

who looks intently at his natural face in a mirror.

κατανοοῦντι τὸ πρόσωπον τῆς γενέσεως αὐτοῦ ἐν ἐσόπτρῳ·

거울로 자신의[자연 그대로의] 얼굴을 살펴보는

²⁴ For he   looks at himself

κατενόησεν γὰρ ἑαυτὸν

왜냐하면   그는 자신을 보고

and goes away

καὶ ἀπελήλυθεν

가서

and at once forgets

καὶ εὐθέως ἐπελάθετο

즉시로 잊어버리기 때문이다

what he was like.

ὁποῖος ἦν.

그 자신의 모습이 어떠했는지를

²⁵ But the one   who looks into the perfect law, the law of liberty,

ὁ δὲ   παρακύψας εἰς νόμον τέλειον τὸν τῆς ἐλευθερίας

그러나 온전한 율법, 곧 자유의[자유롭게 하는] 율법을 들여다 보는 자

and perseveres,

καὶ παραμείνας,

그리고 계속 그렇게 하는[계속 (그 안에) 머무르는] 자는

being no hearer

οὐκ ἀκροατὴς

[잘 잊어버리는] 듣는 자가 아니라

who forgets

ἐπιλησμονῆς γενόμενος

잘 잊어버리는

but a doer

ἀλλὰ ποιητὴς

오히려 [일을] 행하는 자

who acts,

[ἀλλὰ ποιητὴς] ἔργου,

일을 [행하는]

he will be blessed in his doing.

οὗτος μακάριος ἐν τῇ ποιήσει αὐτοῦ ἔσται.

이 사람은 그의 행하는 일에 복을 받을 것이다

²⁶ If anyone   thinks he is religious

Εἴ τις   δοκεῖ θρησκὸς εἶναι

만약 누구든지   자신이 경건하다고 생각하면

and does not bridle his tongue

μὴ χαλιναγωγῶν γλῶσσαν αὐτοῦ

자신의 혀를 재갈 물리지 않으면서

but deceives his heart,

ἀλλὰ ἀπατῶν καρδίαν αὐτοῦ,

대신 자신의 마음을 속이면서

this person's religion is worthless.

τούτου μάταιος ἡ θρησκεία.

이 사람의 그 경건은 헛된 것이다

²⁷ Religion that is   pure

θρησκεία   καθαρὰ

경건 곧   정결하고

and undefiled

καὶ ἀμίαντος

더러움이 없는

before God, the Father,

παρὰ τῷ θεῷ καὶ πατρὶ

하나님 아버지 앞에서

is this

αὕτη ἐστίν,

이것이다

to visit   orphans

ἐπισκέπτεσθαι   ὀρφανοὺς

고아들을 돌아보고

and widows

καὶ χήρας

과부들을 [돌아보고]

in their affliction,

ἐν τῇ θλίψει αὐτῶν,

그들의 환란 중에

and to keep oneself unstained

ἄσπιλον ἑαυτὸν τηρεῖν

자기 자신을 물들지 않게 지키는 것이다

from the world.

ἀπὸ τοῦ κόσμου.

세상으로부터

제 2장

¹ My brothers,

Ἀδελφοί μου,

내 형제들아,

show no partiality

μὴ ἐν προσωπολημψίαις

[너희는] 차별하는 마음으로

as you hold the faith in our Lord Jesus
Christ, the Lord of glory.

ἔχετε τὴν πίστιν τοῦ κυρίου ἡμῶν Ἰησοῦ Χριστοῦ τῆς δόξης.

우리의 영광의 주 예수 그리스도에 대한 믿음을 가지지 말라

2   For if a man wearing a gold ring comes into your assembly,

ἐὰν γὰρ εἰσέλθῃ εἰς συναγωγὴν ὑμῶν ἀνὴρ

왜냐하면, 만약 한 사람이 너희 모임에 들어오면

[wearing a gold ring]

χρυσοδακτύλιος

금가락지를 끼고

and fine clothing

ἐν ἐσθῆτι λαμπρᾷ,

밝은 옷을 입고

and a poor man in shabby clothing also comes in,

εἰσέλθῃ δὲ καὶ πτωχὸς

그리고 한 가난한 사람도 들어오면

[in shabby clothing also]

ἐν ῥυπαρᾷ ἐσθῆτι,

더러운 옷을 입고

3   and if you pay attention to the one

ἐπιβλέψητε δὲ ἐπὶ τὸν φοροῦντα

그리고 만약 너희가 그[그 빛나는 옷 입은 자]를 눈 여겨 보고

who wears the fine clothing

τὴν ἐσθῆτα τὴν λαμπρὰν

그 빛나는 옷을 입은 자를

and say, "You sit here in a good place,"

καὶ εἴπητε· σὺ κάθου ὧδε καλῶς,

그리고 "당신은 여기 좋은 자리에 앉으소서"라고 말하고

while you say to the poor man,

καὶ τῷ πτωχῷ εἴπητε·

반면에 그 가난한 자에게 [~라고] 말하면

    "You stand over there,"

    σὺ στῆθι ἐκεῖ

    "당신은 거기 섰든지"

    or, "Sit down at my feet,"

    ἢ κάθου ὑπὸ τὸ ὑποπόδιόν μου,

    아니면 "당신은 나의 발등상 아래에 앉으라"

4   have you not then made distinctions among yourselves

οὐ διεκρίθητε ἐν ἑαυτοῖς

너희 서로[너희 안에서] 차별하며

and become judges with evil thoughts?

καὶ ἐγένεσθε κριταὶ διαλογισμῶν πονηρῶν;

악한 생각으로 심판하는 자들이 되는 것이 아니냐?

5 Listen, my beloved brothers,

Ἀκούσατε, ἀδελφοί μου ἀγαπητοί·

들으라, 나의 사랑하는 형제들아

    has not God chosen those

    οὐχ ὁ θεὸς ἐξελέξατο

    하나님이 [~한 자들]을 택하지 않았느냐?

        who are poor in the world

        τοὺς πτωχοὺς τῷ κόσμῳ

        [그들은] 세상에서 가난한 자들

to be rich in faith

πλουσίους ἐν πίστει

믿음에 부요하게 하고

and heirs of the kingdom,

καὶ κληρονόμους τῆς βασιλείας

그 나라[왕국]의 상속자들이 되게 하시려고

which he has promised to those

ἧς ἐπηγγείλατο

[그 나라는] 그[하나님]가 약속하신

who love him?

τοῖς ἀγαπῶσιν αὐτόν;

그[하나님]를 사랑하는 자들에게

⁶ But you have dishonored the poor man.

ὑμεῖς δὲ ἠτιμάσατε τὸν πτωχόν.

그러나 너희는 그 가난한 자를 모욕하였다

Are not the rich the ones

οὐχ οἱ πλούσιοι

그 부한 자들은 [너희를 압제한] 자들이 아니냐?

who oppress you,

καταδυναστεύουσιν ὑμῶν

[그들은] 너희를 압제한

and the ones

καὶ αὐτοὶ

그리고 [너희를 법정으로 끌고 간] 자들이 아니냐?

who drag you into court?

ἕλκουσιν ὑμᾶς εἰς κριτήρια;

[그들은] 너희를 법정으로 끌고 간

[7] Are they not the ones

οὐκ αὐτοὶ

그들은 [~하지] 않느냐?

who blaspheme the honorable name

βλασφημοῦσιν τὸ καλὸν ὄνομα

그 아름다운/그 좋은 이름을 [신성]모독하지 [않느냐?]

by which you were called?

τὸ ἐπικληθὲν ἐφ᾽ ὑμᾶς;

그것[그 아름다운 이름]으로 너희가 부름 받은바 된

[8] If you really fulfill the royal law

Εἰ μέντοι νόμον τελεῖτε βασιλικὸν

만약 너희가 참으로 최고의[왕의] 율법을 지키면

according to the Scripture,

κατὰ τὴν γραφήν·

성경에 따른

"You shall love your neighbor as yourself,"

ἀγαπήσεις τὸν πλησίον σου ὡς σεαυτόν,

"네 이웃 사랑하기를 네 몸과 같이 하라"는

you are doing well.

καλῶς ποιεῖτε·

너희가 잘 하는 것이다

[9] But if you show partiality,

εἰ δὲ προσωπολημπτεῖτε,

그러나 만약 너희가 사람을 차별하면

you are committing sin

ἁμαρτίαν ἐργάζεσθε

너희가 죄를 짓는 것이고

and are convicted

εγχόμενοι

[범법자로] 정죄 되는 것이다

by the law as transgressors.

ὑπὸ τοῦ νόμου ὡς παραβάται.

율법에 의해서 범법자로

¹⁰ For whoever keeps the whole law

ὅστις γὰρ ὅλον τὸν νόμον τηρήσῃ

왜냐하면 누구든지 온 율법을 지키다가

but fails in one point

πταίσῃ δὲ ἐν ἑνί,

그러나 하나를 범하면

has become accountable for all of it.

γέγονεν πάντων ἔνοχος.

그 모두를 범한 자가 되기 때문이다

¹¹   For he who said,

ὁ γὰρ εἰπών·

왜냐하면, [~라고] 말한 사람이

"Do not commit adultery,"

μὴ μοιχεύσῃς,

"간음하지 말라"라고

also said,

εἶπεν καί·

또한 말씀하셨기 때문이다

"Do not murder."

μὴ φονεύσῃς·

"살인하지 말라"라고

If you do not commit adultery

εἰ δὲ οὐ μοιχεύεις

만약에 너희가 간음하지 않았지만

but do murder,

φονεύεις δέ,

살인하면

you have become a transgressor of the law.

γέγονας παραβάτης νόμου.

너희가 율법의 계명을 범한 자가 되는 것이다

¹² So speak and so act as those

οὕτως λαλεῖτε καὶ οὕτως ποιεῖτε

너희는 이와 같이 말하고 이와 같이 행하라

who are to be judged

[ὡς διὰ νόμου ἐλευθερίας] μέλλοντες κρίνεσθαι.

심판 받을 자처럼

under the law of liberty.

ὡς διὰ νόμου ἐλευθερίας [μέλλοντες κρίνεσθαι.]

자유의 율법으로

¹³ For judgment is without mercy to one

ἡ γὰρ κρίσις ἀνέλεος

왜냐하면 긍휼 없는 심판이 [~에게]

who has shown no mercy.

τῷ μὴ ποιήσαντι ἔλεος·

긍휼을 행하지 않은 자에게 [임할 것이기 때문이다]

Mercy triumphs over judgment.

κατακαυχᾶται ἔλεος κρίσεως.

긍휼은 심판을 이긴다

¹⁴ What good is it, my brothers,

Τί τὸ ὄφελος, ἀδελφοί μου,

무슨 유익이 있느냐? 내 형제들아

if someone says he   has faith

ἐὰν   πίστιν λέγῃ τις ἔχειν

만약 누군가   믿음을 가지고 있다고 말하면서

but does not have works?

ἔργα δὲ μὴ ἔχῃ;

그러나 행함을 가지고 있지 않으면

Can that faith save him?

μὴ δύναται ἡ πίστις σῶσαι αὐτόν;

그 믿음이 그를 구원하지 못하는 것 아니냐?

¹⁵ If a brother or sister   is poorly clothed

ἐὰν ἀδελφὸς ἢ ἀδελφὴ γυμνοὶ ὑπάρχωσιν

만약 형제나 자매가   헐벗고

and lacking in daily food,

καὶ λειπόμενοι τῆς ἐφημέρου τροφῆς

일용할 양식이 없는데

16 　　and one of you says to them,

εἴπῃ δέ τις αὐτοῖς ἐξ ὑμῶν·

그러나 너희 중에 누구든지 그들에게 [~라고] 말하면

　　　　"Go in peace, be warmed and filled,"

ὑπάγετε ἐν εἰρήνῃ, θερμαίνεσθε καὶ χορτάζεσθε,

"평안히 가라, 따뜻하게 하고 배부르게 하라"

　　　　　　without giving them the things needed for the body,

μὴ δῶτε δὲ αὐτοῖς τὰ ἐπιτήδεια τοῦ σώματος,

그들에게 그 몸에 필요한[합당한] 것들을 주지 않으면서

　　what good is that?

τί τὸ ὄφελος;

무슨 유익이 있겠느냐?

17 So also faith by itself,

οὕτως καὶ ἡ πίστις,

이와 같이 믿음 또한

　　if it does not have works,

ἐὰν μὴ ἔχῃ ἔργα,

만약에 그것[믿음]이 행함을 가지지 않으면

　　　　is dead.

νεκρά ἐστιν καθ᾽ ἑαυτήν.

그것 자체가[그것 만으로는] 죽은 것이다

18 But someone will say,

Ἀλλ᾽ ἐρεῖ τις·

그러나 어떤 사람이 말할 것이다

"You have faith and I have works."

σὺ πίστιν ἔχεις, κἀγὼ ἔργα ἔχω•

"너는 믿음이 있고 나는 행함이 있으니"

Show me your faith

δεῖξόν μοι τὴν πίστιν σου

너는 내게 너의 믿음을 보여라

apart from your works,

χωρὶς τῶν ἔργων,

행함은 별도로 하고

and I will show you my faith

κἀγώ σοι δείξω [ἐκ τῶν ἔργων μου] τὴν πίστιν.

그러면 나 역시 너에게 그 믿음을 보이겠다

by my works.

[κἀγώ σοι δείξω] ἐκ τῶν ἔργων μου [τὴν πίστιν].

나의 행함으로

[19] You believe that God is one;

σὺ πιστεύεις ὅτι εἷς ἐστιν ὁ θεός,

너는 하나님이 한 분이신 줄을 믿는다.

you do well.

καλῶς ποιεῖς•

잘 하는 것이다

Even the demons believe-- and shudder!

καὶ τὰ δαιμόνια πιστεύουσιν καὶ φρίσσουσιν.

귀신들 조차도 믿고 떠느니라

[20] Do you want to be shown,

Θέλεις δὲ γνῶναι,

너는 알기를 원하느냐

> you foolish person,

> ὦ ἄνθρωπε κενέ,

> 오 허탄한[어리석은] 사람아!

>> that faith apart from works is useless?

>> ὅτι ἡ πίστις χωρὶς τῶν ἔργων ἀργή ἐστιν;

>> 행함을 별도로 한 믿음이 무용하다는 것을

²¹ Was not Abraham our father justified by works

Ἀβραὰμ ὁ πατὴρ ἡμῶν οὐκ ἐξ ἔργων ἐδικαιώθη

우리 조상 아브라함이 행함으로 의롭다 함을 받지 않았느냐?

> when he offered up his son Isaac on the altar?

> ἀνενέγκας Ἰσαὰκ τὸν υἱὸν αὐτοῦ ἐπὶ τὸ θυσιαστήριον;

> 그가 그의 아들 이삭을 제단에 바친 후에

²² You see that   faith was active along with his works,

βλέπεις ὅτι   ἡ πίστις συνήργει τοῖς ἔργοις αὐτοῦ

너는   그 믿음이 그의 행함과 함께 일하는 것을 본다

>   and faith was completed by his works;

>   καὶ ἐκ τῶν ἔργων ἡ πίστις ἐτελειώθη,

>   그리고 그 행함을 통해서 그 믿음이 온전하게 됨을 [본다]

²³ and the Scripture was fulfilled that says,

καὶ ἐπληρώθη ἡ γραφὴ ἡ λέγουσα•

그리고 성경에 이른 바 [···의로 여겨졌다는] 말씀이 이루어졌고

> "Abraham believed God,

> ἐπίστευσεν δὲ Ἀβραὰμ τῷ θεῷ,

"아브라함은 하나님을 믿었고

and it was counted to him as righteousness"

καὶ ἐλογίσθη αὐτῷ εἰς δικαιοσύνην

그리고 이것[아브라함이 하나님을 믿은 것]이 그에게 의로 여겨졌다"

-- and he was called a friend of God.

καὶ φίλος θεοῦ ἐκλήθη.

그리고 그는 하나님의 벗이라 칭함을 받았다

²⁴ You see that a person is justified   by works

　ὁρᾶτε ὅτι ἐξ ἔργων δικαιοῦται ἄνθρωπος

　너희는 행함으로 사람이 의롭게 됨을 안다[본다]

                                        and not by faith alone.

                                        καὶ οὐκ ἐκ πίστεως μόνον.

                                        그리고 믿음 만으로가 아니라

²⁵ And in the same way

　ὁμοίως δὲ

　그리고 이와 같이

        was not also Rahab the prostitute justified by works

        καὶ Ῥαὰβ ἡ πόρνη οὐκ ἐξ ἔργων ἐδικαιώθη

        창녀 라합 또한 행함으로 의롭다 함을 받지 않았느냐?

            when she   received the messengers

                            ὑποδεξαμένη τοὺς ἀγγέλους

            그가   사자들을 영접하고

            and   sent them out by another way?

            καὶ   ἑτέρᾳ ὁδῷ ἐκβαλοῦσα;

            그리고   다른 길로 나가게 한 후에

²⁶ For as the body apart from the spirit is dead,

ὥσπερ γὰρ τὸ σῶμα χωρὶς πνεύματος νεκρόν ἐστιν,

왜냐하면 영혼 없는 몸이 죽은 것과 같이

so also faith apart from works is dead.

οὕτως καὶ ἡ πίστις χωρὶς ἔργων νεκρά ἐστιν.

이와 같이 행함이 없는 믿음 또한 죽은 것이기 때문이다

제3장

¹ Not many of you should become teachers, my brothers,

Μὴ πολλοὶ διδάσκαλοι γίνεσθε, ἀδελφοί μου,

너희는 많이 선생이 되지 말라, 내 형제들아

for you know

εἰδότες

[왜냐하면 ~를] 알고

that we who teach[헬라어에서는 이런 표현 없음]

will be judged with greater strictness.

ὅτι μεῖζον κρίμα λημψόμεθα

우리가 더 엄격한[큰] 심판을 받을 줄 [알고]

² For we all stumble in many ways.

πολλὰ γὰρ πταίομεν ἅπαντες.

왜냐하면 우리가 다 실수가 많기 때문이다

And if anyone does not stumble in what he says,

εἴ τις ἐν λόγῳ οὐ πταίει,

그리고 만약 누구든지 말에 실수가 없으면

he is a perfect man,

οὗτος τέλειος ἀνὴρ

그는 성숙한 사람으로

able also to bridle his whole body.

δυνατὸς χαλιναγωγῆσαι καὶ ὅλον τὸ σῶμα.

[그는] 또한 온 몸까지도 굴레 씌울 수 있다.

³ If we put bits into the mouths of horses

εἰ δὲ τῶν ἵππων τοὺς χαλινοὺς εἰς τὰ στόματα βάλλομεν

만약 우리가 말들의 입에 재갈을 물리면

so that they obey us,

εἰς τὸ πείθεσθαι αὐτοὺς ἡμῖν,

그들[말들]이 우리에게 복종하도록 하기 위해

we guide their whole bodies as well.

καὶ ὅλον τὸ σῶμα αὐτῶν μετάγομεν

그리고 그들[말들]의 온 몸을 제어한다

⁴ Look at the ships also

ἰδοὺ καὶ τὰ πλοῖα

또 배들을 보라!

though they   are so large

                 τηλικαῦτα ὄντα

그 배들은   매우 크고

                 and are driven by strong winds,

                 καὶ ὑπὸ ἀνέμων σκληρῶν ἐλαυνόμενα,

                 강풍에 의해 밀려가지만

        they are guided

μετάγεται

그것들은 조종된다

by a very small rudder

ὑπὸ ἐλαχίστου πηδαλίου

매우 작은 키에 의해서

wherever the will of the pilot directs.

ὅπου ἡ ὁρμὴ τοῦ εὐθύνοντος βούλεται,

어디든지 사공이 원하는 곳으로

⁵ So also the tongue is a small member,

οὕτως καὶ ἡ γλῶσσα μικρὸν μέλος ἐστὶν

이와 같이 혀도 작은 지체이지만

yet it boasts of great things.

καὶ μεγάλα αὐχεῖ.

그러나 큰 것들[큰 일을 할 수 있음]을 자랑한다

How great a forest is set ablaze

[ἰδοὺ ἡλίκον πῦρ] ἡλίκην ὕλην ἀνάπτει·

얼마나 큰 숲을 태우는지

by such a small fire!

ἰδοὺ ἡλίκον πῦρ [ἡλίκην ὕλην ἀνάπτει·]

보라 얼마나 작은 불이

⁶ And the tongue is   a fire,

καὶ ἡ γλῶσσα   πῦρ·

그리고 그 혀는   불이다

a world of unrighteousness.

ὁ κόσμος τῆς ἀδικίας

불의의 세계이다

The tongue is   set among our members,

ἡ γλῶσσα καθίσταται ἐν τοῖς μέλεσιν ἡμῶν,

그 혀는 우리 지체 중에 위치해 있으면서

staining the whole body,

ἡ σπιλοῦσα ὅλον τὸ σῶμα

온 몸을 더럽히고

setting on fire the entire course of life,

καὶ φλογίζουσα τὸν τροχὸν τῆς γενέσεως

그리고 삶 전체를 불사르고

and set on fire by hell.

καὶ φλογιζομένη ὑπὸ τῆς γεέννης.

그리고 지옥에 의해서 불살라진다

[7] For every kind of beast and bird,

πᾶσα γὰρ φύσις θηρίων τε καὶ πετεινῶν,

왜냐하면 각 종류의 [야생]짐승과 새

of reptile and sea creature,

ἑρπετῶν τε καὶ ἐναλίων

벌레와 바다에 속한 생물들은

can be tamed

δαμάζεται

길들여 지고

and has been tamed by mankind,

καὶ δεδάμασται τῇ φύσει τῇ ἀνθρωπίνῃ

그리고 인류에 의해 길들여져 왔지만

⁸ but no human being can tame the tongue.

τὴν δὲ γλῶσσαν οὐδεὶς δαμάσαι δύναται ἀνθρώπων,

그러나 사람들 중에 어느 누구도 혀를 길들일 수 없기때문이다

    it is   a restless evil,

        ἀκατάστατον κακόν,

        그것[혀]은 쉬지 아니하고 악하다

        full of deadly poison.

        μεστὴ ἰοῦ θανατηφόρου

        [그것은] 치명적인 독이 가득하다

⁹ With it

ἐν αὐτῇ

그것으로

    we bless our Lord and Father,

    εὐλογοῦμεν τὸν κύριον καὶ πατέρα

    우리가 주님이신 아버지를 찬송하고

and with it

καὶ ἐν αὐτῇ

그리고 그것으로

    we curse people

    καταρώμεθα τοὺς ἀνθρώπους

    우리가 사람들을 저주한다

        who are made in the likeness of God.

        τοὺς καθ᾽ ὁμοίωσιν θεοῦ γεγονότας,

        [그들]하나님의 형상대로 지음을 받은

¹⁰ From the same mouth come blessing

ἐκ τοῦ αὐτοῦ στόματος   ἐξέρχεται εὐλογία

바로 그 입에서   축복이 나오고

and cursing.

καὶ κατάρα.

그리고 저주도[나온다]

My brothers,

οὐ χρή, ἀδελφοί μου,

마땅하지 않다 내 형제들아

these things ought not to be so.

[οὐ χρή,]... ταῦτα οὕτως γίνεσθαι.-

이러한 것들이 그런 식으로 되는 것이 [마땅하지 않다]

¹¹ Does a spring pour forth from the same opening

μήτι ἡ πηγὴ ἐκ τῆς αὐτῆς ὀπῆς

샘이 바로 그 구멍으로부터

both   fresh

βρύει τὸ γλυκὺ

단 것[물]을 내겠느냐

and salt water?

καὶ τὸ πικρόν;

그리고 쓴 물을

¹² Can a fig tree, my brothers, bear olives,

μὴ δύναται, ἀδελφοί μου, συκῆ ἐλαίας ποιῆσαι

내 형제들아 무화과 나무가 감람열매를 맺을 수 없고

or a grapevine produce figs?

ἢ ἄμπελος σῦκα;

포도나무가 무화과를 맺을 수 없는 것 아니냐?

Neither can a salt pond yield fresh water.

οὔτε ἁλυκὸν γλυκὺ ποιῆσαι ὕδωρ.

이와 같이 짠 물이 단 물을 내지 못한다

13 Who is wise and understanding among you?

Τίς σοφὸς καὶ ἐπιστήμων ἐν ὑμῖν;

너희 중에 지혜와 총명이 있는 자가 누구냐?

By his good conduct let him show his works

δειξάτω ἐκ τῆς καλῆς ἀναστροφῆς τὰ ἔργα αὐτοῦ

그의 그 선한 행위[삶의 방식으로부터]로 그의 행함들을 보이게 하라

in the meekness of wisdom.

ἐν πραΰτητι σοφίας

지혜의 온유함으로

14 But if you have   bitter jealousy

εἰ δὲ   ζῆλον πικρὸν ἔχετε

그러나 만약 너희가   독한 시기를 가지고 있으면

and selfish ambition in your hearts,

καὶ ἐριθείαν ἐν τῇ καρδίᾳ ὑμῶν,

그리고 이기적 욕망을 너희 마음속에

[가지고 있으면]

do not   boast

μὴ κατακαυχᾶσθε

자랑하지 마라

and be false to the truth.

καὶ ψεύδεσθε κατὰ τῆς ἀληθείας

그래서 그 진리를 거슬러 거짓말하지 마라

¹⁵ This is not the wisdom

οὐκ ἔστιν αὕτη ἡ σοφία

이것은 바로 그 지혜가 아니라

that comes down from above,

ἄνωθεν κατερχομένη

위로부터 내려온

but is   earthly,

ἀλλὰ   ἐπίγειος,

그러나 땅으로부터 온[것이고]

unspiritual,

ψυχική,

육적인 것[비영적인 것]이고

demonic.

δαιμονιώδης

귀신적인 것[이다]

¹⁶ For where   jealousy

ὅπου γὰρ   ζῆλος

왜냐하면   시기가 있는 곳에

and selfish ambition exist,

καὶ ἐριθεία,

그리고 이기적 욕망이 있는 곳에

there will be   disorder

ἐκεῖ   ἀκαταστασία

거기   혼란이 있고

and every vile practice.

καὶ πᾶν φαῦλον πρᾶγμα.

그리고 모든 악한 일이

있기 때문이다

¹⁷ But the wisdom from above is   first pure,

ἡ δὲ ἄνωθεν σοφία πρῶτον μὲν   ἁγνή ἐστιν,

그러나 위로부터 난 지혜는   우선적으로 성결하고

then peaceable,

ἔπειτα εἰρηνική,

다음은 화평하고

gentle,

ἐπιεικής,

관용하고

open to reason,

εὐπειθής,

양순하고

full of mercy and good fruits,

μεστὴ ἐλέους καὶ καρπῶν ἀγαθῶν,

긍휼과 선한 열매가 풍성하고

Impartial

ἀδιάκριτος,

편견이 없고

and sincere.

ἀνυπόκριτος.

거짓이 없다

¹⁸ And a harvest of righteousness is sown in peace

καρπὸς δὲ δικαιοσύνης ἐν εἰρήνῃ σπείρεται

그리고 의의['의'라는] 열매는 화평 가운데서 거두어진다

    by those who make peace.

    τοῖς ποιοῦσιν εἰρήνην.

    화평을 행하는 자들에 의해서 [거두어진다]

제4장

¹ What causes quarrels

Πόθεν πόλεμοι

[너희 중에] 싸움이 어디로부터

and what causes fights among you?

καὶ πόθεν μάχαι ἐν ὑμῖν;

그리고 너희 중에 다툼이 어디로부터냐?

    Is it not this,

    οὐκ ἐντεῦθεν,

    ~여기로부터가 아니냐

        that your passions are at war within you?

        ἐκ τῶν ἡδονῶν ὑμῶν τῶν στρατευομένων ἐν τοῖς μέλεσιν ὑμῶν;

        너희 지체들 가운데서 전쟁을 수행하는 [죄악을] 즐기는 열망

² You   desire

ἐπιθυμεῖτε

너희는 갈망한다

    and do not have,

καὶ οὐκ ἔχετε,

그리고 가질 수 없다

    so you murder.

    φονεύετε

    따라서 살인한다

You   covet

καὶ ζηλοῦτε

그리고 너희는 시기한다

    and cannot obtain,

    καὶ οὐ δύνασθε ἐπιτυχεῖν,

    그리고 얻을 수 없다

    so you   fight

    μάχεσθε

    따라서   싸운다

    and quarrel.

    καὶ πολεμεῖτε,

    그리고 다툰다

You do not have,

οὐκ ἔχετε

너희는 가지지 못한다

    because you do not ask.

    διὰ τὸ μὴ αἰτεῖσθαι ὑμᾶς,

    왜냐하면 너희가 구하지 않기 때문이다

[3] You   ask

αἰτεῖτε

너희는 구한다

and do not receive,

καὶ οὐ λαμβάνετε

그리고 받지 못한다

because you ask wrongly,

διότι κακῶς αἰτεῖσθε,

왜냐하면 너희는 잘못된 의도로 구하기 때문이다

to spend it on your passions.

ἵνα ἐν ταῖς ἡδοναῖς ὑμῶν δαπανήσητε.

너희의 즐거움을 위해서 마음대로
[자유롭게] 쓰려고

⁴ You adulterous people!

μοιχαλίδες,

간음한 여인들아!

Do you not know

οὐκ οἴδατε

너희는 알지 못하느냐?

that friendship with the world is enmity with God?

ὅτι ἡ φιλία τοῦ κόσμου ἔχθρα τοῦ θεοῦ ἐστιν;

세상과 벗이 되는 것은 하나님과 원수가 되는 것을

Therefore whoever wishes to be
a friend of the world

ὃς ἐὰν οὖν βουληθῇ φίλος εἶναι τοῦ κόσμου,

그러므로 만약 세상과 친구가 되기를 원하면

makes himself an enemy of God.

ἐχθρὸς τοῦ θεοῦ καθίσταται.

그것은 곧 자신을 하나님과

원수되게 하는 것이다

[5] Or do you suppose it is to no purpose

ἢ δοκεῖτε ὅτι κενῶς

또는 너희는 [~을] 헛되다고 생각하느냐?

that the Scripture says,

ἡ γραφὴ λέγει·

그 성경이 말씀하는 것을

"He yearns jealously over the spirit

πρὸς φθόνον ἐπιποθεῖ τὸ πνεῦμα

"그[하나님]가 그 성령을 시기하기까지 사모한다는

that he has made to dwell in us"?

ὃ κατῴκισεν ἐν ἡμῖν,

그가 우리 안에 거하게 하신 [그 성령을]"

[6] But he gives more grace.

μείζονα δὲ δίδωσιν χάριν·

그러나 그가[하나님] 더 큰 은혜를 주신다

Therefore it says,

διὸ λέγει·

그러므로 이르기를

"God opposes the proud,

ὁ θεὸς ὑπερηφάνοις ἀντιτάσσεται,

"하나님이 교만한 자를 물리치시고

but gives grace to the humble."

τατεινοῖς δὲ δίδωσιν χάριν.

반면에 겸손한 자에게는 은혜를 주신다"

⁷ Submit yourselves therefore to God.

ὑποτάγητε οὖν τῷ θεῷ,

그러므로 너희는 하나님께 복종하라

Resist the devil,

ἀντίστητε δὲ τῷ διαβόλῳ

그리고 마귀를 대적하라

and he will flee from you.

καὶ φεύξεται ἀφ᾽ ὑμῶν,

그러면 그[마귀]가 너희를 피할 것이다

⁸ Draw near to God,

ἐγγίσατε τῷ θεῷ

하나님을 가까이 하라

and he will draw near to you.

καὶ ἐγγιεῖ ὑμῖν.

그러면 그[하나님]가 너희를 가까이 하실 것이다

Cleanse your hands, you sinners,

καθαρίσατε χεῖρας, ἁμαρτωλοί,

너희, 죄인들은 손을 깨끗이 하라

and purify your hearts, you double-minded.

καὶ ἁγνίσατε καρδίας, δίψυχοι.

그리고 너희는 마음을 성결하게 하라, 두 마음을 품은 자들아!

⁹ Be   wretched and mourn

ταλαιπωρήσατε καὶ πενθήσατε

[너희는] 슬퍼하며 애통하라

    and weep.

    καὶ κλαύσατε.

    그리고 울어라!

Let   your laughter be turned to mourning

ὁ γέλως ὑμῶν εἰς πένθος μετατραπήτω

너희   웃음을 애통으로 바꾸어라

    and your joy to gloom.

    καὶ ἡ χαρὰ εἰς κατήφειαν.

    그리고 너희 즐거움을 근심으로 [바꾸어라]

[10] Humble yourselves before the Lord,

    ταπεινώθητε ἐνώπιον κυρίου

    너희는 주님 앞에서 낮추라

    and he will exalt you.

    καὶ ὑψώσει ὑμᾶς.

    그러면 그[주께서]가 너희를 높이실 것이다

[11] Do not speak evil against one another, brothers.

    Μὴ καταλαλεῖτε ἀλλήλων, ἀδελφοί.

    형제들아, 서로 비방하지 말라

    The one who   speaks against a brother

        ὁ καταλαλῶν ἀδελφοῦ

        형제를 비방하는 자나

        or judges his brother,

        ἢ κρίνων τὸν ἀδελφὸν αὐτοῦ

        또는 그의 형제를 판단하는 자는

speaks evil against the law

καταλαλεῖ νόμου

율법을 비방하고

and judges the law.

καὶ κρίνει νόμον·

그리고 율법을 판단하는 것이다

But if you judge the law,

εἰ δὲ νόμον κρίνεις,

그러나 만약 네가 율법을 판단하면

you are not a doer of the law

οὐκ εἶ ποιητὴς νόμου

율법을 행하는 자가 아니고

but a judge.

ἀλλὰ κριτής.

오히려 재판관이다

¹² There is only one lawgiver and judge,

εἷς ἐστιν [ὁ] νομοθέτης καὶ κριτὴς

입법자와 재판관은 오직 한 분으로

he who is able   to save

ὁ δυνάμενος σῶσαι

그는 구원할 능력이 있고

and to destroy.

καὶ ἀπολέσαι·

멸할 능력이 있는 분이다

But who are you to judge your neighbor?

σὺ δὲ τίς εἶ ὁ κρίνων τὸν πλησίον;

그런데 이웃을 판단하는 자, 너는 누구냐?

¹³ Come now, you who say,

Ἄγε νῦν οἱ λέγοντες·

자 보라, [~라고] 말하는 자들아!

　　"Today or tomorrow we will go into such and such a town

　　σήμερον ἢ αὔριον πορευσόμεθα εἰς τήνδε τὴν πόλιν

　　"오늘이나 내일 이 곳이나 저 도시에 가서

　　　　　　and spend a year there

　　　　　　καὶ ποιήσομεν ἐκεῖ ἐνιαυτὸν

　　　　　　그리고 거기서 일 년을 보내며

　　　　　　and trade

　　　　　　καὶ ἐμπορευσόμεθα

　　　　　　그리고 장사하여

　　　　　　and make a profit"—

　　　　　　καὶ κερδήσομεν·

　　　　　　이익을 남기자"[하는 자들아]

¹⁴ yet you do not know what tomorrow will bring.

οἵτινες οὐκ ἐπίστασθε τὸ τῆς αὔριον

그러나 너희는 내일 일을 알지 못한다

What is your life?

ποία ἡ ζωὴ ὑμῶν·

너희 생명이 무엇이냐?

　　For you are a mist

　　ἀτμὶς γάρ ἐστε

왜냐하면 너희는 안개이기 때문이다

> that appears for a little time

> ἡ πρὸς ὀλίγον φαινομένη,

> 잠깐 나타났다가

> and then vanishes.

> ἔπειτα καὶ ἀφανιζομένη.

> 그런 후에 사라지는

[15] Instead you ought to say,

ἀντὶ τοῦ λέγειν ὑμᾶς·

[앞서 말한 것] 대신에 너희는 [다음과 같이] 말해야 한다

> "If the Lord wills,

> ἐὰν ὁ κύριος θελήσῃ

> "만약 주께서 원하시면

> we will live

> καὶ ζήσομεν

> 우리가 살고

> and do this or that."

> καὶ ποιήσομεν τοῦτο ἢ ἐκεῖνο.

> 또 이것이나 저것을 행할 것이라"

[16] As it is,

νῦν δὲ

그러나 지금

> you boast in your arrogance.

> καυχᾶσθε ἐν ταῖς ἀλαζονείαις ὑμῶν·

> 너희가 너희의 거만함으로 자랑하니

All such boasting is evil.

πᾶσα καύχησις τοιαύτη πονηρά ἐστιν.

그와 같은 모든 자랑은 악한 것이라

[17] So whoever   knows the right thing to do

εἰδότι οὖν καλὸν ποιεῖν

그러므로 누구든지 옳은 것을 행하는 것을 알고

and fails to do it,

καὶ μὴ ποιοῦντι,

그리고 행하지 않는 자에게

for him it is sin.

ἁμαρτία αὐτῷ ἐστιν.

그것은 그에게 죄이다

제 5장

[1] Come now, you rich,

Ἄγε νῦν οἱ πλούσιοι,

자, 부한 자들아

Weep

κλαύσατε

울라!

and howl

ὀλολύζοντες

통곡하면서

for the miseries

ἐπὶ ταῖς ταλαιπωρίαις ὑμῶν

너희의 [임할] 고생을 인해

that are coming upon you.

ταῖς ἐπερχομέναις.

임할 [고생을 인해]

² Your riches have rotted

ὁ πλοῦτος ὑμῶν σέσηπεν

너희 재물은 썩었고

and your garments are moth-eaten.

καὶ τὰ ἱμάτια ὑμῶν σητόβρωτα γέγονεν,

그리고 너희 옷은 좀 먹었다

³ Your gold and silver have corroded,

ὁ χρυσὸς ὑμῶν καὶ ὁ ἄργυρος κατίωται

너희의 금과 은이 녹슬었고

and their corrosion will be evidence against you

καὶ ὁ ἰὸς αὐτῶν εἰς μαρτύριον ὑμῖν ἔσται

그리고 그것들의[금과 은의] 녹은 너희에게 증거가 되고

and will eat your flesh like fire.

καὶ φάγεται τὰς σάρκας ὑμῶν ὡς πῦρ.

불과 같이 너희의 육체[살]를 먹을 것이다

You have laid up treasure in the last days.

ἐθησαυρίσατε ἐν ἐσχάταις ἡμέραις.

너희가 말세에 재물을 쌓았도다

⁴ Behold,

ἰδού

보라,

    the wages of the laborers

    ὁ μισθὸς τῶν ἐργατῶν

    그 품꾼들의 삯이

      who mowed your fields,

      τῶν ἀμησάντων τὰς χώρας ὑμῶν

      [그 품꾼들은] 너희 밭에서 작물을 수확한

        which you kept back by fraud,

        ὁ ἀπεστερημένος ἀφ᾽ ὑμῶν

        [그 삯은] 너희들에 의해 탈취된 것으로

          are crying out against you,

          κράζει,

          소리 지른다

and the cries of the harvesters have reached the ears of the Lord of hosts.

καὶ αἱ βοαὶ τῶν θερισάντων εἰς τὰ ὦτα κυρίου σαβαὼθ εἰσεληλύθασιν.

그리고 그 추수하는 자들의 울부짖음이 만군의 주의 귀에 들렸다

[5] You have lived on the earth in luxury

ἐτρυφήσατε ἐπὶ τῆς γῆς

너희는 땅에서 흥청망청 살고

      and in self-indulgence.

      καὶ ἐσπαταλήσατε,

      방종하며 [살았다]

You have fattened your hearts

ἐθρέψατε τὰς καρδίας ὑμῶν

너희는 마음을 살찌웠다

in a day of slaughter.

ἐν ἡμέρᾳ σφαγῆς,

살륙의 날에

6 You	have condemned

κατεδικάσατε,

너희는 [그 의인을] 정죄하였다

and murdered the righteous person.

ἐφονεύσατε τὸν δίκαιον,

그리고 그 의인을 죽였다

He does not resist you.

οὐκ ἀντιτάσσεται ὑμῖν.

그는 너희에게 대항하지 않았다

7 Be patient, therefore, brothers,

Μακροθυμήσατε οὖν, ἀδελφοί,

그러므로 인내하라 형제들아!

until the coming of the Lord.

ἕως τῆς παρουσίας τοῦ κυρίου.

주님이 오실 때까지

See how the farmer waits for the precious fruit of the earth,

ἰδοὺ ὁ γεωργὸς ἐκδέχεται τὸν τίμιον καρπὸν τῆς γῆς

보라, 농부가 땅의 귀한 열매를 기대하는 것을

being patient about it,

μακροθυμῶν ἐπ᾽ αὐτῷ

그것을[그것에 대해] 인내하며

until it receives   the early

ἕως λάβῃ   πρόϊμον

그것[열매]이   이른 비를 받고

                                  and the late rains.

                                  καὶ ὄψιμον.

                                  그리고 늦은 비를[받을 때까지]

⁸ You also, be patient.

μακροθυμήσατε καὶ ὑμεῖς,

너희도 인내하라

Establish your hearts,

στηρίξατε τὰς καρδίας ὑμῶν,

마음을 굳게 하라

for the coming of the Lord is at hand.

ὅτι ἡ παρουσία τοῦ κυρίου ἤγγικεν.

왜냐하면 주의 강림이 가깝기 때문이다

⁹ Do not grumble against one another, brothers,

μὴ στενάζετε, ἀδελφοί, κατ᾽ ἀλλήλων

원망하지 마라, 형제들아! 서로에 대해서

so that you may not be judged;

ἵνα μὴ κριθῆτε·

그래야 너희가 심판 받지 않을 것이다

behold, the Judge is standing at the door.

ἰδοὺ ὁ κριτὴς πρὸ τῶν θυρῶν ἕστηκεν.

보라, 심판자가 문 앞에 서 계신다

¹⁰ As an example of suffering and patience, brothers,

ὑπόδειγμα λάβετε, ἀδελφοί, τῆς κακοπαθίας καὶ τῆς μακροθυμίας

본을 삼으라, 형제들아! 고난과 오래 참음의

    take the prophets

    [λάβετε]... τοὺς προφήτας

    선지자들을

        who spoke in the name of the Lord.

        οἳ ἐλάλησαν ἐν τῷ ὀνόματι κυρίου.

        [그들은] 주님의 이름으로 말한

[11] Behold, we consider those blessed

ἰδοὺ μακαρίζομεν

보라, 우리는 [~를] 복되다고 여긴다

    who remained steadfast.

    τοὺς ὑπομείναντας·

    인내한 자들을

        You have heard of the steadfastness of Job,

        τὴν ὑπομονὴν Ἰὼβ ἠκούσατε

        너희는 욥의 인내를 들었다

        and you have seen the purpose of the Lord,

        καὶ τὸ τέλος κυρίου εἴδετε,

        그리고 주님의 결말[목적]을 보았다

            how the Lord is compassionate

            ὅτι πολύσπλαγχνός ἐστιν ὁ κύριος

            그 주님은 자비하시고

                and merciful.

                καὶ οἰκτίρμων.

                긍휼이 풍성하신 분임을

¹² But above all, my brothers,

Πρὸ πάντων δέ, ἀδελφοί μου,

그러나 무엇보다도, 내 형제들아,

do not swear,

μὴ ὀμνύετε

맹세하지 말라!

either   by heaven

μήτε τὸν οὐρανὸν

하늘로도 [하지 말고]

or by earth

μήτε τὴν γῆν

땅으로도 [하지 말라]

or by any other oath,

μήτε ἄλλον τινὰ ὅρκον•

또는 아무 다른 맹세로도 [하지 말라]

but let your "yes" be yes

ἤτω δὲ ὑμῶν τὸ ναὶ ναὶ

대신에 너희의 "예"가 '예'가 되게

and your "no" be no,

καὶ τὸ οὒ οὔ,

그리고 너희의 "아니"가 '아니'가 되게 하라

so that you may not fall under condemnation.

ἵνα μὴ ὑπὸ κρίσιν πέσητε.

그러면 너희가 정죄[심판]에 빠지지 않게 될 것이다

¹³ Is anyone among you suffering?

Κακοπαθεῖ τις ἐν ὑμῖν,

너희 중에 고난 당하는 자가 있느냐?

Let him pray.

προσευχέσθω·

그로 하여금 기도하게 하라!

Is anyone cheerful?

εὐθυμεῖ τις,

[너희 중에] 즐거워하는 자가 있느냐?

Let him sing praise.

ψαλλέτω·

그로 하여금 찬송하게 하라!

[14] Is anyone among you sick?

ἀσθενεῖ τις ἐν ὑμῖν,

너희 중에 병든 자가 있느냐?

Let him call for the elders of the church,

προσκαλεσάσθω τοὺς πρεσβυτέρους τῆς ἐκκλησίας

그로 하여금 교회의 장로들을 청하게 하라

and let them pray over him,

καὶ προσευξάσθωσαν ἐπ᾽ αὐτὸν

그리고 그들[장로들]로 하여금 그를 위하여 기도하게 하라

anointing him with oil

ἀλείψαντες [αὐτὸν] ἐλαίῳ

그 위에 기름을 부으며

in the name of the Lord.

ἐν τῷ ὀνόματι τοῦ κυρίου.

그 주님의 이름으로

15   And the prayer of faith will save the one

καὶ ἡ εὐχὴ τῆς πίστεως σώσει

그리고 그 믿음의[믿음으로 하는] 기도는 구원할 것이다

who is sick,

τὸν κάμνοντα

그 [영적으로] 피곤한 자[아픈 자]를

and the Lord will raise him up.

καὶ ἐγερεῖ αὐτὸν ὁ κύριος•

그리고 그 주께서 그를 일으키실 것이다

And if he has committed sins,

κἂν ἁμαρτίας ᾖ πεποιηκώς,

만약 그가 죄를 지었다면

he will be forgiven.

ἀφεθήσεται αὐτῷ.

그는 용서함을 받을 것이다

16 Therefore,   confess your sins to one another

ἐξομολογεῖσθε οὖν ἀλλήλοις τὰς ἁμαρτίας

그러므로,   너희는 서로 죄를 고백하라

and pray for one another,

καὶ εὔχεσθε ὑπὲρ ἀλλήλων

그리고 서로를 위해 기도하라

that you may be healed.

ὅπως ἰαθῆτε.

병이 낫기를 위하여

The prayer of a righteous person has great power

Πολὺ ἰσχύει δέησις δικαίου

의인의 간구는 [그 역사하는 힘이] 매우 크다

as it is working.

ἐνεργουμένη.

그 역사하는 힘이

¹⁷ Elijah was a man with a nature like ours,

Ἠλίας ἄνθρωπος ἦν ὁμοιοπαθὴς ἡμῖν,

엘리야는 [어떤 사람과] 같은 본성을 가진 사람이다

and he prayed fervently

καὶ προσευχῇ προσηύξατο

그리고 그가 간절히 기도했다

that it might not rain,

τοῦ μὴ βρέξαι,

비가 오지 않기를

and for three years and six months

καὶ [οὐκ ἔβρεξεν ἐπὶ τῆς γῆς] ἐνιαυτοὺς τρεῖς καὶ μῆνας ἕξ·

그리고 삼 년 육 개월 동안

it did not rain on the earth.

οὐκ ἔβρεξεν ἐπὶ τῆς γῆς [ἐνιαυτοὺς τρεῖς καὶ μῆνας ἕξ·]

땅에 비가 오지 않았다

¹⁸ Then he prayed again,

καὶ πάλιν προσηύξατο,

그가 다시 기도했고

and heaven gave rain,

και ὁ οὐρανὸς ὑετὸν ἔδωκεν

그리고 그 하늘은 비를 주었다

and the earth bore its fruit.

και ἡ γῆ ἐβλάστησεν τὸν καρπὸν αὐτῆς.

그리고 땅이 그의 열매를 맺었다

[19] My brothers,

Ἀδελφοί μου,

내 형제들아,

if anyone among you wanders from the truth

ἐάν τις ἐν ὑμῖν πλανηθῇ ἀπὸ τῆς ἀληθείας

너희 중에 누가 미혹되어 진리를 떠나고

and someone brings him back,

και ἐπιστρέψῃ τις αὐτόν,

그리고 누군가가 그를 돌아오게 하면

[20] let him know

γινωσκέτω

그로 하여금 알게 하라

that whoever brings back a sinner

ὅτι ὁ ἐπιστρέψας ἁμαρτωλὸν

죄인을 [미혹된 길로부터] 돌아서게 하는 자는

from his wandering

ἐκ πλάνης ὁδοῦ αὐτοῦ

그의 미혹된 길로부터

will save his soul from death

σώσει ψυχὴν αὐτοῦ ἐκ θανάτου

그의 영혼을 죽음으로부터 구원하고

and will cover a multitude of sins.

καὶ καλύψει πλῆθος ἁμαρτιῶν.

또 많은 죄를 덮을 것을

참고도서

강대훈, "마태복음의 게헨나 연구," 『신약연구』14(2015), 8-38.

주기철, "야고보서 1장에 나타난 '시험'(πειρασμός)과 '시련(δοκίμιον)으로 번역된 단어 재고," 『고신신학』 20(2018), 103-130.

_____, "야고보서 5:7-12가 3.1 운동에 참여한 기독교인들에게 주는 인내의 자세," 『고신신학』 21(2019), 33-68.

_____, "야고보서 3:6의 φλογιζομένη ὑπὸ τῆς γεέννης("그 사르는 것이 지옥 불에서 나느니라")의 번역과 해석문제," 『갱신과부흥』 27(2021), 29-64.

_____, "야고보서 5:14의 ἀσθενεῖ τις ἐν ὑμῖν("너희 중에 병든 자가 있느냐") 해석문제," 고신대 개혁주의학술원 제11회 신진학자 포럼 자료집 (2021).

Adamson, J. B., *The Epistle of James*, NICNT (Grand Rapids: Eerdmans, 1989[1976]).

Bahr, G. J., 'The Subscriptions in the Pauline Letters,' *JBL* 87 (1968), 27-41.

Barclay, W., *The Letters of James and Peter* (Philadelphia: The Westminster Press, 1976).

Bauckham, R., "The Tongue Set on Fire by Hell (James 3:6)" in *The Fate of the Dead: Studies on the Jewish and Christian Apocalypses* (Leiden: Brill, 1998), 119-31.

Bauckham, R., *James: Wisdom of James, Disciple of Jesus the Sage* (London: Routledge, 1999).

Bauer, W., Arndt, W. and Gingrich, F., *A Greek-English Lexicon of the New Testament and Other Early Christian Literature* (3rd ed., rev. and ed. F. Danker; Chicago: University of Chicago Press, 2000).

BDAG, 'δόκιμος,' 256.

BDAG, 'ἀπείραστος,' 100.

Black, D. A., 'The Literary Structure of 1 and 2 Thessalonians,' *SBJT* 3/3 (1999), 46-57.

Blomberg, C. L. and Kamell, M. J., *James* (Grand Rapids: Zondervan, 2008).

Bray, G. [ed.], *Ancient Christian Commentary on Scripture: James, 1-2 Peter, 1-3 John, Jude* (Illinois: InterVarsity Press, 2000).

Calvin, J., *Commentaries on the Catholic Epistles* (trans. J. Owen, Edinburgh: T. Constable, 1755).

Condon, K., "The Sacrament of Healing (Jas. 5:14-15)," *Scripture* 11 (1959) 33-42.

Davids, P. H., *The Epistle of James*, NIGTC (Grand Rapids: Eerdmans Publishing, 1982).

Deismann, G. A., *Bible Studies: Contributions, Chiefly from Papyri and Inscriptions, to the History of the Language, the Literature, and the Religion of Hellenistic Judaism and Primitive Christianity* (2nd ed., trans. A. Grieve; Edinburgh: T&T Clark, 1903).

Dibelius, M., *A Commentary on the Epistle of James* (Philadelphia: Fortress Press, 1988[1975]).

Doriani, Daniel M., *James* 『야고보서』 (정옥배 옮김, 서울: 부흥과개혁사, 2012[2007]).

Fee, G. D., *The First Epistle to the Corinthians* (Grand Rapids: Eerdmans, 1987)

Felder, Cain H. "James" in *The International Bible Commentary* (ed. William R. Farmer; Collegeville: Liturgical, 1998), 1786-1801.

Fine, H. A., 'The tradition of a patient Job,' *JBL* 74 (1955), 28-32.

Francis, F. O., "The Form and Function of the Opening and Closing Paragraphs of James and 1 John," *ZNW* 61 (1970), 110-26.

Fritz, V., 1 & 2 Kings: *A Continental Commentary* (trans. A. Hagedorn; Minneapolis: Fortress Press, 2003[1996]).

G. Holloway, "James as New Testament Wisdom Literature," *Leaven* 8 (2000), 1-7.

Gamble, Jr. H., *The Textual History of the Letter to the Romans* (Grand Rapids: Eerdmans, 1977).

Hartin, P. J., 'Exegesis and Proclamation. "Come now, you rich, weep and wail..."(James 5:1-6),' *JTSA* 84 (1993), 57-63.

Hayden, D., "Calling the Elders to Pray," *BS* 138 (1981), 258-66.

Holloway, G., 'James as New Testament Wisdom Literature,' *Leaven* 8 (2000), 1-7.

Hort, F. J. A., *The Epistle of St. James* (London: Macmillian, 1909).

House, Paul R., *The New American Commentary - 1, 2 Kings: An Exgetical and Theological Exposition of Holy Scripture* (Nashville: B&H Publishers, 1995).

Isaacs, M. E., "Suffering in the Lives of Christians: James 1:2-19a," *RevExp* 97 (2000), 183-93.

Jervis, L. A., *The Purpose of Romans: A Comparative Letter Structure Investigation* (Sheffield: JSOT Press, 1991).

Johnson, L. T., *The Letter of James: A new translation with introduction and commentary*, AB 37A (London: Doubleday, 1995).

Johnstone, R., A *Commentary on James* (Edinburgh: The Banner of Truth Trust, 1977[1871]).

Kovalishyn, M. K., "The Prayer of Elijah in James 5: An Example of Intertextuality," *JBL* 137 (2018), 1027-45.

Kruger, Michael J., et. al., *A Biblical-Theological Introduction to the New Testament: The Gospel Realized* (Wheaton, IL: Crossway, 2015).

Laws, S., *A Commentary on the Epistle of James* (London: A. & C. Black, 1980).

Laws, S., *The Epistle of James*, BNTC (Massachusetts: Hendrikson Publishers, 1980).

Loopik, Marcuss van, *The Ways of the Sages and the Way of the World* (Leiden: Brill, 1991).

MacArthur, J., *The MacAarthur New Testament Commentary: James* (Chicago: Moody Publishers, 1998).

MacCulloch, J. A., *The Harrowing of Hell* (Edinburgh: T. & T. Clark, 1930).

Marshall, I. H., Travis, S. and Paul, I., *Exploring the New Testament, vol. 2: A Guide to the Epistles and Revelation* (2nd ed., London: SPCK, 2011).

Marshall, I. H., Travis, S., and Paul, I. *Exploring the New Testament, vol. 2: A Guide to the Epistles and Revelation*. (2nd ed. London: SPCK, 2011).

Martin, R. P., *James* ,WBC 48 (Waco: Word Books, 1988).

Mayor, J. B., *The Epistle of James: The Greek Text with Introduction Notes and Comments* (2nd ed. New York: The Macmillan Company, 1897).

McCartney, D. G., *James* (Grand Rapids: Baker Publishing Group, 2009).

McKnight, S., *The Letter of James* (Grand Rapids: Eerdmans, 2011).

Mitton, C. Leslie, *The Epistle of James* (London: Marshall, Morgan and Scott, 1966).

Moo, D. J., *James* (Nottingham: Inter-Varsity Press, 2015).

Motyer, J. A., 『야고보서 강해』 (The Message of James: The tests of faith, 정옥배 역, 서울: 한국기독학생회출판부, 2008[1985]).

Neusner, Jacob, *Theological Dictionary of Rabbinic Judaism: Part Two: Making Connections and Building Constructions* (Lanham: University Press of America, 2005).

Nolland, John, *The Gospel of Matthew*, NIGTC (Grand Rapids. Mich.: Eerdmans, 2005).

Nystorm David P., *The NIV Application Commentary: James* (Grand Rapdis: Zondervan Publishing House, 1997).

Pickar, C., "Is Anyone Sick among You?," *CBQ* 7 (1945), 165-74.

R. W. Wall, "James as Apocalyptic Paraenesis," *RQ* 32(1990), 11-22.

Richardson, K. A., *James* (Nashville: Broadman & Holman Publishers, 1997).

Ropes, J. H., *A Critical and Exegetical Commentary on the Epistle of St. James* (Edinburgh: T. & T. Clark, 1973[1916]).

Saldarini, Anthony J., "Delegitimation of Leaders in Matthew 23," *CBQ* 54(1992), 659-80.

Shepherd, Jr. M. H., "The Epistle of James and The Gospel of Matthew," *JBL* 75(1956), 40-51.

Stählin, G., 'ἀσθενής,' *TDNT* vol. 1 (Grand Rapids: Eerdmans, 1964), 490-93.

Stulac, George M., *James*, IVPNTC 16 (Leicester: InterVersity Press, 1993).

Taylor, M. E. "The Structure of James," *CBQ* 68(2006), 681-705.

Vlachos, Chris A., *James: Exegetical Guide to the Greek New Testament* (Nashville: B & H Academic, 2013).

Wall, R. W., 'James as Apocalyptic Paraenesis,' *RQ* 32 (1990), 11-22.

Wallace, D. B., *Greek Grammar Beyond the Basics: An Exegetical Syntax of the New Testament* (Grand Rapids: Zondervan, 1996), 696-99.

Watson, D. F., "The Rhetoric of James 3:1-12 and A Classical Pattern of Argumentation," *NovT* 35(1993), 48-64.

Weima, J. A. D., *Neglected endings: The Significance of the Pauline Letter Closings* (Sheffield: JSOT Press, 1994).

Zmijewski, J., 'ἀσθενής,' *EDNT* vol. 1 (Grand Rapids: Eerdmans, 1990), 170-71.